令和5年2級建築士 学科試験の分析

学科試験は、5肢択一のマークシート形式で、例年通りのパターンでした。

■建築計画

建築史2問、環境工学8問、計画各論8問、建築設備7問と前年と同じ配分で、標準的な問題が出題されました。No.1の日本の歴史的な建築物は初出の建築物が2肢出題され**難問**でした。No.18の防犯に配慮した一戸建て住宅の計画は初出の傾向の問題でした。No.8のストループ効果、No.15のアーティスト・イン・レジデンス、No.16のユニット型指定介護老人福祉施設、No.19の除害施設とDO、No.22の緊急遮断弁、No.24のメッシュ法
ましたが、緊急遮断弁以外は他の選択肢が正答（
たと思われます。今年も既出の問題が多く、**過**
ば正答に結びつく内容**でした。

■建築法規

建築基準法20問（総則規定3問、単体規定8問、集団規定8問、雑則規定1問）、建築士法2問、関係法令3問という内容で、出題は前回とほぼ同様の構成でした。近年の法改正の状況から、関係法令の出題として、**バリアフリー法と建築物省エネ法が単独で1問ずつ出題**されました。法改正が毎年のように行われていますが、**来年もこの状況は続きます**。法改正の内容は試験に反映されることが多いので、**法改正情報を取得し、既出問題の反復練習をしっかり行うこと**が合格への近道です。

■建築構造

構造力学6問、各種構造13問、建築材料6問という内容で、構造力学は断面の性質の複合問題やせん断力と曲げモーメントの関係の正しい理解など、**計算量も多く例年より発展した内容**でした。各種構造では、N値法、壁率比、ストレスト・スキン効果、塑性ヒンジ、免震構造の長周期化、制震構造の配置、応答加速度等、**初出の内容が多く出題**されましたが正答肢については過去問で対応できる範囲でした。建築材料では、針葉樹の基準強度の比較は初出題でしたが、全体的には、過去問の復習がしっかりできていれば、対応できる問題でした。

■建築施工

建築施工は、施工計画、材料の保管、安全確保、廃棄物、仮設、木造住宅の基礎工事、杭工事、鉄筋、型枠、コンクリート、高力ボルト接合、鉄骨、ALCパネル工事、木工事、継手・仕口、防水工事、タイル・石工事、塗装、建具、内装、設備、改修、施工機械・器具、積算、請負契約等について出題されました。これまでに出題のない内容の問題もあり、**やや難しい傾向**でした。**木工事**では、新規の内容が多くみられ、数値や用語についてのしっかりとした理解が求められました。広範囲に及ぶ各種工事の中でも、**コンクリート工事、鉄骨工事は複数出題**されており、本科目の重点学習分野といえるでしょう。

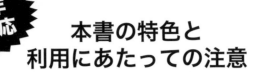

本書の特色と
利用にあたっての注意

令和６年１月１日までの法改正等をフォロー

　本書は、原則として令和５年12月１日現在施行の法令等に基づいて編集しています。本書編集日以降、令和６年試験の法令基準日である令和６年１月１日までに施行された法改正情報等については、下記のアドレスで確認することができます。

http://www.s-henshu.info/2kckm2401/

なお、編集時の法令に合わない問題には、次のように対応しています。

①法令の名称や用語・数字等が変更になっているが、設問の正誤に影響がない場合は、問題文の変更になる部分に下線をひき、設問文末尾に（☆）をつけました。別冊の正答・解説編では、☆のあとに、改正等で変更になった後の表記を記しました。

②法令改正等により、設問の正誤に影響がある場合は、変更になった部分があるものには下線をひき、設問文末尾に（★）をつけました。別冊の正答・解説編では、法改正等により正誤に変更のあった問題の正答部分に（★）をつけ、解説は、出題当時の正答と、改正後の法律に基づいた考え方の両方がわかるようになっています。

●科目ごとに学習する

　本書に掲載した問題は平成29年から令和５年までの７年分です。実際の試験と同じように、１年分は建築計画、建築法規、建築構造、建築施工の４科目、各25問ずつ合計100問で構成されています。

　本試験では１科目にあてることのできる時間は90分ですので、その時間内に解けるように、巻末の「解答用紙」を使ってくり返し学習してください。

●本試験のように挑戦する

　当日の試験時間は実際には１時間の休憩をはさんで６時間という長丁場ですから、試験時間の上手な使い方と、集中力、持続力が要求されます。そこで、本試験の間近になったら、２科目単位でチャレンジしてみましょう。どこに力を入れてやればいいのかというコツをつかみ、長時間集中して問題を解くことに慣れておくことにより、本試験で実力を充分に発揮することができます。

　本書を上手に活用して、本試験に合格されることを願っています。

CONTENTS

2級建築士試験ガイダンス

　試験に関する情報は変更されることがありますので、受験する場合は試験実施団体の発表する最新情報を、必ずご自身でご確認ください。

■試験日程（例年）

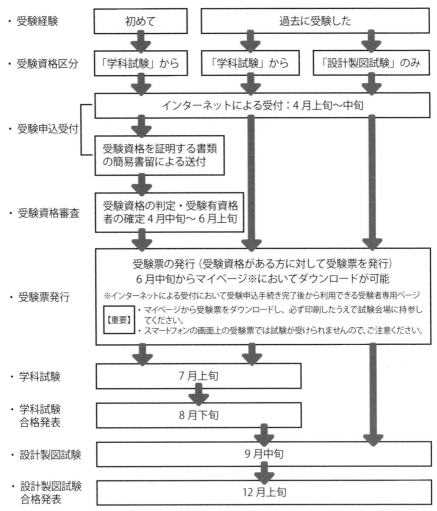

・受験経験	初めて	過去に受験した	
・受験資格区分	「学科試験」から	「学科試験」から	「設計製図試験」のみ

・受験申込受付
インターネットによる受付：4月上旬～中旬
受験資格を証明する書類の簡易書留による送付

・受験資格審査
受験資格の判定・受験有資格者の確定 4月中旬～6月上旬

・受験票発行
受験票の発行（受験資格がある方に対して受験票を発行）
6月中旬からマイページ※においてダウンロードが可能
※インターネットによる受付において受験申込手続き完了後から利用できる受験者専用ページ
【重要】
・マイページから受験票をダウンロードし、必ず印刷したうえで試験会場に持参してください。
・スマートフォンの画面上の受験票では試験が受けられませんので、ご注意ください。

・学科試験
7月上旬

・学科試験合格発表
8月下旬

・設計製図試験
9月中旬

・設計製図試験合格発表
12月上旬

■出題科目・出題数等

試験の区分	出題形式	出題科目	出題数	試験時間
学科の試験	五肢択一式	学科I（建築計画）	25 問	計 3 時間
		学科II（建築法規）	25 問	
		学科III（建築構造）	25 問	計 3 時間
		学科IV（建築施工）	25 問	
設計製図の試験	あらかじめ公表される課題の建築物についての設計図書の作成	設計製図	1 課題	5 時間

※設計製図試験の課題は、例年 6 月に公益財団法人建築技術教育普及センターのホームページで公表されます。

■合格基準点（令和 5 年）

学科I （建築計画）	学科II （建築法規）	学科III （建築構造）	学科IV （建築施工）	総得点
13 点	13 点	13 点	13 点	60 点

※各科目及び総得点の基準点すべてに達している者が合格となります。

■受験申込・受験資格等

・受験申込は、原則として、「インターネットによる受付」のみとなります。
・インターネットによる受験申込が行えない正当な理由がある場合（身体に障がいがありインターネットの利用が困難である等）には、別途受付方法が案内されますので、公益財団法人建築技術教育普及センター本部までお問合せください。
・受験申込に必要な書類や受験資格等は、公益財団法人建築技術教育普及センターのホームページに掲載される「受験要領」でご確認ください。

公益財団法人　建築技術教育普及センター

〒 102-0094
東京都千代田区紀尾井町 3 － 6　紀尾井町パークビル
電話：050-3033-3822（2 級・木造建築士試験専用ダイヤル）
https://www.jaeic.or.jp/

過去7年の学科試験頻出項目はこれだ!

ここでは、過去7年分の過去問題を分析した結果導き出された、
各科目の頻出問題について、ランキング形式で紹介します。

■「建築計画」における頻出項目

ランキング (出題回数)	項目名
第1位(10回)	「給排水衛生設備」
第2位(8回)	「空気調和設備」「建築設備」
第3位(7回)	「日本の歴史的な建築物」「住宅の計画」「集合住宅の計画」「環境・省エネルギーに配慮した建築・設備計画」
第4位(6回)	「建築環境工学」「事務所ビルの計画」「高齢者や身体障がい者等に配慮した建築物の計画」「照明計画」
第5位(5回)	「湿り空気」「採光・照明」「教育施設等の計画」「電気設備」

～準頻出問題～

色彩、音、環境負荷・環境評価、建築計画における床面積　など

　第1位の**給排水衛生設備**は、1回の試験で2問出題されることの多い頻出の項目です。第2位の「空気調和設備」と「建築設備」も毎年出題されています。また、**照明計画**は6回、**採光・照明**は5回出題されており、照明についてもくまなく知識が求められます。環境に関連した項目も、第3位の**環境・省エネルギーに配慮した建築・設備計画**に加えて近年は環境負荷や環境評価の知識を問う問題がみられ、出題が増えています。毎年第1問目に出される建築史の問題では、日本の歴史的な建築物を問うものが多く、中でも、鹿苑寺金閣(京都府)、伊勢神宮内宮正殿(三重県)、東大寺南大門(奈良県)、住吉大社本殿(大阪府)、日光東照宮(栃木県)、桂離宮(京都府)、三仏寺投入堂(鳥取県)がよく出題されています。

■「建築法規」関係法令融合問題における頻出法令

　法規科目は、例年、建築基準法(20問)、建築士法(2問)、関係法令(3問)の内容で出題されています。ここでは、関係法令(3問)の内容について、どの法令が多く出題されたかを紹介します。

ランキング （出題回数）	法律名
第1位（9回）	「長期優良住宅の普及の促進に関する法律」
第2位（8回）	「建設業法」「高齢者、障害者等の移動等の円滑化の促進に関する法律」
第3位（6回）	「建築物の耐震改修の促進に関する法律」
第4位（5回）	「建築物のエネルギー消費性能の向上に関する法律」「都市計画法」「消防法」
第5位（4回）	「住宅の品質確保の促進等に関する法律」「宅地造成及び特定盛土等規制法」「建設工事に係る資材の再資源化等に関する法律」

～準頻出問題～

　特定住宅瑕疵担保責任の履行の確保等に関する法律、土地区画整理法、宅地建物取引業法、民法、都市の低炭素化の促進に関する法律、景観法　など

　関連法規を集めた融合問題では、**長期優良住宅の普及の促進に関する法律**が最も多く出題されており、必ず押さえておきましょう。第2位の**建設業法**と**高齢者、障害者等の移動等の円滑化の促進に関する法律**も、毎年出題されています。また、建築基準法で改正された部分は出題される可能性が高いので、内容を確認しておきましょう。

■「建築構造」構造計画と各種構造問題における頻出項目

　建築構造の科目は、主に、構造力学（6問）、構造計画（5問）、各種構造（8問）、建築材料（6問）の4つに分けられています。以下は、構造計画と各種構造問題における、頻出項目です。

ランキング （出題回数）	項目名
第1位（7回）	「木造建築物の部材の名称とその説明との組合せ」「鉄筋コンクリート構造」「鉄骨構造」「鉄骨構造の接合」「地盤及び基礎構造」「建築物の構造計画」
第2位（6回）	「荷重及び外力」「木質構造」「建築物の耐震設計」
第3位（4回）	「地震力」「鉄筋コンクリート構造における配筋」

　建築材料における頻出項目は、**建築材料**が10問、**コンクリートの性質**が9問、**建築材料として使用される木材と鋼材**が7問でした。

　風圧力、木造建築物の構造設計、壁式鉄筋コンクリート造の住宅、コンクリートの材料、ガラス　など

　毎年必ず出題されるのは、**地盤及び基礎構造、木造建築物の部材の名称とその説明の組合せ、鉄筋コンクリート構造、鉄骨構造、鉄骨構造の接合、建築物の構造計画、建築材料として使用される木材、コンクリートの性質、鋼材、建築材料**です。木造建築物の部材では、野縁、面戸板、真束、無目など、よく出るものは確実に押さえておきましょう。新しい傾向として、令和4年に地震力に対する耐力壁の有効長さを求める場合に乗じる数値の大小関係を問う設問があり、また、令和5年は6年ぶりに鉄筋コンクリート構造における主筋の重ね継手の位置が図入りで出題されました。しっかりと理解しておくようにしましょう。

■「建築施工」における頻出項目

ランキング （出題回数）	項目名
第1位（14回）	「コンクリート工事」
第2位（11回）	「鉄骨工事」
第3位（10回）	「木工事」
第4位（7回）	「工事現場から排出される廃棄物」「仮設工事」「型枠工事」「鉄筋工事」「防水工事」「左官工事、タイル工事及び石工事」「塗装工事」「建具工事、ガラス工事及び内装工事」「設備工事」「改修工事」「民間（旧四会）連合協定工事請負契約約款＊」
第5位（6回）	「木造住宅の基礎工事」「建築積算」

＊令和2年4月より「民間（七会）連合協定工事請負契約約款」

～準頻出項目～

　工事現場における材料の保管、外壁のALCパネル工事、屋根工事　など

　この科目は準頻出問題の量が多く、2～3年に1度のペースで出題される問題や、4年ぶりに登場した問題もあります。令和5年の問題では、6年ぶりの出題となる**木工事の継手・仕口**について、用語の意味を理解しているかを問われ、また、**施工機械・器具**では実践的な知識が求められました。過去問題でしっかり対策をとっていれば解ける問題も多い一方、1級建築士の内容や、細かい数値などの実務的な知識を必要とする出題もあります。生半可な知識だけでなく、しっかりと理解を深めていくことが大切です。

令和5年

試験時間に合わせて解いてみよう!!

■ 10：00 ～ 13：00（制限時間 3 時間）

■ 14：10 ～ 17：10（制限時間 3 時間）

p.331 の解答用紙をコピーしてお使いください。

◆ 学科試験結果データ ◆

《難易度：高い》

受験者数	合格者数	合 格 率
17,805 人	6,227 人	35.0%

◆ 合格基準点 ◆

科　目	建築計画	建築法規	建築構造	建築施工	総得点
基準点	13	13	13	13	60

＊各科目及び総得点のすべてが基準点に達している者が合格となります。

令和5年　建築計画

No.1 日本の歴史的な建築物に関する次の記述のうち、**最も不適当なものは**どれか。

1　唐招提寺金堂（奈良県）は、和様の建築様式で、一重、寄棟造りであり、前面1間を吹放しとしている。

2　銀閣と同じ敷地に建つ東求堂（とうぐどう）（京都府）は、書院造りの先駆けであり、四室のうちの一室は同仁斎（どうじんさい）といわれ、四畳半茶室の最初と伝えられている。

3　伊勢神宮内宮正殿（三重県）は、神明造りの建築物であり、式年遷宮によって造替が続けられている。

4　浄土寺浄土堂（兵庫県）は、阿弥陀三尊を囲む四本の柱に太い繋虹梁（つなぎこうりょう）が架かり、円束と挿肘木による組物が支える大仏様の建築物である。

5　三仏寺投入堂（鳥取県）は、修験の道場として山中に営まれた三仏寺の奥院であり、岩山の崖の窪（くぼ）みに建てられた日吉造りの建築物である。

No.2 建築物とその設計者との組合せとして、**最も不適当なものは、次のうちどれか。**

1　国立京都国際会館 —————— 大谷幸夫

2　広島平和記念資料館 ———— 村野藤吾

3　東京文化会館 ——————— 前川國男

4　塔の家 ———————————— 東孝光

5　住吉の長屋 ———————— 安藤忠雄

No.3 建築環境工学に関する次の記述のうち、**最も不適当なものはどれか。**

1　人工光源の演色性を表す演色評価数は、その数値が小さくなるほど、色の見え方に関する光源の特性が自然光に近くなる。

2　熱放射によって、ある物体から他の物体へ伝達される熱の移動現象は、真空中においても生じる。

3　照度の均斉度は、室内の照度分布の均一さを評価する指標であり、その数値が1に近いほど均一であることを示している。

4　昼光率は、全天空照度に対する、室内におけるある点の昼光による照度の比率である。

5　音における聴感上の三つの要素は、音の大きさ、音の高さ、音色である。

No.4 室内の空気環境に関する次の記述のうち、**最も不適当な**ものはどれか。

1 室における全般換気とは、室全体に対して換気を行い、その室における汚染質の濃度を薄めることをいう。

2 送風機を給気側又は排気側のどちらかに設ける場合、室内の汚染空気を他へ流出させないようにするには、排気側へ設ける。

3 空気齢とは、室内のある点の空気が、流出口までに達するのに要する平均時間のことをいう。

4 透湿とは、多孔質材料等の壁の両側に水蒸気圧差がある場合、水蒸気圧の高いほうから低いほうへ壁を通して湿気が移動することである。

5 居室の必要換気量は、一般に、居室内の二酸化炭素濃度の許容値を基準にして算出する。

No.5 伝熱・断熱に関する次の記述のうち、**最も不適当な**ものはどれか。

1 壁体の総合熱伝達率は、「対流熱伝達率」と「放射熱伝達率」の合計である。

2 断熱材の熱伝導抵抗は、一般に、水分を含むと大きくなる。

3 外壁の構成材料とその厚さが同じであれば、断熱材を躯体の室内側に配置しても、屋外側に配置しても熱貫流率は等しくなる。

4 鉄筋コンクリート造の建築物において、外断熱工法を用いると、躯体のもつ熱容量を活用しやすくなり、内断熱工法を用いるよりも室温の変動を小さくすることができる。

5 木造の建築物において、防湿層を外壁の断熱層の室内側に設けることは、外壁の内部結露の防止に効果的である。

No.6 図に示す湿り空気線図中の A 点の湿り空気（乾球温度 15℃、相対湿度 40%）及び B 点の湿り空気（乾球温度 30℃、相対湿度 50%）に関する次の記述のうち、**最も不適当な**ものはどれか。

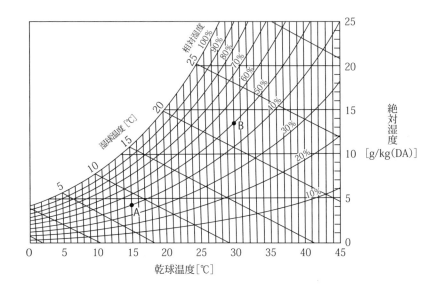

1 A 点の空気を乾球温度 30℃まで加熱すると、相対湿度は約 16% となる。

2 A 点の空気に含まれる水蒸気量は、B 点の空気に含まれる水蒸気量の約 30% である。

3 B 点の空気が 15℃の壁面に接触すると、壁の表面に結露が発生する。

4 A 点の空気を B 点の空気と同様な状態にするには、加熱及び乾燥空気 1kg 当たり 9g 程度の加湿が必要となる。

5 A 点の空気と B 点の空気を同じ量だけ混合すると、「乾球温度 22.5℃、相対湿度約 45%」の空気となる。

No.7 北緯 35 度のある地点における日照・日射に関する次の記述のうち、**最も不適当な**ものはどれか。

1 冬至の日に終日日影となる部分を、永久日影という。

2 地表面放射と大気放射の差を、実効放射（夜間放射）という。

3 開口部に水平な庇を設ける場合、夏期における日射遮蔽効果は、東面より南面のほうが大きい。

4 南向き鉛直面の可照時間は、夏至の日より冬至の日のほうが長い。

5 夏至の日の終日日射量は、南向き鉛直面より水平面のほうが大きい。

No.8 色彩に関する次の記述のうち、**最も不適当な**ものはどれか。

1 明所視において、同じ比視感度の青と赤であっても、暗所視では赤よりも青のほうが明るく見える。

2 色光の加法混色において、赤（R）、緑（G）、青（B）を同じ割合で混色すると、黒色になる。

3 低明度で低彩度の場合、同じ色であっても、面積が大きくなると明度や彩度は低く感じられる。

4 マンセル色相環において、対角線上に位置する色同士を同じ割合で混色すると、無彩色になる。

5 「文字や記号からイメージする色」と「色彩から認識する色」の2つの異なる情報が相互に干渉し、理解に混乱が生じる現象をストループ効果という。

No.9 音響設計に関する次の記述のうち、**最も不適当な**ものはどれか。

1 空気音遮断性能の等級（D_r 値）は、その数値が大きいほど性能が優れている。

2 床衝撃音遮断性能の等級（L_r 値）は、その値が小さいほど性能が優れている。

3 室用途による室内騒音の評価値（NC 値）は、その値が大きいほど、許容される騒音レベルは低くなる。

4 窓や壁体の音響透過損失の値が大きいほど、遮音による騒音防止の効果は高い。

5 板状材料と剛壁の間に空気層を設けた吸音構造は、一般に、高音域よりも低音域の吸音に効果がある。

No.10 環境評価・地球環境等に関する次の記述のうち、**最も不適当なもの**はどれか。

1　CASBEE（建築環境総合性能評価システム）は、建築物が消費する年間の一次エネルギーの収支を正味ゼロ又はマイナスにすることを目指した建築物を評価する手法である。

2　ヒートアイランド現象は、人工排熱、地表面の人工被覆及び都市密度の高度化等の人間活動が原因で都市の気温が周囲より高くなる現象である。

3　SDGs（持続可能な開発目標）は、2030 年を達成年限とする国際目標であり、「水・衛生」、「エネルギー」、「まちづくり」、「気候変動」等に関する項目が含まれている。

4　カーボンニュートラルは、二酸化炭素をはじめとする温室効果ガスの「排出量」から、植林、森林管理等による「吸収量」を差し引いて、合計を実質的にゼロにすることである。

5　再生可能エネルギーは、太陽光・風力・地熱・水力・バイオマス等の温室効果ガスを排出しないエネルギー源である。

No.11 住宅の計画に関する次の記述のうち、**最も不適当なもの**はどれか。

1　食器棚（幅 1,800mm、奥行 450mm）と 6 人掛けの食卓があるダイニングの広さを、内法面積で 13m² とした。

2　寝室の気積を、1 人当たり 6m³ とした。

3　高齢者の使用する居室の作業領域の照度を、JIS の照明設計基準の 2 倍程度とした。

4　階段の昇り口の側壁に設ける足元灯の高さを、昇り口の 1 段目の踏面から上方に 300mm とした。

5　2 階にあるバルコニーにおいて、バルコニーの床面からの高さが 500mm の腰壁の上部に設置する手摺の高さを、腰壁の上端から 900mm とした。

No.12 集合住宅の計画に関する次の記述のうち、**最も不適当なもの**はどれか。

1　住戸の自由な間取りを実現するために、入居希望者が組合をつくり、住宅の企画・設計から入居・管理までを運営していくコーポラティブハウスとした。

2　車椅子使用者の利用を考慮して、主要な経路の廊下には、50m 以内ごとに 140cm 角以上の車椅子の転回が可能なスペースを設けた。

3　専用面積が小さい住戸で構成する集合住宅を、メゾネット型とした。

4　中廊下型の集合住宅において、住棟を南北軸とし、その東西に住戸を並べる配置とした。

5　居住部分の内装仕上げや設備等を入居者や社会の変動に応じて容易に改修・更新することができる、スケルトン・インフィル住宅とした。

No.13 事務所ビルの計画に関する次の記述のうち、**最も不適当なもの**はどれか。

1　事務所の空調設備は、室内をペリメーターゾーンとインテリアゾーンに分け、それぞれの負荷に応じて個別制御ができるように計画した。

2　事務室において、人が椅子に座ったときの視界を遮り、立ったときに全体を見通すことができるようにパーティションの高さを 120cm とした。

3　事務室において、在席率が 80% と想定されたので、個人専用の座席を設けず、スペースを効率的に利用するために、フリーアドレス方式で計画した。

4　地下階に設ける駐車場において、各柱間に小型自動車が並列に 3 台駐車できるように、柱スパンを 9m とした。

5　基準階の平面プランとして、片コア（偏心コア）タイプを採用したので、コア部分にも、外光・外気を取入れやすい計画とした。

No.14 教育施設等の計画に関する次の記述のうち、**最も不適当なもの**はどれか。

1　保育所の計画において、幼児用便所は保育室の近くに設けた。

2　図書館の開架閲覧室において、書架の間隔を、車椅子使用者の通行を考慮して 210cm とした。

3　図書館の開架閲覧室において、照明は書架の最下部まで十分な照度が得られるように計画した。

4　小学校の計画において、図書室・視聴覚室・コンピュータ室の機能を統合したメディアセンターを設け、1 クラス分の人数が利用できる広さとした。

5　教科教室型の中学校において、学校生活の拠点となるホームベースを、教室移動の動線から離して、落ち着いた奥まった位置に設けた。

No.15 文化施設の計画に関する次の記述のうち、**最も不適当なもの**はどれか。

1　美術館において、日本画を展示する壁面の照度を、JIS の照明設計基準に合わせて、200lx 程度とした。

2　コンサートホールにおいて、演奏者と聴衆との一体感を生み出すことを意図して、ステージを客席が取り囲むシューボックス型の空間形式を採用した。

3　劇場において、ホワイエをもぎり（チケットチェック）の後に配置し、歓談などもできるように広めに計画した。

4　博物館において、学芸員の研究部門は、収蔵部門に近接して配置した。

5　美術館において、展示室に加え、ワークショップやアーティスト・イン・レジデンス等、多様な活動ができる空間を計画した。

No.16 建築物の床面積及び各部の勾配に関する次の記述のうち、**最も不適当**なものはどれか。

1　ユニット型指定介護老人福祉施設において、1 人用個室の内法寸法による床面積を、15m² とした。

2　保育所において、5 歳児を対象とした定員 25 人の保育室の内法寸法による床面積を、60m² とした。

3　一戸建て住宅において、厚形スレート葺の屋根の勾配を、$\frac{3}{10}$ とした。

4　自走式の地下駐車場にある高低差 4m の自動車専用傾斜路において、傾斜路の始まりから終わりまでの水平距離を、20m とした。

5　ビジネスホテルにおいて、「延べ面積」に対する「客室部門の床面積の合計」の割合を、70% とした。

No.17 高齢者や身体障がい者等に配慮した建築物に関する次の記述のうち、**最も不適当なもの**はどれか。

1　一戸建て住宅において、車椅子使用者のために、壁付コンセントの中心高さを、抜き差しを考慮して、床面から 250mm とした。

2　物販店舗において、外国人のために、案内表示には図記号（ピクトグラム）を用い、多言語を併記する計画とした。

3　病院において、発達障がい者のために、外部から音や光を遮り、一人でも静かに過ごせるカームダウン・クールダウンスペースを計画した。

4　集合住宅の共用廊下において、高齢者、障がい者等の通行の安全上支障がないように、各住戸の外開き玄関扉の前にアルコーブを設けた。

5　公衆便所において、杖使用者等が立位を保つために、床置式の男子小便器の両側に設ける手摺の高さを、床面から 850mm とした。

No.18 防犯に配慮した一戸建て住宅の計画に関する次の記述のうち、**最も不適当なもの**はどれか。

1 敷地境界線に近接する塀として、棘（とげ）のある低木を植栽し、その内側に縦格子の柵を設置する計画とした。

2 敷地内空地には、歩くと足音が出るように砂利を敷く計画とした。

3 バルコニーは、雨水のたて樋や、高さのある庭木などから離し、近隣からの見通しがよい位置に計画した。

4 庭へ出入りする掃出し窓に、網入り板ガラスを使用する計画とした。

5 玄関と勝手口は、防犯建物部品等の錠前を有する片開き扉とし、道路等から見通しがよい位置に計画した。

No.19 建築設備に関する用語とその説明との組合せとして、**最も不適当なもの**は、次のうちどれか。

1 除害施設 —————— 工場や事業所等から下水道への排水管接続において、規定濃度以上の有害物質等を事前に除去する施設をいう。

2 DO（溶存酸素）——— 水中に溶解している酸素の量であり、排水の汚れ具合を示す指標の一つである。

3 顕熱 ————————— 物体において、温度を変えずに相変化だけに消費される熱をいう。

4 特殊継手排水システム — 排水立て管への流入速度を減速させ、管内圧力を小さく抑える工夫をした伸頂通気システムの一種である。

5 力率 ————————— 交流回路に電力を供給するときの有効電力と皮相電力との比である。

No.20 空気調和設備に関する次の記述のうち、**最も不適当なもの**はどれか。

1 室内の床に放熱管を埋め込んだ放射暖房方式は、一般に、温風暖房方式に比べて、室内における上下の温度差が小さくなる。

2 変風量単一ダクト方式は、定風量単一ダクト方式に比べて、送風機のエネルギー消費量を節減することができる。

3 密閉回路の冷温水配管系には、一般に、膨張タンクは不要である。

4 ファンコイルユニットは、一般に、冷温水コイルを用いて冷却・加熱した空気を循環送風する小型ユニットである。

5　10〜12℃程度の冷風を利用した低温送風空調方式は、送風搬送動力の低減が可能であり、空調機やダクトサイズを小さくすることができる。

No.21 給排水衛生設備に関する次の記述のうち、**最も不適当な**ものはどれか。

1　水道直結増圧方式において、水道本管への逆流を防止するためには、一般に、増圧ポンプの吸込み側に逆流防止装置を設置する。

2　都市ガスの 13A、12A、5C 等の分類記号は、燃焼性や燃焼速度を表し、ガス器具は使用ガスに適合した専用のものを使わなければならない。

3　便器の洗浄水に中水を利用する場合、温水洗浄便座の給水には、別途、上水を用いなければならない。

4　通気立て管の下部は、最低位の排水横枝管より高い位置において、排水立て管に接続する。

5　サーモスタット湯水混合水栓は、あらかじめ温度調節ハンドルで設定した温度で吐水するので、やけどの心配が少ない水栓である。

No.22 給排水衛生設備に関する次の記述のうち、**最も不適当な**ものはどれか。

1　緊急遮断弁は、地震を感知した場合に閉止し、非常用の水を確保するために受水槽への水道引込管に取り付ける。

2　飲食店の厨房機器における排水管の末端は、排水口空間を設ける間接排水にしなければならない。

3　大便器において、必要な給水圧力と給水配管径は、ロータンク方式より洗浄弁（フラッシュバルブ）方式のほうが大きい。

4　バキュームブレーカーは、吐水した水又は使用した水が、逆サイホン作用により給水管に逆流することを防止するために設ける。

5　合併処理浄化槽の規模や容量を表す処理対象人員は、排出される排水量やBOD 量が何人分に相当するかを換算したものである。

No.23 照明計画に関する次の記述のうち、**最も不適当なもの**はどれか。

1　照明率は、器具の配光や内装材の反射率が同じ場合、室指数が大きいほど低くなる。
2　昼光照明は、明るさの変動はあるが、省エネルギーに寄与するため、大空間においては、特に効果的な計画が重要である。
3　点光源による直接照度は、光源からの距離の2乗に反比例する。
4　光束法によって全般照明の照明計画を行う場合、設置直後の実際の照度は、一般に、設計照度以上となる。
5　陰影を強く出す照明計画においては、一般に、直接照明を用いる。

No.24 防災・消防設備に関する次の記述のうち、**最も不適当なもの**はどれか。

1　避雷設備の受電部システムの設計には、保護角法、回転球体法、メッシュ法がある。
2　避難口誘導灯は、その視認性に関する表示面の縦寸法と明るさにより、A級、B級及びC級の3区分がある。
3　非常用の照明装置にLEDランプを用いる場合は、常温下で床面において水平面照度で2lx以上を確保する必要がある。
4　非常警報設備は、火災等の感知と音響装置による報知とを自動的に行う設備である。
5　粉末消火設備は、燃焼を抑制する粉末状の消火剤を加圧ガスで放出する消火設備であり、液体燃料の火災に有効である。

No.25 省エネルギー等に配慮した建築・設備計画に関する次の記述のうち、**最も不適当なもの**はどれか。

1　従来の冷却除湿方式の空調に比べて潜熱のみを効率よく除去できる、デシカント空調方式を用いた。
2　空気搬送の圧力損失を低減するため、天井チャンバー方式を用いた。
3　雨水利用システムにおける雨水の集水場所を、集水する雨水の汚染度を考慮して、屋根面とした。
4　庇下部の窓面からの日射を遮蔽しつつ、庇上部の窓面から自然光を室内に導く採光手法であるライトシェルフを用いた。
5　窓システムにおいて、ダブルスキン方式に比べて日射による窓部からの熱負荷の低減効果が高い、エアバリア方式を用いた。

令和5年　建築法規

No.1 図のような地面の一部が一様に傾斜した敷地に建てられた建築物に関する建築物の高さ、階数、建築面積及び敷地面積の組合せとして、建築基準法上、正しいものは、次のうちどれか。ただし、図に記載されているものを除き、特定行政庁の指定等はないものとし、国土交通大臣が高い開放性を有すると認めて指定する構造の部分はないものとする。

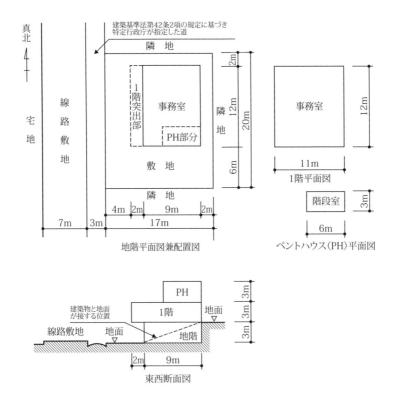

	建築物の高さ	階数	建築面積	敷地面積
1	4.5m	2	108m²	330m²
2	4.5m	2	132m²	320m²
3	7.5m	3	120m²	330m²
4	7.5m	3	120m²	340m²
5	7.5m	3	132m²	320m²

No.2 次の行為のうち、建築基準法上、**全国どの場所においても、**確認済証の交付を受ける必要があるものはどれか。

1　鉄骨造平家建て、延べ面積300m²の、鉄道のプラットホームの上家の新築
2　鉄骨造2階建て、延べ面積100m²の一戸建て住宅の新築
3　鉄筋コンクリート造、高さ2mの擁壁の築造
4　鉄筋コンクリート造2階建て、延べ面積300m²の共同住宅から事務所への用途の変更
5　木造3階建て、延べ面積210m²、高さ9mの一戸建て住宅における、木造平家建て、床面積10m²の倉庫の増築

No.3 次の記述のうち、建築基準法上、**誤っている**ものはどれか。

1　建築主は、階数が3以上である鉄筋コンクリート造の共同住宅を新築する場合、2階の床及びこれを支持するはりに鉄筋を配置する工程に係る工事を終えたときは、特定行政庁の中間検査を申請しなければならない。
2　建築主は、都市計画区域内において木造2階建て、延べ面積90m²の一戸建て住宅を新築し、建築主事に完了検査を申請する場合、原則として、当該工事が完了した日から4日以内に建築主事に到達するようにしなければならない。
3　消防法に基づく住宅用防災機器の設置の規定については、建築基準関係規定に該当し、建築主事又は指定確認検査機関による確認審査等の対象となる。
4　木造2階建て、延べ面積250m²の共同住宅の新築において、指定確認検査機関が安全上、防火上及び避難上支障がないものとして国土交通大臣が定める基準に適合していることを認めたときは、当該建築物の建築主は、検査済証の交付を受ける前においても、仮に、当該建築物又は建築物の部分を使用し、又は使用させることができる。
5　建築物の高さの最低限度が定められている区域外で、鉄骨造3階建ての共同住宅の新築工事について確認済証の交付を受けた後に、当該建築物の計画において、建築基準関係規定に適合する範囲内で、建築物の高さが減少する変更を行う場合、建築主は、改めて、確認済証の交付を受ける必要はない。

No.4 図のような平面を有する集会場（床面積の合計は 42m²、天井の高さは全て 2.5m とする。）の新築において、集会室に**機械換気設備**を設けるに当たり、ホルムアルデヒドに関する技術的基準による必要有効換気量として、建築基準法上、**正しいもの**は、次のうちどれか。ただし、常時開放された開口部は図中に示されているもの**のみ**とし、居室については、国土交通大臣が定めた構造方法は用いないものとする。

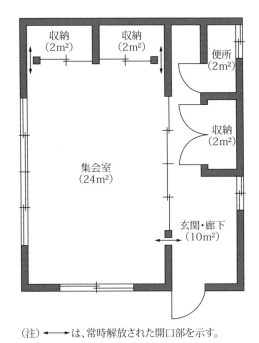

1　18.0m³/ 時
2　21.0m³/ 時
3　28.5m³/ 時
4　30.0m³/ 時
5　31.5m³/ 時

（注）←→ は、常時解放された開口部を示す。

No.5 木造2階建て、延べ面積 100m² の一戸建て住宅の計画に関する次の記述のうち、建築基準法に**適合しないもの**はどれか。

1　下水道法第2条第八号に規定する処理区域内であったので、便所については、水洗便所とし、その汚水管を下水道法第2条第三号に規定する公共下水道に連結した。

2　階段に代わる高さ 1.2m の傾斜路に幅 10cm の手すりを設けたので、当該傾斜路の幅の算定に当たっては、手すりはないものとみなした。

3　1階に設ける納戸について、床を木造とし、直下の地面からその床の上面までを 40cm とした。

4　発熱量の合計が 12kW の火を使用する器具（「密閉式燃焼器具等又は煙突を設けた器具」ではない。）のみを設けた調理室（床面積 7m²）に、0.7m² の有効開口面積を有する開口部を換気上有効に設けたので、その他の換気設備を設けなかった。

5　1 階の居室の床下をコンクリートで覆ったので、床の高さを、直下の地面からその床の上面まで 40cm とした。

No.6　屋根を日本瓦で葺き、壁を鉄鋼モルタル塗りとした木造 2 階建て、延べ面積 180m²、高さ 8m の保育所において、横架材の相互間の垂直距離が 1 階にあっては 2.8m、2 階にあっては 2.6m である場合、建築基準法上、1 階及び 2 階の構造耐力上主要な部分である柱の張り間方向及び桁行方向の小径の**必要寸法を満たす最小の数値の組合せ**は、次のうちどれか。ただし、柱の小径に係る所定の構造計算は考慮しないものとする。

	1 階の柱の小径	2 階の柱の小径
1	10.5cm	10.5cm
2	12.0cm	10.5cm
3	12.0cm	12.0cm
4	13.5cm	10.5cm
5	13.5cm	12.0cm

No.7　建築物の新築に当たって、建築基準法上、構造計算によって安全性を**確かめる必要がある**ものは、次のうちどれか。ただし、地階は設けないものとし、国土交通大臣が指定する建築物には該当しないものとする。

1　木造平家建て、延べ面積 500m²、高さ 6m の建築物
2　木造 2 階建て、延べ面積 300m²、高さ 8m の建築物
3　鉄筋コンクリート造平家建て、延べ面積 200m²、高さ 5m の建築物
4　補強コンクリートブロック造平家建て、延べ面積 150m²、高さ 4m の建築物
5　鉄骨造 2 階建て、延べ面積 80m²、高さ 7m の建築物

No.8 平家建て、延べ面積150m²、高さ5mの事務所における構造耐力上主要な部分の設計に関する次の記述のうち、建築基準法に**適合しない**ものはどれか。ただし、構造計算等による安全性の確認は行わないものとする。

1 鉄骨造とするに当たって、高力ボルト接合における径24mmの高力ボルトの相互間の中心距離を60mm以上とし、高力ボルト孔の径を26mmとした。

2 鉄骨造とするに当たって、柱以外に用いる鋼材の圧縮材の有効細長比を210とした。

3 鉄筋コンクリート造壁式構造とするに当たって、耐力壁の長さは45cm以上とし、その端部及び隅角部には径12mm以上の鉄筋を縦に配置した。

4 鉄筋コンクリート造とするに当たって、構造耐力上主要な部分であるはり（臥梁を除く。）は、複筋ばりとし、これにあばら筋をはりの丈の $\frac{3}{4}$ 以下の間隔で配置した。

5 補強コンクリートブロック造とするに当たって、耐力壁の水平力に対する支点間の距離が8mであったので、耐力壁の厚さを15cmとした。

No.9 建築物の防火区画、隔壁等に関する次の記述のうち、建築基準法上、**誤っ**ているものはどれか。

1 天井のうち、その下方からの通常の火災時の加熱に対してその上方への延焼を有効に防止することができるものとして、国土交通大臣が定めた構造方法を用いるもの又は国土交通大臣の認定を受けたものを、「強化天井」という。

2 主要構造部を準耐火構造とした4階建ての共同住宅で、メゾネット形式の住戸（住戸の階数が2で、かつ、床面積の合計が130m²であるもの）においては、住戸内の階段の部分と当該部分以外の部分とを防火区画しなくてもよい。

3 建築基準法施行令第136条の2第二号ロに掲げる基準に適合する地上3階建ての事務所であって、3階に居室を有するものの竪穴部分については、直接外気に開放されている廊下と準耐火構造の床若しくは壁又は建築基準法第2条第九号の二ロに規定する防火設備で区画しなければならない。

4 延べ面積がそれぞれ200m²を超える建築物で耐火建築物以外のもの相互を連絡する渡り廊下で、その小屋組が木造であり、かつ、桁行が4mを超えるものは、小屋裏に準耐火構造の隔壁を設けなければならない。

5 配電管が防火床を貫通する場合においては、当該管と防火床との隙間をモルタルその他の不燃材料で埋めなければならない。

No.10 建築物の避難施設等に関する次の記述のうち、建築基準法上、**正しい**ものはどれか。

1　寄宿舎の避難階においては、階段から屋外への出口の一に至る歩行距離の制限を受けない。

2　小学校の児童用の廊下で、両側に居室があるものの幅は、3m 以上としなければならない。

3　中学校における建築基準法施行令第 116 条の 2 第 1 項第二号に該当する窓その他の開口部を有しない居室には、排煙設備を設けなければならない。

4　共同住宅の住戸には、その規模にかかわらず、非常用の照明装置を設けなくてもよい。

5　特殊建築物でなければ、その規模にかかわらず、避難階以外の階から、避難階又は地上に通ずる 2 以上の直通階段を設けなくてもよい。

No.11 建築基準法第 35 条の 2 の規定による内装の制限に関する次の記述のうち、建築基準法上、**誤っている**ものはどれか。ただし、内装の制限を受ける「窓その他の開口部を有しない居室」はないものとする。また、火災が発生した場合に避難上支障のある高さまで煙又はガスの降下が生じない建築物の部分として、国土交通大臣が定めるものはないものとする。

1　内装の制限を受ける特殊建築物の居室から地上に通ずる主たる廊下、階段その他の通路の床の仕上げについては、建築基準法施行令第 128 条の 5 第 1 項第二号に掲げる仕上げとしなければならない。

2　自動車車庫の壁の室内に面する部分の仕上げのうち、床面からの高さが 1.2m 以下の部分には、難燃材料を使用することができない。

3　内装の制限を受ける居室の窓台は、内装の制限の対象とはならない。

4　内装の制限を受ける調理室等に天井がない場合においては、当該調理室等の壁及び屋根の室内に面する部分の仕上げが内装の制限の対象となる。

5　地階に設ける居室で飲食店の用途に供するものを有する特殊建築物は、その構造及び規模にかかわらず、内装の制限を受ける。

No.12 都市計画区域内における道路等に関する次の記述のうち、建築基準法上、**誤っている**ものはどれか。ただし、特定行政庁による道路幅員に関する区域の指定はないものとし、仮設建築物に対する制限の緩和は考慮しないものとする。

1　土地区画整理法による新設の事業計画のある幅員6mの道路で、3年後にその事業が執行される予定のものは、建築基準法上の道路に該当しない。

2　特定行政庁は、建築基準法第42条第2項の規定により幅員1.8m未満の道を指定する場合又は同条第3項の規定により別に水平距離を指定する場合においては、あらかじめ、建築審査会の同意を得なければならない。

3　土地を建築物の敷地として利用するために袋路状道路を築造する場合、特定行政庁からその位置の指定を受けるためには、その幅員を6m以上とし、かつ、終端に自動車の回転広場を設けなければならない。

4　建築基準法第3章の規定が適用されるに至った際、現に建築物が立ち並んでいる幅員2mの道で、特定行政庁が指定したものに接している敷地においては、当該幅員2mの道に接して建築物に附属する門及び塀を建築することができない。

5　敷地の周囲に広い空地を有する建築物で、特定行政庁が交通上、安全上、防火上及び衛生上支障がないと認めて建築審査会の同意を得て許可したものの敷地は、道路に2m以上接しなくてもよい。

No.13 2階建て、延べ面積300m^{2}の次の建築物のうち、建築基準法上、**新築してはならない**ものはどれか。ただし、特定行政庁の許可は受けないものとし、用途地域以外の地域、地区等は考慮しないものとする。

1　第一種低層住居専用地域内の工芸品工房兼用住宅で、工芸品工房の部分の床面積を150m^{2}とし、出力の合計が0.75kWの原動機を使用するもの

2　第二種中高層住居専用地域内の「自家用の倉庫」

3　第二種住居地域内の「マージャン屋」

4　工業地域内の「共同住宅」

5　工業専用地域内の「銀行の支店」

No.14 図のような敷地及び建築物（3階建て、各階の床面積100m²、延べ面積300m²）の配置において、建築基準法上、**新築**することができる建築物は、次のうちどれか。ただし、特定行政庁の許可は受けないものとし、用途地域以外の地域、地区等は考慮しないものとする。

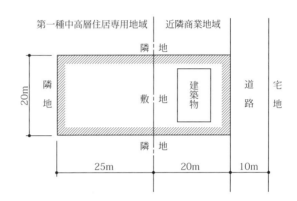

1　旅館
2　学習塾
3　保健所
4　事務所兼用住宅（1階が事務所、2階及び3階が住宅）
5　カラオケボックス

No.15 図のような敷地において、準耐火建築物を新築する場合、建築基準法上、新築することができる建築物の**建築面積の最高限度**は、次のうちどれか。ただし、図に記載されているものを除き、地域、地区等及び特定行政庁の指定・許可等は考慮しないものとする。

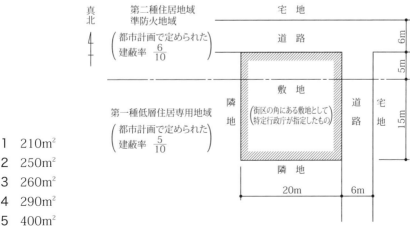

1　210m²
2　250m²
3　260m²
4　290m²
5　400m²

No.16 都市計画区域内における建築物の延べ面積（建築基準法第 52 条第 1 項に規定する容積率の算定の基礎となる延べ面積）に関する次の記述のうち、建築基準法上、正しいものはどれか。ただし、建築物の容積率の最低限度に関する規制に係るものは考慮しないものとする。

1　住宅の地階で、その天井が地盤面から高さ 1m 以下にあるものの住宅に供する部分の床面積は、当該建築物の住宅の用途に供する部分の床面積の合計の $\frac{1}{2}$ を限度として、延べ面積に算入しない。

2　物品販売業を営む店舗に設置するエレベーター及びエスカレーターの昇降路の部分の床面積は、延べ面積に算入しない。

3　自家発電設備を設ける部分の床面積は、当該建築物の各階の床面積の合計の $\frac{1}{50}$ を限度として、延べ面積に算入しない。

4　宅配ボックスを設ける部分の床面積は、当該建築物の各階の床面積の合計の $\frac{1}{50}$ を限度として、延べ面積に算入しない。

5　老人ホーム等に設ける専ら防災のために設ける備蓄倉庫の用途に供する部分の床面積は、当該建築物の各階の床面積の合計の $\frac{1}{50}$ を限度として、延べ面積に算入しない。

No.17 建築物の高さの制限又は日影規制（日影による中高層の建築物の高さの制限）に関する次の記述のうち、建築基準法上、誤っているものはどれか。ただし、用途地域以外の地域、地区等及び地形の特殊性に関する特定行政庁の定め等は考慮しないものとする。

1　建築物の敷地の前面道路に沿って塀（前面道路の路面の中心からの高さが 2.2m で、1.2m を超える部分が網状であるもの）が設けられている場合においては、前面道路の境界線から後退した建築物に対する道路高さ制限の緩和は適用されない。

2　北側高さ制限における建築物の高さの算定においては、階段室の屋上部分の水平投影面積が当該建築物の建築面積の $\frac{1}{8}$ 以内である場合には、その階段室の高さは 12m までは当該建築物の高さに算入しない。

3　工業地域内においては、原則として、日影規制は適用されない。

4　日影規制が適用されるか否かの建築物の高さの算定は、平均地盤面からの高さではなく、地盤面からの高さによる。

5　準住居地域内における高さが 20m 以下の建築物については、隣地高さ制限は適用されない。

No.18 図のように、前面道路の路面の中心から1.4m高い位置にある敷地（道路からの高低差処理は法面とし、門及び塀はないものとする。）において、建築物を新築する場合、建築基準法上、A点における**地盤面からの建築物の高さの最高限度**は、次のうちどれか。ただし、道路側を除き、隣地との高低差はなく、また、図に記載されているものを除き、地域、地区等及び特定行政庁の指定・許可等はないものとし、日影規制（日影による中高層の建築物の高さの制限）及び天空率は考慮しないものとする。なお、建築物は、全ての部分において、高さの最高限度まで建築されるものとする。

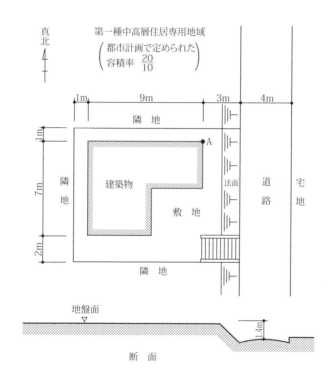

断　面

1　7.35m
2　11.10m
3　11.25m
4　11.30m
5　11.80m

No.19 次の記述のうち、建築基準法上、誤っているものはどれか。ただし、地階及び防火壁はないものとし、防火地域及び準防火地域以外の地域、地区等は考慮しないものとする。

1　防火地域内にある建築物に附属する高さ2mを超える塀は、延焼防止上支障のない構造としなければならない。

2　建築物の敷地が防火地域及び準防火地域にわたる場合において、当該敷地の準防火地域内の部分のみに新築される建築物であっても、防火地域内の建築物に関する規定が適用される。

3　防火地域内において、地上に設ける高さ3.5mの看板は、その主要な部分を不燃材料で造り、又は覆わなければならない。

4　防火地域内の建築物で、外壁が耐火構造のものは、その外壁を隣地境界線に接して設けることができる。

5　防火地域内において、共同住宅を新築する場合、屋根の構造は、市街地における通常の火災による火の粉により、防火上有害な発炎をしないものであり、かつ、市街地における通常の火災による火の粉により、屋内に達する防火上有害な溶融、亀裂その他の損傷を生じないものとしなければならない。

No.20 次の記述のうち、建築基準法上、誤っているものはどれか。

1　工事を施工するために現場に設ける事務所は、建築基準法第20条（構造耐力）の規定が適用されない。

2　「簡易な構造の建築物に対する制限の緩和」の規定の適用を受ける建築物は、建築基準法第61条（防火地域及び準防火地域内の建築物）の規定が適用されない。

3　建築基準法第12条第7項の規定による立入検査を拒んだ者は、1年以下の懲役又は100万円以下の罰金に処せられる。

4　一団地内に2以上の構えを成す建築物で総合的設計によって建築されるもののうち、特定行政庁がその各建築物の位置及び構造が安全上、防火上及び衛生上支障がないと認めるものに対する建築基準法の所定の規定の適用については、当該一団地をこれらの建築物の一の敷地とみなす。

5　文化財保護法の規定による伝統的建造物群保存地区内においては、市町村は、国土交通大臣の承認を得て、条例で、建築基準法令の所定の規定の全部若しくは一部を適用せず、又はこれらの規定による制限を緩和することができる。

No.21 建築士事務所に関する次の記述のうち、建築士法上、**誤っているもの**はどれか。

1　建築士は、他人の求めに応じ報酬を得て、建築物の建築に関する法令又は条例の規定に基づく手続の代理のみを業として行おうとするときであっても、建築士事務所を定めて、その建築士事務所について、都道府県知事（都道府県知事が指定事務所登録機関を指定したときは、原則として、当該指定事務所登録機関）の登録を受けなければならない。

2　建築士事務所の開設者は、設計受託契約を建築主と締結しようとするときは、あらかじめ当該建築主に対し、管理建築士等をして、重要事項の説明をさせなければならない。

3　建築士事務所の開設者と管理建築士とが異なる場合においては、その開設者は、管理建築士から建築士事務所の業務に係る所定の技術的事項に関し、その業務が円滑かつ適切に行われるよう必要な意見が述べられた場合には、その意見を尊重しなければならない。

4　建築士事務所の開設者は、設計等の業務に関し生じた損害を賠償するために必要な金額を担保するための保険契約の締結その他の措置を講ずるよう努めなければならない。

5　建築士事務所の開設者は、当該建築士事務所の業務の実績を記載した書類を、当該書類を備え置いた日から起算して 15 年を経過する日までの間、当該建築士事務所に備え置き、設計等を委託しようとする者の求めに応じ、閲覧させなければならない。

No.22 次の記述のうち、建築士法上、**誤っているもの**はどれか。

1　建築士事務所の開設者は、当該建築士事務所に属する建築士の氏名及び業務の実績を記載した書類を当該建築士事務所に備え置かず、又は設計等を委託しようとする者の求めに応じて閲覧させなかったときは、30 万円以下の罰金に処せられる。

2　二級建築士は、木造 3 階建て、延べ面積 120m²、高さ 12m、軒の高さ 10m の一戸建て住宅の新築に係る設計をすることができる。

3　二級建築士事務所の開設者は、当該二級建築士事務所を管理する専任の二級建築士を置かなければならない。

4　建築士事務所の管理建築士は、その建築士事務所が受託しようとする業務を担当させる建築士その他の技術者の選定及び配置等の技術的事項を総括する。

5　二級建築士は、設計図書の一部を変更した場合は、その設計図書に二級建築士である旨の表示をして記名しなければならない。

No.23 イ〜ニの記述について、「高齢者、障害者等の移動等の円滑化の促進に関する法律」上、正しいもの**のみ**の組合せは、次のうちどれか。

イ　移動等円滑化経路を構成する出入り口の幅は、80cm 以上でなければならない。

ロ　浴室は、「建築物特定施設」に該当する。

ハ　建築主等は、床面積 250m² の店舗併用住宅を改築するとき、当該建築物を建築物移動等円滑化基準に適合させなければならない。

ニ　建築主等は、認定を受けた特別特定建築物の建築等及び維持保全の計画の変更をしようとするときは、市町村長に届け出なければならない。

1　イとロ
2　イとハ
3　ロとハ
4　ロとニ
5　ハとニ

No.24 次の記述のうち、「建築物のエネルギー消費性能の向上に関する法律」上、**誤っている**ものはどれか。

1　延べ面積 300m² の観覧場（壁を有しないことその他の高い開放性を有するものとして国土交通大臣が定めるもの）を新築する場合、当該建築物を建築物エネルギー消費性能基準に適合させる必要はない。

2　建築主は、特定建築物以外の建築物で床面積の合計が 300m² のものを新築する場合、その工事に着手する日の 7 日前までに、当該建築物のエネルギー消費性能の確保のための構造及び設備に関する計画を所管行政庁に届け出なければならない。

3　エネルギー消費性能とは、建築物の一定の条件での使用に際し消費されるエネルギー（エネルギーの使用の合理化等に関する法律第 2 条第 1 項に規定するエネルギーで、建築物に設ける空気調和設備等において消費されるもの）の量を基礎として評価される性能をいう。

4　建築主等は、エネルギー消費性能の向上に資する建築物の新築をしようとするときは、建築物エネルギー消費性能向上計画を作成し、所管行政庁の認定を申請することができる。

5　建築主は、その修繕等をしようとする建築物について、建築物の所有者、管理者又は占有者は、その所有し、管理し、又は占有する建築物について、エネルギー消費性能の向上を図るよう努めなければならない。

No.25 次の記述のうち、誤っているものはどれか。

1 「民法」上、建物を築造するには、原則として、境界線から50cm以上の距離を保たなければならない。

2 「住宅の品質確保の促進等に関する法律」上、新たに建設された住宅で、まだ人の住居の用に供したことのないものであり、建設工事の完了の日から起算して1年を経過していないものは、「新築住宅」である。

3 「景観法」上、景観計画区域内において、建築物の建築等をしようとする者は、原則として、あらかじめ、所定の事項を景観行政団体の長に届け出なければならず、景観行政団体がその届出を受理した日から当該届出に係る行為に着手することができる。

4 「建築物の耐震改修の促進に関する法律」上、特定既存耐震不適格建築物である木造2階建て、床面積の合計が500m²の幼稚園の用に供する建築物の所有者は、当該建築物について耐震診断を行い、その結果、地震に対する安全性の向上を図る必要があると認められるときは、耐震改修を行うよう努めなければならない。

5 「建設業法」上、建設業者は、下請契約を締結して、元請負人から請け負った建設工事を施工するときは、当該工事現場における建設工事の施工の技術上の管理をつかさどる主任技術者を置かなければならない。

令和5年　建築構造

No.1 図のような断面において、図心を通り X 軸に平行な図心軸に関する断面二次モーメントの値として、正しいものは、次のうちどれか。

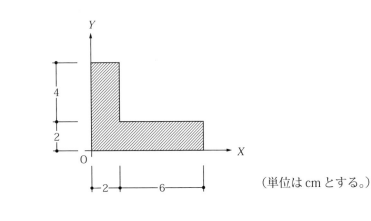

（単位は cm とする。）

1　40cm⁴

2　64cm⁴

3　88cm⁴

4　112cm⁴

5　160cm⁴

No.2 図のような荷重 P を受ける単純梁に、断面 300mm × 500mm の部材を用いた場合、その部材に生じるせん断応力度が、許容せん断応力度 1N/mm² を超えないような最大の荷重 P として、正しいものは、次のうちどれか。ただし、せん断力 Q が作用する断面積 A の長方形断面に生じる最大せん断応力度 τ_{max} は、下式によって与えられるものとし、部材の自重は無視するものとする。

$$\tau_{max} = 1.5 \frac{Q}{A}$$

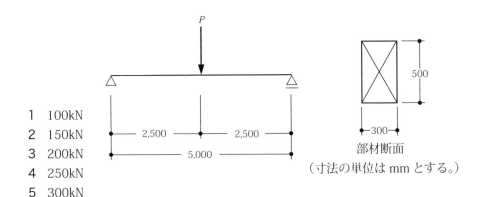

部材断面
（寸法の単位は mm とする。）

1　100kN

2　150kN

3　200kN

4　250kN

5　300kN

No.3 図のような荷重を受ける単純梁に生じる曲げモーメントの大きさの最大値として、**正しいもの**は、次のうちどれか。

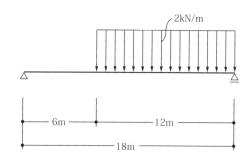

1　36kN・m
2　48kN・m
3　60kN・m
4　64kN・m
5　81kN・m

No.4 図のような外力を受ける静定ラーメンにおいて、支点Bに生じる鉛直反力 R_B、水平反力 H_B の値とE点に生じる曲げモーメント M_E の絶対値との組合せとして、**正しいもの**は、次のうちどれか。ただし、鉛直反力の方向は上向きを「＋」、下向きを「−」とし、水平反力の方向は左向きを「＋」、右向きを「−」とする。

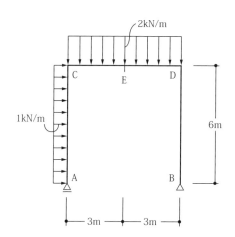

	R_B	H_B	M_E の絶対値
1	− 9kN	− 6kN	0kN・m
2	＋ 9kN	− 6kN	54kN・m
3	＋ 3kN	＋ 6kN	36kN・m
4	＋ 9kN	＋ 6kN	12kN・m
5	＋ 9kN	＋ 6kN	18kN・m

No.5 図のような荷重を受ける静定トラスにおいて、部材 A、B、C に生じる軸方向力の組合せとして、**正しいもの**は、次のうちどれか。ただし、軸方向力は、引張力を「＋」、圧縮力を「－」とする。なお、節点間距離は全て 2m とする。

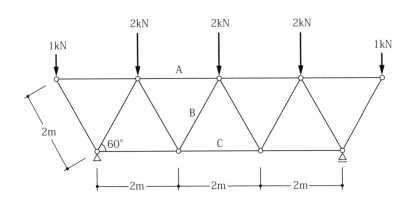

	A	B	C
1	$-\sqrt{3}$ kN	$-\dfrac{2\sqrt{3}}{3}$ kN	$-\dfrac{4\sqrt{3}}{3}$ kN
2	$-\sqrt{3}$ kN	$-\dfrac{2\sqrt{3}}{3}$ kN	$+\dfrac{4\sqrt{3}}{3}$ kN
3	$-\sqrt{3}$ kN	$-\dfrac{2\sqrt{3}}{3}$ kN	$+\dfrac{2\sqrt{3}}{3}$ kN
4	$+\sqrt{3}$ kN	$-\dfrac{2\sqrt{3}}{3}$ kN	$-\dfrac{2\sqrt{3}}{3}$ kN
5	$+\sqrt{3}$ kN	$+\dfrac{2\sqrt{3}}{3}$ kN	$-\dfrac{4\sqrt{3}}{3}$ kN

No.6 図のような長さ l（m）の柱（材端条件は、両端ピン、水平移動拘束とする。）に圧縮力 P が作用したとき、次の l と I との組合せのうち、**弾性座屈荷重が最も大きくなるもの**はどれか。ただし、I は断面二次モーメントの最小値とし、それぞれの柱は同一の材質で、断面は一様とする。

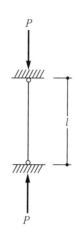

	l（m）	I（m^4）
1	3.0	3×10^{-5}
2	3.5	4×10^{-5}
3	4.0	5×10^{-5}
4	4.5	7×10^{-5}
5	5.0	8×10^{-5}

No.7 構造計算における荷重及び外力に関する次の記述のうち、**最も不適当なもの**はどれか。

1 各階が事務室である建築物において、柱の垂直荷重による圧縮力を計算する場合、積載荷重は、その柱が支える床の数に応じて低減することができる。

2 多雪区域を指定する基準は、「垂直積雪量が 1m 以上の区域」又は「積雪の初終間日数の平年値が 30 日以上の区域」と定められている。

3 風圧力を計算する場合の速度圧 q は、その地方において定められた風速 V_0 の 2 乗に比例する。

4 地震力の計算に用いる標準せん断力係数 C_0 の値は、一般に、許容応力度計算を行う場合においては 0.2 以上とし、必要保有水平耐力を計算する場合においては 1.0 以上とする。

5 地震力の計算に用いる振動特性係数 R_t の地盤種別による大小関係は、建築物の設計用一次固有周期 T が長い場合、第一種地盤＞第二種地盤＞第三種地盤となる。

No.8 多雪区域内の建築物の構造計算を許容応力度等計算により行う場合において、暴風時の応力度の計算で採用する荷重及び外力の組合せとして、**最も適当な**ものは、次のうちどれか。

凡例 $\begin{cases} G：固定荷重によって生ずる力 \\ P：積載荷重によって生ずる力 \\ S：積雪荷重によって生ずる力 \\ W：風圧力によって生ずる力 \\ K：地震力によって生ずる力 \end{cases}$

1　$G + P + 0.7S + W$
2　$G + P + 0.35S + W$
3　$G + P + 0.7S + W + K$
4　$G + P + 0.35S + W + K$
5　$G + P + S + W$

No.9 地盤及び基礎構造に関する次の記述のうち、**最も不適当な**ものはどれか。

1　土の粒径の大小関係は、砂>粘土>シルトである。
2　地下外壁に作用する土圧を静止土圧として算定する場合の静止土圧係数は、一般に、砂質土、粘性土のいずれの場合であっても、0.5 とする。
3　フーチング基礎は、フーチングによって上部構造からの荷重を支持する基礎であり、独立基礎、複合基礎、連続基礎等がある。
4　基礎に直接作用する固定荷重は、一般に、基礎構造各部の自重のほか、基礎スラブ上部の土かぶりの重量を考慮する。
5　布基礎は、地盤の長期許容応力度が 70kN/m² 以上であって、かつ、不同沈下等の生ずるおそれのない地盤にあり、基礎に損傷を生ずるおそれのない場合にあっては、無筋コンクリート造とすることができる。

No.10 木造建築物の部材の名称とその説明との組合せとして、**最も不適当な**ものは、次のうちどれか。

1　破風板 ——— 切妻屋根や入母屋屋根などの妻の部分に、垂木を隠すようにして取り付けた板材
2　回り縁 ——— 天井と壁の接する部分に取り付ける棒状の化粧部材
3　飛梁 ——— 小屋組、床組における水平面において、胴差、梁、桁材に対して斜めに入れて隅角部を固める部材

4　雇いざね ——— ２枚の板をはぎ合わせるときに、相互の板材の側面の溝に、接合のためにはめ込む細長い材

5　木ずり ——— しっくいやモルタルなどを塗るために、下地として取り付ける小幅の板材

No.11 木質構造の接合に関する次の記述のうち、**最も不適当なもの**はどれか。

1　木ねじ接合において、木材を主材として、鋼板との１面せん断接合とする場合、有効主材厚は木ねじの呼び径の６倍以上とする。

2　ドリフトピン接合において、先孔の径は、ドリフトピンと先孔との隙間の存在により構造部に支障をきたす変形を生じさせないために、ドリフトピンの径と同径とする。

3　ラグスクリュー接合において、ラグスクリューが緩む可能性があるため、潤滑剤を用いてはならない。

4　接着接合において、木材の含水率は 20％を超えない範囲で、接着される木材間の含水率の差は 5％以内とする。

5　木造軸組工法の釘接合において、木材の木口面に打たれた釘を引抜力に抵抗させることはできない。

No.12 木造建築物の構造設計に関する次の記述のうち、**最も不適当なもの**はどれか。

1　耐力壁両端の柱の接合金物を選定するための N 値法は、当該柱の両側の耐力壁の壁倍率の差、周辺部材の押さえ効果、長期軸力を考慮して N 値を決定する方法である。

2　曲げ材の支持点付近で引張側に切欠きを設ける場合、切欠きの深さ（高さ）は、材せいの $\frac{1}{2}$ 以下とする。

3　四分割法における耐力壁配置のバランスを確認するための壁率比は、小さいほうの壁量充足率を大きいほうの壁量充足率で除して求める。

4　工場生産によりたて枠と面材とを接着したパネル壁は、実験や計算で確認された場合において、ストレスト・スキン効果を考慮して鉛直荷重に対して抵抗させることができる。

5　引張力を負担する筋かいとして鉄筋を使用する場合、径が 9mm 以上のものを使用する。

No.13 補強コンクリートブロック造に関する次の記述のうち、**最も不適当な**ものはどれか。

1　床及び屋根が鉄筋コンクリート造であったので、耐力壁の中心線によって囲まれた部分の水平投影面積を、60m² とした。

2　2階建て、軒の高さ 7m（1階の階高 3.5m）の建築物に、A種の空洞ブロックを用いた。

3　両側に開口部のある耐力壁の長さ（実長）を 75cm とし、かつ、耐力壁の有効高さの 30％以上を確保した。

4　耐力壁の端部において、横筋に用いた異形鉄筋（D13）は、直交する耐力壁の内部に定着させ、その定着長さを 300mm とした。

5　耐力壁の端部において、縦筋に、異形鉄筋（D13）を用いた。

No.14 鉄筋コンクリート構造に関する次の記述のうち、**最も不適当な**ものはどれか。

1　柱のコンクリート全断面積に対する主筋全断面積の割合は、一般に、0.4％以上とする。

2　柱梁接合部において、その接合部に隣接する柱の帯筋間隔が 10cm の場合、接合部内の帯筋の間隔を 15cm 以下、帯筋比を 0.2％以上とする。

3　床スラブ各方向の全幅について、コンクリート全断面積に対する鉄筋全断面積の割合は、0.2％以上とする。

4　梁の引張鉄筋比が、釣り合い鉄筋比以下の場合、梁の許容曲げモーメントは、引張鉄筋の断面積にほぼ比例する。

5　鉄筋コンクリート造部材の曲げモーメントに対する断面算定は、一般に、曲げ材の各断面が材の湾曲後も平面を保ち、コンクリートの圧縮応力度が中立軸からの距離に比例するとの仮定に基づいて行う。

No.15 鉄筋コンクリート構造の建築物において、図－1のような大梁及び図－2のような柱における主筋の重ね継手の位置ア～キの組合せとして、**最も適当な**ものは、次のうちどれか。なお、図中の○印は、継手の中心位置を示す。

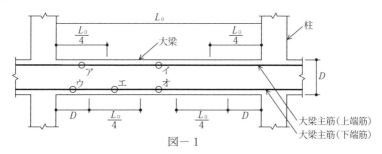

図－1

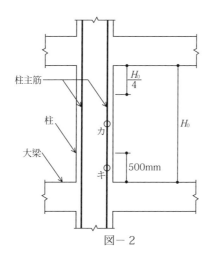

図－2

大梁主筋の継手位置		柱主筋の継手位置
上端筋	下端筋	
ア	エ	キ
ア	オ	カ
イ	ウ	キ
イ	エ	カ
イ	オ	キ

No.16 鉄骨構造に関する次の記述のうち、**最も不適当なもの**はどれか。

1 梁材の圧縮側フランジに設ける横座屈補剛材は、材に元たわみがある場合においても、その耐力が確保されるように、補剛材に十分な耐力と剛性を与える必要がある。

2 長期に作用する荷重に対する梁材のたわみは、通常の場合はスパンの $\frac{1}{300}$ 以下、片持ち梁では $\frac{1}{250}$ 以下とする。

3 根巻き形式の柱脚において、柱下部の根巻き鉄筋コンクリートの高さは、一般に、柱せいと柱幅の大きいほうの 2.0 倍以上とする。

4 露出柱脚に作用するせん断力は、「ベースプレート下面とモルタル又はコンクリートとの摩擦力」又は「アンカーボルトの抵抗力」によって伝達するものとして算定する。

5 角形鋼管柱に筋かい材を取り付ける場合、角形鋼管の板要素の面外変形で、耐力上の支障をきたすことのないように、鋼管内部や外部に十分な補強を行う必要がある。

No.17 鉄骨構造の接合に関する次の記述のうち、**最も不適当なもの**はどれか。

1 片面溶接による部分溶込み溶接は、荷重の偏心によって生じる付加曲げによる引張応力がルート部に作用する箇所には使用しない。

2 一般に、接合しようとする母材の間の角度が 60 度未満又は 120 度を超える場合の隅肉溶接には、応力を負担させない。

3 高力ボルト摩擦接合部の許容応力度は、締め付けられる鋼材間の摩擦力と高力ボルトのせん断力との和として応力が伝達されるものとして計算する。

4 構造用鋼材の高力ボルト摩擦接合部の表面処理方法として、浮き錆を取り除いた赤錆面とした場合、接合面のすべり係数の値は 0.45 とする。

5 高力ボルト摩擦接合において、両面とも摩擦面としての処理を行ったフィラープレートは、接合する母材の鋼種にかかわらず、400N/mm² 級の鋼材でよい。

No.18 建築物の耐震設計、構造計画等に関する次の記述のうち、**最も不適当**なものはどれか。

1 剛性率は、「各階の層間変形角の逆数」を「全ての階の層間変形角の逆数の相加平均の値」で除した値であり、その値が大きいほど、その階に損傷が集中する危険性が高いことを示している。

2 極めて稀に生じる地震に対しては、できる限り多くの梁に塑性ヒンジができて全体の階が一様に塑性化するような構造計算とすることが望ましい。

3 免震構造には、建築物の長周期化を図ることにより、地震動との共振現象を避ける働きがある。

4 制振構造について、一般に、大地震に対しては制振装置を各層に分散配置する方式が用いられ、暴風時の居住性向上には制振装置を頂部に集中配置する方式が用いられることが多い。

5 固有周期が短い建築物では、一般に、最大応答加速度が地面の最大加速度より大きい。

No.19 既存建築物の耐震診断、耐震補強等に関する次の記述のうち、**最も不適当な**ものはどれか。

1 既存の鉄筋コンクリート造建築物の耐震診断基準における第2次診断法は、梁の変形能力などは考慮せずに、柱や壁の強さと変形能力などをもとに耐震性能を判定する診断手法である。

2 耐震スリットとは、耐震設計で考慮されていなかった既存の鉄筋コンクリート壁が、柱や架構に悪影響を及ぼし耐震性能を低下させることを防止するために設ける構造目地である。

3 耐震壁の開口部をふさいだり壁厚を増したりすることは、既存の鉄筋コンクリート造建築物の保有水平耐力を増して強度的に地震外力に抵抗させる補強に適している。

4 既存の鉄筋コンクリート柱における炭素繊維巻き付け補強は、柱の曲げ耐力の向上を目的とした補強方法である。

5 既存の木造住宅の耐震診断法における一般診断法は、「壁や柱の耐力」に「耐力要素の配置等による低減係数」と「劣化度による低減係数」を乗じて、当該住宅が保有する耐力を算定する手法である。

No.20 建築材料として使用される木材及び木質材料に関する次の記述のうち、最も不適当なものはどれか。

1 木材の真比重は、樹種によらずほぼ一定であり、樹種によって比重が異なるのは木材中の空隙率の違いによるものである。

2 スギやヒノキなどの針葉樹は軟木（やわぎ）と言われ、一般に、加工がしやすく構造材にも適している。

3 木杭は、通常の場合、腐朽を避けるために、常水面下に設置する。

4 構造用集成材は、繊維方向、積層方向等によって強度性能上の異方性を示す。

5 インシュレーションボードは、木材の小片（チップ）に接着剤を加えて、熱圧・成形したボードである。

No.21 コンクリートに関する次の記述のうち、最も不適当なものはどれか。

1 コンクリートの設計基準強度は、品質基準強度よりも大きい。

2 コンクリートの調合強度は、調合管理強度よりも大きい。

3 コンクリートの圧縮強度は、曲げ強度よりも大きい。

4 単位水量が少ないコンクリートほど、乾燥収縮は小さくなる。

5 気乾単位容積質量が大きいコンクリートほど、ヤング係数は大きくなる。

No.22 コンクリートの材料に関する次の記述のうち、最も不適当なものはどれか。

1 ポルトランドセメントは、水和反応後、時間が経過して乾燥するにしたがって強度が増大する気硬性材料である。

2 ポルトランドセメントには、凝結時間を調整するためにせっこうが混合されている。

3 膨張剤を使用することにより、硬化後のコンクリートの乾燥収縮によるひび割れを低減することができる。

4 高炉スラグ微粉末を使用することにより、硬化後のコンクリートの水密性や化学抵抗性を向上させることができる。

5 流動化剤を使用することにより、硬化後のコンクリートの強度や耐久性に影響を及ぼさずに、打込み時のフレッシュコンクリートの流動性を増大させることができる。

No.23 鋼材に関する次の記述のうち、**最も不適当な**ものはどれか。

1 常温において、SN400材とSS400材のヤング係数は、同じである。
2 鋼材を焼入れすると、硬さ・耐摩耗性が減少するが、粘り強くなる。
3 鋼材の比重は、アルミニウム材の比重の約3倍である。
4 建築構造用耐火鋼（FR鋼）は、一般の鋼材よりも高温時の強度を向上させ、600℃における降伏点が常温規格値の $\frac{2}{3}$ 以上あることを保証した鋼材である。
5 鋼材は通常、伸びと絞りを伴って破断（延性破壊）するが、低温状態や鋼材に切欠きがある場合に衝撃力がかかると脆性破壊しやすくなる。

No.24 建築材料に関する次の記述のうち、**最も不適当な**ものはどれか。

1 セラミックタイルのⅠ類は、Ⅱ類、Ⅲ類に比べて、吸水率が低い。
2 合成樹脂調合ペイントは、コンクリート面やモルタル面の塗装には不適である。
3 大谷石は凝灰岩の一種で、軟らかく加工が容易で耐火性に優れる。
4 複層ガラスは、複数枚の板ガラスを一定の間隔を保ち、中空層に乾燥空気を封入したもので、断熱性が高く、結露防止に有効である。
5 針葉樹の基準強度について、年輪の幅などの条件を一定にして比較すると、一般に、スギはベイマツよりも高い。

No.25 建築材料に関する次の記述のうち、**最も不適当な**ものはどれか。

1 木毛セメント板は、ひも状の木片とセメントを用いて加圧成形した板材で、保温性、耐火性、遮音性に優れ、壁や天井などの下地材として使用される。
2 せっこうボードは、防火、耐火、遮音の性能に優れ、壁内装下地材や浴室の天井などに使用される。
3 チタンは、耐食性や意匠性に優れ、屋根や内外壁に使用される。
4 ガルバリウム鋼板は、耐食性に優れ、防音材、断熱材を裏打ちしたものが、屋根や外壁材に使用される。
5 スレート波板は、セメント、補強繊維、混和材に水を混合して成形したもので、屋根や外壁材に使用される。

令和5年　建築施工

No.1 施工計画に関する次の記述のうち、**最も不適当なもの**はどれか。

1　施工計画の作成に当たっては、設計図書をよく検討し、不明な点や不足の情報、図面相互の不整合がないか確認する。

2　実施工程表は、工事の施工順序や所要時間を示したものであり、月間工程表などが含まれる。

3　工種別の施工計画書は、各工種別に使用材料や施工方法について記載した文書であり、鉄骨工事施工計画書や防水工事施工計画書などがある。

4　施工図は、工事の実施に際して設計図を補うために作成される図面であり、総合仮設計画書やコンクリート躯体図などがある。

5　工事の記録は、工事中の指示事項や進捗の経過、各種試験の結果を記載したものであり、工事日誌や工事写真などがある。

No.2 工事現場における材料の保管等に関する次の記述のうち、**最も不適当**なものはどれか。

1　砂利を保管するに当たり、保管場所の床は、泥土等で汚れないよう周囲地盤より高くし、かつ、水勾配を設けた。

2　押出成形セメント板は、屋内の平坦で乾燥した場所に、台木を用いて積み上げ高さを床面より1mにして保管した。

3　シーリング材は、高温多湿や凍結温度以下とならない、かつ、直射日光や雨露の当たらない場所に密封して保管した。

4　セラミックタイル型枠先付け工法に用いるタイルユニット及び副資材は、直射日光や雨水による変質や劣化などを防止するため、シート養生を行い保管した。

5　巻いたビニル壁紙は、くせが付かないように、平積みにして保管した。

No.3 工事現場の安全確保に関する次の記述のうち、**最も不適当なもの**はどれか。

1　高さ1.6mの箇所での作業のため、安全に昇降するための設備を設けた。

2　架設通路については、墜落の危険のある箇所に、高さ95cmの手摺及び高さ50cmの中桟を設けたが、作業上やむを得なかったので、必要な部分を限って臨時にこれを取り外した。

3　高さ8mの登り桟橋において、高さ4mの位置に踊場を1箇所設けた。

4　高さ 2m の作業構台において、作業床の床材間の隙間を 5cm とした。

5　吊り足場の作業床は、幅を 40cm とし、かつ、隙間がないようにした。

No.4　建築等の工事現場から排出される廃棄物に関する次の記述のうち、「廃棄物の処理及び清掃に関する法律」に照らして、**最も不適当なものは**どれか。

1　現場事務所から排出された書類は、一般廃棄物に該当する。

2　建築物の改修に伴って生じたガラスくずは、一般廃棄物に該当する。

3　建築物の解体に伴って生じた木くずは、産業廃棄物に該当する。

4　建築物の改築に伴って取り外した、ポリ塩化ビフェニルが含まれた蛍光灯安定器は、特別管理産業廃棄物に該当する。

5　建築物の解体において、石綿の除去作業に用いたプラスチックシートは、特別管理産業廃棄物に該当する。

No.5　仮設工事に関する次の記述のうち、**最も不適当なものはどれか。**

1　200V の配電線の付近で移動式クレーンを使用するので、配電線からの離隔距離（安全距離）を 2.0m とした。

2　ベンチマークは、相互にチェックできるように 2 箇所設置し、移動しないようにそれらの周囲に養生を行った。

3　単管足場の建地の間隔を、桁行方向 1.8m、はり間方向 1.5m とした。

4　高さが 2.5m の登り桟橋は、滑止めのための踏桟を設けたので、勾配を 35 度とした。

5　事前に工事監理者の承諾を得て、施工中の建築物のうち、施工済の一部を現場事務所として使用した。

No.6　木造 2 階建て住宅の基礎工事に関する次の記述のうち、**最も不適当な**ものはどれか。

1　割栗地業における締固めはランマー 3 回突きとし、凹凸部は目つぶし砂利で上ならしを行った。

2　布基礎の基礎底盤の主筋には D13 を用い、その間隔を 250mm とした。

3　べた基礎の底盤には、雨水を排水するために、適切な位置に水抜き孔を設け、工事完了後にふさいだ。

4　コンクリートの打込みに際しては、コンクリートに振動を与えないように注意して打ち込んだ。

5　普通ポルトランドセメントを使用したコンクリートの打込み後、最低気温が15℃を下回らなかったので、型枠の存置期間を3日とした。

No.7 杭工事に関する次の記述のうち、**最も不適当な**ものはどれか。

1　セメントミルク工法において、アースオーガーの回転方向は、掘削時、引き上げ時共に正回転とする。

2　アースドリル工法による掘削は、表層ケーシングを建て込み、安定液を注入しながらドリリングバケットにより掘進する。

3　オールケーシング工法による掘削は、ケーシングチューブを回転圧入しながら、ハンマーグラブにより掘進する。

4　リバース工法では、地下水位を確認し、水頭差を2m以上保つように掘進する。

5　場所打ちコンクリート杭工法には、プレボーリング拡大根固め工法がある。

No.8 鉄筋工事に関する次の記述のうち、**最も不適当な**ものはどれか。

1　鉄筋表面のごく薄い赤錆(さび)は、コンクリートとの付着を妨げるものではないので、除去せずに鉄筋を組み立てた。

2　ガス圧接継手において、外観検査の結果、圧接部の片ふくらみが規定値を超えたため、再加熱し、加圧して所定のふくらみに修正した。

3　降雪時のガス圧接において、覆いを設けたうえで、作業を行った。

4　鉄筋相互のあきは、「粗骨材の最大寸法の1.25倍」、「25mm」及び「隣り合う鉄筋の径（呼び名の数値）の平均の1.5倍」のうち最大のもの以上とした。

5　梁の配筋において、鉄筋のかぶり厚さを確保するためのスペーサーの配置は、特記がなかったので、間隔を1.5m程度とし、端部については0.5m程度となるようにした。

No.9 型枠工事に関する次の記述のうち、**最も不適当な**ものはどれか。

1　資源有効活用の面から、使用後の型枠については、コンクリートに接する面をよく清掃し、締付けボルトなどの貫通孔や破損個所を修理のうえ、剥離剤を塗布して転用、再使用した。

2　せき板として使用する材料は、特記がなかったので、広葉樹と針葉樹を複合したコンクリート型枠用合板で、JASに適合するものを使用した。

3　支柱として使用するパイプサポートは、3本継ぎとし、それぞれ4本のボルトで継いで強固に組み立てた。

4 計画供用期間の級が「標準」の建築物において、構造体コンクリートの圧縮強度が 5N/mm² に達したことを確認したので、柱及び壁のせき板を取り外した。

5 支柱の取外し時期を決定するためのコンクリート供試体の養生方法は、工事現場における封かん養生とした。

No.10 コンクリート工事に関する次の記述のうち、**最も不適当なもの**はどれか。

1 コンクリートの練混ぜから打込み終了までの時間は、外気温が 20℃ であったので、120 分以内とした。

2 レディーミクストコンクリートの受入れにおいて、コンクリートの種類、呼び強度、指定スランプ等が、発注した条件に適合していることを、運搬車 2 台に対して 1 台の割合で、納入書により確認した。

3 フレッシュコンクリートの試験に用いる試料の採取は、荷卸しから打込み直前までの間に、許容差を超えるような品質の変動のおそれがなかったので、工事現場の荷卸し地点とした。

4 レディーミクストコンクリートの受入検査において、コンクリートに含まれる塩化物量が、塩化物イオン量として、0.30kg/m³ であったので、合格とした。

5 レディーミクストコンクリートの受入検査において、指定したスランプ 18cm に対して、スランプが 20cm であったので、合格とした。

No.11 コンクリート工事に関する次の記述のうち、**最も不適当なもの**はどれか。

1 数スパン連続した壁のコンクリートの打込みにおいて、一つのスパンから他のスパンへ柱を通過させて、横流ししながら打ち込んだ。

2 コンクリート打込み後の養生期間中に、コンクリートが凍結するおそれのある期間において、初期養生は所定の試験による圧縮強度が 5N/mm² 以上となるまで行った。

3 日平均気温の平年値が 25℃ を超える期間のコンクリート工事において、コンクリート打込み後の湿潤養生の開始時期は、コンクリート上面のブリーディング水が消失した時点とした。

4 パラペットの立上り部分のコンクリートは、これを支持する屋根スラブと同一の打込み区画として打設した。

5 コンクリート表面の仕上がりに軽微な豆板があったので、健全部分を傷めないように不良部分をはつり、水洗いした後、木ごてで硬練りモルタルを丁寧に塗り込んだ。

No.12 高力ボルト接合に関する次の記述のうち、**最も不適当な**ものはどれか。

1 接合部の材厚の差により 1.2mm の肌すきが生じたので、ボルトの締付けのトルク値を高めることにより修正した。

2 一群のボルトの締付けは、群の中央部から周辺に向かう順序で行った。

3 ボルト頭部と接合部材の面が、$\frac{1}{20}$ 以上傾斜していたので、勾配座金を使用した。

4 仮ボルトは、本接合のボルトと同軸径の普通ボルトを用い、締付け本数は、一群のボルト数の $\frac{1}{3}$ 以上、かつ、2 本以上とした。

5 一次締め終了後に行うボルトのマーキングは、ボルト軸、ナット、座金及び母材（添え板）にかけて行った。

No.13 鉄骨工事に関する次の記述のうち、**最も不適当な**ものはどれか。

1 架構の倒壊防止用に使用するワイヤロープは、建入れ直し用に兼用した。

2 筋かいによる補強作業は、建方の翌日に行った。

3 板厚が 22mm の鋼材相互を突合せ継手とする完全溶込み溶接において、溶接部の余盛りの高さは、特記がなかったので、2mm とした。

4 溶接部の清掃作業において、溶接作業に支障のない溶接面に固着したミルスケールは、除去せずにそのまま残した。

5 隅肉溶接の溶接長さは、有効溶接長さに隅肉サイズの 2 倍を加えたものとした。

No.14 ALC パネル工事に関する次の記述のうち、**最も不適当な**ものはどれか。

1 外壁パネルを横壁アンカー構法で取り付けるに当たり、自重受け金物は、パネル積上げ段数 5 段ごとに設けた。

2 外壁パネルの短辺小口相互の接合部の目地は伸縮調整目地とし、特記がなかったので、目地幅は 5mm とした。

3 外壁パネルを縦壁ロッキング構法で取り付けるに当たり、床パネルとの取り合い部分の隙間には、外壁パネルに絶縁材を張り付けたうえで、セメントモルタルを充填した。

4 外壁パネルの外部に面する部分の目地には、シーリング材を充填した。

5 床パネルの短辺小口相互の接合部には 20mm の目地を設け、支持梁上になじみよく敷き並べた。

No.15 木造2階建て住宅における木工事に関する次の記述のうち、**最も不適当なもの**はどれか。

1 跳ね出しバルコニーの水勾配は、下地板で $\frac{1}{50}$ とし、排水溝部分では $\frac{1}{200}$ とした。

2 垂木の固定は、くら金物SS当て、太め釘ZN40打ちとした。

3 構造用面材による床組の補強において、105mm角の床梁を1,820mmの間隔で配置した。

4 上下階の同位置に配置する大壁の耐力壁における構造用面材は、胴差部において面材の相互間に3mmのあきを設けた。

5 真壁の耐力壁における構造用面材の下地は、15mm×90mmの貫を5本設けた。

No.16 木工事における各部の継手・仕口に関する次の記述のうち、**最も不適当なもの**はどれか。

1 通し柱と桁の仕口は、長ほぞ差し、込み栓打ちとした。

2 筋かいが付かない管柱と土台の仕口は、短ほぞ差し、かすがい打ちとした。

3 天端そろえとする胴差と梁の仕口は、渡りあご掛け、羽子板ボルト締めとした。

4 隅木の継手は、母屋心より上方で、腰掛け蟻継ぎ、かすがい打ちとした。

5 軒桁の継手は、小屋梁の掛かる位置を避けて、追掛大栓継ぎとした。

No.17 防水工事に関する次の記述のうち、**最も不適当なもの**はどれか。

1 アスファルト防水工事において、保護層の入隅部分には、成形緩衝材を設けた。

2 改質アスファルトシート張付け防水工事において、コンクリート下地が、十分に乾燥した後、清掃を行い、プライマーを塗布した。

3 加硫ゴム系シートによる合成高分子系シート張付け防水工事において、平場一般部のシートの重ね幅を、幅方向、長手方向とも100mmとした。

4 ウレタンゴム系塗膜防水工事において、防水層の下地は、出隅は通りよく45度の面取りとし、入隅は通りよく直角とした。

5 シーリング材の充填作業において、シリコーン系シーリング材が充填箇所以外の部分に付着したので、硬化前に取り除いた。

No.18 タイル工事及び石工事に関する次の記述のうち、**最も不適当なもの**はどれか。

1　内壁の石張りにおいて、石材を空積工法で取り付ける際に、石材の裏面とコンクリート躯体面との間隔を15mmとした。

2　外壁乾式工法による石材の取付けにおいて、特記がなかったので、石材間の目地幅を10mmとした。

3　セメントモルタルによるタイル張りにおいて、タイル張りに先立ち、下地モルタルに水湿しを行った。

4　タイル工事において、下地のひび割れ誘発目地、打継ぎ目地及び構造スリットの位置には、伸縮調整目地を設けた。

5　タイル工事において、張付けモルタルの練混ぜは機械練りとし、1回に練り混ぜる量は60分以内に張り終える量とした。

No.19 塗装工事に関する次の記述のうち、**最も不適当なもの**はどれか。

1　塗料は、気温の低下などから所定の粘度が得られないと判断したので、適切な粘度に調整して使用した。

2　パテかいは、一回で厚塗りせず、木べらを用いて数回に分けて行った。

3　壁面のローラーブラシ塗りに当たり、隅やちり回りなどは、先行して小ばけを用いて塗装した。

4　鉄鋼面に使用する合成樹脂調合ペイントの上塗りは、エアレススプレーによる吹付け塗りとした。

5　外壁の吹付け塗りにおいて、スプレーガンを素地面に対して直角に保ち、1列ごとの吹付け幅が重ならないように吹き付けた。

No.20 建具工事、ガラス工事及び内装工事に関する次の記述のうち、**最も不適当なもの**はどれか。

1　FRP系塗膜防水とアルミニウム製建具が取り合う箇所は、防水工事を施工した後、建具の取付けを行った。

2　外部に面したアルミニウム製建具に網入りガラスをはめ込むに当たり、これを受ける下端ガラス溝に、径6mmの水抜き孔を2箇所設けた。

3　ガラスブロック積みにおいて、伸縮調整目地の幅については、特記がなかったので、5mmとした。

4　洗面室にビニル床シートを張り付けるに当たり、エポキシ樹脂系の接着剤を使用した。

5　コンクリート壁下地へのせっこうボードの直張りにおいて、せっこうボード張付け後 10 日放置し、仕上げに支障がないことを確認してから、表面に通気性のある壁紙を張り付けた。

No.21 木造住宅における設備工事に関する次の記述のうち、**最も不適当な**ものはどれか。

1　屋内の排水横管の勾配は、管径が 75mm であったので、$\frac{1}{150}$ とした。

2　給湯管には、架橋ポリエチレン管を使用した。

3　雨水ますには、底部の泥だめの深さが 150mm のものを用いた。

4　寒冷地以外の一般敷地内において、特記がなかったので、給水管の地中埋設深さは、土かぶりを 400mm とした。

5　コンクリート埋込みとなる分電盤の外箱は、型枠に取り付けた。

No.22 改修工事に関する次の記述のうち、**最も不適当な**ものはどれか。

1　木部のクリヤラッカー塗りにおける着色は、下塗りのウッドシーラー塗布前に行った。

2　合成樹脂エマルションペイント塗りにおいて、天井面等の見上げ部分については、研磨紙ずりを省略した。

3　コンクリート柱の耐震改修工事において、連続繊維シートを張り付けて、シートの上面に下塗りの含浸接着樹脂がにじみ出るのを確認した後、ローラーで上塗りを行った。

4　防煙シャッター更新工事において、スラットの形状は、インターロッキング形とした。

5　枠付き鉄骨ブレースを設置する耐震改修工事において、鉄骨が取り付く範囲の既存構造体のコンクリート面には、目荒らしを行った。

No.23 施工機械・器具とそれを用いた作業との組み合わせとして、**最も不適当な**ものは、次のうちどれか。

1　ハッカー ──────── 鉄筋の結束

2　チェーンブロック ─── 鉄骨骨組の建入れ直し

3　インパクトレンチ ─── 型枠のフォームタイの締付け

4　トレミー管 ──────── 場所打ちコンクリート杭のコンクリートの打込み

5　タンパー ──────── コンクリート表面のたたき締め

No.24 建築積算に関する次の記述のうち、**最も不適当な**ものはどれか。

1 共通仮設費は、各工事種目に共通の仮設に要する費用である。

2 現場管理費は、工事施工に当たり、工事現場を管理運営するために必要な費用で、共通仮設費以外の費用である。

3 一般管理費等は、工事施工に当たる受注者の継続運営に必要な費用で、一般管理費と付加利益等からなる。

4 消費税等相当額は、工事価格に消費税及び地方消費税相当分からなる税率を乗じて算定する。

5 共通費は、共通仮設費、現場管理費及び直接工事費に区分される。

No.25 請負契約に関する次の記述のうち、中央建設業審議会「民間建設工事標準請負契約約款（甲）」（令和4年9月改正）に照らして、**最も不適当な**ものはどれか。

1 請負代金額を変更するときは、原則として、工事の減少部分については監理者の確認を受けた請負代金内訳書の単価により、増加部分については時価による。

2 受注者は、監理者の処置が著しく適当でないと認められるときは、発注者に対して異議を申し立てることができる。

3 受注者は、契約を締結した後、速やかに請負代金内訳書及び工程表を発注者に、それぞれの写しを監理者に提出し、請負代金内訳書については、監理者の確認を受ける。

4 発注者又は受注者は、工事について発注者、受注者間で通知、協議を行う場合は、契約に別段の定めのあるときを除き、原則として、通知は監理者を通じて、協議は監理者を参加させて行う。

5 受注者は、契約の履行報告につき、設計図書に定めがあるときは、その定めるところにより監理者に報告しなければならない。

令和4年

試験時間に合わせて解いてみよう！！

■ 10：00 ～ 13：00（制限時間 3 時間）
　　建築計画・・・・・・・・・・・・・・・・・・・・・・・・・・56
　　建築法規・・・・・・・・・・・・・・・・・・・・・・・・・・66

■ 14：10 ～ 17：10（制限時間 3 時間）
　　建築構造・・・・・・・・・・・・・・・・・・・・・・・・・・80
　　建築施工・・・・・・・・・・・・・・・・・・・・・・・・・・92

p.331 の解答用紙をコピーしてお使いください。

◆ 学科試験結果データ ◆
《難易度：例年並み》

受験者数	合格者数	合　格　率
18,893 人	8,088 人	42.8%

◆ 合格基準点 ◆

科　目	建築計画	建築法規	建築構造	建築施工	総得点
基準点	13	14	14	13	60

＊各科目及び総得点のすべてが基準点に達している者が合格となります。

令和4年　建築計画

No.1 日本の歴史的な建築物に関する次の記述のうち、**最も不適当なもの**はどれか。

1 鹿苑寺金閣（京都府）は、方形造りの舎利殿で、最上層を禅宗様仏堂風の形式とし、二層を和様仏堂風、一層を住宅風とした建築物である。

2 円覚寺舎利殿（神奈川県）は、部材が細く、屋根の反りが強い等の和様の特徴をもつ建築物である。

3 旧正宗寺三匝堂（福島県）は、通称さざえ堂と呼ばれ、堂内に二重螺旋の連続斜路を有する建築物である。

4 薬師寺東塔（奈良県）は、本瓦葺きの三重塔であり、各重に裳階が付いた建築物である。

5 法隆寺金堂（奈良県）は、重層の入母屋造りの屋根をもつ堂であり、飛鳥様式で建てられた建築物である。

No.2 歴史的な建築物とその建築様式との組合せとして、**最も不適当なもの**は、次のうちどれか。

1 アルハンブラ宮殿（スペイン）———— イスラム建築

2 シュパイヤー大聖堂（ドイツ）———— ロマネスク建築

3 サン・マルコ大聖堂（イタリア）———— ビザンティン建築

4 パリのオペラ座（フランス）———— ルネサンス建築

5 シャルトル大聖堂（フランス）———— ゴシック建築

No.3 建築環境工学に関する次の記述のうち、**最も不適当なもの**はどれか。

1 熱伝導率の値が大きい材料ほど、断熱性が高い。

2 日射量は、ある面が受ける単位面積・単位時間当たりの日射エネルギー量で表される。

3 輝度は、光を発散する面をある方向から見たときの明るさを示す測光量である。

4 音の強さは、音波の進行方向に垂直な単位面積を単位時間当たりに通過する音響エネルギー量で表される。

5 PMV（予測平均温冷感申告）は、温度、湿度、気流、放射の四つの温熱要素に加え、人の着衣量と作業量を考慮した温熱環境指標のことである。

令和
4
年

No.4 換気に関する次の記述のうち、**最も不適当なもの**はどれか。

1 開放型燃焼器具に対する必要換気量は、一般に、燃料消費量に対する理論廃ガス量の 40 倍である。

2 居室の空気中において、一般に、二酸化炭素の許容濃度は 0.1％（1,000ppm）であり、毒性の強い一酸化炭素の許容濃度は <u>0.001％（10ppm）</u> である。（★）

3 温度差換気において、外気温度が室内温度よりも低い場合、中性帯よりも下方から外気が流入する。

4 第2種機械換気方式は、室内を正圧に維持することにより、周辺諸室からの汚染空気の流入を防ぐものである。

5 汚染物質が発生している室における必要換気量は、汚染物質の発生量が同じ場合、その室の容積の大小によって変化する。

No.5 湿り空気に関する次の記述のうち、**最も不適当なもの**はどれか。

1 絶対湿度は、乾燥空気 1kg に含まれている水蒸気の重量であり、湿り空気の温度によって変化する。

2 水蒸気分圧は、湿り空気中の水蒸気のみで、湿り空気が占めている容積を占有したときの水蒸気の圧力である。

3 相対湿度は、湿り空気の絶対湿度と、同じ温度における飽和絶対湿度との比である。

4 湿球温度は、温度計の感温部を湿った布などで覆って測定した温度である。

5 湿り空気は、露点温度以下の物体に触れると、物体の表面に露又は霜が生じる。

No.6 イ〜ニの条件に示す室の外皮平均熱貫流率の値として、**正しいもの**は、次のうちどれか。ただし、温度差係数は全て 1.0 とする。

条件

イ　屋根（天井）　：面積 40m²、熱貫流率 0.2W/（m²・K）
ロ　外壁（窓を除く）：面積 60m²、熱貫流率 0.3W/（m²・K）
ハ　窓　　　　　　：面積 24m²、熱貫流率 2.0W/（m²・K）
ニ　床　　　　　　：面積 40m²、熱貫流率 0.2W/（m²・K）

1　0.02W/（m²・K）　　2　0.10W/（m²・K）
3　0.50W/（m²・K）　　4　1.00W/（m²・K）
5　2.00W/（m²・K）

No.7 採光・照明に関する次の記述のうち、**最も不適当な**ものはどれか。

1　昼光率は、室内の壁や天井の表面の反射の影響を受けない。

2　全天空照度は、直射日光による照度を含まない。

3　光の色の三原色は、赤、緑、青である。

4　事務室において、細かい視作業を伴う事務作業の作業面に必要な照度は、一般に、1,000lx 程度とされている。

5　光束は、ある面を単位時間に通過する光のエネルギー量を、視感度で補正した値である。

No.8 色彩に関する次の記述のうち、**最も不適当な**ものはどれか。

1　床、壁、天井の内装材の色彩は、一般に、全体的に彩度を低くし、天井面は明度を高く、床面は明度を低くする。

2　マンセル表色系においては、有彩色を 5R4/14 のように表現し、5R が色相、4 が彩度、14 が明度を示している。

3　明度と彩度を合わせて色の印象を表したものを、色調（トーン）という。

4　マンセル表色系において、各色相の中で最も彩度の高い色を、純色という。

5　他の色に囲まれた色が周囲の色に近づいて見えることを、色の同化現象という。

No.9 吸音・遮音に関する次の記述のうち、**最も不適当な**ものはどれか。

1　壁を構成する材料の一部に、音響透過損失の著しく小さい部分がわずかでも含まれていると、その壁全体の音響透過損失は著しく小さくなる。

2　中空二重壁の共鳴透過について、壁間の空気層を厚くすると、共鳴周波数は低くなる。

3　多孔質材料は、一般に、低音域よりも高音域の吸音に効果がある。

4　吸音材料は、一般に、音の透過率が低いので、遮音性能は高い。

5　吸音率は、「壁の内部に吸収される音のエネルギー」と「壁を透過する音のエネルギー」の和を、「壁に入射する音のエネルギー」で除したものである。

No.10 環境評価・地球環境に関する次の記述のうち、**最も不適当な**ものはどれか。

1　ZEH（ネット・ゼロ・エネルギー・ハウス）は、外皮の断熱性能等の向上や高効率設備、再生可能エネルギーの導入により、室内環境の質を維持しつつ、年間の一次エネルギー消費量が正味ゼロ又はマイナスとなることを目指した住宅のことである。

2　ヒートアイランド現象は、大気中の二酸化炭素などの温室効果ガスが増えることを主たる要因として気温が上昇する現象である。

3　暖房デグリーデーは、その地域の気候条件を表す指標で、その値が大きいほど暖房に必要な熱量が大きくなる。

4　カーボンニュートラルは、二酸化炭素をはじめとする温室効果ガスの「排出量」から、植林、森林管理などによる「吸収量」を差し引いて、合計を実質的にゼロにすることである。

5　ビル風の防止対策としては、外壁面の凹凸を多くする、外壁の出隅部分を曲面にする、頻度の高い風向に対する壁面の面積を小さくするなどの手法が有効である。

No.11 住宅の計画に関する次の記述のうち、**最も不適当な**ものはどれか。

1　和室を江戸間（田舎間）とするに当たり、柱心間の寸法を、基準寸法（910mm）の整数倍とした。

2　玄関のインターホンの取付け位置を、玄関ポーチの床面から1,400mmとした。

3　車椅子使用者に配慮し、居室の出入口の前後は段差を避け、内法寸法で1,400mm×1,400mm程度のスペースを確保した。

4　玄関のくつずりと玄関ポーチの床面との高低差を、高齢者に配慮して30mmとした。

5　都市型集合住宅において、2名が居住する住居の床面積を誘導居住面積水準の目安に従って、60m²とした。

No.12 集合住宅の計画に関する次の記述のうち、**最も不適当なもの**はどれか。

1 テラスハウスは、共用の中庭を中心に、それを囲んで配置される集合住宅の形式である。

2 スキップフロア型は、共用廊下のない階の住戸では、外気に接する2方向の開口部を設けることができる。

3 ボイド型は、階段・エレベーター等をコアとして設け、コアとつながった共用廊下の中央に吹抜けを配置した形式である。

4 フライングコリドーは、プライバシーに配慮し、片廊下型などの共用廊下を住戸から離して設けたものである。

5 スケルトンインフィル住宅は、「建築物の躯体や共用設備部分」と「住戸専有部分の内装や設備」とを明確に分けて計画することによって、住戸の更新性や可変性を高めることができる。

No.13 文化施設に関する次の記述のうち、**最も不適当なもの**はどれか。

1 劇場において、プロセニアムアーチの開口寸法は、客席数や上演演目により異なる。

2 劇場の舞台において、下手とは客席側から見て左側をいう。

3 音楽ホールにおいて、アリーナ型は、客席がステージを取り囲む形式で、演奏者との一体感が得られやすい。

4 美術館において、絵画を展示する場合の展示壁面の照度は、一般に、日本画より油絵のほうを低くする。

5 美術館において、絵画用の人工照明の光源は、一般に、自然光に近い白色光とすることが望ましい。

No.14 社会福祉施設等又は高齢者、障がい者等に配慮した建築物の計画に関する次の記述のうち、**最も不適当なもの**はどれか。

1 グループホームとは、知的障がい者や精神障がい者、認知症高齢者などが専門スタッフ又はヘルパーの支援のもと、少人数で共同生活を行う家のことである。

2 コレクティブハウスは、共同の食事室や調理室等が設けられた、複数の家族が共同で生活する集合住宅であり、高齢者用の住宅としても用いられている。

3 車椅子使用者が利用する浴室において、浴槽の縁の高さは、洗い場の床面から55cm程度とする。

4　高齢者が利用する洗面脱衣室において、床暖房や温風機等の暖房設備を設置することは、急激な温度変化によって起こるヒートショックを防ぐために有効である。

5　高齢者が利用する書斎において、机上面の照度は、600 ～ 1,500lx 程度とする。

No.15 公共建築等の計画に関する次の記述のうち、**最も不適当な**ものはどれか。

1　図書館において、資料の検索等を行うコンピューター機器を備えた、レファレンスコーナーを設けた。

2　診療所において、診察室は処置室と隣接させて配置した。

3　劇場において、演目に応じて舞台と観客席との関係を変化させることができるように、アダプタブルステージ形式を採用した。

4　中学校の教室において、「黒板や掲示板」と「その周辺の壁」との明度対比が大きくなり過ぎないように、色彩調整を行った。

5　保育所において、保育室は、乳児用と幼児用とを間仕切りのないワンルームとし、乳児と幼児の人数比の変動に対応できるようにした。

No.16 車椅子使用者に配慮した建築物の計画に関する次の記述のうち、**最も不適当な**ものはどれか。

1　一戸建ての住宅において、壁付コンセントの取り付け高さを、床面から 40cm とした。

2　一戸建ての住宅において、ドアモニターや空調スイッチの高さを、床面から 140cm とした。

3　一戸建ての住宅の駐車場において、駐車スペースの幅は、乗降を考慮して、3.5m とした。

4　病院の受付において、番号札の発券機の操作ボタン及び取り出し口が、それぞれ床面から高さ 60 ～ 100cm 程度の範囲に納まるようにした。

5　物販店舗において、購入した商品を袋に詰めるためのサッカー台は、上端高さを床面から 75cm とし、下部スペースの奥行きを 50cm とした。

No.17 JISにおける案内用図記号とその表示事項との組合せとして、**最も不適当なもの**は、次のうちどれか。

案内用図記号	表示事項
1	オストメイト用設備／オストメイト
2	介助用ベッド
3	スロープ
4	授乳室（男女共用）
5	カームダウン・クールダウン

（注）No.17については、著作権法上の関係から、その出所等を明示しています。
図の出典： JIS Z 8210
公益財団法人交通エコロジー・モビリティ財団

No.18 物販店舗の防災計画に関する次の記述のうち、**最も不適当なもの**はどれか。

1 避難階段内に、緊急時に車椅子使用者が安全に待難でき、かつ、他の避難動線等の妨げにならないように、幅 1.2m の一時待避スペースを設けた。

2 視覚障がい者に配慮して、廊下には、避難時の妨げにならないように、壁埋込型消火器ボックスを設けた。

3 非常用の照明装置は、避難時にまぶしさを感じさせないように、間接照明とした。

4 便所及び便房内において、聴覚障がい者に非常警報がわかるように、フラッシュライトの光警報装置を設けた。

5 出入口の戸を全面ガラスとするに当たって、衝突時の事故防止のため、合わせガラスを用い、横桟を設けた。

No.19 建築設備等に関する用語とその説明との組合せとして、**最も不適当な**ものは、次のうちどれか。

1 NC − 30 —— 全てのオクターブバンドで騒音レベルが NC − 30 曲線を上回っていることをいう。

2 HEMS ——— 住宅内の家電機器、給湯機器や発電設備等をネットワークでつなぎ、設備等の制御やエネルギーの可視化を行う技術である。

3 SHF ——— 空調機により空気に加えられる熱量又は空気から除去される熱量のうち、顕熱量の占める割合である。

4 IP − PBX —— 従来のアナログやデジタル回線網と IP ネットワーク相互間での通話を可能にする電話交換機である。

5 BOD ——— 生物化学的酸素要求量のことであり、水質基準を評価する指標の一つで、浄化槽設置区域では、放流水に含まれる上限値が定められている。

No.20 空気調和設備に関する次の記述のうち、**最も不適当な**ものはどれか。

1 床吹出し空調方式は、冷房時には、通常の天井吹出し空調方式よりも給気温度を高くする必要がある。

2 放射冷房は、気流や温度むらによる不快感が少なく、快適な室内環境を得やすい。

3 中央熱源方式の空気調和設備において、水方式の場合は、換気機能を有する装置が別途必要となる。

4 冷凍機の自然冷媒には、アンモニアや二酸化炭素などが用いられている。

5 開放式冷却塔の冷却効果は、主として、「冷却水に接触する空気の温度」と「冷却水の温度」との差によって得られる。

No.21 建築設備に関する次の記述のうち、**最も不適当な**ものはどれか。

1 住宅の居室においては、原則として、24時間機械換気設備の設置が義務付けられている。

2 LPガス（液化石油ガス）のガス漏れ警報装置の検知器は、天井から30cm以内に設置しなければならない。

3 さや管ヘッダ工法は、ヘッダから各給水装置まで、さや管内に挿入された一本の樹脂管で接続するため、配管の更新が容易、給水・給湯圧力の安定、湯待ち時間が短いという特徴がある。

4 合併処理浄化槽は、定期的な点検や、たまった汚泥のくみ取りが可能な場所に設ける。

5 給湯配管において、給湯立て管の頂部にエア抜き装置を設置すると、管内騒音が低減できる。

No.22 給排水衛生設備に関する次の記述のうち、**最も不適当な**ものはどれか。

1 水道水の給水栓における遊離残留塩素は、一般に、0.1mg/l以上としなければならない。

2 自然流下式の排水立て管の管径は、どの階においても、最下部の最も大きな排水負荷を負担する部分の管径と同一にしなければならない。

3 集合住宅における設計用給水量は、居住者1人1日当たり200〜350lである。

4 分流式公共下水道の雨水専用管に、敷地内の雨水排水管を接続する場合には、トラップますを設置しなければならない。

5　給水管に取り付けるエアチャンバは、ウォータハンマによる水撃圧を吸収するために設ける。

No.23　電気設備に関する次の記述のうち、**最も不適当なもの**はどれか。

1　低圧屋内配線において、合成樹脂製可とう電線管をコンクリート内に埋設した。
2　搬送動力を削減するため、送風機やポンプ等の電動機をインバータ制御とした。
3　400Vの低圧用電動機には、D種接地工事を施した。
4　ライティングダクトを下向きに設置するに当たり、人が容易に触れるおそれがあったので、漏電遮断器を施設した。
5　無効電流による電力損失を削減するため、誘導電動機に進相コンデンサを並列に接続した。

No.24　照明に関する次の記述のうち、**最も不適当なもの**はどれか。

1　演色性は、物体色の見え方に変化を起こす光源の性質である。
2　屋内作業面の平均照度を光束法により求める場合、ランプ光束、器具台数、照明率、保守率及び作業面面積を用いて算出する。
3　色温度の低い光源を用いた場合、一般に、暖かみのある雰囲気となる。
4　省エネルギーのための照明制御システムには、タイムスケジュール制御、明るさセンサによる制御、熱線センサによる制御、調光センサ制御、施錠連動制御等の手法がある。
5　タスク・アンビエント照明は、ある特定の部分だけを照明する方式である。

No.25　環境・省エネルギーに配慮した建築・設備計画に関する次の記述のうち、**最も不適当なもの**はどれか。

1　電気設備において、配電線路における電力損失を低減するために、配電電圧を低く設定した。
2　窓の断熱性能を高めて、年間熱負荷係数（PAL＊：パルスター）の値を小さくした。
3　排水再利用設備において、洗面・手洗い排水を浄化して再利用水として使用した。
4　CASBEEにおけるBEE（環境性能効率）を高めるため、環境負荷（L）の数値が小さくなるように、かつ、環境品質（Q）の数値が大きくなるように計画した。
5　使用する設備機器を、ライフサイクルアセスメント（LCA）により評価し選定した。

令和4年　建築法規

No.1 図のような建築物の建築面積として、建築基準法上、**正しいもの**は、次のうちどれか。ただし、国土交通大臣が高い開放性を有すると認めて指定する構造の部分はないものとする。

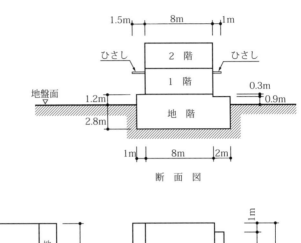

断　面　図

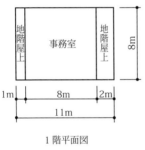

1階平面図

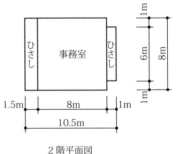

2階平面図

1　68m²
2　72m²
3　82m²
4　88m²
5　106m²

No.2 次の行為のうち、建築基準法上、**全国どの場所においても**、確認済証の交付を受ける必要があるものはどれか。

1 鉄筋コンクリート造、高さ 2m の擁壁の築造
2 鉄骨造平家建て、延べ面積 200m² の飲食店の新築
3 木造 3 階建て、延べ面積 200m²、高さ 9m の一戸建て住宅における、鉄骨造平家建て、床面積 10m² の倉庫の増築
4 木造 2 階建て、延べ面積 200m²、高さ 9m の旅館の新築
5 木造 2 階建て、延べ面積 300m²、高さ 8m の事務所から物品販売業を営む店舗への用途の変更

No.3 次の記述のうち、建築基準法上、**誤っている**ものはどれか。

1 建築主は、鉄筋コンクリート造 3 階建て、延べ面積 300m² の共同住宅の新築において、2 階の床及びこれを支持する梁に鉄筋を配置する工程に係る工事を終えたときは、建築主事又は指定確認検査機関の中間検査を申請しなければならない。

2 建築主は、建築物の用途の変更に係る確認済証の交付を受けた場合において、当該工事を完了したときは、建築主事に届け出なければならない。

3 建築主は、都市計画区域内において、木造 2 階建て、延べ面積 150m² の一戸建て住宅を新築し、建築主事に完了検査を申請する場合、原則として、当該工事が完了した日から 7 日以内に建築主事に到達するようにしなければならない。

4 一戸建て住宅の一部である床面積 20m² の部分を除却しようとする場合、当該除却の工事を施工する者は、その旨を都道府県知事に届け出なければならない。

5 鉄骨造 2 階建て、延べ面積 300m² の倉庫の新築において、指定確認検査機関が、安全上、防火上及び避難上支障がないものとして国土交通大臣が定める基準に適合していることを認めたときは、当該建築物の建築主は、検査済証の交付を受ける前においても、仮に、当該建築物又は建築物の部分を使用し、又は使用させることができる。

No.4　木造2階建て、延べ面積100m²の一戸建て住宅の計画に関する次の記述のうち、建築基準法に**適合しない**ものはどれか。

1　敷地内の排水に支障がなかったので、建築物の敷地は、これに接する道の境よりも低くした。

2　居室に設ける開口部で、公園に面するものについて、採光に有効な部分の面積を算定するに当たり、その公園の反対側の境界線を隣地境界線とした。

3　居間（床面積16m²、天井の高さ2.5m）に機械換気設備を設けるに当たり、「居室を有する建築物の換気設備についてのホルムアルデヒドに関する技術的基準」による有効換気量を、20m³/hとした。

4　回り階段の部分における踏面の寸法を、踏面の狭い方の端から30cmの位置において、15cmとした。

5　階段（高さ3.0mの屋内の直階段）の高さ1.5mの位置に、踏幅1.1mの踊場を設けた。

No.5　図のような一様に傾斜した勾配天井部分をもつ居室の天井の高さとして、建築基準法上、**正しい**ものは、次のうちどれか。

1　2.4m
2　2.5m
3　2.7m
4　2.8m
5　3.0m

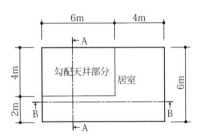

天井面を水平に投影した図

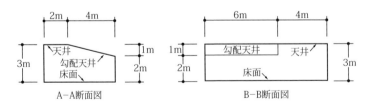

A-A断面図　　　　B-B断面図

No.6 図のような平面を有する木造平家建ての倉庫の構造耐力上必要な軸組の長さを算定するに当たって、張り間方向と桁行方向における「壁を設け又は筋かいを入れた軸組の部分の長さに所定の倍率を乗じて得た長さの合計（構造耐力上有効な軸組の長さ）」の組合せとして、建築基準法上、**正しいもの**は、次のうちどれか。

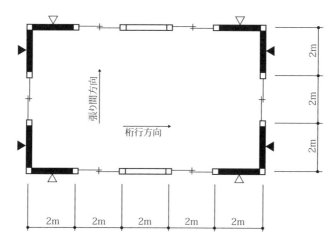

▬▬▬ 木ずりを柱及び間柱の両面に打ち付けた壁を設けた軸組
▭▭▭ 木ずりを柱及び間柱の片面に打ち付けた壁を設けた軸組
▲ 厚さ4.5cmで幅9.0cmの木材の筋かいをたすき掛けに入れた軸組
△ 厚さ4.5cmで幅9.0cmの木材の筋かいを入れた軸組

	構造耐力上有効な軸組の長さ	
	張り間方向	桁行方向
1	40m	26m
2	40m	24m
3	36m	26m
4	36m	24m
5	32m	18m

No.7 次の記述のうち、建築基準法上、**誤っている**ものはどれか。ただし、国土交通大臣が定める基準に従った構造計算による安全性の確認は行わないものとする。

1 木造3階建て、延べ面積250m²の一戸建て住宅に対し、鉄骨造平家建て、床面積60m²の診療所を、エキスパンションジョイントその他の相互に応力を伝えない構造方法のみで接する形で増築する場合には、建築基準法第20条第1項に規定する基準の適用については、それぞれ別の建築物とみなされる。

2 木造2階建て、延べ面積300m²の一戸建て住宅において、構造耐力上主要な部分である1階の柱と基礎とをだぼ継ぎその他の国土交通大臣が定める構造方法により接合し、かつ、当該柱に構造耐力上支障のある引張応力が生じないことが国土交通大臣が定める方法によって確かめられた場合には、土台を設けなくてもよい。

3 木造2階建て、延べ面積200m²の集会場において、床組及び小屋ばり組には木板その他これに類するものを国土交通大臣が定める基準に従って打ち付けし、小屋組には振れ止めを設けなければならない。

4 特定天井の構造は、構造耐力上安全なものとして、国土交通大臣が定めた構造方法を用いるもの又は国土交通大臣の認定を受けたものとしなければならない。

5 工事を施工するために現場に設ける事務所において、柱に用いる鋼材は、その品質が、国土交通大臣の指定する日本産業規格に適合しなければならない。

No.8 建築物の構造強度に関する次の記述のうち、建築基準法上、**誤っている**ものはどれか。

1 風圧力の計算に当たり、建築物に近接してその建築物を風の方向に対して有効にさえぎる他の建築物がある場合においては、その方向における速度圧は、所定の数値の$\frac{1}{2}$まで減らすことができる。

2 雪下ろしを行う慣習のある地方においては、その地方における垂直積雪量が1mを超える場合においても、積雪荷重は、雪下ろしの実況に応じて垂直積雪量を1mまで減らして計算することができる。

3 ローム層の地盤の長期に生ずる力に対する許容応力度は、国土交通大臣が定める方法による地盤調査を行わない場合、50kN/m²とすることができる。

4 仕上げをモルタル塗としたコンクリート造の床の固定荷重は、実況に応じて計算しない場合、当該部分の床面積に150N/m²（仕上げ厚さ1cmごとに、そのcmの数値を乗ずるものとする。）を乗じて計算することができる。

5 保有水平耐力計算により、地震時における構造耐力上主要な部分の断面に生ずる短期の応力度を計算する場合、特定行政庁が指定する多雪区域においては、積雪荷重を考慮する。

No.9 建築物の防火区画、防火壁、間仕切壁に関する次の記述のうち、建築基準法上、**誤っている**ものはどれか。

1　主要構造部を準耐火構造とした３階建て、延べ面積150m²の一戸建て住宅（３階部分に居室を有するもの）においては、階段の部分とその他の部分とを防火区画しなくてよい。

2　給水管が準耐火構造の防火区画を貫通する場合においては、当該管と準耐火構造の防火区画との隙間をモルタルその他の不燃材料で埋めなければならない。

3　配電管が防火壁を貫通する場合においては、当該管と防火壁との隙間をモルタルその他の不燃材料で埋めなければならない。

4　防火区画（建築基準法施行令第112条第18項に規定するものを除く。）を構成する床に接する外壁については、その接する部分を含み幅90cm以上の部分を準耐火構造とするか、外壁面から50cm以上突出した準耐火構造のひさし等で防火上有効に遮らなければならない。

5　病院の用途に供する建築物の当該用途に供する部分の防火上主要な間仕切壁は、天井の全部が強化天井であっても、小屋裏又は天井裏に達せしめなければならない。

No.10 建築物の避難施設等に関する次の記述のうち、建築基準法上、**誤っている**ものはどれか。ただし、いずれの建築物も各階に建築基準法施行令第116条の２第１項第一号の規定に該当する「窓その他の開口部を有しない居室」を有するものとし、避難階は１階とする。

1　集会場における客席からの出口の戸は、内開きとしてはならない。

2　集会場に設置する非常用の照明装置には、予備電源を設けなければならない。

3　木造２階建ての一戸建て住宅においては、２階の居室の各部分から１階又は地上に通ずる直通階段の一に至る歩行距離の制限を受けない。

4　木造２階建ての一戸建て住宅において、２階にあるバルコニーの周囲には、安全上必要な高さが1.1m以上の手すり壁、さく又は金網を設けなければならない。

5　木造２階建て、延べ面積100m²の一戸建て住宅においては、廊下の幅に制限はない。

No.11 建築基準法第35条の2の規定による内装の制限に関する次の記述のうち、建築基準法上、**誤っている**ものはどれか。ただし、内装の制限を受ける「窓その他の開口部を有しない居室」はないものとする。また、火災が発生した場合に避難上支障のある高さまで煙又はガスの降下が生じない建築物の部分として、国土交通大臣が定めるものはないものとする。

1　主要構造部を耐火構造とした中学校は、その規模にかかわらず、内装の制限を受けない。

2　内装の制限を受ける調理室等の壁及び天井の室内に面する部分の仕上げには、準不燃材料を使用することができる。

3　住宅に附属する鉄骨造平家建て、延べ面積30m²の自動車車庫は、内装の制限を受けない。

4　内装の制限を受ける居室の天井の回り縁は、内装の制限の対象とはならない。

5　内装の制限を受ける特殊建築物の居室から地上に通ずる主たる廊下、階段その他の通路の床については、内装の制限を受けない。

No.12 都市計画区域内における道路等に関する次の記述のうち、建築基準法上、**誤っている**ものはどれか。

1　幅員25mの自動車のみの交通の用に供する道路のみに6m接している敷地には、原則として、建築物を建築することができない。

2　建築基準法上の道路に該当しない幅員6mの農道のみに2m以上接する敷地における、延べ面積150m²の一戸建て住宅については、特定行政庁が交通上、安全上、防火上及び衛生上支障がないと認める場合には建築することができる。

3　非常災害があった場合において、非常災害区域等（防火地域以外の区域とする。）内に、地方公共団体が、災害救助を目的として、その災害が発生した日から1月以内にその工事に着手する応急仮設建築物の敷地は、道路に2m以上接しなければならない。

4　土地区画整理法による幅員8mの道路の地盤面下に設ける建築物は、特定行政庁の許可を受けることなく建築することができる。

5　公衆便所は、特定行政庁が通行上支障がないと認めて建築審査会の同意を得て許可した場合においては、道路内に建築することができる。

No.13 次の建築物のうち、建築基準法上、**新築**することができるものはどれか。ただし、特定行政庁の許可は受けないものとし、用途地域以外の地域、地区等は考慮しないものとする。

1　第一種低層住居専用地域内における3階建て、延べ面積700m²の児童厚生施設

2　第二種低層住居専用地域内における2階建て、延べ面積200m²の銀行の支店

3　第一種中高層住居専用地域内における2階建て、延べ面積500m²の旅館

4　工業地域内における2階建て、延べ面積250m²の食堂兼用住宅で、居住の用に供する部分の床面積が100m²のもの

5　工業専用地域内における平家建て、延べ面積200m²のバッティング練習場

No.14 図のような敷地及び建築物（2階建て、延べ面積400m²）の配置において、建築基準法上、**新築してはならない建築物**は、次のうちどれか。ただし、特定行政庁の許可は受けないものとし、用途地域以外の地域、地区等は考慮しないものとする。

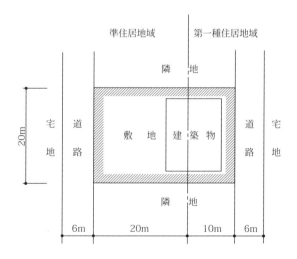

1　事務所

2　倉庫業を営む倉庫

3　病院

4　ホテル

5　客席の部分の床面積の合計が300m²の劇場

No.15 都市計画区域内における建築物の容積率、建蔽率及び敷地面積に関する次の記述のうち、建築基準法上、**正しい**ものはどれか。ただし、用途地域及び準防火地域以外の地域、地区等並びに特定行政庁の指定・許可等は考慮しないものとする。

1　田園住居地域内の専用住宅の容積率は、その敷地内に政令で定める規模以上の空地（道路に接して有効な部分が政令で定める規模以上であるものに限る。）を有し、かつ、その敷地面積が政令で定める規模以上である場合、当該地域に関する都市計画において定められた容積率の1.5倍以下とすることができる。

2　用途地域の指定のない区域内の耐火建築物は、容積率の制限を受けない。

3　敷地に接する道路の幅員によって、建築物の建蔽率の制限が異なる。

4　近隣商業地域（都市計画で定められた建蔽率は $\frac{8}{10}$）内、かつ、準防火地域内で、準耐火建築物を建築する場合の建蔽率の最高限度は $\frac{9}{10}$ である。

5　用途地域に関する都市計画において建築物の敷地面積の最低限度が定められた地域内に巡査派出所を新築しようとする場合については、その敷地面積を当該最低限度以上としなければならない。

No.16 図のような共同住宅（宅配ボックス設置部分を有するもの）を新築する場合、建築基準法上、**容積率の算定の基礎となる延べ面積**は、次のうちどれか。ただし、自動車車庫等の用途に供する部分及びエレベーターはないものとし、地域、地区等及び特定行政庁の指定等は考慮しないものとする。

1　165m²

2　168m²

3　170m²

4　195m²

5　200m²

```
┌─────────────────────────────────────┐
│              2 階                    │
│          床面積 100m²                │
│ [内訳：(A)90m²、(B)10m²]※            │
├─────────────────────────────────────┤
│              1 階                    │      地盤面
│          床面積 100m²                │       ▽
│ [内訳：(A)75m²、(B)20m²、(C)5m²]※    │
└─────────────────────────────────────┘
```

断 面 図

※(A) は、「住宅の用途に供する部分」の面積、
　(B) は、「共用の廊下及び階段の用に供する部分」の面積、
　(C) は、「宅配ボックス設置部分」の面積を示す。

No.17 図のような敷地において、建築物を新築する場合、建築基準法上、A点における**地盤面からの建築物の高さの最高限度**は、次のうちどれか。ただし、敷地は平坦で、敷地、隣地及び道路の相互の高低差並びに門及び塀はなく、また、図に記載されているものを除き、地域、地区等及び特定行政庁の指定・許可等はないものとし、日影規制（日影による中高層の建築物の高さの制限）及び天空率は考慮しないものとする。なお、建築物は、全ての部分において、高さの最高限度まで建築されるものとする。

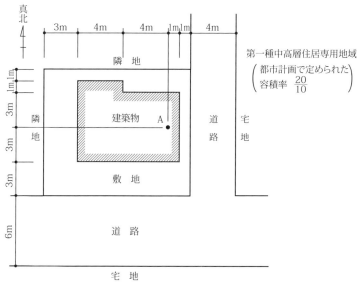

1　　8.75m
2　　11.25m
3　　15.00m
4　　16.25m
5　　18.75m

No.18 建築物の高さの制限又は日影規制（日影による中高層の建築物の高さの制限）に関する次の記述のうち、建築基準法上、**誤っている**ものはどれか。ただし、用途地域以外の地域、地区等及び地形の特殊性に関する特定行政庁の定め等は考慮しないものとする。

1　第一種中高層住居専用地域内にある高さが 10m を超える建築物において、特定行政庁が土地の状況等により周囲の居住環境を害するおそれがないと認めて建築審査会の同意を得て許可した場合は、日影規制は適用されない。

2　建築物の敷地の前面道路に沿って塀（前面道路の路面の中心からの高さが 1.2m のもの）が設けられている場合においては、前面道路の境界線から後退した建築物に対する道路高さ制限の緩和を適用することができる。

3　第一種低層住居専用地域内においては、隣地高さ制限は適用されない。

4　日影規制において、建築物の敷地が用途地域の異なる地域の内外にわたる場合は、その建築物の全部について敷地の過半の属する地域の規定が適用される。

5　前面道路の境界線から後退した建築物に対する道路高さ制限において、後退距離は、原則として、当該建築物から前面道路の境界線までの水平距離のうち最小のものをいう。

No.19 次の記述のうち、建築基準法上、**誤っている**ものはどれか。ただし、地階及び防火壁はないものとし、防火地域及び準防火地域以外の地域、地区等は考慮しないものとする。

1　準防火地域内の建築物で、外壁が準耐火構造のものは、その外壁を隣地境界線に接して設けることができる。

2　準防火地域内において、一戸建て住宅を新築する場合、屋根の構造は、市街地における通常の火災による火の粉により、防火上有害な発炎をしないものであり、かつ、屋内に達する防火上有害な溶融、亀裂その他の損傷を生じないものとしなければならない。

3　準防火地域内において、鉄筋コンクリート造2階建ての一戸建て住宅に附属する高さ 2m を超える塀を設ける場合、その塀は、延焼防止上支障のない構造としなくてもよい。

4　防火地域内において、建築物の屋上に設ける看板は、その主要な部分を不燃材料で造り、又は覆わなければならない。

5　敷地が防火地域及び準防火地域にわたる場合において、当該敷地の準防火地域内の部分のみに新築される建築物には、準防火地域内の建築物に関する規定が適用される。

No.20 次の記述のうち、建築基準法上、**誤っている**ものはどれか。

1 「簡易な構造の建築物に対する制限の緩和」の規定の適用を受ける建築物は、建築基準法第20条（構造耐力）の規定が適用されない。
2 建築工事等において深さ1.5m以上の根切り工事を行なう場合に設けなければならない山留めについては、土圧によって山留めの主要な部分の断面に生ずる応力度が、コンクリートの場合にあっては、短期に生ずる力に対する許容応力度を超えないことを計算によって確かめなければならない。
3 建築基準法第27条（耐火建築物等としなければならない特殊建築物）の規定に違反があった場合において、その違反が建築主の故意によるものであるときは、設計者又は工事施工者を罰するほか、当該建築主も罰則の適用の対象となる。
4 建築基準法第48条（用途地域等）第1項から第14項までの規定に違反した場合における当該建築物の建築主は、100万円以下の罰金に処せられる。
5 災害危険区域に関する規定は、都市計画区域及び準都市計画区域以外の区域においても適用される。

No.21 次の記述のうち、建築士法上、**誤っている**ものはどれか。

1 二級建築士は、設計図書の一部を変更した場合においては、その設計図書に二級建築士である旨の表示をして記名しなければならない。
2 二級建築士は、原則として、木造2階建て、延べ面積800m²、高さ12m、軒の高さ9mの共同住宅の新築に係る設計をすることができない。
3 二級建築士は、他の二級建築士の設計した設計図書の一部を変更しようとするときは、当該二級建築士の承諾を求めなければならないが、承諾が得られなかったときは、自己の責任において、その設計図書の一部を変更することができる。
4 都道府県知事は、二級建築士の業務の適正な実施を確保するため必要があると認めるときは、二級建築士に対しその業務に関し必要な報告を求めることができる。
5 建築士事務所に属する二級建築士は、直近の二級建築士定期講習を受けた日の属する年度の翌年度の開始の日から起算して3年以内に、二級建築士定期講習を受けなければならない。

No.22 建築士事務所に関する次の記述のうち、建築士法上、**誤っているもの**はどれか。

1 管理建築士は、重要事項を記載した書面の交付に代えて、建築主の承諾を得た場合であっても、当該書面に記載すべき事項を電子情報処理組織を使用する方法により提供してはならない。

2 建築士事務所の登録は、5年間有効であり、その更新の登録を受けようとする者は、有効期間満了の日前30日までに登録申請書を提出しなければならない。

3 建築士事務所の開設者は、事業年度ごとに、設計等の業務に関する報告書を作成し、毎事業年度経過後3月以内に当該建築士事務所に係る登録をした都道府県知事に提出しなければならない。

4 建築士は、他人の求めに応じ報酬を得て、建築工事の指導監督のみを業として行おうとする場合であっても、建築士事務所を定めて、その建築士事務所について、都道府県知事（都道府県知事が指定事務所登録機関を指定したときは、原則として、当該指定事務所登録機関）の登録を受けなければならない。

5 建築士事務所に属する建築士が当該建築士事務所の業務として作成した設計図書又は工事監理報告書で、建築士事務所の開設者が保存しなければならないものの保存期間は、当該図書を作成した日から起算して15年間である。

No.23 次の記述のうち、**誤っているもの**はどれか。

1 「高齢者、障害者等の移動等の円滑化の促進に関する法律」上、建築主等は、特定建築物の建築をしようとするときは、特定建築物の建築等及び維持保全の計画を作成し、所管行政庁の認定を申請することができる。

2 「都市の低炭素化の促進に関する法律」上、特定建築物の整備に関する事業を施行しようとする者は、集約都市開発事業計画を作成し、市町村長の認定を申請することができる。

3 「建築物のエネルギー消費性能の向上に関する法律」上、建築主は、特定建築行為をしようとするときは、特定建築物のエネルギー消費性能の確保のための構造及び設備に関する計画を提出して、所管行政庁又は登録建築物エネルギー消費性能判定機関の建築物エネルギー消費性能適合性判定を受けなければならない。

4 「建築物における衛生的環境の確保に関する法律」上、特定建築物所有者等は、当該特定建築物が使用されるに至ったときは、その日から1箇月以内に、当該特定建築物の所在場所、用途、延べ面積及び構造設備の概要等を都道府県知事（保健所を設置する市又は特別区にあっては、市長又は区長）に届け出なければならない。

5 「長期優良住宅の普及の促進に関する法律」上、住宅の建築をしてその構造及び設備を長期使用構造等とし、自らその建築後の住宅の維持保全を行おうとする者は、当該住宅の長期優良住宅建築等計画を作成し、建築主事又は指定確認検査機関の認定を申請することができる。

No.24 次の記述のうち、**誤っている**ものはどれか。

1 「都市計画法」上、都市計画施設の区域内における地上2階建ての木造の建築物の改築をしようとする者は、都道府県知事等の許可を受けなくてもよい。

2 「消防法」上、住宅の用途に供される防火対象物の関係者は、原則として、市町村条例に定める基準に従い、住宅用防災警報器又は住宅用防災報知設備を設置し、及び維持しなければならない。

3 「高齢者、障害者等の移動等の円滑化の促進に関する法律」上、工場は、「特別特定建築物」である。

4 「宅地建物取引業法」上、2以上の都道府県の区域内に事務所を設置して宅地建物取引業を営もうとする者は、国土交通大臣の免許を受けなければならない。

5 「建設業法」上、建設業の許可は、5年ごとにその更新を受けなければ、その期間の経過によって、その効力を失う。

No.25 次の記述のうち、**誤っている**ものはどれか。

1 「土地区画整理法」上、個人施行者が施行する土地区画整理事業の施行地区内において、その施行についての認可の公告があった日後、換地処分があった旨の公告のある日までは、建築物の改築を行う場合には、都道府県知事等の許可を受けなければならない。

2 「建築物の耐震改修の促進に関する法律」上、建築物の耐震改修の計画が建築基準法第6条第1項の規定による確認を要するものである場合において、所管行政庁が計画の認定をしたときは、同法第6条第1項の規定による確認済証の交付があったものとみなす。

3 「宅地建物取引業法」上、自ら所有する不動産の賃貸及び管理をする行為は、宅地建物取引業に該当する。

4 「消防法」上、旅館において使用するカーテンは、政令で定める基準以上の防炎性能を有するものでなければならない。

5 「建設業法」上、元請の建設業者が請け負った、木造2階建て、延べ面積300m² の共同住宅の新築工事の場合は、あらかじめ発注者の書面による承諾を得たとしても、一括して他人に請け負わせることができない。

令和4年　建築構造

No.1 図のような断面における X 軸に関する断面二次モーメントの値として、正しいものは、次のうちどれか。

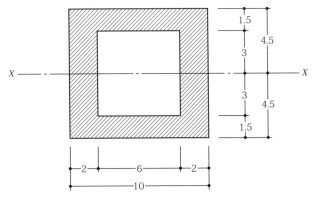

（単位はcmとする。）

1　499.5cm^4

2　607.5cm^4

3　642.0cm^4

4　715.5cm^4

5　750.0cm^4

No.2 図のような荷重を受ける断面 100mm × 200mm の部材を用いた場合、その部材に生じる最大曲げ応力度として、**正しいもの**は、次のうちどれか。ただし、部材の自重は無視するものとする。

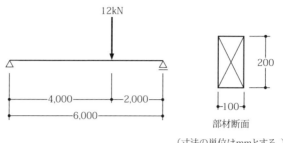

部材断面

（寸法の単位はmmとする。）

1　12N/mm²
2　24N/mm²
3　32N/mm²
4　48N/mm²
5　60N/mm²

No.3 図のような荷重を受ける梁のＡ点における曲げモーメントの大きさとして、**正しいもの**は、次のうちどれか。

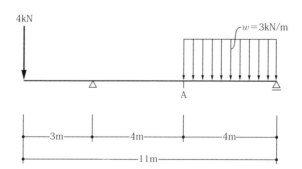

1　　3.0kN・m
2　　6.0kN・m
3　　8.5kN・m
4　12.0kN・m
5　16.0kN・m

No.4 図のような外力を受ける3ヒンジラーメンにおいて、支点A、Eに生じる鉛直反力 V_A、V_E と水平反力 H_A、H_E の値、B－C間でせん断力が0になる点のB点からの距離 x の組合せとして、正しいものは、次のうちどれか。ただし、鉛直反力の方向は上向きを［＋］、下向きを［－］とし、水平反力の方向は右向きを［＋］、左向きを［－］とする。

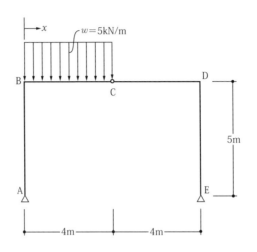

	V_A	V_E	H_A	H_E	x
1	＋5kN	＋15kN	－4kN	＋4kN	2m
2	＋5kN	＋15kN	＋4kN	＋4kN	2m
3	＋15kN	＋5kN	＋4kN	－4kN	3m
4	＋15kN	＋4kN	＋5kN	＋4kN	3m
5	＋15kN	＋5kN	＋5kN	－4kN	4m

No.5 図のような外力を受ける静定トラスにおいて、支点Bに生じる鉛直反力 V_B と部材 AB、CD にそれぞれ生じる軸方向力 N_{AB}、N_{CD} の組合せとして、正しいものは、次のうちどれか。ただし、鉛直反力の方向は上向きを［＋］、下向きを［－］とし、軸方向力は引張力を［＋］、圧縮力を［－］とする。

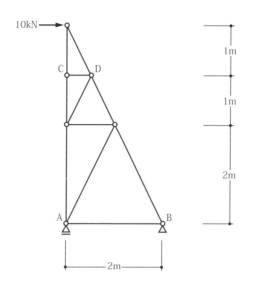

	V_B	N_{AB}	N_{CD}
1	＋20kN	0kN	0kN
2	＋20kN	＋5kN	－20kN
3	＋10kN	＋5kN	＋10$\sqrt{5}$kN
4	＋10kN	＋10kN	－10$\sqrt{5}$kN
5	＋10kN	0kN	0kN

No.6 図のような材の長さ及び材端の支持条件が異なる柱 A、B、C の弾性座屈荷重をそれぞれ P_A、P_B、P_C としたとき、それらの大小関係として、正しいものは、次のうちどれか。ただし、全ての柱の材質及び断面形状は同じものとする。

1　$P_A > P_B > P_C$
2　$P_A > P_C > P_B$
3　$P_B > P_C > P_A$
4　$P_C > P_A > P_B$
5　$P_C > P_B > P_A$

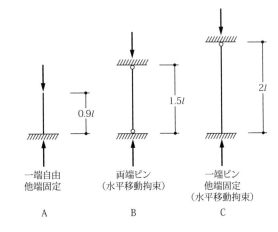

No.7 構造計算における荷重及び外力に関する次の記述のうち、**最も不適当**なものはどれか。

1　暴風時における建築物の転倒や柱の引抜き等を検討する際に、建築物の実況に応じて積載荷重を低減した数値によるものとした。

2　多雪区域において、長期に生ずる力の計算に用いる積雪荷重として、短期に生ずる力の計算に用いる積雪荷重の 0.35 倍の数値とした。

3　許容応力度等計算において、地盤が著しく軟弱な区域として指定された区域内における木造の建築物の標準せん断力係数 C_0 を、0.3 として地震力を算定した。

4　建築物の地下部分の各部分に作用する地震力として、当該部分の固定荷重と積載荷重との和に水平震度 k を乗じて計算した。

5　地下水位以深に位置する地下外壁面に対して、土圧だけでなく、水圧も考慮した。

No.8 構造計算における風圧力と**最も関係のないもの**は、次のうちどれか。

1　建築物の高さ
2　建築物の屋根面の勾配
3　建築物の壁面における開放（充分大きな面積の開口）の有無
4　建設地の地盤周期
5　建設地から海岸線までの距離

No.9 地盤及び基礎構造に関する用語とその説明との組合せとして、**最も不適当なもの**は、次のうちどれか。

1　圧密 ──────── 地盤の「強度の増大」、「沈下の抑制」、「止水」等に必要な土の性質の改善を目的として、土に脱水処理を施すこと。
2　ヒービング ──── 地下掘削において、山留め壁の背面の土が掘削面にまわり込み、根切り底面を押し上げる現象
3　液状化 ─────── 水で飽和した砂質土等が、振動・衝撃等により間隙水圧が上昇し、せん断抵抗を失う現象
4　負の摩擦力 ──── 軟弱地盤等において、周囲の地盤が沈下することによって、杭の周面に下向きに作用する摩擦力
5　ボイリング ──── 砂中を上向きに流れる水流圧力によって、砂粒が・か・き・ま・わ・され湧き上がる現象

No.10 木造建築物の部材の名称とその説明との組合せとして、**最も不適当な**ものは、次のうちどれか。

1　地貫 ──────── 床板の下端などを受けるために、柱の根元近くに入れる貫
2　根太掛け ───── 柱の横や土台の側面に取り付けて、根太の端部を受ける横材
3　雨押え ────── 外壁と開口部の上枠、下屋と外壁の立上りの取り合いなどに取り付ける雨水の浸入を防ぐための板
4　額縁 ──────── 窓や出入口の枠と壁との境目を隠すために取り付ける材
5　面戸板 ────── 垂木の振れ止めと軒先の瓦の納まりを目的とする垂木の先端に取り付ける幅広の部材

No.11 枠組壁工法による2階建ての住宅に関する次の記述のうち、**最も不適当なもの**はどれか。

1 土台と基礎とを緊結するに当たり、呼び径が13mm、長さ400mmのアンカーボルトを用いた。

2 アンカーボルトは、隅角部付近及び土台の継手付近を避け、その間隔を2.5mとした。

3 床版を構成する床根太相互及び床根太と側根太との間隔を450mmとした。

4 床版を構成する床根太の支点間距離を7mとした。

5 壁倍率が1の耐力壁1m当たりの許容せん断耐力を1.96kNとした。

No.12 木造2階建ての住宅において、地震力に対する構造耐力上必要な耐力壁の有効長さ（必要壁量）を計算する場合、各階の床面積に乗ずる数値の大小関係として、**正しいもの**は、次のうちどれか。ただし、地盤は著しく軟弱な区域として指定されていないものとする。

	1階の床面積に乗じる数値	2階の床面積に乗じる数値
瓦葺きなどの重い屋根	ア	イ
金属板葺きなどの軽い屋根	ウ	エ

1 ア＞イ＞ウ＞エ

2 ア＞イ＞エ＞ウ

3 ア＞ウ＞イ＞エ

4 ウ＞ア＞イ＞エ

5 ウ＞ア＞エ＞イ

No.13 壁式鉄筋コンクリート造2階建ての住宅に関する次の記述のうち、**最も不適当なもの**はどれか。

1 構造耐力上主要な部分のコンクリートの設計基準強度を、18N/mm² とした。

2 各階の階高を、3.5mとした。

3 耐力壁の厚さを、15cmとした。

4 壁梁のせいを、45cmとした。

5 壁梁の主筋の径を、10mmとした。

No.14 鉄筋コンクリート構造に関する次の記述のうち、**最も不適当なもの**はどれか。

1 溶接した閉鎖形帯筋を、柱の主筋を包含するように配置したり、副帯筋を使用したりすることは、柱の靱性の確保に有効である。

2 梁の圧縮鉄筋は、長期荷重によるクリープたわみの抑制や地震時における靱性の確保に有効である。

3 壁板の厚さは、原則として、120mm以上、かつ、壁板の内法高さの$\frac{1}{30}$以上とする。

4 部材の曲げモーメントに対する断面算定においては、一般に、コンクリートの引張応力度を考慮する。

5 普通コンクリートを用いた片持ちスラブの厚さは、建築物の使用上の支障が起こらないことを計算によって確かめた場合を除き、片持ちスラブの出の長さの$\frac{1}{10}$を超える値とする。

No.15 鉄筋コンクリート構造における配筋等に関する次の記述のうち、**最も不適当なもの**はどれか。

1 梁のせん断補強筋比は、0.2％以上とする。

2 柱の帯筋の末端部は、135度以上に折り曲げて定着させるか、又は相互に溶接する。

3 内柱において、梁降伏先行型の柱梁接合部に大梁主筋を通し配筋として定着する場合、大梁主筋の付着応力度の検討は不要である。

4 鉄筋の径（呼び名の数値）の差が7mmを超える場合には、原則として、ガス圧接継手を設けてはならない。

5 D35以上の異形鉄筋の継手には、原則として、重ね継手を用いない。

No.16 鉄骨構造に関する次の記述のうち、**最も不適当な**ものはどれか。

1 H形断面を有する梁が強軸まわりに曲げを受ける場合、梁の細長比が大きいほど許容曲げ応力度は大きくなる。

2 柱の根巻き形式柱脚において、一般に、根巻き部分の鉄筋コンクリートの主筋は4本以上とし、その頂部をかぎ状に折り曲げたものとする。

3 横移動が拘束されているラーメンの柱材の座屈長さは、精算を行わない場合は節点間距離にすることができる。

4 トラスの弦材においては、一般に、構面内の座屈に関する座屈長さを、精算を行わない場合は節点間距離とすることができる。

5 鉄骨造の建築物の筋かいの保有耐力接合においては、軸部の全断面が降伏するまで、接合部が破断しないことを計算によって確認する。

No.17 鉄骨構造の接合に関する次の記述のうち、**最も不適当な**ものはどれか。

1 一つの継手に普通ボルトと溶接とを併用する場合は、ボルトには初期すべりがあるので、全応力を溶接で負担する必要がある。

2 溶接接合において、隅肉溶接のサイズは、一般に、薄いほうの母材厚さ以下の値とする。

3 高力ボルトの接合において、ボルト孔の中心間の距離は、ねじの呼び径の2.5倍以上とする。

4 構造計算に用いる隅肉溶接の溶接部の有効のど厚は、一般に、隅肉サイズの0.7倍とする。

5 柱の継手の接合用ボルト、高力ボルト及び溶接は、原則として、継手部の存在応力を十分に伝え、かつ、部材の各応力に対する許容耐力の $\frac{1}{3}$ を超える耐力とする。

No.18 建築物の耐震設計に関する次の記述のうち、**最も不適当なもの**はどれか。

1 極めて稀に生じる地震動に対して、建築物が倒壊しないようにすることは、耐震設計の目標の一つである。

2 建築物の耐震性は、一般に、強度と靱性によって評価されるが、靱性が乏しい場合には、強度を十分に高くする必要がある。

3 偏心率は、各階の重心と剛心との距離（偏心距離）を当該階の弾力半径で除した値であり、その値が大きいほど、その階において特定の部材に損傷が集中する危険性が高いことを示している。

4 鉄筋コンクリート造のスラブなどにより床の一体性の確保が図られた剛床仮定のもとでは、建築物の各層の地震力は、一般に、柱や耐震壁などの水平剛性に比例して負担される。

5 建築物の固有周期は、構造物としての質量が同じであれば、水平剛性が低いほど短くなる。

No.19 建築物の構造計画に関する次の記述のうち、**最も不適当なもの**はどれか。

1 鉄筋コンクリート造の建築物の小梁付き床スラブは、小梁の過大なたわみ及び大梁に沿った床スラブの過大なひび割れを防止するため、小梁に十分な曲げ剛性を確保した。

2 木造の建築物について、床組や小屋梁組のたわみを減少させるために、火打材を用いて補強した。

3 稼働するクレーンを支持する鉄骨造の梁は、繰返し応力を受けるので、高サイクル疲労の検討を行った。

4 床面に用いる鉄骨鉄筋コンクリート造の梁について、梁のせいを梁の有効長さで除した数値が $\frac{1}{12}$ 以下であったので、過大な変形や振動による使用上の支障が起こらないことを計算によって確認した。

5 周囲の壁との間に隙間を設けない特定天井に該当する天井面について、天井面の許容耐力、天井面を設ける階に応じた水平震度、天井面構成部材などの単位面積重量を用いて、天井面の長さの検討を行った。

No.20 建築材料として使用される木材に関する次の記述のうち、**最も不適当**なものはどれか。

1 木材の乾燥収縮率は、繊維方向より年輪の接線方向のほうが大きい。
2 含水率が繊維飽和点以下の木材において、膨張・収縮は、ほぼ含水率に比例する。
3 木材の強度は、一般に、含水率の減少に伴い増大し、繊維飽和点を下回るとほぼ一定となる。
4 木材の基準強度の大小関係は、一般に、曲げ＞引張り＞せん断である。
5 単板積層材（LVL）は、一般に、単板の繊維方向を互いにほぼ平行にして積層接着したものである。

No.21 コンクリートに関する次の記述のうち、**最も不適当な**ものはどれか。

1 コンクリートのヤング係数は、一般に、圧縮強度が高いものほど大きい。
2 アルカリ骨材反応によるコンクリートのひび割れは、骨材中の成分がセメントペースト中に含まれるアルカリ分と反応し、骨材が膨張することによって生じる。
3 水セメント比が小さいコンクリートほど、中性化速度は遅くなる。
4 コンクリートの線膨張係数は、常温時において、鉄筋の線膨張係数とほぼ等しい。
5 コンクリートの耐久設計基準強度は、計画供用期間の級が「標準」の場合より「長期」の場合のほうが小さい。

No.22 断面積が 7,850mm^2 のコンクリートの円柱供試体（圧縮強度試験用供試体）に荷重を加えて圧縮強度試験を行ったところ、282.6kN で最大荷重に達したのち荷重は減少し、251.2kN で急激に耐力が低下した。このコンクリートの圧縮強度として、**正しいもの**は、次のうちどれか。

1 24.0N/mm^2
2 28.0N/mm^2
3 32.0N/mm^2
4 36.0N/mm^2
5 40.0N/mm^2

No.23 鋼材に関する次の記述のうち、**最も不適当な**ものはどれか。

1　軟鋼は、炭素含有量が多くなると硬質になり、引張強さが大きくなる。
2　鋼材は、一般に、炭素含有量が多くなると、溶接性が低下する。
3　鋼を製造するときに生じる黒錆（黒皮）は、鋼の表面に被膜を形成するので、一定の防食効果がある。
4　異形棒鋼 SD345 の引張強さの下限値は、345N/mm² である。
5　建築構造用ステンレス鋼材（SUS304A 材等）は、一般構造用圧延鋼材（SS400 材等）の炭素鋼に比べて、耐食性に優れている。

No.24 建築材料に関する次の記述のうち、**最も不適当な**ものはどれか。

1　合成樹脂調合ペイントは、耐候性に優れ、木部及び鉄部の塗装に用いられる。
2　エポキシ樹脂は、接着性、耐薬品性、耐水性に優れ、コンクリート構造物の補修に用いられる。
3　強化ガラスは、同じ厚さのフロート板ガラスより強度が高く、割れても破片が粒状になるので、安全性が高い。
4　しっくいは、消石灰にすさ・のり・砂などを混ぜて水で練ったものであり、水と反応して固まる水硬性の材料である。
5　花こう岩は、圧縮強度が大きく、耐摩耗性も高いので、外装材に用いられる。

No.25 建築材料に関する次の記述のうち、**最も不適当な**ものはどれか。

1　押出法ポリスチレンフォームは、耐火性に優れているので、延焼のおそれのある外壁下地に用いられる。
2　砂岩は、耐火性に優れているので、壁の内装仕上げに用いられる。
3　磁器質のタイルは、吸水率が低いので、室内の水廻りの床と壁に用いられる。
4　シージングせっこうボードは、防水性に優れているので、台所の壁下地材に用いられる。
5　ケヤキは、針葉樹よりも強度があるので、くつずりに用いられる。

令和4年　建築施工

No.1　次の用語のうち、ネットワーク工程表に**最も関係のない**ものはどれか。

1　ノード
2　アロー
3　バーチャート
4　EST
5　フロート

No.2　工事現場における次の作業のうち、「労働安全衛生法」上、所定の作業主任者を選任しなければならないものはどれか。ただし、いずれの作業も火薬、石綿などの取扱いはないものとする。

1　掘削面の高さが 2.0m の土止め支保工の切りばり及び腹起しの取付け作業
2　高さが 3.6m の枠組足場の組立て作業
3　高さが 4.0m のコンクリート造の工作物の解体作業
4　軒の高さが 4.5m の木造の建築物における構造部材の組立て作業
5　高さが 4.5m の鉄骨造の建築物における骨組みの解体作業

No.3　建築工事等に関する次の届又は報告のうち、労働基準監督署長あてに提出するものとして、**最も不適当なもの**は、次のうちどれか。

1　クレーン設置届
2　建設用リフト設置届
3　特定建設作業実施届出書
4　安全管理者選任報告
5　特定元方事業者の事業開始報告

No.4 建築等の工事現場から排出される廃棄物に関する次の記述のうち、「廃棄物の処理及び清掃に関する法律」に照らして、**最も不適当なもの**はどれか。

1 店舗の改装工事に伴って取り外した木製の建具は、産業廃棄物に該当する。
2 住宅の新築工事に伴って生じた発泡プラスチック系断熱材の廃材は、産業廃棄物に該当する。
3 現場事務所内での作業に伴って生じた図面などの紙くずは、産業廃棄物に該当する。
4 場所打ちコンクリート杭の杭頭処理で生じたコンクリートの破片は、産業廃棄物に該当する。
5 事務所の解体工事に伴って取り外したポリ塩化ビフェニルが含まれている廃エアコンディショナーは、特別管理産業廃棄物に該当する。

No.5 仮設工事に関する次の記述のうち、**最も不適当なもの**はどれか。

1 単管足場における建地の間隔を、桁行方向 1.8m、はり間方向 1.4m とした。
2 単管足場における地上第一の布を、地面から高さ 2.5m の位置に設けた。
3 枠組足場における水平材を、最上層及び 3 層ごとに設けた。
4 単管足場における高さ 4.5m の位置に設ける作業床の幅を、45cm とした。
5 単管足場における建地間の積載荷重の限度を、400kg とした。

No.6 木造 2 階建て住宅の基礎工事等に関する次の記述のうち、**最も不適当なもの**はどれか。

1 布基礎において、底盤部分の主筋には D10 を用い、その間隔を 300mm とした。
2 柱脚部の短期許容耐力が 25kN のホールダウン専用アンカーボルトのコンクリート基礎への埋込み長さを、250mm とした。
3 布基礎の天端ならしは、遣方を基準にして陸墨を出し、調合が容積比でセメント 1：砂 3 のモルタルを水平に塗り付けた。
4 布基礎の立上りの厚さは 150mm とし、セパレーターを用いて型枠間の幅を固定した。
5 ねこ土台を使用するべた基礎の床下換気措置として、外周部の土台の全周にわたって、1m 当たり有効面積 75cm² 以上の換気孔を設けた。

No.7 土工事及び地業工事に関する次の記述のうち、**最も不適当な**ものはどれか。

1 土工事において、地盤沈下を防止するための地下水処理の工法として、ディープウェル工法を採用した。
2 砂地業において、シルトを含まない山砂を使用した。
3 オールケーシング工法において、所定の支持層を確認後は、孔底部のスライムを除去した。
4 場所打ちコンクリート杭工事において、特記がなかったので、本杭の施工における各種管理基準値を定めるための試験杭を、最初に施工する1本目の本杭と兼ねることとした。
5 基礎の墨出しを行い、配筋、型枠の建込みを正確に行うために、捨てコンクリート地業を行った。

No.8 鉄筋工事に関する次の記述のうち、**最も不適当な**ものはどれか。

1 柱・梁等の鉄筋の加工及び組立におけるかぶり厚さは、施工誤差を考慮し、最小かぶり厚さに10mmを加えた値とした。
2 ガス圧接完了後の圧接部の外観検査において、検査方法は目視又はノギス、スケール等を用いて行い、検査対象は抜取りとした。
3 ガス圧接において、圧接後の形状及び寸法が設計図書に合致するよう、圧接箇所1か所につき鉄筋径程度の縮み代を見込んで、鉄筋を加工した。
4 径の同じ鉄筋のガス圧接継手において、圧接部における鉄筋中心軸の偏心量は、鉄筋径の $\frac{1}{5}$ 以下とした。
5 スラブ及び梁の底部のスペーサーは、特記がなかったので、型枠に接する部分に防錆処理が行われている鋼製のものを使用した。

No.9 型枠工事に関する次の記述のうち、**最も不適当な**ものはどれか。

1 セパレーター（丸セパB型）のコーン穴の処理については、コーンを取り外したのち、防水剤入りモルタルを充填した。
2 コンクリートの有害なひび割れ及びたわみの有無は、支保工を取り外した後に確認した。
3 梁を貫通する配管用スリーブには、紙チューブを使用した。
4 柱の型枠の加工及び組立てに当たって、型枠下部にコンクリート打込み前の清掃用に掃除口を設けた。

5　コンクリート圧縮強度が 12N/mm² に達し、かつ、施工中の荷重及び外力について、構造計算により安全が確認されたので、スラブ下の支柱を取り外した。

No.10 コンクリート工事に関する次の記述のうち、**最も不適当なもの**はどれか。

1　材齢 28 日で試験を行うための構造体コンクリートの圧縮強度推定用供試体は、工事現場の直射日光の当たらない屋外において、水中養生とした。

2　普通コンクリートの気乾単位容積質量を、2.3t/m³ とした。

3　調合管理強度の判定は、3 回の試験で行い、1 回の試験における圧縮強度の平均値が調合管理強度の 90%、かつ、3 回の試験における圧縮強度の総平均値が調合管理強度以上であったので、合格とした。

4　構造体コンクリート強度の判定のための供試体は、任意の運搬車 1 台からコンクリート試料を採取して、3 個の供試体を作製した。

5　コンクリートの計画調合は、調合強度等について所定の品質が得られることを試し練りによって確認したうえで定めた。

No.11 コンクリート工事に関する次の記述のうち、**最も不適当なもの**はどれか。

1　コンクリートポンプによる圧送において、スラブのコンクリート打込みは、輸送管の振動により、配筋に有害な影響を与えないように、支持台を使用して輸送管を保持した。

2　2 つの工場で製造されたレディーミクストコンクリートは、同一打込み区画に打ち込まないように打込み区画を分けた。

3　コンクリートの品質に悪影響を及ぼすおそれのある降雪が予想されたので、適切な養生を行ったうえでコンクリートを打ち込んだ。

4　梁のコンクリートは、柱及び壁のコンクリートの打込みと連続して梁の上部まで打ち込んだ。

5　梁や壁の打継ぎ部は、鉄筋を骨としてメタルラスを張って仕切った。

No.12 鉄骨工事における建方に関する次の記述のうち、**最も不適当なもの**はどれか。

1 吊上げの際に変形しやすい部材については、適切な補強を行った。

2 アンカーボルトの心出しは、型板を用いて基準墨に正しく合わせ、適切な機器を用いて行った。

3 本接合に先立ち、ひずみを修正し、建入れ直しを行った。

4 柱の溶接継手におけるエレクションピースに使用する仮ボルトについては、一群のボルト数の $\frac{3}{4}$ を締め付けた。

5 敷地が狭く部材の搬入経路が一方向となるので、鉄骨建方は、建逃げ方式を採用した。

No.13 鉄骨工事における溶接に関する次の記述のうち、**最も不適当なもの**はどれか。

1 開先の加工は自動ガス切断とし、加工精度の不良なものは修正した。

2 溶接部の超音波探傷試験において、不合格の部分は全て除去して再溶接を行った。

3 完全溶込み溶接において、初層の溶接で継手部と裏当て金が十分に溶け込むようにした。

4 スタッド溶接完了後の試験において、仕上り高さが指定寸法の−2mm、傾きが4度であったので、合格とした。

5 作業場所の気温が3℃であったので、溶接線から40mmまでの範囲の母材部分を加熱して、溶接を行った。

No.14 補強コンクリートブロック造工事に関する次の記述のうち、**最も不適当なものはどれか**。

1 ブロックの空洞部への充填用コンクリートには、空洞部の大きさを考慮して、豆砂利コンクリートを用いた。

2 耐力壁のブロックは、水平目地のモルタルをフェイスシェル部分にのみ塗布して積み上げた。

3 押し目地仕上げは、目地モルタルが硬化する前に、目地こてで押さえた。

4 高さ2.2mのブロック塀において、特記がなかったので、厚さ150mmの空洞ブロックを用いた。

5 ブロック塀の縦筋は、頂上部の横筋に180度フックによりかぎ掛けとした。

No.15 木造軸組工法における接合金物とその用途との組合せとして、**最も不適当な**ものは、次のうちどれか。

1　短ざく金物 ———— 上下階の柱相互の接合
2　羽子板ボルト ——— 小屋梁と軒桁の接合
3　筋かいプレート —— 筋かいを柱と軒桁に同時に接合
4　かど金物 ————— 引張りを受ける柱と土台の接合
5　かね折り金物 ——— 垂木と軒桁の接合

No.16 木造住宅における木工事に関する次の記述のうち、**最も不適当な**ものはどれか。

1　土台には、ひばを使用した。
2　大引は、腹を上端にして使用した。
3　床板は、木表を上にして取り付けた。
4　柱は、末口を土台側にして取り付けた。
5　桁は、背を上端にして使用した。

No.17 屋根工事及び防水工事に関する次の記述のうち、**最も不適当な**ものはどれか。

1　長尺金属板葺の下地に使用する下葺材は、野地面上に軒先と平行に敷き込み、軒先から上に向かって張り、その重ね幅は上下（流れ方向）100mm、左右（長手方向）200mmとした。
2　鉄筋コンクリート造の陸屋根において、鋳鉄製ルーフドレンの取付けは、コンクリートに打込みとし、水はけよく、床面より下げた位置とした。
3　鉄筋コンクリート造の陸屋根のシート防水工事において、塩化ビニル樹脂系ルーフィングシートを使用したので、平場のシートの重ね幅は縦横方向いずれも40mmとした。
4　鉄筋コンクリート造の陸屋根のアスファルト防水工事において、防水層の下地の入隅は、通りよく直角とした。
5　シーリング工事におけるボンドブレーカーは、シーリング材と接着しない粘着テープとした。

No.18 左官工事、タイル工事及び石工事に関する次の記述のうち、**最も不適当なものはどれか。**

1　コンクリート床面へのセルフレベリング材塗りにおいて、低温の場合の養生期間は 7 日とした。

2　コンクリート外壁面へのモルタル塗りにおいて、各層の 1 回当たりの塗り厚は 7mm 以下とし、全塗厚は 25mm 以下とした。

3　屋外のセメントモルタルによるタイル張りにおいて、セメントモルタルの硬化後、全面にわたり打診を行った。

4　壁タイル張りの密着張りにおいて、張付けモルタルの塗付け後、直ちにタイルを押し当て、タイル張り用振動機を用い、タイル表面に振動を与えながら張り付けた。

5　外壁に湿式工法で石材を取り付けるに当たり、裏込めモルタルの調合は、容積比でセメント 1：砂 3 とした。

No.19 塗装工事に関する次の記述のうち、**最も不適当なものはどれか。**

1　屋外の鉄鋼面における中塗り及び上塗りは、アクリルシリコン樹脂エナメル塗りとした。

2　屋内のせっこうボード面は、合成樹脂エマルションペイント塗りとした。

3　木部の素地ごしらえにおいて、節止めに木部下塗り用調合ペイントを塗布した。

4　冬期におけるコンクリート面への塗装において、コンクリート素地の乾燥期間の目安を、14 日間とした。

5　塗料は、気温の低下などから所定の粘度が得られないと判断したので、適切な粘度に調整して使用した。

No.20 建具工事、ガラス工事及び内装工事に関する次の記述のうち、**最も不適当なものはどれか。**

1　木造の一戸建て住宅のバルコニーにおいて、FRP 系塗膜防水工事の後のアルミニウム製建具の取付けにより、建具釘打ちフィンと下地の間に隙間が生じたので、パッキン材を挟んだ。

2　ガラスブロック積みにおいて、特記がなかったので、平積みの目地幅の寸法を 10mm とした。

3　地下部分の最下階の床にゴム床タイルを張り付けるに当たり、エポキシ樹脂系の接着剤を使用した。

4　壁紙の張付け工事において、壁紙のホルムアルデヒド放散量について、特記がなかったので、壁紙はホルムアルデヒド放散量の等級が「F☆☆☆☆」のものを用いた。

5　高さが2.1mの木製開き戸を取り付けるに当たり、特記がなかったので、木製建具用丁番を2枚使用した。

No.21　住宅における設備工事に関する次の記述のうち、**最も不適当なもの**はどれか。

1　給水横走り管は、上向き給水管方式を採用したので、先上がりの均一な勾配で配管した。

2　温水床暖房に用いる埋設方式の放熱管を樹脂管としたので、管の接合は、メカニカル継手とした。

3　雨水用排水ますには、深さ150mmの泥だめを設けた。

4　換気設備の排気ダクトは、住戸内から住戸外に向かって、先下がり勾配となるように取り付けた。

5　給湯用配管は、管の伸縮が生じないように堅固に固定した。

No.22　改修工事に関する次の記述のうち、**最も不適当なもの**はどれか。

1　せっこうボードを用いた壁面の目地を見せる目透し工法による内装の改修において、テーパー付きせっこうボードを用いた。

2　コンクリート打放し仕上げの外壁のひび割れの補修を自動式低圧エポキシ樹脂注入工法により行う場合、ひび割れの幅等を考慮して注入用器具の取付間隔を決定した。

3　コンクリート面を仕上塗材塗りとするので、下地の目違いをサンダー掛けにより取り除いた。

4　防火シャッター更新工事において、危害防止機構として接触型の障害物感知装置を設け、シャッターに挟まれても重大な障害を受けないようにした。

5　軽量鉄骨壁下地材におけるそで壁端部の補強は、開口部の垂直方向の補強材と同材を用いて行った。

No.23 測量に関する次の記述のうち、**最も不適当なもの**はどれか。

1 傾斜地の距離測量において、傾斜地の高いほうから低いほうへ下がりながら測定する降測法を用いた。

2 平板測量において、敷地内に建築物があり、見通しが悪いので放射法により測量した。

3 真北の測定において、測量した場所の磁針偏差を調べて真北を求めた。

4 水準測量において、高低差が大きかったので、レベルを据え付ける位置を変えながら測量した。

5 トラバース測量において、閉合トラバースの測角誤差が許容誤差以内であったので、それぞれの角に等しく配分して調整した。

No.24 建築積算に関する次の記述のうち、**最も不適当なもの**はどれか。

1 共通仮設は、複数の工事種目に共通して使用する仮設をいう。

2 直接仮設は、工事種目ごとの複数の工事科目に共通して使用する仮設をいう。

3 専用仮設には、コンクリート足場が含まれる。

4 直接仮設には、遣方や墨出しが含まれる。

5 共通仮設には、土工事における山留めが含まれる。

No.25 中央建設業審議会「民間建設工事標準請負契約約款（甲）」における監理者が行う業務に関する次の記述のうち、**最も不適当なもの**はどれか。

1 設計図書等の内容を把握し、設計図書等に明らかな矛盾、誤謬、脱漏、不適切な納まり等を発見した場合は、受注者に通知する。

2 設計内容を伝えるため発注者と打ち合わせ、適宜、この工事を円滑に遂行するため、必要な時期に説明用図書を発注者に交付する。

3 受注者から工事に関する質疑書が提出された場合、設計図書等に定められた品質確保の観点から技術的に検討し、当該結果を受注者に回答する。

4 設計図書等の定めにより受注者が作成、提出する施工計画について、設計図書等に定められた工期及び品質が確保できないおそれがあると明らかに認められる場合には、受注者に対して助言し、その旨を発注者に報告する。

5 工事と設計図書等との照合及び確認の結果、工事が設計図書等のとおりに実施されていないと認めるときは、直ちに受注者に対してその旨を指摘し、工事を設計図書等のとおりに実施するよう求めるとともに発注者に報告する。

令和3年

> 試験時間に合わせて解いてみよう！！

p.331 の解答用紙をコピーしてお使いください。

◆ 学科試験結果データ ◆
《難易度：例年並み》

受験者数	合格者数	合格率
19,596 人	8,219 人	41.9%

◆ 合格基準点 ◆

科　目	建築計画	建築法規	建築構造	建築施工	総得点
基準点	14	13	13	13	60

＊各科目及び総得点のすべてが基準点に達している者が合格となります。

令和３年　建築計画

No.1 日本の歴史的な建築物に関する次の記述のうち、**最も不適当なもの**はどれか。

1 数寄屋造りの桂離宮（京都府）は、古書院、中書院、新御殿等から構成され、茶室建築の手法を取り入れた建築物である。

2 霊廟建築の日光東照宮（栃木県）は、本殿と拝殿とを石の間で繋ぐ権現造りの建築物である。

3 東大寺南大門（奈良県）は、肘木を柱に直接差し込んで、組物を前面に大きく突き出した、大仏様（天竺様）の建築物である。

4 住吉造りの住吉大社本殿（大阪府）は、奥行のある長方形の平面形状で、四周に回り縁がなく、内部は内陣と外陣に区分されている等の特徴をもった建築物である。

5 出雲大社本殿（島根県）は、神社本殿の一形式の大社造りであり、平入りの建築物である。

No.2 建築物Ａ〜Ｅとその設計者との組合せとして、**最も適当なもの**は、次のうちどれか。ただし、（　　）内は、所在地を示す。

A 落水荘（アメリカ）
B 惜櫟荘（静岡県）
C 軽井沢の山荘（長野県）
D サヴォア邸（フランス）
E 塔の家（東京都）

	フランク・ロイド・ライト	ル・コルビュジエ	吉田五十八	吉村順三	東孝光
1	A	D	B	C	E
2	A	D	B	E	C
3	A	D	C	B	E
4	D	A	C	E	B
5	D	A	E	C	B

No.3 建築環境工学における用語・単位に関する次の記述のうち、**最も不適当なもの**はどれか。

1 大気放射は、日射のうち、大気により吸収、散乱される部分を除き、地表面に直接到達する日射である。

2 残響時間は、音源から発生した音が停止してから、室内の平均音圧レベルが60dB低下するまでの時間をいう。

3 生物化学的酸素要求量（BOD）は、水質汚濁を評価する指標の一つである。

4 絶対湿度の単位は、相対湿度の単位と異なり、kg/kg（DA）である。

5 熱伝導率の単位は、熱伝達率の単位と異なり、W/（m・K）である。

No.4 イ〜ホの条件の室において、最低限必要な換気回数を計算した値として、**最も適当なもの**は、次のうちどれか。

条件

イ　室容積	：50m³
ロ　在室者数	：3人
ハ　在室者1人当たりの呼吸による二酸化炭素の発生量	：0.02m³/h
ニ　室内の二酸化炭素の許容濃度	：0.10％
ホ　外気の二酸化炭素の濃度	：0.04％

1 1.0回/h

2 1.5回/h

3 2.0回/h

4 2.5回/h

5 3.0回/h

No.5 結露に関する次の記述のうち、**最も不適当な**ものはどれか。

1 冬期において、外壁の室内側表面結露を防止するためには、断熱強化により、外壁の室内側壁面温度を上昇させることが有効である。
2 外壁の内部結露を防止させるためには、防湿層を断熱材の外気側に配置することが有効である。
3 地下室において、夏期に生じる結露は、換気をすることによって増加する場合がある。
4 床下結露には、室内から侵入した水蒸気が結露するものや、地盤からの水蒸気が非暖房室の冷たい床板に触れて結露するものなどがある。
5 小屋裏結露を防止するためには、天井面での防湿を行い、小屋裏換気を促進するために十分な換気口を確保することが有効である。

No.6 湿り空気に関する次の記述のうち、**最も不適当な**ものはどれか。

1 湿り空気の質量は、乾燥空気の質量と水蒸気の質量との和である。
2 乾球温度が同じであれば、乾球温度と湿球温度との差が大きいほうが、相対湿度は高い。
3 絶対湿度を変えずに、空気を加熱すると、その空気の相対湿度は低くなる。
4 絶対湿度を変えずに、空気を加熱・冷却しても、その空気の水蒸気圧は変化しない。
5 湿球温度は、乾球温度よりも高くなることはない。

No.7 日照、採光、照明に関する次の記述のうち、**最も不適当な**ものはどれか。

1 光束は、光源から放射されるエネルギーを、人間の目の感度特性で重みづけした測光量である。
2 照度は、光が入射する面の入社光束の面積密度で、明るさを示す測光量である。
3 演色性は、物体表面の色の見え方に影響を及ぼす光源の性質である。
4 可照時間は、天候や障害物の影響を受けない。
5 設計用全天空照度は、「快晴の青空」より「薄曇りの日」のほうが小さな値となる。

No.8 色彩に関する次の記述のうち、**最も不適当な**ものはどれか。

1 色彩によって感じられる距離感覚は異なり、一般に、暖色は近くに、寒色は遠くに感じる。

2 明所視において同じ比視感度の青と赤であっても、暗所視では青よりも赤のほうが明るく見える。

3 混色によって無彩色を作ることができる二つの色は、相互に補色の関係にある。

4 色光の加法混色においては、三原色を同じ割合で混ぜ合わせると、白色になる。

5 マンセル表色系における明度（バリュー）は、完全な白を 10、完全な黒を 0 として表す。

No.9 音響設計に関する次の記述のうち、**最も不適当な**ものはどれか。

1 室内の騒音の許容値を NC 値で表す場合、その値が小さいほど、許容される騒音レベルは低くなる。

2 軽量床衝撃音への対策として、カーペットや畳などの緩衝性の材料を用いることが効果的である。

3 窓や壁体の遮音による騒音防止の効果を高めるには、窓や壁の材料の音響透過損失の値を小さくする。

4 フラッターエコーは、一般に、向かい合う平行な壁面それぞれの吸音率が低いと発生する。

5 一般に、室容積が大きくなるほど、最適残響時間は長くなる。

No.10 建築物の環境評価及び地球環境に関する次の記述のうち、**最も不適当**なものはどれか。

1 CASBEE（建築環境総合性能評価システム）は、室内の快適性や景観の維持を含めた建築物の運用に関わる費用を算出するシステムである。

2 PM2.5（微小粒子状物質）は、人の呼吸器系、循環器系への影響が懸念されており、我が国では環境基準が定められている。

3 SDGs（持続可能な開発目標）は、2030年を年限とする国際目標であり、「水・衛生」、「エネルギー」、「まちづくり」、「気候変動」などに関する項目が含まれている。

4 建築物のLCCO$_2$（ライフサイクルCO$_2$）は、資材生産から施工・運用・解体除却までの全過程のCO$_2$排出量を推定して算出する。

5 ZEB（ネット・ゼロ・エネルギー・ビル）は、室内環境の質を維持しつつ、建築物で消費する年間の一次エネルギーの収支を正味ゼロ又はマイナスにすることを目指した建築物である。

No.11 住宅の計画に関する次の記述のうち、**最も不適当な**ものはどれか。

1 パッシブデザインは、建築物が受ける自然の熱、風及び光を活用して暖房効果、冷却効果、照明効果等を得る設計手法である。

2 台所において、L型キッチンを採用することにより、車椅子使用者の調理作業の効率化を図ることができる。

3 就寝分離とは、食事をする空間と寝室とを分けることである。

4 和室を京間とする場合、柱と柱の内法寸法を、基準寸法の整数倍とする。

5 ユーティリティルームは、洗濯、アイロンかけ等の家事を行う場所である。

No.12 集合住宅の計画に関する次の記述のうち、**最も不適当な**ものはどれか。

1 コンバージョンは、事務所ビルを集合住宅にする等、既存の建築物を用途変更・転用する手法である。

2 コモンアクセスは、共用庭と各住戸へのアクセス路とを分離した形式で、動線はアクセス路側が中心となり、共用庭の利用は限られたものになりやすい。

3 子どもが飛び跳ねたりする音などの床衝撃音が下階に伝わることを防ぐためには、床スラブをできるだけ厚くすることが有効である。

4 都市型集合住宅における 2 名が居住する住居の誘導居住面積水準の目安は、$55m^2$ である。

5 ライトウェル（光井戸）は、住戸の奥行きが深い場合などに、採光を目的として設けられる。

No.13 事務所ビル・商業建築の計画に関する次の記述のうち、**最も不適当な**ものはどれか。

1 フリーアドレス方式は、事務室の在席率が 60％以下でないとスペースの効率的な活用が難しい方式である。

2 システム天井は、モデュール割りを用いて、設備機能を合理的に組み込みユニット化した天井である。

3 喫茶店において、厨房の床面積は、一般に、延べ面積の 15 〜 20％程度である。

4 延べ面積に対する客室部分の床面積の合計の割合は、一般に、ビジネスホテルよりシティホテルのほうが大きい。

5 機械式駐車場において、垂直循環式は、一般に、収容台数が同じであれば、多層循環式に比べて、設置面積を小さくすることができる。

No.14 教育施設等の計画に関する次の記述のうち、**最も不適当な**ものはどれか。

1 地域図書館において、開架貸出室の一部にブラウジングコーナーを設けた。

2 保育所において、保育室の 1 人当たりの床面積は、3 歳児用より 5 歳児用のほうを広くした。

3 保育所において、幼児用の大便器のブースの扉の高さを 1.2 m とした。

4 小学校において、学習用の様々な素材を学年ごとに分散配置するスペースとして、「ラーニング（学習）センター」を設けた。

5 小学校のブロックプランにおいて、学年ごとの配置が容易で、普通教室の独立性が高いクラスター型とした。

No.15 社会福祉施設等に関する次の記述のうち、**最も不適当なもの**はどれか。

1 特別養護老人ホームは、常に介護が必要で在宅介護を受けることが困難な高齢者が、入浴や食事の介護等を受ける施設である。

2 サービス付き高齢者向け住宅は、居住者の安否確認や生活相談のサービスを提供し、バリアフリー構造を有する賃貸等の住宅である。

3 ケアハウスは、家族による援助を受けることが困難な高齢者が、日常生活上必要なサービスを受けながら自立的な生活をする施設である。

4 老人デイサービスセンターは、常に介護が必要な高齢者が、入浴や食事等の日常生活上の支援、機能訓練等を受けるために、短期間入所する施設である。

5 介護老人保健施設は、病院における入院治療の必要はないが、家庭に復帰するための機能訓練や看護・介護が必要な高齢者のための施設である。

No.16 建築計画における各部寸法に関する次の記述のうち、**最も不適当なも**のはどれか。

1 診療所の駐輪場において、自転車1台当たりの駐輪スペースを、400mm × 1,600mm とした。

2 診療所の階段において、手摺を床面からの高さ 800mm と 600mm の位置に上下2段に設置し、手摺の端部を壁側に曲げた。

3 一戸建て住宅の玄関ポーチにおいて、車椅子使用者に配慮し、車椅子が回転できるスペースを 1,500mm 角程度とした。

4 一戸建て住宅の台所において、流し台の前面に出窓を設けるに当たって、立位で流し台を使用する場合、流し台手前から出窓までの距離を 800mm とした。

5 一戸建て住宅の屋内の階段において、蹴込み寸法を、昇る際に躓きにくくするため、20mm とした。

No.17 まちづくりに関する次の記述のうち、**最も不適当なもの**はどれか。

1 視覚障害者誘導用ブロックには、線状の突起のある移動方向を指示する線状ブロックと、点状の突起のある注意喚起を行う点状ブロックとがある。

2 スプロールは、一端が行止まりの街路において、その端部で車の方向転換を可能としたものである。

3 アンダーパスは、道路や鉄道の地盤面下を潜り抜ける道路で、雨水が流入しやすいので、排水機能の確保が必要である。

4 登録有形文化財である建築物の一部を改装するに当たって、建築物の外観が大きく変わる場合などは現状変更の届出が必要となる。

5　イメージハンプは、車道の色や材質の一部を変えて、車の運転者に速度抑制を心理的に促すために設けるものであり、路面に高低差はない。

No.18　建築生産等に関する次の記述のうち、**最も不適当な**ものはどれか。

1　ボックスユニット工法は、工場生産されたプレキャストコンクリート板を使用して現場で箱状に組み立てる工法であり、工期の短縮にも適している。
2　枠組壁工法（ツーバイフォー工法）は、北米において発展した木造建築の工法で、主に断面寸法が 2 インチ× 4 インチの部材により構成され、一般に、接合部においては C マーク表示金物を使用する。
3　プレファブ工法は、部材をあらかじめ工場で生産する方式であり、品質の安定化、工期の短縮化等を目的とした工法である。
4　モデュラーコーディネーションは、基準として用いる単位寸法等により、建築及び建築各部の寸法を相互に関連づけるように調整する手法である。
5　曳家（ひきや）は、建築物を解体せずに、あらかじめ造った基礎まで水平移動させる工事のことである。

No.19　建築設備に関する次の記述のうち、**最も不適当な**ものはどれか。

1　避難設備は、人を安全な場所へ誘導するために設けられる、避難はしご、救助袋などをいう。
2　600V2 種ビニル絶縁電線（HIV）は、使用電圧が 600V 以下の電気工作物や電気機器の配線用で、主に防災設備の耐熱配線に用いる。
3　吸込み型トロッファは、照明器具と空調用吸込み口を一体化した照明器具で、照明発熱による空調負荷の軽減効果が期待できる。
4　外気冷房は、中間期や冬期において、室温に比べて低温の外気を導入して冷房に利用する省エネルギー手法である。
5　第 3 種換気は、室内を正圧に保持できるので、室内への汚染空気の流入を防ぐことができる。

No.20 空気調和設備に関する次の記述のうち、**最も不適当な**ものはどれか。

1 ターミナルレヒート方式は、レヒータ（再熱器）ごとの温度調節が可能であるが、冷房時には、一度冷やした空気を温めるため、大きなエネルギー損失となる。

2 変風量単一ダクト方式は、一般に、定風量単一ダクト方式に比べて、室内の気流分布、空気清浄度を一様に維持することが難しい。

3 同一量の蓄熱をする場合、氷蓄熱方式は、水蓄熱方式に比べて、蓄熱槽の容積を小さくすることができる。

4 空気熱源マルチパッケージ型空調機方式では、屋外機から屋内機に冷水を供給して冷房を行う。

5 置換換気・空調は、空気の浮力を利用した換気・空調方式である。

No.21 給排水衛生設備に関する次の記述のうち、**最も不適当な**ものはどれか。

1 排水トラップを設ける目的は、衛生害虫や臭気などの室内への侵入を防止することである。

2 ホースなどが接続される給水栓には、一般に、バキュームブレーカなどの逆流防止装置を設ける。

3 トラップの封水深は、トラップの管径が 25mm の場合は管径と同寸法である 25mm 程度とする。

4 水道（上水）の3要素としては、適度な水圧、需要を満足する水量、水質基準を満たすことがあげられる。

5 通気弁は、通気管内が負圧のときは空気を吸引し、排水負荷のないときや通気管内が正圧のときは臭気などの室内への侵入を防止する器具である。

No.22 給排水衛生設備に関する次の記述のうち、**最も不適当な**ものはどれか。

1 間接排水とは、器具からの排水管をいったん大気中で縁を切り、一般排水系統へ直結している水受け容器又は排水器具の中へ排水することをいう。

2 シングルレバー水栓や全自動洗濯機への配管において、ウォータハンマの発生を防止するためには、エアチャンバの設置が有効である。

3 給水設備における高置水槽方式の高置水槽は、建築物内で最も高い位置にある水栓、器具等の必要水圧が確保できるような高さに設置する。

4 吐水口空間とは、給水栓の吐水口最下端からその水受け容器のあふれ縁の上端までの垂直距離をいう。

5 FF 式給湯機を用いる場合は、燃焼のための換気設備を別に設ける必要がある。

No.23 電気設備に関する次の記述のうち、**最も不適当な**ものはどれか。

1 低圧屋内配線におけるケーブルラックには、一般に、絶縁電線を直接敷設してはならない。

2 無効電力を削減するためには、誘導電動機に進相コンデンサを並列に接続することによる力率改善が有効である。

3 電気配線の許容電流値は、周囲温度や電線離隔距離に影響されない。

4 光束法によって全般照明の照明計画を行う場合、設置直後の照度は、設計照度以上となる。

5 貸事務所などの場合、分電盤類が設置されているEPS（電気シャフト）の位置は、共用部に面することが望ましい。

No.24 消防設備等に関する次の記述のうち、**最も不適当な**ものはどれか。

1 住宅用消火器は、蓄圧式で再充填ができないものである。

2 屋外消火栓設備は、屋外から建築物の１階及び２階の火災を消火し、隣接する建築物への延焼等を防止するための設備である。

3 階段室に設ける自動火災報知設備の感知器は、熱感知器とする。

4 屋内消火栓設備における易操作性１号消火栓は、１人で操作が可能な消火栓である。

5 非常用エレベーターは、火災時における消防隊の消火活動などに使用することを主目的とした設備である。

No.25 我が国における環境・省エネルギーに関する次の記述のうち、**最も不適当な**ものはどれか。

1 換気設備について、熱損失を少なくするために、全熱交換器を用いた。

2 空気熱源マルチパッケージ型空調機は、省エネルギーに配慮し、成績係数（COP）の大きい機器を採用した。

3 風がない場合においても温度差による換気を期待し、上下部に開口部を設けた吹き抜け空間を計画した。

4 夏期の冷房時における窓面からの日射負荷を低減するため、東西面の窓に水平ルーバーを計画した。

5 雨水利用システムにおける集水場所を、集水率の高さや、集水した雨水の汚染度の低さを考慮して、屋根面とした。

令和3年　建築法規

No.1 用語に関する次の記述のうち、建築基準法上、**誤っている**ものはどれか。

1 学校の教室は、「居室」である。

2 建築物を同一敷地内に移転することは、「建築」である。

3 幼保連携型認定こども園の用途に供する建築物は、「特殊建築物」である。

4 建築物の構造上重要でない最下階の床について行う過半の修繕は、「大規模の修繕」である。

5 ドレンチャーは、「防火設備」である。

No.2 次の行為のうち、建築基準法上、**全国どの場所においても、確認済証の交付を受ける必要がある**ものはどれか。

1 鉄骨造平家建て、延べ面積300m²の診療所（患者の収容施設を有しないもの）の大規模の模様替

2 鉄骨造3階建て、延べ面積300m²の美術館における床面積10m²の増築

3 木造2階建て、延べ面積150m²、高さ8mの一戸建て住宅から旅館への用途の変更

4 木造2階建て、延べ面積200m²、高さ9mの集会場の新築

5 鉄筋コンクリート造3階建て、延べ面積400m²の共同住宅から事務所への用途の変更

No.3 次の記述のうち、建築基準法上、**誤っている**ものはどれか。

1　建築基準法第 6 条第 1 項第一号に掲げる建築物で安全上、防火上又は衛生上特に重要であるものとして政令で定めるもの（国等の建築物を除く。）の所有者（所有者と管理者が異なる場合においては、管理者）は、当該建築物の敷地、構造及び建築設備について、定期に、一級建築士若しくは二級建築士又は建築物調査員にその状況の調査をさせて、その結果を特定行政庁に報告しなければならない。

2　建築基準法第 6 条の 4 第 1 項第三号に掲げる建築物のうち準防火地域内における一戸建ての住宅を新築しようとする場合においては、建築物の建築に関する確認の特例により、建築基準法第 35 条の 2 の規定については審査から除外される。

3　指定確認検査機関が確認済証の交付をした建築物の計画について、特定行政庁が建築基準関係規定に適合しないと認め、その旨を建築主及び指定確認検査機関に通知した場合において、当該確認済証は、その効力を失う。

4　災害があった場合において公益上必要な用途に供する応急仮設建築物を建築した者は、その建築工事を完了した後 3 月を超えて当該建築物を存続させようとする場合においては、原則として、その超えることとなる日前に、特定行政庁の許可を受けなければならない。

5　建築主は、床面積の合計が 10m² を超える建築物を建築しようとする場合においては、原則として、建築主事を経由して、その旨を都道府県知事に届け出なければならない。

No.4 木造 2 階建て、延べ面積 180m² の長屋の計画に関する次の記述のうち、建築基準法に**適合しない**ものはどれか。

1　建築材料には、クロルピリホスを添加しなかった。

2　各戸の界壁を小屋裏又は天井裏に達するものとしなかったので、遮音性能については、天井の構造を天井に必要とされる技術的基準に適合するもので、国土交通大臣が定めた構造方法を用いるものとした。

3　居間の天井の高さを 2.3m とし、便所の天井の高さを 2.0m とした。

4　階段の片側にのみ幅 12cm の手すりを設けたので、階段の幅は 77cm とした。

5　下水道法第 2 条第八号に規定する処理区域内であったので、便所を水洗便所とし、その汚水管を合併処理浄化槽に連結させ、便所から排出する汚物を公共下水道以外に放流した。

No.5 建築設備に関する次の記述のうち、建築基準法上、**誤っているもの**はどれか。

1 水洗便所には、採光及び換気のため直接外気に接する窓を設け、又はこれに代わる設備をしなければならない。

2 建築物に設ける排水のための配管設備の末端は、公共下水道、都市下水路その他の排水施設に排水上有効に連結しなければならない。

3 建築物（換気設備を設けるべき調理室等を除く。）に設ける自然換気設備の給気口は、居室の天井の高さの $\frac{1}{2}$ 以下の高さの位置に設け、常時外気に開放された構造としなければならない。

4 住宅の浴室（常時開放された開口部はないものとする。）において、密閉式燃焼器具のみを設けた場合には、換気設備を設けなくてもよい。

5 地上２階建て、延べ面積 1,000m² の建築物に設ける換気設備の風道は、不燃材料で造らなければならない。

No.6 図のような立面を有する瓦葺屋根の木造２階建て、延べ面積 140m² の建築物に設ける構造耐力上必要な軸組を、厚さ 3cm ×幅 9cm の木材の筋かいを入れた軸組とする場合、１階の張り間方向の当該軸組の長さの合計の最小限必要な数値として、建築基準法上、**正しいもの**は、次のうちどれか。ただし、小屋裏等に物置等は設けず、区域の地盤及び風の状況に応じた「地震力」及び「風圧力」に対する軸組の割増はないものとし、国土交通大臣が定める基準に従った構造計算は行わないものとする。

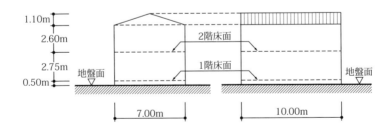

1 1,155cm

2 1,275cm

3 1,540cm

4 1,700cm

5 2,150cm

No.7 平家建て、延べ面積 120m²、高さ 5m の建築物の構造耐力上主要な部分等に関する次の記述のうち、建築基準法に**適合しない**ものはどれか。ただし、構造計算等による安全性の確認は行わないものとする。

1 木造とするに当たって、木造の筋かいに、たすき掛けにするための欠込みをしたので、必要な補強を行った。

2 建築物に附属する高さ 1.2m の塀を補強コンクリートブロック造とするに当たって、壁の厚さを 10cm とし、控壁を設けなかった。

3 鉄骨造とするに当たって、柱の材料を炭素鋼とし、その柱の脚部をアンカーボルトにより基礎に緊結した。

4 鉄骨造とするに当たって、張り間が 13m 以下であったので、鋼材の接合は、ボルトが緩まないように所定の措置を講じたボルト接合とした。

5 鉄筋コンクリート造とするに当たって、柱の小径は、その構造耐力上主要な支点間の距離の $\frac{1}{20}$ 以上とした。

No.8 建築物の構造強度及び構造計算に関する次の記述のうち、建築基準法上、**誤っている**ものはどれか。

1 構造耐力上主要な部分で特に腐食、腐朽又は摩損のおそれのあるものには、腐食、腐朽若しくは摩損しにくい材料又は有効なさび止め、防腐若しくは摩損防止のための措置をした材料を使用しなければならない。

2 屋根ふき材、外装材等は、風圧並びに地震その他の震動及び衝撃によって脱落しないようにしなければならない。

3 保有水平耐力計算により、構造耐力上主要な部分の断面に生ずる長期の応力度を計算する場合、特定行政庁が指定する多雪区域においては、地震力を考慮しなければならない。

4 倉庫業を営む倉庫における床の積載荷重は、3,900N/m² 未満としてはならない。

5 建築基準法第 20 条第 1 項第三号に掲げる建築物に設ける屋上から突出する煙突については、国土交通大臣が定める基準に従った構造計算により風圧並びに地震その他の震動及び衝撃に対して構造耐力上安全であることを確かめなければならない。

No.9 建築物の防火区画、防火壁、界壁等に関する次の記述のうち、建築基準法上、**誤っている**ものはどれか。

1 3階を診療所（患者の収容施設があるもの）とした3階建て、延べ面積150m²の建築物（建築基準法施行令第112条第11項に規定する建築物及び火災が発生した場合に避難上支障のある高さまで煙又はガスの降下が生じない建築物ではないものとする。）においては、竪穴部分とその他の部分とを間仕切壁又は所定の防火設備で区画しなければならない。

2 防火区画（建築基準法施行令第112条第18項に規定するものを除く。）を構成する床に接する外壁については、その接する部分を含み幅90cm以上の部分を準耐火構造とするか、外壁面から50cm以上突出した準耐火構造のひさし等で防火上有効に遮らなければならない。

3 建築物の竪穴部分とその他の部分とを区画する防火設備は、避難上及び防火上支障のない遮煙性能を有するものでなくてもよい。

4 木造平家建て、延べ面積1,500m²の公衆浴場で、準耐火建築物としたものは、防火壁によって区画しなくてもよい。

5 共同住宅の各戸の界壁（自動スプリンクラー設備等設置部分その他防火上支障がないものとして国土交通大臣が定める部分の界壁ではないものとする。）は、準耐火構造とし、天井が強化天井である場合を除き、小屋裏又は天井裏に達せしめなければならない。

No.10 木造2階建て（主要構造部を準耐火構造としたもの）、延べ面積600m²（各階の床面積300m²、2階の居室の床面積250m²）の物品販売業を営む店舗の避難施設等に関する次の記述のうち、建築基準法上、**誤っている**ものはどれか。ただし、避難階は1階とする。

1 2階の居室の各部分から1階又は地上に通ずる直通階段の一に至る歩行距離は、30m以下としなければならない。

2 2階から1階又は地上に通ずる2以上の直通階段を設けなければならない。

3 火災が発生した場合に避難上支障のある高さまで煙又はガスの降下が生じない建築物の部分として、天井の高さ、壁及び天井の仕上げに用いる材料の種類等を考慮して国土交通大臣が定めるものには、排煙設備を設けなくてもよい。

4 居室から地上に通ずる廊下、階段その他の通路で、採光上有効に直接外気に開放されたものには、非常用の照明装置を設けなくてもよい。

5 敷地内には、建築基準法施行令第125条第1項の出口から道又は公園、広場その他の空地に通ずる幅員が1.5m以上の通路を設けなければならない。

No.11 建築基準法第 35 条の 2 の規定による内装の制限に関する次の記述のうち、建築基準法上、**誤っている**ものはどれか。ただし、内装の制限を受ける「窓その他の開口部を有しない居室」はないものとする。また、火災が発生した場合に避難上支障のある高さまで煙又はガスの降下が生じない建築物の部分はないものとする。

1　主要構造部を準耐火構造とした延べ面積 200m²、客席の床面積の合計が 100m² の集会場（1 時間準耐火基準に適合しないもの）は、内装の制限を受ける。

2　主要構造部を準耐火構造とした平家建て、延べ面積 3,500m² の旅館（1 時間準耐火基準に適合しないもの）は、内装の制限を受ける。

3　木造 2 階建て、延べ面積 200m² の事務所兼用住宅の 2 階にある火を使用する設備を設けた調理室は、内装の制限を受けない。

4　自動車修理工場の用途に供する部分の壁及び天井の室内に面する部分の仕上げは、準不燃材料とすることができる。

5　地階に設ける居室を有する建築物は、当該居室の用途にかかわらず、内装の制限を受ける。

No.12 都市計画区域内における道路等に関する次の記述のうち、建築基準法上、**誤っている**ものはどれか。

1　敷地の周囲に広い空地を有する建築物で、特定行政庁が交通上、安全上、防火上及び衛生上支障がないと認めて建築審査会の同意を得て許可したものの敷地は、道路に 2m 以上接しなくてもよい。

2　地方公共団体は、階数が 3 以上である建築物について、その用途、規模又は位置の特殊性により、避難又は通行の安全の目的を十分に達成することが困難であると認めるときは、条例で、その敷地が道路に接する部分の長さに関して必要な制限を付加することができる。

3　工事を施工するために現場に設ける事務所の敷地であっても、道路に 2m 以上接しなければならない。

4　建築基準法第 42 条第 1 項第五号の規定により、特定行政庁から位置の指定を受けて道を築造する場合、その道の幅員を 6m 以上とすれば、袋路状道路とすることができる。

5　建築基準法第 3 章の規定が適用されるに至った際現に建築物が立ち並んでいる幅員 4m 未満の道で、特定行政庁の指定したものは、建築基準法上の道路とみなされる。

No.13 2階建て、延べ面積300m² の次の建築物のうち、建築基準法上、**新築してはならないもの**はどれか。ただし、特定行政庁の許可は受けないものとし、用途地域以外の地域、地区等は考慮しないものとする。

1　工業専用地域内の「銀行の支店」
2　田園住居地域内の「地域で生産された農産物を材料とする料理の提供を主たる目的とする飲食店」
3　第二種住居地域内の「ぱちんこ屋」
4　第二種低層住居専用地域内の「日用品の販売を主たる目的とする店舗」
5　第一種低層住居専用地域内の「老人福祉センター」

No.14 図のような敷地及び建築物（2階建て、延べ面積600m²）の配置において、建築基準法上、**新築することができる建築物**は、次のうちどれか。ただし、特定行政庁の許可は受けないものとし、用途地域以外の地域、地区等は考慮しないものとする。

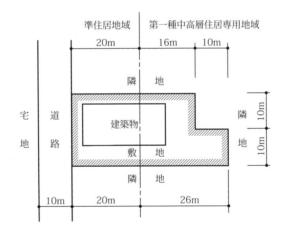

1　料理店
2　旅館
3　貸本屋
4　演芸場（客席の部分の床面積の合計が190m²）
5　消防署

No.15 都市計画区域内における建築物の延べ面積（建築基準法第52条第1項に規定する容積率の算定の基礎となる延べ面積）、建蔽率及び敷地面積に関する次の記述のうち、建築基準法上、正しいものはどれか。ただし、用途地域及び防火地域以外の地域、地区等は考慮しないものとする。

1　昇降機塔の建築物の屋上部分で、その水平投影面積の合計が当該建築物の建築面積の $\frac{1}{8}$ 以下の場合においては、その部分の床面積の合計は、延べ面積に算入しない。

2　宅配ボックスを設ける部分の床面積は、当該建築物の各階の床面積の合計の $\frac{1}{50}$ を限度として、延べ面積に算入しない。

3　近隣商業地域（都市計画で定められた建蔽率は $\frac{8}{10}$）内、かつ、防火地域内で、特定行政庁による角地の指定のある敷地において、耐火建築物を建築する場合の建蔽率の最高限度は $\frac{9}{10}$ である。

4　用途地域に関する都市計画において建築物の敷地面積の最低限度を定める場合においては、その最低限度は、100m² を超えてはならない。

5　老人ホームの共用の廊下の用に供する部分の床面積は、延べ面積に算入しない。

No.16 図のような敷地において、建築基準法上、新築することができる建築物の延べ面積（同法第52条第1項に規定する容積率の算定の基礎となる延べ面積）の最高限度は、次のうちどれか。ただし、図に記載されているものを除き、地域、地区等及び特定行政庁の指定等はないものとする。また、特定道路の影響はないものとし、建築物には容積率の算定の基礎となる延べ面積に算入しない部分及び地階はないものとする。

1　630m²
2　660m²
3　690m²
4　750m²
5　780m²

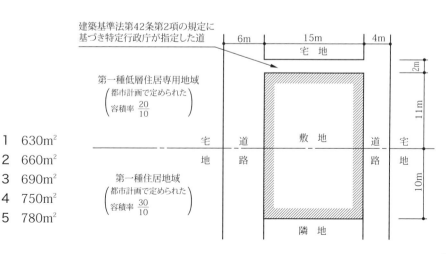

No.17 図のような敷地において、建築物を新築する場合、建築基準法上、A点における**地盤面からの建築物の高さの最高限度**は、次のうちどれか。ただし、第一種低層住居専用地域の都市計画において定められた建築物の高さの最高限度は 10m であり、敷地は平坦で、敷地、隣地及び道路の相互間の高低差並びに門及び塀はなく、また、図に記載されているものを除き、地域、地区等及び特定行政庁の指定・許可等はないものとし、日影規制（日影による中高層の建築物の高さの制限）及び天空率は考慮しないものとする。なお、建築物は、全ての部分において、高さの最高限度まで建築されるものとする。

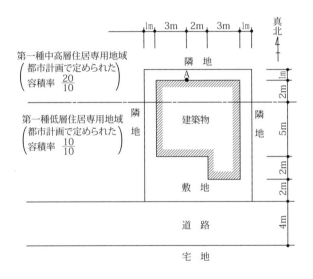

1　6.25m
2　10.00m
3　11.25m
4　18.75m
5　21.25m

No.18 日影規制（日影による中高層の建築物の高さの制限）に関する次の記述のうち、建築基準法上、**誤っている**ものはどれか。ただし、用途地域以外の地域、地区等及び地形の特殊性に関する特定行政庁の定め等は考慮しないものとする。

1　商業地域内においては、原則として、日影規制は適用されない。

2　日影規制が適用されるか否かの建築物の高さの算定は、平均地盤面からの高さではなく、地盤面からの高さによる。

3　同一の敷地内に2以上の建築物がある場合、これらの建築物をそれぞれ別の建築物として、日影規制を適用する。

4　田園住居地域内においては、原則として、軒の高さが7mを超える建築物又は地階を除く階数が3以上の建築物について、日影規制を適用する。

5　建築物の敷地が幅員10m以下の道路に接する場合、当該道路に接する敷地境界線は、当該道路の幅の$\frac{1}{2}$だけ外側にあるものとみなす。

No.19 2階建て、延べ面積200m²の共同住宅に関する次の記述のうち、建築基準法上、**誤っている**ものはどれか。ただし、地階及び防火壁はないものとし、記述されているもの以外の地域、地区等は考慮しないものとする。

1　準防火地域内において木造建築物として新築する場合、その外壁及び軒裏で延焼のおそれのある部分を防火構造とすることができる。

2　準防火地域内において建築物に附属する高さ2mを超える塀を設ける場合、その塀は、当該建築物の構造にかかわらず、延焼防止上支障のない構造としなければならない。

3　防火地域内において外壁を耐火構造として新築する場合、その外壁を隣地境界線に接して設けることができる。

4　建築物が「準防火地域」と「防火地域及び準防火地域として指定されていない区域」にわたる場合、その全部について準防火地域内の建築物に関する規定が適用される。

5　準防火地域内において建築物を新築する場合、屋根の構造は、市街地における通常の火災による火の粉により、防火上有害な発炎をしないものであり、かつ、屋内に達する防火上有害な溶融、亀裂その他の損傷を生じないものとしなければならない。

令和3年

No.20　次の記述のうち、建築基準法上、**誤っている**ものはどれか。

1　防火地域及び準防火地域以外の区域内における木造3階建ての一戸建て住宅（住宅以外の用途に供する部分はない。）について、指定確認検査機関が建築基準法第6条の2第1項による確認をする場合においては、消防長又は消防署長の同意が必要である。

2　建築基準法第3条第2項の規定により一部の建築基準法令の規定の適用を受けない建築物について政令で定める範囲内において増築、改築、大規模の修繕又は大規模の模様替をする場合においては、同条第3項第三号及び第四号の規定にかかわらず、引き続き、建築基準法令の規定は、適用しない。

3　高さ6mの観覧車を築造する場合においては、建築基準法第20条の規定が準用される。

4　特定行政庁は、国際的な規模の競技会の用に供することにより1年を超えて使用する特別の必要がある仮設興行場について、安全上、防火上及び衛生上支障がなく、かつ、公益上やむを得ないと認める場合においても、あらかじめ、建築審査会の同意を得なければ、その建築を許可することはできない。

5　建築基準法の構造耐力や防火区画等の規定に違反があった場合において、その違反が建築主の故意によるものであるときは、設計者又は工事施工者を罰するほか、当該建築主にも罰則が適用される。

No.21　次の建築物を新築する場合、建築士法上、二級建築士が**設計してはならない**ものはどれか。ただし、建築基準法第85条第1項又は第2項に規定する応急仮設建築物には該当しないものとする。

1　延べ面積1,600m²、高さ6m、木造平家建ての老人ホーム

2　延べ面積800m²、高さ12m、軒の高さ9m、木造3階建ての共同住宅

3　延べ面積600m²、高さ9m、木造2階建ての病院

4　延べ面積300m²、高さ9m、鉄骨造2階建ての美術館

5　延べ面積200m²、高さ13m、軒の高さ9m、鉄骨造3階建ての事務所

No.22 建築士事務所に関する次の記述のうち、建築士法上、**誤っている**ものはどれか。

1 建築士事務所の開設者は、建築物の建築に関する法令又は条例の規定に基づく手続の代理の業務について、建築主と契約の締結をしようとするときは、あらかじめ、当該建築主に対し、重要事項の説明を行わなければならない。

2 建築士事務所に属する建築士が当該建築士事務所の業務として作成した設計図書又は工事監理報告書で、建築士事務所の開設者が保存しなければならないものの保存期間は、当該図書を作成した日から起算して 15 年間である。

3 建築士事務所を管理する専任の建築士が置かれていない場合、その建築士事務所の登録は取り消される。

4 建築士事務所の開設者は、委託者の許諾を得た場合においても、委託を受けた設計又は工事監理（いずれも延べ面積が 300m² を超える建築物の新築工事に係るものに限る。）の業務を、それぞれ一括して他の建築士事務所の開設者に委託してはならない。

5 建築士は、他人の求めに応じ報酬を得て、建築工事の指導監督のみを業として行おうとするときであっても、建築士事務所を定めて、その建築士事務所について、登録を受けなければならない。

No.23 次の記述のうち、「建築物の耐震改修の促進に関する法律」上、**誤って**いるものはどれか。

1 建築物の耐震改修の計画が建築基準法第 6 条第 1 項の規定による確認を要するものである場合において、所管行政庁が計画の認定をしたときは、同法第 6 条第 1 項の規定による確認済証の交付があったものとみなす。

2 耐震改修には、地震に対する安全性の向上を目的とした敷地の整備は含まれない。

3 建築物について地震に対する安全性に係る基準に適合している旨の認定を所管行政庁から受けた者は、当該建築物（基準適合認定建築物）、その敷地又は広告等に、所定の様式により、当該建築物が認定を受けている旨の表示を付することができる。

4 通行障害建築物は、地震によって倒壊した場合においてその敷地に接する道路の通行を妨げ、多数の者の円滑な避難を困難とするおそれのあるものとして政令で定める建築物である。

5 要安全確認計画記載建築物の所有者は、当該建築物について、国土交通省令で定めるところにより、耐震診断を行い、その結果を、所定の期限までに所管行政庁に報告しなければならない。

No.24 次の記述のうち、**誤っている**ものはどれか。

1 「高齢者、障害者等の移動等の円滑化の促進に関する法律」上、ホテルの客室は、「建築物特定施設」に該当する。

2 「長期優良住宅の普及の促進に関する法律」上、長期優良住宅建築等計画の認定を受けようとする住宅の維持保全の期間は、建築後 30 年以上でなければならない。

3 「長期優良住宅の普及の促進に関する法律」上、長期優良住宅建築等計画の認定を受けようとする一戸建ての専用住宅の規模は、少なくとも一の階の床面積（階段部分の面積を除く。）が 40m² 以上であり、原則として、床面積の合計が 75m² 以上でなければならない。

4 「宅地造成等規制法」上、宅地造成工事規制区域内の宅地造成において、宅地以外の土地を宅地にするために行う切土であって、当該切土をした土地の部分に高さが 2m の崖を生ずることになるもので、当該切土をする土地の面積が 500m² の場合は、原則として、都道府県知事の許可を受けなければならない。（☆）

5 「都市計画法」上、都市計画施設の区域内において、地階を有しない木造 2 階建て、延べ面積 100m² の住宅を新築する場合は、原則として、都道府県知事の許可を受けなければならない。

No.25 次の記述のうち、**誤っている**ものはどれか。

1 「建築物のエネルギー消費性能の向上に関する法律」上、建築主は、特定建築物以外の建築物で床面積の合計が200m²のものを新築する場合、当該行為に係る建築物のエネルギー消費性能の確保のための構造及び設備に関する計画を所管行政庁に届け出なければならない。

2 「建設業法」上、下請契約を締結して、元請負人から請け負った建設工事（軽微な建設工事を除く。）のみを施工する下請負人であっても、建設業の許可を受けなければならない。

3 「土地区画整理法」上、市町村又は都道府県が施行する土地区画整理事業の施行地区内において、事業計画の決定の公告があった日後、換地処分があった旨の公告のある日までは、建築物の新築を行おうとする者は、都道府県知事等の許可を受けなければならない。

4 「建設工事に係る資材の再資源化等に関する法律」上、木造2階建て、床面積の合計が500m²の共同住宅の新築工事を行う発注者又は自主施工者は、工事に着手する日の7日前までに、所定の事項を都道府県知事に届け出なければならない。

5 「消防法」上、住宅用防災機器の設置及び維持に関する条例の制定に関する基準においては、就寝の用に供する居室及び当該居室が存する階（避難階を除く。）から直下階に通ずる屋内階段等に、原則として、住宅用防災警報器又は住宅用防災報知設備の感知器を設置しなければならない。

令和3年

令和3年　建築構造

No.1 図のような断面において、図心の座標（x_0, y_0）の値として、正しいものは、次のうちどれか。ただし、$x_0 = \dfrac{S_y}{A}$、$y_0 = \dfrac{S_x}{A}$ であり、S_x、S_y はそれぞれ X 軸、Y 軸まわりの断面一次モーメント、A は全断面積を示すものとする。

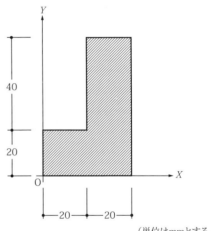

（単位はmmとする。）

	x_0 (mm)	y_0 (mm)
1	15	35
2	15	25
3	25	15
4	25	25
5	35	15

No.2 図のような等分布荷重を受ける単純梁に断面 120mm × 150mm の部材を用いた場合、A 点の最大曲げ応力度が 1N/mm² となるときの梁の長さ *l* の値として、**正しいもの**は、次のうちどれか。ただし、部材の断面は一様とし、自重は無視するものとする。

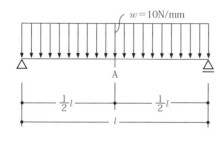

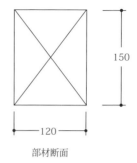

部材断面

（寸法の単位はmmとする。）

1　300mm

2　600mm

3　900mm

4　1,200mm

5　1,500mm

No.3 図のような荷重を受ける単純梁において、A 点の曲げモーメント M_A の大きさと、A−B 間のせん断力 Q_{AB} の絶対値との組合せとして、**正しいもの**は、次のうちどれか。

	M_A の大きさ	Q_{AB} の絶対値
1	40kN・m	10kN
2	60kN・m	15kN
3	60kN・m	30kN
4	120kN・m	15kN
5	120kN・m	30kN

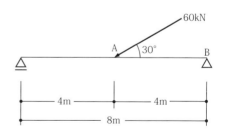

No.4 図のような、荷重条件が異なる静定トラスA、B、Cにおいて、軸方向力が生じない部材の本数の組合せとして、**正しいもの**は、次のうちどれか。ただし、荷重条件以外の条件は、同一であるものとする。

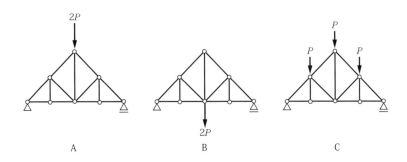

A　　　　　　　　　B　　　　　　　　　C

	A	B	C
1	3	3	3
2	4	3	1
3	4	4	2
4	5	4	2
5	5	5	5

No.5 図１は鉛直方向に外力を受ける静定ラーメンであり、その曲げモーメント図は図２のように表せる。図１の静定ラーメンに水平方向の外力が加わった図３の静定ラーメンの曲げモーメント図として、正しいものは、次のうちどれか。ただし、曲げモーメント図は、材の引張側に描くものとする。

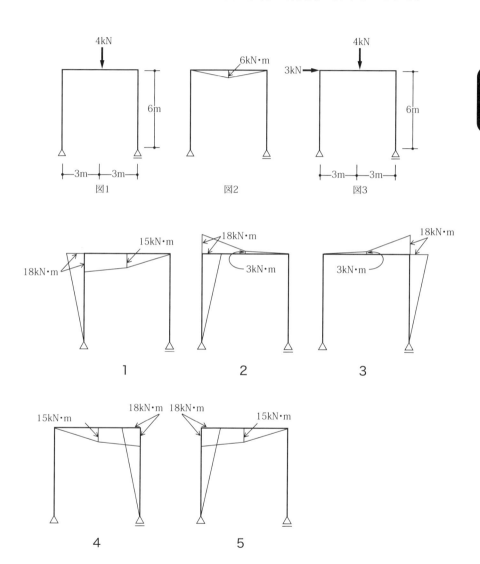

No.6 長柱の弾性座屈荷重に関する次の記述のうち、**最も不適当な**ものはどれか。

1 弾性座屈荷重は、柱の断面二次モーメントに比例する。

2 弾性座屈荷重は、材料のヤング係数に反比例する。

3 弾性座屈荷重は、柱の座屈長さの2乗に反比例する。

4 弾性座屈荷重は、柱の両端の支持条件が水平移動拘束で「両端ピンの場合」より水平移動拘束で「両端固定の場合」のほうが大きい。

5 弾性座屈荷重は、柱の両端の支持条件が水平移動自由で「両端固定の場合」と水平移動拘束で「両端ピンの場合」とでは、同じ値となる。

No.7 荷重及び外力に関する次の記述のうち、**最も不適当な**ものはどれか。

1 同一の室において、積載荷重の大小関係は、一般に、「地震力の計算用」＞「大梁及び柱の構造計算用」＞「床の構造計算用」である。

2 積雪荷重の計算に用いる積雪の単位荷重は、多雪区域以外の区域においては、積雪量1cmごとに20N/m²以上とする。

3 風圧力の計算に用いる平均風速の高さ方向の分布を表す係数 E_r は、同じ地上高さの場合、一般に、地表面粗度区分がⅢよりⅡのほうが大きくなる。

4 地震力の計算に用いる建築物の設計用一次固有周期（単位 s）は、鉄筋コンクリート造の場合、建築物の高さ（単位 m）に0.02を乗じて算出する。

5 擁壁に作用する土圧のうち、主働土圧は、擁壁が地盤から離れる方向に変位するときに、最終的に一定値に落ち着いた状態で発揮される土圧である。

No.8 一般的な２階建ての建築物の１階の構造耐力上主要な部分に生じる地震力として、**最も適当な**ものは、次のうちどれか。ただし、建設地は多雪区域以外の区域とし、また、地震層せん断力係数 C_i は 0.2、屋根部分の固定荷重と積載荷重の和を W_R とし、２階部分の固定荷重と積載荷重の和を W_2 とする。

1　$0.2 \times W_2$

2　$0.2 \times (W_R + W_2)$

3　$0.2 \times \dfrac{W_2}{W_R}$

4　$0.2 \times \dfrac{W_R}{W_R + W_2}$

5　$0.2 \times \dfrac{W_2}{W_R + W_2}$

No.9 地盤及び基礎構造に関する次の記述のうち、**最も不適当な**ものはどれか。

1　沖積層は、一般に、洪積層に比べて、支持力不足や地盤沈下が生じやすい。

2　地下外壁に地下水が接する場合、地下水位が高いほど、地下外壁に作用する圧力は大きくなる。

3　地盤の支持力は、一般に、基礎底面の位置（根入れ深さ）が深いほど大きくなる。

4　基礎梁の剛性を大きくすることは、一般に、不同沈下の影響を減少させるために有効である。

5　堅い粘土質地盤は、一般に、密実な砂質地盤に比べて許容応力度が大きい。

No.10 木造建築物の部材の名称とその説明との組合せとして、**最も不適当な**ものは、次のうちどれか。

1　野縁 ——————— 天井と壁の接する部分に取付ける見切り部材

2　胴縁 ——————— 壁においてボードなどを取付けるための下地材

3　胴差 ——————— 軸組において2階以上の床の位置で床梁を受け、通し柱を相互につないでいる横架材

4　軒桁 ——————— 軒の部分において小屋梁に直角に取り合う横架材

5　側桁 ——————— 階段の段板を両側で支える部材

No.11 木質構造の接合に関する次の記述のうち、**最も不適当な**ものはどれか。

1　構造耐力上主要な部分において、木口面にねじ込まれた木ねじを、引抜き方向に抵抗させることは避けた。

2　ラグスクリューを木口面に打ち込んだ場合の許容せん断耐力は、側面に打ち込んだ場合の値の $\frac{2}{3}$ とした。

3　せん断力を受けるボルト接合において、座金が木材にめり込まない程度にボルトを締付けた。

4　ドリフトピン接合部において、終局せん断耐力を降伏せん断耐力と同じ値とした。

5　メタルプレートコネクターを用いて木材同士を接合する場合の木材は、気乾状態のものとした。

No.12 図に示す木造建築物に用いる接合金属とその用途との組合せとして、最も**不適当**なものは、次のうちどれか。ただし、図の寸法は一例である。

接合金物	用　途
1　　115mm　山形プレート	柱と土台、柱と桁の接合に用いる。
2　　40mm　短ざく金物	胴差同士の接合に用いる。
3　　90mm　柱脚金物	玄関の独立柱等の柱脚支持に用いる。
4　　1,075mm　火打金物	隅木と横架材の接合に用いる。
5　　175mm　くら金物	垂木と軒桁、垂木と母屋の接合に用いる。

（注）No.12については、著作権法上の関係から、その出所等を明示しています。
　　　図の出典：2021年版フラット35対応 木造住宅工事仕様書（住宅金融支援機構）

No.13 図のような平面を有する壁式鉄筋コンクリート造平家建ての建築物の壁量計算において、X 方向の値として、**最も近いもの**は、次のうちどれか。ただし、階高は 3m、壁厚は 12cm とする。

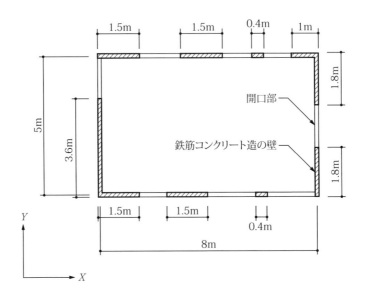

1　17.5cm/m²

2　18.0cm/m²

3　18.5cm/m²

4　19.0cm/m²

5　19.5cm/m²

No.14 鉄筋コンクリート構造に関する次の記述のうち、**最も不適当なもの**はどれか。

1　部材の曲げ破壊は、脆性的な破壊であり、建築物の崩壊につながるおそれがあるので、せん断破壊よりも先行しないように設計する。

2　柱は、一般に、負担している軸方向圧縮力が大きくなると、変形能力は小さくなる。

3　壁板における開口部周囲及び壁端部の補強筋は、一般に、D13 以上の異形鉄筋を用いる。

4　梁せいは、建築物に変形又は振動による使用上の支障が起こらないことを計算によって確かめた場合を除き、梁の有効長さの $\frac{1}{10}$ を超える値とする。

5　柱梁接合部における帯筋比は、一般に、0.2％以上とする。

No.15 鉄筋コンクリート構造における配筋等に関する次の記述のうち、**最も不適当な**ものはどれか。

1 耐震壁の開口に近接する柱（開口端から柱端までの距離が300mm未満）のせん断補強筋比は、一般に、0.4％以上とする。

2 柱の帯筋は、「せん断補強」、「内部のコンクリートの拘束」、「主筋の座屈防止」等に有効である。

3 周辺固定とみなせる長方形スラブが等分布荷重を受ける場合、一般に、生じる応力から必要となるスラブの配筋量は、両端の上端配筋量のほうが、中央の下端配筋量より多くなる。

4 フック付き重ね継手の長さは、鉄筋相互の折曲げ開始点間の距離とする。

5 柱の主筋をガス圧接する場合、一般に、各主筋の継手位置は、同じ高さに設ける。

No.16 鉄骨構造に関する次の記述のうち、**最も不適当な**ものはどれか。

1 露出形式の柱脚において、柱のベースプレートの厚さは、一般に、アンカーボルトの径の1.3倍以上とする。

2 柱及び梁材の断面において、構造耐力上支障のある局部座屈を生じさせないための幅厚比は、炭素鋼の基準強度（F値）により異なる。

3 「建築構造用圧延鋼材SN400」は、溶接接合を用いる建築物の場合、一般に、A種を用いる。

4 母屋などに用いる水平材において、長期に作用する荷重に対するたわみは、通常の場合、仕上げ材に支障を与えない範囲で、スパンの$\frac{1}{300}$を超えることができる。

5 トラスにおいて、ウェブ材の構面内座屈は、材端支持状態が特に剛である場合を除き、節点間距離をもって座屈長さとする。

No.17 鉄骨構造の接合に関する次の記述のうち、**最も不適当な**ものはどれか。

1 高力ボルト摩擦接合において、両面とも母材と同等の摩擦面としての処理を行ったフィラープレートは、接合する母材の鋼種に関わらず、母材と同強度の鋼材とする。

2 高力ボルト摩擦接合において、2面摩擦とする場合の許容耐力は、長期、短期ともに1面摩擦とする場合の2倍の数値とすることができる。

3 曲げモーメントを伝える接合部のボルト、高力ボルト及び溶接継目の応力は、回転中心からの距離に比例するものとみなして算定する。

4　溶接接合において、隅肉溶接のサイズは、一般に、薄いほうの母材の厚さ以下とする。

5　応力を伝達する隅肉溶接の有効長さは、一般に、隅肉サイズの10倍以上で、かつ、40mm以上とする。

No.18 建築物の構造計画等に関する次の記述のうち、**最も不適当な**ものはどれか。

1　建築物の各階における重心と剛心との距離ができるだけ大きくなるように、耐力壁を配置した。

2　多雪区域以外の区域における規模が比較的大きい緩勾配の鉄骨造屋根について、積雪後の降雨の影響を考慮するために、「屋根の勾配」及び「屋根の再上端から再下端までの水平投影長さ」に応じて積雪荷重を割り増した。

3　木造軸組工法の建築物について、構造耐力上主要な柱の所要断面積の $\frac{1}{4}$ を欠込みしたので、欠込みした部分を補強した。

4　ピロティ階の必要保有水平耐力について、「剛性率による割増し係数」と「ピロティ階の強度割増し係数」のうち、大きいほうの値を用いて算出した。

5　建築物の基礎の構造は、地盤の長期許容応力度が 20kN/m² 未満であったので、基礎杭を用いた構造を採用した。

No.19 建築物の耐震設計に関する次の記述のうち、**最も不適当な**ものはどれか。

1　建築物の各階の剛性率は、「各階の層間変形角の逆数」を「全ての階の層間変形角の逆数の相加平均の値」で除した値である。

2　中程度の（稀に発生する）地震動に対して、建築物の構造耐力上主要な部分に損傷が生じないことは、耐震設計の要求性能の一つである。

3　耐震設計における二次設計は、建築物が弾性限を超えても、最大耐力以下であることや塑性変形可能な範囲にあることを確かめるために行う。

4　鉄骨造の建築物において、保有耐力接合の検討は、柱及び梁部材の局部座屈を防止するために行う。

5　杭基礎において、基礎の根入れの深さが 2m 以上の場合、基礎スラブ底面における地震による水平力を低減することができる。

No.20 建築材料として使用される木材に関する次の記述のうち、**最も不適当**なものはどれか。

1 木材の強度は、一般に、含水率の増加に伴い低下し、繊維飽和点を超えるとほぼ一定となる。
2 木材の乾燥収縮率は、繊維方向より年輪の接線方向のほうが大きい。
3 木材の腐朽菌は、酸素、温度、水分又は栄養源のうち、いずれか一つの条件を満たすと繁殖する。
4 心材は、一般に、辺材に比べてシロアリなどの食害を受けにくい。
5 木材の強度は、曲げヤング係数の値が大きくなると高くなる。

No.21 コンクリートに関する次の記述のうち、**最も不適当な**ものはどれか。

1 コンクリート養生期間中の温度が高いほど、一般に、初期材齢の強度発現は促進されるが、長期材齢の強度増進は小さくなる。
2 コンクリートの乾燥収縮は、一般に、乾燥開始材齢が遅いほど小さくなる。
3 高炉セメントB種を用いたコンクリートは、圧縮強度が同程度の普通ポルトランドセメントを用いたコンクリートに比べて、湿潤養生期間を短くすることができる。
4 アルカリ骨材反応によるコンクリートのひび割れは、骨材中の成分がセメントペースト中に含まれるアルカリ分と反応し、骨材が膨張することによって生じる。
5 コンクリートの線膨張係数は、常温時において、鉄筋の線膨張係数とほぼ等しい。

No.22 コンクリートに関する次の記述のうち、**最も不適当な**ものはどれか。

1 コンクリートの水素イオン濃度（pH）は、12〜13程度のアルカリ性を示すので、鉄筋の腐食を抑制する効果がある。
2 フライアッシュを使用すると、コンクリートのワーカビリティーは良好になるが、一般に、中性化速度は速くなる。
3 プラスティック収縮ひび割れは、コンクリートが固まる前に、コンクリートの表面が急激に乾燥することによって生じるひび割れである。
4 コンクリートのスランプは、空気量が増えると大きくなる。
5 AE剤の使用により、コンクリート中に微細な独立した空気泡が連行され、耐凍害性を低下させる。

No.23 鋼材に関する次の記述のうち、**最も不適当な**ものはどれか。

1 鋼材は、炭素含有量が多くなっても、ヤング係数はほぼ同じ値となる。
2 鋼材の熱伝導率は、ステンレス鋼よりも大きい。
3 鋼材の降伏比(=降伏応力／引張強さ)は、小さいほうが降伏後の余力が大きい。
4 鋼材の降伏点は、温度が300～400℃程度で最大となり、それ以上の温度になると急激に低下する。
5 異形棒鋼 SD345 の降伏点の下限値は、345N/mm^2 である。

No.24 ガラスに関する次の記述のうち、**最も不適当な**ものはどれか。

1 フロート板ガラスは、平面精度が高く、透明性と採光性に優れている。
2 型板ガラスは、板ガラスの片面に、砂や金属ブラシなどでつや消し加工をしたもので、光を通し、視線を遮る機能がある。
3 Low-E 複層ガラスは、板ガラス1枚の片方の中空層側表面に金属膜をコーティングしたガラスで、日射制御機能と高い断熱性がある。
4 プリズムガラスは、入射光線の方向を変える異形ガラス製品で、主に地下室の採光に用いられる。
5 強化ガラスは、フロート板ガラスの3～5倍の衝撃強さを有し、割れても破片が砂粒状になるため安全性が高い。

No.25 建築材料に関する次の記述のうち、**最も不適当な**ものはどれか。

1 外壁等に使用する薄付け仕上塗料（リシン等）は、塗厚を1～3mm程度の単層で仕上げるものであり、透湿性が高い。
2 複層仕上塗材（吹付タイル等）は、下塗材・主材・上塗材の3層からなる塗厚3～5mm程度のものであり、防水性に優れている。
3 押出成形セメント板は、中空のパネルであり、断熱性や遮音性に優れている。
4 顔料系ステインは、染料系ステインよりも耐光性に優れている。
5 ALC パネルは、気泡コンクリートを用いた軽量なものであり、防水性に優れている。

令和３年　建築施工

No.1 施工計画に関する次の記述のうち、**最も不適当な**ものはどれか。

1 施工計画書に含まれる基本工程表については、監理者が作成し、検査及び立会の日程等を施工者へ指示した。

2 工事種別施工計画書における品質管理計画には、品質評価方法及び管理値を外れた場合の措置についても記載した。

3 施工管理には、その任務に必要な能力、資格を有する管理者を選定し、監理者に報告した。

4 総合施工計画書には、設計図書において指定された仮設物の施工計画に関する事項についても記載した。

5 施工図・見本等の作成については、監理者と協議したうえで該当部分の施工図・見本等を作成し、承認を得た。

No.2 建築士法の規定に基づく「建築士事務所の開設者がその業務に関して請求することのできる報酬の基準」において、建築士が行う工事監理に関する標準業務及びその他の標準業務として、**最も不適当な**ものは、次のうちどれか。

1 設計図書の内容を把握し、設計図書に明らかな、矛盾、誤謬、脱漏、不適切な納まり等を発見した場合には、設計者に報告し、必要に応じて建築主事に届け出る。

2 工事施工者から工事に関する質疑書が提出された場合、設計図書に定められた品質確保の観点から技術的に検討し、必要に応じて建築主を通じて設計者に確認の上、回答を工事施工者に通知する。

3 設計図書の定めにより、工事施工者が提案又は提出する工事材料が設計図書の内容に適合しているかについて検討し、建築主に報告する。

4 工事請負契約に定められた指示、検査、試験、立会い、確認、審査、承認、助言、協議等を行い、また工事施工者がこれを求めたときは、速やかにこれに応じる。

5 建築基準法等の法令に基づく関係機関の検査に必要な書類を工事施工者の協力を得てとりまとめるとともに、当該検査に立会い、その指摘事項等について、工事施工者等が作成し、提出する検査記録等に基づき建築主に報告する。

令和３年

No.3 工事現場における材料の保管等に関する次の記述のうち、**最も不適当**なものはどれか。

1 外壁工事に用いる押出成形セメント板は、屋内の平坦で乾燥した場所に、台木を用いて 1.0m の高さに積み重ねて保管した。

2 被覆アーク溶接棒は、湿気を吸収しないように保管し、作業時には携帯用乾燥機を用いた。

3 アスファルトルーフィングは、屋内の乾燥した場所に平積みにして保管した。

4 屋外にシートを掛けて保管する断熱材は、シートと断熱材との間に隙間を設けて通気できるようにした。

5 セメントは、吸湿しないように、上げ床のある倉庫内に保管した。

No.4 建築等の工事現場から排出される廃棄物に関する次の記述のうち、「廃棄物の処理及び清掃に関する法律」に照らして、**誤っている**ものはどれか。

1 防水工事用アスファルトの使用残さは、産業廃棄物に該当する。

2 建築物の解体に伴って生じたれんがの破片は、産業廃棄物に該当する。

3 事務所の基礎工事に伴って生じた汚泥は、産業廃棄物に該当する。

4 建築物の改築工事に伴って生じた繊維くずは、一般廃棄物に該当する。

5 石綿建材除去事業に伴って生じた飛散するおそれのある石綿は、特別管理産業廃棄物に該当する。

No.5 仮設工事に関する次の記述のうち、**最も不適当なもの**はどれか。

1 高さが 12m の枠組足場における壁つなぎの間隔を、垂直方向 9m、水平方向 8m とした。

2 高さが 9m の登り桟橋において、高さ 4.5m の位置に踊り場を設けた。

3 はしご道のはしごの上端を、床から 40cm 突出させた。

4 枠組足場において、墜落防止のために、交差筋かい及び高さ 30cm の位置に下桟を設けた。

5 単管足場において、作業に伴う物体の落下防止のために、作業床の両側に高さ 10cm の幅木を設けた。

No.6 木造住宅の布基礎において、図中のA～Eとその一般的な寸法との組合せとして、**最も不適当なもの**は、次のうちどれか。ただし、アンカーボルトはホールダウン専用アンカーボルト（M16）とし、柱脚部の短期許容耐力を20kNとする。

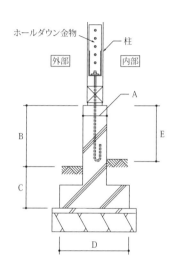

1　A（立上り部分の厚さ）――――――――――――――――――― 150mm
2　B（地面から基礎上端までの高さ）―――――――――――― 400mm
3　C（根入れ深さ）――――――――――――――――――――――― 200mm
4　D（底盤の幅）――――――――――――――――――――――――― 450mm
5　E（アンカーボルトのコンクリート基礎への埋込み長さ）―― 360mm

No.7 杭工事に関する次の記述のうち、**最も不適当なもの**はどれか。

1　アースドリル工法において、表層ケーシングを建て込み、安定液を注入しながらドリリングバケットにより掘進した。
2　オールケーシング工法において、ケーシングチューブを回転圧入しながら、ハンマーグラブにより掘進した。
3　セメントミルク工法において、アースオーガーによる掘削中は正回転とし、引上げ時には逆回転とした。
4　リバース工法において、地下水位を確認し、水頭差を2m以上保つように掘進した。
5　スライムの処理において、一次処理は掘削完了直後に、二次処理はコンクリート打込み直前に行った。

No.8　鉄筋工事に関する次の記述のうち、**最も不適当なもの**はどれか。

1　梁・柱・基礎梁・壁の側面のスペーサーは、特記がなかったので、プラスチック製のものを用いた。

2　梁主筋を柱内に折り曲げて定着させる部分では、特記がなかったので、投影定着長さを柱せいの $\frac{1}{2}$ とした。

3　鉄筋に付着した油脂類、浮き錆、セメントペースト類は、コンクリート打込み前に除去した。

4　鉄筋の重ね継手において、鉄筋径が異なる異形鉄筋相互の継手の長さは、細いほうの鉄筋径を基準として算出した。

5　梁の貫通孔に接する鉄筋のかぶり厚さは、梁の鉄筋の最小かぶり厚さと同じとした。

No.9　型枠工事に関する次の記述のうち、**最も不適当なもの**はどれか。

1　せき板として JAS で規定されているコンクリート型枠用合板は、特記がなかったので、その厚さを 12mm とした。

2　梁の側面のせき板は、建築物の計画供用期間の級が「標準」であり、普通ポルトランドセメントを使用したコンクリートの打込み後 5 日間の平均気温が 20℃以上であったので、圧縮試験を行わずに取り外した。

3　支柱として用いるパイプサポートの高さが 3.6m であったので、水平つなぎを高さ 1.8m の位置に二方向に設け、かつ、水平つなぎの変位を防止した。

4　型枠は、足場等の仮設物とは連結させずに設置した。

5　構造体コンクリートの圧縮強度が設計基準強度の 90％に達し、かつ、施工中の荷重及び外力について構造計算による安全が確認されたので、梁下の支柱を取り外した。

No.10　コンクリート工事に関する次の記述のうち、**最も不適当なもの**はどれか。

1　ひび割れの発生を防止するため、所要の品質が得られる範囲内で、コンクリートの単位水量をできるだけ小さくした。

2　構造体強度補正値は、特記がなかったので、セメントの種類及びコンクリートの打込みから材齢 28 日までの予想平均気温に応じて定めた。

3　コンクリートの強度試験は、打込み日及び打込み工区ごと、かつ、150m³ 以下にほぼ均等に分割した単位ごとに行った。

4　コンクリートの品質基準強度は、設計基準強度と耐久設計基準強度との平均値とした。

5　日平均気温の平年値が25℃を超える期間のコンクリート工事において、特記がなかったので、荷卸し時のコンクリートの温度は、35℃以下となるようにした。

No.11 コンクリート工事に関する次の記述のうち、**最も不適当なもの**はどれか。

1　コンクリートの打込みにおいて、同一区画の打込み継続中における打重ね時間の間隔は、外気温が20℃であったので、120分以内とした。

2　床スラブの打込み後、24時間が経過したので、振動や衝撃などを与えないように、床スラブ上において墨出しを行った。

3　梁及びスラブにおける鉛直打継ぎの位置を、そのスパンの端部とした。

4　棒形振動機による締固めの加振は、コンクリートの上面にセメントペーストが浮くまでとした。

5　コンクリートの打込み当初及び打込み中に随時、ワーカビリティーが安定していることを目視により確認した。

No.12 鉄骨工事に関する次の記述のうち、**最も不適当なもの**はどれか。

1　ベースプレートとアンカーボルトとの緊結を確実に行うため、ナットは二重とし、ナット上部にアンカーボルトのねじ山が3山以上出るようにした。

2　トルシア形高力ボルトの締付け作業において、締付け後のボルトの余長は、ナット面から突き出た長さが、ねじ1～6山の範囲のものを合格とした。

3　高力ボルトの締付け作業において、高力ボルトを取り付けた後、一次締め、マーキング、本締めの順で行った。

4　トルシア形高力ボルトの締付け後の目視検査において、共回りや軸回りの有無については、ピンテールの破断により判定した。

5　建方において、架構の倒壊防止用ワイヤーロープを、建入れ直し用に兼用した。

No.13 鉄骨工事に関する次の記述のうち、**最も不適当な**ものはどれか。

1 柱の溶接継手におけるエレクションピースに使用する仮ボルトは、高力ボルトを使用して全数締め付けた。

2 作業場所の気温が4℃であったので、溶接線から100mmまでの範囲の母材部分を加熱して、溶接を行った。

3 溶接部に割れがあったので、溶接金属を全長にわたって除去し、再溶接を行った。

4 溶接部にブローホールがあったので、除去した後、再溶接を行った。

5 スタッド溶接の溶接面に著しい錆が付着していたので、スタッド軸径の1.5倍の範囲の錆をグラインダーで除去し、溶接を行った。

No.14 外壁のALCパネル工事及び押出成形セメント板工事に関する次の記述のうち、**最も不適当な**ものはどれか。

1 雨掛り部分のALCパネルの目地には、シーリング材を充填した。

2 ALCパネルの短辺小口相互の接合部の目地は伸縮調整目地とし、特記がなかったので、目地幅は10mmとした。

3 押出成形セメント板における出隅及び入隅のパネル接合目地は伸縮調整目地とし、特記がなかったので、目地幅は15mmとした。

4 押出成形セメント板に損傷があったが、パネルの構造耐力や防水性能などに影響のない軽微なものであったので、補修して使用した。

5 押出成形セメント板を横張り工法で取り付けるに当たり、取付け金物は、セメント板がスライドしないように取り付けた。

No.15 木工事に関する次の記述のうち、**最も不適当な**ものはどれか。

1 構造材に用いる製材の品質は、JASに適合する構造用製材若しくは広葉樹製材、又はこれらと同等以上の性能を有するものとする。

2 根太を設けた床組の床下地板にパーティクルボードを使用する場合は、厚さ12mm以上のものを用いる。

3 建入れ直し後の建方精度の許容値は、特記がなければ、垂直、水平の誤差の範囲を $\frac{1}{1,000}$ 以下とする。

4 合板とは、木材を薄くむいた1.0〜5.5mmの単板を繊維方向に1枚ごと直交させ、奇数枚を接着剤で貼り合わせて1枚の板としたものである。

5 合板等の釘打ちについて、長さの表示のない場合の釘の長さは、打ち付ける板厚の2.5倍以上を標準とする。

No.16 木工事等に関する次の記述のうち、**最も不適当な**ものはどれか。

1 木造軸組工法において、基礎と土台とを緊結するアンカーボルトについては、耐力壁の両端の柱の下部付近及び土台継手・土台仕口の下木の端部付近に設置した。

2 垂木と軒桁の接合に、ひねり金物を使用した。

3 桁に使用する木材については、継ぎ伸しの都合上、やむを得ず長さ2mの短材を使用した。

4 和室の畳床において、根太の間隔を450mmとした。

5 外気に通じる小屋裏の外壁部分については、天井面に断熱材を施工したので、断熱構造としなかった。

No.17 屋根工事及び防水工事に関する次の記述のうち、**最も不適当な**ものはどれか。

1 木造2階建て住宅の平家部分の下葺きに用いるアスファルトルーフィングは、壁面との取合い部において、その壁面に沿って250mm立ち上げた。

2 木造住宅の樋工事において、硬質塩化ビニル製の雨樋を使用し、特記がなかったので、軒樋の樋受金物の取付け間隔を1.8mとした。

3 木造住宅の粘土瓦葺における瓦の留付けに使用する緊結線は、径0.9mmのステンレス製のものとした。

4 鉄筋コンクリート造建築物の陸屋根のアスファルト防水工事において、アスファルトルーフィングの上下層の継目が同一箇所とならないように張り付けた。

5 鉄筋コンクリート造建築物の陸屋根のウレタンゴム系高伸長形塗膜防水工法（密着工法）において、防水材の塗継ぎの重ね幅については100mmとした。

No.18 左官工事、タイル工事及び石工事に関する次の記述のうち、**最も不適当なもの**はどれか。

1 コンクリート壁面へのモルタル塗りにおいて、上塗りには、下塗りよりも貧調合のモルタルを使用した。

2 屋内のせっこうプラスター塗りにおいて、施工後、せっこうが硬化したので、適度な通風を与えて塗り面の乾燥を図った。

3 外壁の二丁掛けタイルの密着張りにおいて、張付けモルタルの塗り厚は、15mmとした。

4 タイルのマスク張りにおいて、ユニットタイル用マスクを用い、ユニット裏面全面に張付けモルタルを塗り付け、タイル周辺から張付けモルタルがはみ出すまでたたき締めた。

5 外壁乾式工法による石材の取付けにおいて、特記がなかったので、石材間の目地幅を8mmとし、シーリング材を充填した。

No.19 塗装工事に関する次の記述のうち、**最も不適当なもの**はどれか。

1 屋内の木部は、オイルステイン塗りとした。

2 屋内の亜鉛めっき鋼面は、合成樹脂調合ペイント塗りとした。

3 木部の素地ごしらえにおいて、穴埋めとして、合成樹脂エマルションパテを使用した。

4 屋外の鉄骨面は、合成樹脂エマルションペイント塗りとした。

5 屋外のモルタル面の素地ごしらえにおいて、建築用下地調整塗材を使用した。

No.20 建具工事、ガラス工事及び内装工事に関する次の記述のうち、**最も不適当なもの**はどれか。

1 木造の一戸建て住宅のバルコニーにおいて、FRP形塗膜防水工事を施工した後、アルミニウム製建具の取付けを行った。

2 アルミニウム製建具に厚さ18mmの複層ガラスをはめ込むに当たって、特記がなかったので、建具枠のガラス溝の掛り代を10mmとした。

3 ガラスブロック積みにおいて、伸縮調整目地の位置について、特記がなかったので、伸縮調整目地を5mごとに設置した。

4 ビニル床シートの張付けに先立ち、床コンクリート直均し仕上げの施工後、28日以上乾燥させてから、ビニル床シートを張り付けた。

5 せっこうボードを洗面所内の天井に張り付けるに当たって、ステンレス鋼製の小ねじを使用した。

No.21 木造住宅における設備工事に関する次の記述のうち、**最も不適当なも**のはどれか。

1 屋内給水管の防露・保温材には、特記がなかったので、厚さ20mmの保温筒を使用した。

2 給水管と排水管を平行に地中に埋設するに当たり、両配管の水平間隔を500mm以上とし、給水管が排水管の上方となるようにした。

3 住宅用防災警報器は、天井面から下方0.15m以上0.5m以内の位置にある壁の屋内に面する部分に取り付けた。

4 ユニットバスの設置に当たって、下地枠の取付けに並行して、端末設備配管を行った。

5 空気よりも軽い都市ガスのガス漏れ警報設備の検知器は、その下端が天井面から下方50cmの位置となるように取り付けた。

No.22 改修工事に関する次の記述のうち、**最も不適当なものはどれか。**

1 防水改修工事におけるアスファルト防水の既存下地の処理において、下地コンクリートのひび割れが0.7mmの箇所があったので、その部分をU字形にはつり、シーリングを充填した後、アスファルトルーフィングを増し張りした。

2 コンクリート打ち放し外壁の0.5mmのひび割れを改修する樹脂注入工法において、特記がなかったので、自動式低圧エポキシ樹脂注入工法により行った。

3 アクリル樹脂系非水分散形塗料塗りの塗替えにおいて、モルタル面の下地調整における吸込止めの工程を省略した。

4 防煙シャッターの更新工事において、スラットはオーバーラッピング形とし、自動閉鎖型の障害物感知装置付とした。

5 軽量鉄骨壁下地材の錆止め塗料塗りは、現場での溶接を行った箇所には行ったが、高速カッターによる切断面には行わなかった。

No.23 建築工事に用いられている機械・器具に関する次の記述のうち、**最も不適当な**ものはどれか。

1 山留め壁の撤去工事において、鋼矢板の引抜きに、バイブロハンマーを使用した。

2 左官工事において、床コンクリート直均し仕上げに、トロウェルを使用した。

3 鉄骨工事において、建入れ直しに、ターンバックルを使用した。

4 杭地業工事において、既製コンクリート杭の打込みに、振動コンパクターを使用した。

5 鉄筋工事において、鉄筋の切断にシヤーカッターを使用した。

No.24 建築積算に関する次の記述のうち、**最も不適当な**ものはどれか。

1 工事費の積算は、建築工事、電気設備工事、機械設備工事及び昇降機設備工事等の工事種別ごとに行う。

2 工事費は、直接工事費、共通費及び消費税等相当額に区分して積算する。

3 直接工事費については、設計図書の表示に従って各工事種目ごとに区分する。

4 共通費については、共通仮設費、現場管理費及び一般管理費等に区分する。

5 共通仮設費は、各工事種目ごとに必要となる仮設に要する費用とする。

No.25 請負契約に関する次の記述のうち、中央建設業審議会「民間建設工事標準請負契約約款（甲）」に照らして、**最も不適当な**ものはどれか。

1 発注者は、工事が完成するまでの間は、必要があると認めるときは、書面をもって受注者に通知して工事を中止することができる。

2 受注者は、発注者及び監理者立会いのもと、法定検査を受ける。

3 工事を施工しない日又は工事を施工しない時間帯を定める場合は、その内容を契約書に記載する。

4 発注者は、工期の変更をするときは、変更後の工期を建設工事を施工するために通常必要と認められる期間に比して著しく短い期間としてはならない。

5 受注者は、工事現場における施工の技術上の管理をつかさどる監理技術者又は主任技術者を定め、書面をもってその氏名を発注者に通知する。

令和2年

試験時間に合わせて解いてみよう!!

■ 10：00 〜 13：00（制限時間 3 時間）
　　　建築計画………………………… 150
　　　建築法規………………………… 160

■ 14：10 〜 17：10（制限時間 3 時間）
　　　建築構造………………………… 174
　　　建築施工………………………… 185

p.331 の解答用紙をコピーしてお使いください。

◆ 学科試験結果データ ◆
《難易度：例年並み》

受験者数	合格者数	合 格 率
18,258 人	7,565 人	41.4%

◆ 合格基準点 ◆

科　目	建築計画	建築法規	建築構造	建築施工	総得点
基準点	13	13	13	13	60

＊各科目及び総得点のすべてが基準点に達している者が合格となります。

令和２年　建築計画

No.1 日本の歴史的な建築物に関する次の記述のうち、**最も不適当なもの**はどれか。ただし、（　　）内は、所在地を示す。

1　姫路城大天守（兵庫県）は、白漆喰で塗り籠められた外壁が特徴的な城郭建築最盛期を代表する建築物である。

2　三仏寺投入堂（鳥取県）は、修験の道場として山中に営まれた三仏寺の奥院であり、岩山の崖の窪みに建てられた懸造りの建築物である。

3　厳島神社社殿（広島県）は、両流れ造りの屋根をもつ本殿と摂社客神社が主要な社殿で、拝殿、祓殿、舞台、回廊などで構成された建築物である。

4　旧正宗寺三匝堂（福島県）は、通称さざえ堂と呼ばれ、二重螺旋の連続斜路を有する建築物である。

5　伊勢神宮内宮正殿（三重県）は、神明造りの建築様式であり、全ての柱が礎石の上に立てられている建築物である。

No.2 住宅作品とその設計者との組合せとして、**最も不適当なもの**は、次のうちどれか。

1　ロビー邸　————————　フランク・ロイド・ライト

2　ファンズワース邸　———　ミース・ファン・デル・ローエ

3　フィッシャー邸　————　ルイス・カーン

4　塔の家　——————————　坂倉準三

5　小篠邸　——————————　安藤忠雄

No.3 用語とその単位との組合せとして、**最も不適当なもの**は、次のうちどれか。

1　立体角投射率　————　％

2　日射量　————————　W/m^2

3　熱伝達率　——————　$W/(m\cdot K)$

4　比熱　——————————　$kJ/(kg\cdot K)$

5　光束　——————————　lm

No.4 室内の空気環境に関する次の記述のうち、**最も不適当な**ものはどれか。

1 送風機を給気側又は排気側のどちらかに設ける場合、室内の汚染空気を他室へ流出させないようにするには、排気側へ設ける。

2 室内のある点の空気が、流出口までに達するのに要する平均時間を空気齢という。

3 温度差による自然換気の効果を高めるためには、給気口と排気口の高低差を大きくする。

4 透湿とは、多孔質材料等の壁の両側に水蒸気圧差がある場合、水蒸気圧の高いほうから低いほうへ壁を通して湿気が移動することである。

5 JIS及びJASにおけるホルムアルデヒド放散量による等級区分の表示記号では、「F☆☆☆」より「F☆☆☆☆」のほうが放散量は小さい。

No.5 伝熱に関する次の記述のうち、**最も不適当な**ものはどれか。

1 熱伝導は、物質内部に温度差がある場合、温度が高いほうから低いほうへ熱エネルギーが移動する現象をいう。

2 熱放射は、ある物体から他の物体へ直接伝達される熱の移動現象であり、真空中においても生じる。

3 壁面と壁面に接する流体との間で熱が移動する現象は、対流熱伝達である。

4 稠密な個体や静止している流体の中では、熱伝導、熱対流、熱放射のうち、熱伝導のみが生じる。

5 物質の熱容量が小さくなると、熱の吸収による温度上昇と放出による温度降下とが遅くなり、蓄熱という現象が生じる。

No.6 図に示す湿り空気線図中のA点の湿り空気（乾球温度20℃、相対湿度30％）及びB点の湿り空気（乾球温度30℃、相対湿度60％）に関する次の記述のうち、**最も不適当な**ものはどれか。

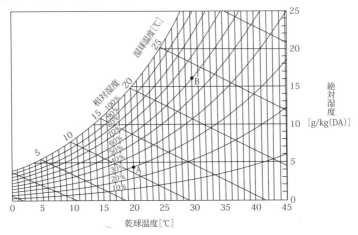

1 A点の空気を乾球温度30℃まで加熱すると、相対湿度は約17％まで低下する。

2 B点の空気が15℃の壁面に触れると、壁の表面に結露が発生する。

3 A点の空気に含まれる水蒸気量は、B点の空気に含まれる水蒸気量の約50％である。

4 A点の空気をB点の空気と同様な状態にするには、加熱と同時に乾燥空気1kg当たり約12gの加湿が必要となる。

5 A点の空気とB点の空気とを同じ量だけ混合すると、「乾球温度約25℃、相対湿度約50％」の空気となる。

No.7 日射・採光・照明に関する次の記述のうち、**最も不適当な**ものはどれか。

1 室内の採光性能を評価する場合は、一般に、直射日光は除き、天空光のみを対象とする。

2 照度の均斉度は、室全体の照度分布の均一さを評価する指標であり、その数値が1に近いほど均一であることを示している。

3 冬至の日の1日当たりの直達日射量は、水平面より南向き鉛直面のほうが大きい。

4 視野内に高輝度な光が入ることによって、視認性の低下にかかわらず、不快感を生じさせるまぶしさを不快グレアという。

5 人工光源の平均演色評価数の値が小さいほど、自然光の下での物体色の見え方に近い。

No.8 音に関する次の記述のうち、**最も不適当な**ものはどれか。

1　音波は、波の伝搬方向と媒質粒子の振動方向が等しい縦波である。
2　無限大の面音源から放射された音は、距離減衰することなく伝搬する。
3　直接音と反射音の行路差が 17m 以上になると、エコー（反響）が生じる可能性がある。
4　空気中の音速は、気温にかかわらず、340m/s である。
5　音における聴感上の三つの要素は、音の大きさ、音の高さ、音色である。

No.9 吸音・遮音に関する次の記述のうち、**最も不適当な**ものはどれか。

1　同じ厚さの一重壁であれば、一般に、壁の単位面積当たりの質量が２倍になると、垂直入射する音の透過損失は 3dB 大きくなる。
2　室間音圧レベル差（Ｄ値）は、隣接する２室間の空気音の遮音性能を評価するものであり、その数値が大きいほど性能が優れている。
3　吸音材料は、一般に、音の透過性が高いので、遮音性能を期待できない。
4　多孔質材料の吸音率は、一般に、低音域より高音域のほうが大きい。
5　残響時間は、音源から発生した音が停止してから、室内の平均音圧レベルが 60dB 低下するまでの時間をいう。

No.10 屋外気候に関する次の記述のうち、**最も不適当な**ものはどれか。

1　月平均気温の１年の最高気温と最低気温の差を年較差といい、高緯度地域で大きく、低緯度地域で小さくなる傾向がある。
2　我が国において、一般に、全天積算日射量は夏至の頃に最大となるが、月平均気温は地面の熱容量のため夏至より遅れて最高となる。
3　日平均気温が、30℃以上の日を真夏日、0℃未満の日を真冬日という。
4　ある地域の特定の季節・時刻における風向の出現頻度を円グラフに表したものを、風配図という。
5　縦軸に月平均気温、横軸に月平均湿度をプロットし、年間の推移を示した図をクリモグラフという。

No.11 住宅の計画に関する次の記述のうち、**最も不適当な**ものはどれか。

1 家族や来客等、複数人で四方を取り囲んで調理ができるように、台所の形式をアイランド型とした。
2 開放的な室内空間にするため、平面形式を、水回りや階段などを１箇所にまとめて配置するコア型とした。
3 高齢者の使用する書斎において、机上面の照度は、JIS における照度基準の２倍程度とした。
4 寝室の気積を、１人当たり 6m³ とした。
5 高齢者に配慮して、階段の勾配を $\frac{7}{11}$ 以下となるようにし、踏面の寸法を300mm とした。

No.12 集合住宅の計画に関する次の記述のうち、**最も不適当な**ものはどれか。

1 コレクティブハウスは、厨房や食堂などを共用しながら、各居住者が独立した生活を確保することができる。
2 中廊下型は、片廊下型に比べて、プライバシー・遮音・採光などの居住性を確保しやすい。
3 コーポラティブハウスは、住宅入居希望者が組合を作り、協力して企画・設計から入居・管理まで運営していく方式の集合住宅である。
4 スキップフロア型は、一般に、共用廊下を介さずに、外気に接する２方向の開口部を有した住戸を設けることができる。
5 リビングアクセス型は、一般に、共用廊下側に居間を配置することで、各住戸の表情を積極的に表に出すことなどを意図しているが、プライバシーの確保には注意を要する。

No.13 事務所ビルの計画に関する次の記述のうち、**最も不適当な**ものはどれか。

1 レンタブル比は、貸事務所ビルの収益性に関する指標の一つであり、収益部分の床面積に対する非収益部分の床面積の割合である。

2 高層の事務所ビルにおける乗用エレベーターの台数については、一般に、最も利用者が多い時間帯の 5 分間に利用する人数を考慮して計画する。

3 事務室の机の配置方式において、特に業務に集中することが必要な場合、一般に、対向式レイアウトよりも並行式レイアウトのほうが適している。

4 事務室において、人が椅子に座ったときの視界を遮り、立ったときに全体を見通すことができるパーティションの高さは、120cm 程度である。

5 オフィスランドスケープは、一般に、固定間仕切を使用せず、ローパーティション・家具・植物などによって事務室のレイアウトを行う手法である。

No.14 社会福祉施設等又は高齢者、身体障がい者等に配慮した建築物の計画に関する次の記述のうち、**最も不適当な**ものはどれか。

1 車椅子使用者に配慮し、避難施設となる屋内の通路には、車椅子を円滑に利用できる有効幅員、ゆとりある空間を確保し、原則として段を設けない。

2 ユニットケアは、入居者の個性や生活リズムに応じて暮らしていけるようにサポートする介護手法であり、ユニットごとに「入居者の個室」と「入居者が他の入居者や介護スタッフ等と交流するための共同生活室」とを備えていることが特徴的である。

3 車椅子使用者に配慮し、エントランスから道路境界線まで 50cm の高低差が生じるアプローチを計画する場合、スロープの勾配は、$\frac{1}{8}$ 程度を基本とする。

4 車椅子使用者が利用する浴室は、浴槽の深さを 50cm 程度、エプロンの高さを 40 ～ 45cm 程度とする。

5 特別養護老人ホームにおけるサービス・ステーションは、一般に、療養室に近接して設ける。

No.15 建築物の計画に関する次の記述のうち、**最も不適当な**ものはどれか。

1 劇場において、大道具などを搬出入するサービス用出入口の位置は、観客動線からは切り離し、車両が道路から進入しやすいものとする。

2 診療所において、Ｘ線撮影室は、一般に、診察室及び処置室に近接させる。

3 幼稚園において、園舎と園庭との出入りのための昇降口を設ける場合、一般に、園舎等の周囲を迂回せず園庭へ出やすい位置に計画する。

4 図書館において、図書の無断持ち出しを防ぐために、BDS（ブック・ディテクション・システム）を導入する。

5 博物館の荷解室及び収蔵庫は、収蔵品に付着した害虫等を駆除するための燻蒸室からできるだけ離して配置する。

No.16 建築計画における各部寸法及び床面積に関する次の記述のうち、**最も不適当な**ものはどれか。

1 一般の病室において、4床室の内法寸法を、幅 6m、奥行 5.8m とした。

2 乳幼児連れの親子が利用する便所のブースの広さは、ベビーカーを折りたたまずに入ることを考慮して、内法寸法を、幅 1,000mm、奥行 1,200mm とした。

3 保育所において、乳児及び 2 歳未満の幼児を対象とした定員 10 人のほふく室の床面積を 40m² とした。

4 出入口が一つのエレベーターにおいて、車椅子使用者の利用を考慮し、かご入口正面の壁面における床上 400mm から 1,500mm 程度の範囲に、出入口状況確認用の安全ガラスの鏡を設けた。

5 鉛直型段差解消機の乗降スペースは、車椅子での転回を考慮し、幅 1,600mm、奥行 1,600mm を確保した。

No.17 高齢者や身体障がい者等に配慮した建築物の計画に関する次の記述のうち、**最も不適当な**ものはどれか。

1 住宅の改修において、階段の手摺については、両側に設置する余裕がなかったので、高齢者が降りるときの利き手側に設置した。

2 エレベーターのかご内の車椅子使用者対応の操作盤の位置は、床面から操作ボタンの中心までの高さを、1,000mm とした。

3 車椅子使用者が利用する便所のブースの出入口の有効幅を、900mm とした。

4 車椅子使用者が日常的に使用する収納スペースの最上段の棚板の高さを、床面から 1,200mm とした。

5 弱視者や色弱者に配慮して、病院の呼び出しカウンターに設置した電光表示板は、黒色の下地に濃い赤色の文字で表示した。

No.18 伝統的な木造住宅に関する次の記述のうち、**最も不適当な**ものはどれか。

1 床脇の違い棚の上棚と下棚を連結する部材を、海老束という。

2 床の間を座敷より一段高くする場合、小口を隠すため、床板や床畳の前端に床框(がまち)を設ける。

3 落し掛けは、床の間の前面垂れ壁の下端に取り付ける横木である。

4 欄間は、通風、換気等のために、小屋裏に設ける開口部である。

5 床の間がある和室を竿縁天井とする場合、一般に、竿縁の方向は床の間と平行に配置する。

No.19 建築設備に関する用語とその説明との組合せとして、**最も不適当な**ものは、次のうちどれか。

1 COP ── 加湿器における飽和効率のことであり、その加湿器で実際に加湿できる範囲を示す数値である。

2 UPS ── 無停電電源装置のことであり、停電等の際に、一時的に電力供給を行うために用いられる。

3 SHF ── 空調機により空気に加えられる、又は、空気から除去される熱量のうち、顕熱量の占める割合である。

4 PBX ── 構内電話交換機のことであり、「事業所内などでの電話機相互の接続」と「電話局の回線と事業所内の電話機との接続」を行う装置である。

5 VAV ── 変風量方式のことであり、空調対象室の熱負荷の変動に応じて、給気量を変動させる空調方式である。

No.20 空気調和設備に関する次の記述のうち、**最も不適当な**ものはどれか。

1 定風量単一ダクト方式は、熱負荷のピークの同時発生がない場合、変風量単一ダクト方式に比べて、空調機やダクトサイズを小さくすることができる。

2 10～12℃程度の低温冷風を利用した低温送風空調方式は、送風搬送動力の低減が可能であり、空調機やダクトサイズを小さくすることができる。

3 マルチパッケージ型空調機の個別空調方式は、各室やゾーンごとの単独運転が可能であり、一般に、中小規模の事務所などに適している。

4 室内の床に放熱管を埋め込んだ放射暖房方式は、温風暖房方式に比べて、室内における上下の温度差が少なくなる。

5 二重ダクト空調方式は、冷風と温風の2系統のダクトによる給気を混合させて温度制御を行うので、個別制御性は高いが、エネルギー損失は大きい。

No.21 給排水衛生設備に関する次の記述のうち、**最も不適当な**ものはどれか。

1 住宅用のタンクレス型洋式大便器は、一般に、給水管内の水圧を直接利用して洗浄するので、設置箇所の給水圧を確認する必要がある。

2 さや管ヘッダ工法は、ヘッダから器具までの配管に継手を使用しないため、管の更新性に劣る。

3 高層の集合住宅において、ポンプ直送方式の給水区分を１系統とする場合、下層階では給水管に減圧弁を設置して給水圧を調整する。

4 使用頻度の少ないトラップに生じる蒸発作用の防止策として、封水の補給装置等が有効である。

5 便器の洗浄水に中水を利用する場合、温水洗浄便座の給水には、別途、上水を用いなければならない。

No.22 給排水衛生設備に関する次の記述のうち、**最も不適当な**ものはどれか。

1 高置水槽へ給水する揚水ポンプの揚程は、実揚程、管内摩擦損失及び速度水頭（吐水口における速度水頭に相当する高さ）との合計で決定する。

2 飲料用冷水器は、一般排水系統からの逆流等を防止するために、間接排水とする。

3 ディスポーザ排水処理システムは、ディスポーザ、専用の排水配管及び排水処理装置により構成されており、居住者の生ごみ廃棄の負担軽減や清潔性向上の効果がある。

4 断水時に備えて、上水高置水槽と井水の雑用水高置水槽とを管で接続し、弁で切り離すことは、クロスコネクションに該当する。

5 短時間に出湯する必要があるホテル等の場合、給湯方式には、一般に、単管式を採用する。

No.23 照明計画に関する次の記述のうち、**最も不適当なもの**はどれか。

1 色温度の低い照明光源は、暖かみを感じさせる。
2 LED ランプは、水銀の使用がなく、蛍光ランプに比べて熱放射が少なく寿命が長い。
3 昼光照明は、明るさの変動はあるが、省エネルギーに寄与するため、特に大空間においては、効果的な計画が必要である。
4 光天井照明とは、天井に埋め込まれる小形で狭配光の器具を天井面に数多く配置する照明方式である。
5 光束法による全般照明の平均照度計算においては、天井面や壁面等の光の反射率を考慮する必要がある。

No.24 防災・消防設備に関する次の記述のうち、**最も不適当なもの**はどれか。

1 非常警報設備の非常ベルは、音響装置の中心から 1m 離れた位置で 90dB 以上の音圧が必要である。
2 閉鎖型スプリンクラー設備には、湿式、乾式及び予作動式の 3 種類がある。
3 不活性ガス消火設備は、電気室などの電気火災の消火には適さない。
4 非常用の照明装置は、床面積が 30m^2 の居室で地上への出口があるものには、設置しなくてもよい。
5 水噴霧消火設備は、油火災の消火に適している。

No.25 環境・省エネルギー等に配慮した建築計画・設備計画に関する次の記述のうち、**最も不適当なもの**はどれか。

1 年間を通じて安定した給湯需要のある建築物に対して、コージェネレーションシステムを採用することは、省エネルギー効果を期待できる。
2 Low-E ガラスを使用した複層ガラスにおいて、一般に、屋内側よりも屋外側に Low-E ガラスを用いたほうが、暖房時の断熱性が高い。
3 ライトシェルフは、窓の外側に設ける水平庇により、庇下部の窓面からの日射を遮蔽しつつ、庇上部の窓面から自然光を室内に導く採光手法である。
4 災害時に災害対策室の設置や避難者の受入れが想定される施設については、ライフライン途絶時においても必要な居住環境を確保するため、自然換気についても考慮する必要がある。
5 太陽熱利用のダイレクトゲイン方式とは、窓から入射する日射熱を直接、床や壁に蓄熱し、夜間時に放熱させる方式である。

令和2年　建築法規

No.1 用語に関する次の記述のうち、建築基準法上、**誤っている**ものはどれか。

1 建築物の周囲において発生する通常の火災による延焼を抑制するために当該建築物の外壁又は軒裏に必要とされる性能を、「防火性能」という。

2 建築物の周囲において発生する通常の火災による延焼の抑制に一定の効果を発揮するために外壁に必要とされる性能を、「準防火性能」という。

3 木造2階建ての一戸建て住宅において、1階から2階に通ずる屋内階段の過半の修繕は、「大規模の修繕」である。

4 地域活動支援センターの用途に供する建築物は、「特殊建築物」である。

5 避難上有効なバルコニーがある階は、「避難階」である。

No.2 次の行為のうち、建築基準法上、**全国どの場所においても、確認済証の交付を受ける必要がある**ものはどれか。

1 鉄骨造平家建て、延べ面積100m^{2}の一戸建て住宅における、鉄骨造平家建て、床面積100m^{2}の事務所の増築

2 鉄骨造2階建て、延べ面積300m^{2}の倉庫から事務所への用途の変更

3 鉄筋コンクリート造平家建て、延べ面積300m^{2}の事務所の大規模の修繕

4 木造2階建て、延べ面積150m^2、高さ8mの一戸建て住宅から老人福祉施設への用途の変更

5 木造2階建て、延べ面積200m^2、高さ9mの共同住宅の新築

No.3 次の記述のうち、建築基準法上、**誤っている**ものはどれか。

1　建築主は、建築物の用途の変更に係る確認済証の交付を受けた場合において、当該工事を完了したときは、建築主事又は指定確認検査機関に届け出なければならない。

2　建築基準法第6条の4第1項第三号に掲げる建築物のうち防火地域及び準防火地域以外の区域内における一戸建て住宅（住宅の用途以外の用途に供する部分はない。）を新築しようとする場合においては、建築物の建築に関する確認の特例により、建築基準法第28条（居室の採光及び換気）の規定については審査から除外される。

3　建築基準法第6条第1項の建築、大規模の修繕又は大規模の模様替の工事の施工者は、当該工事に係る設計図書を当該工事現場に備えておかなければならない。

4　特定行政庁、建築主事又は建築監視員は、建築物の工事監理者に対して、当該建築物の施工の状況に関する報告を求めることができる。

5　特定行政庁は、所定の建築物の構造について、損傷、腐食その他の劣化が生じ、そのまま放置すれば保安上危険となるおそれがあると認める場合においては、当該建築物の所有者等に対して、当該建築物の維持保全に関し必要な指導及び助言をすることができる。

No.4 木造2階建て、延べ面積200m²の共同住宅の計画に関する次の記述のうち、建築基準法に**適合しない**ものはどれか。ただし、国土交通大臣が定めた構造方法は考慮しないものとする。

1　階段（高さ3.0mの屋外の直階段）の高さ1.5mの位置に、踏幅1.0mの踊場を設けた。

2　各戸の界壁は、その構造を界壁に必要とされる遮音性能に関して政令で定める技術的基準に適合するもので、国土交通大臣の認定を受けたものとし、かつ、小屋裏又は天井裏に達するものとした。

3　居室以外の室において、密閉式燃焼器具のみを設けたので、換気設備を設けなかった。

4　居間（床面積20m²、天井の高さ2.4m）に機械換気設備を設けるに当たり、「居室を有する建築物の換気設備についてのホルムアルデヒドに関する技術的基準」による有効換気量を、20m³/hとした。

5　寝室の天井の高さを2.4mとし、便所の天井の高さを2.0mとした。

No.5 　近隣商業地域内において、図のような断面を有する住宅の1階に居室（開口部は幅1.5m、面積3.0m²とする。）を計画する場合、建築基準法上、有効な採光を確保するために、隣地境界線から後退しなければならない最小限度の距離 *X* は、次のうちどれか。ただし、居室の床面積は21m²とし、図に記載されている開口部を除き、採光に有効な装置については考慮しないものとする。

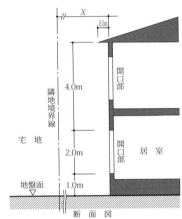

断面図

1　1.0m
2　1.2m
3　1.5m
4　1.8m
5　2.0m

No.6 　木造2階建て、延べ面積150m²、高さ7mの一戸建て住宅の構造耐力上主要な部分の構造強度に関する次の記述のうち、建築基準法上、誤っているものはどれか。ただし、構造計算等による安全性の確認は行わないものとし、国土交通大臣が定めた構造方法は考慮しないものとする。

1　屋根を金属板でふいた場合、張り間方向及び桁行方向に相互の間隔が10m未満の2階の柱において、張り間方向及び桁行方向の小径は、横架材の相互間の垂直距離の $\frac{1}{33}$ 以上としなければならない。

2　構造耐力上必要な軸組の長さの算定において、軸組の種類を、厚さ4.5cmで幅9cmの木材の筋かいをたすき掛けに入れ、木ずりを柱及び間柱の片面に打ち付けた壁を設けた軸組とした場合、その長さに乗ずる倍率は5とすることができる。

3　構造耐力上主要な部分である1階の柱を鉄筋コンクリート造の布基礎に緊結した場合、当該柱の下部には土台を設けなくてもよい。

4　布基礎においては、立上り部分以外の部分の鉄筋に対するコンクリートのかぶり厚さは、捨コンクリートの部分を除いて6cm以上としなければならない。

5　構造耐力上主要な部分である壁、柱及び横架材を木造としたものにあっては、全ての方向の水平力に対して安全であるように、原則として、各階の張り間方向及び桁行方向に、それぞれ壁を設け又は筋かいを入れた軸組を釣合い良く配置しなければならない。

No.7 次の記述のうち、建築基準法上、**誤っている**ものはどれか。ただし、構造計算等による安全性の確認は行わないものとする。

1 補強コンクリートブロック造平家建て、延べ面積 40m²、高さ 3m の自動車車庫において、張り間方向及び桁行方向に配置する耐力壁の長さのそれぞれの方向についての合計は、張り間方向に 6m 以上、桁行方向に 6m 以上としなければならない。

2 鉄骨造平家建て、延べ面積 250m²、高さ 4m の物品販売業を営む店舗において、構造耐力上主要な部分である圧縮力を負担する柱の有効細長比は、200 以下としなければならない。

3 鉄骨造 2 階建て、延べ面積 200m²、高さ 8m、張り間が 10m の飲食店において、構造耐力上主要な部分である鋼材の接合は、ボルトが緩まないように当該ボルトに使用するナットの部分を溶接する措置を講じたボルト接合によることができる。

4 鉄筋コンクリート造平家建て、延べ面積 250m²、高さ 4m の事務所において、構造耐力上主要な部分である柱の帯筋の間隔は、柱に接着する壁、はりその他の横架材から上方又は下方に柱の小径の 2 倍以内の距離にある部分においては、15cm 以下で、かつ、最も細い主筋の径の 15 倍以下としなければならない。

5 鉄筋コンクリート造 2 階建て、延べ面積 200m²、高さ 7m の寄宿舎において、基礎ばりの出すみ部分に異形鉄筋を使用した場合は、その末端を折り曲げなくてもよい。

No.8 荷重及び外力に関する次の記述のうち、建築基準法上、**誤っているもの**はどれか。

1 保有水平耐力計算により、地震時における構造耐力上主要な部分の断面に生ずる短期の応力度を計算する場合、特定行政庁が指定する多雪区域においては、積雪荷重を考慮する。

2 保有水平耐力計算により、建築物の地上部分に作用する地震力について、必要保有水平耐力を計算する場合、標準せん断力係数は、0.2 以上としなければならない。

3 床の積載荷重については、実況に応じて計算しない場合、室の種類と構造計算の対象に応じて定められた数値に床面積を乗じて計算することができる。

4 風圧力の計算に当たり、建築物に近接してその建築物を風の方向に対して有効にさえぎる他の建築物がある場合においては、その方向における速度圧は、所定の数値の $\frac{1}{2}$ まで減らすことができる。

5 雪下ろしを行う慣習のある地方においては、その地方における垂直積雪量が 1m を超える場合においても、積雪荷重は、雪下ろしの実況に応じて垂直積雪量を 1m まで減らして計算することができる。

No.9 建築物の防火区画、防火壁等に関する次の記述のうち、建築基準法上、誤っているものはどれか。

1　主要構造部を準耐火構造とした4階建ての共同住宅で、メゾネット形式の住戸（住戸の階数が2で、かつ、床面積の合計が130m²であるもの）においては、住戸内の階段の部分とその他の部分とを防火区画しなくてもよい。

2　2階建て、延べ面積が1,100m²の展示場で、耐火建築物及び準耐火建築物以外のものは、床面積の合計1,000m²以内ごとに防火上有効な構造の防火壁又は防火床によって有効に区画しなければならない。

3　2階建ての建築物（各階の床面積が300m²）で、1階が幼保連携型認定こども園、2階が事務所であるものは、幼保連携型認定こども園の部分とその他の部分とを防火区画しなければならない。

4　防火壁に設ける開口部の幅及び高さは、それぞれ2.5m以下とし、かつ、これに特定防火設備で所定の構造であるものを設けなければならない。

5　配電管が準耐火構造の防火区画の壁を貫通する場合においては、当該管と準耐火構造の防火区画との隙間をモルタルその他の不燃材料で埋めなければならない。

No.10 建築物の避難施設等に関する次の記述のうち、建築基準法上、誤っているものはどれか。

1　2階建て、各階の床面積がそれぞれ200m²の物品販売業を営む店舗（避難階は1階）は、避難階以外の階から避難階又は地上に通ずる2以上の直通階段を設けなければならない。

2　3階建て、延べ面積600m²の下宿の宿泊室から地上に通ずる廊下、階段その他の通路で、採光上有効に直接外気に開放されたものには、非常用の照明装置を設けなくてもよい。

3　主要構造部を準耐火構造とした2階建ての有料老人ホームの避難階以外の階において、主たる用途に供する居室及びこれから地上に通ずる主たる廊下、階段その他の通路の壁及び天井の室内に面する部分の仕上げを準不燃材料でしたものについては、居室の各部分から避難階又は地上に通ずる直通階段の一に至る歩行距離を60m以下としなければならない。

4　病院における患者用の廊下の幅は、両側に居室がある場合、1.6m以上としなければならない。

5　体育館における建築基準法施行令第116条の2第1項第二号に該当する窓その他の開口部を有しない居室には、排煙設備を設けなくてもよい。

No.11 建築基準法第35条の2の規定による内装の制限に関する次の記述のうち、建築基準法上、誤っているものはどれか。ただし、内装の制限を受ける「窓その他の開口部を有しない居室」及び「内装の制限を受ける調理室等」はないものとする。また、自動式の消火設備及び排煙設備は設けないものとする。

1　内装の制限を受ける居室の天井の回り縁は、内装の制限の対象とはならない。

2　自動車車庫は、その構造及び規模にかかわらず、内装の制限を受ける。

3　地階に設ける居室で飲食店の用途に供するものを有する特殊建築物は、その構造及び規模にかかわらず、内装の制限を受ける。

4　延べ面積250m²の障害者支援施設で、当該用途に供する部分の床面積の合計が180m²のものは、内装の制限を受けない。

5　主要構造部を耐火構造とした3階建て、延べ面積600m²の学校は、内装の制限を受ける。

No.12 都市計画区域内における道路等に関する次の記述のうち、建築基準法上、**誤っている**ものはどれか。

1 土地を建築物の敷地として利用するため袋路状道路を築造する場合、特定行政庁からその位置の指定を受けるためには、その幅員を6m以上とし、かつ、終端に自動車の転回広場を設けなければならない。

2 建築物の屋根は、壁面線を越えて建築することができる。

3 特定行政庁は、建築基準法第42条第2項の規定により幅員1.8m未満の道を指定する場合又は同条第3項の規定により別に水平距離を指定する場合においては、あらかじめ、建築審査会の同意を得なければならない。

4 道路内であっても、地盤面下には、建築物を設けることができる。

5 道路法による新設の事業計画のある道路で、2年以内にその事業が執行される予定のものとして特定行政庁が指定したものは、建築基準法上の道路である。

No.13 次の建築物のうち、建築基準法上、**新築することができる**ものはどれか。ただし、特定行政庁の許可は受けないものとし、用途地域以外の地域、地区等は考慮しないものとする。

1 第一種低層住居専用地域における2階建て、延べ面積220m^{2}の学習塾兼用住宅で、居住の用に供する部分の床面積が150m^{2}のもの

2 第一種中高層住居専用地域における3階建て、延べ面積500m^{2}の飲食店（各階を当該用途に供するもの）

3 第一種中高層住居専用地域における4階建て、延べ面積800m^{2}の保健所（各階を当該用途に供するもの）

4 第二種中高層住居専用地域における平家建て、延べ面積300m^{2}のバッティング練習場

5 第二種住居地域における平家建て、延べ面積250m^{2}の原動機を使用する自動車修理工場で、作業場の床面積の合計が100m^{2}のもの

No.14 図のような敷地及び建築物（平家建て、延べ面積 100m²）の配置において、建築基準法上、**新築してはならない建築物**は、次のうちどれか。ただし、特定行政庁の許可は受けないものとし、用途地域以外の地域、地区等は考慮しないものとする。

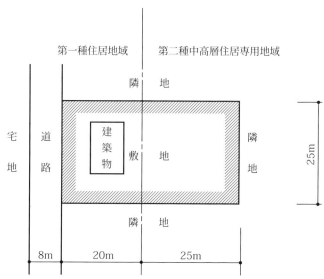

1　パン屋の工場（作業場の床面積の合計が 50m² で、原動機の出力の合計が 0.75kW のもの）
2　畜舎
3　宅地建物取引業を営む店舗
4　畳屋（作業場の床面積の合計が 50m² で、原動機の出力の合計が 0.75kW のもの）
5　診療所

No.15 図のような敷地において、耐火建築物を新築する場合、建築基準法上、新築することができる建築物の**建築面積の最高限度**は、次のうちどれか。ただし、図に記載されているものを除き、地域、地区等及び特定行政庁の指定・許可等はなく、図に示す範囲に高低差はないものとする。

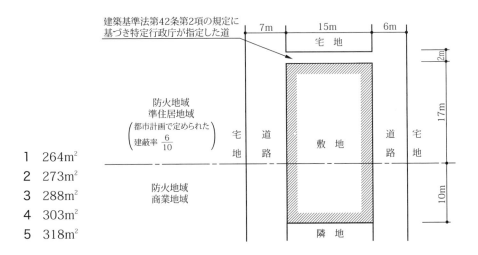

1　264m²
2　273m²
3　288m²
4　303m²
5　318m²

No.16 図のような敷地において、建築基準法上、新築することができる建築物の延べ面積（同法第52条第1項に規定する容積率の算定の基礎となる延べ面積）の最高限度は、次のうちどれか。ただし、図に記載されているものを除き、地域、地区等及び特定行政庁の指定等はないものとする。

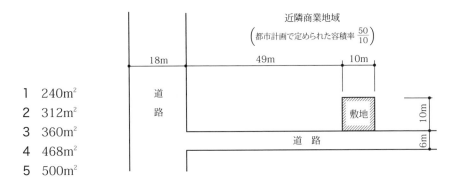

1　240m²
2　312m²
3　360m²
4　468m²
5　500m²

No.17 建築物の高さの制限又は日影規制（日影による中高層の建築物の高さの制限）に関する次の記述のうち、建築基準法上、**誤っているもの**はどれか。ただし、用途地域以外の地域、地区等及び地形の特殊性に関する特定行政庁の定め等は考慮しないものとする。

1 用途地域の指定のない区域においては、地方公共団体の条例で日影規制の対象区域とすることができない。

2 第二種低層住居専用地域内においては、隣地高さ制限は適用されない。

3 第一種中高層住居専用地域内にある高さ10mを超える建築物において、特定行政庁が土地の状況等により周囲の居住環境を害するおそれがないと認めて建築審査会の同意を得て許可した場合は、日影規制は適用されない。

4 第二種中高層住居専用地域のうち、日影規制の対象区域内においては、北側高さ制限は適用されない。

5 高架の工作物内に設ける建築物で特定行政庁が周囲の状況により交通上、安全上、防火上及び衛生上支障がないと認めるものについては、道路高さ制限は適用されない。

No.18 図のような敷地において、建築物を新築する場合、建築基準法上、A点における**地盤面からの建築物の高さの最高限度**は、次のうちどれか。ただし、敷地は平坦で、敷地、隣地及び道路の相互間の高低差並びに門及び塀はなく、また、図に記載されているものを除き、地域、地区等及び特定行政庁の指定・許可等はないものとし、日影規制（日影による中高層の建築物の高さの制限）及び天空率は考慮しないものとする。なお、建築物は、全ての部分において、高さの最高限度まで建築されるものとする。

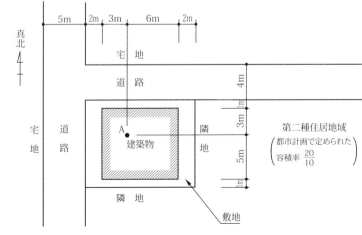

1　10.00m
2　11.25m
3　12.50m
4　13.75m
5　15.00m

No.19 次の記述のうち、建築基準法上、誤っているものはどれか。ただし、地階及び防火壁はないものとし、防火地域及び準防火地域以外の地域、地区等は考慮しないものとする。

1　準防火地域内にある3階建て、延べ面積300m²の診療所（患者の収容施設がないもの）は、耐火建築物としなければならない。

2　防火地域内において一戸建て住宅を新築する場合、屋根の構造は、市街地における通常の火災による火の粉により、防火上有害な発炎をしないもの及び屋内に達する防火上有害な溶融、亀裂その他の損傷を生じないものとしなければならない。

3　防火地域内の高さ2mの看板で、建築物の屋上に設けるものは、その主要な部分を不燃材料で造り、又は覆わなければならない。

4　防火地域内にある建築物に附属する高さ2mを超える塀は、延焼防止上支障のない構造としなければならない。

5　建築物が防火地域及び準防火地域にわたる場合においては、その全部について防火地域内の建築物に関する規定が適用される。

No.20 次の記述のうち、建築基準法上、誤っているものはどれか。

1　都市計画区域内において、特定行政庁により、安全上、防火上及び衛生上支障がないと認められ、原則として、1年以内の期間を定めて、その建築が許可された仮設店舗は、建築基準法第56条（建築物の各部分の高さ）及び第56条の2（日影による中高層の建築物の高さの制限）の規定が適用されない。

2　建築物の敷地が高度地区の内外にわたる場合においては、その建築物又はその敷地の全部について敷地の過半の属する地区内の建築物に関する法律の規定が適用される。

3　「簡易な構造の建築物に対する制限の緩和」の規定の適用を受ける建築物は、建築基準法第61条（防火地域及び準防火地域内の建築物）の規定が適用されない。

4　工事を施工するために現場に設ける事務所についても、建築基準法第28条の2（石綿その他の物質の飛散又は発散に対する衛生上の措置）の規定が適用される。

5　建築基準法第3条第2項の規定により所定の建築基準法令の規定の適用を受けない建築物について政令で定める範囲内において増築をする場合においても、建築基準法第22条（屋根）の規定が適用される。

No.21 イ〜ニの建築物を新築する場合、建築士法上、二級建築士が設計してはならないもの**のみ**の組合せは、次のうちどれか。ただし、建築基準法第85条第１項又は第２項に規定する応急仮設建築物には該当しないものとする。

　　イ　延べ面積 1,200m²、高さ 6m、軒の高さ 4m、木造平家建ての老人ホーム
　　ロ　延べ面積 1,100m²、高さ 10m、軒の高さ 8m、木造２階建ての共同住宅
　　ハ　延べ面積 600m²、高さ 12m、軒の高さ 9m、木造２階建ての劇場
　　ニ　延べ面積 300m²、高さ 9m、鉄骨造平家建ての機械製作工場

1　イとロ
2　イとハ
3　イとニ
4　ロとハ
5　ロとニ

No.22 建築士事務所に関する次の記述のうち、建築士法上、誤っているものはどれか。

1　建築士事務所の開設者は、設計等の業務に関し生じた損害を賠償するために必要な金額を担保するための保険契約の締結その他の措置を講ずるよう努めなければならない。

2　建築士事務所の開設者と管理建築士とが異なる場合においては、その開設者は、管理建築士から建築士事務所の業務に係る所定の技術的事項に関し、その業務が円滑かつ適切に行われるよう必要な意見が述べられた場合には、その意見を尊重しなければならない。

3　建築士事務所の開設者が建築主との工事監理受託契約の締結に先立って管理建築士等に重要事項の説明をさせる際には、管理建築士等は、当該建築主に対し、所定の建築士免許証又は所定の建築士免許証明書を提示しなければならない。

4　管理建築士は、建築士として建築物の設計、工事監理等に関する所定の業務に３年以上従事した後、登録講習機関が行う管理建築士講習の課程を修了した建築士でなければならない。

5　建築士は、自らが建築主となる建築物のみの設計等をする場合であっても、建築士事務所を定めて、その建築士事務所について、都道府県知事（都道府県知事が指定事務所登録機関を指定したときは、原則として、当該指定事務所登録機関）の登録を受けなければならない。

No.23 イ～ニの記述について、「都市計画法」上、正しいもの**のみ**の組合せは、次のうちどれか。

イ　市街化調整区域のうち開発許可を受けた開発区域以外の区域内において、周辺の市街化調整区域内に居住している者の日常生活のため必要な物品の販売の業務の用に供する延べ面積80m²の店舗の新築で、当該市街化調整区域内に居住している者が自ら当該業務を営むために行うものは、都道府県知事の許可を必要としない。

ロ　市街化区域内で、病院を建築するために行う1,500m²の開発行為については、開発許可を必要としない。

ハ　「公共施設」とは、道路、公園、下水道、緑地、広場、河川、運河、水路及び消防の用に供する貯水施設をいう。

ニ　都市計画施設の区域内において、地階を有しない木造２階建ての建築物を新築する場合は、原則として、都道府県知事等の許可を受けなければならない。

1　イとロ
2　イとハ
3　ロとハ
4　ロとニ
5　ハとニ

No.24 次の記述のうち、**誤っている**ものはどれか。

1　「民法」上、境界線から1m未満の距離において他人の宅地を見通すことのできる窓を建築物に設ける場合、原則として、目隠しを付けなければならない。

2　「特定住宅瑕疵担保責任の履行の確保等に関する法律」上、住宅建設瑕疵担保責任保険契約は、国土交通大臣の承認を受けた場合を除き、変更又は解除をすることができない。

3　「高齢者、障害者等の移動等の円滑化の促進に関する法律」上、事務所は、「特別特定建築物」である。

4　「建設工事に係る資材の再資源化等に関する法律」上、発注者は、その注文する新築工事について、分別解体等及び建設資材廃棄物の再資源化等の促進に努めなければならない。

5　「都市の低炭素化の促進に関する法律」上、低炭素化のための建築物の新築等に関する計画には、低炭素化のための建築物の新築等に係る資金計画を記載しなければならない。

No.25 次の記述のうち、**誤っている**ものはどれか。

1 「宅地造成等規制法」上、宅地造成工事規制区域内において、宅地以外の土地を宅地にするために行う盛土であって、当該盛土をした土地の部分に高さが1mを超える崖を生ずることとなるものは、原則として、都道府県知事の許可を受けなければならない。（☆）

2 「建設業法」上、建築一式工事にあっては、工事1件の請負代金の額が1,500万円に満たない工事又は延べ面積が150m²に満たない木造住宅工事のみを請け負うことを営業とする者は、建設業の許可を受けなくてもよい。

3 「住宅の品質確保の促進等に関する法律」上、新たに建設された住宅で、まだ人の居住の用に供したことのないもの（建設工事の完了の日から起算して1年を経過したものを除く。）は、「新築住宅」である。

4 「消防法」上、住宅用防災機器の設置及び維持に関する条例の制定に関する基準においては、就寝の用に供する居室及び当該居室が存する階（避難階を除く。）から直下階に通ずる屋内階段等に、原則として、住宅用防災警報器又は住宅用防災報知設備の感知器を設置し、及び維持しなければならない。

5 「長期優良住宅の普及の促進に関する法律」上、認定を受けた長期優良住宅建築等計画のうち、住宅の建築に関する工事の完了予定時期が3月遅れる場合には、所管行政庁の変更の認定を受けなければならない。

令和２年

令和2年　建築構造

No.1 図のような形状の等しい断面A及び断面Bにおいて、図心を通るX軸に関する断面二次モーメントの値の組合せとして、**正しいもの**は、次のうちどれか。ただし、小数点以下は四捨五入とする。

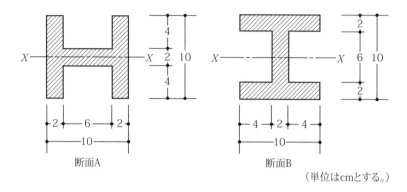

断面A

断面B

（単位はcmとする。）

	断面A（cm^4）	断面B（cm^4）
1	337	653
2	337	689
3	337	769
4	577	407
5	577	653

No.2 図のような等分布荷重 w を受ける長さ l の片持ち梁に断面 $b \times h$ の部材を用いたとき、その部材に生じる最大曲げ応力度として、**正しい**ものは、次のうちどれか。ただし、部材の自重は無視するものとする。

1　$\dfrac{3wl^2}{bh^2}$

2　$\dfrac{3wl^2}{b^2h}$

3　$\dfrac{6wl^2}{bh^2}$

4　$\dfrac{6wl^2}{b^2h}$

5　$\dfrac{6wl^2}{b^3h}$

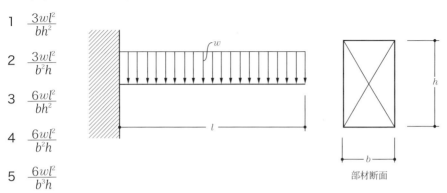

部材断面

No.3 図－１のように集中荷重を受ける単純梁を、図－２のような等分布荷重を受けるように荷重条件のみ変更した場合に生じる変化に関する次の記述のうち、**最も不適当な**ものはどれか。ただし、梁は自重を無視するものとする。

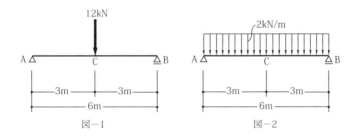

図－１　　　　　　　　　図－２

1　支点 A 及び B の反力は、荷重条件変更後も、変わらない。
2　最大曲げモーメントが、荷重条件変更後に、小さくなる。
3　C 点におけるたわみが、荷重条件変更後に、小さくなる。
4　軸方向力は、荷重条件変更後も、変わらない。
5　最大せん断力が、荷重条件変更後に、小さくなる。

No.4 図のような曲げモーメント図となる静定ラーメンにおいて、受けている外力の大きさとして、正しいものは、次のうちどれか。ただし、曲げモーメント図は、材の引張側に描くものとする。

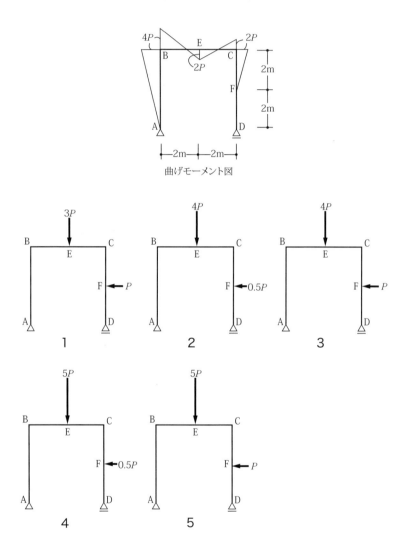

曲げモーメント図

No.5 図のような外力を受ける静定トラスにおいて、部材Aに生じる軸方向力の値として、**正しいもの**は、次のうちどれか。ただし、軸方向力は、引張力を「＋」、圧縮力を「－」とする。

1 　－3$\sqrt{2}$ kN
2 　－　$\sqrt{2}$ kN
3 　　　 0 kN
4 　＋　$\sqrt{2}$ kN
5 　＋3$\sqrt{2}$ kN

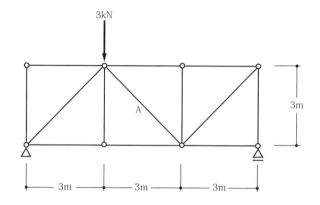

No.6 図のような長さ l（m）の柱（材端条件は、一端自由、他端固定とする。）に圧縮力 P が作用したとき、次の l と I との組合せのうち、**弾性座屈荷重が最も大きくなる**ものはどれか。ただし、I は断面二次モーメントの最小値とし、それぞれの柱は同一の材質で、断面は一様とする。

	l（m）	I（m⁴）
1	2.0	2×10^{-5}
2	2.5	3×10^{-5}
3	3.0	4×10^{-5}
4	3.5	5×10^{-5}
5	4.0	6×10^{-5}

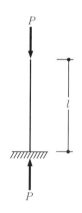

No.7 構造計算における設計用地震力に関する次の記述のうち、**最も不適当なもの**はどれか。

1　許容応力度等計算において、地盤が著しく軟弱な区域として指定された区域内における木造の建築物の標準せん断力係数 C_0 は、原則として、0.3 以上とする。

2　振動特性係数 R_t の算出のための地盤種別は、基礎底部の直下の地盤が、主として岩盤や硬質砂れき層などの地層によって構成されている場合、第一種地盤とする。

3　建築物の地上部分の各階における地震層せん断力係数 C_i は、一般に、上階になるほど小さくなる。

4　建築物の地下の各部分に作用する地震力の計算に用いる水平震度 k は、一般に、地盤面から深さ 20m までは深さが深くなるほど小さくなる。

5　地震地域係数 Z は、過去の震害の程度及び地震活動の状況などに応じて、各地域ごとに 1.0 から 0.7 までの範囲内において定められている。

No.8 図のような方向に風を受ける建築物の A 点における風圧力の大きさとして、**最も適当なもの**は、次のうちどれか。ただし、速度圧は 1,000N/m² とし、建築物の外圧係数及び内圧係数は、図に示す値とする。

1　200N/m²
2　600N/m²
3　800N/m²
4　1,000N/m²
5　1,200N/m²

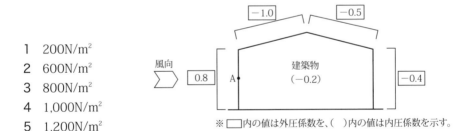

※ □ 内の値は外圧係数を、（　）内の値は内圧係数を示す。

No.9 地盤及び基礎構造に関する次の記述のうち、**最も不適当なもの**はどれか。

1　一般の地盤において、地盤の長期許容応力度の大小関係は、岩盤＞粘土質地盤＞密実な砂質地盤である。

2　直接基礎の鉛直支持力は、原地盤から推定した地盤定数による支持力式を用いる方法又は平板載荷試験による方法のいずれかによって算定する。

3　不同沈下が生じないようにするため、原則として、直接基礎と杭基礎との混用は避ける。

4　基礎に直接作用する固定荷重は、一般に、基礎構造各部の自重のほか、基礎スラブ上部の土被りの重量を考慮する。

5　直接基礎の底盤の位置は、原則として、支持地盤以下とし、かつ、表土層以下で土の含水変化や凍結のおそれの少ない深さとする。

No.10 木造建築物の部材の名称とその説明との組合せとして、**最も不適当な**ものは、次のうちどれか。

1　真束 (づか) ——— 小屋組（洋小屋）において、中央で棟木や合掌を受ける部材

2　長押 ——— 鴨居の上端に水平に取り付けられる和室の化粧造作材

3　面戸板 ——— 垂木と垂木の間において、野地板と軒桁との間にできる隙間をふさぐために用いる板材

4　転び止め —— 小屋組においては、合掌の上に母屋 (もや) を取り付ける際に、母屋 (もや) が移動・回転しないように留めておく部材

5　際根太 (きわ) ——— 大引と平行に柱や間柱の側面に取り付け、根太の端部を受ける部材

No.11 木造建築物の構造設計に関する次の記述のうち、**最も不適当な**ものはどれか。

1　地震力に対して必要な単位床面積当たりの耐力壁の有効長さは、一般に、壁や屋根の重量によって異なる。

2　風圧力に対して必要な耐力壁の有効長さを求める場合、見付面積に乗ずる数値は、平家建ての建築物と2階建ての建築物の2階部分とでは同じ値である。

3　軸組構法では、建築物の十分な耐力を確保するために、継手位置をそろえる。

4　枠組壁工法において、耐力壁線によって囲まれた部分の水平投影面積を $60m^2$ とする場合、床版の枠組材と床材とを緊結する部分を構造耐力上有効に補強する必要がある。

5　枠組壁工法において、セットバックやオーバーハングにより上下階の耐力壁線が一致しない場合、上階の壁からの鉛直力などが床版を介して下階に伝わるように設計する。

No.12 木質構造に関する次の記述のうち、**最も不適当な**ものはどれか。

1 土台継手の上木側に、アンカーボルトを設置した。

2 引張力を受けるボルト接合部において、ボルトの材質、ボルトの径、座金の寸法及び樹種が同じであったので、許容引張耐力は、ボルトが長くなるほど大きくなることを考慮した。

3 柱の上下端部と横架材の接合部は、ほぞ差しなどによって、せん断力を伝達できる仕口とした。

4 大規模木造建築物の接合部に用いられる接合金物は、火災等により加熱されると急激に耐力が低下する特性があるので、部材内部に埋め込むようにした。

5 燃えしろ設計では、柱や梁の燃えしろを除いた有効断面を用いて許容応力度等計算を行った。

No.13 補強コンクリートブロック造に関する次の記述のうち、**最も不適当な**ものはどれか。

1 耐力壁の端部に縦方向に設ける鉄筋を、D10の異形鉄筋とした。

2 耐力壁の縦筋は、溶接接合としたので、コンクリートブロックの空洞部内で継ぐこととした。

3 耐力壁の端部及び隅角部を、場所打ちコンクリートによって形成する構造とした。

4 耐力壁を臥梁で有効に連結させて、地震力等に対し、各耐力壁が一体となって抵抗するようにした。

5 両側に開口部のある耐力壁の長さを、耐力壁の有効高さの30％以上、かつ、55cm以上とした。

No.14 鉄筋コンクリート構造に関する次の記述のうち、**最も不適当な**ものはどれか。

1 柱のコンクリート全断面積に対する主筋全断面積の割合は、一般に、0.8％以上とする。

2 地震時の柱の靱性を確保するために、帯筋としてスパイラル筋を用いることは有効である。

3 部材の曲げモーメントに対する断面算定においては、一般に、コンクリートの引張応力度を考慮する必要がある。

4 あばら筋は、一般に、梁のひび割れの伸展の防止や、部材のせん断終局強度及び靱性の確保に有効である。

5 壁板の厚さが200mm以上の壁部材の壁筋は、複配筋（ダブル配筋）とする。

No.15 鉄筋コンクリート構造における配筋に関する次の記述のうち、**最も不適当な**ものはどれか。

1 鉄筋の重ね継手を、部材応力及び鉄筋の応力度の小さい箇所に設けた。

2 D35の異形鉄筋の継手を、重ね継手とした。

3 柱のせん断補強筋比を、0.2％とした。

4 梁の圧縮鉄筋は、長期荷重によるクリープたわみの抑制及び地震時における靱性の確保に有効であることから、全スパンにわたって複筋梁とした。

5 ラーメン構造の中間階にある内柱の柱梁接合部において、大梁主筋を通し配筋としたので、地震時の接合部内における大梁主筋の付着応力度の検討を行った。

No.16 鉄骨構造に関する次の記述のうち、**最も不適当な**ものはどれか。

1 埋込み形式の柱脚においては、一般に、柱幅（柱の見付け幅のうち大きいほう）の2倍以上の埋込み深さを確保する。

2 引張材の有効断面積は、ボルト孔などの断面欠損を考慮して算出する。

3 トラスの弦材においては、一般に、構面内の座屈に関する座屈長さを、節点間距離とすることができる。

4 断面の弱軸まわりに曲げモーメントを受けるH形鋼の梁については、横座屈を考慮する必要はない。

5 H形鋼を梁に用いる場合、一般に、曲げモーメントをウェブで、せん断力をフランジで負担させるものとする。

令和2年

No.17 鉄骨構造の接合に関する次の記述のうち、**最も不適当な**ものはどれか。

1 片面溶接による部分溶込み溶接は、荷重の偏心によって生じる付加曲げによる引張応力がルート部に作用する箇所には使用しない。

2 一つの継手に突合せ溶接と隅肉溶接を併用する場合、それぞれの応力は、各溶接継目の許容耐力に応じて分担させることができる。

3 応力を伝達する重ね継手の溶接には、原則として、2列以上の隅肉溶接を用いる。

4 高力ボルトの接合において、ボルト孔の中心間の距離は、公称軸径の2倍以上とする。

5 山形鋼や溝形鋼をガセットプレートの片側にのみ接合する場合は、偏心の影響を考慮して設計する。

No.18 建築物の固有周期に関する次の記述のうち、**最も不適当な**ものはどれか。

1 建築物は、水平剛性が同じであれば、質量が小さいほど固有周期が長くなる。

2 形状及び高さが同じであれば、一般に、鉄筋コンクリート造建築物に比べて鉄骨造建築物のほうが固有周期が長くなる。

3 鉄筋コンクリート造建築物では、一般に、躯体にひび割れが発生するほど固有周期が長くなる。

4 鉄筋コンクリート造建築物において、柱と腰壁の間に耐震スリットを設けると、設けない場合に比べて固有周期が長くなる。

5 免震構造を採用した建築物は、一般に、免震構造を採用しない場合と比べて固有周期が長くなる。

No.19 建築物の構造計画に関する次の記述のうち、**最も不適当な**ものはどれか。

1 建築物の耐震性は、一般に、強度と靭性によって評価されるが、靭性が乏しい場合には、強度を十分に高くする必要がある。

2 エキスパンションジョイントのみで接している複数の建築物については、それぞれ別の建築物として構造計算を行う。

3 各階における層間変形角の値は、一次設計用地震力に対し、原則として、$\frac{1}{200}$以内となるようにする。

4 鉄骨造建築物において、大梁は、材端部が十分に塑性化するまで、継手で破断が生じないようにする。

5 鉄筋コンクリート造建築物において、柱や梁に接続する袖壁、腰壁については非耐力壁として考え、偏心率の算定に当たり、影響はないものとする。

No.20 建築材料として使用される木材及び木質材料に関する次の記述のうち、**最も不適当なもの**はどれか。

1 CLTは、挽板を幅方向に並べたものを繊維方向が直交するように積層接着したものである。

2 板目材は、乾燥すると、木裏側に凹に変形する。

3 スギやヒノキなどの針葉樹は軟木と言われ、一般に、加工がしやすく構造材にも適している。

4 加圧式防腐処理木材は、現場で切断加工した場合、加工した面を再処理して使用する。

5 木材の真比重は、樹種によらずほぼ一定であり、樹種によって比重が異なるのは木材中の空隙率の違いによるものである。

No.21 コンクリートに関する次の記述のうち、**最も不適当なもの**はどれか。

1 単位水量の少ないコンクリートほど、乾燥収縮の程度は小さくなる。

2 水セメント比が小さいコンクリートほど、中性化速度は遅くなる。

3 気乾単位容積質量が大きいコンクリートほど、ヤング係数は大きくなる。

4 コンクリートの圧縮強度、引張強度、曲げ強度のうち、最も小さい値となるのは曲げ強度である。

5 コールドジョイントを防止するためには、先に打ち込まれたコンクリートの凝結が始まる前に、次のコンクリートを打ち重ねる必要がある。

No.22 コンクリートの材料に関する次の記述のうち、**最も不適当なもの**はどれか。

1 フライアッシュを使用することにより、フレッシュコンクリートのワーカビリティーを良好にすることができる。

2 高炉スラグ微粉末を使用することにより、硬化後のコンクリートの水密性や化学抵抗性を向上させることができる。

3 膨張材を使用することにより、硬化後のコンクリートの乾燥収縮によるひび割れを低減することができる。

4 AE剤を使用することにより、コンクリートの凍結融解作用に対する抵抗性を大きくすることができる。

5 実積率の小さい粗骨材を使用することにより、同一スランプを得るための単位水量を小さくすることができる。

No.23 鋼材に関する次の記述のうち、**最も不適当な**ものはどれか。

1　鋼を熱間圧延して製造するときに生じる黒い錆（さび）（黒皮）は、鋼の表面に被膜として形成されるので防食効果がある。

2　鋼材は、炭素含有量が多くなると硬質になり、引張強さが大きくなる。

3　鋼材の引張強さは、一般に、温度が 200 〜 300℃程度で最大となり、それ以上の温度になると急激に低下する。

4　溶接構造用圧延鋼材 SM490A の降伏点の下限値は、490N/mm² である。

5　建築構造用圧延鋼材は、SN 材と呼ばれ、建築物固有の要求性能を考慮して規格化された鋼材である。

No.24 ガラスに関する次の記述のうち、**最も不適当な**ものはどれか。

1　網入り板ガラスは、板ガラスの中に金網を封入したガラスで、強度は同程度の厚さのフロート板ガラスに比べて低い。

2　型板ガラスは、片面に型模様を付けたガラスで、装飾のためや、透視を避けるために用いられる。

3　熱線吸収板ガラスは、ガラスの片面又は両面に金属酸化膜をコーティングしたガラスで、太陽光線を反射して冷房負荷を軽減する。

4　倍強度ガラスは、フロート板ガラスに熱処理を施し強度を増したもので、割れると大きな破片となるため、脱落しにくい。

5　ガラスブロックは、内部の空気が低圧となっているため、フロート板ガラスに比べて、一般に、断熱性や遮音性が優れている。

No.25 建築材料に関する次の記述のうち、**最も不適当な**ものはどれか。

1　けい酸カルシウム板は、断熱性が高く、不燃材料であることから、防火構造や耐火構造の天井・壁に使用される。

2　パーティクルボードは、耐火性に優れており、壁及び床などの下地材に使用される。

3　せっこうボードは、火災時にはせっこうに含まれる結晶水が分解されるまでの間、温度上昇を防ぐので、耐火性に優れている。

4　ロックウール化粧吸音板は、ロックウールを主原料として板状に成形したもので、吸音性以外にも防火性や断熱性に優れており、天井の仕上材に使用される。

5　ALC パネルは、軽量で耐火性及び断熱性に優れており、外壁や屋根等に使用される。

令和2年　建築施工

No.1 下に示すネットワーク工程表に関する次の記述のうち、**最も不適当な**ものはどれか。

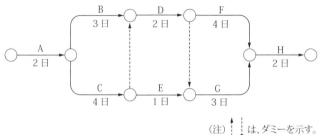

(注) ┊ は、ダミーを示す。

1　この工事全体は、最短14日で終了する。
2　C作業の所要日数を2日短縮すると、この工事全体の作業日数は、1日の短縮となる。
3　E作業の所要日数を1日延長すると、この工事全体の作業日数は、1日の延長となる。
4　F作業の所要日数を1日短縮すると、この工事全体の作業日数は、1日の短縮となる。
5　G作業の所要日数を1日延長しても、この工事全体の作業日数は、変わらない。

No.2 建築工事に関する届・報告・申請書とその提出先との組合せとして、**最も不適当な**ものは、次のうちどれか。

1　クレーン設置届 ───────── 労働基準監督署長
2　特定元方事業者の事業開始報告 ─── 労働基準監督署長
3　特殊車両通行許可申請書 ───── 道路管理者
4　道路使用許可申請書 ────── 警察署長
5　危険物貯蔵所設置許可申請書 ─── 消防署長

No.3 工事現場における次の作業のうち、「労働安全衛生法」上、**所定の作業主任者を選任しなければならないもの**はどれか。ただし、いずれの作業も火薬、石綿などの取扱いはないものとする。

1　軒の高さが 5.0m の木造の建築物における構造部材の組立て作業
2　高さが 4.5m の鉄骨造の建築物における骨組みの組立て作業
3　高さが 3.6m の枠組足場の組立て作業
4　高さが 3.0m のコンクリート造の工作物の解体作業
5　掘削面の高さが 1.8m の地山の掘削作業

No.4 工事現場から排出される廃棄物等に関する次の記述のうち、「廃棄物の処理及び清掃に関する法律」に照らして、**誤っているもの**はどれか。

1　建築物の解体に伴って生じたコンクリートの破片は、産業廃棄物に該当する。
2　建築物の解体に伴って生じた木くずは、産業廃棄物に該当する。
3　建築物の解体において、石綿の除去作業に用いたプラスチックシート、粉塵マスクは、特別管理産業廃棄物に該当する。
4　建築物の改築に伴って取り外した、ポリ塩化ビフェニルが含まれた蛍光灯安定器は、特別管理産業廃棄物に該当する。
5　建築物の新築に伴って生じた紙くずは、一般廃棄物に該当する。

No.5 仮設工事の枠組足場に関する次の記述のうち、**最も不適当なもの**はどれか。

1　水平材を、最上層及び 5 層以内ごとに設けた。
2　墜落防止設備として、構面には、交差筋かい及び作業床からの高さ 30cm の位置に下桟を設けた。
3　墜落防止設備として、妻面には、作業床からの高さ 90cm の位置に手摺と高さ 40cm の位置に中桟を設けた。
4　作業床については、床材間の隙間が 3cm 以下となるようにした。
5　壁つなぎの間隔を、垂直方向 8m、水平方向 9m とした。

No.6 木造住宅の基礎工事に関する次の記述のうち、**最も不適当な**ものはどれか。

1　べた基礎において、地面から基礎の立上り部分の上端までの高さを、400mmとした。

2　布基礎において、底盤部分の主筋にはD10を用い、その間隔を300mmとした。

3　布基礎の床下防湿措置として、床下地面を盛土し十分に突き固めた後、床下地面全面に厚さ60mmのコンクリートを打ち込んだ。

4　ねこ土台を使用するべた基礎の床下換気措置として、外周部の土台の全周にわたって、1m当たり有効面積75cm² 以上の換気孔を設けた。

5　普通ポルトランドセメントを用いたコンクリートの打込み後、気温が10～12℃の日が続いたので、型枠の存置期間を3日とした。

No.7 地盤調査等に関する次の記述のうち、**最も不適当な**ものはどれか。

1　地表面付近にある地下埋設物の調査は、電磁波探査法により行った。

2　砂質地盤において、地盤のせん断強度を把握するために、ベーン試験を行った。

3　標準貫入試験を、ボーリングと同時に行った。

4　スウェーデン式サウンディング試験の結果を、地盤の許容応力度の算定に利用した。

5　地層の透水係数を求めるために、ボーリング孔を利用して透水試験を行った。

No.8 コンクリート工事に関する次の記述のうち、**最も不適当な**ものはどれか。

1　コンクリートの締固めにおいて、コンクリート棒形振動機は、打込み各層ごとに用い、その下層に振動機の先端が入るようにほぼ鉛直に挿入し、引き抜くときはコンクリートに穴を残さないように加振しながら徐々に行った。

2　片持ちスラブなどのはね出し部は、これを支持する構造体部分と一体となるようにコンクリートを打ち込んだ。

3　コンクリートの打継ぎにおいては、打継ぎ面にあるレイタンスなどを取り除き、十分に乾燥させた状態で、コンクリートを打ち込んだ。

4　寒冷期におけるコンクリートの養生については、コンクリートを寒気から保護し、打込み後5日間にわたって、コンクリート温度を2℃以上に保った。

5　構造体コンクリート強度の判定用の供試体の養生は、標準養生とした。

令和２年

No.9 コンクリート工事に関する次の記述のうち、**最も不適当なもの**はどれか。

1 レディーミクストコンクリートの受入れにおいて、荷卸し直前にトラックアジテータのドラムを高速回転させ、コンクリートを均質にしてから排出した。

2 レディーミクストコンクリートの受入検査において、指定した空気量の値に対して、＋1.5％であったので許容した。

3 レディーミクストコンクリートの受入検査において、指定したスランプ18cmに対して、20cmであったので許容した。

4 コンクリートの圧送に先立ち、コンクリートの品質の変化を防止するための先送りモルタルは、型枠内には打ち込まずに廃棄した。

5 コンクリートの練混ぜから打込み終了までの時間は、外気温が28℃であったので、特段の措置を講ずることなく、120分を限度とした。

No.10 型枠工事に関する次の記述のうち、**最も不適当なもの**はどれか。

1 コンクリートの表面が打放し仕上げであったので、型枠緊張材（セパレーター）にコーンを使用した。

2 せき板として使用する合板は、特記がなかったので、国産材の活用促進等の観点から、材料に国産の針葉樹を用いたコンクリート型枠用合板で、JASに適合するものを使用した。

3 柱の型枠下部には、打込み前の清掃用に掃除口を設けた。

4 構造体コンクリートの圧縮強度が $12N/mm^2$ に達し、かつ、施工中の荷重及び外力に対して、構造計算により安全が確認されたので、片持ちスラブ下の支保工を取り外した。

5 使用後の型枠については、コンクリートに接する面をよく清掃し、締付けボルトなどの貫通孔や破損箇所を修理のうえ、剥離剤を塗布して再使用した。

No.11 鉄筋工事に関する次の記述のうち、**最も不適当な**ものはどれか。

1 柱主筋のガス圧接継手の位置については、特記がなかったので、隣り合う主筋で同じ位置とならないように 300mm ずらした。

2 鉄筋表面のごく薄い赤錆は、コンクリートとの付着を妨げるものではないので、除去せずに鉄筋を組み立てた。

3 ガス圧接継手において、外観検査の結果、圧接部に明らかな折れ曲がりが生じたことによって不合格となったので、再加熱して修正し、所定の検査を行った。

4 鉄筋径が異なるガス圧接継手において、圧接部のふくらみの直径を、細いほうの鉄筋径の 1.4 倍以上とした。

5 柱の配筋において、鉄筋のかぶり厚さを確保するために使用するスペーサーについては、特記がなかったので、同一平面に点対称となるように設置した。

No.12 鉄骨工事に関する次の記述のうち、**最も不適当な**ものはどれか。

1 ターンバックル付き筋かいを有する建築物であったので、その筋かいを活用して建入れ直しを行った。

2 柱の現場溶接継手において、エレクションピースに使用する仮ボルトは、高力ボルトを使用して全数締め付けた。

3 高力ボルト接合による継手の仮ボルトは、本接合のボルトと同軸径の普通ボルトを用い、締付け本数は、一群のボルト数の $\frac{1}{3}$ 以上、かつ、2 本以上とした。

4 高力ボルト摩擦接合において、接合部の材厚の差により生じた肌すきが 1.0mm であったので、フィラープレートを挿入せず、そのまま締め付けた。

5 高力ボルト用の孔あけ加工は、接合面をブラスト処理する前に行った。

No.13 鉄骨工事における溶接に関する次の記述のうち、**最も不適当な**ものはどれか。

1 溶接部の清掃作業において、溶接作用に支障のない溶接面に固着したミルスケールは、除去せずにそのまま残した。

2 隅肉溶接の溶接長さは、有効溶接長さに隅肉サイズの $\frac{1}{2}$ 倍を加えたものとした。

3 板厚が 22mm の鋼材相互を突合せ継手とする完全溶込み溶接において、溶接部の余盛りの高さは、特記がなかったので、2mm とした。

4 不合格溶接部の手溶接による補修作業は、径が 4mm の溶接棒を用いて行った。

5 溶接作業は、治具を使用して、できるだけ下向きの姿勢で行った。

189

令和２年

No.14 補強コンクリートブロック造工事に関する次の記述のうち、**最も不適当なもの**はどれか。

1 耐力壁の縦筋は、基礎コンクリート打込み時に移動しないように、仮設の振れ止めと縦筋上部とを固定した。

2 直交壁がある耐力壁の横筋の端部は、その直交壁の横筋に重ね継手とした。

3 ブロック積みは、中央部から隅角部に向かって、順次水平に積み進めた。

4 押し目地仕上げとするので、目地モルタルの硬化前に、目地ごてで目地ずりを行った。

5 給水率の高いブロックを使用するブロック積みに先立ち、モルタルと接するブロック面に、適度な水湿しを行った。

No.15 木造軸組工法における接合金物とその用途との組合せとして、**最も不適当なもの**は、次のうちどれか。

1 かど金物 ———— 引張りを受ける柱の上下の接合

2 短ざく金物 ——— 上下階の柱相互の接合

3 かね折り金物 ——— 通し柱と胴差の取り合い

4 折曲げ金物 ———— 小屋組の隅角部の補強

5 ひねり金物 ———— 垂木と軒桁の接合

No.16 木工事に関する次の記述のうち、**最も不適当なもの**はどれか。

1 外気に通じる小屋裏の外壁部分については、断熱構造としなかった。

2 梁は、背を上端にして取り付けた。

3 大引の継手は、床束心から150mm持ち出し、そぎ継ぎとした。

4 桁に使用する木材については、継ぎ伸ばしの都合上、やむを得ず短材を使用する必要があったので、その長さを2mとした。

5 構造用面材による床組の補強において、根太、床梁及び胴差の上端高さが同じであったので、根太の間隔を455mmとした。

No.17 防水工事に関する次の記述のうち、**最も不適当なもの**はどれか。

1 アスファルト防水工事において、アスファルト防水層の保護コンクリートにおける伸縮調整目地の深さは、保護コンクリートの上面から下面まで達するようにした。

2 加硫ゴム系シートを用いた合成高分子系シート防水工事において、平場一般部のシートの重ね幅を、幅方向、長手方向とも40mmとした。

3 合成高分子系シート防水工事において、防水下地の屋根スラブとパラペットとが交差する入隅部分は、通りよく直角とした。

4 塗膜防水工事において、プライマー塗りについては、当日の防水材施工範囲のみ行った。

5 シーリング防水工事において、窯業系サイディングのパネル間目地については、目地深さが所定の寸法であったので、目地底にボンドブレーカーを設置して、二面接着とした。

No.18 左官工事、タイル工事及び石工事に関する次の記述のうち、**最も不適当なもの**はどれか。

1 セメントモルタル塗りにおいて、練り混ぜは機械練りとし、1回に練り混ぜる量は60分以内に使い切れる量とした。

2 屋内のセルフレベリング材塗りにおいて、材料が硬化するまでの間は、通風を避けるために窓や開口部をふさいだ。

3 コンクリート外壁へのタイル張りにおいて、下地のひび割れ誘発目地及び各階の水平打継ぎ部の目地の位置に、タイル面の伸縮調整目地を設けた。

4 密着張りによるタイル張りにおいて、張付けモルタルはこて圧をかけずに1層で塗り付けた。

5 乾式工法による石張りにおいて、石材は、特記がなかったので、形状は正方形に近い矩形で、1枚の面積は0.8m²以下のものを用いた。

No.19 塗装工事に関する次の記述のうち、**最も不適当なもの**はどれか。

1 外壁の吹付け塗りにおいて、スプレーガンを素地面に対して直角に保ち、1行ごとの吹付け幅が重ならないように吹き付けた。

2 吹付け塗りは、スプレー塗装時の空気圧力が低すぎると噴霧が粗く、塗り面がゆず肌状になるので、スプレーガンの口径に応じて空気圧力を調整した。

3 屋内の木部つや有合成樹脂エマルションペイント塗りの下塗り後のパテかいにおいて、水回り部分以外にあっては、耐水形の合成樹脂エマルションパテを使用した。

4 屋内の木部のクリヤラッカー塗りの中塗り材は、サンジングシーラーを使用した。

5 屋内のモルタル面のアクリル樹脂系非水分散形塗料塗りにおいて、下塗りには、シーラーではなく、上塗りと同一材料を使用した。

No.20 建具工事、ガラス工事及び内装工事に関する次の記述のうち、**最も不適当なもの**はどれか。

1 アルミニウム製建具のコンクリート躯体への取り付けにおいて、建具側のアンカーとあらかじめコンクリートに埋め込んだ溶接下地金物とを溶接により固定した。

2 外部に面する網入り板ガラスの小口処理については、下辺小口及び縦小口下端から $\frac{1}{4}$ の高さまで、防錆テープによる防錆処理を行った。

3 ガラスブロック積みにおいて、壁用金属枠の外部に面する下枠の溝には、径8mm の水抜き孔を 1.5m 間隔に設けた。

4 ビニル床シートを張付け後、熱溶接工法によって目地処理を行った。

5 コンクリート壁下地へのせっこうボードの直張りにおいて、せっこうボード表面への仕上材が通気性のない壁紙であったので、直張り用接着材の乾燥期間を 14 日間とした。

No.21 設備工事に関する次の記述のうち、**最も不適当な**ものはどれか。

1 LPガス（液化石油ガス）のガス漏れ警報設備の検知器は、ガス燃焼器から水平距離4m以内、かつ、その上端が床面から上方0.3m以内の位置となるように取り付けた。

2 コンクリート埋込みとなる分電盤の外箱は、型枠に取り付けた。

3 敷地内の雨水ますには、深さ150mmの泥だめを設けた。

4 給水管と排水管とを平行に地中に埋設するに当たり、両配管の水平間隔を300mmとし、給水管が排水管の上方となるように埋設した。

5 温水床暖房に用いる埋設方式の放熱管を樹脂管としたので、管の接合は、メカニカル継手とした。

No.22 改修工事に関する次の記述のうち、**最も不適当な**ものはどれか。

1 外壁のタイル張替えにおいて、張付け後のタイルの引張接着強度については、接着力試験機を用いて測定した。

2 下地がモルタル面の塗装改修工事において、既存塗膜を全面撤去した後、合成樹脂調合ペイントを塗布した。

3 エポキシ樹脂注入工法によるコンクリート外壁のひび割れ改修工事において、エポキシ樹脂注入材の硬化を待って、注入器具を撤去した。

4 枠付き鉄骨ブレースを設置する耐震改修工事において、鉄骨が取り付く範囲の既存構造体のコンクリート面には、目荒らしを行った。

5 コンクリート柱の耐震改修工事において、連続繊維シートの貼り付け後の上塗りは、貼り付けたシートの上面に、下塗りの含浸接着樹脂がにじみ出るのを確認した後、ローラーで塗布した。

No.23 閉合トラバースの内角を測定した結果、図に示す実測値を得た。測角誤差の値として、**正しいもの**は、次のうちどれか。

1　6″
2　16″
3　26″
4　36″
5　46″

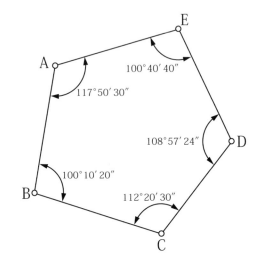

A　117°50′30″
E　100°40′40″
D　108°57′24″
B　100°10′20″
C　112°20′30″

No.24 建築積算に関する次の記述のうち、**最も不適当なもの**はどれか。

1　工事費は、工事価格に消費税等相当額を合わせたものをいう。
2　一般管理費等には、現場管理費は含まれない。
3　直接工事費には、直接仮設及び下請経費は含まれない。
4　共通仮設費には、現場事務所などの施設に要する仮設建物費が含まれる。
5　直接仮設は、工事種目ごとの複数の工事科目に共通して使用する仮設をいう。

No.25 中央建設業審議会「民間建設工事標準請負契約約款（甲）」（平成29年7月改正）上、**設計図書に含まれないもの**は、次のうちどれか。

1　仕様書
2　設計図
3　施工図
4　現場説明書
5　質問回答書

令和元年

試験時間に合わせて解いてみよう！！

■ 10：00 ～ 13：00（制限時間 3 時間）
　　建築計画·························· 196
　　建築法規·························· 206

■ 14：10 ～ 17：10（制限時間 3 時間）
　　建築構造·························· 218
　　建築施工·························· 229

p.331 の解答用紙をコピーしてお使いください。

◆ 学科試験結果データ ◆
《難易度：例年並み》

受験者数	合格者数	合　格　率
19,389 人	8,143 人	42.0%

◆ 合格基準点 ◆

科　目	建築計画	建築法規	建築構造	建築施工	総得点
基準点	13	13	13	13	60

＊各科目及び総得点のすべてが基準点に達している者が合格となります。

令和元年　建築計画

No.1 日本の歴史的な建築物に関する次の記述のうち、**最も不適当なもの**はどれか。

1　清水寺（京都府）は、急な崖に建っている本堂の前面の舞台を、長い束柱（つか）で支える懸造（かけ）りの建築物である。

2　円覚寺舎利殿（神奈川県）は、部材が細い、組物が精密に細工されている、屋根の反りが強い等の禅宗様（唐様）の特徴をもった建築物である。

3　鹿苑寺金閣（京都府）は、最上層を禅宗様仏堂風の形式とし、二層を和様仏堂風、一層を住宅風とした建築物である。

4　中尊寺金色堂（岩手県）は、外観が総漆塗りの金箔押しで仕上げられた方三間の仏堂である。

5　薬師寺東塔（奈良県）は、各重に裳階（もこし）が付いた本瓦葺きの五重塔である。

No.2 西洋建築史における建築物A〜Eについて、建造された年代の古いものから新しいものへと並べた順序として、**正しいもの**は、次のうちどれか。ただし、（　　）内は、建築様式、所在地を示す。

A　ノートルダム大聖堂（ゴシック建築・パリ）
B　大英博物館（ネオクラシシスム建築・ロンドン）
C　サン・ピエトロ大聖堂（バロック建築・バチカン）
D　フィレンツェ大聖堂（ルネサンス建築・フィレンツェ）
E　ハギア・ソフィア（ビザンチン建築・イスタンブール）

1　A→E→C→D→B
2　E→A→D→C→B
3　C→E→D→B→A
4　E→C→D→A→B
5　D→E→C→B→A

No.3 建築環境工学に関する次の記述のうち、**最も不適当なもの**はどれか。

1　同じ体積の場合、容積比熱が大きい材料は、容積比熱が小さい材料に比べて、温めるのに多くの熱量を必要とする。
2　照度は、受照面における単位面積当たりに入射する光束である。
3　NC 値は、室内騒音を評価する指標の一つである。
4　クロ（clo）値は、衣服の断熱性を表す指標であり、人の温冷感に影響する要素の一つである。
5　蛍光ランプなどの照明器具から発生する熱は、潜熱である。

No.4 換気に関する次の記述のうち、**最も不適当なもの**はどれか。

1　居室の必要換気量は、一般に、居室内の二酸化炭素濃度の許容値を基準にして算出する。
2　開放型燃焼器具に対する必要換気量は、一般に、燃料消費量に対する理論廃ガス量の 40 倍である。
3　2 階建ての住宅において、屋内の温度よりも外気温が低い場合、下階には外気が入ってくる力が生じ、上階には屋内の空気が出ていく力が生じる。
4　第 2 種機械換気方式は、室内を負圧に維持することにより、周辺諸室への汚染空気の流出を防ぐものである。
5　居室内の一酸化炭素濃度の許容値は、一般に、0.001 ％（10ppm）である。（★）

No.5 伝熱に関する次の記述のうち、**最も不適当なもの**はどれか。

1　木材の熱伝導率は、一般に、グラスウールの 3 〜 4 倍程度である。
2　中空層において、内部が真空であっても、放射によって熱移動が生じる。
3　窓付近に生じるコールドドラフトは、室内空気が窓のガラス面で冷やされることによって重くなり、床面に向けて降下する現象である。
4　白色ペイント塗りの壁においては、短波長放射である可視光線の反射率は低く、長波長放射である赤外線の反射率は高い。
5　壁体の屋外側表面の熱伝達抵抗は、一般に、室内側表面の熱伝達抵抗に比べて小さい。

No.6 湿り空気に関する次の記述のうち、**最も不適当な**ものはどれか。

1 絶対湿度が同じであれば、空気を加熱しても、露点温度は変化しない。

2 絶対湿度が同じであれば、空気を冷却すると、相対湿度は高くなる。

3 乾球温度が同じであれば、乾球温度と湿球温度との差が小さいほど、相対湿度は低くなる。

4 乾球温度が同じであれば、相対湿度が高くなると、絶対湿度も高くなる。

5 ある空気を露点温度以下に冷却した後、元の温度に加熱すると、相対湿度は低くなる。

No.7 日照・日射に関する次の記述のうち、**最も不適当な**ものはどれか。

1 日射遮蔽係数が小さい窓ほど、日射の遮蔽効果が大きい。

2 北緯35度の地点において、快晴時の夏至の日の1日間の直達日射量は、東向き鉛直面より南向き鉛直面のほうが大きい。

3 北緯35度の地点において、開口部に水平な庇を設置する場合、夏期における日射の遮蔽効果は、西面より南面のほうが大きい。

4 日照率は、可照時間に対する日照時間の割合である。

5 昼光率は、全天空照度に対する、室内におけるある点の昼光による照度の割合である。

No.8 色彩に関する次の記述のうち、**最も不適当な**ものはどれか。

1 マンセル表色系における明度は、物体表面の反射率の高低を表しており、明度5の反射率は約50%である。

2 床や壁などの色彩設計において、一般に、小さいカラーサンプルよりも実際に施工された大きな面のほうが、明度・彩度ともに高く見える。

3 マンセル表色系においては、有彩色を5R4/14のように表現し、5Rが色相、4が明度、14が彩度を示している。

4 各色相のうちで最も彩度の高い色を、一般に、純色といい、純色の彩度は色相や明度によって異なる。

5 光の色の三原色は、赤、緑、青であり、物体表面の色の三原色はシアン、マゼンタ、イエローである。

No.9 音に関する次の記述のうち、**最も不適当な**ものはどれか。

1 同じ音圧レベルの音であっても、3,000 ～ 4,000Hz 程度の音が最も大きく聞こえる。
2 残響時間は、室容積に比例し、室内の総吸音力に反比例する。
3 人間の知覚可能な音の周波数の範囲は、一般に、20 ～ 20,000Hz である。
4 壁体における遮音性能は、音響透過損失の値が大きいほど優れている。
5 板状材料と剛壁との間に空気層を設けた吸音構造は、一般に、低音域の吸音よりも高音域の吸音に効果がある。

No.10 建築物の環境負荷に関する次の記述のうち、**最も不適当な**ものはどれか。

1 CASBEE（建築環境総合性能評価システム）は、建築物の環境性能について、建築物における環境品質と省エネルギー性能の二つの指標により評価するものである。
2 大気中の二酸化炭素濃度の上昇は、ヒートアイランド現象の直接的な原因とはならない。
3 暖房デグリーデーは、ある地域の統計上の日平均外気温と暖房設定温度との差を暖房期間で積算したものであり、暖房エネルギー消費量の予測に使われる。
4 ZEH（ネット・ゼロ・エネルギー・ハウス）は、断熱性能の向上や高効率設備・再生可能エネルギーの導入により、年間の一次エネルギー消費量の収支を 0(ゼロ)とすることを目指した住宅である。
5 建築物における LCA（ライフサイクルアセスメント）は、建設から運用、解体に至る一連の過程で及ぼす様々な環境負荷を分析・評価することをいう。

令和元年

No.11 高齢者や身体障がい者等に配慮した一戸建て住宅の計画に関する次の記述のうち、**最も不適当な**ものはどれか。

1 車椅子使用者が利用する洗面器の上端の高さは、洗顔を考慮して、床面から750mm とした。

2 浴室の出入口において、脱衣室との段差の解消と水仕舞を考慮して、グレーチングを用いた排水溝を設けた。

3 車椅子使用者が利用するキッチンカウンターの下部には、高さ 400mm、奥行450mm のクリアランスを設けた。

4 階段の昇り口の側壁に設ける足元灯の高さは、昇り口の 1 段目の踏面から上方に 300mm とした。

5 車椅子使用者が利用する駐車場において、駐車スペースの幅は、乗降を考慮して、3.5m とした。

No.12 集合住宅の計画に関する次の記述のうち、**最も不適当な**ものはどれか。

1 住戸の通風・採光やプライバシーを確保するために、共用廊下を住棟から離して設けるフライングコリドーとした。

2 住戸内の居室は、将来的な家族構成の変化に対応するために、可動家具を用いて室の大きさを変更できるようにした。

3 居住部分の内装仕上げや設備等を、入居者の希望に応じて、容易に改修・更新することができるスケルトン・インフィル住宅とした。

4 専用面積が小さい住戸で構成する集合住宅はメゾネット型とし、専用面積が大きい住戸で構成する集合住宅は階段室型とした。

5 住戸の自由な間取りを実現するために、住宅入居希望者が組合を作り、住宅の企画・設計から入居・管理までを運営していくコーポラティブハウスとした。

No.13 事務所ビル、商業建築の計画に関する次の記述のうち、**最も不適当な**ものはどれか。

1 コアプランの計画において、事務室の自由な執務空間を確保するため、コアを事務室から独立させた分離コア型とした。

2 事務室において、在席率が 50 ～ 60％と想定されたので、個人専用の座席を設けず、在籍者が座席を共有し、スペースを効率的に利用するために、オフィスランドスケープ方式で計画した。

3 地下階に設ける自走式駐車場において、一般的な自動車の車高を考慮して、駐車スペースの梁下の高さが 2.3m になるように計画した。

4　バーにおいて、カウンター内の床の高さは、客席の床の高さに比べて低くなるように計画した。

5　喫茶店において、厨房の床面積を延べ面積の 15％で計画した。

No.14 教育施設等の計画に関する次の記述のうち、**最も不適当な**ものはどれか。

1　地域図書館において、新聞や雑誌などを気軽に読む空間として、レファレンスルームを設けた。

2　地域図書館の分館において、一般閲覧室と児童閲覧室とは分けて配置し、貸出しカウンターは共用とした。

3　中学校の教室において、「黒板や掲示板」と「その周辺の壁」との明度対比が大きくなり過ぎないように、色彩調整を行った。

4　幼稚園の保育室において、1 人当たりの床面積は、5 歳児学級用より 3 歳児学級用のほうを広くした。

5　保育所の幼児用便所は、見守りや指導をしやすくするため、保育室の近くに設けた。

No.15 文化施設の計画に関する次の記述のうち、**最も不適当な**ものはどれか。

1　美術館において、参加型企画に使用する学習体験室や講義室は、一般に、利用者がエントランスホールから展示室を通過せずに移動できる計画とする。

2　美術館の展示室は、一般に、来館者の逆戻りや交差が生じないように、一筆書きの動線計画とする。

3　劇場の舞台において、下手とは客席側から見て右側をいう。

4　劇場において、オープンステージ形式は、舞台と観客席が仕切られていないことから、演者と観客の一体感が生まれやすい。

5　博物館において、低湿収蔵庫や高湿収蔵庫を設ける場合は、ならし室を近接させ、収蔵物を仮収納できる計画とする。

No.16 屋根伏図A〜Eとその屋根の名称との組合せとして、最も適当なものは、次のうちどれか。ただし、図中の矢印は屋根の流れ方向を示す。

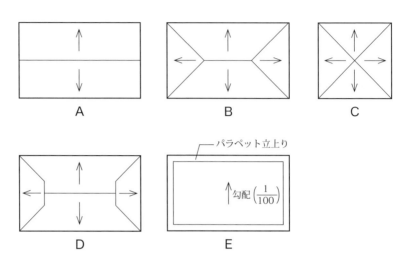

	A	B	C	D	E
1	切妻屋根	入母屋屋根	寄棟屋根	方形屋根	陸屋根
2	切妻屋根	寄棟屋根	方形屋根	入母屋屋根	陸屋根
3	入母屋屋根	切妻屋根	陸屋根	寄棟屋根	方形屋根
4	陸屋根	寄棟屋根	方形屋根	入母屋屋根	切妻屋根
5	切妻屋根	入母屋屋根	陸屋根	寄棟屋根	方形屋根

No.17 車椅子使用者に配慮した建築物の計画に関する次の記述のうち、**最も不適当な**ものはどれか。

1　水飲み器は、操作部が手動式のものを採用した。

2　コンセントの中心高さは、抜き差しを考慮して、床面から 250mm とした。

3　引戸には、引手とドア枠の間に手が挟まれないように、引き残しを設けた。

4　建具枠には、車椅子のフットレストや車輪との接触によって傷がつくのを防ぐために、床面からの高さ 350mm 程度まで金属板のカバーを設けた。

5　高低差 170mm の屋内傾斜路は、勾配を $\dfrac{1}{12}$ とした。

No.18 建築生産に関する次の記述のうち、**最も不適当な**ものはどれか。

1　カーテンウォールは、建築物の外周に設けられた、荷重を支持しない壁のことである。

2　枠組壁工法（ツーバイフォー工法）は、北米において発展した木造建築の工法で、主に断面が 2 インチ× 4 インチの部材により構成される工法である。

3　プレカット方式は、従来、大工が行っていた木材の継手・仕口等の加工を、工場の機械によって行う方式である。

4　ボックスユニット構法は、建築物の一部又は全体を、空間を内包する大型の部品としてあらかじめ組み立てておく構法である。

5　モデュラーコーディネーションは、在来軸組工法において耐震性を向上させるために、壁をバランスよく配置することである。

No.19 建築設備に関する次の用語の組合せのうち、**最も関係の少ない**ものはどれか。

1　昇降機設備 ——— 頂部すき間

2　消火設備 ——— 窒息作用

3　避雷設備 ——— 回転球体法

4　排水設備 ——— 成績係数

5　ガス設備 ——— BF 方式

No.20 空気調和設備に関する次の記述のうち、**最も不適当な**ものはどれか。

1 暖房時において、ガスエンジンヒートポンプは、ヒートポンプ運転により得られる加熱量とエンジンの排熱量とを合わせて利用できる。

2 変風量単一ダクト方式は、低負荷時においては、必要換気量の確保と空気清浄度の維持が困難な場合がある。

3 密閉回路の冷温水配管系には、一般に、膨張タンクは不要である。

4 ファンコイルユニットと定風量単一ダクトとを併用した方式は、定風量単一ダクト方式に比べて、必要とするダクトスペースを小さくすることができる。

5 空気熱源ヒートポンプ方式のルームエアコンの暖房能力は、一般に、外気の温度が低くなるほど低下する。

No.21 給排水衛生設備に関する次の記述のうち、**最も不適当な**ものはどれか。

1 給水設備において、水道直結直圧方式は、水道直結増圧方式に比べて、維持管理がしやすい。

2 飲料水用の受水槽の水抜き管は、一般排水系統の配管等へ、排水口空間を介した間接排水とする。

3 ロータンク方式の大便器は、洗浄弁方式の大便器に比べて、給水管径を小さくすることができる。

4 バキュームブレーカは、逆サイホン作用により汚水が逆流することを防止するために、排水管に設けられる。

5 自然流下式の排水立て管の管径は、どの階においても、最下部の最も大きな排水負荷を負担する部分の管径と同一にする必要がある。

No.22 給排水衛生設備に関する次の記述のうち、**最も不適当な**ものはどれか。

1 飲料水用の受水槽に設ける保守点検のためのマンホールは、有効内径60cm以上とする。

2 飲料水用の高置水槽から配管した給水管には、屋内消火栓の消火管を直接接続してはならない。

3 ガス瞬間式給湯機の20号は、1分間で20lの水を20℃上昇させる能力を有することを示している。

4 給水設備におけるポンプ直送方式は、水の使用状況に応じて給水ポンプの運転台数や回転数の制御を行って給水する。

5　重力式の排水横主管や排水横枝管などの排水横走管には、管径に応じて $\frac{1}{50}$ ～ $\frac{1}{200}$ の勾配が必要である。

No.23 電気設備に関する次の記述のうち、**最も不適当な**ものはどれか。

1　接地工事の種類は、接地工事の施設方法、接地抵抗値及び接地線の太さに応じて、A種、B種、C種の3種類である。
2　建築物の受電電圧は、電気事業者から電気の供給を受ける場合、一般に、契約電力により決定される。
3　受変電設備における進相コンデンサは、主に、力率の改善を目的として使用される。
4　中小規模の事務所ビルにおいて、電灯・コンセント用幹線の電気方式には、一般に、単相3線式100V/200Vが用いられる。
5　分電盤の二次側配線距離が長くなると、電圧降下のため配線サイズを太くする必要があるので、分電盤は、電力負荷の中心に配置することが望ましい。

No.24 照明計画に関する次の記述のうち、**最も不適当な**ものはどれか。

1　点光源による直接照度は、光源からの距離の2乗に反比例する。
2　照明器具の初期照度補正制御を行うことは、明るさを一定に保つ効果はあるが、省エネルギー効果は低い。
3　照明率は、器具の配光や内装材の反射率が同じ場合、室指数が大きいほど高くなる。
4　昼光利用制御は、室内に入る自然光を利用して、照明器具の調光を行うものである。
5　給湯室に人感センサーと連動させた照明器具を採用することは、省エネルギー効果が期待できる。

No.25 環境に配慮した建築設備計画に関する次の記述のうち、**最も不適当な**ものはどれか。

1 電気設備において、配電線路における電力損失を低減するために、配電電圧を高めた。

2 受変電設備において、変換効率を高めるために、トップランナー仕様の変圧器を使用した。

3 空調負荷を低減するために、地中熱を利用したクールチューブを採用した。

4 外気負荷を低減するために、全熱交換型の換気設備を採用した。

5 居室の南側に付室を設け、そこで集めた熱を室内に循環する方式であるソーラーチムニー方式を採用した。

令和元年　建築法規

No.1 用語に関する次の記述のうち、建築基準法上、**誤っているもの**はどれか。

1 建築物の周囲において発生する通常の火災による延焼の抑制に一定の効果を発揮するために外壁に必要とされる性能を、「防火性能」という。

2 建築物の自重及び積載荷重を支える最下階の床版は、「構造耐力上主要な部分」である。

3 建築物の床が地盤面下にある階で、床面から地盤面までの高さがその階の天井の高さの $\frac{1}{2}$ のものは、「地階」である。

4 建築物に関する工事の請負契約の注文者又は請負契約によらないで自らその工事をする者は、「建築主」である。

5 原則として、地盤面から建築物の小屋組又はこれに代わる横架材を支持する壁、敷桁又は柱の上端までの高さを、「軒の高さ」という。

No.2 次の行為のうち、建築基準法上、**全国どの場所においても、確認済証の交付を受ける必要がある**ものはどれか。

1 鉄筋コンクリート造、高さ 4m の記念塔の築造

2 木造 2 階建て、延べ面積 100m²、高さ 9m の集会場の新築

3 木造 2 階建て、延べ面積 200m²、高さ 8m の一戸建て住宅の新築

4 鉄骨造 2 階建て、延べ面積 90m² の一戸建て住宅の大規模の修繕

5 鉄骨造 3 階建て、延べ面積 300m² の倉庫における床面積 10m² の増築

No.3 イ～ニの記述について、建築基準法上、正しいもの**のみ**の組合せは、次のうちどれか。

イ　建築基準法第6条第1項の規定による確認の申請書に添える付近見取図には、方位、道路及び目標となる地物を明示しなければならない。

ロ　消防法に基づく住宅用防災機器の設置の規定については、建築基準関係規定に該当し、建築主事又は指定確認検査機関による確認審査等の対象となる。

ハ　建築主は、階数が3以上である鉄筋コンクリート造の共同住宅を新築する場合、2階の床及びこれを支持する梁に鉄筋を配置する工程に係る工事を終えたときは、特定行政庁の中間検査を申請しなければならない。

ニ　指定確認検査機関は、建築物に関する完了検査の引受けを工事完了日の前に行ったときは、当該検査の引受けを行った日から7日以内に、当該検査をしなければならない。

1　イとロ
2　イとハ
3　イとニ
4　ロとハ
5　ハとニ

No.4 木造2階建て、延べ面積120m²の一戸建て住宅の計画に関する次の記述のうち、建築基準法に**適合しない**ものはどれか。

1　発熱量の合計が10kWの火を使用する器具（「密閉式燃焼器具等又は煙突を設けた器具」ではない。）のみを設けた調理室（床面積8m²）に、1m²の有効開口面積を有する開口部を換気上有効に設けたので、換気設備を設けなかった。

2　階段（直階段）の蹴上げの寸法を23cm、踏面の寸法を15cmとした。

3　高さ1m以下の階段の部分には、手すりを設けなかった。

4　1階の居室の床下をコンクリートで覆ったので、床の高さを、直下の地面からその床の上面まで40cmとした。

5　下水道法第2条第八号に規定する処理区域内であったので、便所については、水洗便所とし、その汚水管を下水道法第2条第三号に規定する公共下水道に連結した。

No.5 図のような平面を有する集会場（床面積の合計は 42m²、天井の高さは全て 2.5m とする。）の新築において、集会室に機械換気設備を設けるに当たり、ホルムアルデヒドに関する技術的基準による必要有効換気量として、建築基準法上、**正しいもの**は、次のうちどれか。ただし、常時開放された開口部は図中に示されているもの**のみ**とし、居室については、国土交通大臣が定めた構造方法は用いないものとする。

1　19.5m³/ 時
2　27.0m³/ 時
3　28.5m³/ 時
4　30.0m³/ 時
5　31.5m³/ 時

(注) ←→ は、常時開放された開口部を示す。

No.6 木造平家建て、延べ面積 150m² の一戸建て住宅における構造耐力上主要な部分の構造強度に関する次の記述のうち、建築基準法上、**誤っているもの**はどれか。ただし、構造計算等による安全性の確認は行わないものとする。

1　圧縮力を負担する筋かいは、厚さ 1.5cm 以上で幅 9cm 以上の木材を使用したものとしなければならない。

2　柱、筋かい及び土台のうち、地面から 1m 以内の部分には、有効な防腐措置を講ずるとともに、必要に応じて、しろありその他の虫による害を防ぐための措置を講じなければならない。

3　張り間方向及び桁行方向に配置する壁を設け又は筋かいを入れた軸組の長さの合計は、原則として、それぞれの方向につき、床面積及び見付面積をもとに求めた所定の数値以上としなければならない。

4　基礎に木ぐいを使用する場合においては、その木ぐいは、常水面下にあるようにしなくてもよい。

5　土台は、基礎に緊結しなければならない。

No.7 屋根を金属板で葺き、壁を金属サイディング張りとした木造3階建て、延べ面積180m²の一戸建て住宅において、横架材の相互間の垂直距離が1階にあっては3.3m、2階にあっては3.2m、3階にあっては2.5mである場合、建築基準法上、1階、2階及び3階の構造耐力上主要な部分である柱の張り間方向及び桁行方向の小径の**必要寸法を満たす最小の数値の組合せ**は、次のうちどれか。ただし、張り間方向及び桁行方向の柱の相互の間隔は10m未満とする。また、柱の小径に係る所定の構造計算は考慮しないものとする。

	1階の柱の小径	2階の柱の小径	3階の柱の小径
1	12.0cm	10.5cm	10.5cm
2	12.0cm	12.0cm	10.5cm
3	12.0cm	12.0cm	12.0cm
4	13.5cm	12.0cm	10.5cm
5	13.5cm	13.5cm	12.0cm

No.8 構造強度に関する次の記述のうち、建築基準法上、誤っているものはどれか。ただし、構造計算等による安全性の確認は行わないものとする。

1 補強コンクリートブロック造の塀の壁内に配置する鉄筋の縦筋をその径の40倍以上基礎に定着させる場合、縦筋の末端は、基礎の横筋にかぎ掛けしなくてもよい。

2 補強コンクリートブロック造、高さ1.4mの塀において、基礎の丈は、35cm以上とし、根入れの深さは30cm以上としなければならない。

3 鉄筋コンクリート造、延べ面積200m²の建築物において、柱の出隅部分に異形鉄筋を使用する場合であっても、その末端を折り曲げなければならない。

4 鉄骨造の建築物において、構造耐力上主要な部分である鋼材の接合は、接合される鋼材がステンレス鋼であるときは、リベット接合とすることができる。

5 固結した砂の短期に生ずる力に対する地盤の許容応力度は、国土交通大臣が定める方法による地盤調査を行わない場合、1,000kN/m²とすることができる。

No.9 次の建築物（各階を当該用途に供するものとする。）のうち、**建築基準法第27条の規定による耐火建築物等としなければならないもの**はどれか。ただし、防火地域及び準防火地域外にあるものとする。

1　2階建ての飲食店で、各階の床面積の合計がそれぞれ250m²のもの
2　2階建ての児童福祉施設で、各階の床面積の合計がそれぞれ150m²のもの
3　2階建ての倉庫で、各階の床面積の合計がそれぞれ100m²のもの
4　平家建ての患者の収容施設がある診療所で、床面積の合計が300m²のもの
5　平家建ての自動車車庫で、床面積の合計が200m²のもの

No.10 次の2階建ての建築物（各階を当該用途に供するものとし、避難階は1階とする。）のうち、建築基準法上、**2以上の直通階段を設けなければならないもの**はどれか。

1　共同住宅（主要構造部が不燃材料で造られているものとする。）で、2階の居室の床面積の合計が150m²のもの
2　診療所（主要構造部が不燃材料で造られているものとする。）で、2階の病室の床面積の合計が100m²のもの
3　事務所（主要構造部が準耐火構造でなく、かつ不燃材料で造られていないものとする。）で、各階の床面積の合計がそれぞれ180m²のもの
4　飲食店（主要構造部が準耐火構造でなく、かつ不燃材料で造られていないものとする。）で、2階の居室の床面積の合計が150m²のもの
5　寄宿舎（主要構造部が準耐火構造でなく、かつ不燃材料で造られていないものとする。）で、2階の寝室の床面積の合計が120m²のもの

No.11 次の建築物のうち、その構造及び床面積に関係なく建築基準法第35条の2の規定による**内装の制限を受けるもの**はどれか。ただし、自動式の消火設備及び排煙設備は設けられていないものとする。

1　病院
2　学校
3　物品販売業を営む店舗
4　自動車修理工場
5　観覧場

No.12 都市計画区域内における道路等に関する次の記述のうち、建築基準法上、誤っているものはどれか。

1　地区計画の区域外において、自転車歩行者専用道路となっている幅員5mの道路法による道路にのみ10m接している敷地には、建築物を建築することができない。

2　地区計画の区域内において、建築基準法第68条の7第1項の規定により特定行政庁が指定した予定道路内には、敷地を造成するための擁壁を突き出して築造することができない。

3　地方公共団体は、特殊建築物等の用途、規模又は位置の特殊性により、避難又は通行の安全の目的を十分に達成することが困難であると認めるときは、条例で、その敷地が接しなければならない道路の幅員等に関して必要な制限を付加することができる。

4　土地区画整理法による新設の事業計画のある幅員6mの道路で、3年後にその事業が執行される予定のものは、建築基準法上の道路に該当しない。

5　高さ2mを超える門又は塀は、特定行政庁が指定した壁面線を越えて建築してはならない。

No.13 建築物の用途の制限に関する次の記述のうち、建築基準法上、誤っているものはどれか。ただし、特定行政庁の許可は受けないものとし、用途地域以外の地域、地区等は考慮しないものとする。

1　第一種低層住居専用地域内において、2階建て、延べ面積150m²の喫茶店兼用住宅（居住の用途に供する部分の床面積が100m²）は、新築することができる。

2　第二種低層住居専用地域内において、2階建て、延べ面積200m²の学習塾は、新築することができる。

3　第二種中高層住居専用地域内において、平家建て、延べ面積200m²の自家用の倉庫は、新築することができる。

4　田園住居地域内において、2階建て、延べ面積300m²の当該地域で生産された農産物の販売を主たる目的とする店舗は、新築することができる。

5　工業地域内において、2階建て、延べ面積300m²の寄宿舎は、新築することができる。

令和元年

No.14 図のような敷地及び建築物（2階建て、延べ面積600m²）の配置において、建築基準法上、**新築してはならない建築物**は、次のうちどれか。ただし、特定行政庁の許可は受けないものとし、用途地域以外の地域、地区等は考慮しないものとする。

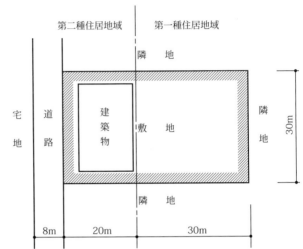

1　老人福祉センター
2　ホテル
3　銀行の支店
4　ゴルフ練習場
5　ぱちんこ屋

No.15 都市計画区域内における建築物の建蔽率又は延べ面積（建築基準法第52条第1項に規定する容積率の算定の基礎となる延べ面積）に関する次の記述のうち、建築基準法上、**誤っているもの**はどれか。ただし、用途地域及び防火地域以外の地域、地区等並びに特定行政庁の指定・許可等は考慮しないものとする。

1　商業地域内で、かつ、防火地域内にある耐火建築物は、建蔽率の制限を受けない。
2　準工業地域（都市計画で定められた建蔽率は $\frac{6}{10}$）内、かつ、防火地域内で、角地の指定のない敷地において、耐火建築物を建築する場合の建蔽率の最高限度は $\frac{7}{10}$ である。
3　老人ホーム等の共用の廊下又は階段の用に供する部分の床面積は、延べ面積に算入しない。
4　床に据え付ける蓄電池を設ける部分の床面積は、当該建築物の各階の床面積の合計の $\frac{1}{50}$ を限度として、延べ面積に算入しない。
5　宅配ボックスを設ける部分の床面積は、当該建築物の各階の床面積の合計の $\frac{1}{50}$ を限度として、延べ面積に算入しない。

No.16 図のような事務所を併用した一戸建て住宅を新築する場合、建築基準法上、**容積率の算定の基礎となる延べ面積**は、次のうちどれか。ただし、自動車車庫等の用途に供する部分はないものとし、地域、地区等及び特定行政庁の指定等は考慮しないものとする。

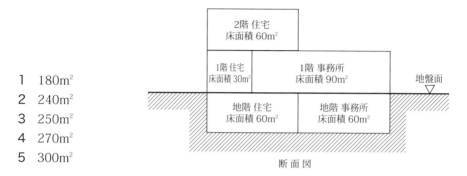

断面図

1　180m²
2　240m²
3　250m²
4　270m²
5　300m²

No.17 図のような敷地において、建築物を新築する場合、建築基準法上、A点における**地盤面からの建築物の高さの最高限度**は、次のうちどれか。ただし、敷地は平坦で、敷地、隣地、道路及び道の相互間の高低差並びに門及び塀はなく、また、図に記載されているものを除き、地域、地区等及び特定行政庁の指定・許可等はないものとし、日影規制（日影による中高層の建築物の高さの制限）及び天空率は考慮しないものとする。なお、建築物は、全ての部分において、高さの最高限度まで建築されるものとする。

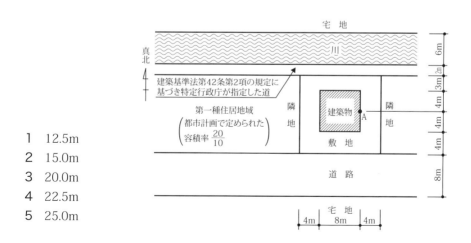

1　12.5m
2　15.0m
3　20.0m
4　22.5m
5　25.0m

No.18 建築物の高さの制限又は日影規制（日影による中高層の建築物の高さの制限）に関する次の記述のうち、建築基準法上、誤っているものはどれか。ただし、用途地域以外の地域、地区等及び地形の特殊性に関する特定行政庁の定め等は考慮しないものとする。

1　道路高さ制限において、建築物の敷地の地盤面が前面道路より 1m 以上高い場合においては、その前面道路は、敷地の地盤面と前面道路との高低差から 1m を減じたものの $\frac{1}{2}$ だけ高い位置にあるものとみなす。

2　第一種低層住居専用地域内における 10m 又は 12m の建築物の高さの限度については、天空率の計算を行うことにより、特定行政庁の許可又は認定を受けなくても、その高さの限度を超えることができる。

3　第一種低層住居専用地域内のうち、日影規制の対象区域内においては、北側高さ制限が適用される。

4　第一種中高層住居専用地域内のうち、日影規制の対象区域内においては、北側高さ制限は適用されない。

5　商業地域内にある高さが 10m を超える建築物が、冬至日において、隣接する第一種住居地域内の土地に日影を生じさせる場合は、当該建築物が第一種住居地域内にあるものとみなして、日影規制を適用する。

No.19 次の記述のうち、建築基準法上、誤っているものはどれか。ただし、地階及び防火壁はないものとし、防火地域及び準防火地域以外の地域、地区等は考慮しないものとする。

1　準防火地域内の建築物で、外壁が準耐火構造のものは、その外壁を隣地境界線に接して設けることができる。

2　準防火地域内の建築物で、3 階をテレビスタジオの用途に供するものを新築する場合は、耐火建築物としなければならない。

3　防火地域内において建築物を新築する場合、屋根の構造は、市街地における通常の火災による火の粉により、防火上有害な発炎をしないもの及び屋内に達する防火上有害な溶融、亀裂その他の損傷を生じないものとしなければならない。

4　防火地域内の高さ 2m の看板で、建築物の屋上に設けるものは、その主要な部分を不燃材料で造り、又は覆わなければならない。

5　建築物が防火地域及び準防火地域にわたる場合においては、その全部について防火地域内の建築物に関する規定が適用される。

No.20 次の記述のうち、建築基準法上、正しいものはどれか。

1 延べ面積 250m² の物品販売業を営む店舗を患者の収容施設がある診療所に用途を変更する場合においては、確認済証の交付を受ける必要はない。

2 高さ 2.2m の擁壁を築造する場合においては、建築基準法第 20 条の規定は準用されない。

3 工事を施工するために現場に設ける事務所を建築しようとする場合においては、確認済証の交付を受ける必要がある。

4 木造 2 階建て、延べ面積 150m²、高さ 7m の既存の一戸建て住宅に、増築を行わずにエレベーターを設ける場合においては、確認済証の交付を受ける必要はない。

5 特定行政庁は、国際的な規模の会議の用に供することにより 1 年を超えて使用する特別の必要がある仮設興行場等について、安全上、防火上及び衛生上支障がなく、かつ、公益上やむを得ないと認める場合においても、1 年を超える期間を定めてその建築を許可することはできない。

No.21 建築士事務所に所属し、建築に関する業務に従事する二級建築士に関する次の記述のうち、建築士法上、誤っているものはどれか。

1 二級建築士は、一級建築士でなければ設計又は工事監理をしてはならない建築物について、原則として、建築工事契約に関する事務及び建築工事の指導監督の業務を行うことができる。

2 一級建築士でなければ設計又は工事監理をしてはならない建築物の新築に係る設計をした二級建築士は、1 年以下の懲役又は 100 万円以下の罰金に処せられる。

3 二級建築士は、他の二級建築士の設計した設計図書の一部を変更しようとする場合において、当該二級建築士から承諾が得られなかったときは、自己の責任において、その設計図書の一部を変更することができる。

4 二級建築士は、勤務先の名称に変更があったときは、その日から 30 日以内に、その旨を、免許を受けた都道府県知事及び住所地の都道府県知事に届け出なければならない。

5 二級建築士は、5 年ごとに、登録講習機関が行う所定の二級建築士定期講習を受けなければならない。

No.22 次の記述のうち、建築士法上、**誤っている**ものはどれか。

1 二級建築士は、鉄筋コンクリート造 3 階建て、延べ面積 100m^2、高さ 9m の建築物の新築に係る設計をすることができる。

2 建築士事務所の登録は、5 年間有効であり、その更新の登録を受けようとする者は、有効期間満了の日までに登録申請書を提出しなければならない。

3 建築士事務所の開設者は、当該建築士事務所の業務の実績等を記載した書類等を、当該書類等を備え置いた日から起算して 3 年を経過する日までの間、当該建築士事務所に備え置き、設計等を委託しようとする者の求めに応じ、閲覧させなければならない。

4 建築士事務所を管理する専任の建築士が置かれていない場合、その建築士事務所の登録は取り消される。

5 建築士事務所の開設者は、委託者の許諾を得た場合においても、委託を受けた設計又は工事監理の業務を建築士事務所の開設者以外の者に委託してはならない。

No.23 イ～ニの記述について、「高齢者、障害者等の移動等の円滑化の促進に関する法律」上、**正しいもののみの組合せ**は、次のうちどれか。

イ 建築物移動等円滑化基準において、移動等円滑化経路を構成する敷地内の通路の幅は、120cm 以上でなければならない。

ロ 建築物移動等円滑化誘導基準において、多数の者が利用する全駐車台数が 200 の駐車場には、3 以上の車いす使用者用駐車施設を設けなければならない。

ハ 建築物移動等円滑化誘導基準において、建築物又はその敷地には、原則として、当該建築物又はその敷地内の移動等円滑化の措置がとられたエレベーターその他の昇降機、便所又は駐車施設の配置を表示した案内板その他の設備を設けなければならない。

ニ 建築主等は、特定建築物の建築をしようとするときは、特定建築物の建築等及び維持保全の計画を作成し、国土交通大臣の認定を申請することができる。

1 イとロ
2 イとハ
3 ロとハ
4 ロとニ
5 ハとニ

No.24 次の記述のうち、**誤っている**ものはどれか。

1 「長期優良住宅の普及の促進に関する法律」上、長期優良住宅建築等計画には、住宅の建築に関する工事の着手予定時期及び完了予定時期を記載しなければならない。

2 「長期優良住宅の普及の促進に関する法律」上、長期優良住宅建築等計画の認定を受けようとする住宅の維持保全の期間は、建築後30年以上でなければならない。

3 「住宅の品質確保の促進等に関する法律」上、新たに建設された、まだ人の居住の用に供したことのないもので、建設工事の完了の日から起算して2年に満たない住宅は、「新築住宅」である。

4 「建築物の耐震改修の促進に関する法律」上、建築物の耐震改修の計画が建築基準法第6条第1項の規定による確認を要するものである場合において、所管行政庁が計画の認定をしたときは、同法第6条第1項の規定による確認済証の交付があったものとみなす。

5 「民法」上、境界線から1m未満の距離において他人の宅地を見通すことのできる窓又は縁側を建築物に設ける場合、原則として、目隠しを付けなければならない。

No.25 次の記述のうち、**誤っている**ものはどれか。

1 「景観法」上、景観計画区域内において、建築物の外観を変更することとなる色彩の変更をしようとする者は、あらかじめ、行為の種類、場所、設計又は施行方法、着手予定日等を景観行政団体の長に届け出なければならない場合がある。

2 「建設業法」上、建築一式工事にあっては、工事1件の請負代金の額が1,500万円に満たない工事又は延べ面積が150m²に満たない木造住宅工事のみを請け負うことを営業とする者は、建設業の許可を受けなくてもよい。

3 「宅地建物取引業法」上、宅地建物取引業者は、建物の売買の相手方等に対して、その契約が成立するまでの間に、宅地建物取引士をして、所定の事項を記載した書面等を交付して説明をさせなければならない。

4 「都市計画法」上、都市計画施設の区域又は市街地開発事業の施行区域内において、地上2階建て、延べ面積150m²の木造の建築物の改築をしようとする者は、都道府県知事等の許可を受けなければならない。

5 「建築物のエネルギー消費性能の向上に関する法律」上、建築主は、自動車車庫の用途に供する建築物を新築しようとするときは、当該行為に係る建築物のエネルギー消費性能の確保のための構造及び設備に関する計画を所管行政庁に届け出る必要はない。

令和元年　建築構造

No.1 図のような断面において、図心の座標 (x_0, y_0) の値として、正しいものは、次のうちどれか。ただし、$x_0 = \dfrac{S_y}{A}$、$y_0 = \dfrac{S_x}{A}$ であり、S_x、S_y はそれぞれ X 軸、Y 軸まわりの断面一次モーメント、A は全断面積を示すものとする。

	x_0 (mm)	y_0 (mm)
1	15	20
2	15	35
3	15	40
4	20	35
5	20	40

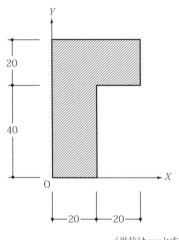

（単位はmmとする。）

No.2 図のような荷重を受ける単純梁に断面 100mm × 200mm の部材を用いた場合、その部材に生じる最大曲げ応力度として、正しいものは、次のうちどれか。ただし、部材の自重は無視するものとする。

1　30N/mm²
2　45N/mm²
3　60N/mm²
4　75N/mm²
5　90N/mm²

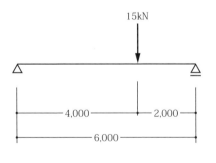

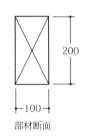

部材断面

（寸法の単位はmmとする。）

No.3 図−1のような荷重を受ける単純梁において、曲げモーメント図が図−2となる場合、荷重Pの大きさとして、**正しいもの**は、次のうちどれか。

1　1kN
2　2kN
3　3kN
4　4kN
5　5kN

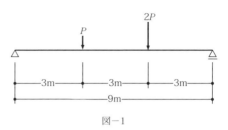

図−1

図−2

No.4 図のような外力を受ける静定ラーメンにおいて、支点A、Bに生じる鉛直反力 R_A、R_B の値と、C点に生じるせん断力 Q_C の絶対値との組合せとして、**正しいもの**は、次のうちどれか。ただし、鉛直反力の方向は、上向きを「＋」、下向きを「−」とする。

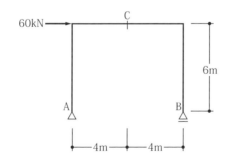

	R_A	R_B	Q_C の絶対値
1	− 45kN	＋ 45kN	0kN
2	− 45kN	＋ 45kN	45kN
3	＋ 45kN	− 45kN	0kN
4	＋ 45kN	− 45kN	45kN
5	＋ 45kN	＋ 45kN	45kN

No.5 図のようなそれぞれ8本の部材で構成する片持ち梁形式の静定トラスA、B、Cにおいて、軸方向力が生じない部材の本数の組合せとして、正しいものは、次のうちどれか。

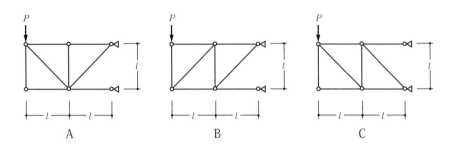

A　　　　　B　　　　　C

	A	B	C
1	1本	2本	3本
2	2本	0本	1本
3	2本	1本	1本
4	3本	1本	2本
5	3本	2本	2本

No.6 図のような材の長さ、材端又は材の中央の支持条件が異なる柱A、B、Cの座屈長さを、それぞれ l_A、l_B、l_C としたとき、それらの大小関係として、正しいものは、次のうちどれか。

1　$l_A > l_B > l_C$
2　$l_A = l_B > l_C$
3　$l_B > l_A > l_C$
4　$l_B > l_C > l_A$
5　$l_B = l_C > l_A$

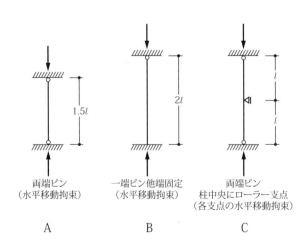

両端ピン
（水平移動拘束）

一端ピン他端固定
（水平移動拘束）

両端ピン
柱中央にローラー支点
（各支点の水平移動拘束）

A　　　　　B　　　　　C

No.7 構造計算における建築物の地上部分の地震力と**最も関係の少ないもの**は、次のうちどれか。

1　建築物の高さ
2　建築物の積載荷重
3　建築物の構造種別
4　建設地の地盤周期
5　建設地の地表面粗度区分

No.8 荷重及び外力に関する次の記述のうち、**最も不適当な**ものはどれか。

1　倉庫業を営む倉庫の床の積載荷重は、建築物の実況に応じて計算した値が 3,900N/m² 未満の場合であっても 3,900N/m² とする。
2　屋根面における積雪量が不均等となるおそれのある場合には、その影響を考慮して積雪荷重を計算する。
3　特定行政庁が指定する多雪区域における地震時の計算に用いる積雪荷重は、短期の積雪荷重の 0.7 倍の数値とする。
4　建築物の屋根版に作用する風圧力と、屋根葺き材に作用する風圧力とは、それぞれ個別に計算する。
5　開放型の建築物で風上開放の場合、風圧力の計算に用いる風力係数は、一般に、正の内圧係数を用いて計算する。

No.9 地盤及び基礎構造に関する用語とその説明との組合せとして、**最も不適当な**ものは、次のうちどれか。

1　負の摩擦力 ———— 軟弱地盤等において、周囲の地盤が沈下することによって、杭の周面に下向きに作用する摩擦力
2　ヒービング ———— 砂中を上向きに流れる水流圧力によって、砂粒がかきまわされ湧き上がる現象
3　圧密 ———— 透水性の低い粘性土が、荷重の作用によって、長い時間をかけて排水しながら体積を減少させる現象
4　液状化 ———— 水で飽和した砂質土等が、振動・衝撃等による間隙水圧の上昇によって、せん断抵抗を失う現象
5　直接基礎 ———— 基礎スラブからの荷重を直接地盤に伝える形式の基礎

No.10 木造建築物の部材の名称とその説明の組合せとして、**最も不適当な**ものは、次のうちどれか。

1　破風板 ─────── 切妻屋根や入母屋屋根などの妻側において、山形に取り付けられた板材

2　無目 ─────── 鴨居及び敷居と同じ位置に設ける、建具用の溝のない部材

3　振れ隅木 ─── 平面上、隅木が桁に対して 45 度とならない場合の隅木

4　まぐさ ─────── 開口部の上部において、襖や障子を建て込むための溝のある水平部材

5　上がり框 ─── 玄関等の上がり口の床の縁に取り付けられた化粧材

No.11 木質構造の接合に関する次の記述のうち、**最も不適当な**ものはどれか。

1　ボルト接合においては、一般に、接合部が降伏する前に、木材に割裂、せん断、引張り等による脆性的な破壊が生じないようにする。

2　針葉樹合板を釘で接合する場合、打込み過ぎにより釘頭部が合板に過度にめり込むと、結局耐力や靱性が低下しやすくなる。

3　ドリフトピン接合は、ボルト接合と異なり、降伏後の耐力上昇が期待できないので、終局せん断耐力は降伏耐力とほぼ同じ値となる。

4　ボルト接合部において、せん断を受けるボルトの間隔は、木材の繊維に対する加力方向の違いに関係なく一定とする。

5　木ねじ接合部は、一般に、ねじ部分の影響により、釘接合部に比べて変形性能が小さい。

No.12 木造建築物の構造設計に関する次の記述のうち、**最も不適当な**ものはどれか。

1　曲げ材は、一般に、材せいに比べて材幅が大きいほど、横座屈を生じやすい。

2　曲げ材端部の支持点付近の引張側に設ける切欠きの深さ（高さ）は、材せいの $\frac{1}{3}$ 以下とする。

3　トラス梁は、継手・仕口部の変形、弦材に生じる二次曲げ応力などを考慮したうえで、各部材の応力度が許容応力度を超えないように設計する。

4　胴差の継手は、できるだけ応力の小さい位置に設ける。

5　水平力が耐力壁や軸組に確実に伝達するように、水平構面の剛性をできるだけ高くする。

No.13 壁式鉄筋コンクリート造2階建ての住宅に関する次の記述のうち、**最も不適当な**ものはどれか。

1 構造耐力上主要な部分のコンクリートの設計基準強度を、18N/mm²とした。

2 各階の階高を3mとしたので、耐力壁の厚さを15cmとした。

3 長さが45cmの壁で、かつ、同一の実長を有する部分の高さが200cmである壁を、耐力壁として壁量計算に算入した。

4 基礎梁にプレキャスト鉄筋コンクリート部材を使用したので、部材相互を緊結し基礎梁を一体化した。

5 構造計算によって構造耐力上安全であることを確認したので、壁梁は主筋にD13を用い、梁せいを40cmとした。

No.14 鉄筋コンクリート構造に関する次の記述のうち、**最も不適当な**ものはどれか。

1 柱は、一般に、負担している軸方向圧縮力が大きくなると、靱性が小さくなる。

2 梁とスラブのコンクリートを一体に打ち込む場合、両側にスラブが付く梁の剛性については、一般に、スラブの有効幅を考慮したT形梁として計算する。

3 梁端部の主筋に生じる引張力に対し、梁から梁主筋が引き抜けないことの確認を定着の検定、柱から梁主筋が引き抜けないことの確認を付着の検定という。

4 梁のせいは、建築物に変形又は振動による使用上の支障が起こらないことを計算によって確かめた場合を除き、梁の有効長さの $\frac{1}{10}$ を超える値とする。

5 部材の曲げモーメントに対する断面算定においては、一般に、コンクリートの引張応力度を無視する。

No.15 鉄筋コンクリート構造の配筋及び継手に関する次の記述のうち、**最も不適当な**ものはどれか。

1　柱梁接合部内の帯筋の間隔は、原則として、200mm 以下、かつ、その接合部に隣接する柱の帯筋の間隔の 2 倍以下とする。

2　スラブの短辺方向の鉄筋量は、一般に、長辺方向の鉄筋量に比べて多くなる。

3　D35 以上の異形鉄筋の継手には、原則として、重ね継手を用いない。

4　梁の圧縮鉄筋は、長期荷重によるクリープたわみの抑制及び地震時における靭性の確保に有効であるので、一般に、全スパンにわたって複筋梁とする。

5　鉄筋の径（呼び名の数値）の差が 7mm を超える場合には、原則として、ガス圧接継手を設けてはならない。

No.16 鉄骨構造に関する次の記述のうち、**最も不適当な**ものはどれか。

1　根巻形式の柱脚において、柱下部の根巻き鉄筋コンクリートの高さは、一般に、柱せいの 2.5 倍以上とする。

2　充腹形の梁の断面係数は、原則として、断面の引張側のボルト孔を控除した断面について算出する。

3　圧縮力を負担する柱の有効細長比は、200 以下とする。

4　鉄骨部材は、平板要素の幅厚比や鋼管の径厚比が大きいものほど、局部座屈が生じにくい。

5　鉛直方向に集中荷重が作用する H 型鋼梁において、集中荷重の作用点にスチフナを設ける場合、スチフナとその近傍のウェブプレートの有効幅によって構成される部分を圧縮材とみなして設計する。

No.17 鉄骨構造の接合に関する次の記述のうち、**最も不適当なもの**はどれか。

1 高力ボルト摩擦接合によるH型鋼梁継手の設計において、継手部に作用する曲げモーメントが十分に小さい場合であっても、設計用曲げモーメントは、梁の降伏曲げモーメントの $\frac{1}{2}$ を下回らないようにする。

2 一つの継手に高力ボルト摩擦接合と溶接接合とを併用する場合において、高力ボルト摩擦接合が溶接接合より先に施工されるときは、高力ボルト摩擦接合と溶接接合の両方の耐力を加算することができる。

3 重ね継手において、かど部で終わる側面隅肉溶接又は前面隅肉溶接を行う場合、連続的にそのかどをまわして溶接し、まわし溶接の長さは、隅肉サイズの2倍を原則とする。

4 構造計算に用いる隅肉溶接の溶接部の有効のど厚は、一般に、隅肉サイズの $\frac{1}{2}$ とする。

5 構造用鋼材の高力ボルト摩擦接合部の表面処理方法として、浮き錆を取り除いた赤錆面とした場合、接合面のすべり係数の値は0.45とする。

No.18 建築物の構造計画に関する次の記述のうち、**最も不適当なもの**はどれか。

1 鉄筋コンクリート造の建築物の小梁付き床スラブについて、小梁の過大なたわみ及び大梁に沿った床スラブの過大なひび割れを防止するため、小梁に十分な曲げ剛性を確保した。

2 鉄筋コンクリート造の建築物のピロティ階について、単独柱の上下端で曲げ降伏となるように設計するとともに、ピロティ階の直上、直下の床スラブに十分な剛性と強度を確保した。

3 木造の建築物について、床組や小屋梁組のたわみを減少させるために、火打材を用いて補強した。

4 木造の建築物について、終局状態において耐力壁が破壊するまで、柱頭・柱脚の接合部が破壊しないことを計算によって確認した。

5 鉄骨造の建築物の筋かいについて、軸部の全断面が降伏するまで、接合部が破断しないことを計算によって確認した。

No.19 建築物の耐震設計に関する次の記述のうち、**最も不適当なもの**はどれか。

1 建築物の耐震性能を高める構造計画には、強度を高める考え方とねばり強さを高める考え方がある。

2 建築物が、極めて稀に発生する地震動に対して倒壊しないようにすることは、耐震設計の目標の一つである。

3 建築物の固有周期は、構造物としての剛性が同じであれば、質量が大きいほど長くなる。

4 建築物の各階の偏心率は、「各階の重心と剛心との距離（偏心距離）」を「当該階の弾力半径」で除した値であり、その値が大きいほど、その階に損傷が集中する危険性が高い。

5 建築物の各階の剛性率は、「各階における層間変形角の逆数」を「全ての階の層間変形角の逆数の平均値」で除した値であり、その値が大きいほど、その階に損傷が集中する危険性が高い。

No.20 建築材料として使用される木材に関する用語とその説明との組合せとして、**最も不適当なもの**は、次のうちどれか。

1 木裏 ——— 板目または追柾の板などを採材したときの樹皮側の面

2 目切れ —— 製材品の繊維方向が、長さ方向に平行ではなく、木目が途切れること

3 丸身 ——— 縁に樹皮の部分などが存在する製材品

4 死節 ——— 枝が枯れた状態で、樹幹に包み込まれてできた節で、まわりの組織と連続性がなく、大きな欠点となる部分

5 辺材 ——— 樹幹の外側の特異な着色がなく、一般に、立木の状態で含水率が高い部分

No.21 コンクリートに関する次の記述のうち、**最も不適当なもの**はどれか。

1 コンクリートの調合強度は、調合管理強度よりも大きい。

2 コンクリートの設計基準強度は、品質基準強度よりも大きい。

3 コンクリートの耐久設計基準強度は、計画供用期間の級が「標準」の場合よりも「長期」の場合のほうが大きい。

4 コンクリートのヤング係数は、一般に、圧縮強度が高いものほど大きい。

5 コンクリートの圧縮強度は、一般に、曲げ強度よりも大きい。

No.22 表は、コンクリートの調合表の一部である。この表によって求められる事項と計算式との組合せとして、**最も不適当なもの**は、次のうちどれか。ただし、いずれの計算式もその計算結果は正しいものとする。

単位水量	絶対容積 (l/m^3)			質量 （kg/m^3）		
（kg/m^3）	セメント	細骨材	粗骨材	セメント	細骨材	粗骨材
180	95	290	390	300	740	1,060

（注）質量における細骨材及び粗骨材は、表乾（表面乾燥飽水）状態とする。

1　細骨材の表乾密度（g/cm^3）── $\dfrac{740}{290}$ [≒ 2.55]

2　水セメント比（%）── $\dfrac{180}{300} \times 100$ [= 60.0]

3　空気量（%）── $\dfrac{1,000 - (180 + 95 + 290 + 390)}{1,000} \times 100$ [= 4.5]

4　練上がりコンクリートの単位容積質量（kg/m^3）── $180 + 300 + 740 + 1,060$ [= 2,280]

5　細骨材率（%）── $\dfrac{740}{740 + 1,060} \times 100$ [≒ 41.1]

No.23 鋼材に関する次の記述のうち、**最も不適当なもの**はどれか。

1　鋼材の比重は、アルミニウム材の比重の約 1.5 倍である。

2　常温において、長さ 10m の鋼材は、全長にわたって断面に一様に $100N/mm^2$ の引張応力が生じる場合、約 5mm 伸びる。

3　鋼を熱間圧延して製造するときに生じる黒い錆（黒皮）は、鋼の表面に被膜を形成することから防食効果がある。

4　異形棒鋼 SD345 の降伏点の下限値は、$345N/mm^2$ である。

5　常温において、SN400 材と SS400 材のヤング係数は、同じである。

No.24 建築物に用いられる高分子材料に関する次の記述のうち、**最も不適当なものはどれか。**

1　積層ゴムは、薄いゴムシートと鋼板とを交互に積層接着したもので、免震支承に用いられる。

2　硬質塩化ビニル樹脂は、耐久性に優れることから、雨樋などの配管材に用いられる。

3　エポキシ樹脂は、接着性が高く硬化収縮率が低いことから、コンクリートのひび割れ補修に用いられる。

4　押出法ポリスチレンフォームは、耐火性に優れることから、延焼のおそれのある外壁下地に用いられる。

5　シアノアクリレート系接着剤は、被着体表面の微量の水分と接触して瞬間的に硬化することから、迅速な作業が求められる場合に用いられる。

No.25 建築材料に関する次の記述のうち、**最も不適当なものはどれか。**

1　銅板などのイオン化傾向の小さい金属材料に接する鋼材は、腐食しやすい。

2　ALCパネルは、原料を発泡させて高温高圧蒸気養生した材料であり、1mm程度の独立気泡を多く含むので、優れた耐火性・断熱性を有する。

3　せっこうボードは、耐火性に優れるが、耐水性や耐衝撃性に劣る。

4　しっくいは、消石灰にすさ・のり・砂などを混ぜて水で練ったもので、空気に接して固まる気硬性の材料である。

5　合わせガラスは、2枚の板ガラスの片方の中空層側表面に低放射の金属膜をコーティングしたガラスであり、日射制御機能と高い断熱性を有する。

令和元年　建築施工

No.1 工程の計画と管理に関する次の用語のうち、ネットワーク手法に**最も関係の少ない**ものはどれか。

1　ダミー
2　アクティビティ（作業）
3　フリーフロート
4　ガントチャート
5　クリティカルパス

No.2 工事現場の安全確保に関する次の記述のうち、**最も不適当な**ものはどれか。

1　スレート葺の屋根の上で作業を行うに当たり、幅24cmの歩み板を設け、防網を張った。
2　くさび緊結式足場において、高さ2m以上の場所に作業床を設置するに当たり、墜落防止措置のため、床材と建地（支柱）との隙間を10cmとした。
3　高さ9mの登り桟橋において、踊り場を高さ3mごとに設けた。
4　強風による悪天候のため、地盤面からの高さが2m以上の箇所で予定していた作業を中止した。
5　高さ3mの作業場所から不要となった資材を投下する必要があったので、投下設備を設けるとともに、立入禁止区域を設定して監視人を配置した。

No.3 工事現場における材料の保管に関する次の記述のうち、**最も不適当な**ものはどれか。

1　砂利を保管するに当たり、保管場所の床は、泥土等で汚れないよう周囲地盤より高くし、かつ、水勾配を設けた。
2　シーリング材は、高温多湿や凍結温度以下とならない、かつ、直射日光や雨露の当たらない場所に密封して保管した。
3　陶磁器質タイル型枠先付け工法に用いるタイルユニット及び副資材は、直射日光や雨水による変質や劣化などを防止するため、シート養生を行い保管した。
4　外壁工事に用いる押出成形セメント板は、屋内の平坦で乾燥した場所に、台木を用いて1.0mの高さに積み重ねて保管した。
5　断熱材を屋外で保管するに当たり、日射を避けるために黒色のシートで覆い、かつ、シートと断熱材との間に隙間が生じないようにした。

No.4 建築の工事現場から排出される廃棄物に関する次の記述のうち、「廃棄物の処理及び清掃に関する法律」に照らして、誤っているものはどれか。

1 現場事務所から排出された書類は、一般廃棄物に該当する。

2 建築物の新築に伴って生じた廃発泡スチロールは、一般廃棄物に該当する。

3 建築物の新築に伴って生じた壁紙くずは、産業廃棄物に該当する。

4 建築物の解体に伴って生じた木くずは、産業廃棄物に該当する。

5 建築物の解体に伴って生じたひ素を含む汚泥は、特別管理産業廃棄物に該当する。

No.5 仮設工事に関する次の記述のうち、**最も不適当なもの**はどれか。

1 市街地における鉄骨造2階建ての建築物の新築工事において、仮囲いは、高さ3.0mの鋼製板を用いた。

2 単管足場の壁つなぎの間隔は、垂直方向5.5m、水平方向5mとした。

3 工事用シートの取付けにおいて、足場に水平材を垂直方向5.5m以下ごとに設け、隙間やたるみがないように緊結材を使用して足場に緊結した。

4 木造2階建ての住宅の新築工事において、必要な足場の高さが7mであったので、ブラケット一側足場を用いた。

5 200Vの配線の付近で移動式クレーンを使用するので、配電線からの離隔距離（安全距離）を2.0mとした。

No.6 木造2階建ての住宅の基礎工事等に関する次の記述のうち、**最も不適当なもの**はどれか。

1 布基礎の底盤については、厚さを120mm、幅を450mmとした。

2 布基礎の天端ならしは、遣方を基準にして陸墨を出し、調合が容積比でセメント1：砂3のモルタルを水平に塗り付けた。

3 布基礎の床下防湿措置を行うに当たり、床下地面を盛土し十分に突き固めた後、床下地面全面に厚さ60mmのコンクリートを打設した。

4 べた基礎において、地面から基礎の立上り部分の上端までの高さを、400mmとした。

5 径12mmのアンカーボルトのコンクリートへの埋込み長さを、250mm以上とした。

No.7 土工事及び地業工事に関する次の記述のうち、**最も不適当な**ものはどれか。

1 土工事において、地盤沈下を防止するための地下水処理の工法として、ディープウェル工法を採用した。

2 砂地業において、シルトを含まない山砂を使用した。

3 基礎の墨出し、配筋、型枠の建込みをするために、捨てコンクリート地業を行った。

4 場所打ちコンクリート杭の施工において、試験後の杭体の強度に十分な余裕があると予想されたので、試験杭を本杭とした。

5 既製コンクリート杭の施工において、作業地盤面以下への打込みには、やっとこを使用した。

No.8 コンクリート工事に関する次の記述のうち、**最も不適当な**ものはどれか。

1 普通ポルトランドセメントによる構造体強度補正値については、特記がなく、コンクリートの打込みから材齢28日までの予想平均気温が5℃であったので、3N/mm² とした。

2 外壁におけるコンクリートの水平打継ぎについては、止水性を考慮し、打継ぎ面には外側下がりの勾配を付ける方法とした。

3 直接土に接する柱・梁・壁・スラブにおける設計かぶり厚さは、特記がなかったので、50mm とした。

4 柱のコンクリートの打込みについては、コンクリートが分離しないようにするため、スラブ又は梁で受けた後、柱の各面の方向から流れ込むように行った。

5 梁のコンクリートの打込みについては、壁及び柱のコンクリートの沈みが落ち着いた後に行った。

令和元年

231

No.9 コンクリート工事に関する次の記述のうち、**最も不適当なもの**はどれか。

1 コンクリートの強度試験は、打込み日及び打込み工区ごと、かつ、150m³以下にほぼ均等に分割した単位ごとに行うこととした。

2 建築物の計画供用期間の級が「短期」であったので、普通ポルトランドセメントを使用したコンクリートの打込み後の湿潤養生期間を、5日間とした。

3 構造体コンクリートの有害なひび割れ及びたわみの有無は、支保工を取り外した後に確認した。

4 構造体コンクリートの圧縮強度推定用の供試体は、適切な間隔をあけた3台の運搬車を選び、それぞれ1個ずつ合計3個作製した。

5 調合管理強度の管理試験において、1回の試験結果が調合管理強度の80%であり、かつ、3回の試験結果の平均値が調合管理強度以上であったので、合格とした。

No.10 型枠工事に関する次の記述のうち、**最も不適当なもの**はどれか。

1 地盤上に支柱を立てるに当たり、支柱がコンクリートの打込み中や打込み後に沈下しないよう、地盤を十分に締め固めるとともに、支柱の下に剛性のある板を敷いた。

2 型枠の再使用に当たり、せき板とコンクリートとの付着力を減少させ、脱型時にコンクリート表面や型枠の傷を少なくするために、せき板に剥離剤を塗布した。

3 せき板・支保工・締付け金物などの材料の品質管理・検査は、搬入時に行うとともに、型枠の組立て中にも随時行った。

4 構造体コンクリートの圧縮強度が設計基準強度以上に達し、かつ、施工中の荷重及び外力について構造計算により安全であることが確認されたので、コンクリートの材齢にかかわらず梁下の支柱を取り外した。

5 柱及び壁のせき板は、建築物の計画供用期間の級が「短期」であり、普通ポルトランドセメントを使用したコンクリートの打込み後2日間の平均気温が20℃であったので、圧縮強度試験を行わずに取り外した。

No.11 鉄筋工事に関する次の記述のうち、**最も不適当な**ものはどれか。

1　柱の配筋において、最上階の柱頭の四隅にある主筋には、フックを設けた。

2　鉄筋の加工寸法の検査は、加工種別ごとに搬入時の最初の一組について行った。

3　梁の配筋において、鉄筋のかぶり厚さを確保するためのスペーサーの配置は、特記がなかったので、間隔を 1.5m 程度とし、端部については 1.5m 以内となるようにした。（★）

4　D19 の異形鉄筋の端部に設ける 180 度フックにおいて、折り曲げた余長を 3d とした。

5　ガス圧接継手において、外観検査の結果、ふくらみの直径や長さが規定値を満たさず不合格となった圧接部は、再加熱・加圧して修正した。

No.12 鉄骨工事における溶接に関する次の記述のうち、**最も不適当な**ものはどれか。

1　吸湿の疑いのある溶接棒は、再乾燥させてから使用した。

2　溶接部に割れがあったので、溶接金属を全長にわたって削り取り、再溶接を行った。

3　作業場所の気温が 4℃であったので、溶接線から 50mm までの範囲の母材部分を加熱して、溶接を行った。

4　スタッド溶接の溶接面に著しい錆が付着していたので、スタッド軸径の 2 倍以上の範囲の錆をグラインダーで除去し、溶接を行った。

5　スタッド溶接後の打撃曲げ試験において 15 度まで曲げたスタッドのうち、欠陥のないものについては、そのまま使用した。

No.13 高力ボルト接合に関する次の記述のうち、**最も不適当な**ものはどれか。

1　ボルト締めによる摩擦接合部の摩擦面には、錆止め塗装を行わなかった。

2　ナット回転法による M16（ねじの呼び径）の高力六角ボルトの本締めは、一時締付け完了後を起点としてナットを 120 度回転させて行った。

3　ボルト頭部と接合部材の面が、$\frac{1}{20}$ 以上傾斜していたので、勾配座金を使用した。

4　一群のボルトの締付けは、群の中央部から周辺に向かう順序で行った。

5　接合部の材厚の差により 1.2mm の肌すきが生じたので、ボルトの締付けのトルク値を高めることにより修正した。

No.14 コンクリートブロック工事及び外壁の押出成形セメント板工事に関する次の記述のうち、**最も不適当なもの**はどれか。

1　補強コンクリートブロック造において、ブロック空洞部の充填コンクリートの打継ぎ位置は、ブロックの上端から 5cm 程度下がった位置とした。

2　補強コンクリートブロック造において、直交壁のない耐力壁の横筋の端部は、壁端部の縦筋に 180 度フックによりかぎ掛けとした。

3　高さ 1.8m の補強コンクリートブロック造の塀において、長さ 4.0m ごとに控壁を設けた。

4　押出成形セメント板を縦張り工法で取り付けるに当たり、セメント板相互の目地幅は、特記がなかったので、長辺の目地幅を 8mm、短辺の目地幅を 15mm とした。

5　押出成形セメント板を横張り工法で取り付けるに当たり、取付け金物は、セメント板がスライドできるように取り付けた。

No.15 木工事に関する次の記述のうち、**最も不適当なもの**はどれか。

1　木造 2 階建ての住宅の通し柱である隅柱に、断面寸法が 120mm × 120mm のベイヒを用いた。

2　大引きの間隔が 910mm であったので、根太には、断面寸法が 60mm × 60mm のものを用いた。

3　大壁造の面材耐力壁は、厚さ 9mm の構造用合板を用い、N50 の釘を 150mm 間隔で留め付けた。

4　棟木の継手位置は、小屋束より持出しとした。

5　床板張りにおいて、本ざねじゃくりの縁甲板を根太に直接張り付けるに当たり、継手位置は根太の心で一直線上にそろえた。

No.16 木造2階建ての住宅の木工事に関する次の記述のうち、**最も不適当な**ものはどれか。

1　ホールダウン金物と六角ボルトを用いて、柱を布基礎に緊結した。

2　耐力壁でない軸組において、管柱と胴差との仕口は、短ほぞ差しとし、かど金物を当て釘打ちとした。

3　筋かいと間柱が取合う部分については、間柱を筋かいの厚さだけ欠き取った。

4　小屋梁と軒桁との仕口は、かぶと蟻掛けとし、羽子板ボルトで緊結した。

5　敷居には、木裏側に建具の溝を付けたものを使用した。

No.17 防水工事及び屋根工事に関する次の記述のうち、**最も不適当な**ものはどれか。

1　シーリング工事におけるボンドブレーカーは、シーリング材と接着しない粘着テープとした。

2　シーリング材の充填作業において、充填箇所以外の部分に付着したシリコーン系シーリング材は、硬化後の早い時期に取り除いた。

3　アスファルト防水工事において、アスファルトプライマーを塗布した後、直ちにルーフィング類の張付けを行った。

4　折板葺のタイトフレームと下地材との接合は、隅肉溶接とし、溶接後はスラグを除去し、錆止め塗料を塗布した。

5　木造住宅の屋根用化粧スレートの葺板は、1枚ごとに専用釘を用いて野地板に留め付けた。

No.18 左官工事、タイル工事及び石工事に関する次の記述のうち、**最も不適当な**ものはどれか。

1　せっこうプラスター塗りにおいて、上塗りに使用するプラスターは、加水後1時間以内に使用した。

2　セルフレベリング材塗りにおいて、セルフレベリング材の硬化後、打継ぎ部及び気泡跡周辺の突起をサンダーで削り取った。

3　壁のタイルの改良圧着張りにおいて、タイル下地面とタイル裏面の双方に張付けモルタルを塗り付けた。

4　内壁タイルの接着剤張りにおいて、タイルの張付けに当たり、下地面に吸水調整材を塗布した。

5　屋内の床の石張りにおいて、敷きモルタルの調合は、容積比でセメント1：砂4とした。

No.19 塗装工事に関する次の記述のうち、**最も不適当な**ものはどれか。

1 鉄鋼面に使用する合成樹脂調合ペイントの上塗りは、エアレススプレーによる吹付け塗りとした。

2 木部のクリヤラッカー塗りの下塗りには、ジンクリッチプライマーを用いた。

3 オイルステイン塗りの色調の調整は、所定のシンナーによって行った。

4 壁面のローラーブラシ塗りに当たり、隅やちり回りなどは、先行して小ばけを用いて塗装した。

5 パテかいは、一回で厚塗りせず、木べらを用いて数回に分けて行った。

No.20 建具工事、ガラス工事及び内装工事に関する次の記述のうち、**最も不適当な**ものはどれか。

1 木製建具の保管に当たり、障子は平積みとし、フラッシュ戸は立てかけとした。

2 高さが 2.0m の木製開き戸を取り付けるに当たり、木製建具用丁番を 3 枚使用した。

3 外部に面したアルミニウム製建具に複層ガラスをはめ込むに当たり、下端のガラス溝に径 6mm の水抜き孔を 3 箇所設けた。

4 洗面室にビニル床シートを張り付けるに当たり、ウレタン樹脂系の接着剤を使用した。

5 床にフローリングを張るに当たり、室の中心部から割付けを行い、壁際で寸法調整をした。

No.21 木造住宅における設備工事に関する次の記述のうち、**最も不適当な**ものはどれか。

1 換気設備の排気ダクトは、住戸内から住戸外に向かって、先下がり勾配となるように取り付けた。

2 給湯管には、架橋ポリエチレン管を使用した。

3 給水横走り管は、上向き給水管方式を採用したので、先上がりの均一な勾配で配管した。

4 雨水ますには、インバートが設けられたますを使用した。

5 金属板張りの外壁に照明器具を設置するに当たり、照明器具の金属製部分及び取付金具は、金属板と絶縁して取り付けた。

No.22 改修工事に関する次の記述のうち、**最も不適当なもの**はどれか。

1 モルタル塗り仕上げ外壁の改修において、モルタル層の欠損部の周囲に浮きがあったので、ダイヤモンドカッターにより健全部と縁を切って、その部分をはつり取った。
2 内装の改修において、せっこうボードを用いた壁面の目地を見せる目透し工法とするために、テーパー付きせっこうボードを用いた。
3 屋上の防水改修において、既存の露出アスファルト防水層の上に、合成高分子系ルーフィングシートを施工した。
4 床の改修において、ビニル床シートの張付け前にモルタル下地の乾燥程度を確認するため、高周波式水分計による計測を行った。
5 天井の改修において、天井のふところが1.5mであったので、補強用部材を用いて、軽量鉄骨天井下地の吊りボルトの水平補強と斜め補強を行った。

No.23 建築工事に用いられる工法に関する次の記述のうち、**最も不適当なも**のはどれか。

1 山留め工事において、地下水位が床付け面より低かったので、親杭横矢板工法を採用した。
2 既製コンクリート杭工事において、支持地盤に杭先端部を定着させるプレボーリング根固め工法を採用した。
3 鉄筋工事において、同一径の鉄筋の継手には、ノンスカラップ工法を採用した。
4 鉄骨工事において、露出形式柱脚のベースモルタルの全面を、あらかじめ同一の高さで平滑に仕上げることが困難であったので、あと詰め中心塗り工法を採用した。
5 タイル工事において、外壁への二丁掛けタイルの張付けは、特記がなかったので、密着張り（ヴィブラート工法）を採用した。

No.24 建築積算の用語に関する次の記述のうち、**最も不適当な**ものはどれか。

1 設計数量は、設計図書に記載されている個数及び設計寸法から求めた長さ、面積、体積等の数量をいう。
2 所要数量は、定尺寸法による切り無駄や、施工上やむを得ない損耗を含んだ数量をいう。
3 計画数量は、設計図書に基づいた施工計画により求めた数量をいう。
4 共通仮設は、複数の工事種目に共通して使用する仮設をいう。
5 直接仮設は、工事種目ごとの工事科目で単独に使用する仮設をいう。

No.25 請負契約に関する次の記述のうち、中央建設業審議会「民間建設工事標準請負契約約款（甲）」に照らして、**最も不適当な**ものはどれか。

1 受注者は、図面若しくは仕様書の表示が明確でないことを発見したときは、直ちに書面をもって発注者に通知する。
2 契約書及び設計図書に、工事中における契約の目的物の一部の発注者による使用についての定めがない場合、発注者は、受注者の書面による同意がなければ、目的物の一部の使用をすることはできない。
3 発注者は、必要があると認めるときは、書面をもって受注者に通知して工事を中止し、又は契約を解除することができる。
4 受注者が正当な理由なく、着手期日を過ぎても工事に着手しないときは、発注者は、受注者に損害の賠償を請求することができる。
5 受注者は、工事の追加又は変更があるときは、発注者に対して、その理由を明示して、必要と認められる工期の延長を請求することができる。

平成 30 年

試験時間に合わせて解いてみよう!!

■ 10：00 〜 13：00（制限時間 3 時間）
　建築計画························· 240
　建築法規························· 250

■ 14：10 〜 17：10（制限時間 3 時間）
　建築構造························· 262
　建築施工························· 275

p.331 の解答用紙をコピーしてお使いください。

◆ 学科試験結果データ ◆
《難易度：例年並み》

受験者数	合格者数	合　格　率
19,557 人	7,366 人	37.7%

◆ 合格基準点 ◆

科　目	建築計画	建築法規	建築構造	建築施工	総得点
基準点	13	13	13	13	60

＊各科目及び総得点のすべてが基準点に達している者が合格となります。

平成 30 年　建築計画

No.1 日本の歴史的な建築物に関する次の記述のうち、**最も不適当なもの**はどれか。

1 住吉造りの住吉大社本殿（大阪府）は、奥行のある長方形の平面形状で、四周に回り縁がなく、内部は内陣と外陣に区分されている等の特徴をもった建築物である。

2 霊廟建築の日光東照宮（栃木県）は、本殿と拝殿とを石の間で繋ぐ権現造りの建築物である。

3 神明造りの伊勢神宮内宮正殿（三重県）は、柱が全て掘立て柱で、棟木を直接支える棟持柱が側柱の外側に独立して設けられた建築物である。

4 数寄屋造りの桂離宮（京都府）は、古書院、中書院、新御殿等から構成され、茶室建築の手法を取り入れた建築物である。

5 大仏様（天竺様）の東大寺南大門（奈良県）は、部材が細く、屋根の反りが強い等の特徴をもった建築物である。

No.2 建築物とその特徴に関する次の記述のうち、**最も不適当なもの**はどれか。

1 パルテノン神殿（アテネ）は、ドリス式のオーダーによる周柱式と細部にイオニア式の要素を用いたギリシア建築である。

2 ミラノ大聖堂（ミラノ）は、多数の小尖塔のある外観を特徴とした、ロマネスク建築の代表的な建築物である。

3 クリスタル・パレス（ロンドン）は、鉄骨、ガラス等の部材の寸法を規格化し、それらを工場でつくるプレファブリケーションの手法を用いて建築された、ロンドン万国博覧会（1851 年）の展示館である。

4 ファンズワース邸（アメリカ・イリノイ州）は、中央コア部分以外に間仕切壁をもたず、外壁が全てガラスで覆われた住宅である。

5 落水荘（アメリカ・ペンシルヴェニア州）は、2 層の床スラブが滝のある渓流の上に張り出し、周囲の自然を眺められるように意図された住宅である。

No.3 建築環境工学に関する次の記述のうち、**最も不適当な**ものはどれか。

1 BOD（生物化学的酸素要求量）は、空気汚染を評価する指標の一つである。

2 残響時間は、音源から発生した音が停止してから、室内の平均音圧レベルが60dB 低下するまでの時間をいう。

3 PMV（予測平均温冷感申告）は、温度、湿度、気流、放射の四つの温熱要素に加え、人の着衣量と作業量を考慮した温熱環境指標のことである。

4 建築物の $LCCO_2$ は、ライフサイクルを通しての二酸化炭素の総排出量を示したものである。

5 対流熱伝達は、壁面などの固体表面とそれに接している空気との間に生じる熱移動現象のことである。

No.4 換気に関する次の記述のうち、**最も不適当な**ものはどれか。

1 換気回数は、室の 1 時間当たりの換気量を室容積で除した値である。

2 汚染質が発生している室における必要換気量は、汚染質の発生量が同じ場合、その室の容積の大小によって変化する。

3 第 3 種機械換気方式は、室内を負圧に保持することにより、周辺諸室への汚染質の流出を防ぐことができるので、便所などに用いられる。

4 温度差換気において、外気温度が室内温度よりも低い場合、中性帯よりも下方から外気が流入する。

5 居室の空気中において、一般に、二酸化炭素の許容濃度は 0.1 ％（1,000ppm）であり、毒性の強い一酸化炭素の許容濃度は <u>0.001 ％（10ppm）</u>である。（★）

平成30年

No.5 図に示す外壁におけるア〜オの対策について、**冬期の室内側表面結露を防止するうえで有効なもののみ**の組合せは、次のうちどれか。

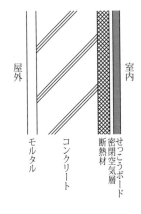

せっこうボードの厚さ：　12mm
密閉空気層の厚さ　：　10mm
断熱材の厚さ　　　：　30mm
コンクリートの厚さ　：150mm
モルタルの厚さ　　：　25mm

ア　密閉空気層の厚さを、10mm から 20mm にする。

イ　断熱材を、熱伝導率の小さいものに変更する。

ウ　密閉空気層の位置を、断熱材とコンクリートの間に変更する。

エ　室内側の壁付近に、気流を妨げる物を置かないようにする。

オ　断熱材の室内側に、防湿フィルムを設置する。

1　ア、イ、ウ
2　ア、イ、エ
3　ア、イ、オ
4　イ、エ、オ
5　ウ、エ、オ

No.6 熱貫流率が 1.0W/（m²・K）の壁体について、熱伝導率 0.03W/（m・K）の断熱材を用いて熱貫流率を 0.4W/（m²・K）とするために、**必要となる断熱材の厚さ**は、次のうちどれか。

1　30mm
2　35mm
3　40mm
4　45mm
5　50mm

No.7 図は、北緯 35 度の地点において、水平面に建つ建築物の概略図である。この建築物の平面配置に応じた冬至の日における終日日影の範囲として、**最も不適当な**ものは、次のうちどれか。

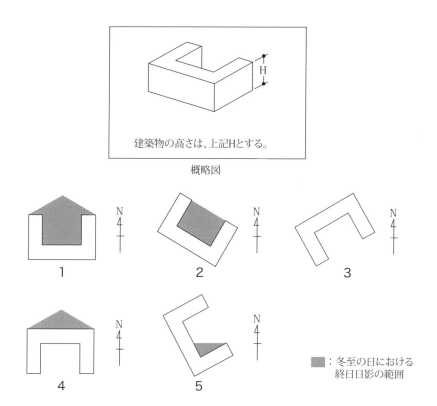

建築物の高さは、上記Hとする。

概略図

1
2
3
4
5

■：冬至の日における
終日日影の範囲

No.8 採光・照明等に関する次の記述のうち、**最も不適当な**ものはどれか。

1　反射グレアは、視対象そのものや視対象の方向のショーウィンドウなどに、輝度の高い部分が正反射して生じるグレアである。

2　一つの側窓を有する室内のある点における昼光率は、一般に、窓からの距離が遠くなるほど低くなる。

3　事務室において、細かい視作業を伴う事務作業の作業面に必要な照度は、一般に、1,000lx 程度とされている。

4　光の色温度は、その光色の色度に近似する色度の光を放つ黒体の絶対温度で表される。

5　冬期における北向きの側窓によって得られる室内の照度は、一般に、薄曇りの時より晴天時のほうが高い。

No.9 音に関する次の記述のうち、**最も不適当な**ものはどれか。

1 同じ音圧レベルの場合、一般に、1,000Hz の純音より 125Hz の純音のほうが小さく聞こえる。

2 日本工業規格（JIS）における床衝撃音遮断性能の等級 L_r については、その数値が小さくなるほど床衝撃音の遮断性能が高くなる。（☆）

3 音が球面状に一様に広がる点音源の場合、音源からの距離が 2 倍になると音圧レベルは約 3dB 低下する。

4 室内騒音レベルの許容値を NC 値で示す場合、その数値が小さくなるほど許容される室内騒音レベルは低くなる。

5 室内騒音レベルの許容値は、「音楽ホール」より「住宅の寝室」のほうが高い。

No.10 屋外気候に関する次の記述のうち、**最も不適当な**ものはどれか。

1 大気中の二酸化炭素濃度の上昇は、地球規模の気温上昇を招くとともに、ヒートアイランド現象の主たる原因となる。

2 快晴日における海岸地方の風は、日中は海から陸へ、夜間は陸から海へ吹く傾向がある。

3 快晴日における屋外の絶対湿度は、一般に、1 日の中ではあまり変化しないので、相対湿度は気温の高い日中に低く、気温の低い夜間に高くなる。

4 我が国においては、夏至の頃に地表面に入射する日射量が最大になるが、土壌等に熱を蓄える性質があるので、月平均気温が最高になるのは夏至の頃よりも遅くなる。

5 深さ 10 〜 100m の地中温度は、一般に、その地域の年平均気温よりわずかに高く、年間を通じて安定している。

No.11 住宅の計画に関する次の記述のうち、**最も不適当な**ものはどれか。

1 収納ユニット（幅 2,400mm、奥行 600mm）、シングルベッド 2 台、ナイトテーブル 2 台及び化粧台がある夫婦の寝室の広さを、内法面積で 15m² とした。

2 和室を江戸間（田舎間）とするに当たって、柱と柱の内法寸法を、基準寸法（畳の短辺寸法）の整数倍とした。

3 食器棚（幅 1,800mm、奥行 450mm）と 6 人掛けの食卓があるダイニングの広さを、内法面積で 13m² とした。

4 電灯の壁付きスイッチの高さを、床面から 1,200mm とした。

5 屋内階段における手摺の高さを、踏面の先端の位置から 800mm とした。

No.12 集合住宅の計画に関する次の記述のうち、**最も不適当な**ものはどれか。

1 コンバージョンは、既存の事務所ビル等を集合住宅等に用途変更・転用させる手法である。

2 ボイド型は、階段・エレベーター等をコアとして設け、コアとつながった共用廊下の中央に吹抜けを配置した形式である。

3 テラスハウスは、各住戸が区画された専用の庭をもつ連続住宅であり、各住戸が戸境壁を共有しながらも、庭があることで独立住宅としての要素を有する。

4 スケルトンインフィル住宅は、「建築物の躯体や共用設備部分」と「住戸専有部分の内装や設備」とを明確に分けて計画することによって、住戸の更新性や可変性を高めた集合住宅である。

5 コモンアクセスは、共用庭と各住戸へのアクセス路とを分離した形式で、動線はアクセス路側が中心となり、共用庭の利用は限られたものになりやすい。

No.13 事務所ビル、商業建築の計画に関する次の記述のうち、**最も不適当な**ものはどれか。

1 システム天井は、モデュール割りに基づいて、設備機能を合理的に配置することができるユニット化された天井である。

2 ダブルコアプランにおいて、ブロック貸しや小部屋貸しの賃貸方式は、一般に、レンタブル比を高めることができる。

3 事務室の机の配置方式において、特に業務に集中することが必要な場合、一般に、対向式レイアウトよりも並行式レイアウトのほうが適している。

4 ビジネスホテルにおいて、客室部門の床面積の合計は、一般に、延べ面積の 60 〜 70％程度である。

5 量販店において、売場部分の床面積の合計（売場内の通路を含む。）は、一般に、延べ面積の 60 〜 65％程度である。

No.14 教育施設等に関する次の記述のうち、**最も不適当な**ものはどれか。

1 地域図書館において、書架を設置しない 40 人収容の閲覧室の床面積を、100m² とした。
2 地域図書館において、閲覧室の床の仕上げは、歩行音の発生を抑制するため、タイルカーペットとした。
3 小学校において、学年ごとのカリキュラムに対応するため、低学年は総合教室型とし、高学年は特別教室型とした。
4 車椅子使用者に配慮し、居室入口前の廊下は、車椅子使用者が転回しやすくするため、直径 1,200mm の転回スペースを計画した。
5 高齢者の使用する居室の作業領域の照度は、<u>日本工業規格（JIS）</u>の照明設計基準の 2 倍を目安とした。（☆）

No.15 文化施設の計画に関する次の記述のうち、**最も不適当な**ものはどれか。

1 劇場において、演目に応じて舞台と観客席との関係を変化させることができるように、アダプタブルステージ形式を採用した。
2 博物館において、学芸員の研究部門は、収蔵部門に近接して配置した。
3 美術館において、ミュージアムショップを、エントランスホールに面して配置した。
4 コンサートホールにおいて、演奏者と聴衆との一体感を生み出すことを意図して、ステージを客席が取り囲むシューボックス型の空間形式を採用した。
5 コミュニティセンターにおいて、図書室や会議室などのゾーンと体育室や実習室などのゾーンとは、離して配置した。

No.16 建築物の各室の内法寸法による所要床面積に関する次の記述のうち、**最も不適当な**ものはどれか。

1 特別養護老人ホームにおいて、定員 1 人の居室の床面積を 12m² とした。
2 軽費老人ホーム（ケアハウス）において、定員 1 人の居室の床面積を 24m² とした。
3 病院において、定員 4 人の小児用病室の床面積を 20m² とした。
4 保育所において、4 歳児を対象とした定員 20 人の保育室の床面積を 44m² とした。
5 保育所において、乳児及び 2 歳未満の幼児を対象とした定員 10 人のほふく室の床面積を 28m² とした。

No.17 車椅子使用者に配慮した建築物の計画に関する次の記述のうち、**最も不適当なもの**はどれか。

1 車椅子使用者専用駐車場から建築物の入口までの通路は、屋根を設けるとともに、車椅子使用者及び歩行者の専用とし、幅員を 120cm とした。

2 室内の廊下において、キックプレートと兼用した幅木を設けるに当たり、その高さを床面から 25cm とした。

3 壁付きコンセントの取付け高さを、床面から 40cm とした。

4 高低差が 16cm の屋内傾斜路において、傾斜路の両側とも手摺を設けず、勾配を $\dfrac{1}{15}$ とした。

5 腰掛け便座の両側に手摺を設け、手摺同士の間隔を 70cm とした。

No.18 まちづくりに関する次の記述のうち、**最も不適当なもの**はどれか。

1 パークアンドライドは、周辺の駅に整備された駐車場まで自動車で行き、そこから公共交通機関を利用して、中心市街地へ移動することによって、中心市街地への自動車の流入を減らすための手法である。

2 トランジットモールは、歩行者用の空間であるモールの形態の一つであり、一般の自動車の進入を排除して、路面電車やバスなどの公共交通機関に限って走行を認めたものである。

3 ボンエルフは、住宅地において、通過交通を排除し、歩行者と自動車の動線を完全に分離させるための手法である。

4 スプロールは、都市周辺部において、市街地が無計画、無秩序に拡大していく現象である。

5 ペデストリアンデッキは、歩行者と自動車の動線分離を目的とした高架の歩廊である。

No.19 建築設備に関する次の用語の組合せのうち、**最も関係の少ないもの**はどれか。

1 排水設備 ——— ミキシングバルブ

2 給湯設備 ——— 膨張管

3 換気設備 ——— ダンパー

4 電気設備 ——— アウトレットボックス

5 照明設備 ——— ウォールウォッシャ

No.20 空気調和設備に関する次の記述のうち、**最も不適当な**ものはどれか。

1　中央熱源方式の空気調和設備において、水方式の場合は、換気機能を有する装置が必要となる。

2　二重ダクト空調方式は、建築物内の間仕切の変更に対して柔軟に対応できる。

3　ファンコイルユニットは、屋外に設置するもので、一般に、冷温水コイルを用いて冷却・加熱した空気を循環送風する小型ユニットである。

4　同一量の蓄熱をする場合、氷蓄熱方式は、水蓄熱方式に比べて、蓄熱槽の容積を小さくすることができる。

5　置換換気・空調は、空気の浮力を利用した換気・空調方式である。

No.21 給水設備に関する次の記述のうち、**最も不適当な**ものはどれか。

1　高置水槽方式は、一般に、水道直結増圧方式に比べて、給水引込管の管径が大きくなる。

2　事務所ビルにおける飲料水の受水槽の有効容量は、一般に、1 日当たりの予想給水量の $\frac{1}{3} \sim \frac{1}{2}$ 程度とする。

3　上水道の給水栓からの飲料水には、所定の値以上の残留塩素が含まれていなければならない。

4　ポンプ直送方式などで用いられる給水管の上向き配管方式は、一般に、最下階の天井に主管を配管し、これより上方の器具へ上向きに給水する。

5　さや管ヘッダ配管工法は、管の更新性に優れ、同時使用時の水量の変化が少なく、安定した給水ができる。

No.22 排水設備に関する次の記述のうち、**最も不適当な**ものはどれか。

1　S トラップは、掃除流しなどに用いると、ため洗い後に自己サイホン作用による破封を起こすおそれがある。

2　雨水立て管は、排水立て管、通気立て管のいずれとも兼用してはならない。

3　通気管は、排水管内の圧力変動を緩和するために設ける。

4　雨水排水ますには、雨水中に混在する泥などが円滑に自然流下できるように、流れの方向にインバートを設ける。

5　間接排水の目的は、一般排水系統からの逆流や臭気等の侵入を防止することである。

No.23 事務所ビルの電気設備に関する次の記述のうち、**最も不適当なもの**はどれか。

1 許容電流と電圧降下を考慮して、負荷容量と電線の長さから、幹線サイズを決定する。

2 分電盤は、一般に、保守・点検が容易で、かつ、負荷の中心の近くに設ける。

3 遮断器やヒューズを設ける目的は、回路に事故が発生した場合、直ちに事故回路を電源から切り離し、事故の拡大を防止することである。

4 電力の供給において、想定契約電力が 40kW となる場合、一般に、高圧受電となる。

5 誘導電動機への進相コンデンサの接続は、力率が改善されるので、無効電流による電力損失を少なくできる。

No.24 照明に関する次の記述のうち、**最も不適当なもの**はどれか。

1 照明率は、光源から出た全光束のうち、作業面に到達する光束の割合である。

2 保守率は、時間の経過に伴う照度低下の補正係数である。

3 室指数は、対象の室の光源の高さにかかわらず、その室の間口と奥行から求められる。

4 配光は、光源の各方向に対する光度の分布である。

5 演色性は、物体色の見え方に変化を起こす光源の性質である。

No.25 省エネルギー・省資源に関する次の記述のうち、**最も不適当なもの**はどれか。

1 空調エネルギーを低減するため、夏期の夜間や中間期において自然換気による冷房を行った。

2 使用電力量を低減するため、自然採光と人工照明を併用した。

3 雨水利用システムにおける雨水の集水場所を、集水する雨水の汚染度を考慮して、屋根面とした。

4 冷房負荷を低減するため、屋上・壁面緑化や屋根散水を採用した。

5 窓システムにおいて、日射による窓部からの熱負荷低減を図るため、ダブルスキン方式に比べて日射による熱負荷の低減効果が高いエアバリア方式を採用した。

平成30年

平成 30 年　建築法規

No.1 図のような建築物に関する次の記述のうち、建築基準法上、誤っているものはどれか。ただし、図に記載されているものを除き、特定行政庁の指定等はないものとし、国土交通大臣が高い開放性を有すると認めて指定する構造の部分はないものとする。

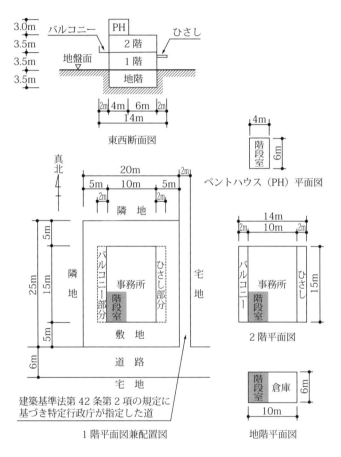

1　敷地面積は、475m² である。

2　建築面積は、180m² である。

3　延べ面積は、384m² である。

4　高さは、10m である。

5　階数は、3 である。

No.2　次の記述のうち、建築基準法上、**誤っているもの**はどれか。

1　特定行政庁、建築主事又は建築監視員は、建築材料等を製造した者に対して、建築材料等の受取又は引渡しの状況に関する報告を求めることができる。

2　建築基準法第 6 条第 1 項第一号の建築物の新築において、指定確認検査機関が安全上、防火上及び避難上支障がないものとして国土交通大臣が定める基準に適合していることを認めたときは、当該建築物の建築主は、検査済証の交付を受ける前においても、仮に、当該建築物又は建築物の部分を使用し、又は使用させることができる。

3　一戸建て住宅の一部である床面積 10m² の部分を除却しようとする場合、当該除却の工事を施工する者は、その旨を都道府県知事に届け出る必要はない。

4　鉄筋コンクリート造 3 階建ての事務所の新築において、確認済証の交付を受けた後に、当該建築物の計画において、建築物の階数を減少する変更を行う場合、変更後も建築基準関係規定に適合することが明らかであっても、建築主は、改めて、確認済証の交付を受ける必要がある。

5　建築基準法第 6 条第 1 項の建築、大規模の修繕又は大規模の模様替の工事の施工者は、当該工事現場の見やすい場所に、建築主、設計者、工事施工者及び工事の現場管理者の氏名又は名称並びに当該工事に係る建築主事又は指定確認検査機関の確認があった旨の表示をしなければならない。

No.3　次の行為のうち、建築基準法上、**全国どの場所においても、確認済証の交付を受ける必要があるもの**はどれか。

1　鉄筋コンクリート造、高さ 2m の擁壁の築造
2　鉄骨造平家建て、延べ面積 200m² の診療所（患者の収容施設を有しないもの）の大規模の修繕
3　鉄骨造平家建て、延べ面積 300m² の、鉄道のプラットホームの上家の新築
4　鉄骨造 2 階建て、延べ面積 100m² の事務所の改築
5　鉄骨造 2 階建て、延べ面積 400m² の工場における床面積 10m² の増築

平成30年

No.4 木造 2 階建て、延べ面積 100m² の一戸建て住宅の計画に関する次の記述のうち、建築基準法に**適合しない**ものはどれか。ただし、国土交通大臣が定めた構造方法及び国土交通大臣の認定は考慮しないものとする。

1 回り階段の部分における踏面の寸法を、踏面の狭い方の端から 30cm の位置において、15cm とした。

2 敷地内の排水に支障がなかったので、建築物の敷地は、これに接する道の境よりも低くした。

3 「居室を有する建築物の建築材料についてのホルムアルデヒドに関する技術的基準」において、寝室と廊下が常時開放された開口部を通じて相互に通気が確保されていたので、廊下に所定の機械換気設備を設けた。

4 居間（床面積 16m²、天井の高さ 2.5m）に機械換気設備を設けるに当たり、「居室を有する建築物の換気設備についてのホルムアルデヒドに関する技術的基準」による有効換気量を、20m³/h とした。

5 居室に設ける開口部で、川に面するものについて、採光に有効な部分の面積を算定する場合、当該川の反対側の境界線を隣地境界線とした。

No.5 図のような一様に傾斜した勾配天井部分をもつ居室の天井の高さとして、建築基準法上、**正しい**ものは、次のうちどれか。

1 2.400m

2 2.700m

3 2.750m

4 2.850m

5 2.875m

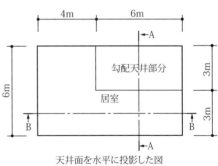

天井面を水平に投影した図

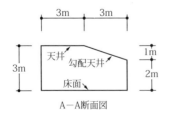

A－A断面図

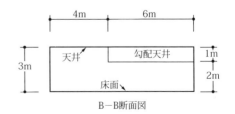

B－B断面図

No.6 図のような立面を有する瓦葺屋根の木造 2 階建て、延べ面積 140m² の建築部に設ける構造耐力上必要な軸組を、厚さ 4.5cm ×幅 9cm の木材の筋かいを入れた軸組とする場合、1 階の張り間方向の当該軸組の長さの合計の最小限必要な数値として、建築基準法上、**正しいもの**は、次のうちどれか。ただし、小屋裏等に物置等は設けず、区域の地盤及び風の状況に応じた「地震力」及び「風圧力」に対する軸組の割増はないものとし、国土交通大臣が定める基準に従った構造計算は行わないものとする。

1　1,015.0cm

2　1,155.0cm

3　1,250.0cm

4　1,375.0cm

5　1,587.5cm

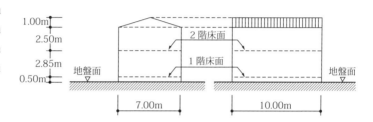

No.7 建築物の新築に当たって、建築基準法上、構造計算によって安全性を**確かめる必要がある**ものは、次のうちどれか。ただし、地階は設けないものとし、国土交通大臣が指定する建築物には該当しないものとする。

1　木造平家建て、延べ面積 500m²、高さ 6m の建築物

2　木造 2 階建て、延べ面積 200m²、高さ 9m の建築物

3　鉄骨造平家建て、延べ面積 150m²、高さ 8m の建築物

4　鉄骨造 2 階建て、延べ面積 100m²、高さ 7m の建築物

5　補強コンクリートブロック造平家建て、延べ面積 180m²、高さ 5m の建築物

No.8 建築物の構造強度に関する次の記述のうち、建築基準法に**適合しない**ものはどれか。ただし、構造計算等による安全性の確認は行わないものとし、建築物は建築基準法第 20 条第 2 項に該当しないものとする。

1　地盤の支持層が傾斜していたので、基礎の一部を杭基礎とした。

2　延べ面積 100m² の木造住宅の構造耐力上主要な部分である柱の有効細長比を、120 とした。

3　鉄骨造建築物の高力ボルトの相互間の中心距離を、その径の 3 倍とした。

4　高さ 2m の補強コンクリートブロック造の塀の壁の厚さを、10cm とした。

5　平家建て、延べ面積 100m² の鉄筋コンクリート造建築物（壁式構造ではない。）の耐力壁について、径 9mm の鉄筋を縦横 50cm の間隔で複配筋として配置した。

No.9 建築物の防火区画、防火壁、間仕切壁等に関する次の記述のうち、建築基準法上、正しいものはどれか。ただし、耐火性能検証法、防火区画検証法、階避難安全検証法、全館避難安全検証法及び国土交通大臣の認定による安全性の確認は行わないものとし、国土交通大臣が定めた構造方法は用いないものとする。

1　4 階建ての耐火建築物の共同住宅で、メゾネット形式の住戸（住戸の階数が 2 で、かつ、床面積の合計が 130m² であるもの）においては、住戸内の階段の部分とその他の部分とを防火区画しなければならない。

2　給水管が防火壁を貫通する場合においては、当該管と防火壁との隙間を準不燃材料で埋めなければならない。

3　木造の建築物に防火壁を設けなければならない場合においては、当該防火壁は耐火構造とし、かつ、自立する構造であれば、組積造とすることができる。

4　建築面積が 300m² の建築物の小屋組が木造である場合においては、原則として、小屋裏の直下の天井の全部を強化天井とするか、又は桁行間隔 12m 以内ごとに小屋裏に準耐火構造の隔壁を設けなければならない。

5　平家建て、延べ面積が 1,200m² の旅館で、耐火建築物及び準耐火建築物以外のものは、床面積の合計 1,000m² 以内ごとに防火上有効な構造の防火壁によって有効に区画しなければならない。

No.10 建築物の避難施設等に関する次の記述のうち、建築基準法上、誤っているものはどれか。ただし、耐火性能検証法、防火区画検証法、階避難安全検証法、全館避難安全検証法及び国土交通大臣の認定による安全性の確認は行わないものとする。

1　建築物に非常用の進入口を設けなければならない場合、それぞれの進入口の間隔は、40m 以下としなければならない。

2　飲食店の用途に供する居室から地上に通ずる廊下、階段その他の通路で、採光上有効に直接外気に開放されたものには、非常用の照明装置を設けなくてもよい。

3　避難階が 1 階である 2 階建ての下宿（主要構造部が不燃材料で造られているもの）で、2 階における宿泊室の床面積の合計が 200m² であるものには、その階から避難階又は地上に通ずる 2 以上の直通階段を設けなければならない。

4　小学校の児童用の廊下で、両側に居室があるものの幅は、2.3m 以上としなければならない。

5　共同住宅の 2 階にあるバルコニーの周囲には、安全上必要な高さが 1.1m 以上の手すり壁等を設けなければならない。

No.11 建築基準法第 35 条の 2 の規定による内装の制限に関する次の記述のうち、建築基準法上、誤っているものはどれか。ただし、準不燃材料に準ずるものとして国土交通大臣が定める方法により国土交通大臣が定める材料の組合せによってしたものは使用せず、居室は、内装の制限を受ける「窓その他の開口部を有しない居室」に該当しないものとする。また、自動式の消火設備及び排煙設備は設けないものとし、耐火性能検証法、防火区画検証法、階避難安全検証法、全館避難安全検証法及び国土交通大臣の認定による安全性の確認は行わないものとする。

1　地階に物品販売業を営む店舗（床面積が 50m²）が設けられた特殊建築物は、内装の制限を受ける。

2　自動車修理工場の用途に供する部分の壁及び天井の室内に面する部分の仕上げは、準不燃材料としなければならない。

3　主要構造部を耐火構造とした 2 階建ての店舗併用住宅の 1 階にある火を使用する設備を設けた調理室は、内装の制限を受けない。

4　耐火建築物である病院の 3 階にある内装の制限を受ける病室（床面積の合計 100m² 以内ごとに準耐火構造の壁等で区画されていないものとする。）の壁の室内に面する部分にあっては、準不燃材料としなければならない。

5　内装の制限を受ける居室の天井の回り縁は、内装の制限の対象とはならない。

No.12 都市計画区域内における道路等に関する次の記述のうち、建築基準法上、誤っているものはどれか。ただし、特定行政庁による道路幅員に関する区域の指定はないものとし、仮設建築物に対する制限の緩和は考慮しないものとする。

1　道路に 2m 以上接していない敷地において、その敷地の周囲に広い空地を有する建築物で、特定行政庁が交通上、安全上、防火上及び衛生上支障がないと認めて建築審査会の同意を得て許可したものについては、建築することができる。

2　建築基準法第 3 章の規定が適用されるに至った際、現に存在する幅員 4m の私道は、建築基準法上の道路に該当しない。

3　土地を建築物の敷地として利用するため、建築基準法第 3 章の規定が適用された後に築造される幅員 4m の私道で、これを築造しようとする者が特定行政庁からその位置の指定を受けたものは、建築基準法上の道路に該当する。

4　私道の変更又は廃止によって、その道路に接する敷地が建築基準法第 43 条第 1 項の規定に抵触することとなる場合においては、特定行政庁は、私道の変更又は廃止を禁止し、又は制限することができる。

5　建築基準法第 3 章の規定が適用されるに至った際、現に建築物が立ち並んでいる幅員 2m の道で、特定行政庁が指定したものに接している敷地においては、当該幅員 2m の道に接して建築物に附属する門及び塀を建築することができない。

No.13　次の建築物のうち、建築基準法上、**新築してはならない**ものはどれか。ただし、特定行政庁の許可は受けないものとし、用途地域以外の地域、地区等は考慮しないものとする。

1　第一種低層住居専用地域内における 2 階建て、延べ面積 150m² の美容院兼用住宅で、居住の用途に供する部分の床面積が 100m² のもの
2　第二種低層住居専用地域内における 2 階建て、延べ面積 600m² の老人福祉センター
3　第一種中高層住居専用地域内における 3 階建て、延べ面積 300m² の銀行の支店（各階を当該用途に供するもの）
4　近隣商業地域内における延べ面積 400m² の日刊新聞の印刷所
5　工業専用地域内における延べ面積 300m² の幼保連携型認定こども園

No.14　図のような敷地及び建築物の配置において、建築基準法上、**新築することができる建築物**は、次のうちどれか。ただし、特定行政庁の許可は受けないものとし、用途地域以外の地域、地区等は考慮しないものとする。

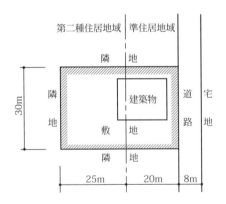

1　バッティング練習場
2　客席の部分の床面積の合計が 150m² の劇場
3　原動機を使用する自動車修理工場で、作業場の床面積の合計が 150m² のもの
4　出力の合計が 0.75kW の原動機を使用する塗料の吹付を事業として営む工場
5　倉庫業を営む倉庫

No.15 「建築物及び敷地の条件」とその「建蔽率の最高限度」との組合せとして、建築基準法上、正しいものは、次のうちどれか。ただし、用途地域、防火地域及び準防火地域以外の地域、地区等は考慮しないものとし、特定行政庁による角地及び壁面線の指定等はないものとする。（★）

	建築物及び敷地の条件			建蔽率の最高限度
	建築物の構造	敷地		
		用途地域（都市計画で定められた建蔽率）	防火地域又は準防火地域の指定	
1	耐火建築物	第一種中高層住居専用地域 $\left(\dfrac{6}{10}\right)$	防火地域内の敷地	$\dfrac{6}{10}$
2	<u>耐火建築物</u>	準住居地域 $\left(\dfrac{6}{10}\right)$	<u>準防火地域内の</u>敷地	$\dfrac{7}{10}$
3	耐火建築物	近隣商業地域 $\left(\dfrac{8}{10}\right)$	防火地域の内外にわたる敷地	適用しない
4	耐火建築物	商業地域	防火地域内の敷地	$\dfrac{9}{10}$
5	<u>準耐火建築物</u>	工業地域 $\left(\dfrac{5}{10}\right)$	<u>防火地域の内外に</u>わたる敷地	$\dfrac{6}{10}$

No.16 図のようなエレベーターのない共同住宅を新築する場合、建築基準法上、同法第 52 条第 1 項に規定する**容積率の算定の基礎となる延べ面積**は、次のうちどれか。ただし、自動車車庫等の用途に供する部分はないものとし、地域、地区等及び特定行政庁の指定等は考慮しないものとする。

1　235m²
2　250m²
3　280m²
4　375m²
5　420m²

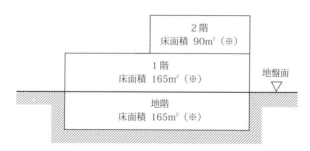

断面図

（※）各階の床面積には、それぞれ共用の廊下及び階段の用に供する部分の床面積 15m² を含む。

No.17 図のような敷地において、建築物を新築する場合、建築基準法上、A 点における**地盤面からの建築物の高さの最高限度**は、次のうちどれか。ただし、敷地は平坦で、敷地、隣地及び道路の相互間の高低差並びに門及び塀はなく、また、図に記載されているものを除き、地域、地区等及び特定行政庁の指定・許可等はないものとし、日影規制（日影による中高層の建築物の高さの制限）及び天空率は考慮しないものとする。なお、建築物は、全ての部分において、高さの最高限度まで建築されるものとする。

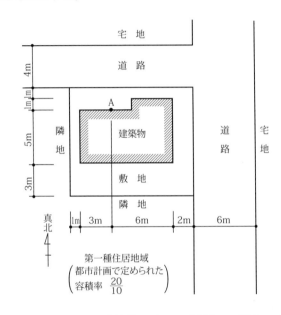

1　7.50m
2　8.75m
3　10.00m
4　10.50m
5　11.25m

No.18 日影規制（日影による中高層の建築物の高さの制限）に関する次の記述のうち、建築基準法上、**誤っている**ものはどれか。ただし、用途地域以外の地域、地区等及び地形の特殊性に関する特定行政庁の定め等は考慮しないものとする。

1　日影規制が適用されるか否かの建築物の高さの算定は、平均地盤面からの高さではなく、地盤面からの高さによる。
2　建築物の敷地が幅員 10m 以下の道路に接する場合、当該道路に接する敷地境界線は、当該道路の幅の $\frac{1}{2}$ だけ外側にあるものとみなす。
3　同一の敷地内に 2 以上の建築物がある場合、これらの建築物をそれぞれ別の建築物として、日影規制を適用する。
4　商業地域内においては、原則として、日影規制は適用されない。
5　第二種低層住居専用地域内においては、原則として、軒の高さが 7m を超える建築物又は地階を除く階数が 3 以上の建築物について、日影規制を適用する。

No.19 次の記述のうち、建築基準法上、誤っているものはどれか。ただし、地階及び防火壁はないものとし、防火地域及び準防火地域以外の地域、地区等は考慮しないものとする。

1 準防火地域内にある木造 2 階建て、延べ面積 150m² の一戸建て住宅に附属する高さ 2m の塀は、不燃材料以外の材料で造ることができる。

2 準防火地域内にある 3 階建て、延べ面積 300m² の診療所（患者の収容施設を有しないもの）は、防火上必要な所定の基準に適合すれば、耐火建築物及び準耐火建築物以外の建築物とすることができる。

3 防火地域及び準防火地域にわたり、2 階建て、延べ面積 110m² の一戸建て住宅を新築する場合、耐火建築物としなければならない。（★）

4 防火地域内にある高さ 2m の看板で、建築物の屋上に設けるものは、その主要な部分を不燃材料で造り、又は覆わなければならない。

5 防火地域内にある建築物で、外壁が準耐火構造のものについては、その外壁を隣地境界線に接して設けることができる。

No.20 建築物の用途の変更に関する次の記述のうち、建築基準法上、誤っているものはどれか。ただし、特定行政庁の許可は受けないものとする。

1 木造、延べ面積 200m² の住宅を寄宿舎に用途の変更をする場合においては、確認済証の交付を受ける必要がある。（★）

2 確認済証の交付を受けなければならない用途の変更の場合における確認申請書には、基礎伏図、各階床伏図、小屋伏図及び構造詳細図の添付は不要である。

3 用途の変更について確認済証の交付を受けた建築物において、当該用途の変更に係る工事を完了したときは、建築主事に届け出なければならない。

4 第一種中高層住居専用地域内の平家建て、床面積の合計が 90m² の自動車車庫は、工場の用途の変更をすることができる。

5 確認済証の交付を受けなければならないにもかかわらず、確認済証の交付を受けずに用途の変更をした建築主は、1 年以下の懲役又は 100 万円以下の罰金に処せられる。

No.21 次の建築物を新築する場合、建築士法上、二級建築士が設計してはならないものはどれか。ただし、建築基準法第 85 条第 1 項又は第 2 項に規定する応急仮設建築物には該当しないものとする。

1 延べ面積 200m²、高さ 8m、鉄筋コンクリート造 2 階建ての住宅

2 延べ面積 400m²、高さ 9m、鉄骨造平家建ての機械製作工場

3 延べ面積 500m²、高さ 12m、軒の高さ 9m、木造 2 階建ての病院

4 延べ面積 1,000m²、高さ 10m、軒の高さ 8m、木造 2 階建ての共同住宅

5　延べ面積 1,200m²、高さ 6m、軒の高さ 4m、木造平家建ての老人ホーム

No.22 次の記述のうち、建築士法上、誤っているものはどれか。

1　二級建築士試験に合格した日の属する年度の翌々年度に建築士事務所に所属した二級建築士であっても、所定の定期講習を受けたことがない場合には、当該建築士試験に合格した日の属する年度の翌年度の開始日から起算して 3 年以内に、所定の定期講習を受けなければならない。

2　建築士は、工事監理を行う場合において、工事が設計図書のとおりに実施されていないと認めるときは、直ちに、工事施工者に対して、その旨を指摘し、当該工事を設計図書のとおりに実施するよう求め、当該工事施工者がこれに従わないときは、その旨を建築主に報告しなければならない。

3　都道府県知事は、その免許を受けた二級建築士が業務に関して不誠実な行為をしたときは、当該二級建築士に対し、戒告し、若しくは 1 年以内の期間を定めて業務の停止を命じ、又はその免許を取り消すことができる。

4　建築士事務所の開設者は、当該建築士事務所の業務の実績等を記載した書類を、当該書類を備え置いた日から起算して 3 年を経過する日までの間、当該建築士事務所に備え置き、設計等を委託しようとする者の求めに応じ、閲覧させなければならない。

5　建築士事務所の開設者は、当該建築士事務所に属する建築士の氏名又はその者の一級建築士、二級建築士若しくは木造建築士の別について変更があったときは、2 週間以内に、その旨を当該建築士事務所の所在地を管轄する都道府県知事（都道府県知事が指定事務所登録機関を指定したときは、原則として、当該指定事務所登録機関）に届け出なければならない。

No.23 「長期優良住宅の普及の促進に関する法律」に関する次の記述のうち、誤っているものはどれか。

1　長期優良住宅建築等計画の認定を受けようとする共同住宅の規模は、原則として、住戸の少なくとも一の階の床面積（階段部分の面積を除く。）が 40m² 以上であり、一戸の床面積の合計（共用部分の床面積を除く。）が 75m² 以上でなければならない。

2　所管行政庁は、認定計画実施者が認定長期優良住宅建築等計画に従って認定長期優良住宅の建築及び維持保全を行っていないと認めるときは、当該認定計画実施者に対し、相当の期限を定めて、その改善に必要な措置を命ずることができる。

3 「建築」には、住宅を新築し、又は増築することだけではなく、改築することも含まれる。

4 長期優良住宅の建築又は販売を業として行う者は、長期優良住宅の建築又は購入をしようとする者及び長期優良住宅の建築又は購入をした者に対し、当該長期優良住宅の品質又は性能に関する情報及びその維持保全を適切に行うために必要な情報を提供するよう努めなければならない。

5 所定の理由により譲受人を決定する前に単独で長期優良住宅建築等計画を作成し、所管行政庁の認定を申請する分譲事業者は、当該計画に建築後の住宅の維持保全に係る資金計画を記載しなくてもよい。

No.24 次の記述のうち、**誤っている**ものはどれか。

1 「高齢者、障害者等の移動等の円滑化の促進に関する法律」上、ホテルの客室は、「建築物特定施設」に該当する。

2 「宅地造成等規制法」上、宅地造成工事規制区域内の宅地造成において、宅地以外の土地を宅地にするために行う切土であって、当該切土をした土地の部分に高さが 2m の崖を生ずることになるもので、当該切土をする土地の面積が 500m² の場合は、原則として、都道府県知事の許可を受けなければならない。（☆）

3 「特定住宅瑕疵担保責任の履行の確保等に関する法律」上、新築住宅の「建設工事の請負人である建設業者」又は「売主である宅地建物取引業者」は、原則として、瑕疵担保保証金の供託又は瑕疵担保責任保険契約の締結のいずれかを行わなければならない。

4 「都市計画法」上、都市計画施設の区域内において、地階を有しない木造2階建て、延べ面積 100m² の住宅を新築する場合は、原則として、都道府県知事等の許可を受けなければならない。

5 「建築物の耐震改修の促進に関する法律」上、「耐震改修」とは、地震に対する安全性の向上を目的として、増築、改築、修繕、模様替若しくは一部の除却又は敷地の整備をすることをいう。

No.25 次の記述のうち、**誤っている**ものはどれか。

1 「消防法」上、住宅の用途に供される防火対象物の関係者は、原則として、市町村条例に定める基準に従い、住宅用防災警報器又は住宅用防災報知設備を設置し、及び維持しなければならない。

2 「建設工事に係る資材の再資源化等に関する法律」上、木造2階建て、床面積の合計が 500m² の共同住宅の新築工事を行う発注者又は自主施工者は、工事に着手する日の 7 日前までに、所定の事項を都道府県知事に届け出なければならない。

3 「土地区画整理法」上、市町村又は都道府県が施行する土地区画整理事業の施行地区内において、事業計画の決定の公告があった日後、換地処分があった旨の公告のある日までは、建築物の新築を行おうとする者は、都道府県知事等の許可を受けなければならない。

4 「建築物のエネルギー消費性能の向上に関する法律」上、建築主は、特定建築物以外の建築物で床面積の合計が 200m² のものを新築する場合、当該行為に係る建築物のエネルギー消費性能の確保のための構造及び設備に関する計画を所管行政庁に届け出なければならない。

5 「建設業法」上、下請契約を締結して、元請負人から請け負った建設工事（軽微な建設工事を除く。）のみを施工する下請負人であっても、建設業の許可を受けなければならない。

平成 30 年　建築構造

No.1 図のような断面における X 軸に関する断面二次モーメントの値として、正しいものは、次のうちどれか。

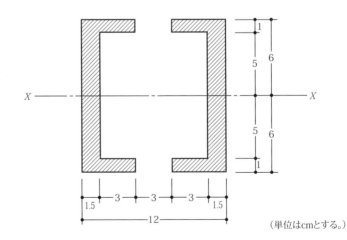

1　251.5cm⁴
2　433.0cm⁴
3　540.0cm⁴
4　796.0cm⁴
5　978.0cm⁴

（単位はcmとする。）

No.2 図のような荷重を受ける単純梁に、断面 90mm × 200mm の部材を用いた場合、その部材が許容曲げモーメントに達するときの荷重 P の値として、正しいものは、次のうちどれか。ただし、部材の許容曲げ応力度は 20N/mm² とし、自重は無視するものとする。

1　2kN
2　4kN
3　6kN
4　8kN
5　12kN

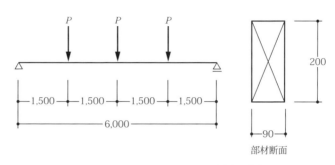

（寸法の単位はmmとする。）

No.3 図のような荷重を受ける単純梁の A 点における曲げモーメントの大きさとして、正しいものは、次のうちどれか。

1　10kN・m
2　12kN・m
3　14kN・m
4　16kN・m
5　18kN・m

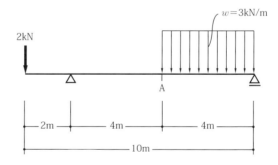

平成30年

263

No.4 図のような外力を受ける静定ラーメンにおける曲げモーメント図の形として、**正しいもの**は、次のうちどれか。ただし、曲げモーメント図は、材の引張側に描くものとする。

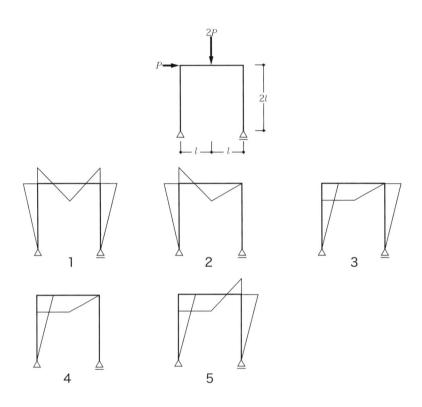

No.5 図のような外力を受ける静定トラスにおいて、部材 A、B、C に生じる軸方向力の組合せとして、**正しいもの**は、次のうちどれか。ただし、軸方向力は、引張力を「＋」、圧縮力を「−」とする。

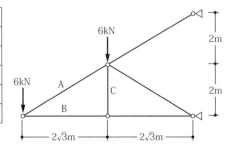

	A	B	C
1	＋ 12kN	＋ 6√3kN	0kN
2	＋ 12kN	− 6√3kN	0kN
3	− 12kN	＋ 6√3kN	＋ 6kN
4	＋ 6kN	− 3√3kN	0kN
5	− 6kN	＋ 3√3kN	− 6kN

No.6 図のような材の長さ及び材端の支持条件が異なる柱 A、B、C の弾性座屈荷重をそれぞれ P_A、P_B、P_C としたとき、それらの大小関係として、正しいものは、次のうちどれか。ただし、全ての柱の材質及び断面形状は同じものとする。

1　$P_A > P_B > P_C$
2　$P_A = P_C > P_B$
3　$P_B > P_A = P_C$
4　$P_C > P_A > P_B$
5　$P_C > P_B > P_A$

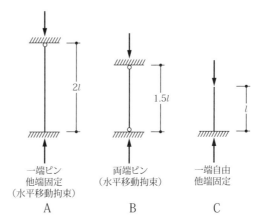

No.7 構造計算における荷重及び外力に関する次の記述のうち、**最も不適当**なものはどれか。

1　同一の室における床の単位面積当たりの積載荷重は、一般に、「床の構造計算をする場合」より「地震力を計算する場合」のほうが小さい。

2　各階が事務室である建築物において、垂直荷重による柱の圧縮力を低減して計算する場合の「積載荷重を減らすために乗ずべき数値」は、一般に、その柱が支える床の数が多くなるほど小さくなる。

3　屋根の積雪荷重は、屋根に雪止めがある場合を除き、その勾配が 60 度を超える場合においては、零とすることができる。

4　地震力の計算に用いる地震層せん断力係数の建築物の高さ方向の分布を示す係数 A_i は、一般に、上階になるほど大きくなり、かつ、建築物の設計用一次固有周期 T が長くなるほどその傾向が著しくなる。

5　地震力の計算に用いる振動特性係数 R_t は、同一の地盤種別の場合、一般に、建築物の設計用一次固有周期 T が長くなるほど大きくなる。

No.8 構造計算における建築物に作用する風圧力に関する次の記述のうち、**最も不適当な**ものはどれか。

1 速度圧は、その地方において定められた風速の平方根に比例する。

2 速度圧の計算に用いる地表面粗度区分は、都市計画区域の指定の有無、海岸線からの距離、建築物の高さ等を考慮して定められている。

3 閉鎖型及び開放型の建築物の風力係数は、原則として、建築物の外圧係数から内圧係数を減じた数値とする。

4 ラチス構造物の風圧作用面積は、風の作用する方向から見たラチス構面の見付面積とする。

5 風圧力が作用する場合の応力算定においては、一般に、地震力が同時に作用しないものとして計算する。

No.9 地盤及び基礎構造に関する次の記述のうち、**最も不適当な**ものはどれか。

1 セメント系固化材を用いて地盤改良を行った場合、原則として、改良後の地盤から採取したコア供試体に対する一軸圧縮試験により、改良後の地盤の設計基準強度を確認する必要がある。

2 地下外壁に作用する土圧を静止土圧として算定する場合の静止土圧係数は、一般に、砂質土、粘性土のいずれの場合であっても、0.5 程度である。

3 建築基準法に基づいて地盤の許容応力度を定める方法には、「支持力係数による算定式」、「平板載荷試験による算定式」及び「スウェーデン式サウンディング試験による算定式」を用いるものがある。

4 土の粒径の大小関係は、砂＞粘土＞シルトである。

5 布基礎は、地盤の長期許容応力度が 70kN/m² 以上であり、かつ、不同沈下等の生ずるおそれのない地盤にあり、基礎に損傷を生ずるおそれのない場合にあっては、無筋コンクリート造とすることができる。

No.10 木造建築物の部材の名称とその説明との組合せとして、**最も不適当な**ものは、次のうちどれか。

1　鼻隠 ──────── 軒先において、垂木の端部などを隠すために取り付ける横板

2　鼻母屋 ─────── 最も軒に近い位置にある母屋

3　方づえ ─────── 小屋組、床組における水平構面において、斜めに入れて隅角部を固める部材

4　ささら桁 ────── 階段の段板を受けるため、上端を段形に切り込み、斜めに架ける部材

5　雇いざね ───── 2 枚の板をはぎ合わせるときに、相互の板材の側面の溝に、接合のためにはめ込む細長い材

No.11 木質構造の接合に関する次の記述のうち、**最も不適当な**ものはどれか。

1　ラグスクリューを木口に打ち込んだ場合の許容せん断耐力は、側面打ちの場合の値の $\frac{2}{3}$ とする。

2　メタルプレートコネクター接合において、プレート圧入時の木材は、気乾状態である必要がある。

3　釘接合及びボルト接合において、施工時の木材の含水率が 20％以上の場合には、接合部の許容耐力を低減する。

4　釘を用いた木材と木材の一面せん断接合において、有効主材厚は釘径の 9 倍以上とし、側材厚は釘径の 6 倍以上とする。

5　同一の接合部に力学特性の異なる接合法を併用する場合の許容耐力は、一般に、個々の接合法の許容耐力を加算して算出する。

No.12 木造軸組工法による平家建ての建築物（屋根は日本瓦葺きとする。）において、図に示す平面の耐力壁（図中の太線）の配置計画として、最も**不適当な**ものは、次のうちどれか。ただし、全ての耐力壁の倍率は 1 とする。

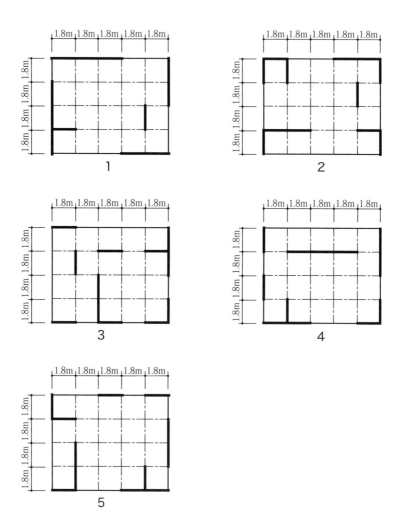

No.13 図のような平面を有する壁式鉄筋コンクリート造平家建ての建築物の構造計算において、X 方向の壁量の値として、**最も近いもの**は、次のうちどれか。ただし、階高は 3m、壁厚は 12cm とする。

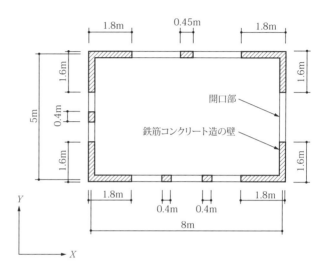

1　16.0cm/m²
2　17.1cm/m²
3　18.1cm/m²
4　19.1cm/m²
5　21.1cm/m²

No.14 鉄筋コンクリート構造に関する次の記述のうち、**最も不適当なもの**はどれか。

1　梁の圧縮鉄筋は、長期荷重によるクリープたわみの抑制や地震時における靭(じん)性の確保に有効である。

2　四周を梁で支持されている床スラブの厚さが、短辺方向における有効張り間長さの $\frac{1}{30}$ 以下の場合、建築物の使用上の支障が起こらないことについて確かめる必要がある。

3　普通コンクリートを用いた柱の小径は、一般に、その構造耐力上主要な支点間の距離の $\frac{1}{15}$ 以上とする。

4　袖壁付きの柱のせん断補強筋比は、原則として、0.3％以上とする。

5　帯筋・あばら筋は、一般に、せん断ひび割れの発生を抑制することを主な目的として設ける。

No.15 図のように配筋された柱のせん断補強筋比 p_w を求める式として、正しいものは、次のうちどれか。ただし、地震力は、図に示す方向とする。

凡例
a_t　　　：主筋 1 本当たりの断面積
a_w　　：せん断補強筋 1 本当たりの断面積
D_X、D_Y：柱の幅
s　　　：せん断補強筋の間隔

1　$p_w = \dfrac{2a_w}{D_X s}$

2　$p_w = \dfrac{2a_w}{D_Y s}$

3　$p_w = \dfrac{3a_w}{D_X s}$

4　$p_w = \dfrac{3a_w}{D_Y s}$

5　$p_w = \dfrac{3a_t}{D_X D_Y}$

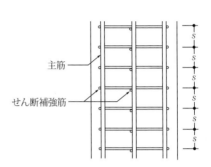

主筋

せん断補強筋

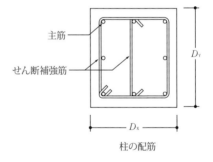

主筋

せん断補強筋

柱の配筋

地震力の方向

No.16　鉄骨構造に関する次の記述のうち、**最も不適当な**ものはどれか。

1　長期に作用する荷重に対する梁材のたわみは、通常の場合ではスパンの $\frac{1}{200}$ 以下とし、片持ち梁の場合ではスパンの $\frac{1}{150}$ 以下とする。

2　構造用鋼材の短期許容応力度は、圧縮、引張り、曲げ、せん断にかかわらず、それぞれの長期許容応力度の 1.5 倍とする。

3　露出形式の柱脚においては、一般に、アンカーボルトの基礎に対する定着長さをアンカーボルトの径の 20 倍以上とする。

4　鋳鉄は、原則として、引張応力が生ずる構造耐力上主要な部分には、使用してはならない。

5　鋼材に多数回の繰返し荷重が作用する場合、応力の大きさが降伏点以下の範囲であっても破断することがある。

No.17　鉄骨構造の接合に関する次の記述のうち、**最も不適当な**ものはどれか。

1　軒の高さが 9m を超える、又は張り間が 13m を超える建築物の構造耐力上主要な部分には、原則として、普通ボルトを使用してはならない。

2　一つの継手に高力ボルトと普通ボルトを併用する場合には、一般に、全応力を高力ボルトが負担するものとして設計する。

3　トラス部材の接合部は存在応力を十分に伝えるものとし、その耐力は部材の許容応力の $\frac{1}{2}$ 以下であってはならない。

4　隅肉溶接においては、一般に、接合しようとする母材間の角度が 60 度以下、又は 120 度以上である場合、溶接部に応力を負担させてはならない。

5　溶接接合において、隅肉溶接のサイズは、一般に、薄いほうの母材の厚さを超える値とする。

No.18
建築物の耐震設計、構造計画等に関する次の記述のうち、**最も不適当**なものはどれか。

1　耐震設計の一次設計では、まれに発生する地震（中程度の地震）に対して建築物の損傷による性能の低下を生じないことを確かめる。

2　鉄筋コンクリート造の建築物は、一般に、鉄骨造や木造の建築物より単位床面積当たりの重量が大きいので、構造設計においては地震力よりも風圧力に対する検討が重要となる。

3　エキスパンションジョイントのみで接している複数の建築物については、それぞれ別の建築物として構造計算を行う。

4　建築物は、一般に、屋根や床の面内剛性を高くし、地震力や風圧力などの水平力に対して建築物の各部が一体となって抵抗できるように計画する。

5　地震時に建築物のねじれが生じないようにするため、建築物の重心と剛心との距離ができるだけ小さくなるように計画する。

No.19
鉄筋コンクリート構造の既存建築物の耐震診断、耐震改修に関する次の記述のうち、**最も不適当な**ものはどれか。

1　耐震診断基準における第 2 次診断法においては、建築物の形状の複雑さや剛性のアンバランスな分布などが耐震性能に及ぼす影響を評価するための形状指標を算出する。

2　あと施工アンカーを用いた補強壁の増設工事を行う場合、新設するコンクリートの割裂を防止するために、アンカー筋の周辺にスパイラル筋などを設けることが有効である。

3　既存の耐震壁の開口部をふさいだり壁厚を増したりすることは、建築物の保有水平耐力を増加させる強度抵抗型の補強に適している。

4　耐震スリットを設ける目的の一つは、せん断破壊型の柱を曲げ破壊型に改善することである。

5　柱における鋼板巻き立て補強や炭素繊維巻き付け補強は、柱の曲げ耐力を高めることを目的としている。

No.20 建築材料として使用される木材に関する次の記述のうち、**最も不適当**なものはどれか。

1　含水率が繊維飽和点以下の木材において、膨張・収縮は、ほぼ含水率に比例する。

2　木材（心持ち材）の収縮率が接線方向と半径方向とで大きく異なることは、乾燥割れの原因の一つである。

3　木材の繊維方向の基準強度の大小関係は、一般に、圧縮＞引張り＞曲げである。

4　木材の腐朽菌は、酸素、温度、水分及び栄養素の全ての条件が満たされた環境下でなければ繁殖しない。

5　木材の熱伝導率は、一般に、鋼材の熱伝導率に比べて小さい。

No.21 コンクリートの一般的な性質に関する次の記述のうち、**最も不適当な**ものはどれか。

1　プラスティック収縮ひび割れは、コンクリートが固まる前に、コンクリートの表面が急激に乾燥することによって生じるひび割れである。

2　コンクリートの乾燥収縮は、単位水量が小さくなるほど大きくなる。

3　コンクリートの中性化速度は、圧縮強度が低くなるほど大きくなる。

4　コンクリートのヤング係数は、単位容積質量が大きくなるほど大きくなる。

5　コンクリートは、養生温度が低くなるほど、材齢初期の強度発現が遅くなる。

No.22 セメント、骨材等のコンクリートの材料に関する次の記述のうち、**最も不適当なものはどれか。**

1　高炉セメントB種は、普通ポルトランドセメントに比べて、アルカリシリカ反応に対する抵抗性に優れている。

2　ポルトランドセメントには、凝結時間を調整するためにせっこうが混合されている。

3　セメントは、水和反応後、時間が経過して乾燥するにしたがって強度が増大する気硬性材料である。

4　骨材の粒径は、均一であるよりも、小さな粒径から大きな粒径までが混ざり合っているほうが望ましい。

5　AE剤は、コンクリートの凍結融解作用に対する抵抗性を増大させ、耐久性も向上させる。

No.23 建築物の構造材として用いられる鋼材に関する次の記述のうち、**最も不適当な**ものはどれか。

1 日本工業規格（JIS）において、「建築構造用圧延鋼材 SN490」と「溶接構造用圧延鋼材 SM490」のそれぞれの降伏点の下限値から上限値までの範囲は、同じである。（☆）

2 鋼材の許容疲労強さは、鋼材の強度によらず、継手等の形式に応じた基準疲労強さを用いて算定する。

3 ステンレス鋼（SUS304A 材等）は、一般構造用圧延鋼材（SS400 材等）の炭素鋼に比べて、耐食性、耐火性に優れている。

4 一般の鋼材の引張強さは、温度が 200 ～ 300℃程度で最大となり、それ以上の温度になると急激に低下する。

5 鋼材は、炭素含有量が多くなると、一般に、溶接性が低下する。

No.24 建築材料とその用途との組合せとして、**最も不適当な**ものは、次のうちどれか。

1 チタン ───────────── 屋根材
2 花こう岩 ───────────── 耐火被覆材
3 グラスウール ─────────── 断熱材
4 インシュレーションボード ── 吸音材
5 シージングせっこうボード ── 湿気の多い場所の壁下地材

No.25 建築材料に関する次の記述のうち、**最も不適当な**ものはどれか。

1 酢酸ビニル樹脂系接着剤は、固化後にのこぎりなどにより加工ができるので、屋内の木工事に用いられる。

2 せっこうラスボードは、左官材の付着をよくするために、表面に多数のくぼみを付けたせっこうボードである。

3 けい酸カルシウム板は、断熱性・耐火性に優れているので、耐火構造の天井や壁に用いられる。

4 強化ガラスは、2 枚のフロート板ガラスを透明で強靱な中間膜で貼り合わせたもので、耐貫通性に優れている。

5 砂岩は、堆積した岩石や鉱物の破片や粒子等が圧力により固化した岩石であり、耐火性に優れているので、内壁の仕上げに用いられる。

平成 30 年　建築施工

No.1 施工計画に関する次の記述のうち、**最も不適当なもの**はどれか。

1 総合施工計画書には、工事期間中における工事敷地内の仮設資材や工事用機械の配置を示し、道路や近隣との取合いについても表示した。

2 工事の内容及び品質に多大な影響を及ぼすと考えられる工事部分については、監理者と協議したうえで、その工事部分の施工計画書を作成した。

3 基本工程表を作成するに当たって、施工計画書、製作図及び施工図の作成並びに承諾の時期を考慮した。

4 設計図書に選ぶべき専門工事業者の候補が記載されていたが、工事の内容・品質を達成し得ると考えられたので、候補として記載されていない専門工事業者を、施工者の責任で選定した。

5 工種別の施工計画書における品質計画は、使用する材料、仕上り状態及び機能・性能を定めた基本要求品質を満たすように作成した。

No.2 建築工事に関する申請書・届とその提出先との組合せとして、**最も不適当なもの**は、次のうちどれか。

1 完了検査申請書 —————— 建築主事
2 特殊車両通行許可申請書 —— 道路管理者
3 特定建設作業実施届出書 —— 市町村長
4 建築工事届 ———————— 都道府県知事
5 クレーン設置届 ————— 警察署長

No.3 建築の工事現場における次の作業のうち、「労働安全衛生法」上、**所定の作業主任者を選任しなければならないもの**はどれか。ただし、いずれの作業も火薬、石綿などの取扱いはないものとする。

1 掘削面の高さが 1.5m の地山の掘削作業
2 軒の高さが 4.5m の木造の建築物における構造部材の組立て作業
3 高さが 4.5m の鉄骨造の建築物における骨組みの組立て作業
4 高さが 4.5m のコンクリート造の工作物の解体作業
5 高さが 4.5m のコンクリート造の工作物の型枠支保工の解体作業

No.4 建築の工事現場から排出される廃棄物に関する次の記述のうち、「廃棄物の処理及び清掃に関する法律」上、**誤っている**ものはどれか。

1　一戸建て住宅の改修工事に伴って生じたガラスくずを、一般廃棄物として処理した。

2　現場事務所内での作業に伴って生じた図面などの紙くずを、一般廃棄物として処理した。

3　地業工事に伴って生じた廃ベントナイト泥水を含む汚泥を、産業廃棄物として処理した。

4　共同住宅の改修工事に伴って生じた繊維くずを、産業廃棄物として処理した。

5　事務所の改修工事に伴って取り外した PCB（ポリ塩化ビフェニル）が含まれている蛍光灯安定器を、特別管理産業廃棄物として処理した。

No.5 仮設工事に関する次の記述のうち、**最も不適当な**ものはどれか。

1　単管足場の建地の間隔を、桁行方向 1.8m、はり間方向 1.5m とした。

2　高さが 12m の枠組足場における壁つなぎの間隔を、垂直方向 8m、水平方向 9m とした。

3　高さが 12m のくさび緊結式足場における壁つなぎの間隔を、垂直方向、水平方向ともに 5m とした。

4　高さが 9m の登り桟橋において、高さ 4.5m の位置に踊り場を設置した。

5　架設通路を設けるに当たって、勾配が 30 度を超えるので、階段を設置した。

No.6 木造住宅の基礎工事等に関する次の記述のうち、**最も不適当な**ものはどれか。

1　土間コンクリートは、厚さ 120mm とし、断面の中心部に、鉄線の径が 4.0mm で網目寸法が 150mm × 150mm のワイヤーメッシュを配した。

2　柱脚部の短期許容耐力が 25kN のホールダウン専用アンカーボルトのコンクリート基礎への埋込み長さを、250mm とした。

3　布基礎の床下防湿措置において、床下地面全面に厚さ 0.1mm の住宅用プラスチック系防湿フィルムを、重ね幅 150mm として敷き詰めた。

4　床下換気措置において、ねこ土台を使用するので、外周部の土台の全周にわたって、1m 当たり有効面積 75cm^2 以上の換気孔を設けた。

5　布基礎の底盤部分の主筋に D10 を用い、その間隔を 300mm とした。

No.7 杭工事に関する次の記述のうち、**最も不適当な**ものはどれか。

1 場所打ちコンクリート杭に用いるコンクリートの構造体強度補正値（S）は、特記がなかったので、3N/mm² とした。

2 既製コンクリート杭の継手は、特記がなかったので、アーク溶接による溶接継手とした。

3 オールケーシング工法において、近接している杭を連続して施工しないようにした。

4 アースドリル工法において、掘削深さが所定の深度となり、排出された土によって予定の支持地盤に達したことを確認したので、スライム処理を行った。

5 セメントミルク工法において、杭は建込み後、杭心に合わせて保持し、養生期間を 48 時間とした。

No.8 コンクリート工事に関する次の記述のうち、**最も不適当な**ものはどれか。

1 捨てコンクリートの粗骨材の最大寸法は、25mm とした。

2 レディーミクストコンクリートの受入れに当たって、各運搬車の納入書により、コンクリートの種類、呼び強度、指定スランプ等が、発注した条件に適合していることを確認した。

3 床スラブの打込み後、24 時間経過したので、振動や衝撃などを与えないように、床スラブ上において墨出しを行った。

4 ポンプによるスラブの打込みは、コンクリートの分離を防ぐため、前へ進みながら行った。

5 梁及びスラブの鉛直打継ぎ面の位置は、そのスパンの端部から $\frac{1}{4}$ の付近とした。

平成30年

No.9 コンクリート工事に関する次の記述のうち、**最も不適当なもの**はどれか。

1 コンクリートの打込み・養生期間等により、材齢 28 日で所定の圧縮強度が得られないことを懸念し、圧縮強度推定試験を行うための現場封かん養生供試体をあらかじめ用意した。

2 調合管理強度の管理試験用の供試体は、適切な間隔をあけた 3 台の運搬車を選び、それぞれ 1 個ずつ合計 3 個作製した。

3 現場水中養生供試体について、材齢 28 日までの平均気温が 20℃以上であり、1 回の圧縮強度試験の結果（3 個の供試体の平均値）が、調合管理強度以上であったので合格とした。

4 材齢 28 日で試験を行うための構造体コンクリートの圧縮強度推定用供試体の標準養生は、20℃の水中養生とした。

5 コンクリートの品質基準強度は、設計基準強度又は耐久設計基準強度のうち、大きいほうの値とした。

No.10 型枠工事に関する次の記述のうち、**最も不適当なもの**はどれか。

1 コンクリートの圧縮強度が 12N/mm^2 に達し、かつ、施工中の荷重及び外力について、構造計算により安全が確認されたので、スラブ下の支柱を取り外した。

2 梁の側面のせき板は、建築物の計画供用期間の級が「短期」であり、普通ポルトランドセメントを使用したコンクリートの打込み後 5 日間の平均気温が 20℃以上であったので、圧縮試験を行わずに取り外した。

3 支柱として使用するパイプサポートは、3 本継ぎとし、それぞれ 4 本のボルトで継いで強固に組み立てた。

4 支柱は、コンクリート施工時の水平荷重による倒壊、浮き上がり、ねじれなどが生じないよう、水平つなぎ材、筋かい材・控え鋼などにより補強した。

5 型枠の強度及び剛性の計算は、打込み時の振動・衝撃を考慮したコンクリート施工時における「鉛直荷重」、「水平荷重」及び「コンクリートの側圧」について行った。

No.11 鉄筋工事に関する次の記述のうち、**最も不適当な**ものはどれか。

1 柱及び梁の配筋において、主筋に D29 を使用したので、主筋のかぶり厚さを、その主筋径（呼び名の数値）の 1.5 倍とした。

2 鉄筋相互のあきは、「粗骨材の最大寸法の 1.25 倍」、「25mm」及び「隣り合う鉄筋の平均径（呼び名の数値）の 1.5 倍」のうち最大のもの以上とした。

3 D25 の主筋の加工寸法の検査において、特記がなかったので、加工後の外側寸法の誤差が± 25mm の範囲のものを合格とした。

4 鉄筋の重ね継手において、鉄筋径が異なる異形鉄筋相互の継手の長さは、細いほうの鉄筋径により算出した。

5 スラブ配筋において、特記がなかったので、鉄筋のかぶり厚さを確保するために、上端筋及び下端筋のスペーサーの数量を、それぞれ 1.3 個 /m² 程度とした。

No.12 鉄骨工事に関する次の記述のうち、**最も不適当な**ものはどれか。

1 建方の精度検査において、特記がなかったので、高さ 5m の柱の倒れが 5mm 以下であることを確認した。

2 筋かいによる補強作業は、建方の翌日に行った。

3 ワイヤロープを架構の倒壊防止用に使用するので、そのワイヤロープを建入れ直し用に兼用した。

4 吹付け材による鉄骨の耐火被覆工事において、吹付け厚さを確認するために設置した確認ピンは、確認作業後も存置した。

5 トルシア形高力ボルトの締付け作業において、締付け後のボルトの余長は、ナット面から突き出た長さが、ねじ 1 山～ 6 山の範囲のものを合格とした。

No.13 鉄骨工事に関する次の記述のうち、**最も不適当な**ものはどれか。

1 高力ボルトの締付け作業において、一群のボルトの締付けは、群の周辺部から中央に向かう順序で行った。

2 高力ボルト用の孔あけ加工は、接合面をブラスト処理する前にドリルあけとした。

3 完全溶込み溶接における余盛りは、母材表面から滑らかに連続する形状とした。

4 溶接部の清掃作業において、溶接に支障のないミルスケールは、除去せずに存置した。

5 デッキプレート相互の接合は、アークスポット溶接により行った。

No.14 外壁の ALC パネル工事及び押出成形セメント板工事に関する次の記述のうち、**最も不適当な**ものはどれか。

1 縦壁ロッキング構法による ALC パネル工事において、ALC パネルとスラブとが取り合う部分の隙間には、あらかじめ絶縁材を ALC パネルに張り付け、モルタルを充填した。

2 ALC パネルの取付け完了後、使用上支障のない欠けや傷が見つかったので、補修用モルタルを用いて補修した。

3 ALC パネルの短辺小口相互の接合部の目地幅は、耐火目地材を充填する必要がなかったので、5mm とした。

4 押出成形セメント板における出隅及び入隅のパネル接合目地は、伸縮調整目地とした。

5 押出成形セメント板を縦張り工法で取り付けるに当たり、パネル相互の目地幅は、特記がなかったので、長辺の目地幅を 8mm、短辺の目地幅を 15mm とした。

No.15 木工事に関する次の記述のうち、**最も不適当な**ものはどれか。

1 桁に使用する木材については、継ぎ伸しの都合上、やむを得ず短材を使用する必要があったので、その長さを 2m とした。

2 内装材を取り付ける壁胴縁や野縁の取付け面の加工は、機械かんな 1 回削りとした。

3 跳出しバルコニーにおける跳出し長さは、屋内側の床梁スパンの $\frac{1}{2}$ 以下、かつ、外壁心から 910mm 以下とし、先端部分をつなぎ梁で固定した。

4 真壁造の面材耐力壁は、厚さ 12.5mm のせっこうボードを用い、GNF40 の釘を 150mm 間隔で留め付けた。

5 根太を用いない床組（梁等の間隔が 910mm）であったので、床下地板として厚さ 15mm の構造用合板を用いた。

No.16 木造住宅における木工事に関する次の記述のうち、**最も不適当な**ものはどれか。

1 心持ち化粧柱には、髄まで背割りを入れたものを使用した。

2 桁は、背を上端にして使用した。

3 敷居は、木裏を上端にして使用した。

4 梁には、アカマツを使用した。

5 土台と柱との接合には、かど金物を使用した。

No.17 防水工事に関する次の記述のうち、**最も不適当なもの**はどれか。

1 鉄筋コンクリート造の陸屋根のアスファルト防水工事において、保護コンクリートに設ける伸縮調整目地のうち、パラペットに最も近い目地は、パラペットの立上りの仕上面から 1.5m の位置に設けた。

2 鉄筋コンクリート造の陸屋根のアスファルト防水工事において、ルーフドレン回りのルーフィング類の張付けは、平場に先立って行った。

3 鉄筋コンクリート造の陸屋根のシート防水工事において、塩化ビニル樹脂系ルーフィングシートを使用したので、平場のシートの重ね幅を縦横方向いずれも 40mm とした。

4 木造住宅の屋根の下葺きに用いるアスファルトルーフィングの張付けは、野地板の上に軒先と平行に敷き込み、重ね幅をシートの長手方向は 200mm、流れ方向は 100mm とした。

5 木造住宅の屋根の下葺きに用いるアスファルトルーフィングの棟部分の張付けは、250mm の左右折り掛けとし、棟頂部から左右へ一枚ものを増張りした。

No.18 左官工事及びタイル工事に関する次の記述のうち、**最も不適当なもの**はどれか。

1 コンクリート壁面へのモルタル塗りにおいて、上塗りには、下塗りよりも貧調合のモルタルを使用した。

2 コンクリート壁面へのモルタル塗りにおいて、下塗り→中塗り→むら直し→上塗りの順で行った。

3 内壁タイルの密着張りにおいて、タイルは、上部から下部へ、一段置きに水糸に合わせて張った後、それらの間を埋めるように張り進めた。

4 内壁への接着剤を用いた陶器質タイルの張付けにおいて、あらかじめ下地となるモルタル面が十分に乾燥していることを確認した。

5 屋内の床面へのモザイクタイル張りにおいて、あらかじめ下地となるモルタル面に水湿しを行った。

平成30年

No.19 塗装工事に関する次の記述のうち、**最も不適当なものはどれか。**

1 鋼製建具の亜鉛めっき鋼面への錆止め塗料塗りにおいて、見え隠れ部分は、部材を組み立てる前に行った。
2 屋内の亜鉛めっき鋼面は、合成樹脂調合ペイント塗りとした。
3 屋内のせっこうボード面は、合成樹脂エマルションペイント塗りとした。
4 屋外のモルタル面の素地ごしらえにおいて、合成樹脂エマルションパテを使用した。
5 冬期におけるコンクリート面への塗装において、素地の乾燥期間の目安を 4 週間とした。

No.20 建具工事、ガラス工事及び内装工事に関する次の記述のうち、**最も不適当なものはどれか。**

1 鉄筋コンクリート造の建築物の外部に面するアルミニウム製建具枠の取付けにおいて、仮留め用のくさびを残し、モルタルを充填した。
2 外部に面する建具への複層ガラスのはめ込みにおいて、下端のガラス溝に径 6mm の水抜き孔を 3 箇所設けた。
3 全面接着工法によりフリーアクセスフロア下地にタイルカーペットを張り付けるに当たって、タイルカーペットを下地パネル目地にまたがるように割り付けた。
4 フローリングボードの根太張り工法において、スクリュー釘を使用した。
5 洗面脱衣室などの断続的に湿潤状態となる壁の下地材料として、日本農林規格（JAS）による普通合板の 1 類を使用した。

No.21 木造住宅における設備工事に関する次の記述のうち、**最も不適当なものはどれか。**

1 屋内の電気配線は、弱電流電線、水道管、ガス管などに接触しないように離隔して施設した。
2 都市ガスのガス漏れ警報設備の検知器は、その下端が天井面から下方 30cm の位置に取り付けた。
3 給水管は、断面が変形しないよう、かつ、管軸心に対して直角に切断し、切り口は平滑に仕上げた。
4 給湯管の配管において、管の伸縮を妨げないよう伸縮継手を設けた。
5 屋内排水横管の配管において、管径が 50mm であったので、勾配を $\dfrac{1}{100}$ とした。

No.22 改修工事に関する次の記述のうち、**最も不適当な**ものはどれか。

1 かぶせ工法によるアルミニウム製建具の改修工事において、既存枠へ新規に建具を取り付けるに当たり、小ねじの留付け間隔は、中間部で 400mm とした。

2 U カットシール材充填工法によるコンクリート外壁のひび割れ改修工事において、充填時に被着体の温度が 5℃であったので、作業を中止した。

3 モルタル塗り仕上げ外壁の改修工事において、モルタルを撤去した欠損部の面積が 1 箇所当たり 0.50m² 程度となったので、充填工法を採用した。

4 内装改修工事において、せっこうボードの壁面を目地のない継目処理工法とするために、テーパー付きせっこうボードを用いた。

5 床の改修工事において、タイルカーペットは、粘着剥離形接着剤を使用し、市松張りとした。

No.23 図に示す高低測量において、A 点の標高が 2.0m であった場合、D 点の標高として、**正しい**ものは、次のうちどれか。

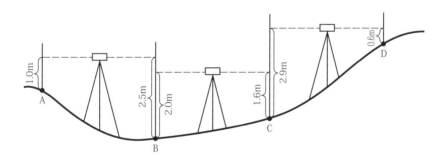

1　3.2m
2　3.4m
3　3.6m
4　3.8m
5　4.0m

No.24 建築積算に関する次の記述のうち、建築工事建築数量積算研究会「建築数量積算基準」に照らして、**最も不適当なもの**はどれか。

1 外部本足場の数量は、足場の中心（構築物等の外壁面から 1.0m の位置）の水平長さと構築物等の上部までの高さによる面積として算出した。

2 土工事における土砂量は、地山数量とし、掘削による増加や締固めによる減少は考慮しないで算出した。

3 鉄骨工事における形鋼、鋼管及び平鋼の所要数量は、設計数量の 5% 増しとして算出した。

4 シート防水の数量は、シートの重ね代（しろ）の面積を加えて算出した。

5 壁仕上げ塗装で開口部の面積が 1 箇所当たり 0.5m² 以下は、開口部による主仕上の欠除はないものとして算出した。

No.25 請負契約に関する次の記述のうち、民間（旧四会）連合協定「工事請負契約約款」に照らして、**最も不適当なもの**はどれか。（☆）

1 工事請負契約約款の各条項に基づく協議、承諾、承認、確認、通知、指示、請求等は、原則として、書面により行う。

2 受注者は、工事請負契約を締結したのち速やかに工程表を発注者及び監理者に提出する。

3 受注者は、工事現場における施工の技術上の管理をつかさどる監理技術者又は主任技術者を定め、書面をもってその氏名を発注者に通知する。

4 請負代金額を変更するときは、工事の増加部分については監理者の確認を受けた請負代金内訳書の単価により、減少部分については変更時の時価による。

5 発注者が前払又は部分払を遅滞したとき、受注者は、発注者に対し、書面をもって、相当の期間を定めて催告してもなお解消されないときは、この工事を中止することができる。

平成 **29** 年

試験時間に合わせて解いてみよう！！

■ 10：00 〜 13：00（制限時間 3 時間）

建築計画·························· 286

建築法規·························· 295

■ 14：10 〜 17：10（制限時間 3 時間）

建築構造·························· 309

建築施工·························· 321

p.331 の解答用紙をコピーしてお使いください。

◆ 学科試験結果データ ◆

《難易度：例年並み》

受験者数	合格者数	合 格 率
19,649 人	7,197 人	36.6%

◆ 合格基準点 ◆

科　目	建築計画	建築法規	建築構造	建築施工	総得点
基準点	13	13	13	13	60

＊各科目及び総得点のすべてが基準点に達している者が合格となります。

平成 29 年　建築計画

No.1 日本の歴史的な建築物に関する次の記述のうち、**最も不適当なもの**はどれか。

1　厳島神社社殿（広島県）は、檜皮葺きの殿堂を回廊で結び、海面に浮かんで見えるように配置した建築物である。

2　東大寺南大門（奈良県）は、大仏様（天竺様）の建築様式であり、鎌倉時代に再建された建築物である。

3　出雲大社本殿（島根県）は、神社本殿の一形式の大社造りであり、平入りの建築物である。

4　鹿苑寺金閣（京都府）は、方形造りの舎利殿で、最上層を禅宗様仏堂風の形式とし、二層を和様仏堂風、一層を住宅風とした建築物である。

5　中尊寺金色堂（岩手県）は、外観が総漆塗りの金箔押しで仕上げられた方三間の仏堂であり、平安時代に建てられた建築物である。

No.2 住宅作品とその設計者との組合せとして、**最も不適当なもの**は、次のうちどれか。

1　ファンズワース邸（アメリカ）――――― ミース・ファン・デル・ローエ

2　母の家（アメリカ）――――――――― ロバート・ヴェンチューリ

3　ロビー邸（アメリカ）――――――――― フランク・ロイド・ライト

4　サヴォア邸（フランス）――――――― ル・コルビュジエ

5　シュレーダー邸（オランダ）――――― ルイス・カーン

No.3 建築環境工学に関する次の用語の組合せのうち、**同じ単位で表すことのできるもの**はどれか。

1　熱貫流率――――― 代謝量

2　熱貫流率――――― 昼光率

3　照度――――――― 日射量

4　照度――――――― 音の強さ

5　日射量――――――― 音の強さ

No.4 室内の空気環境に関する次の記述のうち、**最も不適当なもの**はどれか。

1　室における全般換気とは、一般に、室全体に対して換気を行い、その室における汚染質の濃度を薄めることをいう。

2　温度差換気において、外気温度が室内温度よりも高い場合、中性帯よりも下方から外気が流入する。

3　居室の必要換気量は、一般に、居室内の二酸化炭素濃度の許容値を基準にして算出する。

4　居室において、一般に、一酸化炭素濃度の許容値は、0.001％（10ppm）である。（★）

5　日本工業規格（JIS）及び日本農林規格（JAS）において定められているホルムアルデヒド放散量による等級区分の表示記号では、「F☆☆☆」より「F☆☆☆☆」のほうが放散量は小さい。（☆）

No.5 図に示す内断熱を施したコンクリート造の壁体の内部温度分布として、正しいものは、次のうちどれか。ただし、外気温は 0℃、室温は 25℃で、定常状態とする。

コンクリートの厚さ：100mm
密閉中空層の厚さ：20mm
断熱材の厚さ　　：20mm

内断熱を施したコンクリート造の壁体

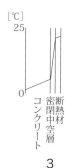
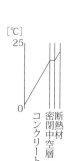

1　　　　2　　　　3　　　　4　　　　5

No.6 図に示す湿り空気線図中の A 点の湿り空気（乾球温度 12℃、相対湿度 60％）及び B 点の湿り空気（乾球温度 22℃、相対湿度 60％）に関する次の記述のうち、**最も不適当な**ものはどれか。

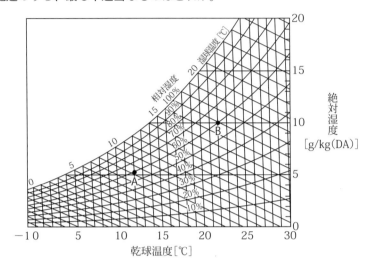

1　A 点の空気を 22℃まで加熱すると、相対湿度は約 32％まで低下する。
2　A 点の空気中に洗濯物を干すよりも、B 点の空気中に干すほうが、早く乾燥する。
3　表面温度が 10℃の窓面に、A 点の空気が触れても窓表面で結露しないが、B 点の空気が触れると窓表面で結露する。
4　A 点の空気に含まれる水蒸気量は、同じ量の B 点の空気に含まれる水蒸気量とほぼ等しい。
5　A 点の空気と B 点の空気を同じ量ずつ混合すると、混合した空気の相対湿度は約 63％となる。

No.7 日照・日射に関する次の記述のうち、**最も不適当な**ものはどれか。

1　我が国においては、北向き鉛直面に直達日射を受けない。
2　窓の日射遮蔽係数は、その値が大きいほど日射の遮蔽効果は低い。
3　我が国において、南向き鉛直壁面の日照時間は、春分の日及び秋分の日が最も長い。
4　我が国において、開口部に水平な庇（ひさし）を設ける場合、夏期における日射の遮蔽効果は、西面より南面のほうが高い。
5　天空日射量は、一般に、大気透過率が高くなるほど減少する。

No.8 採光・照明に関する次の記述のうち、**最も不適当な**ものはどれか。

1 人工光源の演色性を表す演色評価数は、その数値が小さくなるほど、色の見え方に関する光源の特性が、自然光に近くなる。

2 住宅の寝室における読書時の照度は、一般に、300 ～ 750lx 程度がよいとされている。

3 昼光率は、室内の壁及び天井、周囲の建築物、樹木等の影響を受ける。

4 全天空照度は、天候や時間によって変化する。

5 タスク・アンビエント照明では、一般に、アンビエント照度をタスク照度の $\frac{1}{10}$ 以上確保することが望ましい。

No.9 音に関する次の記述のうち、**最も不適当な**ものはどれか。

1 同じ厚さの一重壁であれば、一般に、壁の単位面積当たりの質量が大きいものほど、透過損失が大きい。

2 音が球面状に一様に広がる点音源の場合、音源からの距離が $\frac{1}{2}$ になると音圧レベルは、約 3dB 上昇する。

3 残響時間は、音源から発生した音が停止してから、室内の平均音圧レベルが 60dB 低下するまでの時間をいう。

4 多孔質材料の吸音率は、一般に、低音域より高音域のほうが大きい。

5 気温が高くなるほど、空気中の音速は速くなる。

No.10 屋外気候等に関する次の記述のうち、**最も不適当な**ものはどれか。

1 快晴日における屋外の絶対湿度は、一般に、1 日の中ではあまり変化しない。

2 風速増加率は、ビル風の影響を評価する際に用いられる指標で、その値が 1.0 の場合、建築物の建築前後で風速の変化がないことを表している。

3 冷房デグリーデーは、その地域の気候条件を表す指標で、その値が大きいほど冷房負荷が大きくなる。

4 ある地域の特定の季節・時刻に吹く風の風向発生頻度を円グラフで表した風配図は、円グラフの中心から遠いほど、その風向の風の発生頻度が高いことを表している。

5 冬期の夜間において、断熱防水を施した陸屋根の外気側表面温度は、外気温が同じであれば、曇天日より快晴日のほうが、高くなりやすい。

No.11 住宅の計画に関する次の記述のうち、**最も不適当な**ものはどれか。

1 都市部の狭い敷地において、プライバシーを確保するため、建築物や塀で囲まれた中庭を設ける住宅形式を、タウンハウスという。

2 コア型の住宅は、給排水衛生設備などを 1 箇所にまとめた形式であり、設備工事費の低減や動線の単純化を図り、外周部には居室を配置することができる。

3 パッシブデザインは、建築物が受ける自然の熱、風及び光を活用して暖房効果、冷却効果、照明効果等を得る設計手法である。

4 台所において、L 型キッチンを採用することにより、車椅子使用者の調理作業の効率化を図ることができる。

5 居住者の高齢化を考慮する場合、出入口の扉は引戸とすることが望ましい。

No.12 集合住宅の住戸平面計画において、L（居間）、D（食事室）、K（台所）を組み合せた形式に関する次の記述のうち、**最も不適当な**ものはどれか。

1 DK 型は、小規模な住戸に用いる場合、食寝分離は図られるが、団らんは就寝の場と重なる傾向にある。

2 LDK 型は、比較的狭い住戸に用いる場合、団らん・食事と私室を分離させることはできるが、充実した居間を確保しにくい傾向にある。

3 L ＋ D ＋ K 型は、比較的広い住戸で採用しないと、かえって生活を窮屈にする場合がある。

4 L ＋ DK 型は、居間中心の生活を求めるのには適しているが、食事の準備や後片づけなどの家事労働の効率化は図りにくい。

5 LD ＋ K 型は、食事を中心に団らんする生活に適しているが、LD の面積が十分に確保できない場合、LD の計画に工夫を要する。

No.13 事務所ビルの計画に関する次の記述のうち、**最も不適当な**ものはどれか。

1 地下階に設ける駐車場において、各柱間に普通乗用車が並列に 3 台駐車できるように、柱スパンを 7m とした。

2 事務室の執務空間と通路を仕切るパーティションは、通路側に人が立った状態で、執務空間を見通すことのできるように、高さを 150cm とした。

3 事務室の在席率が 50 〜 60％と想定されたので、執務空間の効率的な活用を考慮し、フリーアドレス方式を採用した。

4 事務室の空調設備は、室内をペリメーターゾーンとインテリアゾーンに分け、それぞれの負荷に応じて個別制御ができるように計画した。

5　基準階床面積が比較的大きいので、構造計画上望ましい配置として、コアを基準階平面の中央部全体に配置したオープンコア形式を採用した。

No.14 教育施設等の計画に関する次の記述のうち、**最も不適当な**ものはどれか。

1　地域図書館において、新聞や雑誌などを気軽に読む空間として、レファレンスコーナーを設けた。

2　保育所の保育室において、昼寝の場と食事の場とを分けて設けた。

3　幼稚園の保育室において、1 人当たりの床面積は、5 歳児学級用より 3 歳児学級用のほうを広くした。

4　小学校において、多様化する学習形態に合せたワークスペースとして、多目的スペースを普通教室に隣接して設けた。

5　中学校において、図書室の出納システムは、開架式とした。

No.15 建築物の計画に関する次の記述のうち、**最も不適当な**ものはどれか。

1　病院の手術室の空気調和設備は、単独に設け、室内の気圧を室外の気圧よりも高くする。

2　劇場における舞台と客席との間に設けられる額縁状のものを、プロセニアムアーチという。

3　美術館において、洋画の展示壁面の照度を、500lx 程度とする。

4　博物館の荷解室及び収蔵庫は、収蔵品に付着した害虫等を駆除するための燻蒸室からできるだけ離して配置する。

5　コンサートホールにおいて、アリーナ型は、客席がステージを取り囲むように配置されているので、演奏者と聴衆の一体感が得られやすい。

No.16 建築計画における各部寸法及び床面積に関する次の記述のうち、**最も不適当な**ものはどれか。

1　食卓の高さが床面から 700mm であったので、大人用椅子は座面の高さが床面から 400mm のもの、子ども用椅子は座面の高さが床面から 500mm のものを採用した。

2　駐輪場において、自転車 1 台当たりの駐輪スペースを、700mm × 1,900mm とした。

3　自走式屋内駐車場の自動車用斜路の本勾配を、$\frac{1}{5}$ とした。

4　診療所の療養病床の病室において、4 床室の内法寸法を、幅 6m、奥行 5.4m とした。

5　住宅において、ツインベッドを用いる夫婦寝室の床面積を、収納家具を置くスペースも含めて 16m² とした。

No.17 高齢者等に配慮した建築物の計画に関する次の記述のうち、**最も不適当なものはどれか。**

1　居室の作業領域の照度を、<u>日本工業規格（JIS）</u>における照明基準の 2 倍とした。（☆）

2　車椅子使用者に配慮し、記帳などを行う受付カウンターの上端の高さを、床面から 720mm とした。

3　屋内階段の手摺の端部は、上下階でそれぞれ水平に 450mm 延ばし、壁面側に曲げた。

4　車椅子使用者が利用する屋内傾斜路には、高さ 900mm ごとに踊場を設けた。

5　階段のノンスリップ（滑り止め）は、踏面と同一面とした。

No.18 まちづくりに関する次の記述のうち、**最も不適当なものはどれか。**

1　クリストファー・アレグザンダーが提唱したパタン・ランゲージは、建築や環境の合理的な設計手法で、住民参加のまちづくりや建築を目指したものである。

2　ラドバーン方式は、中心市街地への自動車の流入を減らすため、周辺の駅に整備された駐車場まで自動車で行き、そこから公共交通機関を利用して中心市街地へ移動する手法である。

3　景観法の特色の一つは、住民等による景観計画の策定・提案ができることである。

4　ボンエルフは、住宅地の道路において、歩行者と自動車の共存を図るための手法である。

5　都市部において街区全体の防災性能を高める方法として、個々の建築物の建替に際しての、共同建替、協調建替がある。

No.19 建築設備に関する次の用語の組合せのうち、**最も関係の少ないものはどれか。**

1　照明設備 ——— ウォールウォッシャ

2　換気設備 ——— ストレーナ

3　衛生設備 ——— ロータンク

4　給湯設備 ——— ミキシングバルブ

5　電気設備 ——— キュービクル

No.20 空気調和設備等に関する次の記述のうち、**最も不適当な**ものはどれか。

1 冷水、蒸気、温水などの熱媒をつくる装置を熱源装置という。

2 全熱交換器は、室内の換気の際に排出する空気がもつ顕熱と潜熱を回収する装置である。

3 誘引ユニットは、空調機で処理した一次空気の噴出により、室内の空気を誘引し吹き出す機構をもつものである。

4 床暖房は、一般に、室内における上下の温度差が少なくなる。

5 定風量単一ダクト方式は、熱負荷特性の異なる室におけるそれぞれの負荷変動に対応することができる。

No.21 空気調和設備に関する次の記述のうち、**最も不適当な**ものはどれか。

1 気化式加湿器は、一般に、加湿素子を水で濡らし、これに空気を接触させ、空気のもつ顕熱により水を蒸発させて加湿を行うものである。

2 床吹出し空調方式は、通常の天井吹出しよりも冷房時の給気温度を上げる必要がある。

3 空気熱源ヒートポンプ方式のルームエアコンの暖房能力は、外気の温度が低くなるほど向上する。

4 ファンコイルユニット方式は、ユニットごとに風量を調節することができる。

5 二重ダクト空調方式は、冷風と温風の 2 系統のダクトによる給気を混合させて温度制御を行うので、個別制御性は高いが、エネルギー損失は大きい。

No.22 給排水衛生設備に関する次の記述のうち、**最も不適当な**ものはどれか。

1 給水設備における水道直結直圧方式の必要圧力の算定においては、水道本管から給水する上で最も不利な状態にある水栓又は器具までの摩擦損失についても考慮する。

2 深夜電力温水器において、レジオネラ属菌の繁殖を防ぐためには、貯湯槽内の湯の温度を 40℃程度に保つ必要がある。

3 シングルレバー水栓や全自動洗濯機への配管において、ウォーターハンマーの発生を防止するためには、エアチャンバーの設置が有効である。

4 給湯配管において、直線部の配管長をやむを得ず長くする場合は、配管の線膨張に対する配慮が必要である。

5 排水管のトラップの破封防止や円滑な排水のために設ける通気管の大気開口部においては、害虫などが侵入しないように防虫網を設ける必要がある。

No.23 電気設備に関する次の記述のうち、**最も不適当なもの**はどれか。

1 同一電線管に収める電線本数が多くなると、1 本当たりの電線の許容電流は小さくなる。
2 インバータ制御は、省エネルギー性に優れているが、電源系にノイズを発生させる原因となる場合がある。
3 幹線の電圧降下は、実負荷から電流を算出し、その電流値を用いて計算する。
4 受電電圧は、一般に、契約電力により決定される。
5 電線の太さと長さが同一の場合、配電電圧が小さいほうが大きな電力を供給できる。

No.24 照明に関する次の記述のうち、**最も不適当なもの**はどれか。

1 目の疲労の軽減策の一つとして、グレアを低減させ、視野内の輝度分布が、ある程度均一となるようにすることがあげられる。
2 点光源による直接照度は、光源からの距離の 2 乗に反比例する。
3 色温度の高い光源の照明器具を用いた場合、一般に、暖かみのある雰囲気となる。
4 昼光利用制御では、設計照度を得るために、室内に入る自然光に応じて、照明器具を調光する。
5 光束法によって全般照明の照明計画を行う場合、設置直後の照度は、設計照度以上となる。

No.25 我が国における環境・省エネルギーに配慮した建築・設備計画に関する次の記述のうち、**最も不適当なもの**はどれか。

1 大空間や高天井の室において、居住域を中心とした局所空調を用いた。
2 空気搬送の圧力損失を低減するため、天井チャンバー方式を用いた。
3 排水再利用設備において、洗面・手洗い排水を浄化して再利用水として使用した。
4 夏期の最大冷房負荷を抑制するため、建築物の主たる窓面を東西面に配置した。
5 空気熱源マルチパッケージ型空調機は、成績係数（COP）の大きい機器を採用した。

平成 29 年　建築法規

No.1 図のような地面の一部が一様に傾斜した敷地に建てられた建築物に関する建築物の高さ、建築面積及び敷地面積の組合せとして、建築基準法上、正しいものは、次のうちどれか。ただし、図に記載されているものを除き、特定行政庁の指定等はないものとし、国土交通大臣が高い開放性を有すると認めて指定する構造の部分はないものとする。

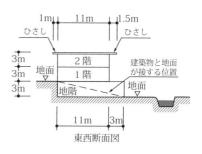

東西断面図

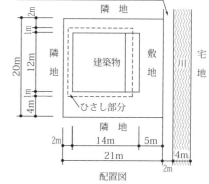

配置図

	建築物の高さ	建築面積	敷地面積
1	7.5m	138m²	400m²
2	7.5m	168m²	380m²
3	7.5m	168m²	400m²
4	9.0m	138m²	400m²
5	9.0m	168m²	380m²

No.2 次の行為のうち、建築基準法上、全国どの場所においても、確認済証の交付を受ける必要があるものはどれか。

1　鉄筋コンクリート造平家建て、延べ面積 200m² の事務所の新築

2　鉄骨造平家建て、延べ面積 300m² の診療所（患者の収容施設がない。）から幼保連携型認定こども園への用途の変更

3　木造 3 階建て、延べ面積 210m²、高さ 9m の一戸建て住宅における木造平家建て、床面積 10m² の倉庫の増築

4　木造 2 階建て、延べ面積 500m²、高さ 8m の一戸建て住宅の大規模の修繕

5　木造平家建て、延べ面積 150m²、高さ 5m のアトリエ兼用住宅（アトリエ部分は床面積 50m²）の大規模の模様替

No.3　次の記述のうち、建築基準法上、**誤っている**ものはどれか。

1　建築基準法第 6 条第 1 項の規定による確認の申請書に添える配置図に明示すべき事項には、「縮尺及び方位並びに敷地の接する道路の位置、幅員及び種類」が含まれる。

2　建築基準法第 6 条第 1 項第一号の建築物の新築において、指定確認検査機関が、安全上、防火上及び避難上支障がないものとして国土交通大臣が定める基準に適合していることを認めたときは、当該建築物の建築主は、検査済証の交付を受ける前においても、仮に、当該建築物又は建築物の部分を使用し、又は使用させることができる。

3　特定行政庁は、建築基準法令の規定に違反した建築物又は建築物の敷地については、当該建築物に関する工事の請負人等に対して、当該工事の施工の停止を命じることができる。

4　指定確認検査機関が確認済証の交付をした建築物の計画について、特定行政庁が建築基準関係規定に適合しないと認め、その旨を建築主及び指定確認検査機関に通知した場合において、当該確認済証は、その効力を失う。

5　建築審査会は、建築基準法令の規定による特定行政庁、建築主事、指定確認検査機関等の処分又はその不作為についての審査請求の裁決を行う場合、当該関係人等の出頭を求めて、公開による意見の聴取を行わなければならない。

No.4　木造 2 階建て、延べ面積 100m² の一戸建て住宅の計画に関する次の記述のうち、建築基準法に**適合しない**ものはどれか。

1　階段（高さ 3.0m の屋内の直階段）の高さ 1.5m の位置に、踏幅 1.1m の踊場を設けた。

2　1 階の居室の床下をコンクリートで覆ったので、床の高さを、直下の地面からその床の上面まで 30cm とした。

3　子ども部屋のクロゼット（収納スペース）の天井の高さを、2.0m とした。

4　発熱量の合計が 12kW の火を使用する器具（「密閉式燃焼器具等又は煙突を設けた器具」ではない。）のみを設けた調理室（床面積 10m²）に、0.9m² の有効開口面積を有する開口部を換気上有効に設けたので、その他の換気設備を設けなかった。

5　階段に代わる高さ 1.2m の傾斜路に幅 10cm の手すりを設けたので、当該傾斜路の幅の算定に当たっては、手すりはないものとみなした。

No.5 準工業地域内において、図のような断面を有する住宅の1階の居室の
開口部（幅1.5m、面積3.0m²）の「採光に有効な部分の面積」として、
建築基準法上、正しいものは、次のうちどれか。

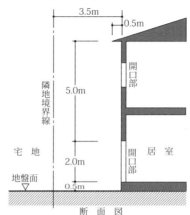

1　4.8m²
2　6.3m²
3　9.0m²
4　11.0m²
5　12.0m²

断面図

No.6 図のような平面を有する木造平家建ての倉庫の構造耐力上必要な軸組
の長さを算定するに当たって、張り間方向と桁行方向における「壁を
設け又は筋かいを入れた軸組の部分の長さに所定の倍率を乗じて得た長さの合計
（構造耐力上有効な軸組の長さ）」の組合せとして、建築基準法上、正しいものは、
次のうちどれか。

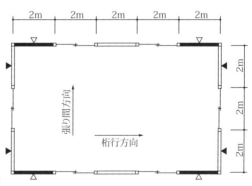

	構造耐力上有効な軸組の長さ	
	張り間方向	桁行方向
1	20m	42m
2	24m	40m
3	32m	18m
4	36m	26m
5	40m	24m

▮▬▮ 木ずりを柱及び間柱の両面に打ち付けた壁を設けた軸組

▯▭▯ 木ずりを柱及び間柱の片面に打ち付けた壁を設けた軸組

▲ 厚さ4.5cmで幅9.0cmの木材の筋かいをたすき掛けに入れた軸組

△ 厚さ4.5cmで幅9.0cmの木材の筋かいを入れた軸組

No.7 次の記述のうち、建築基準法上、**誤っている**ものはどれか。ただし、国土交通大臣が定める基準に従った構造計算による安全性の確認は行わないものとする。

1 木造 2 階建て、延べ面積 200m² の集会場において、床組及び小屋ばり組には木板その他これに類するものを国土交通大臣が定める基準に従って打ち付けし、小屋組には振れ止めを設けなければならない。

2 木造 2 階建て、延べ面積 300m² の一戸建ての住宅において、構造耐力上主要な部分である 1 階の柱と基礎とをだぼ継ぎその他の国土交通大臣が定める構造方法により接合し、かつ、当該柱に構造耐力上支障のある引張応力が生じないことが国土交通大臣が定める方法によって確かめられた場合には、土台を設けなくてもよい。

3 建築基準法第 85 条第 2 項に規定する工事を施工するために現場に設ける事務所（鉄骨造 2 階建て、延べ面積 150m²）において、柱に用いる鋼材は、その品質が、国土交通大臣の指定する<u>日本工業規格</u>に適合しなければならない。（☆）

4 木造 3 階建て、延べ面積 250m² の一戸建て住宅に対し、鉄骨造平家建て、床面積 60m² の診療所を、エキスパンションジョイントその他の相互に応力を伝えない構造方法のみで接する形で増築する場合には、建築基準法第 20 条第 1 項に規定する基準の適用については、それぞれ別の建築物とみなされる。

5 鉄骨造平家建て、延べ面積 400m² の体育館に設けられた特定天井の構造は、構造耐力上安全なものとして、国土交通大臣が定めた構造方法を用いるもの又は国土交通大臣の認定を受けたものとしなければならない。

No.8 建築基準法施行規則第 1 条の 3 に規定する確認申請書に添付する図書（構造計算書を除く。）に関する次の記述のうち、建築基準法上、**誤っている**ものはどれか。ただし、他の規定により添付する図書と併せて作成していないこととし、国土交通大臣があらかじめ安全であると認定した構造の建築物又はその部分に係る場合ではないものとする。

1 建築基準法施行令第 3 章第 2 節の規定が適用される建築物の「基礎・地盤説明書」に明示すべき事項には、「地盤調査方法及びその結果」が含まれる。

2 建築基準法施行令第 3 章第 3 節の規定が適用される建築物の「構造詳細図」に明示すべき事項には、「構造耐力上主要な部分である継手又は仕口の構造方法」が含まれる。

3 建築基準法施行令第 3 章第 4 節の 2 の規定が適用される建築物の「施工方法等計画書」に明示すべき事項には、「コンクリートブロックの組積方法」が含まれる。

4　建築基準法施行令第 3 章第 5 節の規定が適用される建築物の「構造詳細図」に明示すべき事項には、「圧縮材の有効細長比」が含まれる。

5　建築基準法施行令第 3 章第 6 節の規定が適用される建築物の「使用構造材料一覧表」に明示すべき事項には、「コンクリートの骨材、水及び混和材量の種別」が含まれる。

No.9 建築物の防火区画、隔壁等に関する次の記述のうち、建築基準法上、誤っているものはどれか。ただし、耐火性能検証法、防火区画検証法、階避難安全検証法、全館避難安全検証法及び国土交通大臣の認定による安全性の確認は行わないものとする。

1　主要構造部を準耐火構造とした 3 階建て、延べ面積 150m² の一戸建て住宅においては、階段の部分とその他の部分とを防火区画しなくてよい。

2　2 階建て、延べ面積 300m² の事務所の 1 階の一部が自動車車庫（当該用途に供する部分の床面積の合計が 60m²）である場合、自動車車庫の部分とその他の部分とを防火区画しなくてよい。（★）

3　延べ面積がそれぞれ 200m² を超える建築物で耐火建築物以外のもの相互を連絡する渡り廊下で、その小屋組が木造であり、かつ、桁行が 4m を超えるものは、小屋裏に準耐火構造の隔壁を設けなければならない。

4　建築基準法施行令第 109 条に規定する防火設備であって、これに通常の火災による火熱が加えられた場合に、加熱開始後 1 時間当該加熱面以外の面に火炎を出さないものとして、国土交通大臣が定めた構造方法を用いるもの又は国土交通大臣の認定を受けたものを、「特定防火設備」という。

5　天井のうち、その下方からの通常の火災時の加熱に対してその上方への延焼を有効に防止することができるものとして、国土交通大臣が定めた構造方法を用いるもの又は国土交通大臣の認定を受けたものを、「強化天井」という。

平成29年

No.10 建築物の避難施設等に関する次の記述のうち、建築基準法上、**誤って**
いるものはどれか。ただし、耐火性能検証法、防火区画検証法、階避
難安全検証法、全館避難安全検証法及び国土交通大臣の認定による安全性の確認
は行わないものとする。

1　2 階建ての耐火建築物である幼保連携型認定こども園の避難階以外の階におい
て、主たる用途に供する居室及びこれから地上に通ずる主たる廊下、階段そ
の他の通路の壁及び天井の室内に面する部分の仕上げを準不燃材料でしたも
のについては、居室の各部分から避難階又は地上に通ずる直通階段の一に至
る歩行距離を 60m 以下としなければならない。

2　集会場の客用に供する屋外への出口の戸は、集会場の規模にかかわらず、内
開きとしてはならない。

3　非常用エレベーターを設置している建築物であっても、非常用の進入口を設
けなければならない。

4　避難階以外の階をホテルの用途に供する場合、その階における宿泊室の床面
積の合計が 250m² のものは、その階から避難階又は地上に通ずる 2 以上の直
通階段を設けなければならない。

5　屋内に設ける避難階段の階段室の天井（天井がない場合は、屋根）及び壁の
室内に面する部分は、仕上げを不燃材料でし、かつ、その下地を不燃材料で
造らなければならない。

No.11 建築基準法第 35 条の 2 の規定による内装の制限に関する次の記述のう
ち、建築基準法上、**誤っている**ものはどれか。ただし、居室は、内装
の制限を受ける「窓その他の開口部を有しない居室」に該当しないものとする。
また、自動式の消火設備及び排煙設備は設けないものとし、耐火性能検証法、防
火区画検証法、階避難安全検証法、全館避難安全検証法及び国土交通大臣の認定
による安全性の確認は行わないものとする。

1　内装の制限を受ける 2 階建ての有料老人ホームの当該用途に供する居室の壁
及び天井の室内に面する部分の仕上げには、難燃材料を使用することができ
る。

2　患者の収容施設がある 2 階建ての準耐火建築物の診療所で、当該用途に供す
る部分の床面積の合計が 200m² のものは、内装の制限を受けない。

3　平家建て、延べ面積 25m² の自動車車庫は、内装の制限を受けない。

4　木造 3 階建て、延べ面積 150m² の一戸建て住宅の 3 階にある火を使用する設
備を設けた調理室は、内装の制限を受けない。

5　主要構造部を耐火構造とした学校は、その規模にかかわらず、内装の制限を
受けない。

No.12 道路等に関する次の記述のうち、建築基準法上、**誤っているもの**はどれか。ただし、特定行政庁による道路幅員に関する区域の指定はないものとする。

1　都市計画区域及び準都市計画区域以外の区域内においては、道路法による幅員 2m の道路に接している敷地の道路境界線沿いに、建築物に附属する門及び塀は建築することができる。

2　準都市計画区域内においては、都市計画法による幅員 4m の道路に 2m 接している敷地には、建築物を建築することができる。

3　都市計画区域内のうち用途地域の指定のない区域（都市計画法第 7 条第 1 項に規定する市街化調整区域を除く。）内においては、建築基準法第 3 章の規定が適用されるに至った際現に存在する幅員 6m の私道を廃止しようとする場合、特定行政庁により、その私道の廃止は制限されることがある。

4　都市計画法第 7 条第 1 項に規定する市街化調整区域内においては、土地区画整理法による幅員 8m の道路の地盤面下に設ける建築物は、特定行政庁の許可を受けることなく建築することができる。

5　都市計画法第 7 条第 1 項に規定する市街化区域内においては、都市再開発法による幅員 30m の道路の歩道部分に設ける通行上支障がない公衆便所は、特定行政庁の許可を受けることなく建築することができる。

No.13 次の建築物のうち、建築基準法上、**新築することができるもの**はどれか。ただし、特定行政庁の許可は受けないものとし、用途地域以外の地域、地区等は考慮しないものとする。

1　工業専用地域内の平家建て、延べ面積 150m² の物品販売業を営む店舗

2　準住居地域内の平家建て、延べ面積 200m² の客にダンスをさせ、かつ、客に飲食をさせる営業（客の接待をするものを除く。）を営む施設

3　第二種中高層住居専用地域内の平家建て、延べ面積 20m² の畜舎

4　第一種中高層住居専用地域内の 3 階建て、延べ面積 300m² の自動車車庫

5　第一種低層住居専用地域内の 2 階建て、延べ面積 300m² の地方公共団体の支所

平成29年

No.14 図のような敷地及び建築物の配置において、建築基準法上、**新築してはならない建築物**は、次のうちどれか。ただし、特定行政庁の許可は受けないものとし、用途地域以外の地域、地区等は考慮しないものとする。

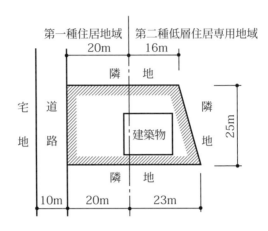

1　延べ面積 200m² の倉庫業を営む倉庫
2　警察署
3　延べ面積 300m² の旅館
4　作業場の床面積の合計が 50m² で、原動機の出力の合計が 1.5kW の空気圧縮機を使用する自動車修理工場
5　老人福祉センター

No.15 都市計画区域内における建築物の延べ面積（建築基準法第 52 条第 1 項に規定する容積率の算定の基礎となる延べ面積）及び容積率に関する次の記述のうち、建築基準法上、正しいものはどれか。ただし、用途地域以外の地域、地区等は考慮しないものとする。

1　専ら防災のために設ける備蓄倉庫の用途に供する部分の床面積は、当該建築物の各階の床面積の合計の $\frac{1}{5}$ を限度として、延べ面積に算入しない。
2　エレベーターの昇降路の部分又は共同住宅の共用の廊下若しくは階段の用に供する部分の床面積は、延べ面積に算入しない。
3　階段室、昇降機塔等の建築物の屋上部分で、その水平投影面積の合計が当該建築物の建築面積の $\frac{1}{8}$ 以下の場合においては、その部分の床面積の合計は、延べ面積に算入しない。

4　第一種低層住居専用地域内の専用住宅の容積率は、その敷地内に政令で定める規模以上の空地（道路に接して有効な部分が政令で定める規模以上であるものに限る。）を有し、かつ、その敷地面積が政令で定める規模以上である場合、当該地域に関する都市計画において定められた容積率の 1.5 倍以下とすることができる。

5　建築物の地階でその天井が地盤面から高さ 1m 以下にあるものの老人ホームの用途に供する部分の床面積は、当該建築物の老人ホームの用途に供する部分の床面積の合計の $\frac{1}{2}$ を限度として、延べ面積に算入しない。

No.16 図のような敷地において、耐火建築物を新築する場合、建築基準法上、新築することができる建築物の**建築面積の最高限度**は、次のうちどれか。ただし、図に記載されているものを除き、地域、地区等及び特定行政庁の指定・許可等はなく、図に示す範囲に高低差はないものとする。

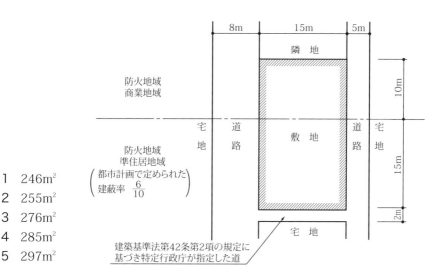

1　246m²
2　255m²
3　276m²
4　285m²
5　297m²

No.17 次の記述のうち、建築基準法上、誤っているものはどれか。ただし、地階及び防火壁はないものとし、防火地域及び準防火地域以外の地域、地区等は考慮しないものとする。

1　防火地域内において、3 階建て、延べ面積 150m² の一戸建て住宅に高さ 2m の塀を設ける場合、その塀を木造とすることができる。

2　防火地域内において、建築物の屋上に設ける看板は、その主要な部分を不燃材料で造り、又は覆わなければならない。

3　準防火地域内において、2 階建て、延べ面積 300m²（客席の床面積 200m²）の集会場は、耐火建築物ではなく、特定避難時間倒壊等防止建築物とすることができる。

4　準防火地域内において、木造 2 階建て、延べ面積 150m² の一戸建て住宅は、その外壁で延焼のおそれのある部分を準耐火構造としなければならない。

5　木造 2 階建て、延べ面積 200m² の準耐火建築物の一戸建て住宅は、防火地域及び準防火地域にわたって新築してはならない。

No.18 建築物の高さの制限又は日影規制（日影による中高層の建築物の高さの制限）に関する次の記述のうち、建築基準法上、正しいものはどれか。ただし、用途地域以外の地域、地区等及び地形の特殊性に関する特定行政庁の定め等は考慮しないものとする。

1　都市計画において建築物の高さの限度が 10m と定められた第一種低層住居専用地域内においては、建築物の敷地面積が 700m² であって、かつ、その敷地内に政令で定める空地を有し、特定行政庁が低層住宅に係る良好な住居の環境を害するおそれがないと認めるものの高さの限度は、12m とする。

2　道路高さ制限において、建築物の敷地の地盤面が前面道路より 1m 以上高い場合においては、その前面道路は、敷地の地盤面と前面道路の高低差の $\frac{1}{2}$ だけ高い位置にあるものとみなす。

3　建築物の敷地が幅員 12m の道路に接する場合においては、原則として、当該道路の反対側の境界線から当該敷地の側に水平距離 5m の線を敷地境界線とみなして、日影規制を適用する。

4　北側高さ制限において、建築物の敷地が北側で公園に接する場合、当該隣地境界線は、当該公園の反対側の境界線にあるものとみなす。

5　日影規制において、地方公共団体が条例で用途地域の指定のない区域を対象区域とし、高さが 10m を超える建築物を指定した場合においては、平均地盤面からの高さが 1.5m の水平面に生じる日影について日影規制を適用する。

No.19 図のような敷地において、建築物を新築する場合、建築基準法上、A 点における**地盤面からの建築物の高さの最高限度**は、次のうちどれか。ただし、敷地は平坦で、敷地、隣地及び道路の相互間の高低差並びに門及び塀はなく、また、図に記載されているものを除き、地域、地区等及び特定行政庁の指定・許可等はないものとし、日影規制（日影による中高層の建築物の高さの制限）及び天空率は考慮しないものとする。なお、建築物は、全ての部分において、高さの最高限度まで建築されるものとする。

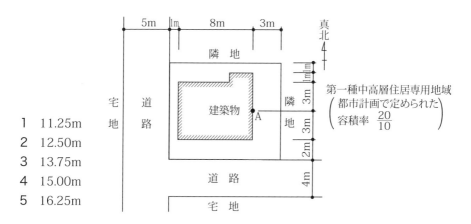

1 11.25m
2 12.50m
3 13.75m
4 15.00m
5 16.25m

No.20 次の記述のうち、建築基準法上、**誤っている**ものはどれか。

1 確認済証の交付を受けた後でなければすることができない建築物の建築の工事を、確認済証の交付を受けないでした工事施工者は、罰則の適用の対象となる。

2 非常災害が発生した区域又はこれに隣接する区域で特定行政庁が指定するものの内において、被災者が自ら使用するために建築する延べ面積 30m² 以内の応急仮設建築物で、その災害が発生した日から 1 月以内にその工事に着手するものについては、防火地域内に建築する場合を除き、建築基準法令の規定は、適用しない。

3 建築基準法第 20 条の規定に違反する建築物の設計及び工事監理を建築主が故意に指示し、やむを得ず建築士がそれに従って設計及び工事監理をした場合であっても、当該建築主だけでなく、当該建築士も罰則の適用の対象となる。

4 高さ 2m の擁壁には、建築基準法第 20 条の規定が準用される。

5 木造 3 階建ての一戸建て住宅の 2 階及び 3 階に設けるバルコニーの周囲には、安全上必要な高さが 1.1m 以上の手すり壁、柵又は金網を設けなければならない。

No.21 次の記述のうち、建築士法上、**誤っている**ものはどれか。

1　二級建築士は、設計等の委託者から請求があったときは、二級建築士免許証又は二級建築士免許証明書を提示しなければならない。

2　建築士事務所に属する二級建築士は、直近の二級建築士定期講習を受けた日の属する年度の翌年度の開始の日から起算して 3 年以内に、二級建築士定期講習を受けなければならない。

3　建築士法の規定に違反して二級建築士の免許を取り消され、その取消しの日から起算して 5 年を経過しない者は、二級建築士の免許を受けることができない。

4　二級建築士は、原則として、鉄筋コンクリート造 2 階建て、延べ面積 450m^2、高さ 10m の映画館の新築に係る設計をすることができない。

5　延べ面積 300m^2 の建築物の新築に係る設計受託契約の当事者は、契約の締結に際して、作成する設計図書の種類、設計に従事することとなる建築士の氏名、報酬の額、その他所定の事項について書面に記載し、署名又は記名押印をして相互に交付しなければならない。

No.22 建築士事務所に関する次の記述のうち、建築士法上、**誤っている**ものはどれか。

1　建築士は、他人の求めに応じ報酬を得て、建築工事の指導監督のみを業として行おうとするときであっても、建築士事務所を定めて、その建築士事務所について、都道府県知事（都道府県知事が指定事務所登録機関を指定したときは、原則として、当該指定事務所登録機関）の登録を受けなければならない。

2　建築士事務所の開設者は、建築物の建築に関する法令又は条例の規定に基づく手続の代理の業務について、建築主と契約の締結をしようとするときは、あらかじめ、当該建築主に対し、重要事項の説明を行わなければならない。

3　建築士事務所の開設者は、委託者の許諾を得た場合においても、委託を受けた設計又は工事監理（いずれも延べ面積が 300m^2 を超える建築物の新築工事に係るものに限る。）の業務を、それぞれ一括して他の建築士事務所の開設者に委託してはならない。

4　建築士事務所の開設者と管理建築士とが異なる場合においては、その開設者は、管理建築士から建築士事務所の業務に係る所定の技術的事項に関し、その業務が円滑かつ適切に行われるよう必要な意見が述べられた場合には、その意見を尊重しなければならない。

5　建築士事務所の開設者は、設計等の業務に関し生じた損害を賠償するために必要な金額を担保するための保険契約の締結その他の措置を講ずるよう努めなければならない。

No.23　「住宅の品質確保の促進等に関する法律」に関する次の記述のうち、**誤っ**ているものはどれか。

1　住宅のうち雨水の浸入を防止する部分は、住宅の屋根若しくは外壁又はこれらの開口部に設ける戸、枠その他の建具及び雨水を排除するため住宅に設ける全ての排水管をいう。

2　住宅の建設工事の請負人は、設計住宅性能評価書の写しを請負契約書に添付した場合においては、請負人が請負契約書に反対の意思を表示していなければ、当該設計住宅性能評価書の写しに表示された性能を有する住宅の建設工事を行うことを契約したものとみなす。

3　国土交通大臣及び内閣総理大臣は、利害関係人の意向を適切に反映するように、かつ、その適用に当たって同様な条件の下にある者に対して不公正に差別を付することがないように日本住宅性能表示基準を定めなければならない。

4　新築住宅の売買契約においては、売主が新築住宅の構造耐力上主要な部分等の瑕疵その他の住宅の隠れた瑕疵について担保の責任を負うべき期間を、買主に引き渡した時から原則 10 年間とするところを 20 年以内とすることができる。（☆）

5　国土交通大臣が指定する住宅紛争処理支援センターの業務の一つとして、評価住宅以外の住宅の建設工事の請負契約又は売買契約に関する相談、助言及び苦情の処理を行うことが規定されている。

No.24　次の記述のうち、関係法令上、**正しい**ものはどれか。

1　「特定住宅瑕疵担保責任の履行の確保等に関する法律」上、「住宅販売瑕疵担保責任保険契約」は、新築住宅の工事が完了した時から 10 年以上の期間にわたって有効でなければならない。

2　「長期優良住宅の普及の促進に関する法律」上、「維持保全」とは、住宅の基礎、壁、柱等の構造耐力上主要な部分及び雨水の浸入を防止する部分の点検又は調査を行い、及び必要に応じ修繕又は改良を行うことをいい、給水又は排水のための配管設備の点検等は含まない。

3　「長期優良住宅の普及の促進に関する法律」上、長期優良住宅建築等計画を作成し、所管行政庁の認定を申請することができるのは、住宅の建築をして、自らその建築後の住宅の維持保全を行おうとする者に限られる。

4　「建築物の耐震改修の促進に関する法律」上、特定既存耐震不適格建築物である木造 2 階建て、床面積の合計が 500m² の幼稚園の用に供する建築物の所有者は、当該建築物について耐震診断を行い、その結果、地震に対する安全性の向上を図る必要があると認められるときは、当該建築物について耐震改修を行うよう努めなければならない。

5　「建設工事に係る資材の再資源化等に関する法律」上、コンクリート、コンクリート及び鉄から成る建設資材、木材、アスファルト・コンクリート、アスファルト・ルーフィングは、「特定建設資材」に該当する。

No.25　イ〜ニの記述について、正しいもの**のみ**の組合せは、次のうちどれか。

イ　「都市計画法」上、市街化調整区域内で、農業を営む者の居住の用に供する建築物の建築の用に供する目的で行う開発行為をしようとする者は、都道府県知事又は指定都市等の長の許可を受けなければならない。

ロ　「宅地造成等規制法」上、宅地以外の土地を宅地にするために行う盛土であって、当該盛土をした土地の部分に高さが 1m の崖を生ずることとなるもので、当該盛土をする土地の面積が 500m² を超えるものは、「宅地造成」に該当する。（☆）

ハ　「高齢者、障害者等の移動等の円滑化の促進に関する法律」上、建築主等は、共同住宅を建築しようとするときは、当該建築物を建築物移動等円滑化基準に適合させるために必要な措置を講ずるよう努めなければならない。

ニ　「建設業法」上、工事 1 件の請負代金の額が 1,500 万円に満たない建築一式工事のみを請け負うことを営業とする者であっても、建設業の許可を受けなければならない。

1　イとロ
2　イとハ
3　ロとハ
4　ロとニ
5　ハとニ

平成29年　建築構造

No.1 図のような断面において、図心の座標 (x_0, y_0) の値として、正しいものは、次のうちどれか。ただし、$x_0 = \dfrac{S_y}{A}$ 、$y_0 = \dfrac{S_x}{A}$ であり、S_x、S_y はそれぞれ X 軸、Y 軸まわりの断面一次モーメント、A は全断面積を示すものとする。

	x_0 (mm)	y_0 (mm)
1	15	20
2	20	20
3	20	30
4	25	30
5	25	35

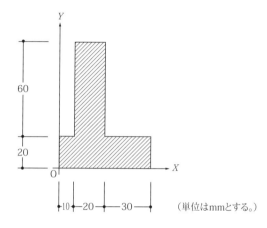

（単位はmmとする。）

No.2 図のような等分布荷重を受ける単純梁に断面 100mm × 200mm の部材を用いた場合、A 点に生じる最大曲げ応力度として、正しいものは、次のうちどれか。ただし、部材の断面は一様とし、自重は無視するものとする。

1 6N/mm^2
2 9N/mm^2
3 12N/mm^2
4 18N/mm^2
5 36N/mm^2

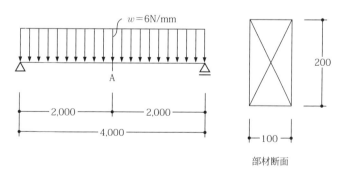

部材断面

（寸法の単位はmmとする。）

No.3 図のような荷重を受ける単純梁において、A 点の曲げモーメント M_A の大きさと、A － B 間のせん断力 Q_{AB} の絶対値との組合せとして、正しいものは、次のうちどれか。

	M_A の大きさ	Q_{AB} の絶対値
1	10kN・m	5kN
2	20kN・m	5kN
3	20kN・m	10kN
4	40kN・m	10kN
5	40kN・m	20kN

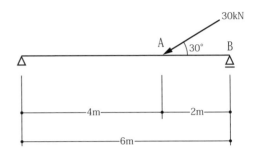

No.4 図のような外力を受ける 3 ヒンジラーメンにおいて、支点 A、B に生じる水平反力 H_A、H_B の値と、C － D 間のせん断力 Q_{CD} の絶対値との組合せとして、正しいものは、次のうちどれか。ただし、水平反力の方向は、左向きを「＋」とする。

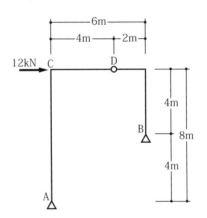

	H_A	H_B	Q_{CD} の絶対値
1	＋ 3kN	＋ 9kN	6kN
2	＋ 3kN	＋ 9kN	8kN
3	＋ 4kN	＋ 8kN	8kN
4	＋ 4kN	＋ 8kN	12kN
5	＋ 6kN	＋ 6kN	12kN

No.5 図のような外力を受ける静定トラスにおいて、部材 A、B、C に生じる軸方向力の組合せとして、**正しいもの**は、次のうちどれか。ただし、軸方向力は、引張力を「＋」、圧縮力を「－」とする。

	A	B	C
1	－ 4kN	＋ $3\sqrt{2}$kN	＋ 1kN
2	＋ 4kN	＋ $3\sqrt{2}$kN	－ 1kN
3	＋ 4kN	－ $3\sqrt{2}$kN	－ 1kN
4	＋ 8kN	－ $3\sqrt{2}$kN	－ 1kN
5	＋ 8kN	＋ $3\sqrt{2}$kN	－ 2kN

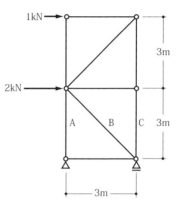

No.6 図のような材の長さ及び材端の支持条件が異なる柱 A、B、C の座屈長さをそれぞれ l_A、l_B、l_C としたとき、それらの大小関係として、**正しいもの**は、次のうちどれか。

1　$l_A > l_C > l_B$
2　$l_A = l_C > l_B$
3　$l_B > l_A = l_C$
4　$l_B > l_C > l_A$
5　$l_C > l_B > l_A$

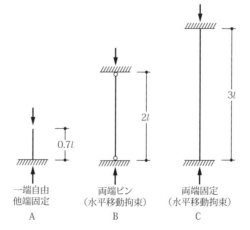

No.7 構造計算における荷重及び外力に関する次の記述のうち、**最も不適当**なものはどれか。

1　床の単位面積当たりの積載荷重は、一般に、「百貨店又は店舗の売場」より「教室」のほうが小さい。

2　屋根面における積雪量が不均等となるおそれのある場合においては、その影響を考慮して積雪荷重を計算する。

3　屋根の積雪荷重は、屋根に雪止めがある場合を除き、その勾配が 45 度を超える場合においては、零とすることができる。

4　風圧力を計算する場合において、閉鎖型及び開放型の建築物の風力係数は、原則として、建築物の外圧係数から内圧係数を減じた数値とする。

5　風圧力を計算する場合の速度圧は、その地方において定められた風速の 2 乗に比例する。

No.8 構造計算における設計用地震力に関する次の記述のうち、**最も不適当**なものはどれか。

1　建築物の地上部分の地震力は、多雪区域に指定された区域外においては、建築物の各部分の高さに応じて、当該高さの部分が支える固定荷重と積載荷重との和に、当該高さにおける地震層せん断力係数 C_i を乗じて計算する。

2　建築物の地上部分の各階における地震層せん断力係数 C_i は、一般に、上階になるほど大きくなる。

3　地盤が著しく軟弱な区域として指定された区域内における木造の建築物の標準せん断力係数 C_0 は、原則として、0.2 以上とする。

4　振動特性係数 R_t は、一般に、建築物の設計用一次固有周期が長くなるほど小さくなる。

5　地震地域係数 Z は、過去の震害の程度及び地震活動の状況などに応じて、各地域ごとに 1.0 から 0.7 までの範囲内において定められている。

No.9 地盤及び基礎構造に関する用語とその説明との組合せとして、**最も不適当な**ものは、次のうちどれか。

1　ボイリング ——— 砂中を上向きに流れる水流圧力によって、砂粒がかきまわされ湧き上がる現象

2　圧密 —————— 砂質土が、荷重の作用によって、長い時間をかけて排水しながら体積を減少させる現象

3　液状化 ———— 水で飽和した砂質土等が、振動・衝撃等による間隙水圧の上昇によって、せん断抵抗を失う現象

4　負の摩擦力 ——— 軟弱地盤等において、周囲の地盤が沈下することによって、杭の周面に下向きに作用する摩擦力

5　直接基礎 ———— 基礎スラブからの荷重を直接地盤に伝える形式の基礎

No.10 木造建築物の部材の名称とその説明との組合せとして、**最も不適当な**ものは、次のうちどれか。

1　飛び梁 ————— 寄棟などの小屋組において、隅木を受ける母屋の出隅交差部を支える小屋束を立てるために、軒桁と小屋梁の間に架け渡す横架材

2　面戸板 ———— 垂木と垂木の間において、野地板と軒桁との間にできる隙間をふさぐために用いる板材

3　真束 ————— 小屋組（洋小屋）において、中央で棟木、合掌を受ける部材又は陸梁を吊る部材

4　方立 ————— 柱と横架材の交点の入隅部分において、柱と横架材を斜めに結んで隅を固める部材

5　ぞうきんずり —— 床の間の地板と三方の壁とが接する部分に用いる細い部材

No.11 木造軸組工法による平家建ての建築物（屋根は日本瓦葺きとする。）において、図に示す平面の耐力壁（図中の太線）の配置計画として、最も**不適当**なものは、次のうちどれか。ただし、全ての耐力壁の倍率は 1 とする。

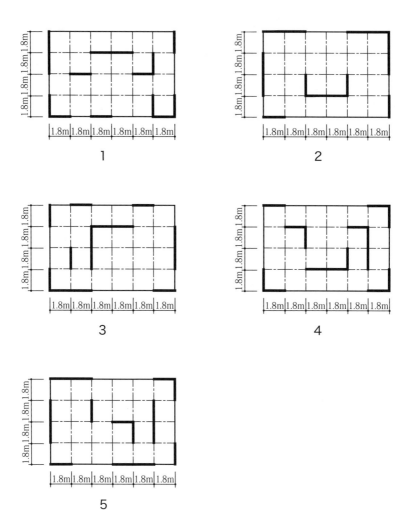

No.12 木質構造に関する次の記述のうち、**最も不適当な**ものはどれか。

1 土台継手の下木の端部に、アンカーボルトを設置した。
2 軒桁と小屋梁の仕口を、羽子板ボルトで緊結した。
3 ドリフトピン接合において、施工時の木材の含水率が 20％以上であったので、接合部の許容せん断耐力を低減した。
4 圧縮力を負担する筋かいに、厚さ 3cm、幅 9cm の木材を使用した。
5 水平力が作用した場合に生じる柱の浮き上がり軸力は、柱の位置に応じて、水平力時の柱軸力を低減して算定した。

No.13 壁式鉄筋コンクリート造 2 階建ての住宅に関する次の記述のうち、**最も不適当な**ものはどれか。ただし、壁式プレキャスト鉄筋コンクリート造ではないものとする。

1 2 階にバルコニーを計画したので、1 階の地震力に対する壁量算定用床面積は、1 階の外周の耐力壁の中心線で囲まれる面積に、当該バルコニーの床面積の $\frac{1}{2}$ を加えたものとした。
2 各階の階高を 3m としたので、耐力壁の厚さを 12cm とした。
3 2 階の壁梁のあばら筋比を、0.2％とした。
4 構造耐力上主要な部分のコンクリートの設計基準強度を、18N/mm² とした。
5 耐力壁の実長を、45cm 以上、かつ、同一の実長を有する部分の高さの 30％以上とした。

No.14 鉄筋コンクリート構造に関する次の記述のうち、**最も不適当な**ものはどれか。

1 部材の曲げモーメントに対する断面算定においては、一般に、コンクリートの引張応力度を無視する。
2 開口のある壁部材の許容せん断力は、壁部材に所定の開口補強がされている場合、開口のない壁部材の許容せん断力に、開口の幅、高さ及び見付面積に応じて定まる低減率を乗じて算定する。
3 梁とスラブを一体に打ち込む場合、梁の剛性については、一般に、梁のスパン長さ等に応じたスラブの有効幅を考慮した T 形梁として計算する。
4 柱梁接合部における帯筋比は、一般に、0.2％以上とする。
5 柱の帯筋の間隔は、一般に、柱の上下端付近より中央部を密にする。

No.15 鉄筋コンクリート構造において、図－1のような大梁及び図－2のような柱における主筋の重ね継手の位置ア〜キの組合せとして、**最も適当な**ものは、次のうちどれか。なお、図中の○印は、継手の中心位置を示す。

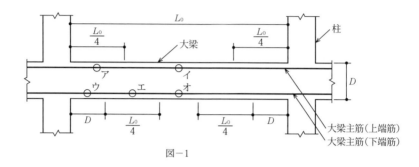

図－1

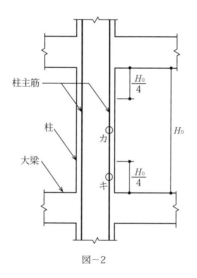

図－2

	大梁主筋の継手位置		柱主筋の継手位置
	上端筋	下端筋	
1	ア	ウ	キ
2	ア	エ	カ
3	ア	オ	キ
4	イ	エ	カ
5	イ	オ	カ

No.16 鉄骨構造に関する次の記述のうち、**最も不適当な**ものはどれか。

1 長期に作用する荷重に対する梁材のたわみは、通常の場合ではスパンの $\frac{1}{300}$ 以下とし、片持ち梁の場合ではスパンの $\frac{1}{250}$ 以下とする。

2 H形断面を有する梁が、強軸まわりに曲げを受ける場合、梁の細長比が大きいほど許容曲げ応力度が小さくなる。

3 根巻形式の柱脚においては、一般に、柱下部の根巻き鉄筋コンクリートの高さは、柱せいの 1.5 倍以上とする。

4 形鋼の許容応力度設計において、板要素の幅厚比が制限値を超える場合は、制限値を超える部分を無効とした断面で検討する。

5 許容応力度設計において、ガセットプレートのように、細長い長方形断面のみでせん断力を負担する場合には、平均せん断応力度の 1.5 倍が許容せん断応力度以下であることを確かめる。

No.17 鉄骨構造の接合に関する次の記述のうち、**最も不適当な**ものはどれか。

1 高力ボルト摩擦接合部の許容応力度は、締め付けられる鋼材間の摩擦力と高力ボルトのせん断力との和として応力が伝達されるものとして計算する。

2 高力ボルト摩擦接合において、両面とも摩擦面としての処理を行ったフィラープレートは、接合する母材の鋼種にかかわらず、400N/mm² 級の鋼材でよい。

3 一つの継手に高力ボルト摩擦接合と溶接接合とを併用する場合において、高力ボルト摩擦接合が溶接接合より先に施工されるときは、高力ボルト摩擦接合部と溶接継目に応力を分担させることができる。

4 構造計算に用いる隅肉溶接の溶接部の有効のど厚は、一般に、隅肉サイズの 0.7 倍である。

5 応力を伝達する隅肉溶接の有効長さは、一般に、隅肉サイズの 10 倍以上で、かつ、40mm 以上とする。

平成29年

No.18 建築物の構造計画等に関する次の記述のうち、**最も不適当なもの**はどれか。

1 鉄骨造の建築物において、筋かいによって地震力に抵抗する計画とした場合、耐震計算ルート 2 では、筋かいの水平力分担率の値に応じて、地震時応力を割り増す必要がある。

2 木造建築物において、同じ構面内の同種の筋かいは、一般に、傾きの方向が同じ向きとなるように配置する。

3 鉄筋コンクリート造の建築物において、柱と腰壁との間に耐震スリットを設けることは、柱の脆性破壊の防止に有効である。

4 スウェーデン式サウンディング試験（SWS 試験）は、載荷したロッドを回転して地盤に貫入する簡便な地盤調査方法であり、手動式の場合、適用深度は 10m 程度である。

5 建築物の外壁から突出する部分の長さが 2m を超える片持ちのバルコニーを設ける場合、当該部分の鉛直震度に基づき計算した地震力に対して安全であることを確かめる必要がある。

No.19 建築物の耐震設計等に関する次の記述のうち、**最も不適当なもの**はどれか。

1 建築物の剛性率は、計算しようとする方向について、各階の層間変形角を建築物全体の層間変形角の平均値で除した値である。

2 建築物の偏心率は、計算しようとする方向について、各階の偏心距離を当該階の弾力半径で除した値である。

3 建築物の耐震性は、一般に、強度と靱性によって評価されるが、靱性が乏しい場合には、強度を十分に高くする必要がある。

4 建築物の耐震設計は、まれに発生する地震（中程度の地震）に対して損傷による性能の低下を生じないことを確かめる一次設計と、極めてまれに発生する地震（最大級の地震）に対して崩壊・倒壊等しないことを確かめる二次設計から構成される。

5 杭基礎において、根入れの深さが 2m 以上の場合、基礎スラブ底面における地震による水平力を低減することができる。

No.20 建築材料として使用される木材及び木質材料に関する次の記述のうち、**最も不適当な**ものはどれか。

1 木材を大気中で十分に乾燥させ、木材中の結合水と大気中の湿度が平衡に達した状態を、繊維飽和点という。
2 木材の乾燥収縮率は、年輪の接線方向より繊維方向のほうが小さい。
3 心材は、辺材よりもシロアリの食害を受けにくい。
4 構造用集成材や合板は、繊維方向、積層方向等によって強度性能上の異方性を有している。
5 日本工業規格（JIS）において、繊維板は、密度・用途・製法によってインシュレーションボード、MDF 及びハードボードに分類される。（☆）

No.21 コンクリートに関する次の記述のうち、**最も不適当な**ものはどれか。

1 コンクリートの養生期間中の温度が高いほど、一般に、初期材齢の強度発現は妨げられるが、長期材齢の強度増進は大きくなる。
2 単位水量が大きくブリーディングが多いコンクリートは、一般に、コンクリートの打込み後、数時間の間に、水平鉄筋に沿った沈みひび割れを誘発することがある。
3 高炉セメント B 種を用いたコンクリートは、圧縮強度が同程度の普通ポルトランドセメントを用いたコンクリートに比べて、長期の湿潤養生期間が必要となる。
4 クリープは、一定の外力が継続して作用したときに、時間の経過とともにひずみが増大する現象である。
5 コールドジョイントを防止するためには、先に打ち込まれたコンクリートの凝結が始まる前に、次のコンクリートを打ち重ねる必要がある。

No.22 コンクリートの一般的な性質等に関する次の記述のうち、**最も不適当な**ものはどれか。

1 圧縮強度は、水セメント比が小さいものほど高い。
2 ヤング係数は、圧縮強度が高いものほど大きい。
3 中性化速度は、圧縮強度が高いものほど小さい。
4 線膨張係数は、常温時には、鉄筋の線膨張係数とほぼ等しい。
5 長期許容圧縮応力度は、設計基準強度に $\frac{2}{3}$ を乗じた値である。

No.23 建築物の構造材として用いられる鋼材に関する次の記述のうち、**最も不適当なもの**はどれか。

1　鋼材は、炭素含有量が多くなると、硬質になり、引張強さが大きくなる。

2　鋼材の降伏点は、温度が 300 〜 400℃程度で最大となり、それ以上の温度になると急激に低下する。

3　建築構造用耐火鋼（FR 鋼）は、一般の鋼材よりも高温時の強度を向上させ、600℃における降伏点が常温規格値の $\frac{2}{3}$ 以上あることを保証した鋼材である。

4　鋼材は、通常、伸びと絞りを伴って破断（延性破壊）するが、低温状態や鋼材に切欠きがある場合に衝撃力がかかると脆性破壊しやすくなる。

5　鋼を熱間圧延して製造するときに生じる黒い錆（黒皮）は、鋼の表面に被膜を形成するので防食効果がある。

No.24 ガラスに関する次の記述のうち、**最も不適当なもの**はどれか。

1　Low-E 複層ガラスは、2 枚の板ガラスの片方の中空層側表面に低放射の特殊金属膜をコーティングしたガラスであり、日射制御機能と高い断熱性を有する。

2　線入り板ガラスは、板ガラスの中に金属線を封入したガラスであり、割れても破片が落ちにくいので、防火戸に用いるガラスとして使用される。

3　合わせガラスは、2 枚の板ガラスを透明で強靭な中間膜で張り合わせたガラスであり、割れても破片の飛散を防ぐことができる。

4　強化ガラスは、フロート板ガラスの3〜5倍の強度を有する加工ガラスであり、割れても破片が鋭角状にならない。

5　型板ガラスは、ガラスの片側表面に型模様を付けたガラスであり、光を拡散し、視線を遮ることができるので、住宅の窓ガラスなどに使用される。

No.25 建築材料に関する次の記述のうち、**最も不適当なもの**はどれか。

1　せっこうボードは、火災時にはせっこうに含まれる結晶水が分解されるまで、温度上昇を防ぐので、優れた防火性を有している。

2　窯業系サイディングは、セメント質原料及び繊維質原料を成形したものであり、外装材として用いられる。

3　ALC は、原料を発泡させて高温高圧蒸気養生した材料であり、1mm 程度の独立気泡を多く含むので、優れた耐火性・断熱性を有している。

4　ガラス繊維混入セメント板（GRC パネル）は、セメント系材料にガラス繊維を混入したものであり、曲げ強度が高く薄肉化が可能なので、内外装パネルとして用いられる。

5　木片セメント板は、細長く削り出した木毛とセメントを混合し加圧成型したものであり、加工性が良いので、天井の下地材に用いられる。

平成 29 年　建築施工

No.1　下に示すネットワーク工程表に関する次の記述のうち、**最も不適当な**ものはどれか。※

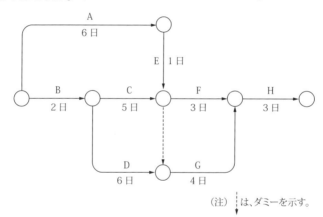

（注）は、ダミーを示す。

1　この工事全体は、最短 15 日で終了する。

2　A 作業の所要日数を 1 日短縮しても、この工事全体の作業日数は変わらない。

3　D 作業の所要日数を 3 日短縮すると、この工事全体の作業日数は、2 日の短縮となる。

4　E 作業が終了しなければ、G 作業は開始できない。

5　F 作業のフリーフロート（後続作業に影響せず、その作業で自由に使える余裕時間）は、1 日である。

　　　※この問題は、正答枝を 2 つとする措置が講じられた。

No.2 建築士法の規定に基づく建築士事務所の開設者が、その業務に関して請求することのできる報酬の基準において、建築士が行う工事監理に関する標準業務及びその他の標準業務に**該当しないもの**は、次のうちどれか。

1　工事監理の着手に先立って、工事監理体制その他工事監理方針について建築主に説明する。

2　設計図書の内容を把握し、設計図書に明らかな矛盾、不適切な納まり等を発見した場合には、建築主に報告し、必要に応じて建築主を通じて設計者に確認する。

3　工事施工者から提出される請負代金内訳書の適否を合理的な方法により検討し、建築主に報告する。

4　各工事の専門工事業者と工事請負契約を締結する。

5　工事施工者から提出される最終支払いの請求について、工事請負契約に適合しているかどうかを技術的に審査し、建築主に報告する。

No.3 工事現場における材料等の保管に関する次の記述のうち、**最も不適当**なものはどれか。

1　既製コンクリート杭は、地盤を水平に均（なら）し、杭の支持位置にまくら材を置き、1 段に並べ仮置きした。

2　鉄筋及び鉄骨は、泥土が付かないように受材の上に置き、シート養生を行い保管した。

3　高力ボルトは、雨水・塵埃（じんあい）などが付着せず、温度変化の少ない場所に、等級別、ねじの呼び別、長さ別に整理して保管した。

4　アスファルトルーフィングは、屋内の乾燥した場所に立置きにして保管した。

5　巻いたビニル壁紙は、くせが付かないように、井桁積みにして保管した。

No.4 建築の工事現場から排出される廃棄物に関する次の記述のうち、「廃棄物の処理及び清掃に関する法律」上、**誤っているもの**はどれか。

1　一戸建て住宅の新築工事に伴って生じた紙くずを、一般廃棄物として処理した。

2　事務所の基礎工事に伴って生じた汚泥を、産業廃棄物として処理した。

3　共同住宅の新築工事に伴って生じた木くずを、産業廃棄物として処理した。

4　事務所の改築工事に伴って生じたコンクリートの破片を、産業廃棄物として処理した。

5　共同住宅の改築工事に伴って生じた廃プラスチック類のうち、ポリ塩化ビフェニルが封入されたものを、特別管理産業廃棄物として処理した。

No.5 仮設工事に関する次の記述のうち、**最も不適当なもの**はどれか。

1　鉄骨造 2 階建ての建築物の工事において、高さ 1.8m の仮囲いを設けた。

2　工事用シートの取付けにおいて、足場に水平材を垂直方向 5.5m 以下ごとに設け、隙間やたるみがないように緊結材を使用して足場に緊結した。

3　高さ 18m のくさび緊結式足場の組立てにおいて、建枠・建地の間隔を、桁行方向 1.8m、梁間方向 1.5m とした。

4　架設通路の階段の踊り場において、墜落の危険のある箇所には、高さ 80cm の手摺を設け、高さ 40cm の中桟を取り付けた。

5　ベンチマークは、相互にチェックできるように 2 箇所設置し、移動しないようにそれらの周囲に養生を行った。

No.6 地盤の調査事項とその調査方法の組合せとして、**最も不適当なもの**は、次のうちどれか。

1　地盤のせん断強さ ——— ベーン試験

2　地盤の粒度分布 ——— 平板載荷試験

3　地盤構成 ——————— ボーリング

4　地下埋設物の調査 ——— 電磁波探査法

5　N 値 ——————————— 標準貫入試験

No.7 木造 2 階建て住宅の基礎工事等に関する次の記述のうち、**最も不適当なもの**はどれか。

1　柱脚部の短期許容耐力が 25kN 以下のホールダウン専用アンカーボルトのコンクリート基礎への埋込み長さは、360mm とした。

2　布基礎の底盤部分の主筋に D10 を用い、その間隔を 300mm とした。

3　アンカーボルトの埋込み位置は、隅角部及び土台の継手位置付近とし、その他の部分は間隔を 2.0m とした。

4　床下の防湿措置において、床下地面全面に厚さ 0.15mm のポリエチレンフィルムを、重ね幅 100mm として敷き詰めた。

5　布基礎の立上りの厚さは 150mm とし、セパレーターを用いて型枠の幅を固定した。

No.8 型枠工事に関する次の記述のうち、**最も不適当なもの**はどれか。

1 せき板として使用する合板は、直射日光にさらされないように、シート等を使用して保護した。
2 柱及び壁のせき板は、計画供用期間の級が「短期」であり、コンクリートの打込み後 4 日間の平均気温が 10℃ であったので、圧縮強度試験を行わずに取り外した。
3 型枠は、足場等の仮設物とは連結させずに設置した。
4 使用後の型枠については、コンクリートに接する面をよく清掃し、締付けボルト等の貫通孔を修理した後、剥離剤を塗り再使用した。
5 スリーブには、鋼管を使用し、管径が大きい箇所にはコンクリート打込み時の変形防止のために補強を行った。

No.9 鉄筋工事に関する次の記述のうち、**最も不適当なもの**はどれか。

1 屋根スラブの下端筋として用いる鉄筋の直線定着の長さを、10d 以上、かつ、150mm 以上とした。
2 D19 の鉄筋に 180 度フックを設けるための折曲げ加工を行ったので、その余長を 4d とした。
3 鉄筋径が異なるガス圧接継手において、圧接部のふくらみの直径を、細いほうの鉄筋径の 1.4 倍以上とした。
4 梁主筋を柱内に定着させる部分では、柱せいの $\frac{1}{2}$ の位置において、梁主筋を折り曲げた。
5 柱の四隅の主筋において、最上階の柱頭の末端部には、フックを付けた。

No.10 コンクリート工事に関する次の記述のうち、**最も不適当なもの**はどれか。

1 コンクリートの打込み中に降雨となったので、打込み箇所を上屋やシートで覆ったうえで、工事監理者の承認を受け、打込み作業を継続した。
2 コンクリートの打込み中において、スラブ筋の跳ね上がりやスペーサーからの脱落が生じたので、打込みを中断して修正を行い、必要な措置を講じたうえで、打込みを再開した。
3 コンクリートの打継ぎ面は、散水後の水膜を残した状態からコンクリートを打ち込んだ。
4 梁及びスラブにおけるコンクリートの鉛直打継ぎの位置を、そのスパンの端から $\frac{1}{4}$ 付近とした。

5　寒冷期のコンクリートの打込み工事であったので、コンクリートを寒気から保護し、打込み後 5 日間にわたって、コンクリート温度を 2℃以上に保った。

No.11 コンクリート工事に関する次の記述のうち、**最も不適当な**ものはどれか。

1　普通コンクリートの気乾単位容積質量を、2.3t/m³ とした。
2　コンクリートのワーカビリティーを改善し、所要のスランプを得るため、AE 減水剤を使用した。
3　軽量コンクリートに用いる人工軽量骨材は、コンクリートの輸送によってスランプの低下等が生じないよう、あらかじめ十分に吸水させたものを使用した。
4　荷卸し時のコンクリートにおいて、空気量が指定された値に対して、− 1.0 %であったので、許容した。
5　コンクリートの強度試験は、レディーミクストコンクリート工場及びコンクリートの種類が異なるごとに 1 日 1 回、かつ、コンクリート 200m³ ごとに 1 回行った。

No.12 鉄骨工事における建方に関する次の記述のうち、**最も不適当な**ものはどれか。

1　高力ボルト接合による継手の仮ボルトは、本接合のボルトと同軸径の普通ボルトを用い、締付け本数は、一群のボルト数の $\frac{1}{3}$ 以上、かつ、2 本以上とした。
2　柱接合部のエレクションピースは、あらかじめ工場において、鉄骨本体に強固に取り付けた。
3　本接合に先立ち、ひずみを修正し、建入れ直しを行った。
4　ターンバックル付きの筋かいを有する構造物においては、その筋かいを用いて建入れ直しを行った。
5　架構の倒壊防止用に使用するワイヤーロープを、建入れ直し用に兼用した。

No.13 高力ボルト接合に関する次の記述のうち、**最も不適当な**ものはどれか。

1 座金との接触面にまくれがあったので、ディスクグラインダー掛けにより取り除き、平らに仕上げた。

2 高力ボルト摩擦接合部の摩擦面には、締付けに先立ち防錆塗装を行った。

3 一次締め終了後に行うボルトのマーキングは、ボルト軸から、ナット、座金及び母材（添え板）にかけて行った。

4 トルシア形高力ボルトの締付け検査において、締付けの完了したボルトのピンテールが破断したものを合格とした。

5 作業場所の気温が 0℃以下となり、接合部に着氷のおそれがあったので、締付け作業を中止した。

No.14 補強コンクリートブロック工事及び外壁の ALC パネル工事に関する次の記述のうち、**最も不適当な**ものはどれか。

1 臥梁（がりょう）の直下のブロックには、横筋用ブロックを使用し、臥梁（がりょう）へのコンクリートの打込みを行った。

2 ブロックの空洞部を通して電気配管を行うに当たり、横筋のかぶり厚さに支障のないように空洞部の片側に寄せて配管を行った。

3 ブロック塀の縦筋については、下部は基礎に定着させ、上部は最上部の横筋に 90 度フック、余長 5d で定着させた。

4 ALC パネルの最小幅は、300mm とした。

5 ALC パネルの短辺小口相互の接合部の目地幅は、耐火目地材を充填する必要がなかったので、10mm とした。

No.15 木工事に関する次の記述のうち、**最も不適当な**ものはどれか。

1 根太を設けた床組の床下地板には、厚さ 12mm のパーティクルボードを使用した。

2 桁に使用する木材については、継伸しの都合上、やむを得ず短材を使用する必要があったので、その長さを 2m とした。

3 外壁の通気構法において、特記がなかったので、下地の通気胴縁の寸法を、厚さ 18mm ×幅 100mm とした。

4 建入れ直し後の建方精度の誤差において、特記がなかったので、垂直・水平ともに $\frac{1}{1,000}$ 以下を許容した。

5 防腐処理において、薬剤を塗布した後、十分に乾燥させ、2 回目の塗布を行った。

No.16 木工事の継手・仕口等に関する次の記述のうち、**最も不適当なもの**はどれか。

1 大引の継手は、床束心から 150mm 程度持ち出した位置とし、腰掛け蟻継ぎとした。

2 せっこうラスボードの張付けにおいて、釘留め間隔をボード周辺部については 150mm、その他の中間部は 200mm とした。

3 末口寸法 180mm の小屋梁の継手は、受材上で台持ち継ぎとし、六角ボルト M12 で緊結した。

4 床仕上げの縁甲板張りは、本実、隠し釘打ちとした。

5 開口部のまぐさ・窓台の仕口は、柱に対して傾ぎ大入れとした。

No.17 防水工事及び屋根工事に関する次の記述のうち、**最も不適当なもの**はどれか。

1 シーリング工事において、バックアップ材はシーリング材と十分に接着させた。

2 住宅屋根用化粧スレートの葺板は、特記がなかったので、1 枚ごとに専用釘を用いて野地板に直接留め付けた。

3 アスファルト防水工事において、出隅・入隅等へのストレッチルーフィングの増張りを行った後、一般平場部分にストレッチルーフィングを張り付けた。

4 木造住宅の粘土瓦葺における瓦の留付けに使用する緊結線は、径 0.9mm のステンレス製のものとした。

5 木造住宅の金属板葺の下地に使用する改質アスファルトルーフィング下葺材の張付けは、野地板の上に軒先と平行に敷き込み、重ね幅をシートの長手方向 200mm、流れ方向 100mm とした。

平成29年

No.18 左官工事、タイル工事及び石工事に関する次の記述のうち、**最も不適当な**ものはどれか。

1 外壁湿式工法による石材の取付けにおいて、石材の裏面とコンクリート躯体面との間隔を 40mm とした。

2 壁のタイルの改良圧着張りにおいて、タイル下地面とタイル裏面の双方に張付けモルタルを塗り付けた。

3 壁のモザイクタイル張りにおいて、表張り紙の紙はがしは、張付け後に時期を見計らい、表面に水湿しをしてから行った。

4 ラス下地面へのせっこうプラスター塗りにおいて、上塗りは中塗りが半乾燥の状態のうちに行った。

5 屋内の床面のセルフレベリング材塗りにおいて、材料が硬化するまでの間は、窓や出入口を開けて通風を確保した。

No.19 塗装工事に関する次の記述のうち、**最も不適当な**ものはどれか。

1 木部の素地ごしらえにおいて、節止めに木部下塗り用調合ペイントを塗布した。

2 屋内のせっこうボード面は、合成樹脂エマルションペイント塗りとした。

3 内壁の中塗り及び上塗りにおいて、塗料の色を変えた。

4 塗装場所の湿度が 85％であったので、塗装を行わなかった。

5 冬期におけるコンクリート面への塗装において、コンクリート素地の乾燥期間の目安を、14 日間とした。

No.20 建具工事、ガラス工事及び内装工事に関する次の記述のうち、**最も不適当な**ものはどれか。

1 鉄筋コンクリートの水掛り部分におけるアルミニウム製建具枠の取付けに当たって、仮留め用のくさびを取り除き、モルタルを充塡した。

2 アルミニウム製建具に厚さ 18mm の複層ガラスをはめ込むに当たって、特記がなかったので、建具枠のガラス溝の掛け代を 15mm とした。

3 接着工法により直張り用複合フローリングを張り付けるに当たって、ウレタン樹脂系接着剤を用いた。

4 コンクリート壁下地にせっこうボードを直張りするに当たって、せっこうボード表面への仕上材に通気性があったので、直張り用接着剤の乾燥期間を、5 日間とした。

5 全面接着工法によりフリーアクセスフロア下地にタイルカーペットを張り付けるに当たって、タイルカーペットは、下地パネルの目地にまたがるように割り付けた。

No.21 木造住宅における設備工事に関する次の記述のうち、**最も不適当なも**のはどれか。

1 雨水用排水ますには、深さ 150mm の泥だめを設けた。

2 住宅用防災警報器は、天井面から下方 0.15m 以上 0.5m 以内の位置にある壁の屋内に面する部分に取り付けた。

3 ユニットバスの設置に当たって、下地枠の取付けに並行して、端末設備配管を行った。

4 LP ガス（液化石油ガス）のガス漏れ警報設備の検知器は、ガス燃焼器から水平距離 4m 以内、かつ、その上端が床面から上方 0.3m 以内の位置となるように取り付けた。

5 給水管と排水管を平行に地中に埋設するに当たって、両配管の水平間隔を400mm とし、給水管が排水管の上方となるようにした。

No.22 改修工事等に関する次の記述のうち、**最も不適当な**ものはどれか。

1 外壁のタイル張替えにおいて、張付け後のタイルの引張接着強度は、接着力試験機を用いて測定した。

2 コンクリート打放し仕上げの外壁改修において、幅 0.5mm の挙動のあるひび割れについては、U カットシール材充填工法を採用した。

3 かぶせ工法によるアルミニウム製建具の改修において、既存枠へ新規に建具を取り付けるに当たり、小ねじの留付け間隔は、中間部で 500mm とした。

4 床の改修において、ビニル床シートの張付け前にモルタル下地の乾燥程度を確認するため、高周波式水分計による計測を行った。

5 建材の撤去において、アスベスト含有の有無を把握するため、目視、設計図書等により製品名、製造所名、製造年月日等の確認を行った。

No.23 建築工事に用いられる工法及び機械・器具に関する次の記述のうち、**最も不適当な**ものはどれか。

1 杭工事において、地盤が軟弱であったので、地盤アンカー工法を採用した。

2 防水工事において、におい対策に有効なトーチ工法を採用した。

3 土工事において、掘削機械が置かれている地面よりも高い位置の土砂の掘削に、パワーショベルを使用した。

4 鉄筋工事において、鉄筋の切断にシヤーカッターを使用した。

5 鉄骨工事において、トルシア形高力ボルトの一次締付けに電動式インパクトレンチを使用した。

平成29年

No.24 工事費の構成において、A 〜 C に該当する用語の組合せとして、**最も適当な**ものは、次のうちどれか。

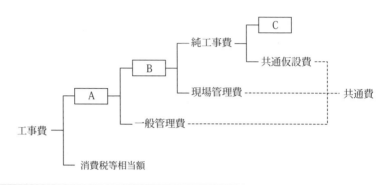

	A	B	C
1	工事原価	工事価格	直接工事費
2	工事原価	直接工事費	工事価格
3	直接工事費	工事原価	工事価格
4	工事価格	直接工事費	工事原価
5	工事価格	工事原価	直接工事費

No.25 請負契約に関する次の記述のうち、民間（旧四会）連合協定「工事請負契約約款」に照らして、**最も不適当な**ものはどれか。（☆）

1 施工のため第三者に損害を及ぼしたときは、発注者の責めに帰すべき事由により生じたものを除き、受注者の負担とする。

2 受注者は、発注者に対して、工事内容の変更（施工方法等を含む。）に伴う請負代金の増減額を提案することができない。

3 受注者は、工事の施工中、この工事の出来形部分と工事現場に搬入した、工事材料、建築設備の機器などに火災保険又は建設工事保険を付し、その証券の写しを発注者に提出する。

4 発注者は、受注者、監理者又は設計者（その者の責任において設計図書を作成した者をいう。）の求めにより、設計意図を正確に伝えるため設計者が行う質疑応答又は説明の内容を受注者及び監理者に通知する。

5 契約を解除したときは、発注者が工事の出来形部分並びに検査済みの工事材料及び設備の機器（有償支給材料を含む。）を引き受けるものとして、発注者及び受注者が協議して清算する。

年　解答用紙

総得点

／100

	／25
建 築 計 画	

No.1 ⊂1⊃⊂2⊃⊂3⊃⊂4⊃⊂5⊃
No.2 ⊂1⊃⊂2⊃⊂3⊃⊂4⊃⊂5⊃
No.3 ⊂1⊃⊂2⊃⊂3⊃⊂4⊃⊂5⊃
No.4 ⊂1⊃⊂2⊃⊂3⊃⊂4⊃⊂5⊃
No.5 ⊂1⊃⊂2⊃⊂3⊃⊂4⊃⊂5⊃
No.6 ⊂1⊃⊂2⊃⊂3⊃⊂4⊃⊂5⊃
No.7 ⊂1⊃⊂2⊃⊂3⊃⊂4⊃⊂5⊃
No.8 ⊂1⊃⊂2⊃⊂3⊃⊂4⊃⊂5⊃
No.9 ⊂1⊃⊂2⊃⊂3⊃⊂4⊃⊂5⊃
No.10 ⊂1⊃⊂2⊃⊂3⊃⊂4⊃⊂5⊃
No.11 ⊂1⊃⊂2⊃⊂3⊃⊂4⊃⊂5⊃
No.12 ⊂1⊃⊂2⊃⊂3⊃⊂4⊃⊂5⊃
No.13 ⊂1⊃⊂2⊃⊂3⊃⊂4⊃⊂5⊃
No.14 ⊂1⊃⊂2⊃⊂3⊃⊂4⊃⊂5⊃
No.15 ⊂1⊃⊂2⊃⊂3⊃⊂4⊃⊂5⊃
No.16 ⊂1⊃⊂2⊃⊂3⊃⊂4⊃⊂5⊃
No.17 ⊂1⊃⊂2⊃⊂3⊃⊂4⊃⊂5⊃
No.18 ⊂1⊃⊂2⊃⊂3⊃⊂4⊃⊂5⊃
No.19 ⊂1⊃⊂2⊃⊂3⊃⊂4⊃⊂5⊃
No.20 ⊂1⊃⊂2⊃⊂3⊃⊂4⊃⊂5⊃
No.21 ⊂1⊃⊂2⊃⊂3⊃⊂4⊃⊂5⊃
No.22 ⊂1⊃⊂2⊃⊂3⊃⊂4⊃⊂5⊃
No.23 ⊂1⊃⊂2⊃⊂3⊃⊂4⊃⊂5⊃
No.24 ⊂1⊃⊂2⊃⊂3⊃⊂4⊃⊂5⊃
No.25 ⊂1⊃⊂2⊃⊂3⊃⊂4⊃⊂5⊃

	／25
建 築 法 規	

No.1 ⊂1⊃⊂2⊃⊂3⊃⊂4⊃⊂5⊃
No.2 ⊂1⊃⊂2⊃⊂3⊃⊂4⊃⊂5⊃
No.3 ⊂1⊃⊂2⊃⊂3⊃⊂4⊃⊂5⊃
No.4 ⊂1⊃⊂2⊃⊂3⊃⊂4⊃⊂5⊃
No.5 ⊂1⊃⊂2⊃⊂3⊃⊂4⊃⊂5⊃
No.6 ⊂1⊃⊂2⊃⊂3⊃⊂4⊃⊂5⊃
No.7 ⊂1⊃⊂2⊃⊂3⊃⊂4⊃⊂5⊃
No.8 ⊂1⊃⊂2⊃⊂3⊃⊂4⊃⊂5⊃
No.9 ⊂1⊃⊂2⊃⊂3⊃⊂4⊃⊂5⊃
No.10 ⊂1⊃⊂2⊃⊂3⊃⊂4⊃⊂5⊃
No.11 ⊂1⊃⊂2⊃⊂3⊃⊂4⊃⊂5⊃
No.12 ⊂1⊃⊂2⊃⊂3⊃⊂4⊃⊂5⊃
No.13 ⊂1⊃⊂2⊃⊂3⊃⊂4⊃⊂5⊃
No.14 ⊂1⊃⊂2⊃⊂3⊃⊂4⊃⊂5⊃
No.15 ⊂1⊃⊂2⊃⊂3⊃⊂4⊃⊂5⊃
No.16 ⊂1⊃⊂2⊃⊂3⊃⊂4⊃⊂5⊃
No.17 ⊂1⊃⊂2⊃⊂3⊃⊂4⊃⊂5⊃
No.18 ⊂1⊃⊂2⊃⊂3⊃⊂4⊃⊂5⊃
No.19 ⊂1⊃⊂2⊃⊂3⊃⊂4⊃⊂5⊃
No.20 ⊂1⊃⊂2⊃⊂3⊃⊂4⊃⊂5⊃
No.21 ⊂1⊃⊂2⊃⊂3⊃⊂4⊃⊂5⊃
No.22 ⊂1⊃⊂2⊃⊂3⊃⊂4⊃⊂5⊃
No.23 ⊂1⊃⊂2⊃⊂3⊃⊂4⊃⊂5⊃
No.24 ⊂1⊃⊂2⊃⊂3⊃⊂4⊃⊂5⊃
No.25 ⊂1⊃⊂2⊃⊂3⊃⊂4⊃⊂5⊃

	／25
建 築 構 造	

No.1 ⊂1⊃⊂2⊃⊂3⊃⊂4⊃⊂5⊃
No.2 ⊂1⊃⊂2⊃⊂3⊃⊂4⊃⊂5⊃
No.3 ⊂1⊃⊂2⊃⊂3⊃⊂4⊃⊂5⊃
No.4 ⊂1⊃⊂2⊃⊂3⊃⊂4⊃⊂5⊃
No.5 ⊂1⊃⊂2⊃⊂3⊃⊂4⊃⊂5⊃
No.6 ⊂1⊃⊂2⊃⊂3⊃⊂4⊃⊂5⊃
No.7 ⊂1⊃⊂2⊃⊂3⊃⊂4⊃⊂5⊃
No.8 ⊂1⊃⊂2⊃⊂3⊃⊂4⊃⊂5⊃
No.9 ⊂1⊃⊂2⊃⊂3⊃⊂4⊃⊂5⊃
No.10 ⊂1⊃⊂2⊃⊂3⊃⊂4⊃⊂5⊃
No.11 ⊂1⊃⊂2⊃⊂3⊃⊂4⊃⊂5⊃
No.12 ⊂1⊃⊂2⊃⊂3⊃⊂4⊃⊂5⊃
No.13 ⊂1⊃⊂2⊃⊂3⊃⊂4⊃⊂5⊃
No.14 ⊂1⊃⊂2⊃⊂3⊃⊂4⊃⊂5⊃
No.15 ⊂1⊃⊂2⊃⊂3⊃⊂4⊃⊂5⊃
No.16 ⊂1⊃⊂2⊃⊂3⊃⊂4⊃⊂5⊃
No.17 ⊂1⊃⊂2⊃⊂3⊃⊂4⊃⊂5⊃
No.18 ⊂1⊃⊂2⊃⊂3⊃⊂4⊃⊂5⊃
No.19 ⊂1⊃⊂2⊃⊂3⊃⊂4⊃⊂5⊃
No.20 ⊂1⊃⊂2⊃⊂3⊃⊂4⊃⊂5⊃
No.21 ⊂1⊃⊂2⊃⊂3⊃⊂4⊃⊂5⊃
No.22 ⊂1⊃⊂2⊃⊂3⊃⊂4⊃⊂5⊃
No.23 ⊂1⊃⊂2⊃⊂3⊃⊂4⊃⊂5⊃
No.24 ⊂1⊃⊂2⊃⊂3⊃⊂4⊃⊂5⊃
No.25 ⊂1⊃⊂2⊃⊂3⊃⊂4⊃⊂5⊃

	／25
建 築 施 工	

No.1 ⊂1⊃⊂2⊃⊂3⊃⊂4⊃⊂5⊃
No.2 ⊂1⊃⊂2⊃⊂3⊃⊂4⊃⊂5⊃
No.3 ⊂1⊃⊂2⊃⊂3⊃⊂4⊃⊂5⊃
No.4 ⊂1⊃⊂2⊃⊂3⊃⊂4⊃⊂5⊃
No.5 ⊂1⊃⊂2⊃⊂3⊃⊂4⊃⊂5⊃
No.6 ⊂1⊃⊂2⊃⊂3⊃⊂4⊃⊂5⊃
No.7 ⊂1⊃⊂2⊃⊂3⊃⊂4⊃⊂5⊃
No.8 ⊂1⊃⊂2⊃⊂3⊃⊂4⊃⊂5⊃
No.9 ⊂1⊃⊂2⊃⊂3⊃⊂4⊃⊂5⊃
No.10 ⊂1⊃⊂2⊃⊂3⊃⊂4⊃⊂5⊃
No.11 ⊂1⊃⊂2⊃⊂3⊃⊂4⊃⊂5⊃
No.12 ⊂1⊃⊂2⊃⊂3⊃⊂4⊃⊂5⊃
No.13 ⊂1⊃⊂2⊃⊂3⊃⊂4⊃⊂5⊃
No.14 ⊂1⊃⊂2⊃⊂3⊃⊂4⊃⊂5⊃
No.15 ⊂1⊃⊂2⊃⊂3⊃⊂4⊃⊂5⊃
No.16 ⊂1⊃⊂2⊃⊂3⊃⊂4⊃⊂5⊃
No.17 ⊂1⊃⊂2⊃⊂3⊃⊂4⊃⊂5⊃
No.18 ⊂1⊃⊂2⊃⊂3⊃⊂4⊃⊂5⊃
No.19 ⊂1⊃⊂2⊃⊂3⊃⊂4⊃⊂5⊃
No.20 ⊂1⊃⊂2⊃⊂3⊃⊂4⊃⊂5⊃
No.21 ⊂1⊃⊂2⊃⊂3⊃⊂4⊃⊂5⊃
No.22 ⊂1⊃⊂2⊃⊂3⊃⊂4⊃⊂5⊃
No.23 ⊂1⊃⊂2⊃⊂3⊃⊂4⊃⊂5⊃
No.24 ⊂1⊃⊂2⊃⊂3⊃⊂4⊃⊂5⊃
No.25 ⊂1⊃⊂2⊃⊂3⊃⊂4⊃⊂5⊃

※この解答用紙はコピーしてお使いください

（配点：1問1点）

建築基準法令改正情報！

2050年カーボンニュートラル、2030年度温室効果ガス46%排出削減（2013年度比）の実現に向け、我が国のエネルギー消費量の約3割を占める建築物分野における取組が急務となる中、住宅・建築物の省エネ対策を強力に進めるための、「脱炭素社会の実現に資するための建築物のエネルギー消費性能の向上に関する法律等の一部を改正する法律」が令和4年6月17日に公布され、建築基準法や建築基準法施行令等の改正が段階的に施行されています。ここでは、令和5年4月1日に施行された主な改正点を紹介します。

```
※略称
  法……建築基準法
  令……建築基準法施行令
```

●住宅の採光規定の見直し（法第28条第1項）

住宅の居室に必要な採光に有効な開口部面積を合理化し、原則1/7以上としつつ、一定の条件の下で1/10以上まで、必要な開口部の大きさを緩和することが可能になった。

●建築物の構造上やむを得ない場合における容積率・建蔽率に係る特例許可の拡充（法第52条、第53条）

外壁の断熱改修や日射遮蔽のためのひさしの設置等の省エネ改修等の円滑化をはかるため、屋外に面する部分の工事によって容積率や建蔽率が制限を超えることが構造上やむを得ない建築物に対する特例許可制度が創設された。

●建築物の構造上やむを得ない場合における高さ制限に係る特例許可の拡充（法第55条、第58条）

屋根の断熱改修や屋上への省エネ設備の設置等の省エネ改修等の円滑化をはかるため、第一種低層住居専用地域等や高度地区における高さ制限について、屋外に面する部分の工事により高さ制限を超えることが構造上やむを得ない建築物に対する特例許可制度が創設された。

●住宅等の機械室等の容積率不算入に係る認定制度の創設（法第52条）

住宅及び老人ホーム等に設ける給湯設備の機械室等について、容積率の緩和の手続きを合理化するため、省令に定める基準に適合していれば、建築審査会の同意なく特定行政庁が認定できることになった。

●一団地の総合的設計制度等の対象行為の拡充（法第86条）

一団地の総合的設計制度・連担建築物設計制度（特定行政庁が安全上、衛生上支障がないと認める場合に、一団の土地の区域を一の敷地とみなして集団規定等を適用する制度）における対象行為を拡充し、現行の建築（新築、増築、改築、移転）に加えて、大規模の修繕・大規模の模様替が追加された。

●物流倉庫等に設けるひさしに係る建蔽率規制の合理化（令第2条第1項第2号）

物流倉庫等において、積卸し等が行われるひさしの部分について、これまでは端から1mまでは建築面積に算入しないという規定だったが、敷地境界線との間に空き地を確保するなど一定の要件を満たす倉庫等のひさしについては、端から5mまでは建築面積に算入しないこととし、建蔽率制限の合理化を図り、物流効率化に資する大規模なひさしの設置が容易になった。

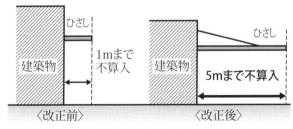

※一定の条件を満たすひさしに限る

●定期調査の指定可能対象範囲の拡大（令第13条の3第2項、第14条の2第2号、第16条第2項）

一定規模以上の建築物の所有者などは、定期的に、一級建築士等に当該建築物の敷地、構造及び建築設備の状況を調査させて、その結果を特定行政庁に報告し

なければならないこととされており、これまでは、事務所その他これに類する建築物のうち、階数 5 以上で延べ面積 1,000m^2 を超えるものに限り、特定行政庁が定期調査報告の対象に指定できることになっていた。しかし令和 3 年 12 月に大阪市北区で発生したビル火災を契機に行った緊急立入検査の結果を踏まえ、階数が 3 以上で延べ面積が 200m^2 を超える事務所等の建築物についても、**特定行政庁が定期調査報告の対象として指定できる**ことになった。

●中央管理方式の空気調和設備等に係る基準の見直し（令第 20 条の 2 第 1 号ニ　令第 129 条の 2 の 5 第 3 項）

　中央管理方式の空調設備に係る基準については、居室の利用者が空調設備を個々に操作できない等の事情があるが、制定当時から見直しが行われていない状況にあった。一酸化炭素の長期ばく露による感覚運動能力の変化や認知能力への影響等との関連、冬季における室内温度と高齢者の血圧上昇との関連などの健康被害が報告されるようになり、平成 22 年に WHO（世界保健機構）において室内空気質に関するガイドラインが見直された。その流れを汲んで、令和 3 年に建築物環境衛生管理基準も見直されており、建築基準法においても、**中央管理方式の空気設備等に係る基準**について、以下のように見直された。

項　目	〈改正前〉	〈改正後〉
一酸化炭素の含有率	100 万分の 10 以下 （10ppm 以下）	100 万分の 6 以下 （6ppm 以下）
温度	17℃以上 28℃以下	18℃以上 28℃以下

●耐火性能に関する技術的基準の合理化（令第 107 条）

　木材利用促進の観点から、階数に応じて要求される耐火性能基準（火災時の倒壊防止のために壁、柱等が耐えるべき時間）について、これまでの 60 分刻みから **30 分刻み**となった。建物の 5 階以上 14 階以下はこれまで 120 分耐火構造が求められていたが、5 階以上 9 階以下を **90 分耐火構造とすることが可能**になった。これにより中層建築の木造化が進むことが期待されている。

〈改正前〉		〈改正後〉	
60分	最上階から数えた階数	60分	最上階から数えた階数
60分		60分	
60分		60分	
60分	4以内	60分	4以内
120分		90分	
120分		90分	
120分	5以上14以下	90分	5以上9以下
120分		90分	
120分		90分	
120分		120分	10以上14以下

●採光無窓居室から直通階段までの歩行距離制限の合理化（令第120条第1項）

　建築基準法では、火災発生時の地上までの避難時間を短くするために、各居室から**直通階段までの歩行距離を制限**している。特に採光無窓居室は、火災発生時等の避難時間が伸びる可能性があることから、窓がある居室よりも厳しい制限が適用されていた（採光無窓居室の場合上限値30m、採光あり居室の場合上限値50m等）。近年、既存ビルの間仕切り改修によるシェアオフィス等の設置に資する観点から、無窓居室であっても、**避難経路となる廊下等の不燃化**等の安全確保のための**一定の措置が講じられるもの**については、**直通階段までの歩行距離を延長**（窓等を有する居室と同等化）できることになった。

●主要構造部を耐火構造等とする無窓居室の範囲の合理化（令第111条）

　採光上・避難上の**無窓居室**については、火災時の居室からの避難安全性等の確保のため、居室を区画する主要構造部を**耐火構造**又は**不燃材料**とすることとしていたが、近年、既存建築物の空間を小区画化してシェアオフィスとして利用するニーズが高まっていること等を受け、無窓居室及び当該居室から地上までの避難経路（廊下、階段等）に**一定の措置を講じた場合**、当該無窓居室の主要構造部を**耐火構造又は不燃材料**としなくてもよくなった。

本書の正誤情報や、本書編集時点から令和6年1月1日（令和6年度試験の出題法令基準日〈予定〉）までに施行された法改正情報等は、下記のアドレスをご覧ください。

http://www.s-henshu.info/2kckm2401/

上記掲載以外の箇所で正誤についてお気づきの場合は、**書名・発行日・質問事項（該当ページ・行数・問題番号などと誤りだと思う理由）・氏名・連絡先**を明記のうえ、お問い合わせください。
・webからのお問い合せ：上記アドレス内【正誤情報】へ
・郵便またはFAXでのお問い合せ：下記住所またはFAX番号へ
※電話でのお問い合わせはお受けできません。

> [宛先]　コンデックス情報研究所
> 　　　　『詳解　2級建築士　過去7年問題集 '24年版』係
> 　　　　住　　所：〒359-0042　所沢市並木3-1-9
> 　　　　FAX番号：04-2995-4362（10:00～17:00　土日祝日を除く）

※本書の正誤以外に関するご質問にはお答えいたしかねます。また、受験指導などは行っておりません。
※ご質問の受付期限は、2024年7月の学科試験日の10日前必着といたします。
※回答日時の指定はできません。また、ご質問の内容によっては回答まで10日前後お時間をいただく場合があります。
あらかじめご了承ください。

編著　コンデックス情報研究所
　　　1990年6月設立。法律・福祉・技術・教育分野において、書籍の企画・執筆・編集、大学および通信教育機関との共同教材開発を行っている研究者・実務家・編集者のグループ。

詳解 2級建築士過去7年問題集 '24年版

2024年2月20日発行

編　著　コンデックス情報研究所
発行者　深見公子
発行所　成美堂出版
　　　　〒162-8445　東京都新宿区新小川町1-7
　　　　電話(03)5206-8151　FAX(03)5206-8159
印　刷　大盛印刷株式会社

詳解 '24年版
2級建築士
過去7年問題集

別冊

正答・解説編

※矢印の方向に引くと
　正答・解説編が取り外せます。

別冊
正答・解説編

成美堂出版

CONTENTS

〈略　語〉

建基法	建築基準法
建基令	建築基準法施行令（建築法規の分野では、法、令とのみ表記）
法別表	建築基準法別表
規則	建築基準法施行規則
士法	建築士法
建告	建設省告示
国交告	国土交通省告示
基安化発	厚生労働省労働基準局安全衛生部化学物質対策課長名通知
品確法	住宅の品質確保の促進等に関する法律
建設リサイクル法	建設工事に係る資材の再資源化等に関する法律
バリアフリー法	高齢者、障害者等の移動等の円滑化の促進に関する法律
省エネルギー法	エネルギーの使用の合理化等に関する法律
建築物省エネ法	建築物のエネルギー消費性能の向上に関する法律
耐震改修促進法	建築物の耐震改修の促進に関する法律
建築物衛生法	建築物における衛生的環境の確保に関する法律
建築物移動等円滑化基準	高齢者、障害者等の移動等の円滑化の促進に関する法律に基づく建築物移動等円滑化基準
建築物移動等円滑化誘導基準	高齢者、障害者等の移動等の円滑化の促進に関する法律に基づく建築物移動等円滑化誘導基準

〈注　意〉
①建築構造の出題根拠となっている基準等については、出題当時のものです。
②「建築物の構造関係技術基準解説書」は、2015 年に改訂され、さらに 2020 年 10 月、2020 年版が発行されました。

本書は、原則として令和 5 年 12 月 1 日現在施行の法令等に基づいて編集しています。
本書編集日以降、令和 6 年試験の法令基準日である令和 6 年 1 月 1 日までに施行された法改正情報等については、下記のアドレスで確認することができます。
http://www.s-henshu.info/2kckm2401/

令和5年　正答一覧

合格基準点（総得点）：60点

	建築計画 合格基準点：13点	建築法規 合格基準点：14点	建築構造 合格基準点：14点	建築施工 合格基準点：13点
No.1	5	5	2	4
No.2	2	2	3	4
No.3	1	1	4	4
No.4	3	3	4	2
No.5	2	4	4	3
No.6	5	5	4	3
No.7	1	5	4	4
No.8	3	4	4	3
No.9	3	4	1	3
No.10	1	4	3	4
No.11	2	1	3	1
No.12	3	3	2	1
No.13	2	2	4	2
No.14	5	3	1	3
No.15	2	4	3	4
No.16	4	5	3	3
No.17	1	2	4	5
No.18	4	2	1	1
No.19	3	5	4	1
No.20	3	1	5	3
No.21	4	5	1	1
No.22	1	1	1	4
No.23	1	1	2	3
No.24	4	2	5	5
No.25	5	3	2	4

令和5年　建築計画

No.1　日本の歴史的な建築物
正答　5

1○　唐招提寺金堂は、間口七間、奥行き四間の一重の寄棟造りで、南側前面の一間を吹放し（柱のみで壁や建具の無い空間）としている。軒の組物は三手先の形式で、和様の建築様式である。

2○　東求堂は、日本最古の書院造りの建物として国宝に指定されている。堂内は四室からなる。同仁斎は四畳半茶室の発祥と伝えられている。

3○　伊勢神宮内宮正殿は、掘立て柱が用いられた切妻屋根、平入りの神明造りの神社である。20年に一度、同じ形の社殿に建替える式年遷宮が1300年続けられている。

4○　浄土寺浄土堂は、繋虹梁や挿肘木、化粧屋根裏を特徴とする大仏様（天竺様）の建築物である。

5×　三仏寺投入堂は、山岳仏教の霊場の地に断崖絶壁の岩窟にはめ込まれるように建てられた建築物である。日本最古の懸造り（前面を断崖に向けた舞台造り）といわれている。日吉造りの主な建築物には日吉大社がある。

No.2　建築物とその設計者
正答　2

1○　国立京都国際会館は、日本初の国際会議場で、合掌造りと現代建築を融合させ、台形と逆台形の空間の組み合わせで構成されている。大谷幸夫の設計である。

2×　広島平和記念資料館は、平和記念公園内に建てられたモダニズム建築である。ピロティの造形やルーバーの意匠などが特徴で、丹下健三の設計である。村野藤吾の設計による主な建築物は世界平和記念聖堂、日本生命日比谷ビル、目黒区総合庁舎（旧千代田生命本社ビル）などがある。

3○　東京文化会館は、モダニズム建築の音楽の殿堂である。ガラスとコンクリートが競演し、水平に伸びる厚みのあるコンクリート製の曲面大庇がダイナミックな印象を与えている。前川國男の設計である。

4○　塔の家は、約20m^{2}の三角形の敷地に建つ、地下1階地上5階の鉄筋コンクリート造の住宅である。各階の部屋を機能別に上下に積層させている。東孝光の設計である。

5○　住吉の長屋は、平面を3分割し、中央に光庭を配した住宅である。道路側には玄関以外の開口部がない。安藤忠雄の設計である。

No.3　建築環境工学
正答　1

1×　演色評価数は、人工光源による色の見え方の良し悪しを表す指標であり、数値が大きいほど、自然光に近く本来の色を忠実に表現することができる光源であることを示す。

2○　熱放射は、ある物体が熱を電磁エネルギーとして放出する現象をいう。真空中であっても、物体から物体へ熱放射により直接熱の伝達が行われる。

3○　室内の照度の均斉度は、

$$均斉度 = \frac{最低照度}{最高照度}$$

で表される。このため、最低照度と最高照度が近似して、1に近いほど均一であることを表す。

4○　昼光率は、室内のある位置における水平面照度と、全天空からの直射日光を除いた全天空照度との百分比をいう。

5○　音の聴覚上の三要素は、エネルギー量による音の大きさ、周波数による音の高さ、音の波形による音色である。

No.4　室内の空気環境
正答　3

1〇 換気の目的は、水蒸気、熱気、臭気など室内の汚染質を除去することにより汚染質の濃度を薄め、室内の空気を清浄に保つことである。全般換気とは**室全体に対して換気を行うことである**。

2〇 室内の汚染空気を室外へ流出させないようにするには、室内を負圧にする。このため、送風機は**排気側に設ける**。

3× 空気齢は、**外部から建物内部に入った空気**が室内で経過した平均時間で示され、室内空気の新鮮度を示す。空気齢が長いほど換気効率が低い。**設問は、余命の説明である。**

4〇 透湿は、壁体の両側で水蒸気圧に差がある場合に、水蒸気圧が**高い方から低い方に**多孔質材料等の壁を水蒸気が移動する現象をいう。

5〇 室内の空気汚染は、室内の人の呼吸や体臭、喫煙などで進行する。居室の必要換気量は、一般に、室内の**二酸化炭素濃度の許容値を基準に算出される。**

No.5 伝熱・断熱
正答 2

1〇 熱伝達は、流体と固体間の熱移動をいう。総合熱伝達率は、固体表面と流体との境界面に生じる対流による**対流熱伝達率**と、固体と流体間の放射による**放射熱伝達率**の合計である。

2× **断熱材は、**一般に水分を含むと断熱効果は減少する。したがって、**水分を含むと熱伝導抵抗は小さくなる。**

3〇 外壁の構成材料とその厚さが同じ場合は、構成材料の並びを変えても、壁体全体としての熱貫流抵抗は同じであり、**熱貫流率も等しくなる。**

4〇 外断熱工法は、内断熱工法より**気密性が高く**なり、鉄筋コンクリート躯体は外気の影響を受けにくく、蓄熱や冷却した状態の躯体の熱容量を活用しやすい。内断熱工法より**室温の変動を小さ**

くすることができる。

5〇 外壁の断熱材の室内側に防湿層を設けると、高温多湿の室内空気が壁体内に流入するのを防止し、**壁体内部の結露防止に有効である。**

No.6 空気線図
正答 5

1〇 A点の空気を加湿せずに30℃まで加熱するとP点の空気となり相対湿度は**約16%になる。**

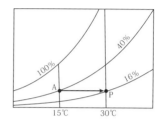

2〇 A点の空気に含まれる水蒸気量は約4.2g/kg（DA）、B点の空気に含まれる水蒸気量は約13.5g/kg（DA）であり、その比率は**約30%である。**

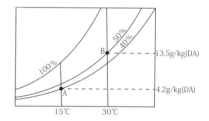

3〇 B点の空気の**露点温度は約18℃**であるため、B点の空気が15℃の窓面に触れると結露する。

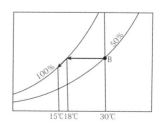

4〇 A点の空気とB点の空気の絶対湿度

差は、13.5 − 4.2 ＝ 9.3g/kg（DA）である。A点の空気とB点の空気を同様な状態にするには、30℃への加熱と1kg当たり約**9g**の加湿が必要となる。

5× 　A点の空気とB点の空気を同量混合すると、空気線図上のA点とB点を結んだ線分の中点の空気Qとなり、乾球温度22.5℃、**相対湿度約50%の空気**となる。

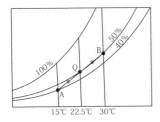

15℃ 22.5℃　30℃

No.7　日照・日射
正答　1

1× 　1年で最も日の長い**夏至の日に終日日影となる部分を永久日影**といい、1年中、日が当たらない。

2〇 　実効放射（夜間放射）は、夜間における地表面から発散する**地表面放射**と、大気や宇宙から地表に達する**大気放射との差**である。

3〇 　夏期における太陽高度は南面の方が東面より高い。開口部に水平庇を設ける場合、日射遮蔽効果は**東面より南面のほうが大きい**。

4〇 　南向き鉛直面の可照時間は、太陽が東西軸よりも南側にある時間である。夏至の日の加照時間は約7時間、冬至の日の加照時間は約9時間30分である。可照時間は夏至の日よりも**冬至の日の方が長い**。

5〇 　夏至の日の鉛直壁面の方位による終日日射量の大小関係は、**水平面＞東・西面＞南面＞北面**である。（令和元年No.7の解説図参照）

No.8　色彩
正答　2

1〇 　放射エネルギーに対して光を感じる度合を視感度という。明所視の場合、555nm（ナノメートル）の波長の黄緑が、暗所視の場合、507nmの波長の青緑がそれぞれ最大の視感度となる。このため、暗所視では、**波長の長い赤よりも波長の短い緑や青の方が明るく感じられる**。

2× 　異なった色の光を重ねて別の色を生み出すことを加法混色といい、異なった色をもつ物体を混ぜて別の色を生み出すことを減法混色という。加法混色の三原色を重ね合わせると**白色**に、減法混色の三原色を混ぜ合わせると**黒色**になる。

3〇 　同じ色でも、高明度の色は面積が大きくなると、明度・彩度ともに高くなったように見え、低明度で低彩度の色は面積が大きくなると、明度・彩度ともに低くなったように見える。このことを**色の面積効果**という。

4〇 　マンセル色相環で反対側に位置する色を**補色**という。補色の色を同じ割合で混色すると**無彩色**になる。

5〇 　ストループ効果は、赤色で「緑」と文字を書くなど、文字から認識する色の情報と、色彩から認識する色の情報が**矛盾**している場合、頭脳が**混乱**し、正解を得るまでに時間が掛かる現象をいう。

No.9　音響設計
正答　3

1〇 　隣接する2室間の空気音の遮音性能を評価する空気音遮断性能のD_r値は、**値が大きいほど壁体の遮音性能が優れる**。

2〇 　床衝撃音に関する遮断性能を評価するL_r値は、**値が小さいほど床衝撃音の遮断性能が優れる**。

3× 　NC値は、室の静かさを表し、室内

騒音を評価する指標の一つである。$NC-30$のように表し、**数値が大きいほど許容される騒音レベルは高くなる。**

4○ 音響透過損失は、遮音性能を表す指標であり、**値が大きいほど遮音性能が優れている**ことを表す。

5○ 板状材料と剛壁の間に空気層を設けた断面構成の吸音特性は、**高音域より低音域の吸音に効果があり、**ホールなどで低音域の残響調整用として使われることが多い。

No.10 環境評価・地球環境等
正答 1

1× CASBEEは、敷地の外部に達する環境影響の負の面（建築物の環境負荷）と、敷地内の建物利用者の生活アメニティ向上（建築物の環境品質）を指標として、建築物における**総合的な環境性能評価**を行うものである。設問は、**ZEBの説明**である。

2○ ヒートアイランド現象は、都市の気温分布が、**都心部が郊外部より高く、**等温線を描くと都心部が島の形に高くなる現象である。コンクリート建築物やアスファルト舗装が昼間に吸収した太陽の輻射熱を夜間に徐々に放出したり、クーラーなどの人工熱の排出、樹木や土の地面の減少による水分蒸発による冷却効果の減少などが原因である。

3○ SDGsは、持続可能な世界を実現するため**2030年**を目標とした、**17のゴール**と**169のターゲット**から構成されている活動である。「安全な水とトイレを世界中に」、「エネルギーをみんなにそしてクリーンに」、「住み続けられるまちづくりを」、「気候変動に具体的な対策を」等の項目が含まれている。

4○ カーボンニュートラルは、二酸化炭素などの**温室効果ガスの排出量**から、森林などによる**吸収量**を差し引いた合計を、実質的に**ゼロ**にすることである。

5○ 再生可能エネルギーは、**温室効果ガ**スを排出しない、自然の力で定常的に補充される、枯渇することのないエネルギーをいう。再生可能エネルギーには、太陽光、太陽熱、風力、波力・潮力、流水・潮汐、地熱、バイオマス等がある。

No.11 住宅
正答 2

1○ 6人掛けの食卓は幅**1,800mm**、奥行き**750mm**程度であり、設問の食器棚を含めたダイニングの広さを、内法面積で**13m²**とすることは適当である。

2× 寝室における成人1人当たりの気積は、**10m³以上**必要とされている。

3○ 高齢者は、角膜の感度低下による視力低下や、白内障による黄変化現象が生じる。このため、居室の作業領域の照度を、JISの照明設計基準の**2倍程度**とすることは適当である。

4○ 階段の昇り口の側壁に設ける足元灯は、一般に、踏面から器具の下面まで**200〜300mmの高さ**で設置する。

5○ バルコニーの手摺は、床面からの高さが**1,100mm以上**必要である。設問の場合、腰壁と手摺を合わせて1,400mmとなる。腰壁の上部に子供などが容易に上ることができない構造とする必要がある。

No.12 集合住宅
正答 3

1○ コーポラティブハウスは、自ら居住するための住宅を建設しようとする者が集まり、協力して**企画・設計から入居・管理までを運営**していく方式の集合住宅である。入居者が希望する自由な間取りを実現しやすい。

2○ 移動等円滑化経路は、**50m以内ご**とに車椅子の転回に支障がない場所を設けることとされており、車椅子使用者が90度方向転換するのに必要なスペースは**直径1,350mm以上**の円形である。（令和3年No.16の解説図参照）

3×　メゾネット型は、1住戸が2層以上からなる住戸形式で、住戸内に専用階段を必要とするため、**専用面積が小さい住居には適さない**。メゾネット型が適するのは専用面積が大きい住戸である。専用面積が小さい住戸で構成する集合住宅に適するのは階段室型である。

4○　中廊下型の住棟を東西軸に配置すると、北側にしか面しない住戸が生じるので、一般に、**中廊下型の住棟は南北軸に配置する**ことが多い。

5○　スケルトン・インフィル住宅は、柱・梁・床・屋根などの構造部分である**スケルトン**と、間仕切りや内装・設備などの**インフィルを分離した工法**により建設する集合住宅である。スケルトンはそのままでインフィル部分を変えることで、家族構成に適した間取りの採用、内装仕上げの選択、設備の位置や内容の変更に応じることができる。

No.13　事務所ビル
正答　3

1○　外壁から5〜6m以内の外気に接する**壁際部分をペリメーターゾーン**といい、その**内側部分をインテリアゾーン**という。ペリメーターゾーンは外気の影響を受けやすく冷暖房負荷が大きく、インテリアゾーンは冷暖房負荷が少ない。それぞれの負荷に応じて個別制御ができるようにすることで、空気調和設備の省エネルギー化を図ることができる。

2○　事務室内を開放的に見せるためにはパーティションは**できるだけ低く抑える**ほうが望ましい。パーティションの高さが120cm程度であれば、座った状態での視界を遮ることができる。

3×　**フリーアドレス方式は**、社員の席を固定しないで、空いている席を自由に使用する執務空間のレイアウト計画である。一般に、**在席率が50〜60%以下の事務所で採用可能**とされている。

在席率80%では席が不足する可能性が高い。固定席として計画するのが適当である。

4○　普通乗用車を並列に3台駐車するためには、**内法で8m程度の幅員を必要**とする。小型自動車3台の駐車で柱スパン9mは余裕のある計画である。

5○　片コアタイプは、**基準階の外壁に接してコアがある**タイプである。小規模な事務所ビル向きであり、事務室の奥行きを確保することができる。コア部分にも外光・外気を取入れやすい。

No.14　教育施設等
正答　5

1○　幼児は、排泄行為を規則的・習慣的に行えないことが多いため、**幼児用便所は保育室に近接**させ、見守りや指導をしやすくすることが望ましい。

2○　開架閲覧式の図書館の書架間隔は、**通常135cm**であり、車いすの幅70cmを加えると205cmとなる。

3○　図書館の書架の照明は、**上部棚が明るく下部棚が暗くなる**ので、書架の中央高さで300lx以上とすることを基本とする。

4○　学校のメディアセンターは、図書や視聴覚教材・コンピュータ機器などを管理・提供する室をいう。**1クラス分の人数が利用できる面積と機器を配置する**ことが望ましい。

5×　教科教室型は、全ての教科を教科ごとの教室で行う形式である。拠点となる**ホームベースは**、動線を短くするため、**移動動線の近くに設ける**ことが望ましい。

No.15　文化施設
正答　2

1○　美術館の展示壁面の照度基準は、**日本画が200lx、洋画が500lx**とされている（JIS照明基準総則）。

2×　シューボックス型は、奥行きの深い長方形の平面に、高い天井を有するコ

ンサートホール形式で、良好な音響性能と均一な響きが得られやすいが、演奏者と聴衆の一体感は図りにくい。**ステージを客席が取り囲む劇場形式は、アリーナステージである**。（平成30年No.15の解説図参照）

3○ ホワイエは、劇場の出入口から客席の間にある客だまりの広間をいう。**ホワイエはもぎりの後ろに配置し、客席に移動する前の観客の休憩、歓談、待合せ**などに用いられるスペースとする。

4○ 美術館や博物館の学芸員が、資料の収集、保管、調査研究等を円滑に行うために、**研究部門と収蔵部門は近接して配置する**ことが望ましい。

5○ アーティスト・イン・レジデンスは、**芸術家が一定期間ある場所に滞在し、**芸術活動やリサーチを行う活動をいう。美術館にワークショップやアーティスト・イン・レジデンス等が行える空間を計画することは適当である。

No.16 床面積・各部の勾配
正答 4

1○ 指定介護老人福祉施設の人員、設備及び運営に関する基準に、**ユニット型個室の床面積は、10.65㎡以上を標準**とすることと定められている。

2○ 厚生労働省の児童福祉施設最低基準に、保育所の**保育室の床面積は、幼児一人について1.98㎡以上**と定められている。定員25人の保育室で内法寸法による床面積を60㎡とすることは適当である。

3○ 屋根勾配は屋根材によって異なり、一般に、**金属屋根なら1/10勾配、ス**レート屋根なら**3/10勾配、瓦屋根なら4/10勾配**が最低勾配である。

4× 屋内駐車場の**自動車用車路の勾配は、駐車場法で17%（≒1/6）を超え**ないことと定められている。設問の傾斜路の勾配は 4÷20＝1/5 であり急すぎる。

5○ ビジネスホテルは、宿泊を重視し比較的設備が簡素なホテルである。延べ面積に対する**客室部門の床面積の合計の割合を70%**とすることは適当である。

No.17 高齢者・身体障がい者等に配慮した建築物
正答 1

1× **壁付コンセントは、**車椅子使用者や高齢者、立位の歩行困難者などが使いやすいよう、**床から400〜1,100mm程度の高さに設置する**ことが望ましい。

2○ 図記号は、**文字や言語によらずに対象物や状態に関する情報を提供する図形**をいう。公共交通機関や公共施設、観光施設、物販店舗等において、**多言語を併記した図記号を使用すれば、**外国人観光客等への適切な案内となる。

3○ 外部から独立して、一人で気持ちを落ち着かせることができる、**カームダウン・クールダウンスペースを病院に計**画することは有効である。

4○ 集合住宅の住戸において、共用廊下に面する玄関前に**アルコーブを設ける**と、玄関ドアが外開きの場合に、ドアを開けても共用廊下の通行の妨げにならなくなるため、適当である。

5○ 日本人の平均的な肘の高さは、160cmの身長の人で95cmである。床置式の男子小便器の両側に設置する手摺の高さを850mmとすることは適当である。

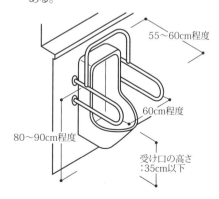

No.18　防犯に配慮した一戸建て住宅
正答　4

1○　塀の生垣に、**棘のある低木**を中が完全に目隠しされないように植栽することは防犯に効果的である。生垣の内側に**縦格子の柵**を設置すれば侵入の足掛かりとなりにくい。

2○　玄関や窓の外など敷地内の空地に足音がでる**防犯砂利**を敷くのは、防犯対策として効果的である。

3○　バルコニーは、死角ができないよう**近隣から見通しのよい位置**に設置し、庭木、物置、エアコンの室外機などバルコニーに上がる足場となるものは遠ざけておく。

4×　**掃出し窓には、防犯性能の高い合わせガラス**を設置する。また、防犯フィルムを窓ガラスに貼ることも効果的である。

5○　玄関や勝手口は、**道路等から見通しのよい位置**に設置し、扉は引き戸ではなく**片開き扉**とし、ピッキングに有効なディンプルキーを使用したり、補助錠を取り付けることが有効である。

No.19　建築設備に関する用語
正答　3

1○　除害施設は、下水道施設の機能保全と損傷防止及び処理場からの放流水の水質確保を目的として、あらかじめ工場や事業所等からの排出下水に含まれる**有害物質**等を、**規制基準以下に除去する施設**をいう。

2○　DOは、**水に溶解している酸素量**のことをいい、排水の汚染度を示す指標の一つである。酸素は、水温が低いほど、圧力が大きいほど多く水に溶け込む。

3×　顕熱は温度変化を伴う熱をいう。**潜熱は物質が固体→液体、液体→気体、固体→気体、あるいはその逆へと相変化する際に必要とする熱**のことをいう。**温度変化を伴わないのは潜熱である。**

4○　特殊継手排水システムは、排水立て管と排水横枝管の合流部の継手内部に設けた羽状のガイドが汚水等を旋回させ、管内に空気の通り道を生じさせることにより汚水等の流入速度を減速し、**排水立て管の管内圧力を小さく抑えるシステム**である。伸頂通気システムの一種である。

5○　力率は、**皮相電力に対する有効電力の割合**であり、有効に使われた電力と、実際に消費された電力との比を示す。力率が高いほどエネルギーの損失が少ない。

No.20　空気調和設備
正答　3

1○　放射暖房方式は、床に埋め込んだ放熱管で床や壁を暖め、**放射熱で室内全体を温める方式**である。温風暖房方式に比べて、室内の上下の温度差が小さくなる。

2○　変風量単一ダクト方式は各室ごとに変風量ユニットを設けることにより送風量を調節することができる方式であり、定風量単一ダクト方式は一定の風量で送風する方式である。変風量単一ダクト方式は定風量単一ダクト方式に比べ、**送風機のエネルギー消費量を節減できる。**

3×　膨張タンクは、給湯配管や温水暖房配管内で、温度上昇により体積が膨張した水を、膨張管を通して吸収するタンクをいう。**密閉回路は、大気と隔離されている配管回路のため、体積が膨張した水を吸収する膨張タンクを必要とする。**

4○　ファンコイルユニットは、各室に設置したファンとコイルを備えたユニットである。熱源で生成した冷温水を各室のコイルに送り、ファンで循環させた空気を、**コイルで冷却・加熱させ室内に送風して冷暖房する。**

5○　通常の空調方式より低い温度で送風する低温送風空調方式は、送風温度と

室内温度との差が大きくなるため、送風量と送風機の搬送動力が低減され、**空調機やダクトスペースを縮小すること**ができる。

No.21　給排水衛生設備
正答　4

1○　水道直結増圧方式で、水道本管への逆流を防止するための逆流防止装置は、給水側へ水が逆流しないように、**増圧ポンプの吸込み側に設置する**。

2○　都市ガスの種類は、発熱量と比重によって決まる**ウォッベ指数を基にした数値**と、燃焼速度を表すA、B、Cとの組合せで表示される。燃焼速度の遅いものはA、中間はB、速いものはCで表示される。ガス器具は使用ガスに適合したものを使用しなければならない。

3○　中水は、**人体に直接接しない場所で用いられる**必要がある。温水洗浄便座には上水により給水しなければならない。

4×　通気立て管の下部は、最低位の排水横枝管より低い位置で排水立て管に**接続する**か、排水横主管に接続する。

5○　サーモスタット湯水混合水栓は、水栓内に組み込まれたサーモカートリッジが**温度によって膨張・収縮**し、**水と湯の混合比を変える**ことで給湯温度を調節する。水温をごく短時間に自動で調節するため、誤って熱湯が出ることが無く火傷の心配が少ない水栓である。

No.22　給排水衛生設備
正答　1

1×　**受水槽用緊急遮断弁**は、受水槽の**出口側**（施設側）に設置し、地震発生時に地震動を感知して閉止する弁である。受水槽に非常用の生活用水を確保する目的で使用される。

2○　間接排水は、一般排水系統からの逆流や臭気・害虫などの侵入を防止するために、大気中で縁を切り、水受け容器や排水器具へ排水する方式である。**厨房機器の排水管の末端は、間接排水にする**。

3○　大便器のフラッシュバルブ方式は、必要水量をタンクに貯蔵しているロータンク方式より、**給水圧力と給水配管径は大きくなる**。

4○　バキュームブレーカーは、使用済みの汚水などが**逆サイホン作用により逆流するのを防止**するため、サイホンを起こす真空部分へ自動的に空気を送り込むことができる構造になっている。

5○　合併処理浄化槽は、台所や浴槽からでる生活雑排水と、し尿を併せて処理することができる浄化槽である。浄化槽の処理対象人員は、**合併処理の流入汚水量及びBODの値を人数分に換算**したものである。

No.23　照明計画
正答　1

1×　照明率は、光源から出た光が作業面に到達する割合を示す値であり、室指数と室内反射率により求められる。配光や室内反射率が同じ場合、**室指数が大きいほど照明率は高くなる**。

2○　昼光照明は、明るさに変動が生じるが省エネルギー効果がある。大空間で昼光を利用する場合には、**中央監視と照明制御によるビルオートメーションシステム**を使用することが効果的である。

3○　点光源による直接照度は、光源の光度に比例し、**光源からの距離の2乗に反比例する**。これを、照度の逆2乗法則という。

4○　全般照明の照明計画を光束法で行う場合は、経年変化によるランプの**光束減少**や、室の内装材や器具の汚れによる**効率低下を見込んだ保守率**を考慮する。このため、器具設置直後の照度は設計照度以上となる。

5○　間接照明は、照明器具から発する光の大部分を、**天井や壁に反射させて照**

射面を照らす方式であり、直接照明に比べ、軟らかい雰囲気となる、平均照度が下がる、照度分布が均一化される、照射される器物の立体感が乏しくなるなどの特徴がある。**陰影を強く出すには直接照明とする。**

No.24　防災・消防設備
正答　4

1○　避雷設備は、高さ20mを超える部分の建築物を雷撃から保護する設備である。保護角以内の建築物を避雷針により保護する**保護角法**、半径Rの球を二つ以上の避雷針または一つ以上の避雷針と大地の間に同時に接するようにさせたときに、球体表面から建築物までの空間を保護範囲とする**回転球体法**（令和元年No.19の解説図参照）、メッシュシート状の導体で建築物を覆って建造物を保護する**メッシュ法**がある。

2○　避難口誘導灯は、表示面の縦寸法が0.4m以上及び平均輝度が常用電源で350cd/m²以上800cd/m²未満を**A級**、縦寸法0.2m以上0.4m未満及び平均輝度が常用電源で250cd/m²以上800cd/m²未満を**B級**、縦寸法0.1m以上0.2m未満及び平均輝度が常用電源で150cd/m²以上800cd/m²未満を**C級**の**3区分**に分類されている。（cd：カンデラ）

3○　非常用の照明装置は、直接照明とし、床面において**白熱電球で1lx以上**、**蛍光灯及びLEDランプで2lx以上**の水平面照度を確保する。

4×　**非常警報設備は、火災発見者が手動で押しボタンを押して非常ベルなど**の警報装置を鳴動させ、建物内の人々に報知し、避難を促す設備である。設問は自動火災報知設備についての記述である。

5○　粉末消火設備は、粉末消火剤を加圧ガスで放射し、火炎の熱で消火剤が分解して発生する二酸化炭素による窒息効果により消火する。**液体燃料の火災に有効である。**凍結しないため、寒冷地での使用に適している。

No.25　省エネルギー等に配慮した建築・設備計画
正答　5

1○　デシカント空調方式は、潜熱を除湿機で処理したのち、顕熱を冷却処理する方式である。比較的高めの冷水温度で冷房することが可能であり、**省エネルギー化**が図られる。

2○　天井チャンバー方式は、天井裏を給排気・排煙のためのチャンバーとして利用するものである。**空気搬送の圧力損失を低減**することができる。

3○　雨水利用システムの雨水の集水場所を屋根面からとすることは、雨水の汚染度の面から適当である。

4○　ライトシェルフは、窓面の中段に設ける**水平の庇**のことをいう。庇の上面で太陽光を室の天井に反射させ、室の奥に光を導き室内照度の不均一さを抑制することができる。また、庇の下部の窓から室内への日射の侵入を抑制することができる。

5×　エアバリア方式は、窓ガラスとブラインドの間に気流を発生させることによりエアカーテン状態にして、断熱性と日射遮蔽性を向上させる。ダブルスキン方式は、外壁の外側をガラスで覆い、その間にブラインドやルーバーを設けることで、夏期にはダブルスキン内の熱を上昇気流で排出させ、冬期にはダブルスキン内を温室状態にすることにより、室内からの熱損失を低減する。一般に、**エアバリア方式よりダブルスキン方式のほうが効果が高い。**（平成30年No.25の解説図参照）

令和5年　建築法規

No.1　建築物の高さ等
正答　5

i）建築物の高さ（令第2条第1項第6号、第2項）

「地盤面」とは、建築物が周囲の地面と接する位置の平均の高さにおける水平面をいう。**道側の地面から1.5m上がった位置が地盤面となる**。また、PH部分の床面積18m²が建築面積132m²の1/8（16.5m²）を超えているので、**建築物の高さは1.5m＋3m＋3m＝7.5mである**。

ii）階数（同第2条第1項第8号）

PH部分の床面積は、建築面積の1/8を超えているので階数に含む。**階数は3である**。

iii）建築面積（同第2条第1項第2号）

「建築面積」は建築物の外壁又はこれに代わる柱の中心線で囲まれた部分の水平投影面積による。ゆえに、**1階の床面積が建築面積となり、11m×12m＝132m²**。

iv）敷地面積（同第2条第1項第1号）

法第42条第2項より道路の一方が線路敷地なので、同項ただし書きにより、その境界線から道の側に水平距離4mの線をその道路の境界線とみなす。したがって、**敷地面積は（17m－1m）×20m＝320m²**。

以上のことから、正しい組合せは選択肢**5**となる。

No.2　確認済証
正答　2

全国どの場所においても、確認済証の交付を受ける必要があるものは、下記の条文を確認する。
・法第6条第1項第1号～第3号
・法第85条（仮設建築物）
・法第87条（用途変更）
・法第87条の4（建築設備への準用）
・法第88条（工作物への準用）

1×　法第2条第1項第1号により、**プラットホームの上家は建築物に該当しない**ので、確認済証の交付を受ける必要はない。

2○　**鉄骨造2階建ては**、法第6条第1項第3号に該当し、**確認済証の交付を受ける必要がある**。

3×　法第88条第1項に規定の工作物であるが、**高さ2mの擁壁は令第138条第1項第5号に該当せず**、確認済証の交付を受ける必要はない。

4×　共同住宅から**事務所への用途変更**は、法第87条第1項における**法第6条第1項第1号の特殊建築物**のいずれかとする場合に該当せず、確認済証の交付を受ける必要はない。

5×　法第6条第1項第2号に該当するが、**床面積10m²以内の増築は、同条第2項**により、防火地域及び準防火地域外であれば確認済証の交付を受ける必要はない。

No.3　手続き
正答　1

1×　法第7条の3第1項及び法第7条の4第1項により、誤り。**特定行政庁ではなく、建築主事**又は指定確認検査機関に**中間検査を申請しなければならない**。

2○　法第7条第2項により、正しい。

3○　令第9条第1項第1号により、正しい。**住宅用防災機器の設置は消防法第9条の2に該当し**、建築基準関係規定である。

4○　法第7条の6第1項第2号により、正しい。

5○　法第6条第1項後段の計画の変更のかっこ書きにより、正しい。**建築物の高さが減少する変更は、規則第3条の2第1項第3号に該当する軽微な変更**

である。

No.4　換気設備

正答　3

令第20条の8第1項第1号イ（1）に関する出題。必要有効換気量Vrは次式で求めることができる。

$$Vr = n \times A \times h$$

ここで、nは住宅等の居室以外なので**0.3**。Aは令第20条の7第1項第1号で「常時開放された開口部を通じてこれと相互に通気が確保される廊下その他の建築物の部分を含む。」なので居室（集会室）面積に玄関・廊下（10m²）と収納（2m²）2か所を含めると**38m²**。hは問題文から**2.5m**。

Vr＝0.3×38×2.5＝28.5m³/時、となり正答は選択肢**3**である。

No.5　一般構造

正答　4

1○　法第31条第1項、令第129条の2の4第3項第3号により、適合する。

2○　令第26条第2項、第23条第3項により、適合する。

3○　納戸は**居室ではない**ので、令第22条第1項第1号の規定にかからない。

4×　令第20条の3第1項第2号の規定にかからない。調理室の床面積の1/10が0.8m²未満の場合は、**0.8m²が有効開口面積とされる**。設問の場合は床面積が7m²なので、その1/10（0.7m²）では**有効開口面積が足らず、換気設備が必要である**。

5○　令第22条ただし書きにより、適合する。

No.6　木造の柱の小径

正答　4

令第43条第1項に関する出題。屋根が日本瓦、壁が鉄網モルタル塗りは、同条項**表**（3）に該当する。

保育所の用途に供する建築物の柱の欄から、**1階は右の数値（1/22）、2階（最上階）は左の数値（1/25）**から柱の

小径を算出する。

1階柱：280cm×1/22≒12.8cm以上

2階柱：260cm×1/25＝10.4cm以上

以上のことから、最小の組合せは選択肢**4**である。

No.7　構造計算を要する建築物

正答　5

構造計算を要する建築物は、法第20条第1項第1号から第3号に該当するものが対象で、第4号に該当するものは構造計算を要しない。

具体的には法第6条第1項第2号、第3号に規定する建築物について、構造計算によって安全性を確かめる必要がある。

1×　法第20条第1項第1号から第3号に該当しない建築物のため、構造計算は不要。

2×　上記解説1参照。

3×　上記解説1参照。

4×　上記解説1参照。

5○　法第6条第1項第3号に該当する建築物のため、構造計算が必要。

No.8　構造強度

正答　5

1○　令第68条第1項、第2項に適合する。

2○　令第65条に適合する。

3○　令第78条の2第2項第1号、第2号に適合する。

4○　令第78条に適合する。

5×　令第62条の4第3項に適合しない。耐力壁の厚さは**水平距離8mの1/50である16cm以上が必要である**。

No.9　防火区画等

正答　3

1○　令第112条第4項第1号により、正しい。

2○　令第112条第11項第2号により、正しい。

3×　令第112条第11項本文中、当該竪

穴部分以外の部分のかっこ書きにより、誤り。**直接外気に開放されている廊下は、防火区画の対象から除かれている。**

4○　令第114条第4項により、正しい。

5○　令第112条第20項により、正しい。

No.10　避難施設等

正答　4

1×　令第117条第1項により、寄宿舎は避難施設等の適用を受ける。令第125条第1項により歩行距離は、主要構造部が**準耐火構造であるか又は不燃材料で造られている場合は50m以下**、その他の場合は**30m以下**と定められており、誤り。

2×　令第119条により、**2.3m以上**となり、誤り。

3×　令第126条の2第1項第2号により、**学校等には排煙設備が不要**なので、誤り。

4○　令第126条の4第1項第1号により、正しい。

5×　令第121条第1項第1号～6号により、**特殊建築物でなくても2以上の直通階段を設けなければならない場合**があり、誤り。

No.11　内装制限

正答　1

1×　法35条の2により、**床の仕上げについては、内装制限を受けない。**

2○　令第128条の4第1項第2号で内装制限を受け、令第128条の5第2項(同条第1項第2号イ)で準不燃材料が求められているので、正しい。

3○　令第128条の5第1項かっこ書きにより、**回り縁、窓台は内装制限の対象から除かれている**ので、正しい。

4○　令第128条の5第1項かっこ書きにより、**天井がない場合は屋根が内装制限の対象となり**、正しい。

5○　令第128条の4第1項第3号により、正しい。飲食店は法別表第1(い)欄(4)項、令第115条の3第3号に該当。

No.12　道路等

正答　3

1○　法第42条第1項第4号に該当しないので、正しい。

2○　法第42条第6項により、正しい。

3×　法第42条第1項第5号、令第144条の4第1項第1号ニにより、誤り。**幅員6m以上あれば回転広場を設けなくてもよい。**

4○　**幅員2mの道は、法第42条第1項により道路に該当しない。**法第43条第1項により建築物を建築できないので、正しい。なお、建築物に附属する門及び塀は、法第2条第1号により建築物である。

5○　法第43条第2項第2号により、正しい。

No.13　用途制限

正答　1

1×　法第48条第1項、法別表第2(い)項第2号、令第130条の3第7号に該当するが、同条かっこ書きの**50m²を超えている**ので、新築することができない。

2○　法第48条第4項、法別表第2(に)項各号に該当しないので、新築することができる。

3○　法第48条第6項、法別表第2(へ)項各号に該当しないので、新築することができる。

4○　法第48条第12項、法別表第2(を)項各号に該当しないので、新築することができる。

5○　法第48条第13項、法別表第2(わ)項各号に該当しないので、新築することができる。

No.14　用途制限

正答　3

設問の敷地は2の用途地域にわたっているので、法第91条によりその敷地の過半を占める**第一種中高層住居専用地域の制限が適用される**(建築物の位置には関係しない)。

1×　法第48条第3項、法別表第2（は）項各号に該当しないので、新築することができない。**法別表第2（は）項は建築することができる建築物が列挙されていることに注意。**

2×　同条第3項、法別表第2（は）項第5号、令第130条の5の3第1号により用途は該当するが、**3階建ては新築することができない。**

3○　法第48条第3項、法別表第2（は）項第7号、**保健所は令第130条の5の4第1号に該当するので、新築することができる。**

4×　法第48条第3項、法別表第2（は）項第1号により（い）項第2号の用途に該当するが、令第130条の3かっこ書きにより**事務所の床面積が50m²を超えている**ので、新築することができない。

5×　法第48条第3項、法別表第2（は）項各号に該当しないので、新築することができない。

No.15　建築面積
正答　4

　設問の敷地が2の用途地域にわたっているので、法第53条第2項が適用される。また、同条第8項により、それぞれの用途地域については**準防火地域が適用**される。

　さらに、**準耐火建築物を新築するため同条第3項第1号ロ**、および**街区の角にある敷地のため同条同項第2号**が、それぞれの用途地域に適用される。したがって、建蔽率は**第二種住居地域（6/10）**については2/10を加え**8/10**、**第一種低層住居専用地域（5/10）**については2/10を加え**7/10**となる。以上のことから、

第二種住居地域：

$20 \times 5 \times 8/10 = 80$（m²）……①

第一種低層住居専用地域：

$20 \times 15 \times 7/10 = 210$（m²）……②

①＋②＝290（m²）となり、選択肢4が正答。

No.16　延べ面積
正答　5

1×　法第52条第3項により、誤り。1/3を限度として、延べ面積に算入しない。

2×　法第52条第6項、令第135条の16により、誤り。エレベーターの昇降路の部分は延べ面積に算入しないが、エスカレーターの昇降路の部分は算入する。

3×　令第2条第1項第4号ニ、同条第3項第4号により、誤り。1/100を限度として、延べ面積に算入しない。

4×　令第2条第1項第4号ヘ、同条第3項第6号により、誤り。1/100を限度として、延べ面積に算入しない。

5○　令第2条第1項第4号ロ、同条第3項第2号により、正しい。

No.17　高さ制限・日影規制
正答　2

1○　法第56条第2項、令第130条の12第3号に該当しないので、正しい。**2m以下の門又は塀の場合に適用。**

2×　令第2条第1項第6号ロにより、法56条第1項第3号（北側高さ制限）における建築物の高さの算定においては、**階段室の高さを含んだ高さとする。**

3○　法第56条の2第1項、別表第4（い）欄に記載がないので、正しい。

4○　令第2条第1項第6号により、正しい。**平均地盤面からの高さを適用するのは、法第56条の2第1項で日影を測定する水平面である。**

5○　法第56条第1項第2号により、正しい。隣地高さ制限が適用されるのは**20mを超える建築物である。**

No.18　建築物の高さ
正答　3

①道路高さ制限（法第56条第1項第1号）

　法第56条第2項により、建築物の

後退距離は3mであるので、後退距離を考慮したA点までの水平距離L_1は、$L_1 = 3m + 4m + 3m = 10m$。

法別表第3（1）項により、道路斜線の適用距離は20mで、上記L_1は適用範囲内であり、斜線勾配は（に）欄から1.25となる。

道路高さ制限によるA点の高さH_1は、$H_1 = 10m × 1.25 = 12.5m$。この高さは、令第2条第1項第6号イにより、前面道路の路面の中心からの高さであり、H_1は令第135条の2第1項により、現状の道路面から$(1.4 - 1)/2 = 0.2m$高い位置での高さである。したがって、現状の道路面からの高さは$12.5m + 0.2m = 12.7m$となり、地盤面からの高さH_1'は、$H_1' = 12.7m - 1.4m = 11.3m$。

②隣地高さ制限（法第56条第1項第2号）

道路高さ制限で20mを超えないので検討は不要である。

③北側高さ制限（法第56条第1項第3号）

真北方向の隣地境界線からA点までの水平距離L_3は、$L_3 = 1m$。立ち上がり高さは第3号本文から10mであるので、L_3に斜線勾配1.25を乗じて10mを加える。

北側高さ制限によるA点の高さH_3は、$H_3 = 1m × 1.25 + 10m = 11.25m$。

以上のことから、①＞③となり、選択肢**3**が正答。

No.19 防火・準防火地域
正答 2

1○ 法第61条、令第136条の2第5号により、正しい。

2× 法第65条第2項により、誤り。建築物が内外にわたる場合の措置で、準防火地域内の部分のみに新築される建築物は、**準防火地域内の規定が適用される**。

3○ 法第64条により、正しい。

4○ 法第63条により、正しい。

5○ 法第62条、令第136条の2の2により、正しい。

No.20 建築基準法全般
正答 1

1× 法第85条第2項により、誤り。

2○ 法第84条の2により、正しい。

3○ 法第99条第1項第7号により、正しい。

4○ 法第86条第1項により、正しい。

5○ 法第85条の3により、正しい。

No.21 建築士法
正答 5

1○ 士法第23条第1項、第26条の3第1項により、正しい。

2○ 士法第24条の7により、正しい。

3○ 士法第24条第4項、第5項により、正しい。

4○ 士法第24条の9により、正しい。

5× 士法第24条の6第1号、同規則第22条の2第5項により、誤り。当該書類を備え置いた日から起算して**3年を経過する日までの間**、当該建築士事務所に備え置くものとする。

No.22 建築士法
正答 2

1○ 士法第40条第14号により、正しい。

2× 士法第3条第1項第2号に該当し、**1級建築士でなければ設計できないため**、誤り。

3○ 士法第24条第1項により、正しい。

4○ 士法第24条第3項第2号により、正しい。

5○ 士法第20条第1項により、正しい。

No.23 バリアフリー法
正答 1

イ○ バリアフリー法施行令第18条第2項第2号イにより、正しい。

ロ○ 同法施行令第6条第10号、同法施行規則第3条第1項第2号により、正しい。

ハ× 同法第14条第1項に該当しないの

で、誤り。適合させる必要があるのは床面積の合計が**2,000m²以上**の場合である。

ニ× 同法第18条第1項により、誤り。正しくは、**所管行政庁の認定**。

したがって、正しいもののみの組合せは選択肢**1**である。

No.24　建築物省エネ法
正答　2

1○ 建築物省エネ法第18条第1号、同令第6条第1項第2号により、正しい。

2× 同法第19条第1項第1号により、誤り。**21日前までに**、所管行政庁に届け出なければならない。

3○ 同法第2条第1項第2号により、正しい。

4○ 同法第34条第1項により、正しい。

5○ 同法第6条第2項により、正しい。

No.25　他法令
正答　3

1○ 民法第234条第1項により、正しい。

2○ 住宅の品質確保の促進等に関する法律第2条第2項により、正しい。

3× 景観法第18条第1項により、誤り。景観行政団体が**その届出を受理した日から30日を経過した後**でなければ、当該届出に係る行為に着手してはならない。

4○ 耐震改修促進法第14条第1号、同法施行令第6条第2項第1号により、正しい。

5○ 建設業法第26条第1項により正しい。

令和5年　建築構造

No.1　応力計算（断面1次モーメント、断面2次モーメント）
正答　2

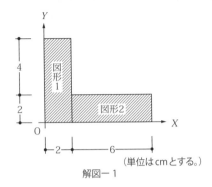

（単位はcmとする。）

解図－1

解図－1のように、図形1と図形2の2つの長方形に分けて図心を求める。

次ページ下表より、全体の図心は、

$48 \div 24 = 2\text{cm}$

となる。

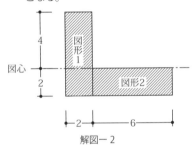

解図－2

図形の重心（中立軸）以外の軸回りの断面2次モーメントの公式は、

$Ix = In + Ay_0^2$

Inは、中立軸に関する長方形断面の断面2次モーメント $\dfrac{bh^3}{12}$

Aは、長方形断面の面積

y_0は、中立軸からのズレ

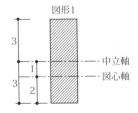

図形1の断面2次モーメントは、

$$Ix_1 = \frac{2 \times 6^3}{12} + 6 \times 2 \times 1^2$$

$$= 36 + 12$$

$$= 48 \text{cm}^4$$

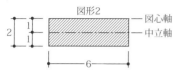

図形2

図心軸

中立軸

図形2の断面2次モーメントは、

$$Ix_2 = \frac{6 \times 2^3}{12} + 2 \times 6 \times 1^2$$

$$= 4 + 12$$

$$= 16 \text{cm}^4$$

図形全体として

$$Ix = Ix_1 + Ix_2$$

$$= 48 + 16$$

$$= 64 \text{cm}^4$$

よって、選択肢**2**が正しい。

No.2　応力計算　（せん断応力度）

正答　3

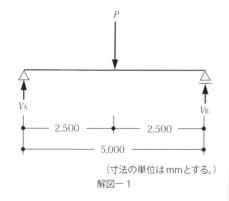

P

V_A　V_B

2,500　2,500

5,000

（寸法の単位はmmとする。）

解図ー1

解図ー1のように、各支点の鉛直反力をV_A、V_Bと仮定し、つり合い条件式より各反力を求める。

$\Sigma V = 0$より、

$$V_A - P + V_B = 0$$

$$V_A + V_B = P \cdots\cdots①$$

支点Aは回転支点なので、モーメントは発生しないことを利用し、

$$M_A = P \times 2500 - V_B \times 5000 = 0$$

$$2500P - 5000V_B = 0$$

$$-5000V_B = -2500P$$

$$V_B = 0.5P（上向き）$$

①式に代入し、

$$V_A + 0.5P = P$$

$$V_A = 0.5P（上向き）$$

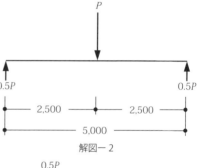

P

$0.5P$　$0.5P$

2,500　2,500

5,000

解図ー2

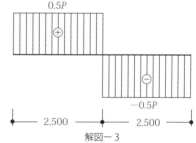

$0.5P$

$\oplus$

$\ominus$

$-0.5P$

2,500　2,500

解図ー3

No.1の表

	図形1	図形2	合　計
面積A [m^2]	$6 \times 2 = 12$	$2 \times 6 = 12$	$12 + 12 = 24$
X軸から図心までの距離 [cm]	$6 \div 2 = 3$	$2 \div 2 = 1$	※合計（全体）の図心
断面1次モーメントS_X [cm^3]	$12 \times 3 = 36$	$12 \times 1 = 12$	$36 + 12 = 48$

求めた反力より応力図を求めると、解図－3となり、どこの位置でもせん断力Qは0.5Pとなる。

与えられた条件式$\tau\max = 1.5\dfrac{Q}{A}$に、数値を入れて求める。

$$1\,\text{N/mm}^2 = 1.5 \times \dfrac{0.5P}{300\,\text{mm} \times 500\,\text{mm}}$$

$0.5P = 1\text{N} \times 300 \times 500 \div 1.5$

$0.5P = 100000\text{N}$

$P = 200000\text{N}$

$= 200\text{kN}$

よって、選択肢**3**が正しい。

No.3　応力計算　（曲げ応力度）

正答　4

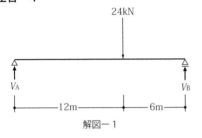

解図－1

解図－1のように、等分布荷重を集中荷重に置き換え、各支点の鉛直反力をV_A、V_Bと仮定し、つり合い条件式により各反力を求める。

$\Sigma V = 0$より、

$V_A - 24 + V_B = 0$

$V_A + V_B = 24$ ………①

支点Aは回転支点なので、モーメントは発生しないことを利用し、

$M_A = 24 \times 12 - V_B \times 18 = 0$

$-18V_B = -288$

$V_B = 16\text{kN}$（上向き）

①式に代入し、

$V_A + 16 = 24$

$V_A = 8\text{kN}$（上向き）

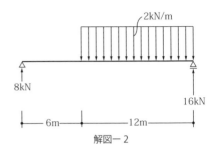

解図－2

解図－2の荷重図より、**せん断力が0になる位置が曲げモーメントが最大となる**ので、せん断力＝0となる位置を求める。

$V_A - 2 \times x = 0$

$+8 - 2x = 0$

$x = 4$

よって等分布荷重の左から4mの位置、左の支点Aから10mの位置がせん断力＝0なので、10mの位置で曲げモーメントが最大となる。

モーメントを求めるために、等分布荷重は集中荷重に置き換える（解図－3）。

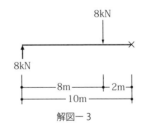

解図－3

$M_{10\text{m}} = 8 \times 10 - 8 \times 2$

$\phantom{M_{10\text{m}}} = 80 - 16$

$\phantom{M_{10\text{m}}} = 64\text{kN·m}$

よって、選択肢**4**が正しい。

No.4 応力計算 （静定ラーメン）
正答　5

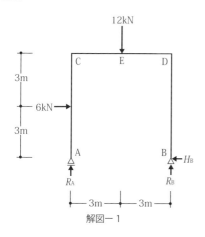

解図－1

　解図－1のように、等分布荷重を集中荷重に置き換え、各支点の鉛直反力をR_A、R_B、水平反力をH_Bと仮定し、つり合い条件式により各反力を求める。
$\Sigma H = 0$より、
$-6 + H_B = 0$
　　$H_B = 6kN$（左向き）

ポイント

○設問文にて、水平反力は左向きを「＋」としていることに注意する。

$\Sigma R = 0$より、
$R_A - 12 + R_B = 0$
　　$R_A + R_B = 12$ ………①
　支点Aは移動支点なので、モーメントは発生しないことを利用し、
$M_A = 6 \times 3 + 12 \times 3 - R_B \times 6 = 0$
　　　　$18 + 36 - 6R_B = 0$
　　　　　　　　$-6R_B = -54$
$R_B = 9kN$（上向き）
　①式に代入し、
$R_A + 9 = 12$
　　$R_A = 3kN$（上向き）

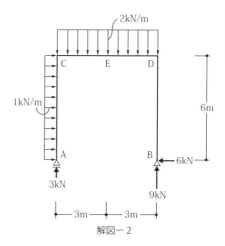

解図－2

　解図－2の荷重図より、点Eでのモーメントを求める。計算のため、等分布荷重は集中荷重に置き換える。

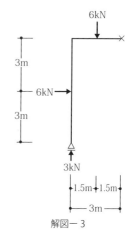

解図－3

$M_B = 3 \times 3 - 6 \times 3 - 6 \times 1.5$
　　$= 9 - 18 - 9$
　　$= -18kN\cdot m$
　よって、選択肢**5**が正しい組み合わせである。

No.5　応力計算　（トラス）
正答　2

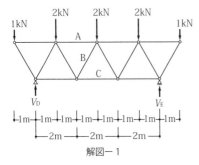

解図－1

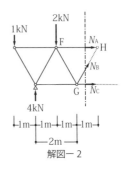

解図－2

　解図－1のように正三角形であることを利用し、節点の水平距離を求め、各支点の鉛直反力をV_D、V_Eと仮定し、つり合い条件式により各支点反力を求める。

$\Sigma V = 0$より、

$-1 + V_D - 2 - 2 - 2 + V_E - 1 = 0$

$V_D + V_E = 8$ ………①

　支点Dは回転支点なので、モーメントは発生しないことを利用し、

M_D
$= -1 \times 1 + 2 \times 1 + 2 \times 3 + 2 \times 5 - V_E \times 6 + 1 \times 7$
$= 0$

$-1 + 2 + 6 + 10 - 6V_E + 7 = 0$

$+ 24 - 6V_E = 0$

$- 6V_E = -24$

$V_E = 4kN$

（上向き）

　①式に代入し、

$V_D + 4 = 8$

$V_D = 4kN$（上向き）

　次にリッターの切断法を利用し、A、B、Cを通過するように解図－2のように切断し、切断した軸の軸方向力を中央に向かってN_A、N_B、N_Cとおく。各節点をF、G、Hとする。

　各節点はピン接合なのでモーメントは発生しないことを利用し、

$M_G =$
$-1 \times 3 + 4 \times 2 - 2 \times 1 + N_A \times \sqrt{3} = 0$
$-3 + 8 - 2 + \sqrt{3} N_A = 0$
$+ 3 + \sqrt{3} N_A = 0$
$\sqrt{3} N_A = -3$
$N_A = \dfrac{-3}{\sqrt{3}}$
$= -\sqrt{3}$ kN（圧縮）

> **ヒント**
>
> ○正三角形の高さは、30°、60°の直角三角形の辺の比率より求める。
>
>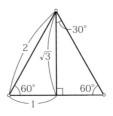

M_H
$= -1 \times 4 + 4 \times 3 - 2 \times 2 - N_C \times \sqrt{3}$
$= 0$
$-4 + 12 - 4 - \sqrt{3} N_C = 0$
$+ 4 - \sqrt{3} N_C = 0$
$- \sqrt{3} N_C = -4$

$N_C = \dfrac{4}{\sqrt{3}}$
$= \dfrac{4\sqrt{3}}{3}$ kN（引張）

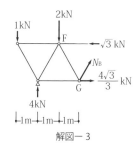

この時点で選択肢**2**の組み合わせが正しいと判断できる。

軸Bを求めるためには、軸A、軸Cが判明していないと解けない。

求めたN_A、N_Cを図に記入すると、解図－3となり、軸Bを求めることができる。

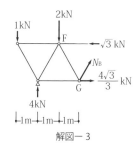

2kN

1kN

F

$\sqrt{3}$ kN

N_B

$\dfrac{4\sqrt{3}}{3}$ kN

G

4kN

├1m┼1m┼1m┤

解図－3

$$M_F = -1 \times 2 + 4 \times 1 - N_B \times \sqrt{3}$$
$$- \dfrac{4\sqrt{3}}{3} \times \sqrt{3} = 0$$

$$-2 + 4 - \sqrt{3}\,N_B - \dfrac{12}{3} = 0$$

$$-2 - \sqrt{3}\,N_B = 0$$
$$-\sqrt{3}\,N_B = 2$$
$$N_B = -\dfrac{2}{\sqrt{3}}$$
$$= -\dfrac{2\sqrt{3}}{3}$$

よって、選択肢**2**の組み合わせが正しいことが確認できる。

No.6　応力計算　（座屈）
正答　4

弾性座屈荷重は、

$$P = \dfrac{\pi^2 EI}{(l_k)^2}$$

より求められる。

E：ヤング係数、I：断面二次モーメント、l_k：座屈長さ（長さlに係数$_k$を乗じたもの）

設問文より、同一の材質とあるのでヤング係数Eと、πは無視する。

座屈係数は、設問の図より、水平移

動拘束の両端ピンであるから、「1.0倍」となるので無視できる。

結果、$\dfrac{I}{l^2}$ を比較すれば大小が判断できる。

1　$\dfrac{3 \times 10^{-5}}{3^2} \fallingdotseq 0.333 \times 10^{-5}$

2　$\dfrac{4 \times 10^{-5}}{3.5^2} \fallingdotseq 0.327 \times 10^{-5}$

3　$\dfrac{5 \times 10^{-5}}{4^2} \fallingdotseq 0.313 \times 10^{-5}$

4　$\dfrac{7 \times 10^{-5}}{4.5^2} \fallingdotseq 0.346 \times 10^{-5}$

5　$\dfrac{8 \times 10^{-5}}{5^2} \fallingdotseq 0.32 \times 10^{-5}$

よって、選択肢**4**が最大となる。

No.7　荷重及び外力
正答　5

1○　設問のとおりである。事務室の積載荷重は、その柱が支える床の数に応じて低減できる（建基令第85条第2項）。

2○　設問のとおりである。多雪区域の指定の基準は「**垂直積雪量が1m以上の区域**」「**積雪の初終間日数の平年値が30日以上の区域**」である（平成12年建告1455号）。

3○　設問のとおりである。**速度圧（q）＝0.6×E×V_0^2**より求められる（建基令第87条第2項）。

4○　設問のとおりである。地震力の計算に用いる標準せん断力係数C_0の値は、**一般に許容応力度計算を行う場合においては0.2以上とし、必要保有水平耐力を計算する場合においては1.0以上**とする（建基令第88条第2項・第3項）。

5×　地震力の計算に用いる振動特性係数R_tの地盤種別による大小関係は、**建築物の設計用一次固有周期Tが長い場合、第三種地盤＞第二種地盤＞第一種地盤**となり、選択肢は逆である（昭和55年建告1793号）。

No.8　許容応力度等計算
正答　2

　　　下表より、条件に当てはめると**2**の$G + P + 0.35S + W$が正しい。暴風と地震は同時に考えず、多雪区域の短期は0.35であることが判断基準となる（建基令第82条）。

No.9　地盤及び基礎構造
正答　1

1× 　砂（$75\,\mu m \sim 2mm$）＞シルト（$5 \sim 75\,\mu m$）＞粘土（$5\,\mu m$以下）である。選択肢では粘土とシルトが逆である。

2○ 　設問のとおりである。**静止土圧**$P_0 = K_0 \times y \times z$より求める。静止土圧係数は0.5とし、土の単位体積重量（y）と地表面からの深さ（z）を乗じて求める。

3○ 　設問のとおりである。**フーチング基礎**には、**独立基礎、複合基礎、連続基礎（布基礎）**の3種類がある。

4○ 　設問のとおりである。基礎に直接作用する固定荷重は、一般に、基礎構造各部の自重のほか、**基礎スラブ上部の土かぶりの重量を考慮**する。

5○ 　設問のとおりである。**布基礎は、地盤の長期許容応力度が70kN/m²以上**であって、かつ、不同沈下等の生ずるおそれのない地盤にあり、基礎に損傷を生ずるおそれのない場合にあっては、無筋コンクリート造とすることができる（平成13年国交告1347号）。

No.10　木造建築物の部材の名称
正答　3

1○ 　設問のとおりである。

2○ 　設問のとおりである。

3× 　「**飛梁**」とは、寄棟などの小屋組において、隅木を受ける母屋の出隅交差部を支える小屋束を立てるために、**軒桁と小屋梁の間に架け渡す横架材**である。選択肢の説明は「火打材」である。

4○ 　設問のとおりである。

5○ 　設問のとおりである。

No.11　木質構造の接合
正答　3

1○ 　設問のとおりである。1面せん断接合とする場合、**有効主材厚は木ねじの呼び径の6倍以上**とし、側材厚は4倍以上とする。

2○ 　設問のとおりである。ドリフトピン接合は、**隙間なく打ち込むため、接合当初の剛性が高く初期ガタが生じにくい**。

3× 　ラグスクリューの先孔へのねじ込みが困難な場合は、**スクリュー部に潤滑剤を用いる**。

4○ 　設問のとおりである。**水分は接着強さ低下の要因になる**。

5○ 　設問のとおりである。**木口面に木ねじや釘を打ち込んでも引抜き方向への抵抗力は期待できない**。

No.12　木造建築物の構造設計
正答　2

1○ 　設問のとおりである。平家建ての算定式は、「$N = A \times B - L$」となりA：**当該柱の両側の耐力壁の壁倍率の差、B：周辺部材の押さえ効果係数、L：長期軸力による押さえの効果を表す係数**、

No.8の表

力の種類	荷重及び外力について想定する状態		一般の場合	特定行政庁が指定する多雪区域における場合
長期に生ずる力	常時		$G + P$	$G + P$
	積雪時			$G + P + 0.7S$
短期に生ずる力	積雪時		$G + P + S$	$G + P + S$
	暴風時		$G + P + W$	$G + P + W$
				$G + P + 0.35S + W$
	地震時		$G + P + K$	$G + P + 0.35S + K$

から求める。

2× 曲げ材の支持点付近で引張側に切欠きを設ける場合、**切欠きの深さ（高さ）は、材せいの1/3以下**とする。やむを得ず1/3以上欠き取る場合にはその部分を補強する。

3○ 設問のとおりである。「壁量充足率」を求め、その両端の比である「**壁率比**」が0.5以上であることを確かめる。

4○ 設問のとおりである。ストレスト・スキン効果とは、**骨組みと面材を一体化**させることにより、**全体の強度が高まり、剛性も大きくなる効果**である。

5○ 設問のとおりである。引張り力を負担する筋かいは、**厚さ1.5cm以上で幅9cm以上の木材**又は**径9mm以上の鉄筋**を使用したものとしなければならない（建基令第45条第1項）。

No.13 補強コンクリートブロック造
正答 4

1○ 設問のとおりである。耐力壁の中心線によって囲まれた部分の水平投影面積を、**60m²以下**とする（建基令第62条の4第1項）。

2○ 設問のとおりである。**空洞ブロックには、A、B、Cの3種類があり**、圧縮強さの大小関係は**C＞B＞A**である。

3○ 設問のとおりである。耐力壁の**壁長は550mm以上**とし、かつ、耐力壁の**有効高さの30%以上**としなければならない。耐力壁の長さ75cmは適切である。

4× 耐力壁の横筋については、**重ね継手の長さは45d**とし、**定着長さは40d**とする。40×13＝520から520mm必要であり、300mmでは不足である。

5○ 設問のとおりである。耐力壁の端部に縦方向に設ける鉄筋径は、**12mm以上**とする。D13は適切である。

No.14 鉄筋コンクリート構造
正答 1

1× 柱のコンクリート全断面積に対する

主筋全断面積の割合は、一般に**0.8%以上**とする。

2○ 設問のとおりである。**帯筋比0.2%以上、隣接柱の帯筋間隔の1.5倍以下かつ150mm以下**とする。設問での隣接柱の帯筋の間隔が10cmとあるので適切である。

3○ 設問のとおりである。コンクリート全断面積に対する**鉄筋全断面積の割合を0.2%以上**とする。

4○ 設問のとおりである。梁の引張鉄筋比が、**釣り合い鉄筋比以下**の場合、梁の許容曲げモーメントは、引張鉄筋の断面積にほぼ比例する。

5○ 設問のとおりである。

No.15 鉄筋コンクリート構造、 継手
正答 4

鉄筋は引張力に対して抵抗するので、**圧縮力の箇所にて継手を設ける**。

梁の上部では、**中央付近**、下部では**柱付近**が圧縮範囲となる。ただし柱と梁の接合部では配筋の定着なども考慮し**梁せい（D）と同じ範囲での継手は適さない**。柱では上下の梁間の**上端から$H/4$と下端から$H/4$の範囲を避け中央部に継手を設ける**ことが望ましい。

以上のことから、**イ、エ、カ**が適当である。

No.16 鉄骨構造
正答 3

1○ 設問のとおりである。**横座屈を生じ**ないように、適切な間隔で**横補剛材を設ける**。曲げモーメントを受ける梁の**圧縮側フランジ**等が面外にねじれ、座屈しようとするのを抑える**剛性と強度が必要**となる。

2○ 設問のとおりである。長期に作用する荷重に対する梁材のたわみは、**通常の場合はスパンの1/300以下、片持ち梁では1/250以下**とする。

3× 根巻き形式の柱脚において、柱下部の根巻き鉄筋コンクリートの高さは、柱

せいと柱幅の大きいほうの**2.5倍以上**とする。

4○　設問のとおりである。アンカーボルトにせん断力を負担させる場合には、座金を溶接するなど、**ベースプレートの移動を阻止**する。

5○　設問のとおりである。角形鋼管柱に筋かいを取り付ける場合、**角形鋼管の板要素の面外変形**で、耐力上の支障をきたすことのないように、**鋼管内部や外部に十分な補強**を行う。

No.17　鉄骨構造の接合
正答　3

1○　設問のとおりである。片面溶接でルート部に曲げまたは荷重の偏心によって生じる**付加曲げ**による引張力が作用する場合には**使用できない**。

2○　設問のとおりである。隅肉溶接では、母材角度**60度未満**または**120度を超える**溶接では応力を負担することはできない。

3×　高力ボルト摩擦接合は、ボルトの締付けによる**摩擦力のみ**によって力を伝達する。

4○　設問のとおりである。**すべり係数の値は0.45**とする。溶融亜鉛メッキの場合は0.40とする。

5○　設問のとおりである。摩擦力を正しく伝えるため**両面とも**摩擦面としての処理を行う（JASS 6）。

No.18　耐震設計、構造計画等
正答　1

1×　**剛性率**は、「各階の層間変形角の逆数」を「全ての階の層間変形角の逆数の相加平均値」で除した値であり、その値が**大きいほど安全**である。

2○　設問のとおりである。**梁に塑性ヒンジ**ができて全体の階が一様に塑性化することで、建築物が**倒壊や崩壊しない**構造計画とする。

3○　設問のとおりである。免震構造は上部構造に伝わる地震動を**長周期化**し、

地震による**加速度を著しく低減**する。

4○　設問のとおりである。**大地震**など急激で大きな水平力に対しては**各層毎に分散配置**し、暴風時の建物全体にゆっくりとした水平力に対しては、**頂部に集中配置**し、エネルギーを吸収し、震動をコントロールする。

5○　設問のとおりである。固有周期が短い建物では、**応答加速度は大きくなる**。

No.19　既存建築物の耐震診断、耐震補強等
正答　4

1○　設問のとおりである。第2次診断法は、梁の変形能力を考慮せずに、**柱と壁の強さと変形能力**などを考慮し、耐震性能を判定する診断手法である。

2○　設問のとおりである。**短柱の脆性破壊を防ぐ**ため、短柱に接続する腰壁との間に耐震スリットを設ける。

3○　設問のとおりである。

4×　柱における炭素繊維巻き付け補強は、**柱のせん断耐力の向上**を目的とし柱の**靱性**を高める。

5○　設問のとおりである。一般診断法において、上部構造について「必要耐力及び保有する耐力の計算」を行い、「**耐力要素の配置などによる低減係数**」「**劣化度による低減係数**」を乗じて求める手法である。

No.20　建築材料、木材及び木質材料
正答　5

1○　設問のとおりである。木材の**真比重は、樹種による差はほぼなく約1.5g/cm³**である。**木材の比重は、気乾状態の比重**で表す。樹種により空隙率が異なるので、比重は樹種により異なる。

2○　設問のとおりである。**軟木は針葉樹**であり**構造材**によく用いられる。対して**硬木は広葉樹**で**造作や家具**によく用いられる。

3○　設問のとおりである。木杭は、腐朽を避けるため**常水面下に設置**する。

4○ 設問のとおりである。集成材は繊維方向を平行に重ね接着し、合板は繊維方向を直交させて重ね接着する。

5× 繊維版は、インシュレーションボード、MDF及びハードボードに分類される。設問の小片板は、パーティクルボードである。

No.21 コンクリート
正答 1

1× 品質基準強度は設計基準強度と耐久設計基準強度の大きいほうの値以上となるので、品質基準強度のほうが大きくなる。

2○ 設問のとおりである。調合管理強度に誤差を考慮し安全率を割増した強度が調合強度である。

3○ 設問のとおりである。コンクリートの強度の大小関係は、圧縮＞曲げ＞引張りである。

4○ 設問のとおりである。単位水量が少ないほど、乾燥収縮の程度は小さくなる。

5○ 設問のとおりである。気乾単位容積質量が大きいほどヤング係数は大きくなる。

No.22 コンクリートの材料
正答 1

1× セメントは水と反応し硬化する水硬性材料である。

2○ 設問のとおりである。せっこうには、セメントの硬化速度を速める効果がある。

3○ 設問のとおりである。膨張剤は、コンクリートに膨張性を与えるものであり、収縮によるひび割れの発生を低減することができる。

4○ 設問のとおりである。高炉スラグ微粉末は、コンクリートの温度上昇の抑制、コンクリート組織の緻密化による水密性の向上、海水や酸・硫黄塩に対する化学抵抗性の向上、アルカリシリカ反応の抑制などに効果がある。

5○ 設問のとおりである。流動化剤は、フレッシュコンクリートに添加することで、コンクリートの流動性を増大させて作業性をよくするものである。

No.23 鋼材
正答 2

1○ 設問のとおりである。一般鋼材であるSS材、SN材、SM材など、鋼材のヤング係数は、強度に関係なく一定で、2.05×10^5（N/mm²）である。

2× 鋼材を焼入れすると、強さ・硬さ・耐摩耗性が増大するが、粘りがなくなり脆くなる。さらに焼戻しをすると粘り強くなる。

3○ 設問のとおりである。軟鋼の比重は7.85で、アルミニウムの比重は2.70であるから、約3倍となる。

4○ 設問のとおりである。高温時の耐力に優れており、耐火被覆の軽減が可能である。

5○ 設問のとおりである。延性破壊とは、過大応力が作用して塑性変形を起こし、引き伸ばされて最終的に破壊することである。脆性破壊とは、応力が作用して塑性変形を伴わないで破壊することであり、低温、衝撃荷重、切欠きなどの特定の条件で発生しやすい。

No.24 建築材料
正答 5

1○ 設問のとおりである。吸水率は、磁器質（Ⅰ類）3.0%以下＜せっ器質（Ⅱ類）10.0%以下＜陶器質（Ⅲ類）50.0%以下である。

2○ 設問のとおりである。合成樹脂調合ペイントは耐アルカリ性がない。

3○ 設問のとおりである。凝灰岩は、軟らかく加工が容易で耐火性に優れるが、風化しやすく、内装材に使用される。

4○ 設問のとおりである。複数枚の板ガラスを専用のスペーサーを用いて一定間隔に保ち、中空層に乾燥空気を封入したもので、断熱性が高く、ガラス表

面の**結露防止**に有効である。

5×　針葉樹の基準強度の一例として「アカマツ、ベイマツ>ヒバ、ヒノキ>スギ、ベイスギ」であり、**スギはベイマツよりも低い**（平成24年国交告第910号）。

No.25　建築材料
正答　2

1○　設問のとおりである。木毛セメント板は、ひも状の木片とセメントを用いて加圧成形した板材で、**保温性、耐火性、遮音性**に優れている。軽量で強度も高く、加工性もよい。

2×　せっこうボードは、**遮音性、断熱性、防火性に優れる**が、衝撃に弱く、**吸水すると強度が低下する**ので浴室には不向きである。

3○　設問のとおりである。チタンは、**軽量で強度が高く錆びない**、また耐食性能も高く**意匠材**として普及している。

4○　設問のとおりである。ガルバリウム鋼板は、鋼板にアルミニウム、亜鉛、ケイ素の合金でめっき加工したもので、**防食性、耐久性**に優れている。**屋根材や外壁材**など広く用いられる。

5○　設問のとおりである。スレート板は、「セメント、けい酸質原料、石綿以外の繊維質原料」などを主原料として加圧形成したもので、**屋根や外壁材に使用される**。

令和5年　建築施工

No.1　施工計画
正答　4

1○　施工計画の作成に当たっては、設計図書にある情報をよく確認し、検討する。**施工の際に不明・不足となる情報がないか、図面相互の整合性に不都合がないか**を確かめる。

2○　監督職員の指示を受けた場合は、実施工程表の補足として、**週間工程表、月間工程表、工種別工程表等**を作成し、監督職員に提出する（公共建築工事標準仕様書1工事関係図書）。

3○　工種別の施工計画書とは、一工程の施工の着手前に、総合施工計画書に基づいて、**工種別の施工計画を定めた**ものであり、施工要領書と呼ばれるものを含む。原則として、設計図書と相違があってはならない（建築工事監理指針1工事関係図書）。

4×　施工図とは、施工図、現寸図、工作図、製作図その他これらに類するもので、契約書に基づく**工事の施工のための詳細図**等をいう（公共建築工事標準仕様書1各章共通事項）。

5○　工事の施工に当たり、試験を行った場合は、直ちに記録を作成する。また、設計図書に定められた施工の確認を行った場合や一工程の施工を完了した場合等は、**施工の記録、工事写真、見本**等を整備する（公共建築工事標準仕様書1工事関係図書）。

No.2　材料の保管等
正答　5

1○　砂利は、泥土等で汚れないように周囲の地盤よりも高くし、**水勾配を設けて保管**する。

2○　押出成形セメント板は、屋内の平坦で乾燥した場所に、台木を用いて保管する。なお、積み重ねる高さは**1m以下**とする。

3○　シーリング材は、高温多湿・凍結温度以下・直射日光・雨露を避けて、**密封して保管**する。

4○　タイルユニットや副資材は、直射日光・雨水を避け、**シート養生**するなどして保管する。

5×　巻いた壁紙材料は、くせが付かないように**立てて**保管する。

No.3　工事現場の安全確保
正答　4

1○　事業者は、高さ又は深さが**1.5mをこえる**箇所で作業を行なうときは、当該作業に従事する労働者が安全に昇降するための設備等を設けなければならない。ただし、安全に昇降するための設備等を設けることが作業の性質上著しく困難なときは、この限りでない（労働安全衛生規則第526条第1項）。

2○　架設通路について、墜落の危険のある箇所には、**高さ85cm以上の手すり**又はこれと同等以上の機能を有する設備及び**高さ35cm以上50cm以下の桟**又はこれと同等以上の機能を有する設備を設けること（同規則第552条第1項第4号イ、ロ）。なお、作業の必要上臨時に手すり等又は中桟等を取り外す場合、次の措置を講じたときは前述の規定は適用しない。

　・**要求性能墜落制止用器具を安全に取り付けるための設備等を設け**、かつ、労働者に要求性能墜落制止用器具を使用させる措置又はこれと同等以上の効果を有する措置を講ずること。

　・前号の措置を講ずる箇所には、関係労働者以外の労働者を立ち入らせないこと（同規則第552条第2項第1、2号）。

3○　建設工事に使用する高さ8m以上の登り桟橋には、**7m以内ごとに踊場**を設けること（同規則第552条第1項第6号）。

4×　作業構台について、高さ2m以上の作業床の床材間の隙間は、**3cm以下**とすること（同規則第575条の6第1項第3号）。

5○　つり足場の作業床は、幅を**40cm以上**とし、かつ、隙間がないようにすること（同規則第574条第1項第6号）。

No.4　廃棄物の処理及び清掃に関する法律

正答　**2**

1○　工作物の新築、改築又は除去に伴って生じたものではない、現場事務所から排出された紙くずは、**一般廃棄物**に該当する（廃棄物の処理及び清掃に関する法律施行令第2条第1号）。

2×　ガラスくずは、産業廃棄物に該当する（同法施行令第2条第7号）。

3○　木くず（建設業に係るもの（工作物の新築、改築又は除去に伴って生じたものに限る。）は、**産業廃棄物**に該当する（同法施行令第2条第2号）。

4○　ポリ塩化ビフェニル処理物は、**特別管理産業廃棄物**に該当する（同法施行令第2条の4第5号ハ）。

5○　石綿建材除去事業において用いられ、廃棄されたプラスチックシート、粉じんマスクや作業衣その他の用具又は器具等で石綿が付着しているおそれのあるものは、**特別管理産業廃棄物**に該当する（同法施行規則第1条の2第9項第3号）。

No.5　仮設工事

正答　**4**

1○　建設工事等の屋外作業において、移動式クレーン等を送配電線類に近接する場所で使用する場合、感電災害を防ぐために移動式クレーン等の機体等と送配電線類と一定の離隔距離をとる必要がある。**200Vの配電線との最小離隔距離は、労働基準局長通達では1m**、電力会社の目標値は2mとなっており、2m以上の離隔距離をとることが望ましい（建築工事監理指針2揚重運搬機械）。

2○　ベンチマークは、正確に設置し、移動のないようにその周囲を養生する必要がある。また、**ベンチマークは、通常2箇所以上設け**相互にチェックできるようにする（建築工事監理指針2縄張り、遣方、足場等）。

3○　単管足場の建地間隔は、**けた行方向1.85m以下、はり間方向1.5m以下**とする（労働安全衛生規則第571条第1

項第1号）。

4× 架設通路について、勾配は**30度以下**とすること（労働安全衛生規則第552条第1項第2号）。

5〇 設問のとおりである。

No.6　木造住宅の基礎工事
正答　4

1〇 割栗地業の場合の締固めは、**ランマー3回突き以上**、凸凹部は目つぶし砂利で上ならしする（住宅金融支援機構木造住宅工事仕様書3.3基礎工事）。

2〇 布基礎の底盤部分の主筋は**D10以上**、間隔は**300mm以下**とする（住宅金融支援機構木造住宅工事仕様書3.3基礎工事）。

3〇 べた基礎の基礎底盤には、施工中の雨水等を排出するための**水抜き孔**を設置する。なお、工事完了後は、当該水抜き孔は適切にふさぐ（住宅金融支援機構木造住宅工事仕様書3.3基礎工事）。

4× コンクリートの打込みに際しては、空隙の生じないよう**十分な突き、たたき**を行う（住宅金融支援機構木造住宅工事仕様書3.3基礎工事）。

5〇 普通ポルトランドセメントを用いる場合の型枠の存置期間は、気温**15℃以上の場合は3日以上、5℃以上15℃未満の場合は5日以上**とする（住宅金融支援機構木造住宅工事仕様書3.3基礎工事）。

No.7　杭工事
正答　5

1〇 杭工事のセメントミルク工法とは、**アースオーガー**という掘削機械にて竪穴を掘削し、水とセメントを練り混ぜたセメントミルクを注入して杭を生成する工法である。アースオーガーによる掘削は、**掘削中も引き上げ時も正回転**とする。引上げ時に逆回転にすると掘削した土砂が竪穴に逆流するので、正回転のまま引き上げる。

2〇 杭工事のアースドリル工法とは、**表層ケーシング**という筒を地表部に建て込み、安定液を注入しながら**ドリリングバケット**という掘削機械により地面に竪穴を掘削し、竪穴の中にコンクリートを打設する工法である。

3〇 杭工事のオールケーシング工法とは、**ケーシングチューブ**という筒を地中に回転圧入しながら、**ハンマーグラブ**という掘削機械により竪穴を掘削し、竪穴の中にコンクリートを打設する工法である。

4〇 杭工事のリバース工法とは、スタンドパイプという筒を地中に建て込み、パイプ内に水を満たすことにより竪穴の壁に対して水圧をかけ、竪穴の崩壊を防ぎながらドリルパイプを介して土砂と水を吸上げ排出する工法である。リバース工法においては、地下水位を確認し、地下水位に対するパイプ内の水頭差（水位の高低差）を**2m以上**保つように掘削する。

5× プレボーリング拡大根固め工法は、**既製コンクリート杭工法**に含まれる（建築工事監理指針4既製コンクリート杭地業）。場所打ちコンクリート杭工法に含まれるのは、アースドリル工法、リバース工法、オールケーシング工法等である。

No.8　鉄筋工事
正答　2

1〇 鉄筋表面のごく薄い赤錆は、**コンクリートの付着も良好で害はない**が、粉状になるような赤錆はコンクリートの付着を低下させるので、ワイヤーブラシまたはハンマなどで取り除くのがよい（JASS 5鉄筋および溶接金網の取扱いおよび保管）。

2× 圧接部の片ふくらみが規定値を超えた場合は、**圧接部を切り取って再圧接**する（公共建築工事標準仕様書5ガス圧接）。

3 ○ 降雨、降雪又は強風の場合は、**圧接作業を行ってはならない**。ただし、風除け、覆い等の設備を設置した場合には、作業を行うことができる（公共建築工事標準仕様書5ガス圧接）。

4 ○ 異形鉄筋相互のあきの最小寸法は、①**呼び名の数値の1.5倍**、②**粗骨材最大寸法の1.25倍**、③**25mm**、のうち最も大きい値である（JASS 5直組み鉄筋）。

5 ○ 鉄筋のサポートおよびスペーサーの配置の基準において、部材が梁の場合、**間隔は1.5m程度、端部は0.5m程度**とする（JASS 5直組み鉄筋）。

No.9 型枠工事
正答　3

1 ○ せき板を再使用する場合は、コンクリートに接する面をよく清掃し、締付けボルトなどの貫通孔または破損箇所を修理のうえ、必要に応じて**剥離剤を塗布**して用いる（JASS 5せき板の材料・種類）。

2 ○ せき板の種類・材料は、合板は、**日本農林規格（JAS）**の「コンクリート型枠用合板の規格」に適合するものを用いる（JASS 5せき板の材料・種類）。

3 × パイプサポートを支柱として用いるものにあっては、①**パイプサポートを3以上継いで用いないこと**。②パイプサポートを継いで用いるときは、4以上のボルト又は専用の金具を用いて継ぐこと。③高さが3.5mを超えるときは、高さ2m以内ごとに水平つなぎを2方向に設け、かつ、水平つなぎの変位を防止すること（労働安全衛生規則第242条第7号）。

4 ○ 基礎、梁側、柱および壁のせき板の存置期間は、計画供用期間の級が短期および標準の場合は構造体コンクリートの圧縮強度が**5N/mm²以上**、長期及び超長期の場合は10N/mm²以上に達したことが確認されるまでとする（JASS 5型枠の存置期間）。

5 ○ せき板及び支柱の取外しについて、構造体コンクリートの強度発現は、現場水中養生供試体又は現場封かん養生供試体の圧縮強度から推定することとし、所定の条件を満たすのに必要な強度管理として**現場水中養生供試体又は現場封かん養生供試体の試験値**を採用する（建築工事監理指針6型枠）。

No.10 コンクリート工事
正答　2

1 ○ コンクリートの練混ぜから打込み終了までの時間は、外気温が**25℃以下の場合は120分以内**とし、25℃を超える場合は90分以内とする（公共建築工事標準仕様書6コンクリートの工事現場内運搬、打込み及び締固め）。

2 × 間違ったコンクリートの納入や誤配車を排除するために、レディーミクストコンクリートの受入れ時には、荷卸しされる**コンクリートの種類、呼び強度、指定スランプ**、粗骨材の最大寸法、セメントの種類及び容積が、発注した条件に適合していることを**各運搬車の納入書によって確認**することが必要である（建築工事監理指針6コンクリートの品質管理）。

3 ○ フレッシュコンクリートの試験に用いる試料の採取場所は、**工事現場の荷卸し地点**とする。ただし、荷卸しから打込み直前までの間に、許容差等を超えるような品質の変動のおそれがある場合は、その品質を代表する箇所で採取する（公共建築工事標準仕様書6試験等）。

4 ○ コンクリートに含まれる塩化物量は、塩化物イオン量として、**0.30kg/m³以下**とする（JASS 5耐久性を確保するためのその他の規定）。

5 ○ コンクリートのスランプの許容差は、スランプ8cm以上18cm以下の場合は、**±2.5cm**である。設問の20cm−

18cm＝＋2cmは許容差に該当する（公共建築工事標準仕様書6コンクリートの品質管理）。

No.11　コンクリート工事
正答　1

1× コンクリートは、目的の位置に可能な限り近づけて打ち込む。また、柱で区切られた壁においては、**柱を通過させるようなコンクリートの横流しをしない**（公共建築工事標準仕様書6コンクリートの工事現場内運搬、打込み及び締固め）。

2○ コンクリート打込み後の養生期間中に、コンクリートが凍結するおそれのある期間に施工するコンクリートにおいて、初期養生は、所定の試験によるコンクリートの圧縮強度が**5N/mm²以上**となるまで行う（公共建築工事標準仕様書6寒中コンクリート）。

3○ 日平均気温の平年値が25℃を超える期間に施工するコンクリートにおいて、湿潤養生の開始時期は、コンクリート上面では**ブリーディング水が消失した時点**とし、せき板に接する面では脱型直後とする（公共建築工事標準仕様書6暑中コンクリート）。

4○ パラペットの立上り、ひさし、バルコニー等は、これを支持する構造体部分と**同一の打込み区画**とする（公共建築工事標準仕様書6コンクリートの工事現場内運搬、打込み及び締固め）。

5○ 豆板の程度が表面的に軽微であり、粗骨材はたたいても落ちない場合、健全部分を傷めないように不良部分をはつり、水洗いした後、木ごて等で1：2の硬練りモルタルを丁寧に塗り込み、必要に応じて打ち継ぎ用接着剤を使用する（建築工事監理指針6試験等）。

No.12　高力ボルト接合
正答　1

1× 接合部に肌すきがある場合の処理は、肌すき量が1mm以下のものは処理不要であるが、**1mmを超えるものはフィラープレート**（すき間をうめる鋼板）を入れる（JASS 6高力ボルト接合）。

2○ 一群のボルトの締付けは、群の**中央部から周辺に向かう順序**で行う（公共建築工事標準仕様書7高力ボルト接合）。

3○ ボルト頭部またはナットと接合部材の面が、1/20以上傾斜している場合は、**勾配座金**を使用する（公共建築工事標準仕様書7高力ボルト接合）。

4○ 仮ボルトは、**本接合のボルトと同軸径の普通ボルト等**で損傷のないものを使用し、締付け本数は、**一群のボルト数の1/3以上かつ2本以上**とする（公共建築工事標準仕様書7工事現場施工）。

5○ 一次締めしたボルトには、**ボルト、ナット、座金及び母材(添え板)**にかけてマークを施す（公共建築工事標準仕様書7高力ボルト接合）。

No.13　鉄骨工事
正答　2

1○ 架構の倒壊防止用ワイヤロープを使用する場合、このワイヤロープを**建入れ直し用に兼用してよい**（JASS 6建方）。

2× 筋かい補強作業は、必ず**建方当日**に行うこととし、翌日に持ち越してはならない（建築工事監理指針7.10.5）。

3○ 完全溶込み溶接突合せ継手及び角継手の余盛高さの**最小値は0mm**とする。余盛りは応力集中を避けるため、なめらかに仕上げ、過大であったりビード表面形状に不整があってはならない（JASS 6完全溶込み溶接）。余盛高さの許容差は開先部分の大きさによるが、2mmとすることは適切である（JASS 6付則6.鉄骨精度検査基準付表3溶接）。

4○ 溶接部は、溶接に先立ち、水分、油、スラグ、塗料、錆等の**溶接に支障となるものを除去**する（公共建築工事標準

仕様書7溶接接合）。

5○　隅肉溶接の溶接長さは、**有効長さに隅肉溶接のサイズの2倍を加えたもの**であり、その長さを確保するように施工する（公共建築工事標準仕様書7溶接接合）。

No.14　ALCパネル工事
正答　2

1○　横壁アンカー構法の場合、受け金物は、**パネル積上げ段数5段以下ごとに**設ける（公共建築工事標準仕様書8ALCパネル）。

2×　外壁パネル構法において、パネルの短辺小口相互の接合部の目地は伸縮調整目地とし、特記がなければ、**目地幅は10〜20mm**とする（公共建築工事標準仕様書8ALCパネル）。

3○　パネルとスラブが取り合う部分の隙間は、**モルタル又は耐火材料**を充填する。ただし、構法が縦壁ロッキング構法の場合は、モルタルとパネルの間にはクラフトテープ等の**絶縁材**を入れる（公共建築工事標準仕様書8ALCパネル）。

4○　外壁パネル構法において、外部に面する部分のパネルの目地は、**シーリング材**を充填する（公共建築工事標準仕様書8ALCパネル）。

5○　床パネル構法において、短辺小口相互の接合部には**20mm程度の目地**を設け、支持梁上になじみよく敷き並べる（公共建築工事標準仕様書8ALCパネル）。

No.15　木工事
正答　4

1○　跳出しバルコニーの**下地板は1/50以上**の勾配を設け、**溝部分では1/200以上**の勾配を設ける（住宅金融支援機構木造住宅工事仕様書5.10バルコニー）。

2○　くら金物は、**たる木と軒げたまたは母屋の接合**に用いられ、接合具は**太め釘**ZN40とする（住宅金融支援機構木造住宅工事仕様書4.1.6 Zマーク表示金物の種類）。

3○　構造用面材による床組の補強方法において、断面寸法**105mm×105mm以上の床ばり**を、**1,820mm内外の間隔**で、張り間方向又はけた行方向に配置する（住宅金融支援機構木造住宅工事仕様書5.8床組）。

4×　1階及び2階部の上下同位置に構造用面材の耐力壁を設ける場合は、胴差し部において、構造用面材相互間に原則として、**6mm以上のあき**を設ける（住宅金融支援機構木造住宅工事仕様書5.3大壁造の面材耐力壁）。

5○　真壁造において、構造用面材の下地に貫を用いる場合は、貫は**15mm×90mm以上**とし、**5本以上**設ける（住宅金融支援機構木造住宅工事仕様書5.4真壁造の面材耐力壁）。

No.16　木工事
正答　3

1○　通し柱と桁の仕口は、金具を用いない場合、**長ほぞ差し、込み栓打ち**が適当である。

2○　柱と土台の仕口は、**上、短ほぞ差し、両面かすがい打ち**あるいは下、柱見込みの1/3土台を欠き込み胴付き、両面釘打ちとする（公共建築工事標準仕様書12鉄筋コンクリート造等の内部間仕切軸組及び床組）。

3×　胴差と梁の仕口において、一般的には渡りあご掛けの場合は天端そろえとならないため、不適切である。

4○　隅木の継手は、**母屋心より上方で、腰掛け蟻継ぎ、かすがい打ち**が適当である。

5○　軒桁の継手は、はりを受ける柱間を避け、柱より持ち出し、**追い掛け大栓継ぎ、腰掛けかま継ぎ又は腰掛けあり継ぎ**とする（住宅金融支援機構木造住宅工事仕様書5.1.7軒げた）。

No.17　防水工事
正答　5

1○　アスファルト防水の保護層等の施工において、入隅部分に**成形緩衝材**を設ける（公共建築工事標準仕様書9アスファルト防水）。

2○　改質アスファルトシート防水の施工において、プライマー塗りは、コンクリート下地等が**十分乾燥した後に清掃を行**い、塗布する（公共建築工事標準仕様書9改質アスファルトシート防水）。

3○　加硫ゴム系シートの場合は、ルーフィングシートの重ね幅は、幅方向、長手方向とも**100mm以上**とする（公共建築工事標準仕様書9合成高分子系ルーフィングシート防水）。

4○　塗膜防水の施工において、防水層の下地は、出隅は**通りよく45°の面取り**とし、入隅は**通りよく直角**とする（公共建築工事標準仕様書9防水工事）。

5×　シーリングの施工において、充填箇所以外の部分に付着したシーリング材は、直ちに取り除く。ただし、シリコーン系シーリング材は、**硬化後に取り除く**（公共建築工事標準仕様書9シーリング）。

No.18　タイル工事及び石工事
正答　1

1×　内壁空積工法の施工において、取付け代として、石材の裏面とコンクリート面との間隔は、**40mm程度**とする（公共建築工事標準仕様書10内壁空積工法）。

2○　外壁乾式工法の施工において、目地幅は、**8mm以上**とする（公共建築工事標準仕様書10外壁乾式工法）。

3○　セメントモルタルによるタイル張りにおいて、タイル張りに先立ち、下地面を清掃した後に、下地モルタルに適度の**水湿し**又は**吸水調整材の塗布**を行う（公共建築工事標準仕様書11セメントモルタルによるタイル張り）。

4○　下地のひび割れ誘発目地、打継ぎ目地及び構造スリットの位置並びに他部材との取合い部には、伸縮調整目地を設ける（公共建築工事標準仕様書11共通事項）。

5○　モルタルの練混ぜは、原則として、機械練りとする。1回の練混ぜ量は、**60分以内**に使い切れる量とする（公共建築工事標準仕様書15モルタル塗り）。

No.19　塗装工事
正答　5

1○　塗料は、調合された塗料をそのまま使用する。ただし、**素地面の粗密、吸収性の大小、気温の高低等に応じて、適切な粘度に調整**することができる（公共建築工事標準仕様書18共通事項）。

2○　パテかいとは、塗装面の凹凸部や割れなどに、パテを木べらなどでしごいて平らにする作業をいう。パテかいは、一度に厚塗りせず、**数回に分けて行う**。

3○　壁面などのローラーブラシ塗りに先立ち、隅やちり回りなどの細かい部分は、**小さな刷毛**を用いて塗装する。

4○　鉄鋼面に使用する合成樹脂調合ペイントの上塗りは、**エアレススプレーによる吹付け塗り**などにより行う。

5×　吹付け塗装においては塗装用スプレーガンを用いる。ガンの種類、口径、空気圧等は、用いる塗料の性状に応じて適切なものを選び、吹きむらのないよう一様に塗る（公共建築工事標準仕様書18共通事項）。一般には適切に**塗り重ね**ながら一様に塗る。

No.20　建具工事、ガラス工事及び内装工事
正答　3

1○　FRP系塗膜防水と建具が取り合う場合は、FRP系塗膜防水工事を**施工した後**、建具の取付けを行うものとする（公共建築工事標準仕様書16アルミニウム製建具）。

2 ○ 外部に面する複層ガラス、合わせガラス、網入り板ガラス、線入り板ガラスを受ける下端ガラス溝には、ガラスの溝内に浸入した雨水を排水するため、**建具の下枠に水抜き孔（径6mm以上）を2箇所以上**、またセッティングブロックによるせき止めがある場合は、その中間に1箇所追加し設置する（公共建築工事標準仕様書16ガラス）。

3 × ガラスブロック積みの伸縮調整目地の位置は、特記がなければ、**6m以下ごとに幅10〜25mmの伸縮調整目地**を設ける（公共建築工事標準仕様書16ガラスブロック積み）。

4 ○ 洗面所などの湿気及び水の影響を受けやすい箇所に、ビニル床シートを張り付ける場合には、**エポキシ樹脂系またはウレタン樹脂系**の接着剤を使用する（公共建築工事標準仕様書19ビニル床シート、ビニル床タイル及びゴム床タイル張り）。

5 ○ せっこうボード表面に仕上げを行う場合、せっこうボード張付け後、仕上げ材に**通気性のある場合で7日以上、通気性のない場合で20日以上**放置し、直張り用接着剤が乾燥し、仕上げに支障のないことを確認してから、仕上げを行う（公共建築工事標準仕様書19せっこうボード、その他ボード及び合板張り）。

No.21 木造住宅における設備工事
正答 1

1 × 屋内横走り排水管の勾配は、原則として、**呼び径65以下は最小1/50、呼び径75、100は最小1/100、呼び径125は最小1/150、呼び径150以上は最小1/200**とする（公共建築工事標準仕様書（機械設備工事編）2配管工事）。

2 ○ 架橋ポリエチレン管は、架橋構造により耐熱性を向上させた樹脂管で、給湯管などに用いられる。

3 ○ 雨水用排水ます及びマンホールには、排水管などに泥が詰まらないように**深さ15cm以上の泥だめ**を設ける。

4 ○ 給水管の地中埋設深さは、**車両道路では管の上端より600mm以上、それ以外では300mm以上**とする。ただし、寒冷地では凍結深度以上とする（公共建築工事標準仕様書（機械設備工事編）2配管工事）。

5 ○ 各種配管、ボックス、埋込み金物等は、構造耐力上及び耐久性上支障のない位置に配置し、コンクリート打込み時に移動しないよう、所定の位置に**堅固に取り付ける**（公共建築工事標準仕様書6型枠）。

No.22 改修工事
正答 4

1 ○ 屋内の木部でクリヤラッカー塗りの塗替え及び新規に塗る場合の工程において、着色は**下塗りのウッドシーラーの塗布前**に行われる（公共建築改修工事標準仕様書（建築工事編）7クリヤラッカー塗り（CL））。

2 ○ 合成樹脂エマルションペイント塗りにおいて、天井面等の見上げ部分は、**研磨紙ずりの工程を省略する**（公共建築改修工事標準仕様書（建築工事編）7合成樹脂エマルションペイント塗り（EP））。

3 ○ 耐震改修の連続繊維補強工事において、貼り付けた連続繊維シートの上面に、**下塗りの含浸接着樹脂がにじみ出るのを確認した後**、上塗りの含浸接着樹脂をローラー又ははけで塗布する（公共建築改修工事標準仕様書（建築工事編）8連続繊維補強工事）。

4 × 防煙シャッターのスラットは、遮煙性能のある**オーバーラッピング形**とし、自動閉鎖型のはさまれ防止のための障害物感知装置付とする。

（次ページ図参照）

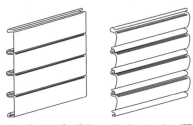

オーバーラッピング形　　インターロッキング形

5○　鉄骨ブレースの設置工事において、鉄骨ブレースの取り付く範囲の既存構造体のコンクリート面に、**目荒しを行う**（公共建築改修工事標準仕様書（建築工事編）8鉄骨ブレースの設置工事）。

No.23　施工機械・器具
正答　3

1○　ハッカーは、鉄筋工事において**鉄筋どうしを結束する**ために用いられる。

2○　チェーンブロックは、鉄骨工事において**建入れ直しの際にワイヤーを調整する**ために用いられる。

3×　インパクトレンチは、鉄骨工事において**ボルトの締付け**に用いられる。

4○　トレミー管は、場所打ちコンクリート杭地業においての**コンクリートの打込みや水中コンクリートの打設**に用いられる。

5○　タンパーは、コンクリート工事においてコンクリートの**打込み後にタンピング（たたき締め）**するために用いられる。

No.24　建築積算
正答　5

1○　共通仮設費は、**各工事種目に共通の仮設に要する費用**とする（公共建築工事積算基準）。

2○　現場管理費は、工事施工に当たり、**工事現場を管理運営するために必要な費用**で、共通仮設費以外の費用とする（公共建築工事積算基準）。

3○　一般管理費等は、**工事施工に当たる受注者の継続運営に必要な費用**で、一般管理費と付加利益等からなる（公共

建築工事積算基準）。

4○　消費税等相当額は、工事価格に消費税及び地方消費税相当分からなる税率を乗じて算定する（公共建築工事積算基準）。

5×　共通費は、**共通仮設費、現場管理費及び一般管理費等**に区分される（公共建築工事積算基準）。工事費は、直接工事費と共通費と消費税等相当額で構成される（同基準）。（令和2年No.24の解説図参照）

No.25　請負契約
正答　5

1○　請負代金額を変更するときは、原則として、工事の**減少部分については監理者の確認を受けた請負代金内訳書の単価**により、**増加部分については時価**による（民間建設工事標準請負契約約款（甲）第31条第2項）。

2○　受注者は、監理者の処置が著しく適当でないと認められるときは、**発注者**に対して異議を申し立てることができる（民間建設工事標準請負契約約款（甲）第12条第3項）。

3○　受注者は、この契約を締結した後、速やかに請負代金内訳書及び工程表を**発注者**に、それぞれの写しを監理者に提出し、請負代金内訳書については、**監理者の確認を受ける**（民間建設工事標準請負契約約款（甲）第4条第1項）。

4○　発注者又は受注者は、この工事について発注者、受注者間で通知、協議を行う場合は、この契約に別段の定めのあるときを除き、原則として、**通知は監理者を通じて、協議は監理者を参加させて行う**（民間建設工事標準請負契約約款（甲）第9条第2項）。

5×　受注者は、この契約の履行報告につき、設計図書に定めがあるときは、その定めるところにより**発注者**に報告しなければならない（民間建設工事標準請負契約約款（甲）第11条）。

令和4年 正答一覧

合格基準点（総得点）：60点

No.	建築計画 合格基準点：13点	建築法規 合格基準点：14点	建築構造 合格基準点：14点	建築施工 合格基準点：13点
No.1	2	2	2	3
No.2	4	5	2	1
No.3	1	3	3	4
No.4	5	2	3	3
No.5	3	4	1	2
No.6	3	3	3	4
No.7	1	5	2	1
No.8	2	4	4	2
No.9	4	3	1	4
No.10	2	3	5	4
No.11	4	4	4	4
No.12	1	3	2	3
No.13	3	1	3	4
No.14	3	4	4	5
No.15	5	4	3	4
No.16	2	2	1	4
No.17	4	2	4	4
No.18	3	4	5	1
No.19	1	1	1	3
No.20	5	1	3	5
No.21	2	2	5	4
No.22	4	1	2	1
No.23	3	5	4	2
No.24	1	3	4	5
No.25	1	3	1	2

令和4年　建築計画

No.1　日本の歴史的な建築物
正答　2

1○　鹿苑寺金閣は、最上層を禅宗様仏堂風、第二層を和様仏堂風、初層を寝殿造住宅風の建築様式を用いた**方形造りの舎利殿**である。

2×　円覚寺舎利殿は、鎌倉時代に南宋から伝えられた**禅宗様（唐様）**の建築物である。禅宗様の特徴である、部材の細さ、屋根の反りの強さ、扇垂木、桟唐戸、花頭窓などが用いられている。設問の**和様**は、禅宗様や大仏様（天竺様）が伝来する以前に日本独自に発展した寺院建築様式で、**平等院鳳凰堂**や**室生寺五重塔**などがある。

3○　旧正宗寺三匝堂は、右回りの**二重螺旋**の斜路により、参拝者が一方通行ですれ違うことなく堂内を参拝できる構造となっている。

4○　薬師寺東塔は、各重に裳階（軒下に設けられた庇や下屋）がついた**本瓦葺きの三重塔**である。

5○　法隆寺金堂は、世界最古の木造建築とされている。**入母屋造りの二重屋根の仏堂であり、雲斗、雲肘木などと呼ばれる雲形組物を用いた飛鳥様式で**建てられている。

No.2　歴史的な建築物とその建築様式
正答　4

1○　アルハンブラ宮殿は、宮殿をはじめ、貴族の館やモスク、市場、軍事要塞などが整備された城塞都市で、広大で美しい庭園が点在している。**中世イスラム建築**を代表する**アラブ様式**を主に、**ルネサンス様式**などの建物が混在している。

2○　シュパイヤー大聖堂は、1061年に献堂式が行われた教会である。赤い砂岩でできた巨大なバシリカ式聖堂は全長133mある。世界最大級の**ロマネスク様式**の教会で、4本の塔が天空にそびえ立っている。

3○　サン・マルコ大聖堂は、9世紀に建立されたが10世紀に火災により破損し、11世紀に改築された。ギリシア十字形プランの中央部と四つの腕部にそれぞれペンディンティブドームを冠し、内部はモザイクと大理石で装飾されている。**ビザンティン様式**の聖堂である。

4×　オペラ座は、1875年に落成式が行われた劇場である。**ネオバロック建築**の典型と言われ、多くの彫刻や装飾を施している。当時、最新の建材であった鉄を使用し、巨大な空間を実現している。

5○　シャルトル大聖堂は、12世紀の火災で右側の高さ105mのロマネスク様式の尖塔が焼け残り、16世紀に左側の高さ113mの**ゴシック様式**の尖塔が再建された。平面は東西南北が正確な十字形を形成し、ステンドグラスが有名な全長130mの聖堂である。

No.3　建築環境工学
正答　1

1×　**熱伝導率**は、物体内部の熱の伝わりやすさを表す指数である。熱伝導率の**値が大きいほど熱を伝えやすく断熱性が低い**材料である。

2○　日射量は、太陽の直達日射及び天空日射を加えたものによる、ある面に対する単位面積、単位時間当たりの**日射エネルギー量**である。

3○　輝度は、**発光面の明るさを示す測光量**であり、光源または物体をある方向から見たときに、単位面積当たりに発している光度をいう。

4○　音の強さは、音源から放射される音波が、進行方向に垂直な単位面積を単位時間当たりに通過する**音響エネルギー量**をいう。

5 ○ PMVは、温度・湿度・気流・熱放射の温熱要素と人体要素である代謝量・着衣量を代入すると、その条件で暖かいと感じるか寒いと感じるかが数値で表される**温熱環境指標**である。−3（寒い）～＋3（暑い）の値を取り、値が0のときは、暑くも寒くもない状態と予想される。

No.4 換気
正答 5 ★

1 ○ 開放型燃焼器具の必要換気量Vは、建設省告示により、

$V = N \times K \times Q$（m³/h）

ただし、N：定数、K：理論廃ガス量（m³/kW・hまたはm³/kg）、Q：燃料消費量（m³/hまたはkg/h）または発熱量（kW/h）

と定められている。換気フードの無い場合のNは40である。

2 →× 室内の空気汚染は、室内の人の呼吸や体臭、喫煙などで進行する。二酸化炭素（炭酸ガス）の許容濃度は**0.1％**（1,000ppm）（建基令第129条の2の5第3項（三））、一酸化炭素の許容濃度は、出題当時は**0.001％**（10ppm）であったが、令和5年4月1日施行の同法施行令改正により0.0006％（6ppm）以下となったため、**現在は不適当**なものとなる（同条項（二））。

3 ○ 温度差換気は、空気に温度差がある場合に温度の低いほうから高いほうに空気が流れることを利用する。屋内温度より外気温度が**低い**場合は、中性帯より**下部から屋内に外気が流入**し、上部から外部に空気が流出する。

4 ○ 第2種機械換気方式は、外気を給気機により室内に供給し、自然排気口から排出する方式である。室内は**正圧**となり汚染空気の流入を防ぐので、病院の手術室や研究所の無菌室などの清浄室の換気に適している。

5 × 室内に汚染物質が発生している場合の必要換気量Qは、

$$Q = \frac{M}{C_i - C_o}$$

ただし、M：室内の汚染質発生量、C_i：室内の汚染質許容濃度、C_o：外気の汚染質濃度

で求められる。

したがって、**必要換気量**は、その室の容積の大小によって変化しない。

No.5 湿り空気
正答 1

1 × **絶対湿度**は、ある空気1kgが含んでいる水蒸気の重量をいう。加湿や除湿をしない限り、湿り空気の**温度が変化しても絶対湿度は変化しない**。

2 ○ 水蒸気分圧は、ある湿り空気の中で、**水蒸気によって占められる圧力**をいう。

3 ○ 相対湿度は、ある湿り空気の絶対湿度と、その空気の飽和絶対湿度との比で求める。

4 ○ 湿球温度は、**感温部を湿った布など**で覆った温度計で測定した温度で、乾球温度と湿球温度の差が大きい場合は、湿球からの水蒸気の蒸発が多く、湿球温度計から蒸発潜熱を奪っている状態である。すなわち、空気中の水蒸気量が少ない状態を示し、相対湿度が低い。

5 ○ 湿り空気が露点温度以下の物体に触れると、その温度の飽和水蒸気量を超える水蒸気が結露して、物体の表面に**露または霜が生じる**。

No.6 外皮平均熱貫流率
正答 3

熱貫流は、外気から壁体を通して室内に、あるいは室内から壁体を通して外気に**熱が伝わる**現象をいう。熱貫流率は、単位面積、単位時間、単位温度差当たりに壁体を移動する熱量をいい、外皮断面構造が一様でない建物の平均熱貫流率Kは、

令和4年

$$K = \frac{S_1 \times K_1 + \cdots\cdots + S_n \times K_n}{S_1 + \cdots\cdots + S_n}$$

ただし、S_n：ある断面構造の面積、K_n：ある断面構造の熱貫流率で求められる。

設問の建物の熱貫流量（W/K）は、
屋根　$S_n \times K_n = 40 \times 0.2 = 8$
窓を除く外壁
　　　$S_n \times K_n = 60 \times 0.3 = 18$
窓　　$S_n \times K_n = 24 \times 2.0 = 48$
床　　$S_n \times K_n = 40 \times 0.2 = 8$
であり、外皮平均熱貫流率は、
$K = (8 + 18 + 48 + 8) / (40 + 60 + 24 + 40)$
　$= 0.5$（W/（m²・K））
したがって、**3**が正答。

No.7　採光・照明
正答　1

1× **昼光率**は、窓面から直接受照面に入射する光による直接昼光率と、室内の壁などに反射してから受照面に入射する光による間接昼光率との和になる。**壁や天井の反射は間接昼光率に影響を与える。**

2○ **全天空照度**は、**直射日光を除く全天**空からの光による照度をいう。

3○ **赤・緑・青**が色光の三原色であり、**赤・黄・青**が色材の三原色である。異なった色の光を重ねて別の色を生み出すことを加法混色といい、異なった色をもつ物体を混ぜて別の色を生み出すことを減法混色という。

4○ JISによる照度基準では、細かい視作業を行う事務室の照度は**1,000lx**、その他の事務室は**750lx**と定められている。

5○ **光束**は、**可視光線のエネルギー量を人間の目で感じる量として表した測光量**であり、ある面積を単位時間に通過する光のエネルギー量をいう。

No.8　色彩
正答　2

1○ インテリアカラーは、ベースカラー（床・壁・天井材など内装材の色彩）、メインカラー（家具やカーテンなどの色彩）、アクセントカラー（クッションや置物などの色彩）からなる。内装材は空間の面積の約70％を占めるため、一般に、飽きのこないよう彩度を**低く**し、床面は明度を**低く**、天井面は明度を**高**くする。

2× **マンセル表色系**では、有彩色を［色相、明度／彩度］で表す。**5R4/14**は、**5Rが色相、4が明度、14が彩度**を示す。

3○ **色調**は、**明度と彩度を複合した概念**で、明るい・暗い、淡い・濃い、浅い・深い、強い・弱いなど、色の印象を感覚的に表したものをいう。

4○ マンセル表色系の彩度は、色の鮮やかさの度合いをいい、色相により最大値は異なる。ある色相の中で、最も高彩度の色を**純色**という。

5○ **同化現象**は、ある色が他の色に囲まれたり挟まれているときに、**周囲の色に近づいて見えたり**、**強調されて見える**ことをいう。対比の反対の現象である。

No.9　吸音・遮音
正答　4

1○ 壁の一部に著しく音響透過損失が小さい部分が含まれていると、その部分がわずかでも、壁全体の音響透過損失は著しく**低下**する。

2○ **中空二重壁の共鳴透過**は、中空層がバネの役割を果たし、双方の壁の振動が一致した周波数で**遮音性能が低下する現象**をいう。空気層を厚くすると、共鳴透過現象は低い周波数域で起こる。

3○ グラスウールや木毛セメント板などの多孔質材料の吸音率は、低音域より**高音域のほうが多く吸音しやすい**。

4× **吸音率の高い材料**は、一般に、音の透過率が高いので、**遮音性能は期**

待できない。

5○ 吸音率は、

$$吸音率＝\frac{吸収音＋透過音}{入射音}$$

で表され、「壁へ入射する音のエネルギー」に対する、「壁内部に吸収される音のエネルギー」と「壁を透過する音のエネルギー」の和の割合である。

No.10 環境評価・地球環境
正答 2

1○ ZEHは、住宅の断熱性や省エネ性能を上げるとともに、太陽光発電などの再生可能エネルギーを導入することにより、**年間の一次エネルギー消費量**の収支が**ゼロ**または**マイナス**となることを目指した住宅をいう。

2× **ヒートアイランド現象**は、鉄筋コンクリート造建築物やアスファルト舗装が昼間に蓄えた太陽の放射熱を夜間に徐々に放出したり、クーラーなどの人工熱の排出、樹木や土の地面の減少による水分蒸発による冷却効果の減少などが原因である。大気中の**二酸化炭素**などの温室効果ガスが増えることによる要因は少ない。

3○ 暖房デグリーデーは、暖房期間中の**室内温度と室外温度の差を積算したもの**で、建物の熱損失量の概算や熱経済の検討などに用いられる。寒冷地ほど室内外の気温差が大きいため値が大きくなり、暖房に必要な熱量が大きいことを表す。

4○ カーボンニュートラルは、**二酸化炭素**などの温室効果ガスの排出量から、**森林などによる吸収量を差し引いた合**計を実質的に**ゼロ**にすることである。カーボンニュートラルの達成には、温室効果ガスの排出量の削減及び吸収作用の保全・強化をする必要がある。

5○ ビル風の防止対策は、植栽、フェンス、建物の隅切り、セットバック、低層部の設置、建物の中層部の中空化、回廊を設けるなどがある。**外壁面の凹凸を多くしたり、出隅部分を曲面にしたり、頻度が高い風向に面する壁面の面積を小さくすることも有効である。

No.11 住宅
正答 4

1○ 江戸間は、柱で構成された部屋の内側に畳を敷き込む「柱割り」が基本で、柱心の間隔を基準寸法とした整数倍とする。京間は、**柱と柱の内法寸法を基準寸法とした整数倍**とする。

2○ 玄関のインターフォンは、顔の高さ付近に取り付けることが望ましい。玄関ポーチの床面から**1,400mm**程度の高さに設置することは適当である。

3○ 車椅子使用者が90度方向転換するのに必要なスペースは、直径**135cm以上**の円形である。このため、居室の出入口は140cm角程度のスペースを確保する。

4× **玄関などの外回り**は、水処理を考慮するとくつずりなど、多少の高低差を設ける必要がある。その**高低差は**、車椅子が乗り越えられる限度とされている**20mm以内**とすることが望ましい。

5○ 住生活基本計画で定められた、都市居住型誘導居住面積水準の目安は、単身者が40m²、2人以上の世帯が、**20m²×世帯人数＋15m²**である。このため、2人家族が居住する住戸では55m²となる。60m²は適当である。

No.12 集合住宅
正答 1

1× テラスハウスは、**各住戸が区画された専用の庭を持つ連続した住宅**をいう。戸境壁を共有するが、独立住宅に近い性格を持つ。設問は、**コモンアクセス**の説明である。

2○ スキップフロア型は、2、3階ごとに共用廊下を設ける形式である。共用廊下がない階では、共用廊下を介さない**開口部を2方向に設けることができ、

採光や通風、プライバシーの確保には有利だが、エレベーター停止階から階段を介して入る住戸が生じ、バリアフリー上の課題が生じる。

3○　ボイド型は、建物の中央に設けた吹抜けの周囲に共用廊下や階段、エレベーターの**コア**を設け、外周に住戸を配した集合住宅の形式である。

4○　フライングコリドーは、共用廊下を建物本体から**離し**、間に吹抜けを設けて空中廊下としたものである。住戸の独立性やプライバシーを高めることができる。

5○　スケルトンインフィル住宅は、柱・梁・床・屋根などの構造部分であるスケルトンと、間仕切りや内装・設備などのインフィルを**分離**した工法により建設する集合住宅である。スケルトンはそのままでインフィル部分を変えることで、家族構成に適した間取りの採用、内装仕上げの選択、設備の位置や内容の変更に応じることができるため、**入居者の希望を反映しやすい**。

No.13　文化施設
正答　4

1○　プロセニアムアーチは、劇場の**舞台と客席を区切る額縁状の部分**をいう。開口部は、オペラ劇場では正方形に近く、歌舞伎劇場では横長になる。客席数が多くなるとアーチ全体が大きくなる。

2○　劇場の客席から舞台を見て、右側を**上手**、左側を**下手**という。

3○　アリーナ型の音楽ホールは、ステージがほぼ**中央**に位置し、その周囲に客席が配置される形式である。客席ができるだけステージに近くなるよう配置され、臨場感と一体感のある空間が構成される。（平成30年No.15の解説図（アリーナステージ）参照）

4×　JISによる美術館の**展示壁面の照度基準**は、**日本画が150 ～ 300lx**、洋画

（油絵）が300 ～ 700lxとされている。

5○　絵画用の人工照明の光源は、演色性が良く、自然光に近い**白色光**とすることが一般的である。

No.14　社会福祉施設、高齢者・障がい者等に配慮した建築物
正答　3

1○　グループホームは、自宅で暮らすことができない知的障がい者や精神障がい者、認知症高齢者などが、専門スタッフやヘルパーの支援のもとで**共同生活**を行い、入浴や食事などの介護を受ける施設である。

2○　コレクティブハウスは、各居住者が独立した生活を確保しながら、**厨房や食堂など**を共有し、家事や子育てなどの作業を共同で担い合う方式の住宅である。高齢者住宅にも適している。

3×　**車椅子使用者が利用する浴槽**は、容易にまたぐことができるよう、深さ50cm程度、**洗い場の床から浴槽の縁までの高さを30 ～ 45cm程度**とすることが望ましい。

4○　高齢者などが洗面脱衣室でヒートショックを起こさないよう、**床暖房や温風器**などの暖房設備を設置することは**有効である**。

5○　住宅の寝室におけるJISの照度基準では、読書や化粧時の照度は、**300 ～ 750lx**と定められている。高齢者は通常よりも高い照度を必要とするので、机上面の照度をJISの基準の2倍程度である**600 ～ 1,500lx**にすることは適当である。

No.15　公共建築等
正答　5

1○　レファレンスルームは、図書館利用者が調査・研究するための**資料や機器を提供・設置**したり、来館者の質問に対し適切な助言を与える係員が配置される室である。**コンピューター機器**を設置して、資料の検索などが行えるよ

うにすることは適当である。

2○　診療所では診察と処置が連続して行われることが多い。また、患者が待合室を経由しないで処置室に入れるよう、**診察室と処置室は隣接**させて配置する。

3○　アダプタブルステージは、演目に応じて**舞台と客席との関係を変化させる**ことができる劇場形式である。（平成30年No.15の解説図参照）

4○　黒板や掲示板と、その周辺の壁との明度対比が大き過ぎると、**視覚の疲労**感を感じることが多くなるので、色彩調整を行うことにより、**明度対比が大きくなり過ぎない**ようにすることが望ましい。

5×　**乳児室**は、乳児または2歳以下の幼児を入所させる保育所に必要であり、**保育室と兼用してはならない**。乳児の安全のためには、乳児室は保育室から離して配置することが望ましい。

No.16　車椅子使用者に配慮した建築物
正答　2

1○　壁付コンセントは、車椅子使用者や高齢者、立位の歩行困難者などが使いやすいよう、床から**40〜110cm**程度の範囲内に設置することが望ましい。

2×　車椅子使用者が使用するドアモニターや空調スイッチは、床面から**90〜120cm**の高さに設置することが望ましい。

3○　建築物移動等円滑化基準に、主として高齢者、障害者等が利用する駐車場を設ける場合には、幅は、**350cm以上**とすることとされている。乗降スペースは、車を停めたときに車椅子使用者が転回でき、介助者が横に付き添えるスペースとして、140cm以上必要である。

4○　車椅子使用者が手の届く範囲は、床面から**40〜140cm**程度の高さである。床面から60〜100cm程度の高さに番

号札の発券機の操作ボタンや取り出し口を設けることは適当である。

5○　物販店舗のサッカー台の高さは、**70cm程度**が適当である。また、車椅子がサッカー台に近づけるように下部スペースの奥行きを50cmとすることは適当である。

No.17　室内用図記号
正答　4

JISに案内用図記号が定められている。

1は、**オストメイト用設備・オストメイト**の図記号で、パウチ洗いの水栓設備が付属する便器設備があることを示す。

2は、**介助用ベッド**の図記号で、おむつ交換、介助用など多目的に利用できる設備があることを示す。

3は、**スロープ**の図記号で、前方にスロープがあることを示す。

4は、**乳幼児連れ優先設備**の図記号で、乳幼児を連れた人用の優先設備があることを示す。

5は、**カームダウン・クールダウン**の図記号で、周りから独立して、気持ちを落ち着かせることができる空間があることを示す。したがって、4が不適当。

授乳室があることを示す図記号は、下図のとおりである。

授乳室（女性用）　　授乳室（男女共用）
出典：JIS Z 8210

No.18　物販店舗の防災計画
正答　3

1○　避難階段の踊場に、車椅子使用者など自力で階段を下りることができな

い人のために、救助を待つための**一時待避スペース**を確保することが望ましい。一時待避スペースは90cm程度の有効幅を確保し、車椅子使用者が待避するのに十分なスペースを避難動線の妨げにならない位置に設ける。

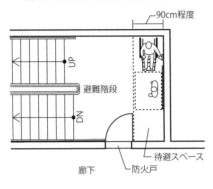

2○　視覚障がい者に配慮するには、廊下などの壁面の突起物は**100mm以下**とすることが望ましい。消火器ボックスは奥行が165mm程度あるため、壁埋込型とすることが望ましい。

3×　建築基準法施行令第126条の5に、**非常用の照明装置**は、照明は、**直接照明**とし、床面において1lx以上の照度を確保することができるものとすることと定められている。

4○　聴覚障がい者は、事故や災害発生時の避難情報が音響によるものでは認知できない。このため、目視による避難警報の確認が可能なよう、**フラッシュライト**の光警報装置や文字情報による緊急警報の提供が**有効**である。

5○　合わせガラスは、2枚の板ガラスの間に合成樹脂の中間膜をはさみ、熱と圧力で圧着したガラスである。**耐貫通性に優れ**、破損しても破片が飛び散らない。ガラスの存在を知らせるためには、横桟の設置が有効である。

No.19　建築設備等に関する用語
正答　1

1×　NC値は、室の静かさを表し、室内騒音を評価する指標の一つである。**NC−30は、全ての帯域の騒音レベルがNC−30基準曲線より下回っていること**を示す。

2○　HEMSは、家庭内で電気を使用している機器を**ネットワーク**でつなぎ、一定期間の使用量や稼働状況を可視化して把握し、電力使用の最適化を図るための仕組みをいう。

3○　SHFは、**顕熱比**のことで、空調機の顕熱負荷を、全熱負荷（顕熱負荷と潜熱負荷の和）で除して求められる。

4○　IP−PBXは、従来事務所内で利用されてきたPBXにIPネットワークを接続し、従来の回線とIPネットワーク相互間で通信可能にする**電話交換機**である。

5○　BODは、**生物化学的酸素要求量**のことで、細菌が水中の有機物を好気的に分解する際に必要とする酸素量をいう。有機物質による水質汚濁を評価する指標の一つである。

No.20　空気調和設備
正答　5

1○　床吹出し空調方式は、OA機器の配線ルートである**二重床**を給気ダクトとして利用するもので、居住域に近い位置から給気するため送風温度と室内温度との差が小さくなる。一般に、天井吹出し方式は室全体を、床吹出し方式は居住域を冷暖房する方式であるため、冷房の場合には、床吹出し方式の方が室内温度に近い送風温度で済み、**給気温度は高く**なる。

2○　放射冷房は、風が感じられない、音の静かな空調であり、居住者の運動量が少なく、**静かな空間**が求められる用途に適している。

3○　中央熱源方式の空気調和設備の水

方式は、一箇所に集中設置した熱源機器に冷温水を注水し適温にした後、各室のユニットに送り、室内空気を取り込み送風する空調方式である。外気の新鮮空気を取り込めないため、**換気機能を有する装置**が必要となる。

4○　冷凍機の冷媒は、フロン類によるオゾン層破壊を防止するノンフロン化のため、**アンモニア、二酸化炭素、水、空気**などの自然冷媒が用いられている。

5×　**冷却塔**は、冷却水が冷媒から奪った熱を、主として水の蒸発潜熱（気化熱）により大気中に放散させる装置である。**冷却水に接する空気の温度と、冷却水の温度との差により得られる効果は少ない。**

No.21　建築設備

正答　2

1○　24時間換気機械設備は、機械を用いて居住空間の空気を室外の空気と入れ替え、新鮮な状態にする設備をいう。住宅の居室には、**換気回数0.5回/h以上**の機械換気設備の設置が必要となる。

2×　**LPガス**は空気より重いため、**ガス漏れ警報器の検知器**は、燃焼器と同じ室内の壁面で、燃焼器から水平距離4m以内、**床面から警報器上端までの高さ30cm以内の位置**に設置する。

3○　さや管ヘッダ配管工法は、パイプシャフト内や給湯器ユニットの周辺に設置されたヘッダ（配管を分配するユニット）から、各給水・給湯栓まで分岐せずに配管する方式である。施工の効率化が図られ、**管の更新が容易**である。水圧が一定し、漏水のおそれも少ない。

4○　合併処理浄化槽は、台所や浴槽からでる生活雑排水と、し尿を併せて処理することができる浄化槽である。**点検や汚泥のくみ取りが可能な位置**に設置する。

5○　エア抜き装置は、配管内に溜まった気泡や空気溜まりを排出し流れをスムーズに保つとともに、酸素による**配管材や機器の腐食防止、管内騒音を低減**する効果がある。

No.22　給排水衛生設備

正答　4

1○　厚生省令第45号に、給水栓における水が、遊離残留塩素を**0.1mg/l以上**保持するように塩素消毒することと定められている。

2○　自然流下式の排水立て管は、負荷流量が最大となる最下部において計算した管径により、下層階から最上階まで**同径で設置**する。

3○　集合住宅の設計用給水量は、一般に、居住者1人当たり200〜350l/日程度である。

4×　**分流式の公共下水道の雨水専用管に、敷地内の雨水排水管を接続する場合には、**公共下水管からの臭気の侵入を防止する必要が無いため、一般に、**トラップますは設置しない。**

5○　エアチャンバは、シングルレバー水栓や全自動洗濯機、食器洗浄器などの操作に伴う、水流の急閉止による**ウォーターハンマの発生を防止**する効果がある。

No.23　電気設備

正答　3

1○　低圧屋内配線の場合、**合成樹脂可とう電線管**をコンクリート内に埋め込むことは、重量物の圧力や著しい機械的衝撃を受ける恐れがないため許容される。

2○　インバータは、**交流の周波数と電圧の大きさを制御することができる装置**である。送風機やポンプなどの電動機をインバータ制御とすると、流量調節が連続的に行え搬送動力を削減することができる。

3×　D種接地工事は300V以下の低圧用

機械器具の鉄台及び金属製外箱に施工する。**300Vを超える低圧用電動機には、C種接地工事を施工する。**

4○　ライティングダクトは、絶縁物で支持された線状のダクト内の任意の位置からプラグにより照明器具などに電気を供給する配線器具である。**簡易接触防護措置を施す場合以外は、電源側に漏電遮断器を施設する。**

5○　進相コンデンサは、交流回路において無効電流による電力損失を削減するために、誘導電動機と**並列**に接続するコンデンサである。

No.24　照明

正答　5

1○　演色性は、光源によって視対象を照らしたとき、その**物体の色の見え方を決める光源**の性質のことをいう。

2○　照度は、ある面が**光を受ける量**を示し、受照面の単位面積当たりに入射する**光束**で表される。平均照度Eを求める計算式は、
$E = (F \times N \times U \times M) / A$ (lm/m^2)
で求められる。
ただし、F：ランプ光束、N：ランプ本数、U：照明率、M：保守率、A：作業面面積

3○　色温度は、ある色の光を放射するときの**黒体の温度**をいう。色温度が**低い**光源は一般に**暖かみ**が感じられる。色温度が高くなるにつれて、光の色は、赤、オレンジ、黄、白、青白と変化する。

4○　照明制御システムの省エネルギー対策は、タイムスケジュール制御、明るさセンサによる調光制御、人感（熱源）センサによる制御、昼光利用による調光センサ制御、施錠連動制御などがある。

5×　**タスク・アンビエント照明は、室内全般をやや低照度で照明する全般照明**と、作業面に必要な照度を配する局所**照明を同時に行う方式**である。

No.25　環境・省エネルギーに配慮した建築・設備計画

正答　1

1×　電線の太さや長さが同一であれば、**配電電圧を高くするほど配電線路における電力損失を少なくする**ことができる。

2○　PALは、各階の屋内周囲空間の年**間熱負荷を屋内周囲空間の床面積の合計**で除した値である。PAL＊（パルスター）は、PALに代わる新しい評価基準で、面積算出の簡略化や熱負荷に潜熱負荷を含めて評価することなどが変更されている。PAL＊を**小さく**することは、外壁や窓の断熱性能を**高める**ことになり、環境に配慮した設備計画となる。

3○　洗面・手洗いなどの**雑排水**を再生処理し、便器洗浄水などの排水設備に再利用することは、誤飲しない限り人体の衛生面に問題なく、**水資源の節約**につながる。

4○　CASBEEは、敷地の外部に達する環境影響の負の面と、敷地内の建物利用者の生活アメニティ向上を考慮し、建築物における総合的な環境性能評価を行うものである。室内環境とサービス性能、敷地内の室外環境を総合した「建築物の環境品質・性能」（Q）を、エネルギーや資源・マテリアル、敷地外環境を総合した「建築物の外部環境負荷」（L）で除して求めたBEEで評価する。BEEの値が**大きい**ほど建築物の環境性能効率が**高い**ことを示す。

5○　建築物におけるライフサイクルアセスメントは、建築物の建設から運用、解体までの**全ての段階における環境への影響**を、投入するエネルギー量、材料使用量、二酸化炭素排出量などを用い総合的に評価することである。設備機器をライフサイクルアセスメントにより評価するのは適当である。

令和4年　建築法規

No.1　建築面積
正答　2

建築面積は令第2条第1項第2号により、地上部分の建築物の水平投影面積に地階で地盤面上1mを超える部分と、ひさしの端から1m後退した部分以降をそれぞれ加えて算定する。

したがって、設問の建築面積は建築物の水平投影面積（8m×8m）に、地階が地盤面上1mを超える部分（8m×1m）を加えた72m²が正しい。

なお、**当該地階の直上にあるひさしは出幅が1.5m**あるが、その**水平投影面積は当該地階に含まれるので建築面積には算入されない。**

No.2　確認済証
正答　5

全国どの場所においても確認済証が必要なのは、法第6条第1項第1号から第3号に該当する建築物の建築・大規模の修繕・大規模の模様替および法第6条が準用される建築物の用途変更（法第87条）、建築設備の設置（法第87条の4）、工作物の築造（法第88条）の場合である。

1× 法第88条第1項に規定の工作物であるが、高さが2mなので**令第138条第1項第5号に該当せず、確認済証**の交付を受ける必要はない。

2× 飲食店は特殊建築物であるが、延べ面積が200m²のため法第6条第1項第1号に該当せず、また同条項第3号にも該当しないため、確認済証の交付を受ける必要はない。

3× 法第6条第1項第2号に該当するが、**増築にかかる部分が10m²なので、同条第2項により防火地域および準防火地域外であれば確認済証の交付を受け**る必要はない。

4× 旅館は特殊建築物であるが、延べ面積が200m²のため法第6条第1項第1号に該当せず、また同条項第2号にも該当しないため、確認済証の交付を受ける必要はない。

5○ **物品販売業を営む店舗は特殊建築物**であり、**用途変更にかかる面積が300m²のため、法第6条第1項第1号建築物となり、法第87条の適用で確認済証の交付を受ける必要がある。**

No.3　手続き
正答　3

1○ 法第7条の3第1項第1号、令第11条により特定工程に該当するので、法第7条の3第1項第1号、第7条の4第1項による中間検査を申請しなければならず、正しい。

2○ 法第87条第1項後段により、正しい。

3× 法第7条第2項により、誤り。**完了した日から4日以内**が正しい。

4○ 法第15条第1項により、正しい。

5○ 設問の建築物は法第6条第1項第1号、同条項第3号に該当するので、法第7条の6第1項第2号の適用があり、正しい。

No.4　一般構造
正答　2

1○ 法第19条第1項ただし書きに適合している。

2× 令第20条第2項第1号により公園の幅の2分の1だけ隣地境界線の外側にある線とすると定められているので、適合しない。

3○ 令第20条の8第1項第1号の規定で、**有効換気量（20m³/h）が必要有効換気量（Vr）以上であることを確かめる。**
$Vr = nAh = 0.5 \times 16 \times 2.5 = 20\mathrm{m}^3/\mathrm{h}$
となり、適合している。

4○ 令第23条第1項ただし書きで住宅の階段の踏面は15cm以上であり、同条第2項による測定にも適合している。

5○　設問の階段は令第23条第1項の表(1)、(2)に該当せず、その他の階段にも該当しないので、令第24条第1項に規定の踊場を設ける必要はなく、したがって踊場を任意で設けた場合は同条第2項の踏幅の適用はなく、適合している。

No.5　天井の高さ
正答　4

天井の高さの異なる部分がある場合、令第21条第2項の規定で**平均の高さ**による。

天井の平均の高さ＝室容積/室面積
となり、次のようになる。

・室容積＝$(6 \times 4 \times 3) + (6 \times 6 \times 2) + (2 \times 6 \times 1) + (4 \times 6 \times 1 \times 1/2) = 168m^3$
・室面積＝$6 \times 10 = 60m^2$
ゆえに天井高さ＝$168/60 = 2.8m$
よって**4**が正答。

No.6　木造の構造耐力
正答　1

令第46条第4項**表1**の軸組ごとに倍率を乗じて軸組長さを求めるが、その際表1の(6)と(9)の適用があるので注意する。

・張り間方向
$2m \times 4$か所＝$8m$
倍率は(2)の軸組で1、筋かいは(4)で2だが、たすき掛けに入れてあるので(6)の適用で2倍となる。さらに(9)の適用もある。
よって求める軸組の長さは、
$8m \times \{1 + (2 \times 2)\} = 40m$
・桁行方向
i)$2m \times 4$か所＝$8m$
倍率は(2)の軸組で1、筋かいは(4)で2となり(9)の適用もある。
よって求める軸組の長さは、
$8m \times (1 + 2) = 24m$
ii)$2m \times 2$か所＝$4m$
倍率は(1)の軸組で0.5、筋か

いは入っていないので(9)の適用はない。
よって求める軸組の長さは、
$4m \times 0.5 = 2m$
i)＋ii)＝$26m$
したがって、正しい組合せは**1**である。

No.7　構造強度
正答　5

1○　令第36条の4により、正しい。
2○　令第42条第1項第3号により、正しい。
3○　令第46条第3項により、正しい。
4○　令第39条第3項により、正しい。
5×　法第85条第2項では、設問にある品質（法第37条）の適用はないので、誤り。

No.8　構造強度・構造計算
正答　4

1○　令第87条第3項により、正しい。
2○　令第86条第6項により、正しい。
3○　令第93条表により、正しい。
4×　令第84条表により、誤り。正しくは**200N/㎡**である。
5○　令第82条第2号表により、正しい。

No.9　防火区画等
正答　5

1○　令第112条第11項第2号により、正しい。
2○　同条第20項により、正しい。
3○　令第113条第2項により、正しい。
4○　令第112条第16項により、正しい。
5×　令第114条第2項により、誤り。同項後段で「**令第112条第4項各号のいずれかに該当する部分を除く**」とされている。なお、「**強化天井**」は令第112条第4項第1号に規定されている。

No.10　避難施設等
正答　3

設問の建築物は「窓その他の開口部を有しない居室」を有するので、**令第5章第2節（令第117条から第126条）**

の適用がある。

1○　令第118条により、正しい。

2○　令第126条の4により設置が必要であり、その構造は令第126条の5第1号ハの規定のとおりなので、正しい。

3×　令第120条第1項により、誤り。**小規模な戸建て住宅とはいえ、歩行距離の制限を受ける。**

4○　3と同様に、**小規模な戸建て住宅**ではあるが令第126条第1項の適用を受け、正しい。

5○　**小規模な戸建て住宅のため、令第119条の適用は受けない**ので、正しい。

No.11　内装制限

正答　3

1○　令第128条の4第2項、第3項により、正しい。

2○　令第128条の5第6項により、正しい。

3×　令第128条の4第1項第2号により、誤り。**附属であるか否かは問わない。**

4○　令第128条の5第1項本文かっこ書きにより、正しい。

5○　同条項本文には、**内装制限がかかる部位として壁と天井の室内に面する部分**を掲げているので、正しい。

No.12　道路等

正答　3

1○　法第43条第1項第1号により、正しい。

2○　同条第2項第1号、規則第10条の3第1項第1号により、正しい。

3×　法第85条第1項第1号に該当するため**建築基準法の適用はなく**、誤り。

4○　法第44条第1項第1号により、正しい。土地区画整理法による道路は、法第42条第1項第2号道路である。

5○　法第44条第1項第2号により、正しい。

No.13　用途制限

正答　4

用途制限の具体的用途は法別表第2に掲げてある。このうち、(い) 項から(は) 項及び (ち) 項については建築 (新築) できるものを、(に) 項から (と) 項、(り) 項から (か) 項については建築 (新築) できないものを規定していることに注意する。

1×　法第48条第1項、法別表第2 (い) 項第6号、令第130条の4第2号により600m²までは建築できるが、本肢はこれを超えているので、新築することができない。

2×　法第48条第2項、法別表第2 (ろ) 項各号に該当しないので、新築することができない。

3×　同条第3項、法別表第2 (は) 項各号に該当しないので、新築することができない。

4○　同条第12項、法別表第2 (を) 項各号に該当しないので、新築することができる。

5×　同条第13項、法別表第2 (わ) 項第7号、令第130条の6の2により、新築することができない。

No.14　用途制限

正答　5

設問の敷地は2の用途地域にわたっているので、**法第91条によりその敷地の過半を占める準住居地域の制限が適用される**（建築物の配置については法第91条の適用がない）。

1○　法第48条第7項、法別表第2 (と) 項各号に該当しないので、新築することができる。

2○　上記解説1参照。

3○　上記解説1参照。

4○　上記解説1参照。

5×　法第48条第7項、法別表第2 (と) 項第5号により、新築してはならない。

No.15　容積率等

正答　4

1×　法第52条第8項の規定は、**田園住居地域には適用がない**ので、誤り。

2×　同条第1項第8号により、誤り。こ

の場合、耐火建築物の有無には関係しない。

3×　法第53条にはそのような規定はないので、誤り。

4○　同条第3項第1号ロにより、正しい。

5×　法第53条の2第1項第2号により、当該最低限度以上としなければならない建築物に**公衆便所**や**巡査派出所は入らない**ため、誤り。

No.16　延べ面積

正答　**2**

①延べ面積は令第2条第1項第4号柱書で各階の床面積の合計とあり、1階（100m²）と2階（100m²）の合計200m²である。

②容積率算定から除かれる部分は、同条項第4号へ、同条第3項第6号で**宅配ボックス設置部分は、①の100分の1までは算入されない**。よって、200m² × 1/100＝2m²まで算入されない。

③共同住宅の廊下及び階段の用に供する部分は、**法第52条第6項第2号**で**容積率算定から除かれる**。

したがって、容積率算定の基礎となる延べ面積は、住宅の用途に供する部分（A）の165m²（75m²＋90m²）と、（C）の宅配ボックス設置部分で容積率に算入される3m²（5m²－2m²）の合計168m²となり、**2**が正答。

No.17　建築物の高さ

正答　**2**

①道路高さ制限（法第56条第1項第1号）

法別表第3、1の項により最大幅員6m道路の斜線の適用距離は（は）欄で法第56条第2項による有効後退距離を加えて20mとなり、道路からA点のところまで（に）欄の数値1.25がかかる。

そして、**前面道路が2本あるので、令第132条第1項の適用で4m道路と6m道路の交わる角から2倍（6×2＝**

12m）**まで6m道路があるものとみなし、有効後退距離1mと建築物からの距離1mを加え道路斜線をかける。

よって、A点の高さは
$$\{6m＋(1m×2)＋1m\} × 1.25 = 11.25m……①$$

なお、南側6m道路からの斜線は有効後退距離や、建築物からの距離が4m道路側に比べ大きいので道路高さ制限は①以上の数値になる。

②北側高さ制限（同条項第3号）

本問では真北側隣地に北側高さ制限がかかる。これは**隣地高さ制限（同条項第2号）より厳しい。**

よって、A点の高さは
$$10m＋(1＋1＋3)×1.25 = 16.25m……②$$

以上のことから、①＜②となり、**2**が正答。

No.18　高さ制限・日影規制

正答　**4**

1○　設問の建築物は、法第56条の2、法別表第4、2の項で制限を受ける建築物なので、同条第1項ただし書により日影規制は適用されない。よって正しい。

2○　令第130条の12第3号により、正しい。

3○　法第56条第1項第2号により、正しい。そもそも**隣地高さ制限は法第56条第1項第2号立ち上がり高さが20m又は31m**であり、設問の**第一種低層住宅専用地域内における高さの限度は、法第55条第1項で10m又は12m**である。

4×　法第91条かっこ書きで**日影規制（法第56条の2）**は、「敷地の過半の属する地域」から除かれており、誤り。

5○　法第56条第2項かっこ書きにより、正しい。

No.19　防火・準防火地域

正答　**1**

1× 法第63条により、誤り。**外壁は耐火構造に限られる。**

2○ 法第62条、令第136条の2の2により、正しい。

3○ 設問は準防火地域内の木造建築物ではないので、令第136条の2第5号により延焼防止上支障のない構造としなくてもよい。よって、正しい。

4○ 法第64条により、正しい。

5○ 法第65条には該当しないので、正しい。法第65条では、「建築物」が防火地域又は準防火地域の内外にわたる場合の措置を規定している。

No.20　建築基準法全般

正答　1

1× 法第84条の2により、**第20条は適用されない規定に該当しないため、**誤り。

2○ 法第90条、令第136条の3第4項、第5項第3号ロにより、正しい。

3○ 法第98条第2項により、正しい。

4○ 法第101条第1項第5号により、正しい。

5○ 法第39条により、正しい。

No.21　建築士法

正答　2

1○ 士法第20条第1項により、正しい。

2× 士法第3条第1項第2号、第3条の2第1項第2号により、設問の新築は**2級建築士が設計できるため、**誤り。

3○ 士法第19条により、正しい。

4○ 士法第10条の2第2項により、正しい。

5○ 士法第22条の2第2号、同規則第17条の36により、正しい。

No.22　建築士法

正答　1

1× 士法第24条の7第3項により、**書面を交付したものとみなされる**ため誤り。

2○ 士法第23条第2項、第3項、同規則第18条により、正しい。

3○ 士法第23条の6により、正しい。

4○ 士法第23条第1項、第26条の3第1項により、正しい。

5○ 士法第24条の4第2項、同規則第21条第5項により、正しい。

No.23　他法令

正答　5

1○ バリアフリー法第17条第1項により、正しい。

2○ 都市の低炭素化の促進に関する法律第9条により、正しい。

3○ 建築物省エネ法第12条第1項、第15条第1項により、正しい。

4○ 建築物衛生法第5条第1項により、正しい。

5× 長期優良住宅の普及の促進に関する法律第5条第1項により、誤り。建築主事又は指定確認検査機関の認定ではなく、**所管行政庁の認定である。**

No.24　他法令

正答　3

1○ 都市計画法第53条第1項第1号、同法施行令第37条により、正しい。

2○ 消防法第9条の2により、正しい。

3× 「特別特定建築物」はバリアフリー法第2条第19号、同法施行令第5条に規定されているが、工場は規定がないので、誤り。

4○ 宅地建物取引業法第3条第1項により、正しい。

5○ 建設業法第3条第3項により、正しい。

No.25　他法令

正答　3

1○ 土地区画整理法第76条第1条柱書、第1号により、正しい。

2○ 耐震改修促進法第17条第10項により、正しい。

3× 宅地建物取引業法第2条第2号に規定がないため、誤り。**設問の行為は「業」ではない。**

4○ 消防法第8条の3第1項により、正しい。

5○ 建設業法第22第3項、同法施行令第6条の3により、正しい。

令和4年　建築構造

No.1　応力計算（断面二次モーメント）
正答　1

断面二次モーメントの公式を用いて、大きな四角形から小さな四角形を除く。

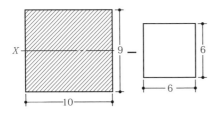

断面二次モーメント$I = \dfrac{bh^3}{12}$ より、

$$I = \dfrac{10 \times 9^3}{12} - \dfrac{6 \times 6^3}{12}$$

$$= 607.5 - 108$$

$$= 499.5$$

よって、選択肢**1**が正しい。

No.2　応力計算（曲げ応力度）
正答　2

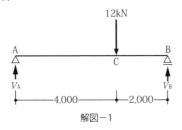

解図－1

解図－1のように、支点A、支点B、荷重の位置をCとし、反力V_A、V_Bを仮定し、それぞれの反力を求める。

支点Bは、移動支点であり、モーメントは発生しないことを利用する。

$$M_B = V_A \times 6000 - 12 \times 2000 = 0$$

$$6000V_A = 24000$$

$$V_A = 4\text{kN （上向き）}$$

梁のモーメントが最大となるのはC点なので、C点でのモーメントを考える（解図－2）。

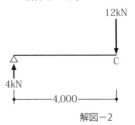

解図－2

$$M_C = 4 \times 4000$$

$$= 16000\text{kN・mm}$$

断面係数$Z = \dfrac{bh^2}{6}$ より、

$$Z = \dfrac{100 \times 200^2}{6}$$

$$= \dfrac{2000000}{3}\text{mm}^3$$

許容曲げ応力度$\sigma = \dfrac{M}{Z}$ より、値を代入すると、

$$\sigma = 16000 \div \dfrac{2000000}{3}$$

$$= 16000 \times \dfrac{3}{2000000}$$

$$= 0.024\text{kN/mm}^2$$

$= 24\text{N/mm}^2$（kNはNの1000倍なので、単位を揃える）

よって、選択肢**2**が正しい。

プラスα

先に単位を揃えて計算してもよい。

$$M_C = 16000\text{kN・mm}$$

$$= 16000000\text{N・mm}$$

$$\sigma = 16000000 \div \dfrac{2000000}{3}$$

$$= 24\text{N/mm}^2$$

No.3 応力計算（静定梁）
正答 2

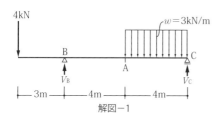

4kN

$w=3kN/m$

B

A

C

V_B

V_C

├─ 3m ─┼─ 4m ─┼─ 4m ─┤

解図－1

解図－1のように、支点B、支点Cとし、反力V_B、V_Cを仮定し、それぞれの反力を求める。

また、等分布荷重は中央部の集中荷重として考える（解図－2）。

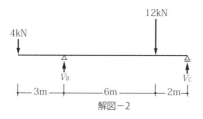

12kN

4kN

V_B

V_C

├─ 3m ─┼── 6m ──┼─2m─┤

解図－2

つり合い条件式$\Sigma V=0$より、

$-4+V_B-12+V_C=0$

$V_B+V_C=16$……①

支点Cは移動支点であり、モーメントは発生しないことを利用する。

$M_C=-4\times11+V_B\times8-12\times2$

$=0$

$-44+8V_B-24=0$

$8V_B=68$

$V_B=8.5kN$（上向き）

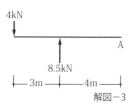

4kN

A

8.5kN

├─ 3m ─┼─ 4m ─┤

解図－3

A点でのモーメントを求めたいので、A点より左側のみで考える（解図－3）。

$M_A=-4\times7+8.5\times4$

$=-28+34$

$=6kN\cdot m$

よって、選択肢**2**が正しい。

No.4 応力計算（3ヒンジラーメン）
正答 3

ポイント

○B－C間でせん断力が0となるには、反力V_Aと荷重w_xがつり合う（$V_A+w_x=0$）。よってV_Aを求めることがポイントである。

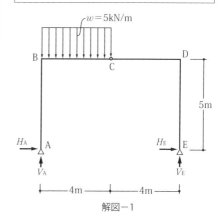

$w=5kN/m$

B

C

D

5m

H_A

A

H_E

E

V_A

V_E

├─ 4m ─┼─ 4m ─┤

解図－1

解図－1のように、支点A、支点Eに反力V_A、H_A、V_E、H_Eを仮定し、それぞれの反力を求める。

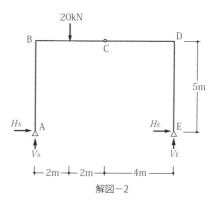

20kN

B

C

D

5m

H_A

A

H_E

E

V_A

V_E

├─2m─┼─2m─┼── 4m ──┤

解図－2

また、等分布荷重は中央部の重中荷重として考える（解図－2）。

3ヒンジラーメンも静定構造なので、つり合い条件式が成り立つ。

$\Sigma V = 0$より、

$V_A - 20 + V_E = 0$

$V_A + V_E = 20$……①

各回転支点とヒンジのモーメントは0であるから、

$M_A = 0$、$M_E = 0$、$M_C = 0$となり、次の計算を行う。

$M_E = V_A \times 8 - 20 \times 6 = 0$

$8V_A = 120$

$V_A = 15$kN（上向き）

①式に代入する。

$15 + V_E = 20$

$V_E = 5$kN（上向き）

B－C間でせん断力が0となる距離xを求める。

$V_A + w_x = 0$より、

$15 - 5 \times x = 0$

$-5x = -15$

$x = 3$m

よって、選択肢**3**の組合せが正しい。

No.5　応力計算（トラス）
正答　1

> **ポイント**
>
> ○トラス構造の性質より、節点Cに着目すると、部材CDの軸方向が「0」だとわかる。
> ○N_1とN_2でつり合うのでN_3は外力が発生しない限り0になる。
>
>

部材CDの軸方向が0なので、

$N_{CD} = 0$……①

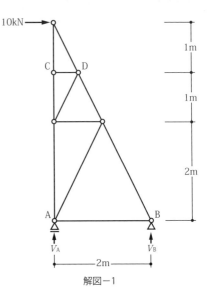

解図－1

また、解図－1のように、支点A、支点Bに反力V_A、V_Bを仮定し、それぞれの反力を求める。静定トラスは、つり合い条件が成り立つ。

支点Aは移動支点であり、モーメントは発生しないことを利用する。

$M_A = 10 \times 4 - V_B \times 2 = 0$

$-2V_B = -40$

$V_B = 20$kN（上向き）……②

よって、①、②より、選択肢**1**の組合せが正しい。

No.6　応力計算（座屈）
正答　5

弾性座屈荷重は、

$$P = \frac{\pi^2 EI}{(l_k)^2}$$

より求められる。

E：ヤング係数、I：断面二次モーメント、l_k：座屈長さ（長さlに係数kを乗じたもの）

両端の支持条件より、座屈長さ係数kは$k_A = 2.0$、$k_B = 1.0$、$k_C = 0.7$とわかる。

問題文より、等質等断面なので、

π^2EIが共通となることから、$(l_k)^2$の比較となる。π^2EIを仮に1とおくと、

$$P_A = \frac{1}{(0.9l \times 2.0)^2} = \frac{1}{3.24l^2}$$

$$P_B = \frac{1}{(1.5l \times 1.0)^2} = \frac{1}{2.25l^2}$$

$$P_C = \frac{1}{(2l \times 0.7)^2} = \frac{1}{1.96l^2}$$

結果、$P_C > P_B > P_A$
よって、選択肢5が正しい。

No.7　荷重及び外力
正答　2

1○　設問のとおりである（建基令第82条第2号表備考）。

2×　多雪区域における**長期に生ずる力の計算に用いる積雪荷重**は、短期に生ずる力の計算に用いる**積雪荷重の0.7倍の数値**となる（建基令第82条）。

3○　設問のとおりである。標準せん断力係数C_0は、**地盤が著しく軟弱な区域内の木造建築物は0.3以上**とされている。

4○　設問のとおりである。地下部分の地震力は、当該部分の固定荷重と積載荷重との和に水平地震度kを乗じる（建基令第88条第4項）。

5○　設問のとおりである。建築物の実況に応じて、土圧、水圧、震動及び衝撃による外力も採用しなければいけない（建基令第83条2項）。

No.8　風圧力
正答　4

　風圧力は、速度圧に風力係数を乗じて計算しなければならない（建基令第87条）。

　速度圧は、$q = 0.6EV_0^2$より求める。Eは、当該建築物の**屋根の高さ及び周辺の地域に存する建築物その他工作物、樹木その他風速に影響を与えるもの**の状況に応じて国土交通大臣が定める（建告第1454号）。

1○　建物の高さは風圧力に関係する。

2○　設問のとおり、屋根面の勾配は関係

する（建告第1454号第3）。

3○　設問のとおり、壁面における開放の有無は関係する（建告第1454号第3）。

4×　**地盤周期は、地震力に関係する。**

5○　設問のとおり、建設地から海岸線までの距離は関係する（建告第1454号第1）。

No.9　地盤及び基礎構造
正答　1

1×　「圧密」とは、**透水性の低い粘性土**が、荷重の作用によって、**長い時間をかけて排水しながら体積を減少させる現象**である。設問は、「地盤改良」である。

2○　設問のとおりである。地下掘削において、山留め壁や背面の土が掘削面にまわり込み、根切り底面を押し上げる現象である。

3○　設問のとおりである。**水で飽和した砂質土等**が、**振動・衝撃等による間隙水圧の上昇**によって、**せん断抵抗を失う現象**である。

4○　設問のとおりである。**軟弱地盤等**において、周囲の地盤が沈下することによって、**杭の周面に下向きに作用する摩擦力**である。

5○　設問のとおりである。**砂中を上向きに流れる水流圧力**によって、**砂粒がかきまわされ湧き上がる現象**である。

No.10　木質構造　（部材）
正答　5

1○　設問のとおり「地貫」とは、床板の下端などを受けるために、柱の根元近くに入れる貫である。

2○　設問のとおり「根太掛け」とは、柱の横や土台の側面に取り付けて、**根太の端部を受ける横材**である。

3○　設問のとおり「雨押え」とは、外壁と開口部の上枠、下屋と外壁の立上りの取り合いなどに取り付ける雨水の浸入を防ぐための板である。

4○　設問のとおり「額縁」とは、窓や出入口の**枠と壁との境目を隠す**ために取

り付ける材である。

5×　「面戸板」とは、**垂木と垂木の間に**おいて、**野地板と軒桁との間にできる隙間をふさぐために用いる板材**である。設問の記述は「広小舞」の説明である。

No.11　木質構造　（枠組壁工法）
正答　2

1○　設問のとおりである。アンカーボルトは**呼び径が12mm以上、長さ350mm以上**を用いる（国交告第1540号）。

2×　枠組壁工法におけるアンカーボルトの埋込み位置は、**隅角部及び土台の継手位置付近**とし、その他の部分は**間隔2.0m以下**とする。

3○　設問のとおりである。**床根太間隔は650mm以下**としなければならない（国交告第1541号）。

4○　設問のとおりである。**床根太の支点間の距離は、8m以下**としなければならない（国交告第1541号）。

5○　設問のとおりである。壁倍率は、試験結果に基づく「**短期基準せん断耐力Po**」から決められており、壁倍率1.0倍は、**壁長1m当たり、1.96kNの荷重**に抵抗できる。

No.12　木質構造　（地震力）
正答　3

建基令第46条により、設問の表は下表のように補足される。

下記の表より、大小関係はア＞ウ＞イ＞エとなるので、**3**が正しい。

No.13　壁式鉄筋コンクリート造
正答　5

1○　設問のとおりである。壁式鉄筋コンクリート造において、**コンクリートの設計基準強度は18N/mm² 以上**とする。

2○　設問のとおりである。壁式鉄筋コンクリート造において、**地階を除く階数が5以下、かつ、軒の高さは20m以下**。建築物の構造部分を有する階の階高は**3.5m以下**とする。

3○　条件により異なるが、2階建ての各階における耐力壁の厚さは、**15かつh/22**より求め、条件の厳しい方が採用される。設問では階高hが指示されていないので、15cmは条件に当てはまる。仮に階高3.5mならば350÷22≒15.9となり不足となる。

4○　設問のとおりである。**壁梁のせいは原則として45cm以上**とする。

5×　壁梁の主筋はD13以上とする。

No.14　鉄筋コンクリート造
正答　4

1○　設問のとおりである。柱の主筋を内包するように配置することで**主筋が拘束され、せん断耐力や強度が増し、柱の靭性の確保**にも有効である。

2○　設問のとおりである。梁においてコンクリートのクリープにより**圧縮鉄筋の応力が増加**する。

3○　設問のとおりである。壁板の厚さは、原則として**120mm以上かつ壁板の内法高さの1/30以上**とする。

No.12の表

	階数が2の建築物の1階の床面積に乗じる数値	階数が2の建築物の2階の床面積に乗じる数値
瓦葺きなどの重い屋根（施行令第43条第1項の表の（1）又は（3）に掲げる建築物）	ア：33	イ：21
金属板葺きなどの軽い屋根（施行令第43条第1項の表の（2）に掲げる建築物）	ウ：29	エ：15

4× コンクリートの引張強度は非常に小さく圧縮強度の1/10程度であり、通常の構造設計では**許容引張応力度は無視**する。

5〇 設問のとおりである。**片持ちスラブの出の長さの1/10**を超えない場合は検証が必要となる。片持ち以外のスラブは1/30を基準とする（建基令第82条第4号）（建告第1459号）。

No.15 鉄筋コンクリート造 （配筋等）
正答 3

1〇 設問のとおりである。柱、梁のせん断補強筋比（$P_w = a_w/bx$）は、**0.2%≦P_w≦1.2%**である。

2〇 設問のとおりである。**135°以上に折り曲げる**か、**相互に溶接する**。

3× 主筋からコンクリートへの付着伝達能力と部材内のせん断抵抗能力とは密接に関係する。大梁主筋の付着応力度の検討は、**耐震性能を確保するために**も重要である。

4〇 設問のとおりである。鉄筋の径（呼び名の数値）の差が**7mmを超える場合**には、原則として、**ガス圧接継手を設けてはならない**。

5〇 設問のとおりである。**D35以上の異形鉄筋**は、ガス圧接等で接合し、重ね継手としてはならない。

No.16 鉄骨構造
正答 1

1× 梁の細長比が大きいほど許容曲げ応力度は小さくなる。

2〇 根巻き部分の鉄筋コンクリートの主筋は4本以上とし、その頂部をかぎ状に折り曲げる。また、頂部のせん断補強筋（帯筋）は密に配置する。

3〇 設問のとおりである。**節点の移動のない骨組みの場合、柱の座屈長さ（l_k）≦階高（h）**となる。柱の座屈長さ（l_k）が大きいほど座屈しやすくなるので、厳しい側の計算となり正しい。

4〇 設問のとおりである。トラスを構成す

る圧縮材の座屈長さは、**構面内座屈では節点間距離**となり、**構面外座屈では横補剛間隔**となる。

5〇 設問のとおりである。筋かい材が降伏後に塑性変形することで地震エネルギーを吸収できるように、**筋かい端部や接合部が破断しないことを確かめる**。

No.17 鉄骨構造 （接合）
正答 5

1〇 設問のとおりである。**普通ボルトと溶接の併用時は溶接のみ**、**高力ボルトと溶接の併用時は溶接及び先に施工された高力ボルト**により応力を分担する。

2〇 設問のとおりである。隅肉溶接のサイズは、**薄いほうの母材の厚さ以下**とする。

3〇 設問のとおりである。高力ボルトの接合において、**ボルト孔の中心間の距離は、ねじの呼び径の2.5倍以上**とする。

4〇 設問のとおりである。隅肉溶接の溶接部の**有効のど厚**は、一般に、**隅肉サイズの0.7倍**とする。

5× 柱の継手部には、その存在応力が小さい場合でも、設計応力としては少なくとも柱断面の**許容耐力の1/2以上**とする。

No.18 耐震設計
正答 5

1〇 設問のとおりである。極めて稀に発生する地震においては、**倒壊・崩壊を防ぎ、人・物品の安全を最低限守る**ことを目標とし、塑性変形を許容する。

2〇 設問のとおりである。**靭性（粘り強さ）が乏しくとも強度を十分高めれば耐震性を確保できる**。

3〇 設問のとおりである。偏心率が高いとねじれ変形を起こしやすく、局部的に大きな変形が生じ損傷しやすくなる。**偏心率は0.15以下**とする。

4〇 設問のとおりである。

5× 建築物の固有周期は、**固有周期（T）$= 2\pi\sqrt{質量（m）÷剛性（k）}$** より

求める。質量が同じで、**剛性が低くな**
ると固有周期は長くなる。

No.19　構造計画
正答　2

1○　設問のとおりである。梁の中央下部
に曲げ応力による引張応力が発生しや
すいので、**曲げ剛性を高めることは有**
効である。

2×　**火打材**は水平方向の力に対抗し、**水**
平面の変形に対する補強である。

3○　設問のとおりである。**材料の破断強**
度よりも低い応力が繰り返し作用するこ
とで、疲労により破断する可能性があ
る。移動するクレーンを支持する鉄骨
造の梁はこれに該当する。

4○　設問のとおりである。鉄骨鉄筋コンク
リート造の梁においては、**梁のせいを**
梁の有効長さで除し、その値が1/12
以下の時は、使用上の支障が起こらな
いことを検証する（建告第1459号）。

5○　設問のとおりである。建基令第39条
第3項、**特定天井**である（国交告第
771号）。

No.20　建築材料　（木材）
正答　3

1○　設問のとおりである。木材の乾燥収
縮率は、**年輪の接線方向＞半径方向**
＞繊維方向となる。

2○　設問のとおりである。**繊維飽和点（含**
水率約30％）までは、含水率が増える
ほど膨張し、繊維飽和点以上になると
膨張・収縮はない。

3×　木材の強度は、**含水率の増加に伴**
い強度が低下するが、含水率の繊維飽
和点以上はほぼ一定となる。

4○　設問のとおりである。木材の基準強
度は一般に、**曲げ＞圧縮＞引張り＞せ**
ん断である。

5○　設問のとおりである。単板の**繊維方**
向を平行にそろえて積層接着したもの
で方向性がある。

No.21　建築材料　（コンクリート）
正答　5

1○　設問のとおりである。コンクリートの
引張強度は低いので、**圧縮強度が高**
いほどヤング係数も大きくなる。

2○　設問のとおりである。**アルカリ骨材**
反応（アルカリシリカ反応）とは、骨
材がセメントに含まれるアルカリ成分と
化学反応を起こし、膨張し、コンクリー
トにひび割れ現象を起こす。

3○　中性化速度は、水セメント比（水結
合材比）が小さいほど遅くなる。

4○　設問のとおりである。**コンクリートと**
鉄筋の線膨張係数はほぼ等しいので、
温度変化によるひずみの差を考慮しな
くてもよい。

5×　耐久設計基準強度とは、供用期間に
応ずる耐久性を確保するために必要と
する圧縮強度であり、**計画供用期間が**
長いほど大きく設定する。

No.22　建築材料　（コンクリート）
正答　4

コンクリートの圧縮強度は、「最大荷
重÷断面積」で求める。

単位を選択肢に揃える為に
282.6kN→282600Nとして計算する。
$282600 \div 7850 = 36[N/mm^2]$

上記計算より、**4**の36.0N/mm^{2}が
正しい。

No.23　建築材料　（鋼材）
正答　4

1○　設問のとおりである。鋼材は、炭素
含有量が多くなると、硬質となり**引張**
強さが大きくなり、伸びは小さくなる。

2○　設問のとおりである。鋼材は、炭素
含有量が増加すると**硬度は増加**する
が、**溶接性は低下する。**

3○　設問のとおりである。高温で熱する
ことで鋼材の表面に酸化被膜が形成さ
れる。腐食の元となる**赤錆の発生を防**
ぐ効果がある。

4×　SD材の記号に用いられる数値は、

短期許容応力度の値であり、**降伏点の下限値である。**

5○ 設問のとおりである。ステンレスはクロム、ニッケル、鋼の合金で**耐酸性、耐食性**が大きく錆びにくい。

No.24　建築材料
正答　4

1○ 設問のとおりである。耐候性に優れ、木部や鉄部の塗装に用いられる、逆に**耐アルカリ性**が無いのでコンクリートには用いない。

2○ 設問のとおりである。**耐久性、クリープ特性**（歪み耐性）、接着性に優れ、逆に**耐熱温度は60～80度**と劣る。

3○ 設問のとおりである。フロート板ガラスの**3～5倍の強度**を有する加工ガラスであり、**割れても破片が粒状になる**ので、**安全性が高い。**

4× しっくいは、水で練ったもので、**空気に接して固まる気硬性**の材料である。

5○ 設問のとおりである。結晶質で圧縮強度が大きく、耐摩耗性も高い。熱には弱いので耐火被覆材としては用いない。

No.25　建築材料
正答　1

1× **常温で使用する断熱材**であり、延焼のおそれのある箇所への使用は適していない。

2○ 設問のとおりである。**耐火性**には優れているが、強度、耐久性、耐摩耗性は期待できない。

3○ 設問のとおりである。素地が緻密で**吸水性がなく**（吸水率3％以下）、**室内の水廻りの床と壁、外装、**モザイクタイルなど広く用いられる。

4○ 設問のとおりである。両面のボードでせっこうを包んだもので、台所や便所など湿気の多い場所の壁下地材等に用いられる。

5○ 設問のとおりである。ケヤキは**非常に硬く、耐久性に優れ、摩耗に強い。**

令和4年　建築施工

No.1　ネットワーク工程表
正答　3

1○ ノードとは、ネットワーク工程表において、**作業と作業の結合点や作業の始点、終点を示す丸印**をいう。

2○ アローとは、ネットワーク工程表において、**作業を表した矢印**をいう。

3× バーチャートとは、横軸に暦日をとり、各作業の期間を棒線で示す工程表の手法で、**ネットワーク工程表とは関係ない。**

4○ ESTとは、**再早開始時刻**をいい、作業が最も早く着手できる時刻を示す。

5○ フロートとは、作業の**余裕時間**をいい、所要時間の異なるいくつかの作業が結合する際に生じる時間の差である。

No.2　作業主任者の選任
正答　1

1○ 掘削面の高さが2m以上の地山の掘削の作業及び土止め支保工の切りばり又は腹起こしの取付け又は取り外しの作業には、作業主任者を選任しなければならない（労働安全衛生法施行令第6条第9号、第10号）。よって、選任が必要。

2× つり足場、張出し足場又は高さが5m以上の構造の足場の組立て、解体又は変更の作業には、作業主任者を選任しなければならない（同法施行令第6条第15号）。よって、選任不要。

3× 高さが5m以上のコンクリート造の工作物の解体作業には、作業主任者を選任しなければならない（同法施行令第6条第15号の5）。よって、選任不要。

4× 軒の高さが5m以上の木造建築物の構造部材の組立て、またはこれに伴う屋根下地もしくは外壁下地の取付作業

には、作業主任者を選任しなければならない（同法施行令第6条第15号の4）。よって、選任不要。

5× 　高さが5m以上の金属製の部材によって構成される建築物の骨組又は塔の組立て、解体又は変更の作業には、作業主任者を選任しなければならない（同法施行令第6条第15号の2）。よって、選任不要。

No.3　届・報告
正答　3

1○ 　クレーン設置届の提出先は、**労働基準監督署長**である（クレーン等安全規則第5条）。

2○ 　建設用リフト設置届の提出先は、**労働基準監督署長**である（同規則第174条）。

3× 　特定建設作業実施届出書の提出先は、**市町村長**である（騒音規制法第14条）。

4○ 　安全管理者選任報告の提出先は、**労働基準監督署長**である（労働安全衛生規則第2条第2項、第4条）。

5○ 　特定元方事業者の事業開始報告の提出先は、**労働基準監督署長**である（同規則第664条）。

No.4　廃棄物の処理及び清掃に関する法律
正答　3

1○ 　店舗の改修工事に伴って取り外した**木製の建具**は、**産業廃棄物**に該当する（廃棄物の処理及び清掃に関する法律施行令第2条第2号）。

2○ 　住宅の新築工事に伴って生じた**発泡プラスチック系断熱材**の廃材は、**産業廃棄物**に該当する（同法施行令第2条第12号ヘ）。

3× 　現場事務所内での作業に伴って生じた図面などの**紙くず**は、工作物の新築、改築または除去により生じたものではないので、**一般廃棄物**に該当する（同法施行令第2条第1号）。

4○ 　場所打ちコンクリート杭の杭頭処理で生じた**コンクリートの破片**は、産業廃棄物に該当する（同法施行令第2条第9号）。

5○ 　事務所の解体工事に伴って取り外した**ポリ塩化ビフェニル**が含まれている**廃エアコンディショナー**は、事業活動に伴って発生する廃棄物であり、**特別管理産業廃棄物**に該当する（同法第2条の4第5項）。

No.5　仮設工事
正答　2

1○ 　単管足場の建地間隔は、**けた行方向1.85m以下、はり間方向1.5m以下**とする（労働安全衛生規則第571条第1項第1号）。

2× 　単管足場の**地上第一の布**は、**2m以下の位置**に設ける（同規則第571条第1項第2号）。

3○ 　枠組足場の水平材は、**最上層及び5層以内ごと**に設ける（同規則第571条第1項第5号）。

4○ 　高さが2m以上の足場には、**幅40cm以上の作業床**を設ける（同規則第564条第4号イ）。

5○ 　単管足場の建地間の積載荷重は**400kgを限度**とする（同規則第571条第1項第4号）。

No.6　木造住宅の基礎工事
正答　2

1○ 　布基礎の底盤部分の主筋はD10以上、間隔は**300mm以下**とする（住宅金融支援機構木造住宅工事仕様書3.3基礎工事）。

2× 　25kN以下のホールダウン金物をホールダウン専用アンカーボルトで緊結する場合、**コンクリートへの埋込み長さは360mm以上**とする（住宅金融支援機構木造住宅工事仕様書3.3基礎工事）。

3○ 　遣方を基準にして陸墨を出し、布基礎の天端をあらかじめ清掃、水湿しを

し、セメント、砂の調合が**容積比にして1：3のモルタルなどを水平に塗りつける**（住宅金融支援機構木造住宅工事仕様書3.3基礎工事）。

4○　布基礎の**立上りの厚さは、150mm以上とする**。底盤の厚さは150mm以上、幅は450mm以上とする（住宅金融支援機構木造住宅工事仕様書3.3基礎工事）。

5○　ねこ土台を使用する場合は、外周部の土台の全周にわたって、1m当たり有効面積**75cm²以上の換気孔を設ける**（住宅金融支援機構木造住宅工事仕様書3.3基礎工事）。

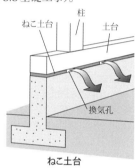

ねこ土台

No.7　土工事及び地業工事
正答　1

1×　ディープウェル工法は、地下水位以下の掘削を行う場合に用いる排水工法の1つで、**周辺の井戸枯れや地盤沈下を生じるおそれ**がある。井戸枯れや地盤沈下を生じるおそれがある場合に有効な工法として、**リチャージ工法**がある。ディープウェル等と同様の構造のリチャージウェル（復水井）を設置して、そこに排水（揚水）した水を入れ、同一のあるいは別の帯水層にリチャージする工法である（建築工事監理指針3根切り等）。

2○　シルトとは、沈泥のことである。砂地業において使用する砂は締固めに適した**山砂、川砂又は砕砂**とし、砂にシ

ルト等の泥分が多量に混入しているものは、締固めが困難となるので使用しない（建築工事監理指針4砂利、砂、捨コンクリート地業等）。

3○　オールケーシング工法の工程において、所定の支持層を確認後は**孔底部のスライムを除去**する（建築工事監理指針4場所打ちコンクリート杭地業）。

4○　場所打ちコンクリート杭とは、工事現場で打設するコンクリート製の杭をいい、一般的に**最初の1本目に施工する本杭が試験杭**とされる。試験の結果に基づき、試験杭以外の本杭の施工における各種管理基準値等を定める。このため、試験杭の施工設備は、本杭の施工に用いるものを使用する（建築工事監理指針4試験及び報告書）。

5○　**捨てコンクリート**とは、基礎の底面に平らに敷くコンクリートをいい、基礎の墨出し、配筋、型枠の建込み等を正確にするために行う（建築工事監理指針4砂利、砂、捨コンクリート地業等）。

No.8　鉄筋工事
正答　2

1○　鉄筋の加工・組立においては、最小かぶり厚さを確保するために、施工誤差を考慮し、施工にあたっては**鉄筋かぶり厚さの最小値に10mmを加えて加工**する（建築工事監理指針5加工及び組立）。

2×　ガス圧接の外観検査は、圧接完了後に**圧接箇所の全数**について行う（建築工事監理指針5ガス圧接）。

3○　ガス圧接では、1箇所あたり$1d$〜$1.5d$のアプセット（縮み量）が必要である。これにより定着長さが不足することがあるため、あらかじめ**圧接による鉄筋の縮み代を見込んで鉄筋の加工を行う**（建築工事監理指針5ガス圧接）。

4○　圧接部における鉄筋中心軸の偏心量は施工の良否の指標の一つであり、管理限界値は**鉄筋径の1/5以下**としている

（建築工事監理指針5ガス圧接）。

5○　スペーサーは、**型枠に接する部分に防錆処理**を行ったものを使用する。鋼製のものは、プラスチックコーティング又はプラスチックパイプを挿入したものがある（建築工事監理指針5加工及び組立）。

No.9　型枠工事
正答　3

1○　漏水のおそれのある地下外壁等では、丸セパB型を用い、コーンの跡の穴に防水剤入りのモルタルを充填する（建築工事監理指針6型枠）。

2○　コンクリートの有害なひび割れ及びたわみの有無の確認は、**支保工の取外し後**に行う（公共建築工事標準仕様書6コンクリートの工事現場内運搬、打込み及び締固め）。

3×　配管用スリーブについて、紙チューブとすることができるのは、**柱及び梁以外の箇所**で、**開口補強が不要**であり、かつ、**スリーブ径が200mm以下の部分**である（公共建築工事標準仕様書6型枠）。

4○　型枠には、打込み前の清掃用に**掃除口**を設ける（JASS 5型枠の加工および組立て）。

5○　スラブ下の支柱の最小存置期間は、コンクリートの圧縮強度による場合、圧縮強度が設計基準強度の**85%以上**又は**12N/mm²以上**であり、かつ、施工中の荷重及び外力について、**構造計算により安全であることが確認されるまで**である（公共建築工事標準仕様書6型枠）。

No.10　コンクリート工事
正答　4

1○　強度管理の材齢を**28日**で行う場合は、供試体の養生方法として**標準水中養生**の他に**現場水中養生**を規定する（JASS 5構造体コンクリート強度の検査）。

2○　普通コンクリートの気乾単位容積質量は、特記がなければ、**2.1t/m³を超え2.5t/m³以下**を標準とし、工事監理者の承認を受ける（JASS 5気乾単位容積質量）。

3○　調合管理強度の判定は、3回の試験で行い、（ア）及び（イ）を満足すれば合格とする。（ア）1回の試験における圧縮強度の平均値が、調合管理強度の85%以上であること。（イ）3回の試験における圧縮強度の総平均値が、調合管理強度以上であること（公共建築工事標準仕様書6試験等）。

4×　1回の試験には、**適当な間隔をおいた任意の3台の運搬車から試料を採取して1個ずつ作製した合計3個の供試体**を使用する（JASS 5構造体コンクリート強度の検査）。

5○　施工者は、工事開始前に使用するコンクリートの試し練りを行い、コンクリートの種類、使用材料、調合管理強度、スランプ、空気量等が設計図書または規定の品質に適合していることを確認する。ただし、条件によっては試し練りを省略することができる（JASS 5使用するコンクリートの品質の確認）。

No.11　コンクリート工事
正答　4

1○　コンクリートポンプによる圧送の場合、輸送管の保持には、支持台に道板を置いたもの、**支持台**、脚立、吊金具等を使用し、輸送管の振動により、型枠、配筋及び既に打ち込んだコンクリートに有害な影響を与えないこととする（公共建築工事標準仕様書6コンクリートの工事現場内運搬、打込み及び締固め）。

2○　同一打込み区画に、2つ以上のレディーミクストコンクリート工場のコンクリートが打ち込まれないようにすること（公共建築工事標準仕様書6レディーミクストコンクリート工場の選定、コンク

リートの製造及び運搬）。

3○ コンクリートの品質に悪影響を及ぼすおそれのある**降雨**又は**降雪**が予想される場合若しくは打込み中の**コンクリート温度が2℃を下回るおそれのある場合**は、**適切な養生**を行う。適切な養生を行うことができない場合は、打込みを行わない（公共建築工事標準仕様書6コンクリートの工事現場内運搬、打込み及び締固め）。

4× 梁の打込みにおいて、柱、壁等を、梁下で一度止めずに上部まで連続して打ち込むと、柱、壁等のコンクリートの沈降により、梁との境目にひび割れが発生するおそれがあるので、壁及び柱のコンクリートの**沈みが落ち着いた後に梁を打ち込む**（建築工事監理指針6コンクリートの工事現場内運搬、打込み及び締固め）。

5○ 打ち継ぎ部の仕切り面の施工において、梁や壁には、**鉄骨を骨としてメタルラスや板を張って仕切る**のがよい（建築工事監理指針6コンクリートの工事現場内運搬、打込み及び締固め）。

No.12　鉄骨工事
正答　4

1○ 吊上げの際に変形しやすい部材は、**適切な補強**を行う（公共建築工事標準仕様書7工事現場施工）。

2○ アンカーボルトの心出しは、型板を用いて**基準墨に正しく合わせ**、適切な機器等で正確に行う（公共建築工事標準仕様書7工事現場施工）。

3○ 本接合に先立ち、**ひずみを修正**し、**建入れ直し**を行う（公共建築工事標準仕様書7工事現場施工）。

4× 柱又は梁を現場溶接接合とする場合は、エレクションピース等の仮ボルトは、**高力ボルトを使用し、全て締め付ける**（公共建築工事標準仕様書7工事現場施工）。

5○ 鉄骨の建方方式は、水平積み上げ方式や建逃げ方式等があるが、**敷地に余裕がなく搬入経路が一方向の場合は、建逃げ方式**が用いられる。

No.13　鉄骨工事
正答　5

1○ 開先の加工は、**自動ガス切断又は機械加工**とする。精度が不良なものは、修正する（公共建築工事標準仕様書7溶接接合）。

2○ 溶接部において、超音波探傷試験の結果が不合格の部分は、**除去した後、再溶接**を行う（公共建築工事標準仕様書7溶接接合）。

3○ 裏当て金を用いる場合、初層の溶接において、継手部と裏当て金が**十分に溶け込むようにする**（公共建築工事標準仕様書7溶接接合）。

4○ スタッドの仕上り高さは、所定の**高さー2mmから＋2mmまでの範囲**とする。スタッドの傾きは、**5°以内**とする（公共建築工事標準仕様書7スタッド溶接及びデッキプレートの溶接）。

5× 作業場所の気温が－5℃以上5℃以下の場合は、**溶接線から100mm程度の範囲**を適切な方法で加熱して、溶接を行う（公共建築工事標準仕様書7溶接接合）。

No.14　補強コンクリートブロック造工事
正答　2

1○ 充填材料としてのモルタル又はコンクリートの混練量、配合や骨材の最大寸法は、**一度に充填する量、空洞部の寸法**等を考慮して決める（建築工事監理指針8補強コンクリートブロック造）。

2× 目地モルタルは、構造耐力上・防水上支障が生じないように、**ブロック接合面全面（フェイスシェル及びウェブ部分）**に設ける（建築工事監理指針8補強コンクリートブロック造）。

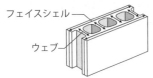

フェイスシェル

ウェブ

3○　目地モルタルの硬化以前に**目地ごて
で目地ずりをする**とともに、化粧積み面
の汚れをブラシ等で清掃する（建築工
事監理指針8補強コンクリートブロック
造）。

4○　特記がない場合、塀に用いるブロッ
クの正味厚さは、塀の高さが**2m以下
の場合は120mm、2mを超える場合は
150mm**とする（公共建築工事標準仕
様書8コンクリートブロック帳壁及び
塀）。

5○　ブロック塀の縦筋は、**頂上部の横筋
にかぎ掛け又は90°フックで余長10**d**と**
する（建築工事監理指針8コンクリート
ブロック帳壁及び塀）。

No.15　木造軸組工法の接合金物
正答　5

1○　短ざく金物は、**上下階の柱相互また
は胴差し相互の接合**を用途とする（住
宅金融支援機構木造住宅工事仕様書
参考図4.1.6Zマーク表示金物の種類）。

2○　羽子板ボルトは、**小屋ばりと軒げた、
軒げたと柱、はりと柱及び胴差しと通し
柱の接合**を用途とする（住宅金融支援
機構木造住宅工事仕様書参考図
4.1.6Zマーク表示金物の種類）。

3○　筋かいプレートは、**筋かいの柱と横
架材への同時の接合**を用途とする（住
宅金融支援機構木造住宅工事仕様書
参考図4.1.6Zマーク表示金物の種類）。

4○　かど金物は、**引張りを受ける柱の上
下の接合**を用途とする（住宅金融支援
機構木造住宅工事仕様書参考図
4.1.6Zマーク表示金物の種類）。

5×　かね折り金物は、**通し柱と胴差しの
取合い**を用途とする（住宅金融支援機
構木造住宅工事仕様書参考図4.1.6Z

マーク表示金物の種類）。垂木と軒桁
の接合には、**ひねり金物**を用いる。

No.16　木工事
正答　4

1○　土台には一般的にヒノキ、ベイヒ、
ヒバ、ベイヒバ、コウヤマキ、クリまた
はケヤキが用いられる（住宅金融支援
機構木造住宅工事仕様書表4.3-1部位
別使用樹種例）。

2○　反りのある木材においては、凸側を
「背」、凹側を「腹」という。大引は、
**部材の凹側の腹が上に、凸側の背が
下になるよう使用する。**

3○　床板は、**木表を上にして取り付ける。**

4×　柱は、**元口を土台側にして取り付け
る。**

5○　桁は、**背を上側にして使用する。**

No.17　屋根工事及び防水工事
正答　4

1○　長尺金属板葺の下葺材は、野地面
上に軒先と平行に敷き込み、軒先から
上へ向かって張る。**上下（流れ方向）
は100mm以上、左右（長手方向）は
200mm以上**重ね合わせる（公共建築
工事標準仕様書13長尺金属板葺）。

2○　ルーフドレンの取付けは、原則とし
て、**コンクリートに打込み**とし、水はけ
よく、床面より下げた位置とする。取
付け位置には、必要に応じて、コンクリー
トを打増しする（公共建築工事標準仕
様書13とい）。

3○　塩化ビニル樹脂系接着工法のルー
フィングシートの接合幅は、**長手方向、
幅方向、立上り部とも40mm以上**とし、
接合部は溶剤溶着または熱風融着と
し、接合端部を液状シール材を用いて
シールする（建築工事監理指針9合成
高分子系ルーフィングシート防水）。

4×　アスファルト防水において、**出隅及
び入隅は、通りよく45°の面取り**とする
（公共建築工事標準仕様書9アスファル
ト防水）。

5○ ボンドブレーカーは、紙、布、プラスチックフィルム等の粘着テープで、シーリング材と**接着しないもの**とする（公共建築工事標準仕様書9シーリング）。

No.18 左官工事、タイル工事及び石工事
正答 1

1× セルフレベリング材塗り後の養生期間は、7日以上、**低温の場合は14日以上**とし、表面仕上材の施工までの期間は、30日以内を標準とする（公共建築工事標準仕様書15セルフレベリング材塗り）。

2○ モルタルの1回の塗厚は、**7mm以下**とする。ただし、床の場合を除く。また、コンクリートの外壁への**全塗厚は25mm以下**とする（公共建築工事標準仕様書15モルタル塗り）。

3○ 屋外のタイル張り、屋内の吹抜け部分等のタイル張りは、モルタル及び接着剤の硬化後、**全面にわたり打診**を行う（公共建築工事標準仕様書11共通事項）。

4○ 密着張りの張付けは、張付けモルタルの塗付け後、タイルをモルタルに押し当て、**タイル張り用振動機**（ヴィブラート）を用い、**タイル表面に振動を与え**、張付けモルタルがタイル裏面全面に回るように行う（公共建築工事標準仕様書11セメントモルタルによるタイル張り）。

5○ セメントモルタルの調合（容積比）において、裏込めモルタルは**セメント1:砂3**である（公共建築工事標準仕様書10材料）。

No.19 塗装工事
正答 4

1○ アクリルシリコン樹脂エナメル塗りは、**屋外の鉄鋼面、亜鉛めっき鋼面、コンクリート面等に適用される**（公共建築工事標準仕様書18耐候性塗料塗り（DP））。

2○ 合成樹脂エマルションペイント塗り（EP）は、**コンクリート面、モルタル面、プラスター面、せっこうボード面その他ボード面**等に適用される（公共建築工事標準仕様書18合成樹脂エマルションペイント塗り（EP））。

3○ 木部の素地ごしらえにおいて、節止めの工程では**木部下塗り用調合ペイント又はセラックニス類**を使用し、節及びその周囲にはけ塗りを行う（公共建築工事標準仕様書18素地ごしらえ）。

4× コンクリート面素地の材齢による乾燥期間の目安は、**冬期は28日**、春・秋期は21〜28日、夏期は21日である（建築工事監理指針18素地ごしらえ）。

5○ 塗料は、調合された塗料をそのまま使用する。ただし、**素地面の粗密、吸収性の大小、気温の高低等に応じて、適切な粘度に調整**することができる（公共建築工事標準仕様書18共通事項）。

No.20 建具工事、ガラス工事及び内装工事
正答 5

1○ アルミニウム製建具の取付けにおいて、木下地の場合、建具の取付けにより、建具と建具取付け下地に隙間が生じた場合には、**建具釘打ちフィンの裏側にパッキン材を設ける**（公共建築工事標準仕様書16アルミニウム製建具）。

2○ ガラスブロックの目地幅の寸法は、特記がなければ、平積みの場合、**8mm以上15mm以下**とする（公共建築工事標準仕様書16ガラス）。

3○ ゴム床タイル用接着剤は、施工箇所が地下部分の最下階の場合は**エポキシ樹脂系又はウレタン樹脂系**を使用する（公共建築工事標準仕様書19ビニル床シート、ビニル床タイル及びゴム床タイル張り）。

4○ 壁紙のホルムアルデヒド放散量は、

特記がなければ、F☆☆☆☆とする（公共建築工事標準仕様書19壁紙張り）。

5×　木製建具用丁番の枚数は建具の高さが**2.0m未満の場合は2枚、2.0m以上2.4m以下の場合は3枚**とする（公共建築工事標準仕様書16建具用金物）。

No.21　住宅における設備工事
正答　5

1○　給水の流れが下部から上部へ向かう給水管方式を、上向き給水管方式という。上向き給水管方式における給水横走り管は、横引き配管内部に空気が滞留しないように、流れ方向に向かって上がり勾配となる**先上がり勾配**となるように配管する。

2○　温水床暖房用の放熱管には、架橋ポリエチレン管等が使用され、架橋ポリエチレン管の接合は、電気融着接合、**メカニカル接合**が用いられる。

3○　雨水用排水ます及びマンホールには、排水管などに泥が詰まらないように**深さ15cm以上の泥だめ**を設ける。

4○　管（ダクト）は、雨水が入らないように住戸内から住戸外へ**先下がり勾配**となるよう施工する。

5×　給湯配管は、**管の伸縮を妨げない**ようにし、均整な勾配を保ち、逆勾配、空気だまり等循環を阻害するおそれのある配管をしてはならない（公共建築工事標準仕様書（機械設備工事編）2配管工事）。

No.22　改修工事
正答　1

1×　目地を見せる目透し工法には、**スクエアエッジ付きのせっこうボード**を用いる。**テーパーエッジ付きせっこうボード**は、目地のない平滑な面を作る継目処理工法に用いられる（建築改修工事監理指針6せっこうボード、その他ボード及び合板張り）。（令和元年No.22の解説図参照）

2○　自動式低圧エポキシ樹脂注入工法において、注入用器具の取付間隔は、**ひび割れの幅によって異なる**（建築改修工事監理指針4コンクリート打放し仕上げ外壁の改修）。

3○　コンクリート面の下地調整において、**目違いは、サンダー掛け等により取り除く**（公共建築改修工事標準仕様書（建築工事編）4仕上塗材仕上げ外壁等の改修）。

4○　防火シャッター等の事故発生に伴う防止措置として、平成17年に改正建築基準法施行令が施行され、防火戸の閉鎖作動時に、周囲の人の生命又は身体の安全確保のため、**危害防止機構の設置が義務付けられた**（建築改修工事監理指針5重量シャッター）。電動式シャッターは、降下中に障害物を感知した場合、自動的に停止する機能を有する障害物感知装置を設ける。手動閉鎖装置により閉鎖する屋内用防火シャッターには、特記がない場合は危害防止装置を設ける（公共建築改修工事標準仕様書（建築工事編）5重量シャッター）。

5○　そで壁の端部は、**スタッドに縦枠の補強材と同材を添えて補強**する（公共建築改修工事標準仕様書（建築工事編）6軽量鉄骨壁下地）。

No.23　測量
正答　2

1○　傾斜地で距離測量を行う場合、高いほうから低いほうへ下がりながら測定する降測法と、低いほうから高いほうへ上がりながら測定する登測法があるが、一般的には**降測法のほうが作業が容易で精度が高い**。

2×　平板測量の放射法において、敷地内に障害物があり見通しが悪い場合は**計測できない**。

3○　磁針が示す北は磁北といい、真北とは一致せず、ずれがある。そのずれも

令和4年

場所によって変わるため、真北の測定においては、**測量した場所の磁針偏差**を調べて補正し、真北を求める。

4○　水準測量において、高低差が大きい場合は、一度に測定できないため、**もりかえ点をとってレベルの位置を変えながら測量する**。このとき、レベルの据え付け回数はなるべく偶数回にする。

5○　閉合トラバースの測角誤差が許容誤差の場合は、**誤差を測角数で割り**、それぞれの角に**配分**して調整する。

No.24　建築積算
正答　5

1○　共通仮設とは、**複数の工事種目に共通して使用する仮設**をいう（公共建築数量積算基準2仮設）。

2○　直接仮設とは、**工事種目ごとの複数の工事科目に共通して使用する仮設**をいう（公共建築数量積算基準2仮設）。

3○　専用仮設には、**コンクリート足場**が含まれる。ほかに、鉄骨足場も専用仮設に含まれる（公共建築数量積算基準2仮設）。

4○　直接仮設には、**遣方や墨出し**が含まれる。ほかに養生、整理清掃後片付けなども含まれる（公共建築数量積算基準2仮設）。

5×　山留めは**専用仮設**に含まれる（公共建築数量積算基準2仮設）。

No.25　監理者が行う業務
正答　2

1○　設計図書等の内容を把握し、設計図書等に明らかな矛盾、誤謬、脱漏、不適切な納まり等を発見した場合は、**受注者に通知**すること（民間建設工事標準請負契約約款（甲）第9条第1項）。

2×　設計内容を伝えるため**受注者**と打ち合わせ、適宜、この工事を円滑に遂行するため、必要な時期に説明用図書を**受注者**に交付すること（民間建設工事標準請負契約約款（甲）第9条第2項）。

3○　受注者から工事に関する質疑書が提出された場合、設計図書等に定められた品質確保の観点から技術的に検討し、当該結果を**受注者に回答**すること（民間建設工事標準請負契約約款（甲）第9条第3項）。

4○　設計図書等の定めにより受注者が作成、提出する施工計画について、設計図書等に定められた工期及び品質が確保できないおそれがあると明らかに認められる場合には、**受注者に対して助言**し、その旨を**発注者に報告**すること（民間建設工事標準請負契約約款（甲）第9条第8項）。

5○　工事と設計図書等との照合及び確認の結果、工事が設計図書等のとおりに実施されていないと認めるときは、直ちに**受注者に対してその旨を指摘**し、工事を設計図書等のとおりに実施するよう求めるとともに**発注者に報告**すること（民間建設工事標準請負契約約款（甲）第9条第6項）。

令和3年　正答一覧

合格基準点（総得点）：60点

	建築計画 合格基準点：14点	建築法規 合格基準点：13点	建築構造 合格基準点：13点	建築施工 合格基準点：13点
No.1	4	4	4	1
No.2	1	1	2	5
No.3	1	2	3	3
No.4	3	5	4	4
No.5	2	5	5	5
No.6	2	4	5	3
No.7	5	5	1	4
No.8	2	2	2	2
No.9	3	3	5	5
No.10	1	2	1	4
No.11	3	1	3	3
No.12	2	4	4	4
No.13	4	5	1	1
No.14	2	4	1	5
No.15	4	1	5	2
No.16	1	2	4	1
No.17	2	3	1	2
No.18	1	3	1	2
No.19	5	2	5	4
No.20	4	1	3	2
No.21	3	4	5	5
No.22	5	1	4	1
No.23	3	2	4	4
No.24	4	4	2	2
No.25	4	1	5	2

令和3年　建築計画

No.1　日本の歴史的な建築物
正答　5

1○　桂離宮は、書院造りに**茶室建築**の要素を取り入れた数寄屋風書院造りの別荘建築である。**古書院、中書院、新御殿**等から構成されている。

2○　日光東照宮は、徳川家康を祀るために江戸時代に建てられた、本殿と拝殿を**石の間**で連結した**権現造り**の霊廟建築である。

3○　東大寺南大門は、柱に穴を開けて貫（横木）を通すため、太い柱を多用している。また、肘木を柱に差し込むことで組物を前面に大きく突き出している。**大仏様**（天竺様）による建築として有名である。

4○　住吉大社本殿は、前後に奥行きのある長方形の形状で四周に**回り縁がな**い。切妻造り、妻入り、檜皮葺で、室内は内陣と外陣の二間に**区分**されている。住吉造りの代表とされる。

5×　**出雲大社本殿**は、大社造りと呼ばれる**切妻妻入りの建築物**である。9本の柱を田の字型に配し、中央には心御柱が立っている。

No.2　建築物とその設計者
正答　1

A　落水荘は、2層の鉄筋コンクリート造の片持スラブを自然岩と滝の上に交差させ、コンクリートに感じられる重量感や冷たさを和らげている別荘建築で、**フランク・ロイド・ライト**の設計である。

B　惜櫟荘は、熱海に建てられた岩波書店の創業者の別荘である。志賀直哉や湯川秀樹ら日本の文豪や知識人が集った。**吉田五十八**の設計である。

C　軽井沢の山荘は、鉄筋コンクリート造の1階の上に、大きく張り出した木造の2階を置いている。屋根は軽快な片流れであり、暖炉のある広い居間が特徴である。**吉村順三**の設計である。

D　サヴォア邸は、近代建築の5原則である、「ピロティ（支柱）」、「屋上庭園」、「自由な平面」、「水平に続く連続する窓」、「自由な立面（ファサード）」を具現している住宅建築である。**ル・コルビュジエ**の設計である。

E　塔の家は、約20m²の三角形の敷地に建つ、地下1階地上5階の鉄筋コンクリート造の住宅である。各階の部屋を機能別に上下に積層させている。**東孝光**の設計である。

したがって、1が正答。

No.3　建築環境工学の用語・単位
正答　1

1×　**大気放射**は、**大気が射出する熱放射**をいう。地表面が射出する熱放射を地面放射といい、大気放射と地面放射をあわせて地球放射という。**設問は、直達日射の説明**である。

2○　残響は、室内で音を発したとき、室の壁や床、天井などによる反射を何回も繰り返すことにより、音源が停止した後にも室内に音が残る現象をいう。残響時間は、音源が停止してから室内の音圧レベルが60dB低下するまでに要する時間をいう。

3○　生物化学的酸素要求量は、細菌が水中の有機物を好気的に分解する際に必要とする酸素量をいう。有機物質による**水質汚濁**を評価する指標である。

4○　絶対湿度は、ある空気1kgが含んでいる水蒸気の量をいう。単位は、kg/kg（DA）である（DA：ドライ・エアー）。相対湿度の単位は、％である。

5○　**熱伝導率**は、物体内部の熱の伝わりやすさを表す指数である。単位は、W/（m・K）である。**熱伝達率**は、固体表面と周囲の流体との間の熱の伝わりやすさを表す指標である。単位は

W/（m²・K）である。

No.4　換気回数
正答　3

室内に汚染物質が発生している場合に許容濃度を保つための必要換気量Qは、

$$Q = \frac{M}{C_i - C_o}$$

ただし、M：室内の汚染質発生量、C_i：室内の汚染質許容濃度、C_o：外気の汚染質濃度
で求められる。

室内の汚染質発生量Mは、
$$M = 0.02 \times 3 \ (m^3/h)$$
必要換気量Qは、

$$Q = \frac{0.02 \times 3}{0.001 - 0.0004} = 100 \ (m^3/h)$$

室容積が50m³であるから、必要換気回数は、100/50 = 2.0（回/h）
したがって、**3**が正答。

No.5　結露
正答　2

1○　外壁の室内側の表面結露を防止するためには、壁体の表面温度を**上昇**させることが**有効**である。外壁の断熱を強化することで、冬期の低温の外気温を室内側に伝熱させにくくなり、室内側の表面温度低下を防ぐことができる。

2×　**外壁の室内側に防湿層を設ける**と、高温多湿の室内空気が壁体内に流入するのを防止し、壁体内部の結露防止に有効である。**室外側**は、壁体内の**空気を外部に放出**させるようにする。

3○　地下室の室温が外気より低い場合、地下室に夏期の高温多湿の外気を換気により**導入**すると、結露を**増加**させる原因となる。

4○　床下結露は、室内から流入した空気に含まれる**水蒸気**が低温の床下で結露するものの他に、床下に地盤面が露出している場合は、地盤から**放出**される**水蒸気**が低温の床版に触れて結露するものがある。

5○　小屋裏の結露を防止するには、室内の空気が天井から流入しないように、天井面で**防湿**を行うとともに、小屋裏の空気を屋外に放出するために、十分な**換気口**を設けることが有効である。

No.6　湿り空気
正答　2

1○　空気は、空気中にある程度の**水蒸気**を含む。これを湿り空気という。水蒸気を全く含まない理論上の空気を乾き空気という。湿り空気の質量は、**乾燥空気（乾き空気）**の質量と**水蒸気**の質量との**和**である。

2×　乾球温度と湿球温度の差が小さい場合は、空気中の水蒸気量が多く、**湿球の水の蒸発が少ない**状態にある。したがって、乾球温度が同じであれば、**湿球温度との差が小さいほど相対湿度は高い**状態にある。

3○　相対湿度は、ある空気の絶対湿度とその空気の飽和水蒸気量との比で求められる。空気を加熱すると飽和水蒸気量は**増加**する。したがって、絶対湿度が同じ場合には、空気を加熱すると相対湿度は**低く**なる。

4○　混合気体（通常の空気では空気と水蒸気）全体の圧力を全圧といい、水蒸気による分圧を水蒸気圧という。空気を加熱や冷却しても絶対湿度を変えなければ、その空気の水蒸気の比率は変わらず、水蒸気圧は**変化しない**。

5○　湿球温度は湿球の水蒸気の蒸発により熱を奪われる構造となっているため、乾球温度より高くなることはない。

No.7　日照、　採光、　照明
正答　5

1○　光束は、可視光線のエネルギー量を人間の目で感じる量として表した**測光量**であり、ある面を単位時間に通過する光のエネルギー量をいう。

2○　照度は、ある面が光を受ける量を示

し、受照面の単位面積当たりに入射する**光束**で表される**測光量**である。

3○ 演色性は、光源によって視対象を照らしたとき、その物体の色の**見え方**を決める光源の性質のことをいう。自然光に近く見えるほど演色性が良い。

4○ 可照時間は、日の出から日没までの時間をいう。天候や障害物の影響は受けない。

5× 日本建築学会の設計用野外全天空照度において、「**快晴の青空**」の場合は**10,000lx**、「**薄曇りの日**」の場合は**50,000lx**である。

No.8 色彩
正答 2

1○ 一般に、暖色は進出色として**近くに**あるように見え、寒色は後退色として**遠く**にあるように見える。

2× 放射エネルギーに対して光を感じる度合いを視感度という。明所視の場合、555nm（ナノメートル）の波長の黄緑が、暗所視の場合、507nmの波長の青緑がそれぞれ最大の視感度となる。このため暗所視では、波長の長い**赤よりも波長の短い緑や青の方が明るく感じられる**。

3○ 異なった色を持つ光や物体を混ぜて別の色を生み出すことを**混色**という。混色により無彩色になる二色は、相互に補色の関係にあり、マンセル色相環で**反対側**に位置する。

4○ 異なった色の光を重ねて別の色を生み出すことを加法混色といい、異なった色を持つ物体を混ぜて別の色を生み出すことを減法混色という。加法混色の三原色を重ね合わせると**白色**に、減法混色の三原色を重ね合わせると**黒色**になる。

5○ マンセル表色系の明度は、色の明るさの度合を示し、理想的な白を明度10、理想的な黒を明度0とし、その間を均等に11段階に分けている。

No.9 音響設計
正答 3

1○ NC値は室の静かさを表し、室内騒音を評価する指標の一つである。NC-30のように表し、数値が小さいほど許容される騒音レベルは**低く**なる。

2○ 軽量床衝撃音は、比較的軽くて高い音による衝撃音をいう。床を二重床にしたり、**カーペット**や畳など緩衝性の高い材料を使用することが衝撃音の低減に効果的である。

3× **音響透過損失**は、遮音性能を表す指標であり、**値が大きいほど遮音性能が優れている**ことを表す。壁体の単位面積当たりの質量が大きいほど、また周波数の高い音ほど透過損失は大きくなる。

4○ **フラッターエコー**は、平行な壁と壁、天井と床とで音が多重反射を起こすことで生まれる音響障害である。それぞれの面の吸音率が低いとフラッターエコーが発生する。

5○ 残響時間は、音源が停止してから音の大きさ（音圧レベル）が60dB低下するまでに要する時間をいい、

$$残響時間（秒）= \frac{0.161 \times 室容積（m^3）}{室総吸音力（m^2）}$$

で求められる。したがって、残響時間は、室容積が大きくなると**長く**なる。

No.10 建築物の環境評価、地球環境
正答 1

1× **CASBEE**は、敷地の外部に達する環境影響の負の面（建築物の環境負荷）と、敷地内の建物利用者の生活アメニティ向上（建築物の環境品質）を指標として、**建築物における総合的な環境性能評価を行う**ものである。設問は、**LCMの説明**である。

2○ PM2.5は、大気中に浮遊する直径2.5μm（マイクロメートル）以下の超微小粒子である。肺の奥深くに入り込

み、ぜんそくや気管支炎などの**呼吸器系疾患**や**循環器系疾患**のリスクを上昇させる。我が国では、年平均値と日平均値の基準が定められている。

3○　SDGsは、持続可能な世界を実現するため2016年から2030年までを目標とした、17のゴールと169のターゲットから構成されている活動である。地球上の誰一人として取り残さないことを理念としている。

4○　$LCCO_2$は、建築物の建設から運用、廃棄に至るまでの**二酸化炭素**の総排出量をいう。地球温暖化に対する負荷を表す指標であり、値が少ないほど環境負荷が少なくなる。

5○　ZEBは、断熱性や省エネ性能を上げるとともに、太陽光発電などの再生可能エネルギーを導入することで、年間の一次エネルギー消費量の収支を0とすることを目指した建築物である。

No.11　住宅
正答　3

1○　パッシブデザインは、機械や設備に頼らずに、建物の構造や間取り、材料などの工夫によって太陽光や風力などを活用して、省エネルギー化を図る設計手法である。

2○　車椅子使用者がI字型キッチンを利用する際に横方向に移動するには、後退→90°回転→移動→90°回転→前進という動作が必要となるため、調理台に対して横向きで作業することになりやすい。L字型キッチンであれば、回転移動により調理台を移ることができるので、**効率的**となる。

3×　**就寝分離**は、個人の生活領域を確保するため、**子供が親と異なる部屋で別々に就寝**することをいう。**食事する空間と寝室とを分離**するのは、**食寝分離**である。

4○　京間は、柱と柱の内法寸法を基準寸法とし、その**整数倍**で構成する。江戸

間は、柱心の間隔を基準寸法とする。

5○　ユーティリティルームは、調理以外の家事作業ができる多様な性格を持つ室や場をいう。

No.12　集合住宅
正答　2

1○　コンバージョンは、既存の事務所や商業施設、倉庫などを**用途変更**や転用する手法である。事務所ビルを集合住宅やSOHOに転用することが行われている。

2×　**コモンアクセス**は、共用の中庭を中心に、それを囲んで住戸が配置される形式の集合住宅である。居住者は**共用の中庭を通るアクセス路により各住戸に入る形式**となっている。

3○　建物の床衝撃音に関する遮断性能を示す基準にL値がある。L値は値が小さいほど床衝撃音の遮断性能が優る。床スラブを**厚く**することが衝撃音の防止に有効である。

4○　住生活基本計画で定められた、都市居住型誘導居住面積水準の目安は、単身者が**40m²**、2人以上の世帯が、**20m²×世帯人数＋15m²**である。このため、2人家族が入居する住戸では55m²となる。

5○　ライトウェルは、外部に面することができない内部空間に**採光**するために、天窓や吹き抜けにより、上部から光を取り入れる構造をいう。

No.13　事務所ビル・商業建築
正答　4

1○　フリーアドレス方式は、社員の席を固定しないで、空いている席を自由に使用する執務空間のレイアウト計画である。一般に、在席率が50～60%以下の事務所で採用可能とされている。

2○　システム天井は、**モデュール割り**に基づき、空調・照明・防災などの設備機能を一定のゾーンに集約してユニッ

ト化した天井である。天井仕上げと設備機能の取り合いを単純化することができる。

3○　厨房の面積所要基準では、喫茶店の厨房面積は延べ面積の1/5程度とされており、実際には15 ～ 20%程度のものが多い。

4×　シティホテルは、宿泊だけでなくレストラン、宴会場、集会場などを充実させたホテルである。ビジネスホテルは、宿泊を重視し比較的設備が簡素なホテルである。したがって、延べ面積に対する**客室部分の床面積の割合はビジネスホテルのほうが大きい**。

5○　駐車場の垂直循環方式は自動車を駐車させる複数のパレットを、垂直面内に円形または長円形に配置して、連続循環させる方式である。多層循環方式は、駐車パレットを上下左右に動かして所定の場所まで車を移動させる方式である。収容台数が同じであれば、**垂直循環方式**のほうが、多層循環方式より設置面積を**小さく**できる。

No.14　教育施設等
正答　2

1○　ブラウジングコーナーは、新聞や週刊誌などを気軽に読むための場所である。入館者が自由に入れる開架貸出室内に設ける。

2×　3歳児は各児個別の保護や世話を必要とし、他の幼児に干渉されずに遊べるスペースを確保しなければならず、**一般に、4、5歳児より1人当たりの保育室面積を広くする**。

3○　保育所の幼児用便所のブースの扉の高さは、非常の際に大人が中をのぞける高さの**1.2m**程度とする。

4○　ラーニングセンターは、子どもたちが学習に使うための教材や機器を保管する場所である。学年ごとに**分散**して配置することは適当である。

5○　2 ～ 4の普通教室のブロックを単位として、学年ごとに水平あるいは垂直にクラスター状に配置し**独立性**を高めることは、学年のまとまりを確保しやすくなる。

No.15　社会福祉施設等
正答　4

1○　特別養護老人ホームは、**常時**介護を必要とし、自宅で介護を受けることが困難な高齢者を入所させて養護するための施設である。

2○　サービス付き高齢者向け住宅は、単身や夫婦世帯等の高齢者が安心して居住できるように、**バリアフリー**の構造等を有し、見守りや安否確認サービスを付随した賃貸等の住宅である。

3○　ケアハウスは、軽費老人ホームの一種で、自炊できない程度の身体機能の低下があり、独立して生活するには不安で、家族の援助を受けることが困難な高齢者が、食事の提供等、日常生活上必要なサービスを受けて**自立的**な生活を送る施設である。

4×　**老人デイサービスセンター**は、居宅で介護を受けている高齢者が、**通所または訪問**により、日常動作訓練や生活指導、入浴、給食などの各種サービスを受ける施設である。**設問は短期入所（ショートステイ）施設の説明である**。

5○　介護老人保健施設は、入院治療の必要はないが、リハビリテーションや看護・介護を必要とする高齢者に対し、家庭に復帰するための機能訓練を行う等、自立を支援するための施設である。

No.16　各部寸法
正答　1

1×　**一般用自転車の寸法は、幅600mm×長さ1,800mm**程度なので、駐輪スペースは幅600mm×長さ1,900mm程度必要である。400mm×1,600mmでは狭すぎる。

2○　診療所の階段の手摺は、段鼻から**800mm**程度の通常の高さに加え、高

齢者や子どもにも使用しやすいように、**600mm程度**の高さにも手摺を設置する二段手摺とする。階段の手摺の端部は袖等が引っかからないように、下方や壁面側に曲げるなどの処理を行うことが望ましい。

3○　車椅子使用者が90度方向転換するのに必要なスペースは**直径1,350mm以上の円形**である。このため、住宅の玄関ポーチは1,400mm角程度のスペースを確保する。

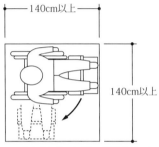

90度方向転換（手動、電動車椅子）

4○　住宅の流し台の標準奥行寸法は650mmであり、流し台の手前から出窓までを800mmとすると、出窓の奥行きは150mmとなる。800mmであれば、出窓を開閉するのに手が届く距離である。

5○　階段の蹴込みは、階段から物が落ちるのを防ぐ役割などがある。一般に、蹴込み寸法は、つま先の引っ掛かりを防止するため、**20mm以下**とする。

No.17　まちづくり
正答　**2**

1○　視覚障害者誘導用ブロックには、線状の突起が示す方向に進むことを表す**線状ブロック**（誘導ブロック）、点状の突起で危険箇所や誘導対象施設等の位置、進路の交差を示す点状ブロック（警告ブロック）及び鉄道駅のプラットホーム端部に敷設し、線路側とホーム内側を示す、内方線付き**点状**ブロック

がある。

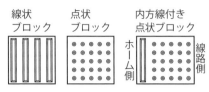

2×　**スプロール**は、市街地が無計画に郊外に拡大し、虫食い状の**無秩序な市街地が形成される**ことをいう。**設問は、クルドサックの説明**である。

3○　アンダーパスは、道路や鉄道が立体交差する箇所で地盤面下を潜り抜ける通路をいう。雨等による浸水の対策として、**排水機能**を考慮する必要がある。上空を通るのはオーバーパスである。

4○　文化財保護法に、登録有形文化財に関しその現状を変更しようとする者は、現状を変更しようとする日の30日前までに、文部科学省令で定めるところにより、文化庁長官にその旨を届け出なければならない、と定められている。外観の大規模な変更を生じる場合も**届け出が必要である**。

5○　イメージハンプは、路面に高低差を設けるのではなく、舗装の色や材質を変えることにより**速度抑制**を促すものである。

No.18　建築生産等
正答　**1**

1×　**ボックスユニット工法**は、**工場で鉄骨**の柱とはりによる**ボックス型のユニットを造り**、壁や天井の下地材、建具、設備を取り付けたものを**現場に運び**、いくつかの**ユニットを合体する工法**である。**設問は、プレキャスト・コンクリート（PC）工法の説明**である。

2○　枠組壁工法は、主に2インチ×4インチの部材により構造枠組を作り、構造用合板や石膏ボードを打ち付けて壁や床を構成する工法である。接合部には一般に、日本住宅・木材技術セン

ター認定の**C**マーク表示金物を使用する。

3〇 プレファブ工法は、前もって部材を工場で生産し、現場で組み立てる方式である。コストダウンや工期短縮、品質の向上、現場作業の簡略化を目的とする。

4〇 モデュラーコーディネーションは、基準寸法（モデュール）にあてはまるように建築部材や建築物の各部の**寸法調整**を行うことである。空間の標準化や合理化が図られ、柱間や窓の寸法等の決定にも用いられる。

5〇 曳家は、建築物を**解体せず**に別の場所へ移動する工法である。歴史的な建築物をそのままの姿で移動して保存したり、敷地の有効利用等で建築物を移動する必要があるときに採用される。

No.19 建築設備
正答 5

1〇 **避難設備**は、火災などの災害の際に避難するために用いられる器具や設備をいい、避難器具と誘導灯・標識に分類される。避難器具には、避難ロープ、すべり棒、すべり台、避難橋、避難タラップ、避難はしご、緩降機、救助袋の8種類がある。

2〇 600V2種ビニル絶縁電線は、高い耐熱性能を持ち最高許容温度は75℃である。使用電圧が**600V以下**の一般電気工作物や電気機器用配線および盤内配線に用いられる。防災設備への電源供給にも利用される。

3〇 吸込み型トロッファは、照明器具と空調の吸込み口を**一体化**した器具で、ランプの温度上昇を防止し、発熱による空調負荷の**軽減**を図ることができる。

4〇 **外気冷房**は、外気温が室温より低い場合に外気を直接室内に取り入れて冷房効果を得る方式である。中間期や冬期に冷房が必要となる室において外気

冷房を空調システムの一環として行えば、**省エネルギー**に有効である。

5× **第3種換気**は、自然給気と機械排気による換気方式である。室内の空気が外へ流出しないように**室内の空気圧**を周囲の空間より低い**負圧**に保つ必要がある便所や浴室などの**汚染室で用いられる**。

No.20 空気調和設備
正答 4

1〇 ターミナルレヒート方式は、ダクト吹出口に**レヒータ**を設け、熱負荷に応じて再熱量を調節する方式である。室の負荷に応じた室温制御が可能であるが、冷房時には消費エネルギー量が**多くなる**。

2〇 変風量単一ダクト方式は、定風量単一ダクト方式に比べて、風量が変化するため、一般に、室内の気流分布や空気清浄度を一様に維持することが**難しい**。

3〇 氷蓄熱槽方式は、水から氷への相変化（潜熱）を利用するので、同じ量の水の水蓄熱方式に比べて蓄熱層の容量を**小さく**できるが、冷凍機の運転効率や冷凍能力は低下する。

4× **空気熱源マルチパッケージ型空調機方式**では、屋外機から屋内機に、冷水ではなく**冷媒を循環**させて冷房を行う。

5〇 **置換換気・空調**は、床面から給気し居住域に温度成層を形成させ、汚染質を**浮力**により上昇気流に乗せて、天井面の排気口から排出する空調方式である。温度成層を形成させるため、給気は低風速で室温より低い温度で行う。

No.21 給排水衛生設備
正答 3

1〇 排水トラップは、排水管内に封水を設けることにより、主に臭気や害虫の侵入を**防止**することを目的とする。

2〇 バキュームブレーカは、上水以外の汚水などが逆サイホン作用により逆流

令和3年

するのを防止するため、サイホンを起こす真空部分へ自動的に空気を送り込むことができる構造になっている。

3× 　排水トラップの封水深さは、管径によらず、一般に、5〜10cmである。

4○ 　厚生労働省令に、水道施設は、水道法の規定による水質基準に適合する必要量の浄水を所要の水圧で連続して供給することができること、と定められている。上水の3要素は、**水質基準**、需要量を**満足する水量**、適度な**水圧の確保**である。

5○ 　通気弁は、通気管内で負圧が発生すると弁が開き、空気を吸い込み排水管内の圧力を均等化してトラップの封水の破封を防止する。排水負荷が無い時や通気管内が正圧の時は弁は**閉じ**、臭気等の侵入を**防止**する。

No.22　給排水衛生設備
正答　5

1○ 　間接排水は、一般排水系統からの逆流や臭気・害虫などの侵入を防止するために、**大気中**で縁を切り、水受け容器や排水器具へ排水する方式である。

2○ 　シングルレバー水栓や全自動洗濯機、食器洗浄器等の操作に伴う、水流の急閉止によるウォータハンマの発生を防止するためには、空気の圧縮性を利用し、安定した液体の流れを作り出す**エアチャンバ**の設置が**有効**である。

3○ 　高置水槽方式の高置水槽は、最上階の水栓や器具等の**必要最小水圧**に配管の**摩擦損失**を見込んだ高さに設置する。

4○ 　吐水口空間は、給水栓の吐水口最下端から水受け容器のあふれ縁の上端までの**垂直距離**をいう。給水管に水受け容器内の水が逆流しないように確保する空間距離である。

5× 　**FF式給湯機**は、**強制吸排気式の給湯機**で、外気を取り込み、燃焼空気を室外に排出する方式の給湯機である。

一般に、**換気設備を別途設ける必要は無い**。

No.23　電気設備
正答　3

1○ 　電線は、導体を絶縁体の保護被覆で覆ったもの、ケーブルは、絶縁電線の上にシース（保護外被覆）を施したものをいう。低圧屋内配線におけるケーブルラックの配線には、ケーブルを用いるなどの必要があり、直接、絶縁電線を**敷設することはできない**。

2○ 　無効電力は、有効に仕事に活用されない電力をいい、有効な電力と90°の位相差がある。進相コンデンサには、この位相差を少なくする機能があり、誘導電動機に進相コンデンサを**並列**に接続すると、無効電力を削減することができる。

3× 　電線やケーブルの発熱を一定量以下に抑えるために流すことができる電流を許容電流値という。**許容電流値は電線などの規格のほか、主に周囲温度や電線離隔距離により定まる**。

4○ 　全般照明の照明計画を光束法で行う場合は、経年変化によるランプの光束減少や、室や器具の汚れによる効率低下を見込んだ保守率を考慮する。このため、器具設置直後の照度は**設計照度以上**となる。

5○ 　分電盤は、負荷までの経路が短くなるように負荷の中心に近く、保守・点検が容易にできる位置に設置することが望ましい。貸事務所などでは、共用部に面する場所に設置することが**望ましい**。

No.24　消防設備等
正答　3

1○ 　住宅用消火器は、一般住宅で使用しやすいように開発された消火器で、消火薬剤とともに窒素ガスが蓄圧されており、レバー操作により消火薬剤が放出される。消火薬剤の**再充填はできな**

い。

2〇　屋外消火栓設備は建物の屋外に設置され、建物の低層階で発生した火災の消火や隣接建築物への延焼を防止するために使用される。低層階の床面積が広い建築物に設置される。

3×　階段室に設ける自動火災報知設備の**感知器**は、建築物の規模等により、一定の垂直距離ごとに１個の**煙感知器を設置**する。

4〇　１号消火栓は全ての建築物に設置可能で、警戒範囲は25m、２人以上で操作する。２号消火栓は大規模な工場や倉庫以外の建築物に設置可能で、警戒範囲は15mである。**易操作性１号消火栓は、１人でも操作できる**ように改良されたもので、警戒範囲は25mである。

5〇　非常用エレベーターは、高さが31mを超える建築物に設置される。主に消防隊の救助・消防活動に使用することを目的とする。

No.25　環境・省エネルギー
正答　4

1〇　全熱交換型換気設備は、排出される空気から熱を回収して、新しく取り入れる空気に移す機能をもつ。換気に伴う冷暖房熱の損失を少なくすることができ、外気負荷が**低減**される。

2〇　空気熱源マルチパッケージ型空調方式は、１台の屋外ユニットに複数台の屋内ユニットを接続したものである。成績係数の値が大きい熱源機器は**効率が良い**。

3〇　温度差換気は、空気に温度差がある場合に温度の低いほうから高いほうに空気が流れることを利用する。吹き抜け空間の**上部**に開口部を設ければ、一般に、下部から室内に外気が流入し、上部から外部に空気が流出する。

4×　我が国の夏期において、南向き窓面の日射負荷を軽減するためには、太陽高度が高いため、水平ルーバーが効

果的であるが、**東西面の窓は**太陽高度が低いため、**垂直ルーバーを設置する**ことが有効である。

5〇　雨水利用システムの雨水の集水場所は、集水率の面から**屋根や屋上が**一般的である。雨水がゴミなどで汚染されることが少ないことを考慮して、屋根面からの集水とすることは適当である。

令和３年　建築法規

No.1　用語の定義
正答　4

1〇　法第２条第４号により、正しい。

2〇　同条第13号により、正しい。

3〇　同条第２号、法第27条、法別表第１（い）欄（２）項、令第115条の３第１号により、正しい。**特殊建築物は、法第２条に列記されているものだけではない。**

4×　大規模の修繕とは、法第２条第14号に規定のとおり建築物の主要構造部にかかるもので、設問の構造上重要でない最下階の床は、同条第５号で主要構造部ではない。したがって、誤り。

5〇　令第109条第１項により、正しい。

No.2　確認済証
正答　1

全国どの場所においても確認済証が必要なのは、法第６条第１項第１号から第３号に該当する建築物の建築・大規模の修繕・大規模の模様替および法第６条が準用される建築物の用途変更（法第87条）、建築設備の設置（法第87条の４）、工作物の築造（法第88条）の場合である。

1〇　法第６条第１項第３号に該当するので、確認済証の交付を受ける**必要がある**。

2×　同条項第１号および第３号に該当す

るが、増築にかかる部分が10m²なので、同条第2項により防火地域および準防火地域外であれば確認済証の交付を受ける必要はない。

3× 　旅館は特殊建築物であるが、延べ面積が200m²以下のため法第6条第1項第1号に該当せず、したがって法第87条の適用はないので、確認済証の交付を受ける必要はない。

4× 　集会場は特殊建築物であるが、延べ面積が200m²以下のため法第6条第1項第1号に該当せず、また同条項第2号にも該当しないため、確認済証の交付を受ける必要はない。

5× 　事務所は特殊建築物ではないので法第87条に該当せず、確認済証の交付を受ける必要はない。

No.3　手続き
正答　2

1○ 　法第12条第1項により、正しい。

2× 　令第10条第3号柱書により、誤り。防火地域及び準防火地域内には適用がない。

3○ 　法第6条の2第6項により、正しい。

4○ 　法第85条第3項により、正しい。

5○ 　法第15条第1項により、正しい。

No.4　一般構造
正答　5

1○ 　法第28条の2第3号、令第20条の6第1号に適合している。

2○ 　法第30条第2項、令第22条の3第2項、国交告第200第3に適合している。

3○ 　令第21条に適合している。なお、便所は居室ではないので、同条の規定はかからない。

4○ 　設問の階段は、令第23条第1項の表（4）に該当し、階段幅は75cm必要である。そして、手すりの出幅が10cmを超えているので同条第3項の適用はなく、階段幅に手すりの幅2cm（12cm－10cm）を加え77cmなので、

適合している。

5× 　法第31条第1項かっこ書きに適合しない。処理区域内においては、便所から排出する汚物を公共下水道以外に放流してはならない。

No.5　建築設備
正答　5

1○ 　令第28条により、正しい。

2○ 　令第129条の2の4第3項第3号により、正しい。

3○ 　令第129条の2の5第1項第2号により、正しい。

4○ 　法第28条第3項かっこ書きで、令第20条の3第1項第1号に該当するものは換気設備を設けなくともよく、正しい。

5× 　令第20条の2第1号ニ（3）では、風道の構造を定めていないので、誤り。

No.6　木造の構造耐力
正答　4

令第46条第4項に関する問題。1階の張り間方向に配置する軸組を、表2の地震力、表3の風圧力による数値以上に設置すればよい。

ⅰ）地震力への抵抗

木造2階建て瓦葺の1階の床面積に乗ずる数値は表2から33cm/m²（階数が2の建築物の1階で、瓦葺屋根なので令第43条第1項表（3）に該当）となり、これに1階床面積を乗ずる（地震力は張り間、桁行方向関係なく床面積と屋根・壁の重量の積で算定する）。
33cm/m²×70m²＝2,310cm……①

ⅱ）風圧力への抵抗

見付面積に表3に掲げる数値を乗じた長さを求める。ここで、1階の張り間方向の軸組長さを求めるには、風圧力を受ける1、2階および屋根の桁行方向の見付面積で検討する。

桁行方向の見付面積は床面から1.35m以下の部分を減じたものに、表3（2）に掲げる数値を乗じると、

$\{1.10 + 2.60 + (2.75 - 1.35)\}$
$\times 10.00 = 51\text{m}^2$

$51\text{m}^2 \times 50\text{cm/m}^2 = 2,550\text{cm}$……②

この結果、②の風圧力の方が①の地震力よりも大きいので、建築物に求められる軸組長さは2,550cm以上必要となり、この長さ以上に表1の倍率を乗じた軸組長さが必要となる。

ゆえに、設問の筋かいは表1（3）で倍率が1.5倍であり、求める軸組長さの最小限の数値は、2,550÷1.5＝1,700cmで正答は選択肢4である。

No.7 構造強度
正答 5

1○ 令第45条第4項に適合している。

2○ 令第62条の8本文かっこ書き、同条第2号に適合している。

3○ 令第64条、第66条に適合している。

4○ 令第67条第1項ただし書きにより適合している。

5× 令第77条第5号に適合しない。**正しくは1/15以上である。**

No.8 構造強度・構造計算
正答 3

1○ 令第37条により、正しい。

2○ 令第39条第1項により、正しい。

3× 令第82条第2号により、誤り。**地震力は常時発生しないため、短期の応力度を計算する場合に考慮する。**

4○ 令第85条第3項により、正しい。

5○ 令第129条の2の3第3号により、正しい。

No.9 防火区画等
正答 3

1○ 設問のかっこ書きは、この建築物が令第112条第11項に規定の準耐火建築物等ではなく、また令第128条の6、令第129条、令第129条の2による避難安全検証法（区画避難、階避難、全館避難）の適用のないものとしている。こうした前提に立つので令第112条第12項が適用され、正しい。

2○ 令第112条第16項により、正しい。

3× 竪穴部分とその他の部分とを区画する防火設備は、令第112条第19項第2号ロにより、**避難上及び防火上支障のない遮煙性能を有するものでなければ**ならないため、誤り。

4○ 法第26条第1号により、正しい。

5○ 令第114条第1項により、正しい。

No.10 避難施設等
正答 2

1○ 原則として、令第120条第1項表（1）により、正しい。**物品販売業を営む店舗は、法別表第1（い）欄（4）項、令第115条の3第3号に該当する。**

2× 令第121条第1項第6号ロに該当するものの、**同条第2項の適用で2階の居室面積が400m²（200m²×2倍）以**下のため、2以上の直通階段を設けなくともよいので、誤り。

3○ 令第126条の2第1項第5号により、正しい。

4○ 令第126条の4本文かっこ書きにより、正しい。

5○ 令第128条により、正しい。

No.11 内装制限
正答 5

1○ 令第128条の4第1項第1号表（1）に該当するので、正しい。

2○ 同条項第1号表(2)に該当しない（設問は平家建）ので、正しい。

3○ 同条第4項により、正しい。**耐火構造以外の兼用住宅でも、最上階に火を使用する設備を設けた室は内装の制限を受けない。**

4○ 同条第1項第2号で内装の制限を受け、令第128条の5第2項（同条第1項第2号イ）で準不燃材料が求められるので、正しい。

5× 令第128条の4第1項第3号により、**特殊建築物の一部に内装制限がかかる**が用途にかかわらず内装制限を受けるのではないため、誤り。

No.12　道路等

正答　3

1○　法第43条第2項第2号により、正しい。

2○　同条第3項第2号により、正しい。

3×　法第85条第2項により法第3章は適用されないため、誤り。**接道義務を定めた法第43条は法第3章に規定されている。**

4○　令第144条の4第1項第1号ニにより、正しい。

5○　法第42条第2項により、正しい。

No.13　用途制限

正答　4

1○　法第48条第13項、法別表第2（わ）項各号に該当せず、新築することができる。

2○　同条第8項、法別表第2（ち）項第4号、令第130条の9の4第2号により、新築することができる。

3○　法第48条第6項、法別表第2（へ）項各号に該当しないので、新築することができる。

4×　同条第2項、法別表第2（ろ）項第2号により、新築してはならない（令第130条の5の2第1号には該当するものの、床面積の合計が法別表第2（ろ）項第2号に規定する150m²を超えている）。

5○　法第48条第1項、法別表第2（い）項第9号、令第130条の4第2号により、新築することができる。

No.14　用途制限

正答　5

設問の敷地は2の用途地域にわたっているので、法第91条により**その敷地の過半を占める第一種中高層住居専用地域の制限が適用される**（建築物の過半には関係しない）。

1×　法第48条第3項、法別表第2（は）項各号に該当しないので、新築することができない。**法別表第2（は）項は**

建築できる建築物が列挙されていることに注意。

2×　上記解説1参照。

3×　同条項、法別表第2（は）項第5号に該当しないので、新築することができない。

4×　上記解説1参照。

5○　同条項、法別表第2（は）項第7号、令第130条の5の4第1号により、新築することができる。

No.15　延べ面積等

正答　5

1×　本問は、高さや階数に算入されない基準（令第2条第1項第6号ロ、第8号）であり、延べ面積とは関係ない。

2×　同条項第4号ヘ、同条第3項第6号により、誤り。

3×　法第53条第6項第1号により、誤り（**本問は法第53条第3項第2号に該当するものの、前述の規定が優先され建蔽率の最高限度は10/10である**）。

4×　法第53条の2第2項により、その最低限度は200m²を超えてはならず、誤り。

5○　法第52条第6項第2号により、正しい。

No.16　延べ面積

正答　2

設問の敷地が2の用途地域にわたっているので、**法第52条第7項が適用される**。その際、容積率の算定に当たっては、同条第1項と第2項の数値のうち小さい値が適用される。

第一種低層住居専用地域：$\underline{20/10} \leqq 6m \times 4/10$ （24/10）

第一種住居地域：$30/10 \geqq \underline{6m \times 4/10}$ （24/10）

また、敷地面積については令第2条第1項第1号により、法第42条第2項による**道路の中心線から2mまでは敷地面積に算入しない。**

これらのことから、

第一種低層住居専用地域にかかる延べ面積：$(11-1) \times 15 \times 20/10 = 300$（m²）……①

第一種住居地域にかかる延べ面積：$10 \times 15 \times 24/10 = 360$（m²）……②

①＋②＝660（m²）となり、**2**が正答。

No.17　建築物の高さ
正答　3

①道路高さ制限（法第56条第1項第1号）

法別表第3備考2により用途地域が2にわたり、令第130条の11の適用を受けるものの、（い）欄1の項により道路斜線の適用距離は（は）欄で20mとなり、法第56条第2項による有効後退距離2mを加えても、道路からA点のところまで（に）欄の数値1.25がかかる。

そして、**建築物の高さは法別表第3備考1により、第一種中高層住居専用地域の規制がかかる**。よって、A点の高さは

$\{4m + (2m \times 2) + 2m + 5m + 2m\} \times 1.25 = 21.25m$……①

②隣地高さ制限（同条第1項第2号イ）

法第56条第5項により、建築物が属する第一種中高層住居専用地域の規制がかかる。

立ち上がり高さは第2号本文で20m、20mを超える部分は建築物と隣地境界線までの距離を2倍して1.25を乗ずる。よって、A点の高さは

$20m + (1+1) \times 1.25 = 22.5m$……②

③北側高さ制限（同条第1項第3号）

法第56条第5項により、建築物が属する第一種中高層住居専用地域の規制がかかる。

立ち上がり高さは第3号本文で10m、これに隣地境界線までの真北方向の距離に1.25を乗ずる。よって、A点の高さは

$10m + 1 \times 1.25 = 11.25m$……③

以上のことから、③＜①＜②となり、3が正答。

No.18　日影規制
正答　3

1○　法第56条の2第1項、法別表第4(い)欄に記載がないので、正しい。

2○　令第2条第1項第6号により、正しい。**平均地盤面からの高さを適用するのは、法第56条の2第1項で日影を測定する水平面である。**

3×　法第56条の2第2項により、別の建築物ではなく**これらを一の建築物とみなす**ので、誤り。

4○　法別表第4(ろ)欄1の項により、正しい。

5○　令第135条の12第3項第1号により、正しい。

No.19　防火・準防火地域
正答　2

1○　法第61条、令第136条の2第3号イにより、正しい。

2×　法第61条、令第136条の2第5号により、準防火地域内にある木造建築物に附属するものは設問のとおりだが、耐火建築物・準耐火建築物に附属するものはこの限りではない。したがって、誤り。

3○　法第63条により、正しい。

4○　法第65条第1項により、正しい。

5○　法第62条、令第136条の2の2により、正しい。

No.20　建築基準法全般
正答　1

1×　法第93条第1項ただし書きにより、設問の建築物は防火地域及び準防火地域以外の区域内における住宅なので、**消防長又は消防署長の同意が必要ないため**、誤り。

2○　法第86条の7第1項により、正しい。

3○　法第88条第1項、令第138条第2

項第3号、第144条第1項により、正しい。

4○　法第85条第6項、第7項により、正しい。

5○　法第98条第2項により、正しい。

No.21　建築士法
正答　3

本問は建築士法第3条第1項により、一級建築士でなければ設計できないものを選べばよい。

1○　士法第3条第1項各号に該当しないので、二級建築士が設計することができる。

2○　上記解説1参照。

3×　士法第3条第1項第1号に該当するので、二級建築士が設計してはならない。

4○　上記解説1参照。

5○　上記解説1参照。

No.22　建築士法
正答　1

1×　士法第24条の7により、誤り。**重要事項の説明は、設計受託契約又は工事監理受託契約の契約締結の場合のみである。**

2○　士法第24条の4第2項、同規則第21条第5項により、正しい。

3○　士法第26条第1項第2号（第23条の4第1項第10号、24条第1項）により、正しい。

4○　士法第24条の3第2項により、正しい。

5○　士法第23条第1項により、正しい。

No.23　耐震改修促進法
正答　2

1○　耐震改修促進法第17条第10項により、正しい。

2×　同法第2条第2項において、耐震改修とは、地震に対する安全性の向上を目的として、増築、改築、修繕、模様替若しくは一部の除却又は**敷地の整備**をすることと定められており、誤り。

3○　同法第22条第3項により、正しい。

4○　同法第5条第3項第2号により、正しい。

5○　同法第7条により、正しい。

No.24　他法令
正答　4

1○　バリアフリー法第2条第20号、同法施行令第6条第7号により、正しい。

2○　長期優良住宅の普及の促進に関する法律第6条第1項第5号ロにより、正しい。

3○　同条項第2号、同規則第4条第1号により、正しい。

4×　宅地造成及び特定盛土等規制法第2条第2号、同法施行令第3条第2号により**高さが2mを超えていないため**、また、同条第5号により土地の面積が**500m²を超えていないため**、誤り。

☆「宅地造成等規制法」は、令和5年5月26日施行の法改正で、「宅地造成及び盛土等規制法」に名称変更された。

5○　設問の建築物の新築は、都市計画法第53条第1項第1号、同法施行令第37条で**軽易な行為とされておらず**、許可を受ける必要があるので、正しい。

No.25　他法令
正答　1

1×　建築物省エネ法第19条第1項第1号、同法施行令第7条第1項により、誤り。**正しくは300m²以上である。**

2○　建設業法第3条第1項により、正しい。

3○　土地区画整理法第76条第1項柱書（同条第1項第4号）により、正しい。

4○　建設リサイクル法第9条第3項、同法施行令第2条第1項第2号、同法第10条第1項により、正しい。

5○　消防法第9条の2第2項、同法施行令第5条の7第1項第1号イ、ロにより、正しい。

令和3年　建築構造

No.1　応力計算　（断面一次モーメント）
正答　4

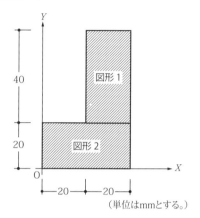

（単位はmmとする。）

上下2つの長方形に図形を分け、上を図形1、下を図形2と考えて計算する（詳しい計算式は下表参照）。よって、$x_0 = 25$mm、$y_0 = 25$mmであるから、選択肢**4**が正しい。

No.2　応力計算　（曲げ応力度）
正答　2

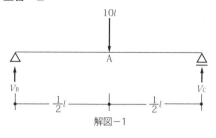

解図－1

解図－1のように、等分布荷重を集中荷重に置き換え、各支点の鉛直反力をV_B、V_Cと仮定し、つり合い条件式により各反力を求める。

$\Sigma V = 0$より、

$V_B - 10l + V_C = 0$

$V_B + V_C = 10l$ ………①

支点Cは移動支点なので、モーメントは発生しないことを利用し、

$$M_C = V_B \times l - 10l \times \frac{l}{2} = 0$$

$$V_B l - 5l^2 = 0$$

$$V_B l = 5l^2$$

$$V_B = 5l（上向き）$$

①式に代入し、

$5l + V_C = 10l$

No.1の計算表

	図形1	図形2	合　計
面積A ［mm²］	$40 \times 20 = 800$	$20 \times 40 = 800$	$800 + 800 = 1600$
Y軸から図心までの距離 ［mm］	$20 + 20 \div 2 = 30$	$40 \div 2 = 20$	
断面一次モーメントS_y ［mm³］	$800 \times 30 = 24000$	$800 \times 20 = 16000$	$24000 + 16000$ $= 40000$
$x_0 = S_y/A = 40000 \div 1600 = 25$mm			
X軸から図心までの距離 ［mm］	$20 + 40 \div 2 = 40$	$20 \div 2 = 10$	
断面一次モーメントS_x ［mm³］	$800 \times 40 = 32000$	$800 \times 10 = 8000$	$32000 + 8000$ $= 40000$
$y_0 = S_x/A = 40000 \div 1600 = 25$mm			

$V_C = 5l$（上向き）

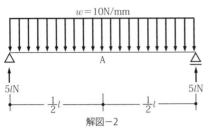

解図－2

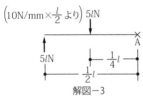

解図－3

　等分布荷重の梁に掛かる最大モーメントは、中央部Aなので、その点のモーメントを求める（解図－3）。

$$M_A = 5l \times \frac{l}{2} - 5l \times \frac{l}{4}$$

$$= \frac{5l^2}{4} \text{N·mm}$$

　最大曲げ応力度 $\sigma = M_{max}/Z$ より求められるので、

$$Z = \frac{bh^2}{6} = \frac{120 \times 150^2}{6}$$

$$= \frac{2700000}{6}$$

$$= 450000 \text{mm}^3$$

　条件より、A点の最大曲げ応力度が1N/mm^2とあるので、

$$1 = \frac{5l^2}{4} \div 450000$$

$$1 = \frac{l^2}{360000}$$

$$l^2 = 360000$$

$$l = 600 \text{mm}$$

よって選択肢**2**が正しい。

No.3　応力計算（静定梁）

正答　2

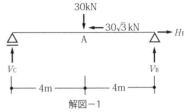

解図－1

　解図－1のように斜め荷重を水平、垂直に分解し、各支点の反力をV_B、V_C、H_Bと仮定し、つり合い条件式により各反力を求める。

ポイント

○求める曲げモーメント、せん断力には、水平荷重は影響しないので、H_Bや$30\sqrt{3}\text{kN}$（左向き）は省略する。

　$\Sigma V = 0$より、

$$V_C - 30 + V_B = 0$$

$$V_C + V_B = 30 \cdots\cdots①$$

　支点Cは移動支点なのでモーメントは発生しないことを利用し、

$$M_C = 30 \times 4 - V_B \times 8 = 0$$

$$-8V_B = -120$$

$$V_B = 15 \text{kN}$$

（上向き）

　①式に代入し、

$$V_C + 15 = 30$$

$$V_C = 15 \text{kN}（上向き）$$

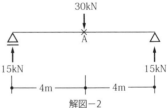

解図－2

解図－3

A点でのモーメントを求めると（解図
－3）、

$M_A = 15 \times 4$
$= 60\text{kN·m}$

解図－4

A－B間でのせん断力を求めると（解
図－4）、

$\Sigma V = 15 - 30 + Q_{AB} = 0$
$Q_{AB} = 15$

よって、選択肢**2**が正しい。

NO.4 応力計算（トラス）
正答 4

トラス部材の性質より、

①外力の働いていない1つの節点に
接合される部材の軸方向力

$N_1 = N_2 = 0$　　　$N_1 = N_2 、 N_3 = 0$

②外力の働いている一つの節点に接
合される部材の軸方向力

$N_1 = P 、 N_2 = 0$　　$N_1 = N_2 、 N_3 = P$

上記①、②の2つの性質を利用し、
判別する。

また、$N = 0$ となった軸は、無いもの
として第2、3段階として考え進める。

（右段へ続く）

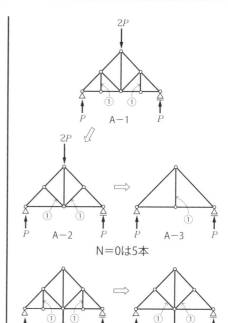

$N = 0$は5本

$N = 0$は4本

$N = 0$は2本

よって、正しい組合せは選択肢**4**で
ある。

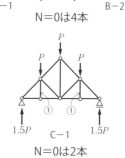

令和3年

No.5　応力計算（静定ラーメン）
正答　5

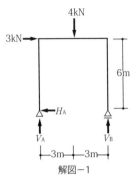

解図－1

　条件図3より、各支点をA、Bとし、上記解図－1のように各反力をH_A、V_A、V_Bと仮定し、つり合い条件式により各反力を求める。

$\Sigma H = 0$より、
$$-H_A + 3\text{kN} = 0$$
$$H_A = 3\text{kN}（左向き）$$

$\Sigma V = 0$より、
$$V_A - 4 + V_B = 0$$
$$V_A + V_B = 4 \cdots\cdots\cdots①$$

　支点Bは移動支点なのでモーメントは発生しないことを利用し、
$$M_B = V_A \times 6 + 3 \times 6 - 4 \times 3 = 0$$
$$6V_A = -6$$
$$V_A = -1\text{kN}（上向き）$$

　マイナス（－）なので向きが逆であり、
$$V_A = 1\text{kN}（下向き）$$

　①式に代入する。ただし、①で仮定したときは上向きなので、上向き「－1」を代入する。
$$-1 + V_B = 4$$
$$V_B = 5\text{kN}（上向き）$$

（右段へ続く）

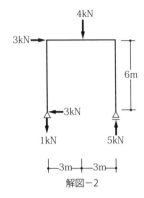

解図－2

　左側の柱のモーメントを考えると、右側が引張側となる（解図－3）。

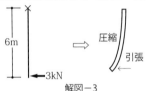

解図－3

　上部のモーメントは、
$$M = 3 \times 6 = 18\text{kN·m}$$

　よって、選択肢2と5にしぼられる。剛接合の節点はモーメントが伝達されるので、梁も内側が引張となる（解図－4）。

解図－4

　したがって、選択肢5が正しい。

No.6　応力計算（座屈）
正答　2

　弾性座屈荷重は、
$$P = \frac{\pi^2 EI}{(l_k)^2}$$
より求められる。

E：ヤング係数、I：断面二次モーメント、l_k：座屈長さ（長さlに係数kを乗じたもの）

1○ 設問のとおりである。断面二次モーメントに**比例する**。

2× ヤング係数に反比例するのではなく、**比例する**。

3○ 設問のとおりである。柱の長さと座屈長さ係数を掛け合わせた、座屈長さの2乗に**反比例する**。

4○ 設問のとおりである。下表のとおり、「両端ピンの場合」の座屈長さ係数は1.0、「両端固定の場合」の座屈長さ係数は0.5。他の条件がすべて同じと考えれば、「両端固定の場合」の方が2倍の2乗で**4倍大きい**。

5○ 設問のとおりである。水平移動自由で「両端固定の場合」も、水平移動拘束で「両端ピンの場合」も、座屈係数は共に1.0となり、**同じとなる**。

No.7 荷重及び外力
正答 1

1× 一般に、「床の構造計算用」＞「大梁及び柱の構造計算用」＞「地震力の計算用」である（建基令第85条）。

2○ 設問のとおりである。多雪区域以外の区域においては、**積雪量1cmごとに20N/m²以上**とする（建基令第86条）。

3○ 設問のとおりである。**地表面粗度区**分はⅠ（極めて平坦で障害物がない区域）〜Ⅳ（都市化が極めて著しい区域）に分かれており、「Ⅰ＞Ⅱ＞Ⅲ＞Ⅳ」となる。

4○ 設問のとおりである。**設計用一次固有周期 T は**、$T = h\,(0.02 + 0.01\alpha)$ で計算し、α は「RC造では0」、「S造では1」とする。

5○ 設問のとおりである。**主働土圧は、構造体（壁）が地盤から離れる側に移動**した場合の構造体に作用する圧力であり、逆に、構造体が地盤に向って移動した場合の圧力を受働土圧という。

No.8 荷重及び外力 （地震力）
正答 2

建基令第88条に、建築物の地上部分の地震力については、**当該部分の固定荷重と積載荷重の和に**（多雪区域では更に積雪荷重も加え）**地震層せん断力係数を乗じて計算**とある。よって問題文の条件に当てはめると $(0.2 \times (W_R + W_2)$ となり、選択肢**2**が正しい。

No.9 地盤及び基礎構造
正答 5

1○ 設問のとおりである。沖積層は、一般に洪積層に比べて**支持力が小さく地**

No.6の表 座屈長さ

支持条件	水平移動拘束			水平移動自由	
	両端ピン	両端固定	ピン・固定	両端固定	自由・固定
座屈形状					
座屈長さ l_k	$1.0l$	$0.5l$	$0.7l$	$1.0l$	$2l$

盤沈下が生じやすく、摩擦杭を除き、支持層としては採用されない。

2○　設問のとおりである。地下外壁に地下水が接する場合、**地下水位が高いほど、地下外壁に作用する圧力は大きく**なる。

3○　設問のとおりである。地盤の支持力は、一般に、根入れの深さが深いほど**大きくなる。**

4○　設問のとおりである。基礎梁の剛性を大きくすることで、**不同沈下による不陸を減少**できる。

5×　長期許容応力度の大小関係は、**岩盤＞密実な砂質地盤＞粘土質地盤**となる（建基令第93条）。

No.10　木質構造　（部材）
正答　1

1×　野縁とは、**天井板張りなどの下地**に用いる細長い部材であり、設問は**回り縁**の説明である。

2○　設問のとおりである。

3○　設問のとおりである。構造耐力上主要な部分である。

4○　設問のとおりである。構造耐力上主要な部分である。

5○　設問のとおりである。

No.11　木質構造　（接合）
正答　3

以下、日本建築学会「木質構造設計規準」を「学会木質規準」と呼ぶ。

1○　設問のとおりである。木口面に木ねじを打ち込んでも引抜き方向への抵抗力は期待できない。

2○　設問のとおりである（学会木質規準602・4（5））。

3×　ボルトの締付けは、一般に、**座金が木材にわずかにめり込む程度**とする。

4○　設問のとおりである。**ドリフトピン接合**は、ボルト接合と異なり、降伏後の耐力上昇が期待できないので、**終局せん断耐力は降伏耐力とほぼ同じ値**となる。

5○　設問のとおりである（学会木質規準603・2（3）(c)）。

No.12　木質構造　（金物）
正答　4

1○　設問のとおりである。

2○　設問のとおりである。

3○　設問のとおりである。

4×　火打金物は、軒桁と妻梁や、胴差と胴差、**建物の隅角部に用いる地震時の変形防止**などに効果がある構造金物である。

5○　設問のとおりである。

No.13　壁式鉄筋コンクリート造　（壁量計算）
正答　1

壁量は、有効耐力壁の長さ / 床面積で求める。**有効耐力壁は、45cm 未満は含まないことに注意する。**

X 方向における有効壁の長さ：150cm ×4＋100cm＝700cm

床面積：5m×8m＝40m²

壁量：700cm÷40m²＝17.5cm/m²

よって、選択肢1が正しい。

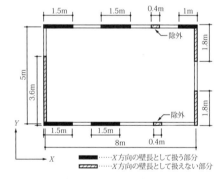

No.14　鉄筋コンクリート造
正答　1

1×　脆性的な破壊は、せん断破壊によって生じる。部材のせん断破壊よりも**曲げ破壊を先行する**ように設計する。

2○　設問のとおりである。**軸方向圧縮力が増大するほど柱の靭性は低下**する。靭性とは粘り強さでもあるので、変形

能力も小さくなる。

3○ 設問のとおりである。開口部周囲および壁端部の補強筋は、**D13以上かつ、壁筋と同径以上の異形鉄筋**を用いる。

4○ 設問のとおりである。梁せいとは、梁の高さのことであり、**梁の内法寸法の1/10を超える値**が必要となる。

5○ 設問のとおりである。柱（帯筋）・梁（あばら筋）ともに**せん断補強筋比は0.2%以上**とする。

No.15 鉄筋コンクリート造（配筋）
正答 5

1○ 設問のとおりである。開口に近接する柱は、**開口高さに比例して増大するせん断**のためせん断補強をする必要がある（鉄筋コンクリート構造計算規準第19条）。

2○ 設問のとおりである。帯筋は、**せん断力に対する補強効果**を持つとともに、**柱主筋の位置を固定**し、圧縮力による**主筋の座屈を防ぐ効果**がある。

3○ 設問のとおりである。長方形スラブで梁と一体にコンクリートが打ち込まれている場合には、**端部**（短辺の距離に対して）**の1/4の範囲**において上端に曲げモーメントが発生し、その大きさは**中央部の下端の曲げモーメントよりも大きくなる**。

4○ 設問のとおりである。フック付き重ね継手の長さは、**鉄筋相互の折曲げ開始点間の距離**とする。

5× 柱の主筋をガス圧接する場合、各主筋の継手位置は、**同じ高さに集中しないようにずらす**。

No.16 鉄骨構造
正答 3

1○ 設問のとおりである。ベースプレートの厚さは、**アンカーボルト径の1.3倍以上**とする。アンカーボルトの**定着長さは、径の20倍以上**とし、かつ先端はかぎ状に折り曲げるか又は定着金物を設ける。

2○ 設問のとおりである。**鋼材の基準強度（F値）が大きくなるほど**、より大きな力に対しての局部座屈を防止するため、**幅厚比の制限値（上限値）は厳しくなる（小さくなる）**。

3× 「建築構造用圧延鋼材SN400」では、A種では小梁等なら可、と制限があり塑性変形能力の確保についても規定が無い。**B種は塑性変形能力と溶接性**が確保され、**C種はB種の性能に加え板厚方向の引張力に対する性能**も確保されている。

4○ 設問のとおりである。長期に作用する荷重に対するたわみは、通常の場合、**仕上げ材に支障を与えない範囲で、スパンの1/300を超える**ことができる。

5○ 設問のとおりである。トラス構造においては、節点がピン接合となるので、座屈長さを計算するときの、座屈形状が**水平移動拘束、両端ピン**の状況なので、**節点距離の1.0倍**となる。

No.17 鉄骨構造 （接合）
正答 1

1× フィラープレートの材質は**母材の材質に拘わらず、400N/mm²級鋼材でよい**。

2○ 設問のとおりである。高力ボルト摩擦接合において、**2面摩擦とする場合の許容耐力は、1面摩擦とする場合の2倍の数値**とすることができる。

3○ 設問のとおりである。曲げモーメントを伝えるとあるので、**応力は距離に比例し大きくなる**。

4○ 設問のとおりである。隅肉溶接のサイズは、**薄いほうの板厚以下**としなければならない。

5○ 設問のとおりである。応力を伝達する隅肉溶接の有効長さは、一般に、**隅肉サイズの10倍以上で、かつ、40mm以上**とする。

No.18　構造計画
正答　1

1× 　地震時にねじれが生じないようにするため、**重心と剛心との距離（偏心距離）をできるだけ小さくなるように計画**する。

2○ 　設問のとおりである。

3○ 　構造耐力上主要な柱に欠込みを設けるときには、原則として、**柱の小径の1/3以内**とするが、やむを得ず柱の所要断面積の1/3以上を欠き取る場合においては、その部分を補強するとある。設問は安全側の判断なので問題はない。

4○ 　設問のとおりである。ピロティ階の必要保有水平耐力は、「**剛性率による割増し係数**」と「**ピロティ階の強度割増し係数**」のうち、**大きいほうの値を用いる**。

5○ 　設問のとおりである。**20kN/m² 未満**では基礎杭、20kN/m² 以上 30kN/m² 未満では基礎杭又はべた基礎、30kN/m² 以上では、基礎杭又はべた基礎又は布基礎と規定されている。

No.19　耐震設計
正答　4

1○ 　設問のとおりである。剛性率は「**各階における層間変形角の逆数**」を「**全ての階の層間変形角の逆数の相加平均値**」で除した値であり、その値が大きいほど安全である。

2○ 　設問のとおりである。中程度の（稀に発生する）地震動に対して、**弾性領域内に収め**、構造耐力上主要な部分に**損傷が生じないように設計**（損傷限界の検証）する。

3○ 　設問のとおりである。最大級の（極めて稀に発生する）荷重に対して、**倒壊・崩壊を防ぎ、人・物品の安全を最低限守る**ことを目的とし、**塑性変形を許容**（安全限界の検証）する。

4× 　鉄骨造における保有耐力接合の検討

は、柱および梁部材の局部座屈を防止するためではなく、**急激な部材の耐力の低下を防止するため**である。

5○ 　設問のとおりである。基礎に加わる水平力は、**構造体の根入れ部分や杭側面での地盤反力により負担するが、3割以上は杭で負担させる**。

No.20　建築材料　（木材）
正答　3

1○ 　設問のとおりである。**含水率の増加に伴い強度が低下するが、含水率の繊維飽和点以上は一定**となる。

2○ 　設問のとおりである。木材の乾燥収縮率は、**年輪の接線方向＞半径方向＞繊維方向**、という大小関係となる。

3× 　木材の腐朽菌は、**酸素、温度、水分及び栄養源の全ての条件が満たされた環境下でなければ繁殖しない**。

4○ 　設問のとおりである。**心材に比べ、辺材は含水率が高く軟らかく、シロアリの食害を受けやすい**。

5○ 　設問のとおりである。木材の強度は、曲げヤング係数の値が大きくなると高くなる。

No.21　建築材料　（コンクリート）
正答　3

1○ 　設問のとおりである。**養生期間中の温度が高いほうが水和反応が増進され初期強度の発現が早くなる**。しかしあまり高すぎると長期材齢の強度増進が少なくなることがある。

2○ 　設問のとおりである。コンクリートの乾燥収縮は、**乾燥開始材齢が遅いほど小さくなる**。

3× 　高炉セメントB種を用いたコンクリートは、水和熱が低く水和反応の進行が遅いため、普通ポルトランドセメントよりも養生期間を**長く**とる。

4○ 　設問のとおりである。アルカリ骨材反応は、骨材がセメントに含まれるアルカリ成分と化学反応を起こして膨張し、**コンクリートにひび割れ現象を起こす**。

5○　設問のとおりである。**鉄筋とコンクリートの線膨張係数はほぼ等しいので**、温度変化によるひずみの差を考慮しなくてよい。

No.22　建築材料　（コンクリート）
正答　5

1○　設問のとおりである。コンクリートは元来**アルカリ性（pHは12強）**であるため、鉄筋の防錆保護の役割を果たす。

2○　設問のとおりである。フライアッシュは、一般に、**コンクリートのワーカビリティーを良好**にする。しかし中性化速度は速くなる。

3○　設問のとおりである。**可逆性を持ち力を加えると変形する状態**をプラスティックな状態という。

4○　設問のとおりである。コンクリートの**空気量を増やすと流動性が良くなり**スランプは大きくなる。

5×　AE剤を使用するとコンクリート中に微細な独立した空気泡が混入し、**ワーカビリティーと耐久性、耐凍害性を向上させる**ことができ、単位水量やブリーディングを減少させる。

No.23　建築材料　（鋼材）
正答　4

1○　設問のとおりである。鋼材のヤング係数は、**材料の強度や炭素含有量に関係しない**。

2○　設問のとおりである。ステンレス鋼は他の鋼材に比べて**熱伝導率が低い**。

3○　設問のとおりである。**降伏比（降伏応力/引張強さ）が小さいほど**、降伏してから、最大応力度に達するまでの余裕が大きく、**塑性変形性能（靭性）が高い**。

4×　鋼材の降伏点は、温度が**200～300℃程度で最大**となり、それ以上の温度になると急激に低下し、500℃で常温の約1/2の強度に低下する。

5○　設問のとおりである。短期許容応力度値であり、**降伏点の下限値がSD材**の記号にそのまま用いられている。

No.24　建築材料　（ガラス）
正答　2

1○　設問のとおりである。フロート板ガラスは、表面の平滑度が高く、**採光性、透明性に優れている**。

2×　型板ガラスは、**ガラスの片側表面に型模様を付けたガラス**であり、**光を拡散し視線を遮る**ことができる。設問は板ガラスの説明である。

3○　設問のとおりである。室外側のガラスに特殊金属膜を貼り付ける**遮熱型**と室内側に貼り付ける**断熱型**がある。

4○　設問のとおりである。プリズムガラスは入射光線の方向を変える異形ガラス製品で、**天窓や地下採光**に用いられる。

5○　設問のとおりである。強化ガラスは熱処理によってフロート板ガラスのような**普通ガラスの3～5倍の耐風圧強度**がある。

No.25　建築材料
正答　5

1○　設問のとおりである。**塗厚3mm以下を薄付け仕上塗材**という。**塗厚3～10mm程度の下塗材・主材の2層からなる仕上げを厚付け仕上塗材**という。

2○　設問のとおりである。**塗厚3～5mm程度の下塗材・主材・上塗材の3層**からなる仕上げを複層仕上塗材という。

3○　設問のとおりである。押出成形セメント板は、**中空のため断熱性や遮音性に優れている**。

4○　設問のとおりである。**耐火性・耐水性**にも優れており外装等に使用される。

5×　ALC（軽量気泡コンクリート）は、**優れた耐火性・断熱性**を有するが、**防水性に劣る**ので外部で使用するときには防水処理が必要となる。

令和3年

令和 3 年　建築施工

令和 3 年　建築施工

No.1　施工計画
正答　1

1 ×　施工計画書に含まれる基本工程表については、**施工者**が作成し、検査及び立会の日程等を**監理者へ確認し承認を得る**。

2 ○　工事種別施工計画書における品質管理計画には、**品質評価方法**のほか、**管理値を外れた場合の措置**についても記載する。

3 ○　施工管理の業務には、その任務に必要な能力、資格を有する**管理者を選定**し、**監理者に報告**することも含まれる。

4 ○　総合施工計画書には、設計図書において指定されたものも含めて、**仮設物の施工計画に関する事項**についても記載する必要がある。

5 ○　施工図・見本等の作成については、**監理者と協議**したうえで該当部分の施工図・見本等を作成し、**監理者の承認**を得る必要がある。

No.2　工事監理に関する標準業務
正答　1

1 ×　設計図書の内容を把握し、設計図書に明らかな矛盾、誤謬、脱漏、不適切な納まり等を発見した場合には、**建築主に報告**し、必要に応じて**建築主を通じて設計者に確認**する（平成31年国交告第98号）。

2 ○　工事施工者から工事に関する質疑書が提出された場合、設計図書に定められた品質確保の観点から技術的に検討し、必要に応じて**建築主を通じて設計者に確認**の上、回答を**工事施工者に通知**する（平成31年国交告第98号）。

3 ○　設計図書の定めにより、工事施工者が提案又は提出する工事材料、設備機器等（当該工事材料、設備機器等に係る製造者及び専門工事業者を含む。）及びそれらの見本が設計図書の内容に適合しているかについて検討し、**建築主に報告**する（平成31年国交告第98号）。

4 ○　工事請負契約に定められた指示、検査、試験、立会い、確認、審査、承認、助言、協議等（設計図書に定めるものを除く。）を行い、また**工事施工者**がこれを求めたときは、速やかにこれに応じる（平成31年国交告第98号）。

5 ○　建築基準法等の法令に基づく関係機関の検査に必要な書類を工事施工者の協力を得てとりまとめるとともに、当該検査に立会い、その指摘事項等について、**工事施工者**等が作成し、提出する検査記録等に基づき**建築主に報告**する（平成31年国交告第98号）。

No.3　材料の保管
正答　3

1 ○　押出成形セメント板は、屋内の平坦で乾燥した場所に、台木を用いて保管する。なお、積み重ねる高さは**1m以下**とする。

2 ○　被覆アーク溶接棒は、湿気を吸収しないように保管し、作業時には携帯用乾燥器を用いて乾燥させてから使用する。

3 ×　ルーフィング類は、吸湿すると施工時に泡立ち、耳浮き等接着不良になりやすいので、**屋外で雨露にさらしたり直接地面に置いたりしないで屋内の乾燥した場所にたて積みしておく**。砂付きストレッチルーフィング等は、ラップ部（張り付け時の重ね部分）を上に向けてたて積みにする。また、ラップ部保護のため2段積みにしてはならない（建築工事監理指針9アスファルト防水）。

4 ○　屋外にシートを掛けて断熱材を保管する際に、シートは日射を吸収しやすい黒色のシートは避け、シートと断熱材との間に**隙間を設けて通気ができる**

ようにする。

5○ セメントは、倉庫に乾燥状態で保管し湿気を避ける。なお、袋詰めセメントは、圧力を避け、積み重ねは10袋以下とする。

No.4 廃棄物の処理及び清掃に関する法律

正答 4

1○ 防水工事用アスファルトの使用残さは、**産業廃棄物**に該当する（廃棄物の処理及び清掃に関する法律施行令第2条）。

2○ 建築物の解体に伴って生じたれんがの破片は、**産業廃棄物**に該当する（同法施行令第2条）。

3○ 事務所の基礎工事に伴って生じた汚泥は、**産業廃棄物**に該当する（同法施行令第2条）。

4× 建築物の改築工事に伴って生じた繊維くずは、一般廃棄物ではなく、**産業廃棄物**に該当する（同法施行令第2条）。

5○ 石綿建材除去事業に伴って生じた**飛散するおそれのある石綿**（飛散性アスベスト）は、**特別管理産業廃棄物**に該当する（同法施行令第2条の4）。なお、**飛散するおそれのない石綿**（非飛散性アスベスト）は、**産業廃棄物**に該当する。

No.5 仮設工事

正答 3

1○ 労働安全衛生規則（鋼管足場）第570条第1項第5号に次のように規定されている。「一側足場、本足場又は張出し足場であるものにあっては、次に定めるところにより、壁つなぎ又は控えを設けること。イ 間隔は、次の表の上欄に掲げる鋼管足場の種類に応じ、それぞれ同表の下欄に掲げる値以下とすること。」

鋼管足場の種類	間隔（単位メートル）	
	垂直方向	水平方向
単管足場	5	5.5
わく組足場（高さが5メートル未満のものを除く。）	9	8

2○ 建設工事に使用する高さ8m以上の登り桟橋には、**7m以内**ごとに踊り場を設けること（同規則第552条第1項第6号）。

3× はしごの上端を床から**60cm以上**突出させること（同規則第556条第1項第5号）。

4○ 墜落の危険のある箇所には、高さ**35cm以上50cm以下**の桟又はこれと同等以上の機能を有する設備（丈夫な構造の設備であって、たわみが生ずるおそれがなく、かつ、著しい損傷、変形又は腐食がないものに限る。）を設けること（同規則第552条第1項第4号ロ）。

5○ 作業のため物体が落下することにより、労働者に危険を及ぼすおそれのあるときは、高さ**10cm以上**の幅木、メッシュシート若しくは防網又はこれらと同等以上の機能を有する設備（以下「幅木等」という。）を設けること（同規則第563条第1項第6号）。

No.6 木造住宅の布基礎等

正答 3

1○ 布基礎の立上りの厚さは**150mm**以上とする（住宅金融支援機構木造住宅工事仕様書3.3基礎工事）。

2○ 布基礎の地面から基礎上端までの高さは**400mm以上**とする（住宅金融支援機構木造住宅工事仕様書3.3基礎工事）。

3× 布基礎の根入れ深さは**240mm以上**とし、かつ、建設地域の凍結深度より深いもの、若しくは凍結を防止するための有効な措置を講じるものとする（住宅金融支援機構木造住宅工事仕様書

3.3基礎工事）。

4○　底盤の厚さは150mm以上、幅は450mm以上とする（住宅金融支援機構木造住宅工事仕様書3.3基礎工事）。

5○　アンカーボルトのコンクリートへの埋込み長さは250mm以上とし、アンカーボルトの先端は、土台の上端よりナットの外にねじが3山以上出るように固定する（住宅金融支援機構木造住宅工事仕様書3.3基礎工事）。

No.7　杭工事
正答　3

1○　杭工事のアースドリル工法とは、表層ケーシングという筒を地表部に建て込み、安定液を注入しながらドリリングバケットという掘削機械により地面に竪穴を掘削し、竪穴の中にコンクリートを打設する工法である。

2○　杭工事のオールケーシング工法とは、ケーシングチューブという筒を地中に回転圧入しながら、ハンマーグラブという掘削機械により竪穴を掘削し、竪穴の中にコンクリートを打設する工法である。

3×　杭工事のセメントミルク工法とは、アースオーガーという掘削機械にて竪穴を掘削し、水とセメントを練り混ぜたセメントミルクを注入して杭を生成する工法である。アースオーガーによる掘削は、掘削中も引き上げ時も正回転とする。引上げ時に逆回転にすると掘削した土砂が竪穴に逆流するので、正回転のまま引き上げる。

4○　杭工事のリバース工法とは、スタンドパイプという筒を地中に建て込み、パイプ内に水を満たすことにより竪穴の壁に対して水圧をかけ、竪穴の崩壊を防ぎながらドリルパイプを介して土砂と水を吸上げ排出する工法である。リバース工法においては、地下水位を確認し、地下水位に対するパイプ内の水頭差（水位の高低差）を2m以上保つように掘削する。

5○　スライムとは土中の泥状物をいう。竪穴の底面にたまったスライムは排除する必要があり、これをスライム処理という。スライム処理は、一次処理を掘削完了直後に、二次処理をコンクリート打込み直前に行う。

No.8　鉄筋工事
正答　2

1○　スペーサーとは、かぶり厚さを確保するために、型枠と鉄筋の間隔を確保するための部材である。梁・柱・基礎梁・壁の側面のスペーサーは、特記がなければ、プラスチック製のものを用いることができる。

2×　梁主筋を柱内に定着させる部分では、原則として柱せいの3/4倍以上の位置において、梁主筋を折り曲げる（JASS 5鉄筋の継手の位置および定着）。

3○　鉄筋に付着した油脂類、浮き錆、セメントペースト類は、コンクリート打込み前に除去する。

4○　直径の異なる鉄筋相互の重ね継手の長さは、細い方の径（d）による（JASS 5鉄筋の重ね継手）。

5○　梁の貫通孔に接する鉄筋のかぶり厚さは、梁の鉄筋の最小かぶり厚さと同じ厚さを確保する必要がある。

No.9　型枠工事
正答　5

1○　せき板の材料として合板を用いる場合は、「合板の日本農林規格」第5条「コンクリート型枠用合板の規格」による表面加工品または同規格によるB−Cとし、厚さは特記による。特記がなければ、厚さ12mmとする（公共建築工事標準仕様書6型枠）。

2○　計画供用期間の級が短期及び標準の場合、せき板存置期間の平均気温が20℃以上あれば、コンクリートの材齢が4日で普通ポルトランドセメントの

梁側せき板を、圧縮強度試験を必要とすることなく取り外すことができる（JASS 5型枠の存置期間）。

3○ パイプサポートを支柱として用いるものにあっては、高さが**3.5mを超える**ときは、高さ**2m以内**ごとに水平つなぎを**二方向**に設け、かつ、水平つなぎの変位を防止すること（労働安全衛生規則第242条第1項第7号）。

4○ 型枠に、足場や遣方等の仮設物を連結させると、足場等が動いた時に型枠位置がずれたり寸法が狂ったりするおそれがあるので、避けなければならない（建築工事監理指針6型枠）。

5× 梁下の支柱の最小存置期間は、コンクリートの圧縮強度による場合、**圧縮強度が設計基準強度以上**であり、かつ、施工中の荷重及び外力について、構造計算により安全であることが確認されるまでである（公共建築工事標準仕様書6型枠）。

No.10 コンクリート工事
正答 4

1○ コンクリートの単位水量とは、コンクリート1m³当たりの水の重量kgで表す。コンクリートの単位水量が小さいとコンクリート打設時の作業性が悪くなるが、コンクリートの単位水量が大きいとひび割れが発生しやすくなる。したがって、コンクリートの単位水量は、ひび割れの発生を防止するため、所要の品質が得られる範囲内で、できるだけ**小さいほうが望ましい**。

2○ 構造体強度補正値は、特記のない場合はセメント（結合材）の種類およびコンクリートの打込みから材齢**28日**までの予想平均気温の範囲および構造体強度補正値に応じて定める（JASS 5調合管理強度）。

3○ コンクリートの調合管理強度の管理のための試験及び構造体コンクリートの強度を検査するための試験において

て、試験回数は原則として打込み工区ごとに1回、打込み日ごとに1回、かつ計画した1日の打込量が150m³を超える場合は、**150m³以下**にほぼ均等に分割した単位ごとに1回の割合で行う（JASS 5レディーミクストコンクリートの受入れ時の検査、構造体コンクリート強度の検査）。

4× コンクリートの品質基準強度は、設計基準強度または耐久設計基準強度のうち、**大きい方の値**とする（JASS 5強度）。

5○ コンクリートの荷卸し時の温度は、暑中コンクリート（日平均気温の平年値が25℃を超える期間に適用）では原則**35℃以下**とする。打込み時の温度が高い場合は、長期強度の増進や耐久性の観点から望ましいことではなく、またあまり低くても凍結のおそれがある（公共建築工事標準仕様書6暑中コンクリート）。

No.11 コンクリート工事
正答 3

1○ 打重ね時間間隔の限度は、一般的には、**外気温が25℃未満の場合は150分、25℃以上の場合は120分**を目安とし、先に打ち込んだコンクリートの**再振動可能時間以内**とする（JASS 5打込み）。

2○ コンクリートの打込み後、**少なくとも1日間はその上で作業してはならない**。やむを得ず歩行したり作業を行う場合は、工事監理者の承認を受ける（JASS 5振動・外力からの保護）。

3× 打継ぎ部の位置は、構造部材の耐力への影響の最も少ない位置に定めるものとし、梁及びスラブの鉛直打継ぎ部は、スパンの中央又は端から**1/4付近に設ける**（JASS 5打継ぎ）。

4○ コンクリート棒形振動機は、打込み各層ごとに用い、その下層に先端が入るように、ほぼ鉛直に挿入する。挿入

間隔は、**60cm以下**とし、加振はコンクリート上面にペーストが浮くまでとする（公共建築工事標準仕様書6コンクリートの工事現場内運搬、打込み及び締固め）。

5○　コンクリートの打設は、コンクリートの打込み当初及び打込み中に、随時、**ワーカビリティー**（作業性）が安定していることを**目視**により確認しながら行う必要がある。

No.12　鉄骨工事
正答　**4**

1○　アンカーボルト上部の余長（ナット面からの出の高さ）について、特記のない場合は、**二重ナット締めを行ってもねじれが外に3山以上出ること**を標準とする（JASS 6工事現場施工）。

2○　トルシア形高力ボルトにおいて、締付け後に、一次締付けの際につけたマークのずれにより、共回り又は軸回りが生じていないこと、ピンテールが破断していること、ボルトの余長等を確認する。ボルトの余長は、ねじ山の出が**1〜6山**のものを合格とする（公共建築工事標準仕様書7高力ボルト接合）。

3○　トルシア形高力ボルトおよびJIS形高力ボルトの締付けは、**ボルトを取り付け、一次締め、マーキング、本締めの順で行う**（公共建築工事標準仕様書7高力ボルト接合）。

4×　共回りとは、ナットとともにボルトや座金が回転すること、軸回りとは、ボルトだけが回転することをいい、いずれも施工不良である。トルシア形高力ボルトの締付け後の目視検査では、共回りや軸回りの有無については、一次締め後に実施した**マーキングの本締め後のずれにより確認する**。ピンテールの破断では共回りや軸回りの判定はできない。

本締め前（締め忘れ）　　正常な本締めが行われた場合

ナットとボルトが共回りした場合　　ナットと座金が共回りした場合

5○　架構の倒壊防止用ワイヤーロープを使用する場合、**このワイヤーロープを建入れ直し用に兼用してよい**（JASS 6建方）。

No.13　鉄骨工事
正答　**5**

1○　溶接継手におけるエレクションピースなどに使用する仮ボルトは、**高力ボルトを使用して全数締め付ける**（JASS 6建方）。

2○　作業場所の気温が−5℃未満の場合は、溶接を行わない。**作業場所の気温が−5℃以上5℃以下の場合は、溶接線から100mm程度の範囲を適切な方法で加熱して、溶接を行う**（公共建築工事標準仕様書7溶接接合）。

3○　溶接部に生じた**割れ**は、溶接金属を**全長**にわたって削り取り、再溶接する。

4○　ブローホールとは、溶接部の欠陥のひとつで、溶接部に閉じ込められた気体による空洞をいう。溶接部に生じたブローホールは、**除去した後、再溶接**を行う。

5×　溶接面に、水分、錆、塗料、亜鉛めっき等溶接作業及び溶接結果に支障となるものがある場合は、スタッド軸径の**2倍以上**を丁寧に除去し、清掃を行う（公共建築工事標準仕様書7スタッド溶接及びデッキプレートの溶接）。

No.14 ALCパネル工事及び押出成形セメント板工事

正答 5

1○ 外壁パネル構法において、**雨掛り部分のパネルの目地は、シーリング材を**充填する（公共建築工事標準仕様書8ALCパネル）。

2○ 外壁パネル構法において、**パネルの短辺小口相互の接合部の目地は伸縮調整目地とし、特記がなければ、目地幅は10～20mmとする**（公共建築工事標準仕様書8ALCパネル）。

3○ 出隅及び入隅のパネル接合目地は伸縮調整目地とし、特記がなければ、目地幅は15mm程度とし、シーリング材を充填する（公共建築工事標準仕様書8押出成形セメント板（ECP））。

4○ 軽微な損傷があるパネルで、パネルの**構造耐力の低下がないと判断される**もの、**防水性能が確保できると判断される**もの及び外観が著しく損なわれないものは、**補修して用いることができる**（建築工事監理指針8押出成形セメント板（ECP））。

5× 押出成形セメント板を**横張り工法で**取り付ける場合、取付け金物は、パネルの**左右端部に、スライドできるように**取り付ける。なお、押出成形セメント板を**縦張り工法**で取り付ける場合、取付け金物は、パネルの**上下端部に、ロッキングできるように**取り付ける（公共建築工事標準仕様書8押出成形セメント板（ECP））。

No.15 木工事

正答 2

1○ 構造材に用いる製材の品質は、製材の**日本農林規格（JAS）に適合する構造用製材**若しくは**広葉樹製材**、又はこれらと同等以上の性能を有するものとする（住宅金融支援機構木造住宅工事仕様書4.1材料）。

2× **下張り用床板として使用するパーティ**クルボードは、**厚さ15mm**とする（公共建築工事標準仕様書12床板張り）。

3○ 木造軸組工法において、建入れ直し後の建方精度の許容値は、特記がなければ、垂直、水平の誤差の範囲を**1/1,000以下**とする（公共建築木造工事標準仕様書5及び6搬入及び建方）。

4○ 合板とは、**奇数枚**の木材の薄い（1.0～5.5mm）板を繊維方向に1枚ごと**直交**させ、接着剤で貼り合わせたものである。

5○ 長さの表示のない場合の釘の長さは、打ち付ける板厚の**2.5倍以上**を標準とする（住宅金融支援機構木造住宅工事仕様書4.1材料）。

No.16 木工事

正答 1

1× 基礎と土台とを緊結するアンカーボルトについては、耐力壁の両端の柱の下部付近及び土台継手・土台仕口の**上木**の端部付近に設置する（住宅金融支援機構木造住宅工事仕様書3.3基礎工事）。下木でなく上木の端部付近に設置する。

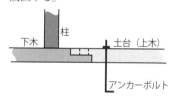

2○ 垂木と軒桁は、**ひねり金物**を使用して接合する。

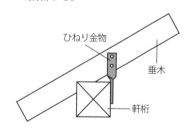

3○ 土台、桁などで継ぎ伸しの都合上、やむを得ず短材を使用する場合は、土

台にあっては1m内外その他にあっては2m内外とする（住宅金融支援機構木造住宅工事仕様書4.2指定寸法・仕上げ・養生）。

4〇　根太間隔は、畳床の場合は450mm内外とし、その他の場合は300mm内外とする（住宅金融支援機構木造住宅工事仕様書5.8床組）。

5〇　住宅に係るエネルギーの使用の合理化に関する設計、施工及び維持保全の指針に、断熱構造とする部分として、次のように規定されている。「躯体及び開口部については、地域区分に応じ、断熱構造とすること。ただし、次のイからホまでのいずれかに該当するもの又はこれらに類するものについては、この限りでない。（中略）ロ　**外気に通じる床裏**、**小屋裏**又は天井裏に接する**外壁**（平成25年国交告第907号：住宅に係るエネルギーの使用の合理化に関する設計、施工及び維持保全の指針）」。したがって、**外気に通じる小屋裏の外壁**部分については、**断熱構造としなくてもよい**。

No.17　屋根工事及び防水工事
正答　2

1〇　木造住宅におけるアスファルトルーフィングの壁面との取合いは、**壁面に沿って250mm以上、かつ雨押え上端より50mm以上立ち上げる**（住宅金融支援機構木造住宅工事仕様書6.2下ぶき）。

2×　硬質塩化ビニル**雨樋**による軒樋の樋受金物の取付け間隔は**1.0m以下**とする。なお、**硬質ポリ塩化ビニル管**による竪樋、横走り管の樋受金物の取付け間隔は**2m程度**とする（公共建築工事標準仕様書13とい）。

3〇　木造住宅の粘土瓦葺における**緊結線**は、**銅又はステンレス製**とし、**径は0.9mm以上**とする（住宅金融支援機構木造住宅工事仕様書6.4粘土かわら

ぶき）。

4〇　アスファルト防水工事のアスファルトルーフィングは、上下層の継目が**同一箇所とならない**ように張り付ける。

5〇　ウレタンゴム系高伸長形塗膜防水工法（密着工法）における防水材の塗継ぎの重ね幅は**100mm以上**とし、補強布の重ね幅は50mm以上とする（公共建築工事標準仕様書9塗膜防水）。

No.18　左官工事、タイル工事及び石工事
正答　3

1〇　壁のモルタル塗りにおいて、上塗りには、下塗りよりも貧調合のモルタルを使用する。次ページの表参照。

2〇　せっこうプラスター塗りにおいて、塗り作業中は可能な限り通風をなくす。施工後もせっこうが硬化するまでは、著しい通風を避ける。**せっこう硬化後**は、**適当な通風**を与えて塗り面の乾燥を図る（公共建築工事標準仕様書15せっこうプラスター塗り）。

3×　外装タイルの二丁掛けの密着張りにおいては、張付けモルタルの塗り厚は、**5〜8mm**とする（公共建築工事標準仕様書11セメントモルタルによるタイル張り）。

4〇　タイルの**マスク張り**の張付けは、ユニットタイル用マスクを用い、**ユニット裏面全面**にこてで圧着して張付けモルタルを塗り付け、張付けモルタルがタイル周辺から**はみ出す**までたたき締める（公共建築工事標準仕様書11セメントモルタルによるタイル張り）。

5〇　外壁乾式工法による石材の取付けにおいて、目地幅は特記による。特記がなければ、**8mm以上**とする（公共建築工事標準仕様書10外壁乾式工法）。また、外壁については目地をシーリング材で充填する。

No.19　塗装工事
正答　4

1○ オイルステイン塗りは、屋内の木部に適用する（建築工事監理指針18共通事項）。

2○ 合成樹脂調合ペイント塗り（SOP）は、木部、鉄鋼面及び亜鉛めっき鋼面に適用される（建築工事監理指針18共通事項）。

3○ 屋内の木部の素地ごしらえにおいて、穴埋めとして合成樹脂エマルションパテを使用する（公共建築工事標準仕様書18素地ごしらえ）。

4× 合成樹脂エマルションペイント塗り（EP）は、コンクリート面、モルタル面、プラスター面、せっこうボード面、その他ボード面等に適用する（公共建築工事標準仕様書18合成樹脂エマルションペイント塗り（EP））。鉄骨面には用いない。

5○ モルタル面及びプラスター面の素地ごしらえにおいて、合成樹脂エマルションパテは、穴埋め、パテかいに使用するが、外部に用いない（公共建築工事標準仕様書18素地ごしらえ）。したがって、屋外のモルタル面の素地ごしらえにおいては、建築用下地調整塗材を使用する。

No.20 建具工事、ガラス工事及び内装工事

正答 2

1○ FRP系塗膜防水と建具が取り合う場合は、FRP系塗膜防水工事を施工した後、建具の取付けを行うものとする（公共建築工事標準仕様書16アルミニウム製建具）。

2× アルミニウム製建具に複層ガラスをはめ込むに当たって、ガラス留め材をシーリング材とした場合、掛り代は15mm以上とし、面クリアランスは5mm以上とする。

3○ ガラスブロック積みにおける、伸縮調整目地の位置については特記による。特記がなければ6m以下ごとに幅10〜25mmの伸縮調整目地を設ける（公共建築工事標準仕様書16ガラス）。

4○ ビニル床シートの張付けにおいて、モルタル塗り下地は施工後14日以上、コンクリート下地は施工後28日以上放置し、乾燥したものとする（公共建築工事標準仕様書19ビニル床シート、ビニル床タイル及びゴム床タイル張り）。

5○ せっこうボードを用いて天井及び壁の仕上げを行う工事において、浴室、洗面所、便所、湯沸室、厨房等の湿気の多い箇所に使用する小ねじ等は、ステンレス製とする（公共建築工事標準仕様書19せっこうボード、その他ボード及び合板張り）。

No.21 木造住宅における設備工事

正答 5

1○ 屋内給水管の防露・保温材の厚さは、配管径および保温の種別により異

令和3年

No.18の表　モルタルの調合（容積比）の標準

下　地	施工箇所		下塗り ラス付け		むら直し 中塗り		上塗り		
			セメント	砂	セメント	砂	セメント	砂	混和材
コンクリート、 コンクリートブロック、 れんが	床	仕上げ	—	—	—	—	1	2.5	—
		張物下地	—	—	—	—	1	4	—
	内壁		1	2.5	1	3	1	3	適量
	外壁その他 （天井の類を除く）		1	2.5	1	3	1	3	—

（公共建築工事標準仕様書15モルタル塗り）

なるが、**少なくとも20mm以上必要で**ある（公共建築工事標準仕様書（機械設備工事編）表2.3.7保温材の厚さ）。

2〇　給水管と排水管が平行して埋設される場合には、原則として、**両配管の水平実間隔を500mm以上とし、かつ、給水管は排水管の上方に埋設する**ものとする。また、両配管が交差する場合も、給水管は排水管の上方に埋設する（公共建築工事標準仕様書（機械設備工事編）2配管工事）。

3〇　住宅用防災警報器（住宅用火災警報器）の取付け位置は、各市町村火災予防条例で定められている。**一般的に天井面から下方0.15m以上0.5m以内の位置にある壁の屋内に面する部分、又は天井に設ける**こととなっている。

4〇　ユニットバスの設置に当たっては、**下地枠の取付けに並行して端末設備配管を行う。**

5✕　空気よりも軽い都市ガスのガス漏れ警報設備の検知器は、その下端が天井面から下方0.3m以内で、かつ、ガス燃焼機器から水平距離8m以内に設置する（公共建築工事標準仕様書（機械設備工事編）6都市ガス設備）。

No.22　改修工事
正答　1

1✕　防水改修工事におけるアスファルト防水の既存下地の処理において、下地コンクリートのひび割れ部はアスファルト防水工事用シール材等で補修する。ひび割れ幅が2mm以上の場合は、Uカットのうえ、ポリウレタン系シーリング材を充填する（公共建築改修工事標準仕様書（建築工事編）3既存防水層等の撤去及び既存下地の処理）。

2〇　コンクリート打ち放し仕上げ外壁改修において、**幅0.2mm以上1.0mm以下の挙動のあるひび割れ**については、**軟質形エポキシ樹脂による樹脂注入工**法、又は、可とう性エポキシ樹脂による**Uカットシール材充填工法**を適用する（建築改修工事監理指針4共通事項）。注入工法は特記による。特記がなければ、**自動式低圧エポキシ樹脂注入工法**とする（公共建築改修工事標準仕様書（建築工事編）4コンクリート打放し仕上げ外壁の改修）。

3〇　**塗替え**等の場合は、モルタル面及びプラスター面の下地調整における**吸込止めの工程を省略**する。

4〇　防煙シャッターのスラットは、遮煙性能のある**オーバーラッピング形**とし、自動閉鎖型のはさまれ防止のための**障害物感知装置付**とする。

オーバーラッピング形　　インターロッキング形

5〇　軽量鉄骨壁下地工事において、**溶接した箇所は錆止め塗料を塗りつける**（公共建築改修工事標準仕様書（建築工事編）6軽量鉄骨壁下地）。したがって、高速カッターで切断した面には錆止め塗料を塗りつける必要はない。

No.23　機械・器具
正答　4

1〇　**バイブロハンマー**とは、鋼矢板に**振動を与える**ことで摩擦抵抗を低減させて、鋼矢板の打込み・引抜きを行うための機械である。山留め壁の撤去工事における鋼矢板の引抜きなどに使用される。

2〇　**トロウェル**とは、左官工事において**床コンクリートの仕上げ**に使用される機械である。（次ページの図参照）

トロウェル

3○ ターンバックルとは、中央の金具を回転させることにより、ワイヤなどを緊張・弛緩することができる器具で、鉄骨工事における**建入れ直し**などに使用される。

ターンバックル

4× 振動コンパクターとは、起振装置を取り付けた打撃板によって地面を振動打撃して締め固める機械のことをいう。既製コンクリート杭の打込みには、ディーゼルハンマー、アースオーガーなどの機械を使用し、**振動コンパクターは用いない。**

5○ 鉄筋の切断は、一般にはシヤーカッターや電動カッターにより行われる。

No.24 建築積算
正答 **5**

1○ 工事費の積算は、建築工事、電気設備工事、機械設備工事及び昇降機設備工事等の**工事種別ごとに行う。**

2○ 工事費は、**直接工事費、共通費及び消費税等相当額**に区分して積算する。

3○ 直接工事費については、設計図書の表示に従って**各工事種目ごとに区分し**て積算する。

4○ 共通費については、**共通仮設費、現場管理費及び一般管理費等**に区分して積算する。

5× 共通仮設費は、**工事全体に共通して必要となる仮設に要する費用**として積算する。

No.25 請負契約
正答 **2**

1○ 発注者は、必要があると認めるときは、**書面をもって受注者に通知して工事を中止**し、又は相当の期間を定めてその履行の催告を書面をもって受注者に通知しその期間内に履行がないときはこの**契約を解除**することができる。ただし、その期間を経過した時における債務の不履行がこの契約及び取引上の社会通念に照らして軽微であるときは、この限りでない（民間建設工事標準請負契約款（甲）第34条）。

2× 発注者は、受注者及び監理者立会いのもと、法定検査を受ける。この場合において、受注者は、必要な協力をする（民間建設工事標準請負契約款（甲）第24条第3項）。

3○ 工事を施工しない日又は工事を施工しない時間帯を定める場合は、その内容を契約書に記載する（民間建設工事標準請負契約款（甲）民間建設工事請負契約書）。

4○ 発注者は、工期の変更をするときは、変更後の工期を建設工事を施工するために通常必要と認められる期間に比して**著しく短い期間としてはならない**（民間建設工事標準請負契約款（甲）第29条）。

5○ 受注者は、工事現場における施工の技術上の管理をつかさどる監理技術者又は主任技術者を定め、**書面をもってその氏名を発注者に通知する**（民間建設工事標準請負契約款（甲）第10条）。

令和3年

令和２年　正答一覧

合格基準点（総得点）：60 点

	建築計画 正答	建築法規 正答	建築構造 正答	建築施工 正答
合格基準点	13 点	13 点	13 点	13 点
No.1	5	5	2	3
No.2	4	3	1	5
No.3	3	1	1	1
No.4	2	4	4	5
No.5	5	1	5	3
No.6	3	1	5	4
No.7	5	4	4	2
No.8	3	3	4	3
No.9	1	3	1	5
No.10	3	1	5	4
No.11	4	5	4	1
No.12	2	1	2	1
No.13	1	3	1	1
No.14	3	2	4	3
No.15	5	1	4	4
No.16	2	4	5	3
No.17	5	1	4	4
No.18	4	3	1	4
No.19	4	1	4	1
No.20	1	2	2	5
No.21	2	4	4	4
No.22	3	5	3	2
No.23	4	5	5	4
No.24	3	4	4	3
No.25	2	4	2	3

令和2年　建築計画

No.1　日本の歴史的な建築物
正答　5

1 ○　姫路城は、5層7階の大天守と東・西・乾の小天守が連結された**連立式天守**が特徴の城郭建築である。平成15年3月竣工の平成の修理により、**白漆喰**で塗り籠められた外観を有している。

2 ○　三仏寺投入堂は、山岳仏教の霊場の地に断崖絶壁の岩窟にはめ込まれるように建てられた建築物である。現存する**日本最古の懸造り**（前面を断崖に向けた舞台造り）といわれている。

3 ○　厳島神社社殿は、檜皮葺きの**両流れ造り**の殿堂を回廊で結び、満潮時には海面に浮かんで見えることで有名な、航海保護神社である。

4 ○　旧正宗寺三匝堂は、右回りの**二重螺旋**の斜路により、参拝者が一方通行ですれ違うこと無く堂内を参拝できる構造となっている。

5 ×　**伊勢神宮内宮正殿**は、切妻造り、平入りの神明造りの神社で、柱は**礎石を用いない掘立て柱**である。棟木を支える棟持柱が側柱の外側に独立して設けられている。

No.2　住宅作品とその設計者
正答　4

1 ○　ロビー邸は、プレイリー（草原）ハウスの典型例とされる住宅建築で、なだらかな勾配屋根、極端に突き出た軒先、横目地の強調された煉瓦の外壁、縦長の連続窓などにより**水平線を強調**したデザインを用い、自然との調和が試みられている。

2 ○　ファンズワース邸は、中央コア部以外に**間仕切り壁がなく**、外周部分がすべてガラスでできた平屋建ての住宅建築である。その内部空間は、**ユニバー**サル空間といわれている。

3 ○　フィッシャー邸は、約8m角の2つの**立方体**が45度の角度で結合された住宅で、赤茶けた板張りの外壁が周りの景色に溶けこんでいる。立方体の一つはリビングルームやダイニングルームなどのパブリックなゾーン、もう一つの立方体はプライベートなゾーンで構成されている。

4 ×　**塔の家**は、約$20m^2$の三角形の敷地に建つ、地下1階地上5階の鉄筋コンクリート造の住宅である。各階の部屋を機能別に上下に積層させている。**東孝光の設計**である。坂倉準三設計の建築物には、旧神奈川県立近代美術館、旧東急文化会館、岡本太郎邸（岡本太郎記念館）などがある。

5 ○　小篠邸は、平行する**コンクリート打ち放し**の2棟が中庭を形成し、**敷地の段差**を活用して自然光を採り入れた住宅である。

No.3　用語とその単位
正答　3

1 ○　立体角投射率は、受照面の中心Pに半径1の単位半球を考えた場合に、Pを頂点とする錐体が球面を切り取る図形の**正射影**と**半径1の円の面積**との百分率（%）である。

2 ○　日射量は、太陽の直達日射及び天空日射を加えたものが、ある面に達する**受熱量**であり、単位はW/m^2または$kcal/(m^2 \cdot h)$である。

3 ×　**熱伝達率**は、固体表面と周囲の流体との間の熱の伝わりやすさの程度を表す指標であり、**単位は$W/(m^2 \cdot K)$**である。$W/(m \cdot K)$は、**熱伝導率**の単位である。

4 ○　比熱は、圧力が一定のもとに**1g**あたりの物質の温度を**1℃上げるのに必要な熱量**のことをいう。単位は$kJ/(kg \cdot K)$である。（J：ジュール）

5 ○　光束は、ある面を単位時間に通過す

る光のエネルギー量である。単位はlm（ルーメン）である。

No.4　室内の空気環境

正答　2

1〇　便所や浴室など室内の空気を他室へ流出させないようにする必要がある汚染室の換気方式は、**機械による排気と**自然給気を用いた**第3種換気方式**とする。

2×　空気齢は、**外部から建物内部に入った空気が室内で経過した平均時間で示**され、室内空気の新鮮度を示す。空気齢が長いほど換気効率が低い。**設問は、余命の説明である。**

3〇　温度差換気による自然換気の換気量は、給気口と排気口の**高低差が大きいほど、また面積が大きいほど多くなる。**

4〇　透湿は、壁体の両側で水蒸気圧に差がある場合に、水蒸気圧が高い方から低い方に**水蒸気が移動**する現象をいう。

5〇　ホルムアルデヒドは、粘膜への刺激性があり、蒸気は呼吸器系や目、のどなどの炎症を引き起こす、シックハウス症候群の原因物質の一つである。建材にはF☆からF☆☆☆☆までホルムアルデヒドの放散量によるランクがあり、F☆☆☆☆が最も放散量が**少ない。**

No.5　伝熱

正答　5

1〇　熱伝導は、物体から物体または物体内部で熱が伝わる現象をいい、温度が**高い方から低い方へ熱エネルギーが移動**する。これを熱力学の第二法則という。

2〇　熱放射は、遠赤外線などの熱線によって熱が直接伝わる現象をいう。**真空中でも熱放射は生じる。**

3〇　対流熱伝達は、壁体表面とそれに接している流体との境界面に生じる**対流**による熱移動現象をいう。

4〇　熱の移動形態には、熱伝導、対流熱伝達、熱放射の3つがある。稠密な固体や静止している流体では、**対流や放射は生じず熱伝導のみが生じる。**

5×　蓄熱は、**物体が熱を蓄えることを**いう。蓄えたエネルギーを負荷の多い時間帯に使うことによりエネルギーの効率化が図られる。熱の吸収・放出の遅延とは関係ない。

No.6　湿り空気線図

正答　3

1〇　A点の空気を加湿せずに30℃まで加熱するとP点の空気となり相対湿度は**約17%**になる。

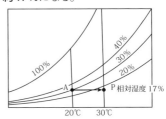

2〇　B点の空気の露点温度は約21℃であるため、B点の空気が15℃の窓面に触れると**結露**する。

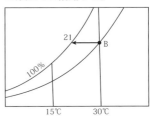

3×　A点の空気に含まれる水蒸気量は約4 g /kg（DA）、B点の空気に含まれる水蒸気量は約16 g /kg（DA）であり、その**比率は約25%**である。

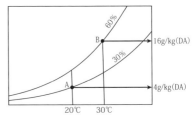

4○　3から、A点の空気とB点の空気の**水蒸気量の差**は 16 − 4 = 12 で約 12g/kg（DA）である。

5○　A点の空気とB点の空気を同量混合すると、空気線図上のA点とB点を結んだ**線分の中点**の空気Qとなり、相対湿度は**約50%**となる。

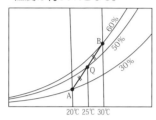

No.7　日射・採光・照明
正答　5

1○　天空光は、太陽光が大気層を透過する時に塵や氷粒などにより散乱されて地表面に到達する光をいう。室内照度は屋外の昼光照度が変動するので、昼光設計を行う場合、**室内のある点の照度と、屋外の全天空照度の比率**である昼光率を指標とする。

2○　室内の照度の均斉度は、

$$均斉度 = \frac{最低照度}{最高照度}$$

で表される。**均斉度が1に近いほど、**最低照度と最高照度が近く**均一である**ことを示す。

3○　我が国の冬至の日の南中時の太陽高度は約31°であり、水平面より**南向き鉛直壁面**の方が太陽熱の入射角度が大きいため、**直達日射量が大きい。**

4○　心理的に不快感を起こす不快グレアは、視野内に**高輝度の光**が入り、まぶしさを感じることにより生じる。

5×　**演色評価数**は、人工光源による色の見え方の良し悪しを表す指標であり、**数値が大きいほど自然光**に近く、**本来の色を忠実に表現**することができる光源であることを示す。

No.8　音
正答　4

1○　音波は、隣接する**媒質粒子に振動**が次々に伝わっていくことにより生じる。流体中の音波は縦波で、媒質粒子の振動方向と波の振動方向が**等しい。**

2○　線音源の音は距離が2倍になると音圧レベルは3dB減衰し、点音源の音は距離が2倍になると6dB減衰する。無限大面音源の音は、**距離減衰することなく伝搬する。**

3○　エコーが生じるには、直接音と反射音の時間差が0.05秒以上必要である。0.05秒間に音が進む距離は**約17m**である。

4×　空気中の**音の速さ**は、

音速（m/秒）= 331.5 + 0.6t

t：気温（℃）

となり、**気温が高くなると音速は速くなる。**

5○　音の聴覚上の三要素は、エネルギー量による**音の大きさ**、周波数による**音の高さ**、音の波形による**音色**である。

No.9　吸音・遮音
正答　1

1×　音が壁に垂直に入射するときの壁の透過損失 TL は、

$TL \fallingdotseq 20\log_{10}(f \cdot m) - 42.5$（dB）

となる。

ただし、f：周波数、m：面密度

　これを遮音に関する質量則といい、**壁の質量**（面密度）または周波数が**2倍になれば、透過損失は6dB大きくなる。**

2○　建物の衝撃音の遮音に関する判断基準には、床衝撃音に関する遮断性能を評価するL値と、隣接する2室間の空気音の遮音性能を評価する室間音圧レベル差のD値がある。L値は値が小さいほど床衝撃音の遮断性能が優れ、D値は値が大きいほど壁体の遮音性能が**優れる。**

3○　吸音率の高い材料は、一般に、音の透過率が高いので、**遮音効果は期待できない。**

4○　グラスウールや木毛セメント板などの多孔質材料の吸音率は、**低音域より高音域のほうが吸音しやすい。**

5○　残響時間は、音源が停止してから音の大きさ（音圧レベル）が**60dB低下**するまでに要する時間をいい、

残響時間（秒）＝$\dfrac{0.161 \times 室容積（m^3）}{室総吸音力（m^2）}$

である。

No.10　屋外気候
正答　**3**

1○　年較差は、ある地点の**1年間の最高気温と最低気温の差**をいう。月平均気温の最高月と最低月の差をいうこともある。年較差は海岸地域より内陸地域で**大きく**、高緯度地域より低緯度地域で**小さい。**

2○　我が国の全天積算日射量は、太陽高度が最も高くなる夏至の頃に最大となり、月平均気温は、太陽熱が蓄積される7月または8月に最高になる。

3×　真夏日は、**日最高気温が30℃以上**の日、真冬日は、**日最高気温が0℃未満**の日をいう。

4○　風配図は、ある地点のある期間における、風向および風速の頻度を八方位や十六方位の**円グラフ**に表したものをいう。その地点の卓越風や風の特徴を知ることができる。円グラフの中心から遠いほど、その風向の風の発生頻度が高いことを示す。（平成29年No.10の解説図参照）

5○　クリモグラフは、縦軸にある地点の**月平均温度**を、横軸に**月平均湿度**をプロットし月順に繋げたグラフである。クリモグラフが右上がりになる地域は、夏は気温・湿度とも高く、冬は気温・湿度とも低い地域である。（次図参照）

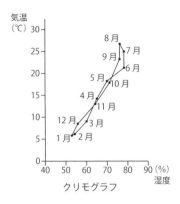

クリモグラフ

No.11　住宅の計画
正答　**4**

1○　アイランド型の台所形式は、壁から離れた位置にシンクやコンロ、作業スペースが配置された形式である。**複数人で四方を囲んで調理**したり、食事をする人と向き合いながら調理することができるため、家族や来客との会話がしやすくなる。

2○　コア型住宅は、台所、便所、浴室、洗面所等の**水回りを1箇所にまとめて設**けた住宅形式である。コアを住宅の中央部に配置することにより、居室を外周部に配置することができ開放的な室内空間とすることができる。

3○　高齢者は、角膜の感度低下による視力低下や、白内障による黄変化現象が生じる。このため、机上面の照度をJISの照度基準の**2倍以上とすることは適当**である。

4×　寝室における**成人1人当たりの気積**は、**10m³以上必要**とされている。

5○　平成7年に旧建設省が策定した長寿社会対応住宅設計指針の補足基準に、階段の勾配は、**6/7以下**で、55cm≦踏面＋2×蹴上げ≦65cm、踏面≧19.5cmとすると定められている。

No.12　集合住宅
正答　**2**

1○　コレクティブハウスは、各居住者が**独**

立した生活を確保しながら、厨房や食堂等を共有し、家事や子育て等の作業を共同で担い合う方式の住宅である。

2× 中廊下型は住棟の中央に共用廊下を配し、廊下の両側の住戸にアプローチする形式であり、妻側住戸を除き外気に開放できる面が1面しかない。片廊下型は、住戸の二面に開口部を設けることができ、住戸の採光・通風の均一化を図ることができる。中廊下型は片廊下型に比べ、**プライバシー、採光、通風や遮音性**などの居住性を**確保しにくい。**

3○ コーポラティブハウスは、自ら居住するための住宅を建設しようとする者が集まり、**協力**して企画・設計から入居・管理までを**運営**していく方式の集合住宅である。

4○ スキップフロア型は、2、3階ごとに共用廊下を設ける形式である。共用廊下がない階では、共用廊下を介さない開口部を2方向に設けることができ、採光や通風、**プライバシーの確保には有利**だが、エレベーター停止階から階段を介してアプローチする住戸が生じ、**バリアフリー上の課題**が生じる。

5○ リビングアクセス型は、共用廊下側に居間や食事室を設けることにより、居住者同士の交流を促進し、**コミュニティの形成**を意図した集合住宅形式である。**プライバシーの確保に注意**が必要である。

No.13 事務所ビル
正答 1

1× レンタブル比は、貸事務室や貸店舗など賃貸料を得られる**収益部分の面積**が延べ面積に占める割合をいう。

2○ 事務所ビルにおけるエレベーターの台数算定は、一般に、朝の出勤ピーク時**5分間の利用人数**を基準とする。

3○ 事務室の机の配置方式の対向式は、グループ単位で密なコミュニケーション

を必要とする業務に適し、**並行式**は、定型的な作業、個人のワークスペースが必要な場合、**業務に集中するため**プライバシーが要求される場合などに適する。

4○ 事務室内を開放的に見せるためにはパーティションはできるだけ低く抑えるほうが望ましい。パーティションの高さが**120cm程度**であれば、**座った状態での視界を遮る**ことができる。

5○ オフィスランドスケープ方式は、**固定間仕切りを使わず**、家具やローパーティション、観葉植物等を使って適度なプライバシーを保ちつつ、変化のある執務空間を形成する方式である。（平成30年No.13の解説図参照）

No.14 社会福祉施設、高齢者、身体障がい者等に配慮した建築物
正答 3

1○ 建築物移動等円滑化基準に、移動等円滑化経路（道から不特定多数の者又は主として高齢者、身体障がい者が利用する居室等までの経路）上に**階段または段を設けない**こと、経路の幅は120cm以上とすること、と定められている。

2○ ユニットケアは、他の入居者や介護スタッフと共同生活をしながら生活をサポートする介護手法である。入居者個人のプライバシーが守られる**個室**と、他の入居者や介護スタッフと交流するための**共同生活室**があることが特徴となっている。

3× 建築物移動等円滑化基準に、移動等円滑化経路に**傾斜路を設ける場合**は、高さが16cm以下のものを除き、**勾配は1/12を超えない**こと、と定められている。

4○ 車椅子使用者が利用する浴槽は、容易にまたぐことができるよう、深さ**50cm程度**、洗い場の床から浴槽の縁までの高さを**30〜45cm程度**とするこ

令和2年

５○　特別養護老人ホームのサービス・ステーションは、入居者への医療行為等をサポートする必要から、**療養室に近接して設ける。**

No.15　建築物の計画
正答　**5**

１○　劇場の大道具等のサービス用出入口は、舞台から容易に搬出入できるよう道路から進入しやすい場所で、上演中でも搬出入が支障なくできるよう**観客動線から切り離した場所**に設置する。

２○　診療所では、X線撮影は診察や処置と連続して行われる。患者が待合室を経由しないでX線撮影室に入れるよう、X線撮影室を**診察室及び処置室に近接**させることは適当である。

３○　幼稚園の園舎から園庭への昇降口は、**園舎を迂回することなく園庭に出**やすい位置に設置することが望ましい。

４○　BDSは、図書館の出入口に設置し、貸出し登録をしていない図書を電波等で検知することにより、**図書の不正持出しを防止するシステム**である。

５×　博物館の**荷解室及び収蔵庫**は、搬入スペース近くで**燻蒸室及び展示室の中間付近**に設ける。

No.16　各部寸法、床面積
正答　**2**

１○　２人室以上の一般病室の床面積は、内法で１人当たり**6.4m²以上**とすること、と厚生労働省令に定められている。設問の面積は内法で34.8m²で、基準の25.6m²以上の面積である。

２×　ベビーカーの寸法は、大きいもので幅60cm、奥行き100cm以上のものがある。ベビーカーを折りたたまずに便所のブースに入る場合、**便器の横にベビーカーを置く**ことを考慮して、**ブース幅は1,500mm程度必要**であり、ドアを内開きにする場合は、**奥行きは1,600mm程度必要**である。

３○　児童福祉施設の設備及び運営に関する基準に、ほふく室の床面積は乳児または満２才に満たない幼児１人当たり**3.3m²以上**であること、と定められている。定員10人のほふく室の床面積は33m²以上必要であり、40m²とすることは適当である。

４○　エレベーターのかご内で、車椅子使用者が後方確認に使用する鏡は、最下端を床から**400mm**、最上端を頭の高さの**1,400mm**程度の範囲に設置する。1,500mmは適当な範囲である。

５○　車椅子が回転できる寸法は、**1,500mm角**である。垂直型段差解消機の乗降スペースを、幅・奥行ともに1,600mmとすることは**適当**である。

No.17　高齢者、身体障がい者等に配慮した建築物
正答　**5**

１○　手摺は両側に設置することが原則であるが、片側にしか設置できない階段幅の場合には、手摺は降りる時の**利き手側**に設置する。

２○　車椅子使用者が利用するエレベーターの押しボタンの高さは、床面から**1,000mm**程度が適当である。

３○　建築物移動等円滑化誘導基準に、多数の者が利用する便所の出入口の幅は、**80cm以上**とすることと定められている。900mmは適当な幅である。

４○　車椅子使用者が無理をせずに手の届く範囲は、床面から**400〜1400mm程度の高さ**である。棚板の最上段の高さを床面から1,200mmとすることは適当である。（平成30年No.11の解説図参照）

５×　弱視者や色弱者には、明度の近似した色の組合せや彩度が低い色の識別は困難である。障害によっては赤が沈んで暗く見える場合がある。黒色の下地の電光掲示板には**白色または黄色の文字**が適当である。また、文字を太く

するなどの配慮が望ましい。

No.18 伝統的な木造住宅
正答 4

1○ 海老束は、**床の間の違棚の上棚と下棚をつないで支持する束**をいう。

2○ 床の間の床面を一段高くする場合、床板や床畳の小口を隠すために、**床框**を設ける。

3○ 落し掛けは、床の間前面上部の**垂れ壁を受け止める横木**をいう。

4× 欄間は、採光、通風や装飾のために**天井と鴨居との間**に設けられる開口部をいう。

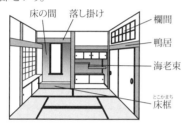

5○ 竿縁天井は、天井板を支えるのに竿縁を用いた天井をいう。竿縁が床の間に突き刺す方向で設置されることを忌み嫌い、**床の間と並行**になるように竿縁を配置する。

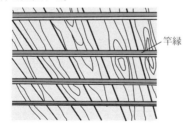

No.19 建築設備に関する用語
正答 1

1× **COP**は、冷凍機の性能を表す指標であり、冷却容量を冷却に要した圧縮仕事の熱当量で除した値で示される。COPが小さいルームエアコンは効率が悪い。**飽和効率のことではない。**

2○ UPSは、瞬時電圧低下や停電の際に

も定電圧定周波の安定した電力を供給し続ける**無停電電源装置**であり、電算機器や情報通信機器に供給する電源に必要な設備である。

3○ SHFは、**顕熱比**のことで、顕熱負荷を、全熱負荷（顕熱負荷と潜熱負荷の和）で除して求められる。

4○ PBXは、**構内電話交換機**のことで電話局からの引込みケーブルを主配電盤に接続し、中間端子盤、各室内端子盤へ分岐し、各電話機へ配線するものである。

5○ VAVは、**変風量単一ダクト方式**のことで、負荷の変化に送風量を増減することにより対応する空気調和方式である。変風量ユニットごとに吹出し風量を制御することができる。

No.20 空気調和設備
正答 1

1× 定風量単一ダクト方式は一定の風量で送風する方式であり、変風量単一ダクト方式は各室ごとに変風量ユニットを設けることにより送風量を調節することができる方式である。**定風量単一ダクト方式は一般に、空調機やダクトサイズが大きくなる。**

2○ 低温送風空調方式は、送風温度差を大きく取ることができるため、空調機やダクトサイズを小さくすることができる。

3○ マルチパッケージ型空調方式は、1台の屋外ユニットに複数台の屋内ユニットを接続したものであり、1台の室外機で複数の室を空調することができる。各室やゾーンごとの単独運転が可能で、**中小規模の事務所ビルなどに適している。**

4○ 床暖房などの放射暖房方式は、埋め込んだ放熱管で床や壁を温め、放射熱で室内全体を暖める方式である。温風暖房方式に比べて、**室内の上下の温度差が小さくなる。**

5○　二重ダクト空調方式は、冷風と温風を別のダクトで搬送し、各ゾーンや室の負荷に応じて冷風と温風を混合し、適温にして室内に送風する方式である。**個別制御に適するが、エネルギー損失は大きくなる。**

No.21　給排水衛生設備
正答　2

1○　タンクレス型洋式大便器は、洗浄水を貯めるタンクが無く、給水管の水圧を利用して洗浄する方式である。連続使用が可能で節水効果が高く省スペースであるが、**給水圧を確認する必要がある。**

2×　さや管ヘッダ工法は、パイプシャフト内や給湯器ユニットの周辺に設置されたヘッダ（配管を分配するユニット）から、各給水・給湯栓まで分岐せずに配管する方式である。施工の効率化が図られ、**管の更新が容易である。**水圧が一定し、漏水のおそれも少ない。

3○　ポンプ直送方式で高層の集合住宅に1系統で給水する場合、給水圧が高圧となる**低層階では、減圧弁を設置して**給水圧を調整する。

4○　蒸発作用により封水が破られるおそれのあるトラップには、水の蒸発による**損失分を自動的に補給する装置等が有効である。**

5○　中水は、人体と直接接しない場所で用いられる必要がある。温水洗浄便座には**上水により給水しなければならない。**

No.22　給排水衛生設備
正答　5

1○　揚水ポンプの揚程（全揚程）は、ポンプから高置水槽までの高低差の位置エネルギーである実揚程、配管の管内摩擦損失、流体の持つ運動エネルギーを流体の高さで表した**速度水頭との合計**で決定する。

2○　昭50年建告第1597号に、飲料用冷水器の排水管は、一般排水系統の排水管に**直接連結してはならない。**排水管からの逆流や臭気・害虫などの侵入を防止するため、大気中で縁を切る間接排水とする、と定められている。

3○　ディスポーザ排水処理システムは、シンク下に設けられる生ゴミを粉砕するディスポーザ、排水配管、下水に放流する前に生ゴミを取り除き浄化処理を行う排水処理装置からなる。キッチンに生ゴミが溜まることがないため、**廃棄の負担軽減と清潔性向上の効果が**ある。

4○　クロスコネクションは、給水・給湯の上水系統とその他の系統が配管や器具により**直接接続**されることをいう。上水が汚染されるおそれがあるため**禁止**されている。上水高置水槽と雑用水高置水槽を管で接続することは、弁を介していてもクロスコネクションになる。

5×　**単管式の給湯方式は、**費用が安く熱損失が少ないが、給湯温度が安定するまで時間が掛かる。**ホテル等の給湯方式には適さない。**

No.23　照明計画
正答　4

1○　色温度は、ある色の光を放射するときの黒体の温度をいう。**色温度が低い**光源の照明器具ほど一般に**暖かみが感**じられる。色温度が高くなるにつれて、光の色は、赤、オレンジ、黄、白、青白と変化する。

2○　水銀ランプは2020年12月31日に製造、輸入入が原則禁止された。LEDランプは水銀を使用せず、蛍光ランプに比べて寿命が長く、電力の多くが発光に使われ熱放射が少ない。寿命は、蛍光ランプが6,000〜10,000時間、LEDランプが40,000時間程度である。

3○　昼光照明は、明るさに変動が生じるが**省エネルギー効果がある。**大空間で昼光を利用する場合には、中央監視と

照明制御によるビルオートメーションシステムを使用することが効果的である。

4 × 　**光天井照明**は、**拡散透過性のあるパネル**（乳白色アクリル板など）**を天井面に設置**し、その内部に光源を配置した照明である。天井面で大面積が明るくなることで、広がり感が生まれ、開放的な空間を作り出す効果がある。

5 ○ 　全般照明の照度計算は、一般に、光束が作業面に均等に分布するものとして計算を行う**光束法**で行われる。光束法では壁や天井などの相互反射を考慮して計算する。

No.24　防災 ・ 消防設備
正答　3

1 ○ 　非常警報設備の非常ベルの音響装置の定格電圧における音圧は、無響室で音響装置の中心から前方1m離れた地点で測定した値が**90dB以上**である（昭48年消防庁告示第6号）。

2 ○ 　閉鎖型スプリンクラー設備の**湿式**は、配管内に常時水を充満し、火災の熱によりスプリンクラーヘッドの感熱部が融解して自動的に散水する方式である。**乾式**は、配管内の凍結防止のため、水の代わりに圧縮空気を充てんしている。火災時には空気を放出させ、これに連動して配管内に通水して散水する。**予作動式**は、火災感知器とスプリンクラーヘッドの両方が感知したときに放水する方式である。誤作動による被害が大きい電算機室などに適している。

3 × 　**不活性ガス消火設備**は、窒素ガスの放出で火災区画内の酸素を不燃濃度にして消火する。消火した後に施設を損傷せず、電気絶縁が良いため、**電気室、コンピューター室等の電気火災に適する**。

4 ○ 　床面積が**30m²以下**の居室で、地上への出入口を有するものは、非常用の照明装置を設けることを要しない（平12年建告第1411号）。

5 ○ 　水噴霧消火設備は、噴霧ヘッドから水を微細な霧状にして放射し、酸素供給遮断による窒息効果と、水滴による冷却効果で消火する。油火災や電気設備の火災に適する。

No.25　環境 ・ 省エネルギー等に配慮した建築計画 ・ 設備計画
正答　2

1 ○ 　コージェネレーションシステムは、発電時に生じる**排熱**を利用して冷暖房や給湯などを行うシステムである。年間を通して安定した給湯需要がある建築物でのコージェネレーションシステムの採用は、排熱を**有効に熱需要に活用**することができる。

2 × 　Low-Eガラスは、ガラス面に金属膜をコーティングして放射率を下げ、伝熱を小さくしたガラスである。**複層ガラスの屋内側にLow-Eガラスを用いると、窓から逃げる暖房熱量を大幅に減少**することができる。屋外側に用いると、窓から流入する太陽熱を大幅に減少することができる。

3 ○ 　ライトシェルフは、**窓面の中段に設ける水平の庇**のことをいう。庇の上面で太陽光を室の天井に反射させ、室内奥に光を導き照度の不均一さを抑制することができる。庇の下部の窓から室内への日射の侵入を抑制することができる。

4 ○ 　災害時の災害対策室や避難者を受入れる施設では、電気、水道等のライフラインの途絶を**予め想定**し、空気調和設備に頼らずに、**自然換気の活用**も考慮する必要がある。

5 ○ 　ダイレクトゲイン方式は、窓から差し込む**太陽熱**を床や壁等に蓄熱させ、夜間や曇天時に**放熱**することにより**暖房効果を得る方式**である。室内の熱容量が大きいほど太陽熱の利用効果は高くなる。

令和2年

令和2年　建築法規

No.1　用語の定義
正答　5

1○　法第2条第8号かっこ書きにより、正しい。

2○　法第23条かっこ書きにより、正しい。

3○　法第2条第14号により、正しい。

4○　法第27条、法別表第1（い）欄（2）項、令第115条の3第1号、令第19条第1項により、正しい。**特殊建築物は、法第2条に列記されているものだけではない。**

5×　**避難階**とは令第13条第1号の規定で、**直接地上へ通ずる出入口のある階**をいうので、誤り。

No.2　確認済証
正答　3

　　全国どの場所においても確認済証が必要なのは、法第6条第1項第1号から第3号に該当する建築物の建築・大規模の修繕・大規模の模様替および法第6条が準用される建築物の用途変更（法第87条）、建築設備の設置（法第87条の4）、工作物の築造（法第88条）の場合である。

1×　増築後に鉄骨造平家建て、延べ面積200m²になるが、法第6条第1項第1号から第3号に該当しないので、確認済証の交付を受ける必要はない。

2×　事務所は特殊建築物ではないので用途変更に該当せず、確認済証の交付を受ける必要はない。

3○　法第6条第1項第3号に該当するので、**確認済証の交付を受ける必要がある。**

4×　老人福祉施設は特殊建築物であるが、**延べ面積が200m²以下のため法第6条第1項第1号に該当せず**、確認済証の交付を受ける必要はない。

5×　法第6条第1項第1号から第3号に該当しないので、確認済証の交付を受ける必要はない。

No.3　手続き
正答　1

1×　法第87条第1項により、誤り。**建築主事に届け出なければならない。**

2○　令第10条第3号イにより、正しい。

3○　法第89条第2項により、正しい。

4○　法第12条第5項第1号により、正しい。

5○　法第9条の4により、正しい。

No.4　一般構造
正答　4

1○　設問の階段は、令第23条第1項の表（1）、（2）に該当せず、令第24条第1項により**高さ3m**以内ごとに踊場を設ける必要がない。よって適合している。

2○　法第30条第1項に、適合している。

3○　法第28条第3項、令第20条の3第1項第1号に適合している。

4×　令第20条の8第1項第1号の規定により、**有効換気量（20m³/h）が必要有効換気量（Vr）以上であることを確か**める。

$Vr = nAh = 0.5 \times 20 \times 2.4 = 24m^3/h$

有効換気量（20m³/h）＜必要有効換気量（24m³/h）となり、適合しない。

5○　令第21条に適合する。便所は居室ではない。

No.5　採光
正答　3

　　設問は近隣商業地域のため、令第20条第2項第3号による採光補正係数は、D/H×10－1.0で求められる。

　　図からDは軒先から隣地境界線までの距離、Hは軒先から1階の開口部の中心までの距離5m。

　　住宅の採光に有効な部分の面積は、法第28条第1項により**床面積に対して1/7以上**なので、

$21m^2 \times 1/7 = 3m^2$

　　採光に有効な部分の面積は令第20

条第1項により、開口部の面積に採光補正係数を乗じて算定する。ここで、開口部の面積は3m²、採光に有効な部分の面積は3m²なので、**採光補正係数は1となる**（令第20条第2項第3号イからハには該当しない）。

ゆえに本問題解説冒頭の式からDを求めると$X/5 \times 10 - 1.0 = 1$で、$X = 1$となり、最小限度の距離XはDに0.5mを加えたものとなるので、正答は**3**である。

No.6　木造の構造強度
正答　2

1○　令第43条第1項表により、正しい。

2×　令第46条第4項表1（1）（4）に該当し、かつ筋かいを**たすき掛け**に入れているので（6）にも該当する。したがって、倍率は（9）により**4.5（0.5＋2×2）**となる。

3○　令第42条第1項第1号により、正しい。

4○　令第79条第1項により、正しい。

5○　令第46条第1項により、正しい。

No.7　構造強度
正答　4

1○　令第62条の4第2項により、正しい。

2○　令第65条により、正しい。

3○　令第67条第1項第2号により、正しい。

4×　令第77条第3号により、誤り。柱に接着する壁、はりその他の横架材から上方又は下方に柱の小径の2倍以内の距離にある部分においては、**10cm以下である。**

5○　令第73条第1項第1号により、正しい。

No.8　荷重及び外力
正答　2

1○　令第82条第2号表により、正しい。

2×　令第88条第3項により、誤り。**標準せん断力係数は1.0以上としなければならない。**

3○　令第85条第1項により、正しい。

4○　令第87条第3項により、正しい。

5○　令第86条第6項により、正しい。

No.9　防火区画等
正答　3

1○　令第112条第11項第2号により、正しい。

2○　法第26条柱書により、正しい。

3×　幼保連携型認定こども園は令第115条の3第1号の規定により特殊建築物であるが、設問では**法第27条の適用（2階に当該用途がない）**はないので、防火区画しなくともよい（令第112条第18項の適用無し）。よって、誤り。

4○　令第113条第1項第4号により、正しい。

5○　令第112条第20項により、正しい。

No.10　避難施設等
正答　1

1×　令第121条第1項第2号に該当しないので、誤り。

2○　令第126条の4本文かっこ書きにより、正しい。

3○　令第120条第1項表（2）で50mとなるが、**壁・天井の仕上げを準不燃材料としたので、同条第2項の適用で10m加算され60mとなり、正しい。**

4○　令第119条により、正しい。

5○　令第126条の2第1項第2号により、正しい。

No.11　内装制限
正答　5

1○　令第128条の5第1項柱書により、正しい。

2○　令第128条の4第1項第2号により、正しい。

3○　同条項第3号により、正しい。**飲食店は法別表第1（い）欄（4）項、令第115条の3第3号に該当。**

4○　令第128条の4第1項第1号表（2）に該当せず、正しい。

5×　同条第2項、第3項かっこ書きにより、

学校等の用途に供するものは除かれるため、誤り。

No.12　道路等

正答　1

1× 法第42条第1項第5号、令第144条の4第1項第1号ニにより、誤り。**幅員6m以上あればよい。**

2○ 法第47条により、正しい。

3○ 法第42条第6項により、正しい。

4○ 法第44条第1項第1号により、正しい。

5○ 法第42条第1項第4号により、正しい。

No.13　用途制限

正答　3

1× 法第48条第1項、法別表第2（い）項第2号、令第130条の3第6号により、用途については適合するものの、学習塾が同条柱書かっこ書きの**50m²を超えているので、新築できない。**

2× 法第48条第3項、法別表第2（は）項第5号かっこ書きにより、**3階以上の部分もその用途に供するものは新築できない。**

3○ 同条第3項、法別表第2（は）項第7号、令第130条の5の4第1号により、新築できる。

4× 法第48条第4項、法別表第2（に）項第3号、令第130条の6の2により、第二種中高層住居専用地域内に建築してはならない建築物に、**バッティング練習場が含まれる**ため、新築できない。

5× 法第48条第6項、法別表第2（へ）項第2号により、**50m²を超える作業場**なので**新築できない。**

No.14　用途制限

正答　2

設問の**敷地は2の用途地域にわたっているので、法第91条によりその敷地の過半を占める第二種中高層住居専用地域の制限が適用される（建築物の位置には関係しない）。**

10 法第48条第4項、法別表第2（に）項第2号、令第130条の6により、**新築することができる。**

2× 法第48条第4項、法別表第2（に）項第6号、令第130条の7により、床面積の合計が**15m²を超えるものは新築してはならない。**

3○ 第二種中高層住居専用地域より良好な住環境の保護が求められている、第一種中高層住居専用地域に新築することができる（法第48条第3項、法別表第2（は）項第5号、令第130条の5の3第3号）ので、**新築することができる。**

4○ 第二種中高層住居専用地域より良好な住環境の保護が求められている、第一種中高層住居専用地域に新築することができる（法第48条第3項、法別表第2（は）項第5号、令第130条の5の3第1号）ので、**新築することができる。**

5○ 第二種中高層住居専用地域より良好な住環境の保護が求められている、第一種低層住居専用地域に新築することができる（法別表第2（い）項第8号）ので、**新築することができる。**

No.15　建蔽率等

正答　5

設問の**敷地が2の用途地域にわたっているので、法第53条第2項が適用される。**

そして、それぞれの用途地域に防火地域が指定され耐火建築物を新築するため、建蔽率は準住居地域について同条第3項第1号イにより1/10を加え7/10、商業地域については同条第6項第1号により10/10となる。

また、敷地面積については令第2条第1項第1号により、法第42条第2項による**道路の中心線から2mまでは敷地面積に参入しない。**

これらのことから、

準住居地域：

$(17-1)\times 15\times 7/10 = 168$（m²）

$\cdots\cdots$①

商業地域：

$10\times 15\times 10/10 = 150$（m²）$\cdots\cdots$②

①＋②＝318（m²）となり、選択肢**5**が正答。

No.16　延べ面積
正答　4

法第52条第9項にかかる問題。図の敷地は6m道路を介して特定道路（幅員15m以上の道路）に70m以内で接続しているので、令第135条の18により前面道路の幅員を割り増すことができる。

$W_a = (12-6)\times(70-49)/70 = 1.8$（m）

よって、**容積率は前面道路幅員に1.8mを加えた7.8mが、法第52条第2項の適用を受ける。**

以上のことから、求める延べ面積の最高限度は、$10\times 10\times 7.8\times 6/10 = 468$（m²）となり、**4**が正答。

No.17　高さ制限・日影規制
正答　1

1× 法第56条の2第1項、法別表第4（い）欄4の項により、用途地域の指定のない区域でも**日影規制の対象区域となるため、誤り。**

2○ 法第56条第1項第2号に該当しないので、正しい。

3○ 法第56条の2第1項ただし書きにより、正しい。**設問の建築物は法別表第4の2の項で日影規制対象建築物。**

4○ 法第56条第1項第3号かっこ書きにより、正しい。

5○ 法第57条第1項により、正しい。

No.18　高さ制限
正答　3

①道路高さ制限（法第56条第1項第1号）

法別表第3、（い）欄1の項により、

道路斜線の適用距離は（は）欄で20mとなり、同条第2項による有効後退距離を加えても、それぞれの道路からA点のところまで（に）欄の数値1.25がかかる。

そして、北側の4m道路側に令第132条第1項の適用で、5m道路が敷地の角から2倍（＝10m）の距離まで4m道路側にあるものとみなし道路斜線をかける。

以上のことから、A点は**5m道路の斜線制限がかかり、有効後退距離は北側（4m道路側）で算定する。**

$\{5m+(1m\times 2)+3m\}\times 1.25 = 12.5m$

②隣地高さ制限（法第56条第1項第2号イ）

立ち上がり高さは20m

以上のことから、高さの最高限度は**12.5m**となり、選択肢**3**が正答。

No.19　防火・準防火地域
正答　1

1× **患者の収容施設がないので法第27条第1項の規定はかからず、法第61条、令第136条の2第2号にも該当しないので、耐火建築物としなくともよい。**したがって、誤り。

2○ 法第62条、令第136条の2の2第2号により、正しい。

3○ 法第64条により、正しい。**建築物の屋上に設けるものは、高さの規定がない。**

4○ 令第136条の2第5号により、正しい。

5○ 法第65条第2項により、正しい。

No.20　建築基準法全般
正答　2

1○ 法第85条第6項により、正しい。法第56条、第56条の2は第3章の規定。

2× 法第91条かっこ書きにより、**高度地区は除かれるため、誤り。**

3○ 法第84条の2により、正しい。

4○ 法第85条第2項により、正しい。

5○　法第86条の7により、正しい。

No.21　建築士法

正答　4

　　本問は建築士法第3条により、**一級建築士でなければ設計できないもの**を選べばよい。

　　したがって、ロは同条第1項第4号、ハは同条項第1号に該当するので、正しい組合せは**4**が正答。

No.22　建築士法

正答　5

1○　士法第24条の9により、正しい。

2○　士法第24条第4項、第5項により、正しい。

3○　士法第24条の7第1項、第2項により、正しい。

4○　士法第24条第2項により、正しい。

5×　士法第23条第1項により、誤り。**他人の求めに応じ報酬を得て設計等を行わない場合は、登録不要**である。

No.23　都市計画法

正答　5

イ×　都市計画法第29条第1項第11号、同法施行令第22条第6号により、誤り。延べ面積が**50m²を超えている**ため、**許可が必要**である。

ロ×　同法第29条第1項第1号、同法施行令第19条第1項により、市街化区域内では、**1,000m²を超えるものについては許可が必要**なため、誤り。

ハ○　同法第4条第14項、同法施行令第1条の2により、正しい。

ニ○　同法第53条第1項第1号、同法施行令第37条により、正しい。

　　したがって、正しいもののみの組合せは**5**である。

No.24　他法令

正答　3

1○　民法第235条第1項により、正しい。

2○　特定住宅瑕疵担保責任の履行の確保等に関する法律第2条第5項第5号により、正しい。

3×　バリアフリー法施行令第5条各号に該当しないので、誤り。

4○　建設リサイクル法第6条により、正しい。

5○　都市の低炭素化の促進に関する法律第53条第2項第3号により、正しい。

No.25　他法令

正答　5

1○　宅地造成及び特定盛土等規制法第2条第2号、同法施行令第3条第1号に該当するので、同法第12条第1項に基づく許可を受けなければならず、正しい。

☆「宅地造成等規制法」は、令和5年5月26日施行の法改正で、「宅地造成及び盛土等規制法」に名称変更された。

2○　建設業法第3条第1項柱書ただし書き、同法施行令第1条の2第1項により、正しい。

3○　住宅の品質確保の促進等に関する法律第2条第2項により、正しい。

4○　消防法第9条の2第2項、同法施行令第5条の7第1項第1号イ、ロにより、正しい。

5×　長期優良住宅の普及の促進に関する法律第8条第1項、同規則第7条第1号により、誤り。**6か月以内の変更であれば軽微な変更となり、認定は不要。**

令和2年　建築構造

No.1　応力計算（断面二次モーメント）
正答　2

　断面Aは3つの図形に分けてのたし算、断面Bはひき算で考える。

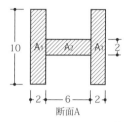

断面A

断面二次モーメント$I = \dfrac{bh^3}{12}$ より、

$$I_{A1} = \dfrac{2 \times 10^3}{12} = \dfrac{500}{3}$$

$$I_{A2} = \dfrac{6 \times 2^3}{12} = 4$$

$$I_A = I_{A1} \times 2 + I_{A2}$$

$$= \dfrac{500}{3} \times 2 + 4 \fallingdotseq 337.33$$

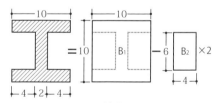

断面B

$$I_{B1} = \dfrac{10 \times 10^3}{12} = \dfrac{2500}{3}$$

$$I_{B2} = \dfrac{4 \times 6^3}{12} = 72$$

$$I_B = I_{B1} - I_{B2} \times 2$$

$$= \dfrac{2500}{3} - 72 \times 2 \fallingdotseq 689.33$$

よって、選択肢**2**の組合せが正しい。

No.2　応力計算（曲げ応力度）
正答　1

　曲げ応力度は、$\sigma = \dfrac{M}{Z}$ より求められる。Mは、片持ち梁の支点にて最大となるので、等分布荷重を集中荷重に置き換えて求める。

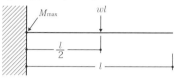

$$M_{max} = wl \times \dfrac{l}{2} = \dfrac{wl^2}{2}$$

Zは、断面係数で$Z = \dfrac{bh^2}{6}$ となる。
よって、

$$\sigma = M \div Z = \dfrac{wl^2}{2} \div \dfrac{bh^2}{6}$$

$$= \dfrac{wl^2}{2} \times \dfrac{6}{bh^2} = \dfrac{3wl^2}{bh^2}$$

よって、選択肢**1**が正しい。

No.3　応力計算（静定梁）
正答　5

1○　支点の反力は、解図−2において求めるときにも等分布荷重に置き換えて求める。そのときには、$2\text{kN/m} \times 6\text{m} = 12\text{kN}$の集中荷重となり、解図−1と同様になり、正しい。

2○　解図−1も解図−2も点Cにおいて、最大曲げモーメントとなる。

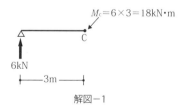

解図−1

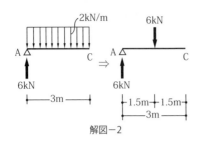

解図－2

$M_c = 6 \times 3 - 6 \times 1.5 = 18 - 9$
$\qquad = 9\,\text{kN·m}$

上図のように、変更後の解図－2の方が小さくなり、正しい。

3○　単純梁のたわみ量は中央が最大となり、次式により求められる。

単純梁＋集中荷重（図－1）

$\delta = \dfrac{Pl^3}{48EI}$

（E：ヤング係数、I：断面二次モーメント）

単純梁＋等分布荷重（図－2）

$\delta = \dfrac{5wl^4}{384EI}$

条件の値を代入する。

ただし、E：ヤング係数とI：断面二次モーメントは共通なので省略する。

図－1：$\delta = 12 \times 6^3/48 = 54$

図－2：$\delta = 5 \times 2 \times 6^4/384 = 33.75$

よって、変更後の解図－2の方が小さくなる。

4○　軸方向は、共に発生していないので、変更後もかわらず正しい。

5×　せん断力は荷重と反力より、次の図になる。

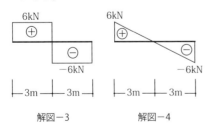

解図－3　　　　解図－4

よって、最大せん断力は、**どちらも6kNとなり、変更後も変わらないため**、説明は誤りである。

No.4　応力計算（静定ラーメン）
正答　5

まず、Bにおけるモーメントが$4P$になっていることに注目すると、$H_A = P$（右向き）とわかる。

$M_B = H_A \times 4 = 4P \quad H_A = P$

つり合い条件式より、水平力Hを考えると、F点における外力はP（左向き）とわかるので、選択肢2と4は誤りである。

次にEにおけるモーメントが$2P$になっていることに注目すると、

$M_E = -P \times 4 + V_A \times 2 = 2P$
$\qquad -4P + 2V_A = 2P$
$\qquad\qquad V_A = 3P$（上向き）

※時計回りを＋として考える。

次にDにおけるモーメントが0になっていることに注目し、E点の外力をnPと考える。

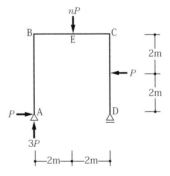

$M_D = 3P \times 4 - nP \times 2 - P \times 2 = 0$
$\qquad 12P - 2nP - 2P = 0$
$\qquad\qquad -2nP = -10P$
$\qquad\qquad\qquad n = 5$

よってE点に発生する外力は$5P$だとわかり、外力の正しい組合せは選択肢**5**である。

No.5 応力計算（トラス）
正答　2

　　移動支点にはモーメントが発生しないことを利用して反力を求める。

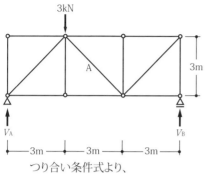

　つり合い条件式より、

$V_A - 3 + V_B = 0$

$V_A + V_B = 3$

$M_B = V_A \times 9 - 3 \times 6 = 0$

$9V_A = 18$

$V_A = 2kN$（上向き）

　次に、リッターの切断法を利用し、Aを通過するように、図のように切断する。

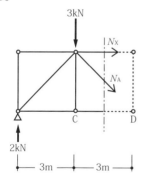

　また、下段の左から2つ目の節点をC、3つ目の節点をDとおき、切断した軸の軸方向力を中央に向かってN_A、N_Xとおく。

　各節点のMは0となるので、

$M_D = 2 \times 6 - 3 \times 3 + N_X \times 3 = 0$

$12 - 9 + 3N_X = 0$

$3N_X = -3$

$N_X = -1kN$（右向き）

マイナスなので、

$N_X = 1kN$（左向き）

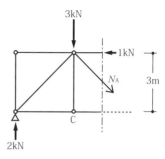

$M_C = 2 \times 3 - 1 \times 3 + N_A \times 1.5\sqrt{2}$
$= 0$

$6 - 3 + 1.5\sqrt{2}N_A = 0$

$1.5\sqrt{2}N_A = -3$

$N_A = -\dfrac{3}{1.5\sqrt{2}}$

$= -\dfrac{2}{\sqrt{2}}$

$= -\sqrt{2}kN$（圧縮）

よって、選択肢**2**が正しい。

プラスα

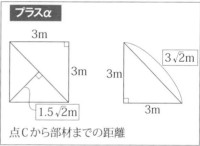

点Cから部材までの距離

No.6　応力計算（座屈）
正答　1

　　弾性座屈荷重は、$P = \dfrac{\pi^2 EI}{(l_k)^2}$ より求められる。

　図より、柱の固定がわかるので、座屈長さ係数は2.0とわかる。またπとEは共通で、断面二次モーメントも10^{-5}が共通なので省略して考える。

令和2年

1〇 $\dfrac{2}{(2 \times 2)^2} = \dfrac{2}{16} = 0.125$

2× $\dfrac{3}{(2.5 \times 2)^2} = \dfrac{3}{25} = 0.12$

3× $\dfrac{4}{(3 \times 2)^2} = \dfrac{4}{36} = 0.11$

4× $\dfrac{5}{(3.5 \times 2)^2} = \dfrac{5}{49} = 0.10$

5× $\dfrac{6}{(4 \times 2)^2} = \dfrac{6}{64} = 0.09$

　　各選択肢を比較すると、選択肢**1**が最も大きくなる。

No.7　設計用地震力
正答　3

1〇　標準せん断力係数C_0は、地盤が著しく軟弱な区域内の木造建築物は**0.3以上**とされている。

2〇　岩盤や硬質砂れき層などの硬い地盤は、**第一種地盤**である。

3×　$C_i = ZR_tA_iC_0$（C_i：地震層せん断力係数、Z：地域係数、R_t：振動特性係数、A_i：地震層せん断力係数の高さ方向の分布、C_0：標準せん断力係数）であり、地震層せん断力の分布を示すC_i**は上階ほど大きくなる。**

4〇　深さ20mまでは、深くなるほど水平震度kは小さくなる。

5〇　地震地域係数Zは、沖縄は**0.7**、その他の地域で**0.8、0.9、1.0**が割り振られている。

No.8　風圧力
正答　4

　　風圧力＝速度圧（q）×風力係数（C_f）
風力係数（C_f）＝建築物の外圧係数（C_{pe}）
－建築物の内圧係数（C_{pi}）
今回の条件の数値を代入すると
風圧力$= 1000 \times (0.8 - (-0.2))$
$\qquad = 1000 \times 1.0$
$\qquad = 1000\text{N/m}^2$
よって、選択肢**4**が正しい。

No.9　地盤及び基礎構造
正答　1

1×　地盤の長期許容応力度の大小関係は、岩盤（1000kN/m²）>**密実な砂質地盤（200kN/m²）>粘土質地盤（20kN/m²）**である。

2〇　設問のとおりである。直接基礎の鉛直支持力は、**支持力方式による方法**または**平板載荷試験による方法**のいずれかによって算定する。

3〇　設問のとおりである。同一の建築物において、**異種の基礎を併用する**ことは、できるだけ**避ける。**

4〇　固定荷重については、基礎スラブ上部の土被り重量を考慮する。

5〇設問のとおりである。直接基礎の底盤の位置については、雨水等の影響を受けない**密実で良好な地盤**かつ**凍結のおそれの少ない地盤**とする。

No.10　木造建築物の部材
正答　5

1〇　棟木とは、屋根の面と面がぶつかる**中央**に通る木で、真束はそれを支える。

2〇　長押は、和室の壁を囲む造作材で、**鴨居の上に水平**に取り付けられる。

3〇　軒桁と垂木との高低差による隙間を埋めるための板である。

4〇　説明のとおり、**補助的な役割**をもつ部材である。

5×　説明は**根太掛け**である。際根太は**平行に連続配置した端部の根太**である。

No.11　木造建築物の構造設計
正答　3

1〇　設問のとおりである（建基令第46条第4項）。

2〇　設問のとおりである。一般的には**50**となる（同法施行令第46条第4項表3）。

3×　継手位置は構造上弱点となるため**揃えない。**

4〇　枠組壁工法においては、**耐力壁線相互の距離は12m以下**とし、かつ、**壁面線で囲まれた部分の水平投影面積を40m²以下**とする。ただし、床版の枠組材と床材とを緊結する部分を構造耐力

上有効に補強した場合には60m²以下とする（国告第1540号・第1541号）。

5○ 設問のとおりである。枠組壁工法は、床や壁、天井の面で建物を支える工法である。

No.12 木質構造
正答 2

1○ 設問のとおりである。アンカーボルトは**土台継手付近や筋かい下端部付近に約2m間隔**とするとよい。

2× 許容引張耐力は、ボルトの長さが変わっても**変化しない**。

3○ 設問のとおり、ほぞ差しなどを使い、せん断力を伝達できる仕口とする。

4○ 設問のとおり、部材内部に埋め込む。

5○ 設問のとおりである。柱及び梁において、30分耐火の性能が要求される場合、**25mmの燃えしろ**を除いた断面に生じる長期応力度が短期許容応力度を超えないようにする。

No.13 補強コンクリートブロック造
正答 1

1× 耐力壁の端部に縦方向に設ける鉄筋の径は、**12mm以上**とする。

2○ 設問のとおりである（建基令第62条の6第2項）。

3○ 耐力壁の端部及び隅角部は、原則として、場所打ちコンクリートで形成する構造とする。

4○ 耐力壁を一体化させ強度を維持する。

5○ 耐力壁の**壁長を550mm以上**かつ耐力壁の有効高さの30%以上としなければならない。

No.14 鉄筋コンクリート構造
正答 3

1○ 設問のとおりである。柱の鉄筋量は**コンクリート全断面積の0.8%以上**とする。

2○ 設問のとおりである。スパイラル筋は135°フック帯筋よりも**靭性効果が大きい**。

3× コンクリートの引張強度は非常に小さ

く圧縮強度の1/10程度であり、通常の構造設計では、ひび割れの発生を考慮して**許容引張応力度は無視**する。

4○ 設問のとおりである。帯筋・あばら筋は、一般に、せん断ひび割れの発生を抑制するものではないが、ひび割れの伸展を防止し、**部材のせん断終局強度を増大**させる効果がある。

5○ 設問のとおりである。壁板の**厚さが200mm以上**ある場合には、壁筋を**複配筋**（ダブル配筋）とする。

No.15 鉄筋コンクリート構造
正答 2

1○ 鉄筋継手は部材応力ならびに**鉄筋存在応力度の小さい箇所**に設ける。

2× D35以上の鉄筋は、ガス圧接等で接合し、**重ね継手は用いない**。

3○ 柱のせん断補強筋比$(p_w = a_w/b_x)$は、0.2% ≦ p_w ≦ 1.2%

4○ 圧縮鉄筋が応力を負担することで、コンクリートのクリープが軽減される。また、**主要な梁は全スパン複筋梁**とする。

5○ 正負の軸力（引張、圧縮）が鉄筋にかかるので、**付着劣化を確かめること**が必要である。

No.16 鉄骨構造
正答 5

1○ 設問のとおり、**埋込形式柱脚は「2倍以上の埋込深さとする」**（国告第1456号第3号）。

2○ 有効断面積は、材軸に垂直な面の**全断面積から、ボルト孔による欠損面積の最大の物を引いた面積**である。

3○ トラスを構成する圧縮材の座屈長さは、**構面内座屈では節点間距離**となり、**構面外座屈では横補剛間隔**となる。

4○ 強軸回りに曲げを受ける部材には、急に圧縮側が構面外にはらみ出し、その現象を横座屈という。

5× H形鋼の梁においては、一般に、**せん断力の大部分をウェブで、曲げモー**

メントの大部分をフランジで負担するように設計する。

No.17　鉄骨構造の接合

正答　4

1○　片面溶接で**ルート部に曲げ**または荷重の偏心によって生じる**付加曲げ**による引張力が作用する場合には**使用できない**。

2○　1つの継手に2種類以上の溶接を併用するときには、各溶接継目の許容耐力に応じ、**それぞれの応力を分担する**ことができる。

3○　設問のとおり、**強度を保つために2**列以上の隅肉溶接を用いる。

4×　高力ボルト接合において、ボルト孔の中心間の距離は**公称軸径の2.5倍以**上とする。

5○　山形鋼、溝形鋼をガセットプレートの片側だけに接合された引張材では、偏心を考慮して、有効断面からさらに**突出脚の1/2の断面積**を減じた断面積によって断面の検定を行うことができる。

No.18　建築物の固有周期

正答　1

1×　固有周期は、次の式から求められ、**質量が大きいほど固有周期が長くなる**。

固有周期（T）
$$= 2\pi\sqrt{質量（M）÷剛度（k）}$$

2○　設計用一次固有周期 $T = h$（$0.02 + 0.01\alpha$）より求められる。

h:高さ、α:係数（S造＝1、RC造＝0）

3○　設問のとおりである。一般に、建物が重く大きくなるほど、固有周期は**長く**なる。

4○　耐震スリットを設けることで、**水平剛性が低減**され、結果固有周期が長くなる。

5○　免震構造では、水平剛性の小さい積層ゴム支承や摩擦係数の小さいすべり支承などを用いて、上部構造に伝わる地震動を**長周期化**（固有周期を長く）

して、**応答加速度を著しく低減**する。

No.19　構造計画

正答　5

1○　**靭性（粘り強さ）**が乏しくとも強度を十分高めれば耐震性を確保できる。

2○　エキスパンションジョイントのみで接している場合、それぞれ別の建築物として、計算を行う（建基法第20条第2項、建基令第36条の4）。

3○　**層間変形角は1/200以内**とする（建基令第82条の2）。

4○　大梁は、**接合する梁部材が十分に塑性化するまで**、接合部が破断しないようにすることが重要である（昭55年建告第1791号）。

5×　偏心率の算定にあたり、RC構造においては袖壁、腰壁の合成を考慮した場合と考慮しない場合の値の**大きい方を用いる**（建基令第82条の6）。

No.20　木材及び木質材料

正答　2

1○　設問のとおりである。なお、CLTとは、直交集成板のことである。

2×　板目材は、**乾燥すると、木表側に凹に変形**する。

3○　軟木は針葉樹であり構造材によく用いられる。対して硬木は広葉樹で造作や家具によく用いられる。

4○　加圧式防腐処理木材は、**加工した面を再処理**する必要がある。

5○　**木材の比重は、気乾状態の比重で**表す。樹種により空隙率が異なるので、比重は樹種により異なる。

No.21　コンクリート

正答　4

1○　単位水量が少ないほど、乾燥収縮の程度は小さくなる。

2○　中性化速度は、水セメント比が小さいほど遅くなる。

3○　気乾単位容積質量が大きいほどヤング係数は大きくなる。

4×　コンクリートの強度の大小関係は、

圧縮＞曲げ＞引張りである。

5○ 設問のとおりである。施工時の打継不良に注意する。

No.22 コンクリートの材料
正答 5

1○ フライアッシュは、一般に、コンクリートのワーカビリティーを良好にする。しかし中性化速度は速くなる。

2○ 高炉スラグ微粉末は、コンクリートの**温度上昇の抑制**、コンクリート組織のち密化による**水密性の向上**、海水や酸・硫黄塩に対する**化学抵抗性の向上**、アルカリシリカ反応の抑制などに効果がある。

3○ 膨張材は、コンクリートに膨張性を与えるものであり、**収縮によるひび割れの発生を低減**することができる。

4○ AE剤によりコンクリート中に連行された微小な独立した空気泡は、**耐凍害性を高める**。

5× 実積率とは、容器に満たした骨材の絶対容積の、その容器の容積に対する百分率で表したものであり、**実積率が大きい方が良好とされる**。

No.23 建築材料（鋼材）
正答 4

1○ 高温で熱することで鋼材の表面に酸化膜が形成される。**赤錆の発生を防ぐ効果がある**。

2○ 炭素含有量が多くなると、硬質となり**引張強さが大きくなり、伸びは小さく**なる。

3○ 設問のとおりである。一般に、**温度が250〜300℃で強度は最大**となる。

4× 鋼材の記号にある数値は、**引張強さの下限値**を表している。

5○ **建築構造用圧延鋼材**は、**SN材**と呼ばれ、日本産業規格（JIS）により規格化された鋼材である。

No.24 建築材料（ガラス）
正答 3

1○ 網入り板ガラスは、**強度は同程度の**厚さのフロート板ガラスに比べ低いが、**ガラスの飛散防止に有効**である。

2○ 型板ガラスは、片側表面に凹凸があるガラスで、光をやわらかく室内全体に採り入れることができると同時に、視界を遮ることもでき、装飾性があるために、**室内の間仕切りや食器棚の表面**などに使われる。

3× 熱線吸収板ガラスはガラスの原料に微量の鉄、コバルトなどの金属を加えたもので、太陽の**日射エネルギーを吸収する**。室内に差し込む日射量を抑え室内温度の上昇を抑えることができる。**設問は熱線反射板ガラスの説明である**。

4○ 設問のとおりである。強化ガラスは強度が高いが割れ・ひびにより細かな粒状となるが、倍強度ガラスは強化ガラスよりは強度は劣るが、**大きな破片となり脱落しにくい**。

5○ 設問のとおりである。ガラスブロックは内部が中空となっており、**断熱性や遮音性**が優れている。

No.25 建築材料
正答 2

1○ けい酸カルシウム板は、**断熱性が高く、不燃材**であることから、**防火構造や耐火構造の天井・壁や鉄骨の耐火被覆**に使用される。

2× パーティクルボードは、木片を接着剤で加熱圧縮成形した板である。**耐火性に劣る**。

3○ 設問のとおり、せっこうボードは、遮音性、断熱性、防火性に優れるが、**衝撃に弱く吸水すると強度が低下する**。

4○ ロックウール化粧吸音板は、吸音性以外にも**防火性**や**断熱性**に優れている。

5○ 設問のとおり。なお、**ALC（軽量気泡コンクリート）**は防水性に劣るので外部に使用するときには**防水処理が必要**となる。

令和2年

令和２年　建築施工

No.1　ネットワーク工程表
正答　3

　　　設問のネットワーク工程表の各イベント（○）の最早開始時刻（○の数字）と最も時間のかかる経路であるクリティカルパス（太線：A→C…D→F→H）は次のとおりである。

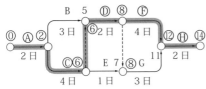

1○　H作業が終了するのは最短で**14日**である。

2○　クリティカルパス上のC作業の所要日数を２日短縮すると、B作業が終了する５日がD作業の最早開始時刻となり、D作業の最早開始時刻が６日から５日に１日短縮され、工事全体の作業日数は、**１日の短縮**となる。

3×　E作業はクリティカルパス上の作業ではなく、E作業の所要日数が１日延長しても、G作業の最早開始時刻は８日のまま変わらないので、工事全体の作業日数は**変わらない**。

4○　クリティカルパス上のF作業の所要日数を１日短縮すると、作業Fと作業Gの終了する11日がH作業の最早開始時刻となり、12日から11日に１日短縮され、工事全体の作業日数は**１日の短縮**となる。

5○　G作業はクリティカルパス上の作業ではなく、G作業の所要日数を１日延長しても、H作業の最早開始時刻は12日のまま変わらないので、工事全体の作業日数は**変わらない**。

No.2　届・報告・申請書
正答　5

1○　クレーン設置届の提出先は、**労働基準監督署長**である（クレーン等安全規則第5条）。

2○　特定元方事業者の事業開始報告の提出先は、**労働基準監督署長**である（労働安全衛生規則第664条）。

3○　特殊車両通行許可申請書の提出先は、**道路管理者**である（車両制限令第12条）。

4○　道路使用許可申請書の提出先は、**警察署長**である（道路交通法第77条）。

5×　危険物貯蔵所設置許可申請書の提出先は、**都道府県知事または市町村長**である（消防法第11条）。

No.3　作業主任者の選任
正答　1

1○　高さ5.0m以上の木造建築物の構造部材組立又はこれに伴う屋根下地、外壁下地の取付け作業には、選任が必要である（労働安全衛生法施行令第6条第15号の4）。

2×　高さ5.0m以上の鉄鋼造の建築物における骨組み又は塔であって、金属製の部材により構成されるものの組立て、解体又は変更の作業には、選任が必要である（同法施行令第6条第15号の2）。

3×　つり足場（ゴンドラのつり足場を除く）、張出し足場又は高さが5.0m以上の構造の足場の組立て、解体又は変更の作業には選任が必要である（同法施行令第6条第15号）。

4×　高さ5.0m以上のコンクリート造の工作物の解体又は破壊の作業には選任が必要である（同法施行令第6条第15号の5）。

5×　高さが2m以上となる場合に、選任が必要になる（同法施行令第6条第9号）。

No.4 廃棄物等
正答 5

1○ 工作物の新築、改築又は**除去**に伴って生じた**コンクリートの破片**その他これに類する不要物は、産業廃棄物に該当する（廃棄物の処理及び清掃に関する法律施行令第2条第9号）。

2○ 木くず（建設業に係るもの（工作物の新築、改築又は**除去**に伴って生じたものに限る。））は、産業廃棄物に該当する（同法施行令第2条第2号）。

3○ **石綿建材除去事業**において用いられ、廃棄されたプラスチックシート、粉塵マスクや作業衣その他の用具又は器具等で石綿が付着しているおそれのあるものは、特別管理産業廃棄物に該当する（同法施行規則第1条の2第9項第3号）。

4○ ポリ塩化ビフェニル処理物は、特別管理産業廃棄物に該当する（同法施行令第2条の4第5号ハ）。

5× 紙くず（建設業に係るもの（工作物の**新築**、改築又は除去に伴って生じたものに限る。）、パルプ、紙又は紙加工品の製造業、新聞業、出版業、製本業及び印刷物加工業に係るもの並びにポリ塩化ビフェニルが塗布され、又は染み込んだものに限る。）は、**産業廃棄物**に該当する（同法施行令第2条第1号）。

No.5 仮設工事の枠組足場
正答 5

1○ 水平材は、**最上層及び5層以内**ごとに設ける（労働安全衛生規則第571条第5号）。

2○ **交差筋かい**及び**高さ15cm以上40cm以下の桟**または高さ15cm以上の幅木又はこれらと同等以上の機能を有する設備を設ける（同規則第563条第1項第3号イ）。

3○ 高さ85cm以上の手すり又はこれと同等以上の機能を有する設備、高さ35cm以上50cm以下の桟またはこれと同等以上の機能を有する設備を設ける（同規則第552条第1項第4号）。

4○ 床材間の隙間は、**3cm以下**とする（同規則第563条第1項第2号ロ）。

5× 同規則第570条第1項第5号より、壁つなぎの間隔は、鋼管足場の種類に応じ、それぞれ下表の下欄に掲げる値以下とする。

鋼管足場の種類	間隔（m）	
	垂直方向	水平方向
単管足場	5	5.5
わく組足場（高さが5m未満のものを除く。）	9	8

したがって、壁つなぎの間隔を、**垂直方向9m以下**、**水平方向8m以下**としなければならない。

No.6 木造住宅の基礎工事
正答 5

1○ べた基礎の地面から基礎の立上り部分の上端までの高さは、**400mm以上**とする（住宅金融支援機構木造住宅工事仕様書3.3基礎工事）。

2○ 布基礎の底盤部分の主筋は**D10以上**、間隔は**300mm以下**とする（住宅金融支援機構木造住宅工事仕様書3.3基礎工事）。

3○ 布基礎などべた基礎以外の基礎に防湿用のコンクリートを施工する場合、床下地面全面に厚さ**60mm以上**のコンクリートを打設する（住宅金融支援機構木造住宅工事仕様書3.3基礎工事）。

4○ ねこ土台を使用する場合は、外周部の土台の全周にわたって、1m当たり有効面積$75cm^2$以上の換気孔を設ける（住宅金融支援機構木造住宅工事仕様書3.3基礎工事）。（次ページの図参照）

令和2年

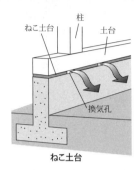

ねこ土台

5×　普通ポルトランドセメントを用いる場合の型枠の存置期間は、気温15℃以上の場合は3日以上、5℃以上15℃未満の場合は5日以上とする（住宅金融支援機構木造住宅工事仕様書3.3基礎工事）。

No.7　地盤調査等
正答　2

1○　電磁波探査法は、地表面付近にある**地下埋設物の調査**などに用いられる。

2×　ベーン試験は、**粘土質地盤**のせん断強度の試験に用いられる。

3○　**標準貫入試験**は、ボーリングによって掘削した孔を利用して行われる。

4○　スウェーデン式サウンディング試験の結果は、地盤の**許容応力度**の算定などに利用される。

5○　地層の透水係数を求めるための透水試験には、**ボーリング孔**を利用して実施する方法がある。

No.8　コンクリート工事
正答　3

1○　コンクリート棒形振動機は、打込み各層ごとに用い、その**下層に振動機の先端が入る**ように、ほぼ垂直に挿入する。コンクリート棒形振動機を引き抜くときは、コンクリートに穴を残さないように加振しながら徐々に引き抜く（公共建築工事標準仕様書6コンクリートの工事現場内運搬、打込み及び締固め）。

2○　パラペットの立上り、ひさし、バルコ

ニー等は、これを**支持する構造体部分と同一の打込み区画**とする（公共建築工事標準仕様書6コンクリートの工事現場内運搬、打込み及び締固め）。

3×　打継ぎ面は、レイタンス及びぜい弱なコンクリートを取り除き、健全なコンクリートを露出させる。打継ぎ面のコンクリートは乾燥させるのではなく、**湿潤養生**を行う（公共建築工事標準仕様書6コンクリートの工事現場内運搬、打込み及び締固め）。

4○　コンクリートを寒気から保護し、打込み後5日間以上は、コンクリート表面を**2℃以上**に保つ（公共建築工事標準仕様書6養生）。

5○　供試体の養生方法は**標準養生**とする（公共建築工事標準仕様書6試験等）。

No.9　コンクリート工事
正答　5

1○　荷卸し直前にトラックアジテータのドラムを**高速回転**して、コンクリートが均質になるようにすること（公共建築工事標準仕様書6レディーミクストコンクリート工場の選定、コンクリートの製造及び運搬）。

2○　空気量の許容差は、**±1.5％**とする（公共建築工事標準仕様書6コンクリートの品質管理）。

3○　コンクリートのスランプの許容差は、スランプ**8cm以上18cm以下**の場合は、**±2.5cm**である。設問の20cm－18cm＝＋2cmは許容差に該当する（公共建築工事標準仕様書6コンクリートの品質管理）。

スランプ（cm）	スランプの許容差(cm)
8以上18以下	±2.5
21	±1.5

（注）呼び強度27以上で、高性能AE減水剤を使用する場合は、±2とする。

4○　コンクリートの圧送に先立ち、富調合のモルタルを圧送して、コンクリート

の品質変化を防止すること。なお、圧送後の**モルタル**は、**型枠内に打ち込んではならない**（公共建築工事標準仕様書6コンクリートの工事現場内運搬、打込み及び締固め）。

5× コンクリートの練混ぜから打込み終了までの時間は、外気温が25℃以下の場合は120分以内とし、**25℃を超える場合は90分以内**とする（公共建築工事標準仕様書6コンクリートの工事現場内運搬、打込み及び締固め）。

No.10 型枠工事
正答 4

1○ 打放し仕上げ面は、型枠締付け金物にコーンを使用する箇所の一つである（公共建築工事標準仕様書6型枠）。

2○ せき板の種類・材料は、合板は、**日本農林規格の「コンクリート型枠用合板の規格」**に適合するものを用いる（JASS 5せき板の材料・種類）。

3○ 型枠には、打込み前の清掃用に**掃除口を設ける**（JASS 5型枠の加工及び組立て）。

4× 片持梁または片持スラブの支保工の存置期間は、構造体コンクリートの圧縮強度がその部材の**設計基準強度に達したことが確認されるまで**とする（JASS 5型枠の存置期間）。

5○ せき板を再使用する場合は、コンクリートに接する面をよく清掃し、締付けボルトなどの貫通孔または破損箇所を修理のうえ、必要に応じて**剥離剤を塗布**して用いる（JASS 5せき板の材料・種類）。

No.11 鉄筋工事
正答 1

1× 隣り合う継手の位置は、圧接継手・溶接継手の場合、**400mm以上ずらす**（公共建築工事標準仕様書5加工及び組立）。

2○ 鉄筋表面のごく薄い赤錆は、**コンクリートの付着も良好で害はない**が、粉状になるような赤錆はコンクリートの付着を低下させるので、ワイヤーブラシまたはハンマなどで取り除くのがよい（JASS 5鉄筋及び溶接金網の取扱い保管）。

3○ 圧接部の折れ曲がりが規定値を超えた場合は、**再加熱**して修正する（公共建築工事標準仕様書5ガス圧接）。

4○ 圧接部のふくらみの直径は、鉄筋径（径の異なる場合は細い方の鉄筋径）の**1.4倍以上**であること（公共建築工事標準仕様書5ガス圧接）。

5○ 柱の鉄筋サポートおよびスペーサーの配置は、特記のない場合は、所定の位置・数量のものを、**同一平面に点対称**となるように設置する（JASS 5直組み鉄筋）。

No.12 鉄骨工事
正答 1

1× ターンバックル付き筋かいを有する構造物においては、その筋かいを用いて建入れ直しを**行ってはならない**（JASS 6建方）。

2○ 溶接継手におけるエレクションピースなどに使用する仮ボルトは、**高力ボルトを使用して全数締め付ける**（JASS 6建方）。

3○ 高力ボルト継手では、仮ボルトは中ボルトなどを用い、ボルト一群に対して**1/3程度かつ2本以上**をウェブとフランジにバランスよく配置して締め付ける（JASS 6建方）。

4○ 接合部に肌すきがある場合の処理は、**肌すき量1mm以下は処理不要**、肌すき量1mmを超えるものはフィラープレートを入れる（JASS 6接合部の組立て）。

5○ 高力ボルト孔の孔あけ加工は、接合面をブラスト処理する場合は、**ブラスト前に孔あけ加工する**（JASS 6孔あけ加工）。

令和2年

No.13　鉄骨工事における溶接
正答　2

1○　溶接部は、溶接に先立ち、水分、油、スラグ、塗料、錆、溶融亜鉛めっきの付着等の**溶接に支障となるものを除去**する（公共建築工事標準仕様書7溶接接合）。

2×　溶接長さは、有効長さに隅肉サイズの**2倍**を加えたものであり、その長さを確保するように施工する（JASS6隅肉溶接）。

3○　完全溶込み溶接突合せ継手及び角継手の余盛高さの**最小値は0mm**とする。余盛は応力集中を避けるため、なめらかに仕上げ、過大であったりビード表面形状に不整があってはならない（JASS6完全溶込み溶接）。

4○　溶接部の不合格箇所の補修用溶接棒の径は、手溶接の場合は、**4mm以下**とする（公共建築工事標準仕様書7溶接接合）。

5○　溶接を**適切な姿勢**で行うために**作業架台やポジショナ**を設置し、有効に活用する（JASS 6溶接施工一般）。治具などを使用し、できるだけ下向きの姿勢で行う。

No.14　補強コンクリートブロック造工事
正答　3

1○　壁縦筋の**上下端**は、がりょう、基礎等に定着する（公共建築工事標準仕様書8補強コンクリートブロック造）。

2○　直交壁がある場合は、直交壁に定着又は直交壁の横筋に**重ね継手**とする（公共建築工事標準仕様書8補強コンクリートブロック造）。

3×　ブロック積みは、**隅角部から中央部**に向かって、順次に水平に積み進める。

4○　押し目地仕上げは、目地モルタルが**硬化する前**に、目地こてで押さえる（公共建築工事標準仕様書8補強コンクリートブロック造）。

5○　モルタルと接するブロックの面は、モルタルの練り混ぜ水を過度に吸収しないように、適度に**水湿し**を行う（公共建築工事標準仕様書8補強コンクリートブロック造）。

No.15　木造軸組工法の接合物
正答　4

1○　かど金物は、引張りを受ける**柱の上下**の接合に用いられる。

2○　短ざく金物は、上下階の**柱相互の接合**に用いられる。

3○　かね折り金物は、**通し柱と胴差し**の取り合いに用いられる。

4×　折曲げ金物は、ひねり金物同様に、**垂木と軒桁の接合**に用いられる。小屋組の隅角部の補強には、**火打金物**が用いられる。

5○　ひねり金物は、**垂木と軒桁の接合**に用いられる。

No.16　木工事
正答　3

1○　**外気に通じる床裏、小屋裏又は天井裏の壁で外気に接するもの**は、断熱構造としなくてもよい部分である（住宅金融支援機構木造住宅工事仕様書7.2施工部位）。

2○　部材の反っている凸側を背、凹側を腹という。梁は、**背を上にして取り付ける。

3×　大引の継手は、束心から150mm程度持ち出し、**腰掛あり継ぎ**、釘2本打ちとする（公共建築工事標準仕様書12鉄筋コンクリート造等の内部間仕切軸組及び床組）。

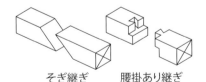

そぎ継ぎ　　　腰掛あり継ぎ

4○　継伸ばしの都合上、やむを得ず短材を使用する時は、土台で布基礎のある場合でも**1m程度**を限度とする（公共

建築工事標準仕様書12共通事項）。

5○　構造用面材による床組の補強方法において、根太を設けた床組とし、根太と床ばり及び胴差しの上端高さが同じ場合の根太の間隔は**500mm以下**とする（住宅金融支援機構木造住宅工事仕様書5.8床組）。

No.17　防水工事
正答　2

1○　伸縮調整目地は、**保護コンクリートの上から下まで通して**、かつ、周辺の立上り部等まで達するように目地が切られていないと、目的が十分達成できない（建築工事監理指針9アスファルト防水）。

2×　加硫ゴム系シートの場合は、ルーフィングシートの重ね幅は、軸方向、長手方向とも**100mm以上**とする（公共建築工事標準仕様書9合成高分子系ルーフィングシート防水）。

3○　防水層の下地は、出隅は通りよく45°の面取りとし、**入隅は通りよく直角**とする（公共建築工事標準仕様書9合成高分子系ルーフィングシート防水）。

4○　プライマー塗りは、当日の施工範囲をむらなく塗布する（公共建築工事標準仕様書9塗膜防水）。

5○　目地深さが所定の寸法の場合は、目地底にボンドブレーカーを用いて**二面接着**とする（公共建築工事標準仕様書9シーリング）。

No.18　左官工事、タイル工事及び石工事
正答　4

1○　モルタルの練混ぜは、原則として、機械練りとする。1回の練混ぜ量は、**60分以内**に使い切れる量とする（公共建築工事標準仕様書15モルタル塗り）。

2○　セルフレベリング材塗り後、硬化するまでは、**窓や開口部をふさぐ**。その後は、自然乾燥状態とする（公共建築工事標準仕様書15セルフレベリング材塗り）。

3○　下地のひび**割れ誘発目地、打継ぎ目地**及び構造スリットの位置並びに他部材との取合い部には、伸縮調整目地を設ける（公共建築工事標準仕様書11共通事項）。

4×　密着張りは、張付けモルタルは**2層に分けて**塗り付けるものとし、**1層目はこて圧をかけて**塗り付ける（公共建築工事標準仕様書11セメントモルタルによるタイル張り）。

5○　石材の形状及び寸法は、特記がなければ、形状は**正方形に近い矩形**とし、その大きさは石材1枚の面積が**0.8m²以下**とする（公共建築工事標準仕様書10材料）。

No.19　塗装工事
正答　1

1×　吹付け塗装においては塗装用スプレーガンを用いる。ガンの種類、口径、空気圧等は、用いる塗料の性状に応じて適切なものを選び、吹きむらのないよう一様に塗る（公共建築工事標準仕様書18共通事項）。一般には適切に**塗り重ね**ながら一様に塗る。

2○　スプレー塗装時の空気圧力が低いと、**噴霧が粗く塗り面がゆず肌状**になるので、スプレーガンの口径に応じて空気圧力を調整する。

3○　屋内の木部つや有合成樹脂エマルションペイント塗りのパテかいには、**合成樹脂エマルションパテ（耐水形）**を使用する（公共建築工事標準仕様書18つや有合成樹脂エマルションペイント塗り（EP－G））。

4○　木部のクリヤラッカー塗りの中塗りには、**サンジングシーラー**を使用する（公共建築工事標準仕様書18クリヤラッカー塗り（CL））。

5○　屋内のモルタル面等のアクリル樹脂系非水分散形塗料塗りは、**下塗り、中塗り、上塗りともに、アクリル樹脂系非水分散形塗料**を使用する（公共建築工

事標準仕様書18アクリル樹脂系非水分散形塗料塗り（NAD））。

No.20　建具工事、ガラス工事、内装工事

正答　5

1〇　コンクリート系下地の場合、サッシアンカーをコンクリートに固定された鉄筋類に**溶接**又はサッシアンカーをコンクリートに固定された**下地金物**にねじ等で留め付ける（公共建築工事標準仕様書16アルミニウム製建具）。

2〇　外部に面する網入り板ガラス等の下辺小口及び縦小口下端から**1/4**の高さには、ガラス用防錆塗料又は防錆テープを用い、防錆処置を行う（公共建築工事標準仕様書16ガラス）。

3〇　ガラスブロック積において、外部に面する下枠の溝には、径**6mm以上**の水抜き孔を**1.0〜1.5m**間隔に設ける（公共建築工事標準仕様書16ガラス）。

4〇　ビニル床シート張りで目地処理する場合の工法は、特記がなければ、**熱溶接工法**とする（公共建築工事標準仕様書19ビニル床シート、ビニル床タイル及びゴム床タイル張り）。

5×　せっこうボード表面に仕上げを行う場合、せっこうボード張付け後、仕上げ材に通気性のある場合で7日以上、**通気性のない場合で20日以上**放置し、直張り用接着剤が乾燥し、仕上げに支障のないことを確認してから、仕上げを行う（公共建築工事標準仕様書19せっこうボード、その他ボード及び合板張り）。

No.21　設備工事

正答　4

1〇　ガス漏れ警報設備の検知器は、LPガスのような空気より比重が重いガスの場合は、消費機器から水平距離で**4m以内**、検知器の上端が床面の上方**0.3m以内**の位置に設置する（公共建築工事標準仕様書（機械設備工事編）2都市ガス設備）。

2〇　各種配管、ボックス、埋込み金物等は、構造耐力上及び耐久性上支障のない位置に配置し、コンクリート打込み時に移動しないよう、所定の位置に**堅固に取り付ける**（公共建築工事標準仕様書6型枠）。

3〇　雨水用排水ます及びマンホールには、排水管などに泥が詰まらないように深さ**15cm以上**の泥だめを設ける。

4×　給水管と排水管が平行して埋設される場合には、原則として、両配管の水平実間隔を**500mm以上**とし、かつ、給水管は排水管の上方に埋設するものとする。また、両配管が交差する場合も、給水管は排水管の上方に埋設する（公共建築工事標準仕様書（機械設備工事編）2配管工事）。水平間隔300mmでは足りないため誤り。

5〇　温水床暖房用の放熱管には、架橋ポリエチレン管等が使用され、架橋ポリエチレン管の接合は、電気融着接合、**メカニカル接合**が用いられる。

No.22　改修工事

正答　2

1〇　タイル張りは接着力試験機により引張接着強度を測定する。

2×　合成樹脂調合ペイント塗り（SOP）は**木部、鉄鋼面及び亜鉛めっき鋼面**に適用される（公共建築改修工事標準仕様書7合成樹脂調合ペイント塗り（SOP））。

3〇　注入器具は、エポキシ樹脂注入材の**硬化後**に撤去する。

4〇　既存コンクリートの鉄骨ブレースの枠が取り付く面には、**目荒らし**を行う。

5〇　連続繊維シートに含浸接着樹脂が充分に含浸していないと、強度を発揮することができないので、上塗りは、シート面に下塗りの**含浸接着樹脂がにじみ出るのを確認後**、実施する。

No.23　測角誤差

正答　4

実測値の度・分・秒ごとの合計を求める。

	度	分	秒
A	117	50	30
B	100	10	20
C	112	20	30
D	108	57	24
E	100	40	40
合計	537	177	144

秒に換算した実測値の合計は次のとおりである。

$537 \times 3600 + 177 \times 60 + 144$
$= 1943964$ ［秒］

五角形の内角の和は、三角形の内角の和180度の3倍の540［度］であるので、秒に換算した五角形の内角の和は次のとおりである。

$540 \times 3600 = 1944000$ ［秒］

したがって測角誤差の大きさは次式で求められる。

$1944000 - 1943964 = 36$ ［秒］

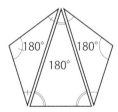

No.24 建築積算
正答 3

1○ 工事費は、**工事価格に消費税等相当額**を合わせたものである（公共建築工事積算基準等資料第2編工事費）。

2○ 一般管理費等には、**現場管理費は含まれない**（公共建築工事積算基準等資料第2編工事費）。

3× 直接工事費には、**直接仮設及び下請経費が含まれる**。

4○ 共通仮設とは、複数の工事種目に共通して使用する総合的な仮設をいい、共通仮設費には、現場事務所などの**仮設建物費が含まれる**（公共建築工事積算基準等資料第3編第2章共通仮設費）。

5○ 直接仮設とは、**工事種目ごとの複数**の工事科目に共通して使用する仮設である（公共建築数量積算基準第2編第1章仮設）。

No.25 設計図書
正答 3

民間建設工事標準請負契約約款（甲）の第1条第1項に次のように規定されている。

「発注者及び受注者は、各々が対等な立場において、日本国の法令を遵守して、互いに協力し、信義を守り、この約款（契約書を含む。以下同じ。）に基づき、**設計図書（添付の設計図、仕様書、現場説明書及びその質問回答書をいう。以下同じ。）**に従い、誠実にこの契約（この約款及び設計図書を内容とする請負契約をいい、その内容を変更した場合を含む。以下同じ。）を履行する。」したがって、**施工図は設計図書に含まれない**。

No.24の図

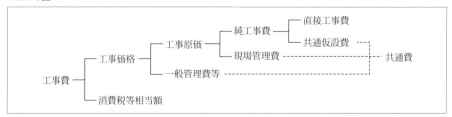

令和元年　正答一覧

合格基準点（総得点）：60点

建築計画 合格基準点：13点	建築法規 合格基準点：13点	建築構造 合格基準点：13点	建築施工 合格基準点：13点
No.1　5	No.1　1	No.1　2	No.1　4
No.2　2	No.2　4	No.2　1	No.2　1
No.3　5	No.3　1	No.3　2	No.3　4
No.4　4	No.4　1	No.4　2	No.4　2
No.5　4	No.5　5	No.5　4	No.5　5
No.6　3	No.6　5	No.6　1	No.6　1
No.7　2	No.7　4	No.7　5	No.7　1
No.8　1	No.8　5	No.8　2	No.8　1
No.9　5	No.9　5	No.9　2	No.9　5
No.10　1	No.10　5	No.10　4	No.10　5
No.11　3	No.11　4	No.11　4	No.11　4
No.12　4	No.12　1	No.12　1	No.12　3
No.13　2	No.13　2	No.13　2	No.13　5
No.14　1	No.14　5	No.14　3	No.14　3
No.15　3	No.15　2	No.15　1	No.15　5
No.16　2	No.16　3	No.16　4	No.16　5
No.17　3	No.17　3	No.17　4	No.17　3
No.18　5	No.18　2	No.18　5	No.18　5
No.19　4	No.19　1	No.19　5	No.19　2
No.20　3	No.20　4	No.20　1	No.20　1
No.21　4	No.21　5	No.21　2	No.21　4
No.22　3	No.22　2	No.22　5	No.22　2
No.23　1	No.23　2	No.23　1	No.23　4
No.24　2	No.24　3	No.24　4	No.24　5
No.25　5	No.25　4	No.25　5	No.25　1

令和元年　建築計画

No.1　日本の歴史的な建築物
正答　5

1○　清水寺は、清水山の斜面に建てられた寺社建築で、**釘を一本も使わず**に最長約12mのケヤキの束柱を組み上げた懸造りの舞台で有名である。

2○　円覚寺舎利殿は、鎌倉時代に禅宗伝来に伴い南宋から伝えられた**禅宗様（唐様）**の建築物である。禅宗様の特徴である、部材の細さ、屋根の反りの強さ、扇垂木、桟唐戸、花頭窓などが用いられている。

3○　鹿苑寺金閣は、最上層を禅宗様仏堂風、第二層を和様仏堂風、初層を寝殿造住宅風の建築様式を用いた**方形造りの舎利殿**である。

4○　中尊寺金色堂は、**方三間**（正面、側面ともに柱間が3間）の仏堂で、鉄筋コンクリート造の覆堂の中に建てられている。平安時代後期の建立で、総漆塗りの金箔押しで仕上げられ、**浄土教建築の代表例**とされている。

5×　薬師寺東塔は、各重に裳階（軒下に設けられた庇や下屋）がついた本瓦葺きの三重塔である。

No.2　西洋建築物の建造年次
正答　2

A　ノートルダム大聖堂は、**初期ゴシック様式**の建築物で、1345年の全面完成とされている。2019年4月の火災により、身廊・翼廊の屋根と尖塔が焼失した。

B　大英博物館は、モンタギュー邸を増改築した典型的なネオクラシシズムの建築物で、1848年に概成した。

C　サン・ピエトロ大聖堂は、**バロック様式**の教会建築で、1626年に2代目が完成したとされている。

D　フィレンツェ大聖堂は、**ルネサンス様式**の建築物で、1436年の完成とされている。

E　ハギア・ソフィアは、**前期ビザンチン様式**の代表的な建築物で、537年の完成とされている。

したがって、年代の古いものから順に並べると、E→A→D→C→Bとなり、選択肢2が正答。

No.3　建築環境工学
正答　5

1○　1g当たりの物質の温度を1℃上げるのに必要な熱量のことを**比熱**といい、単位質量ではなく単位容積当たりの熱量を容積比熱という。容積比熱が**大きい材料ほど**、温めるのに多くの熱量を要する。

2○　照度は、ある面が光を受ける量を示し、受照面の**単位面積当たりに入射する光束**で表される。

3○　NC値は室の静かさを表し、**室内騒音を評価する指標**の一つである。NC－30のように表し、数値が大きいほど許容される騒音レベルは高くなる。

4○　クロ値は、人の温熱に関する快適感に影響する**衣服の断熱性能を表す指標**である。着衣量の単位として用いられ、男性の標準的なサイズの冬用スーツ1着が約1クロである。

5×　顕熱は温度変化を伴う熱をいうのに対し、潜熱は物質が固体→液体、液体→気体、固体→気体、あるいはその逆へと相変化する際に必要とする熱のことをいい、温度変化を伴わない。家電製品やOA機器、**照明器具が発する熱は顕熱**である。

No.4　換気
正答　4　★

1○　室内の空気汚染は、室内の人の呼吸や体臭、喫煙などで進行する。居室の必要換気量は、一般に、**室内の二酸化炭素濃度を基準**に求められる。二

令和元年

酸化炭素の許容濃度は0.1％（1,000ppm）である。

2〇　開放型燃焼器具の必要換気量は、建設省告示により、

$$V = N \times K \times Q$$

　　ただし、V：必要換気量（m³/h）

　　N：定数

　　K：理論廃ガス量（m³/(kW・h)またはm³/kg）

　　Q：燃料消費量（m³/hまたはkg/h）または発熱量（kW/h）

と定められている。

　　換気フードの無い場合のNは**40**である。

3〇　室内の空気圧が室外の大気圧と等しくなる垂直方向の位置を中性帯という。室内温度より外気温度が低いときは、室内側圧力は中性帯の上方が正、下方が負になる。このため、2階建ての住宅では、**下階の開口から外気が流入**し、上階の開口から**空気が流出**する。

4×　**第2種機械換気方式**は、給気機によって外気を室内に供給し、自然排気口から排出する方式である。**室内は正圧となり汚染空気の流入を防ぐ**ので、病院の手術室や研究所の無菌室などの清浄室の換気に適している。

5〇→×　一酸化炭素は無色無臭の気体で、生体組織に酸素を供給する血液中のヘモグロビンと強く結合するため酸素欠乏をきたし、死に至らしめる有毒ガスである。出題当時は、居室における一酸化炭素濃度の許容値は、**0.001％（10ppm）**であったが、令和5年4月1日施行の建基令改正により0.0006％（6ppm）以下となったため、**現在は不適当なもの**となる（同法施行令第129条の2の5第3項（二））。

No.5　伝熱
正答　4

1〇　熱伝導率は、物体内部の熱の伝わりやすさの程度を表す指数であり、単位面積、単位時間、単位温度差当たりに移動する熱量をいう。**値が大きいほど熱を伝えやすい物質である。**木材の熱伝導率は0.12～0.16W/(m・K)程度、グラスウールの熱伝導率は0.04～0.05W/(m・K)程度である。

2〇　放射は、ある物体が熱を電磁波として放出する現象をいう。2つの物体の間に媒介する物質がない**真空の状態であっても、放射で物体間の熱移動が生じる。**

3〇　コールドドラフトは、室内の暖かい空気が窓の表面付近で冷やされて、**床に下降してくる現象**をいう。コールドドラフトを防止するには、暖房機器を窓下やその周辺に設置する。

4×　**白色ペイント塗りの壁**は、日射など短波長放射の**可視光線の反射率は高く**吸収率は低いが、**遠赤外線など長波長放射の熱線の吸収率は高く反射率は低い**。

5〇　固体の表面と周りの流体との間での熱移動を熱伝達という。熱伝達率は、熱伝達により単位面積、単位時間、単位温度差当たりに移動する熱量をいい、熱伝達抵抗は熱伝達率の逆数となる。一般に、熱伝達率は壁の屋外側表面のほうが室内側表面より大きいため、**熱伝達抵抗は、屋外側表面のほうが室内側表面より小さい**。

No.6　湿り空気
正答　3

1〇　空気を加熱しても加湿を行わなければ絶対湿度は変化せず、その絶対湿度に対する**露点温度は変化しない。**

2〇　相対湿度は、ある湿り空気に含まれる水蒸気量（絶対湿度）と、その空気の飽和水蒸気量との百分比で求める。空気を冷却すると、露点温度に至るまでは飽和水蒸気量が減少するため、絶対湿度が同じ場合には**相対湿度は高くなる。**

3×　相対湿度が低いほど湿球回りの水分が蒸発して蒸発潜熱を奪い、湿球温度を低くする。乾球温度が同じであれば、**乾球温度と湿球温度の差が小さいほど**湿球回りの水の蒸発が少ないことを示し、**相対湿度が高い状態**である。

4○　乾球温度が同じであれば、相対湿度が高くなると絶対湿度も高くなる。

5○　ある空気を露点温度以下に冷却すると、その温度の飽和水蒸気量を超える水蒸気量が結露して絶対湿度が低下する。その空気を加湿せずに元の温度に加熱すると、**相対湿度は低くなる**。

No.7　日照・日射
正答　2

1○　日射遮蔽係数は、3mm厚の透明板ガラスの流入熱量を1とし、対象となる窓の流入熱量との比で算出する。日差しを遮る効果を示す指標であり、値が小さい窓ほど日射の遮蔽効果が大きいことを意味する。

2×　わが国の夏至の日の鉛直壁面の方位による**終日日射量**の大小関係は、**東・西面**＞北東・北西面＞南東・南西面＞**南面**＞北面である。

・北緯35°・大気透過率 $P=0.7$ 各月21日

南鉛直面
水平面
東・西鉛直面
北鉛直面

日射量〔kJ/（m²・日）〕

（月）12 1 2 3 4 5 6 7 8 9 10 11 12

全日積算日射量

3○　夏期における水平な庇による日射遮蔽効果は、日射の入射角が大きい南面のほうが、日射の入射角が小さい西面より大きい。

4○　日照率は、ある日の日照時間とその日の日の出から日没までの可照時間との比である。

5○　昼光率は、

$$昼光率 = \frac{室内のある点の昼光による照度}{全天空照度} \times 100$$

で表される。

No.8　色彩
正答　1

1×　マンセル表色系の**明度**は、色の明るさの度合を示し、理想的な白を明度10、理想的な黒を明度0とし、その間を均等に11段階に分けている。明度5の反射率は約20%で、反射率50%の明度は7.5に相当する。

2○　同じ色でも、**面積が大きくなると、明度・彩度ともに高くなった**ように見える。このことを色の面積効果という。

3○　マンセル表色系では、色を［**色相/明度/彩度**］で表す。5R4/14は、5Rが色相、4が明度、14が彩度を示す。

4○　マンセル表色系の彩度は、色の鮮やかさの度合をいい、数値が大きくなるほど鮮やかさが増す。色相により最大値は異なる。ある色相の中で、**最も高彩度の色を純色**という。

5○　色光の三原色は赤・緑・青である。物体表面の色の三原色はシアン（青）・マゼンタ（赤）・イエロー（黄）である。

No.9　音
正答　5

1○　同じ条件であっても、周波数が異なれば人の耳に聞こえる音の大きさは異なる。同じ音圧レベルの場合、**3,000～4,000Hz**程度の音が最も**大きく**聞こえる。（平成30年No.9の解説図参照）

2○　残響時間は、音源が停止してから音の大きさ（音圧レベル）が60dB低下するまでに要する時間をいい、

$$残響時間（秒） = \frac{0.161 \times 室容積（m^3）}{室総吸音力（m^2）}$$

で求められる。室容積に比例し、室総

吸音力に反比例する。

3〇　成人の可聴周波数は、20～20,000Hzであるといわれている。一般に、**年齢が上がる**につれて上限の可聴周波数は**低下**する傾向がある。

4〇　音響透過損失は、遮音性能を表す指標であり、**値が大きいほど遮音性能が優れている**ことを表す。同じ厚さの一重壁の場合、壁体の単位面積当たりの質量が大きいほど透過損失は大きくなる。

5✕　板状材料と剛壁の間に空気層を設けた吸音構造は、中高音域の吸音より**低音域の吸音に効果**があり、ホールなどで低音域の残響調整用として使われることが多い。

No.10　建築物の環境負荷
正答　1

1✕　CASBEEは、敷地の外部に達する環境影響の負の面（建築物の環境負荷）と、敷地内の建物利用者の生活アメニティ向上（建築物の環境品質）を指標として、建築物における総合的な環境性能評価を行うものである。**省エネルギー性能は評価指標ではない。**

2〇　ヒートアイランド現象は、**都市の気温分布が、郊外よりも都心が高くなる現象**である。鉄筋コンクリート造建築物やアスファルト舗装に蓄えられた太陽の放射熱が夜間に徐々に放出されることや、クーラーなどの人工熱の排出、樹木や土の地面の減少に伴う水分蒸発による冷却効果の減少などが原因である。大気中の**二酸化炭素濃度の上昇による要因は少ない。**

3〇　暖房デグリーデーは、暖房期間中の**室内温度と室外温度の差を積算**したもので、建物の熱損失量の概算や熱経済の検討などに用いられる。寒冷地ほど室内外の気温差が大きいため値が大きくなり、暖房負荷が増える。

4〇　ZEHは、住宅の断熱性や省エネ性能を上げるとともに、太陽光発電など

の再生可能エネルギーを導入することにより、年間の一次エネルギー消費量の収支を0とすることを目指した住宅をいう。

5〇　建築物におけるLCAは、建築物の建設から運用、解体までの全ての段階における環境への影響を、投入するエネルギー量、材料使用量、二酸化炭素排出量などを用い**総合的に評価する**ことである。

No.11　高齢者等に配慮した一戸建て住宅
正答　3

1〇　洗面器の下部に高さ600mm、奥行450mm程度のクリアランスを設ければ、車椅子使用者の膝がクリアランス内に入り、水栓に接近することができるため、洗顔等が容易になる。洗面器の床面からの高さは**750mm**程度が適当である。

2〇　脱衣室と浴室の間に**グレーチング**の排水溝を設けることにより、段差をなくすことができ、バリアフリー化に対応可能となる。

3✕　キッチンカウンターの下部に高さ**600mm**、奥行450mmのクリアランスを設ければ、車椅子がカウンター下に入り接近することができる。**400mmの高さでは低すぎる。**

4〇　階段の昇り口の側壁に設ける足元灯は、一般に、踏面から器具の下面まで200～300mmの高さで設置する。

5〇　建築物移動等円滑化基準に、主として高齢者、障害者等が利用する駐車場を設ける場合には、幅は**3.5m以上**とすること、と定められている（次ページの図参照）。

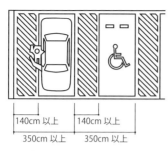

140cm 以上　140cm 以上
350cm 以上　350cm 以上

No.12　集合住宅
正答　4

1○　フライングコリドーは、共用廊下を建物本体から離し、間に吹抜けを設けて空中廊下としたものである。住戸の独立性やプライバシーを高めることができる。

2○　住戸内の居室の間仕切りを固定壁とせずに、**可動家具を用いて仕切ること**は、家族構成や家族の年齢構成の変化により室の大きさを変更できるため適当である。

3○　スケルトン・インフィル住宅は、柱・梁・床・屋根等の構造部分や共用設備部分である**スケルトン**と、間仕切りや内装・専有部分の設備等の**インフィルを分離した工法**により建設する集合住宅である。スケルトンはそのままでインフィル部分を変えることで、家族構成に適した間取りの採用、内装仕上げの更新、設備の位置や内容の変更に対応することができる。

4×　**メゾネット型**は、1住戸が2層以上からなる住戸形式で、住戸内に専用階段を必要とするため、**専用面積が小さい住戸には適さない。**

5○　コーポラティブハウスは、自ら居住するための住宅を建設しようとする者が集まり、**協力して企画・設計から入居・管理までを運営していく方式**の集合住宅である。一般に、住戸の間取りの自由度を高めることができる。

No.13　事務所ビル、商業建築
正答　2

1○　分離コア型は、基準階から分離してコアを配置し、連絡通路で接続したコアプランである。構造計画上、設備計画上の配慮が必要で、二方向避難にも注意を要するが、**自由な執務空間を確保することができる。**

2×　オフィスランドスケープ方式は、固定間仕切りを使わず、家具やローパーティション、観葉植物等を使って適度なプライバシーを保ちつつ、変化のある執務空間を形成する方式である。設問は、**フリーアドレス方式の説明**である。

3○　駐車場法施行令に、駐車の用に供する部分のはり下の高さは、**2.1m以上でなければならない**と、定められている。2.3mは適当な高さである。

4○　バーのカウンター内の床の高さは、客席の床より低くして、バーテンダーの目線の高さをカウンターに座った客とそろえることが望ましい。

5○　厨房の面積所要基準では、喫茶店の厨房面積は**延べ面積の1/5程度**とされており、実際には15〜20%程度のものが多い。

No.14　教育施設等
正答　1

1×　レファレンスルームは、図書館利用者が調査・研究するための資料や機器を提供・設置し、来館者の質問に対し適切な助言を与える係員が配置される室である。設問は、**ブラウジングコーナーの説明**である。

2○　児童は利用する図書が成人と異なり、やかましさの面やお話コーナーを設置する必要などから、一般閲覧室と児童閲覧室は分離して配置することが望ましい。スペースや職員数の制約から貸出しカウンターを**共用**とすることは特に支障がない。

3○　「黒板や掲示板」と、「その周辺の壁」

との明度対比が大き過ぎると、**視覚の疲労感を感じることが多くなる**ので、色彩調整を行うことにより、明度対比が大きくなり過ぎないようにすることが望ましい。

4○　3歳児は各児個別の保護や世話を必要とし、他の幼児に干渉されずに遊べるスペースを確保しなければならないため、一般に、5歳児学習用保育室より1人当たりの面積を**広くする**。

5○　幼児は、排泄行為を規則的・習慣的に行えないことが多いため、便所は**保育室に近接**させ、見守りや指導をしやすくすることが望ましい。

No.15　文化施設
正答　3

1○　美術館の学習体験室や講義室へのアプローチは、**展示室を通過せずに**、エントランスホールから直接行き来できるようにすることが望ましい。

2○　美術館の展示室の巡回形式には、主に、一筆書き型、中央ホール型、中央ホール廊下型の三形式がある。一筆書き型は来館者の逆戻りや交差が生じないため、望ましい動線計画である。

3×　劇場の**客席から舞台を見て、右側を上手、左側を下手**という。

4○　オープンステージ形式は、客席の一隅に舞台が存在し、舞台と客席が**同一の空間内にある劇場形式**である。演者と観客の一体感が感じられる。

5○　文化財には収蔵・保存するのに当たり、低湿度や高湿度の状態を必要とするものがあり、ならし室で所要日数保管し、外気湿度との格差による結露等を防止する必要がある。低湿収蔵庫や高湿収蔵庫は**ならし室に近接**させ、収蔵物を仮収納できるスペースとする。

No.16　屋根伏図
正答　2

Aは切妻屋根で、大棟から**両側に流れ**を持つ。

Bは寄棟屋根で、大棟から四方に流れる屋根形式で、**長辺と平行な棟**を持つ。

Cは方形屋根で、**正方形の平面の頂点から四方に流れ**を持つ。

Dは入母屋屋根で、上部が切妻で、下部を四方に葺きおろした屋根である。

Eは**陸屋根**で、**勾配がほとんどない**平坦な屋根である。平屋根ともいう。

したがって、選択肢2が正答。

No.17　車椅子使用者に配慮した建築物
正答　2

1○　水飲み器は、**レバー式、押しボタン式**等の使用しやすい給水栓を採用する。自動式は、感知部分に手を差し出さなければならないため、障害の種類や程度により、使用できない場合が生じる可能性がある。

2×　**壁付きコンセント**は、車椅子使用者や高齢者、立位の歩行困難者などが使いやすいよう、**床面から400〜1,100mm程度の高さ**に設置することが望ましい。

3○　引き残しは、引戸を開けたときに、控壁に引戸を全て収納せずに少し残る部分のことをいう。引手とドア枠の間に**手が引き込まれない利点がある**。バリアフリーのために大型の把手をつけるため、引き残しをとることが多い。

4○　キックプレートは、車椅子のフットレストが壁や戸、建具枠に接触し、仕上げ材を傷めることを防止するために設ける板をいい、床面から**300〜400mm程度の高さ**に設置する。

5○　建築物移動等円滑化基準に、傾斜路の勾配は**1/12を超えない**こと、と定められている。

No.18　建築生産
正答　5

1○　カーテンウォールは、構造上取り外し可能で、**建物の荷重を直接負担しな**

い**非耐力壁**をいう。建築物の荷重を支える構造は柱と梁によるものとし、カーテンウォールはそれらの構造物に取り付けるのみとすることにより、様々な材料を使用でき、外壁デザインの自由度が増す。

2〇　枠組壁工法は、**主に断面が2インチ×4インチの木材**により構造枠組を作り、構造用合板や石膏ボードを打ち付けて壁や床を構成する工法である。

3〇　プレカット方式は、木材の継手や仕口を**工場で機械により切削・加工する方式**である。高齢化による技術者不足や、現場での手加工による品質のばらつきを解消できる。

4〇　ボックスユニット構法は、工場で鉄骨の柱と梁によるボックス型のユニットを造り、壁や天井の下地材、建具、設備を取り付けたユニットを現場に運び、いくつかのユニットを合体する構法である。

5×　モデュラーコーディネーションは、基準寸法（モデュール）に当てはまるように建築部材や建築物の各部の寸法調整を行うことである。空間の標準化や合理化が図られ、柱間や窓の寸法等の決定にも用いられる。**壁をバランスよく配置することではない。**

No.19　建築設備に関する用語
正答　4

1〇　頂部すき間は、エレベーターが最上階に停止した時の**かごの上端と昇降路の天井面または梁の下端までの垂直距離**をいう。エレベーターが故障で最上階の停止位置を過ぎて上昇した際に、安全装置が働き停止する過走余裕のためのすき間である。昇降機設備の用語である。

2〇　窒息作用は、**酸素供給を遮断して火災を消火する方式**である。水噴霧消火設備や泡消火設備、粉末消火設備等は窒息作用を用いて消火する方式であ

る。消火設備の用語である。

3〇　回転球体法は、従来の保護角法に変わり、**半径Rの球を2つ以上の避雷針または1つ以上の避雷針と大地の間**に同時に接するようにさせたときに、球体表面から**建築物までの空間を保護範囲**とする方法である。避雷設備の用語である。

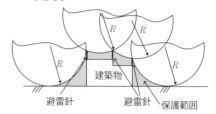

回転球体法による保護範囲

4×　**成績係数は**、空気調和設備の熱源機器のエネルギー効率を表す指標である。暖房の場合は一般に、外気温度が低くなると成績係数は低下し、熱源効率が悪くなる。**空気調和設備の用語**である。

5〇　BF方式は、ガス風呂釜の給排気方式の一種でバランス釜として知られる。専用の給気筒で燃焼用の空気を直接屋外から吸引し、**専用の排気筒で排ガスを直接屋外に排出する方式**である。ガス設備の用語である。

No.20　空気調和設備
正答　3

1〇　ガスエンジンヒートポンプは、室外機のコンプレッサをガスエンジンで駆動して冷暖房をおこなうシステムである。暖房時にはヒートポンプ運転による加熱量に、蒸発器で吸収したエンジンの排熱量を加えることにより、**暖房運転時の効率向上**が図られる。

2〇　変風量単一ダクト方式は、送風量を絞ると外気の取り入れ量も減少するため、必要外気量が確保できなくなるおそれがある。このため、低負荷時にお

いては**必要換気量の確保と空気清浄後の管理に留意**する必要がある。

3× 開放回路方式の冷温水配管系は、空調設備などの配管系統において、回路中に空気に開放されている部分がある配管方式をいい、密閉回路方式は、大気と隔離されている配管方式をいう。**密閉回路方式は膨張タンクを用い大気開放面と接する必要がある。**

4○ ファンコイルユニットと定風量単一ダクトを併用したダクト併用ファンコイルユニット方式は、換気のための外気を温湿度調節して室内に送風するだけで、**還気をしない方式**である。定風量単一ダクト方式に比べて、ダクトスペースや**搬送動力を小さく**することができる。

5○ 空気熱源ヒートポンプ方式のルームエアコンは、外気の熱を熱源に利用して暖房を行う。このため、外気の温度が低くなり、**暖房負荷が大きくなるほど暖房能力が低下**する。

No.21　給排水衛生設備
正答　**4**

1○ 水道直結直圧方式は配水管の水圧で各器具まで直接給水する方式で、水道直結増圧方式は配水管で不足する水圧を増圧ポンプで補い給水する方式である。直圧方式は配水管の水圧により3階程度までしか採用できないが、**増圧ポンプが不要なため、増圧方式に比べ維持管理がしやすい。**

2○ 飲料水用の受水槽の水抜き管は、クロスコネクションを起こさないように、一般排水系統の配管等へは排水口空間を介した**間接排水**とする。

3○ 洗浄弁方式の大便器の給水管径は25mm以上である。**ロータンク方式の大便器は洗浄水を貯めておくタンクがあるため、給水管径は13mmでも足りる。**

4× バキュームブレーカは、使用済みの汚水などが逆サイホン作用により逆流するのを防止するため、サイホンを起こす真空部分へ自動的に空気を送り込むことができる構造になっている。**給水管に設けられる。**

5○ 自然流下式の排水立て管は、負荷流量が最大となる最下部において計算した管径で、**下層階から上層階まで同径で設置**する。

No.22　給排水衛生設備
正答　**3**

1○ 受水槽に設ける保守点検用のマンホールは、作業員が容易に出入できるように、**60cm以上**の有効内径とすることが適当である。

2○ クロスコネクションは、給水・給湯の上水系統とその他の系統が配管や器具により直接接続されることをいい、**上水が汚染されるおそれがある**ため禁止されている。屋内消火栓の消火管とも**直接接続してはならない。**

3× ガス瞬間式給湯機の能力を表す「号」は、1Lの水の温度を1分間に**25℃上昇させる能力を表す。**20号は、20Lの水を1分間に25℃上昇させる能力を示す。

4○ ポンプ直送方式は、水道本管から受水槽に貯水した水を、**給水ポンプにより各器具へ給水する方式**である。建物の規模、種類等により水の使用状況に応じてポンプの運転台数や回転数の制御を行う。

5○ 重力式の排水横走管で、汚物などをきれいに流すための適正流速は、0.6〜1.5m/秒とされている。適正流速を得るために必要な勾配は排水管径により異なり、**管径65mm以下で勾配1/50以上、**75mm〜100mmで1/100以上、125mmで1/150以上、**150mm以上で1/200以上必要である。**

No.23　電気設備
正答　**1**

1× **接地工事には、**A種、B種、C種、D種の**4種類**がある。高圧用または特

別高圧用の機械器具の鉄台及び金属製外箱にはA種接地工事を、高圧または特別高圧の電路と低圧電路とを結合する変圧器の低圧側の中性点にはB種接地工事を、300Vを超える低圧用機械器具の鉄台及び金属製外箱にはC種接地工事を、300V以下の低圧用機械器具の鉄台及び金属製外箱にはD種接地工事をそれぞれ施工する。

2○ 受電電圧は、契約電力が500kW未満の場合は、電力会社の**電気供給約款**により、契約最大電力の大きさに応じて供給標準電圧が決められている。500kW以上の場合は、使用する負荷設備及び受電設備の内容、負荷率を基準にして、**需要者と電力会社との協議によって決定**される。

3○ 進相コンデンサは、交流回路において**力率を改善するために**、電動機と並列に接続するコンデンサである。

4○ 住宅や中小規模の事務所ビルの電灯・コンセント用幹線の電気方式は、一般に、**単相3線式100V/200V**が用いられる。

5○ 分電盤の位置は、電圧降下を少なくするため負荷までの経路が短くなるように、**電力負荷の中心に近く、保守・点**検が容易にできる位置が望ましい。

No.24 照明計画
正答　2

1○ 点光源による直接照度は、光源の光度に比例し、**光源からの距離の2乗に反比例**する。これを、照度の逆2乗法則という。

2× 照明器具を交換した直後には設計照度より高い照度となる。照明器具内にタイマーと調光装置を内蔵し、常に同一の光束が発現するよう調整するのが初期照度補正制御である。**初期照度補正制御**を導入すると、照明の使用開始から寿命まで15％程度の**消費電力削減が可能**とされる。

3○ 照明率は、光源から出た光が、作業面に到達する割合を示す値であり、室指数と室内反射率により求められる。室指数は室の間口、奥行および作業面から光源までの高さにより求められる。天井が低いか間口・奥行が広い場合は室指数が大きく、天井が高いか間口・奥行が狭い場合は室指数が小さくなる。配光や室内反射率が同じ場合、**室指数が大きいほど照明率は高くなる**。

$$室指数 = \frac{X \times Y}{H \times (X + Y)}$$

X：室の間口
Y：室の奥行き
H：作業面から光源までの高さ

4○ 昼光利用制御は、照度センサーにより自然光による明るさを検知し、**照明器具を調光して室内を適切な照度に自動制御する方式**である。快適な照明環境を保ちながら省エネルギー化を図ることができる。

5○ 長時間継続して使用することが少ない給湯室で、人感センサーと連動した照明器具を設置することは、照明の消し忘れを防止し、**省エネルギーに有効**である。

No.25 環境に配慮した建築設備計画
正答　5

1○ 電線の太さや長さが同一であれば、**配電電圧を高くするほど配電線路における電力損失を少なくすることができ**る。送電線の電圧が高電圧なのはこのためである。

2○ 省エネルギー法におけるトップランナー仕様とは、CO_2の削減と地球環境保全を図るために、現在商品化されている**最も優れている機器の性能以上にエネルギー消費効率を高めた仕様の機器**をいう。トップランナー仕様の変圧器を使用することにより、変換効率を高めることができる。

3○ クールチューブは、地中温度が一年

中安定していることを利用して、地下ピット内や地中に通した通気管を経由して外気を取り入れる給気方式である。夏期に外気をクールチューブで冷やしてから取り入れることにより、**空調負荷を低減することがきる**。

4○　全熱交換型換気設備は、排出される空気から熱を回収して、新しく取り入れる空気に移す機能を持つ。換気に伴う**冷暖房熱の損失を少なくすることができ**、外気負荷が低減される。

5×　ソーラーチムニー方式は、**建築物の屋上に設置した筒（チムニー）に太陽熱を集熱し**、チムニー内の空気を暖め温度差を利用した**煙突効果で室内に空気を循環させ**、換気を促進する方式である。

令和元年　建築法規

No.1　用語の定義
正答　1

1×　法第2条第8号かっこ書きで、防火性能は外壁又は**軒裏にも必要**とされる。

2○　令第1条第3号により、正しい。

3○　同条第2号により、正しい。

4○　法第2条第16号により、正しい。

5○　令第2条第1項第7号により、正しい。

No.2　確認済証
正答　4

　　全国どの場所においても確認済証が必要なのは、法第6条第1項第1号から第3号に該当する建築物の建築・大規模の修繕・大規模の模様替および法第6条が準用される建築物の用途変更（法第87条）、建築設備の設置（法第87条の4）、工作物の築造（法第88条）の場合である。

1×　法第88条第1項により法第6条が準用されるが、本問は令第138条第1項第3号に該当しないので、確認済証の交付を受ける必要はない。

2×　同条項第1号から第3号に該当しないので、確認済証の交付を受ける必要はない。

3×　同条項第1号から第3号に該当しないので、必要ない。

4○　法第6条第1項第3号に該当するので、確認済証の交付を受ける必要がある。

5×　建築物としては同条項第3号に該当するが、**増築に係る部分が10m²なので**、同条第2項により防火地域および準防火地域外であれば確認済証の交付を受ける必要はない。

No.3　手続き

正答　1

イ〇　規則第1条の3第1項第1号イ表1により、正しい。

ロ〇　法第6条第1項、令第9条第1号により、正しい。

ハ×　法第7条の3第1項により、誤り。**申請先は建築主事又は指定確認検査機関である。**

ニ×　法第7条の2第4項により、誤り。**工事完了前には引受けすることができない。**

　したがって、正しいもののみの組合せは選択肢1である。

No.4　一般構造

正答　1

1×　令第20条の3第1項第2号により、適合しない。この規定で**対象となるのは、床面積100m²以内の住宅である。**

2〇　令第23条第1項本文ただし書きに適合する。

3〇　令第25条第4項に適合する。

4〇　令第22条本文ただし書きに適合する。

5〇　法第31条第1項に適合する。

No.5　換気設備

正答　3

　令第20条の8第1項第1号イ（1）に関する出題。必要有効換気量（Vr）は次の式で求められる。$Vr = nAh$

　ここで、nは住宅等の居室ではないので0.3。Aは令第20条の7第1項第1号で"常時開放された開口部を通じてこれと相互に通気が確保される廊下その他の建築物を含む"なので居室（集会室）面積に玄関・廊下（10m²）と収納（2m²）を含めると38m²。hは問題文から2.5。

　以上より、必要有効換気量（Vr）は0.3×38×2.5＝28.5m³/時、となり正答は選択肢3である。

No.6　木造の構造強度

正答　1

1×　令第45条第2項により、誤り。

2〇　令第49条第2項により、正しい。

3〇　令第46条第4項により、正しい。

4〇　令第38条第6項により、正しい。**木造平家建ては除かれている。**

5〇　令第42条第2項により、正しい。

No.7　柱の小径

正答　4

　令第43条第1項**及び第2項**に関する出題。屋根は金属板のため、表の（2）、用途は住宅で柱相互の間隔は10m未満のため、表の左欄以外の柱の交点から柱の小径を算定する。

　3階柱：2.5m×1/33≒7.5cm

　2階柱：3.2m×1/30≒10.6cm

　一方、同条第2項で設問の階数を有する**1階の柱の小径は原則として13.5cmを下回ってはならないと規定されている。**

　以上のことから、最小の組合せは選択肢4である。

No.8　構造強度

正答　4

1〇　令第62条の8第6号により、正しい。

2〇　同条第7号により、正しい。

3〇　令第73条第1項第1号により、正しい。

4×　令第67条第1項本文により、誤り。**高力ボルト接合若しくは溶接接合等としなければならない。**

5〇　令第93条表により、正しい。短期に生ずる力に対する地盤の許容応力度は、長期の2倍である。

No.9　耐火建築物等

正答　5

　法第27条では"耐火建築物等"を、ア）耐火建築物、イ）準耐火建築物、ウ）ア）、イ）と同等の性能を有する延焼性能の高い建築物の3種類に区分しており、各肢について該当するかを検証する。ここで、ウ）については各肢で明示され

令和元年

ていないので割愛する。

1×　法第27条第1項第2号に該当しないので、誤り（飲食店は法別表第1（い）欄（4）項、令第115条の3第3号）。

2×　法第27条第1項第2号に該当しないので、誤り。児童福祉施設は法別表第1（い）欄（2）項、令第115条の3第1号。

3×　法第27条第2項第1号に該当しないので、誤り。

4×　同条第1項第2号に該当しないので、誤り。

5○　同条第3項第1号、法別表第1（い）欄（6）項により、耐火建築物又は準耐火建築物とすればよく、冒頭で述べた"耐火建築物等"に該当するので、正しい。

No.10　2以上の直通階段
正答　5

1×　令第121条第1項第5号、第2項で倍読みとなり200m²までは階段1本で可。

2×　同条第1項第4号、第2項で倍読みとなり100m²までは階段1本で可。

3×　同条第1項第6号ロにより200m²を超えていないので階段1本で可。

4×　上記解説3参照。

5○　同条項第5号により、100m²を超えているので2以上の直通階段を設けなければならない。

No.11　内装制限
正答　4

1×　令第128条の4第1項第1号表（2）により、内装制限は構造及び床面積に関係する。

2×　同条第2項、第3項により、学校は内装の制限を受けない。

3×　同条第1項第1号表（3）により、内装制限は構造及び床面積に関係する。

4○　同条項第2号により、正しい。

5×　同条項第1号表（1）により、内装

制限は構造及び床面積に関係する。

No.12　道路等
正答　1

1×　設問の道路は法第43条第1項第1号、第2号に該当せず、誤り。地区計画外にある道路と接道要件とは関係がない。

2○　法第68条の7第4項により、正しい。

3○　法第43条第3項第1号により、正しい。

4○　法第42条第1項第4号に該当しないので、正しい。

5○　法第47条により、正しい。

No.13　用途制限
正答　2

1○　法第48条第1項、法別表第2（い）項第2号、令第130条の3第2号により、正しい。

2×　法第48条第2項、法別表第2（ろ）項第2号で延べ面積は150m²以内となっており、学習塾は令第130条の5の2第5号に該当するものの、誤り。

3○　法第48条第4項、法別表第2（に）項各号に該当しないため、正しい。

4○　同条第8項、法別表第2（ち）項第4号、令第130条の9の4第1号により、正しい。

5○　法第48条第12項、法別表第2（を）項各号に該当しないため、正しい。

No.14　用途制限
正答　5

設問の敷地は2の用途地域にわたっているので、法第91条によりその敷地の過半を占める第一種住居地域の制限が適用される（建築物の位置には関係しない）。

1○　法第48条第5項、法別表第2（ほ）項各号に該当しないので、新築することができる。

2○　上記解説1参照。

3○　上記解説1参照。

4○ 上記解説1参照。

5× 同条項、法別表第2（ほ）項第2号に該当するので、新築することができない。

No.15 建蔽率等
正答 5

1○ 法第53条第6項第1号により、正しい。

2○ 同条第3項第1号イにより、正しい。

3○ 法第52条第6項第2号により、正しい。

4○ 令第2条第1項第4号ハ、第3項第3号により、正しい。

5× 同条第1項第4号ヘ、第3項第6号で1/100が限度となるので、誤り。

No.16 延べ面積
正答 3

法第52条第3項により、地階の住宅部分については、住宅の用途に供する部分の1/3までは容積率算定の基礎となる延べ面積に算入しない。

当該建築物の住宅部分は150m²で、その1/3の50m²まで容積率算定の基礎となる延べ面積に算入しないため、地階は10m²（60m² − 50m²）が容積率算定の基礎になり、1階120m²、2階60m²、そして地階70m²（10m² + 60m²）と合わせた250m²が延べ面積となり、選択肢3が正答。

No.17 建築物の高さ
正答 3

①道路高さ制限（法第56条第1項第1号）

法別表第3（い）欄（1）項により、最大幅員である8m道路の道路斜線の適用距離は（は）欄で20mとなり、同条第2項による有効後退距離を加えてもA点のところまで（に）欄の数値1.25がかかる。

そして、北側の法第42条第2項道路（以下「2項道路」という。）側に幅6mの川があるので、令第134条第1

項の適用で、当該川の反対側に道路境界があるものとみなす。ここで、2項道路は川に接しているため、法第42条第2項ただし書きで川の端から4mが道路境界となる。

このため、建築物北側の有効後退距離は1mとなり、道路斜線の適用距離も8m道路側同様20mで、法第56条第2項による有効後退距離を加えてもA点のところまで（に）欄の数値1.25がかかる。

さらに、令第134条第2項の適用で8m道路側にも10mの道路があるものとみなし道路斜線をかけるものの、A点は有効後退距離の小さい北側道路からの高さとなる。

{10m + （1m × 2） + 4m} × 1.25 = 20m

②隣地高さ制限（法第56条第1項第2号イ）

東側隣地からの高さは、20m + （4m + 4m）× 1.25 = 30m

以上のことから、①＜②となり選択肢3が正答。

No.18 高さ制限・日影規制
正答 2

1○ 令第135条の2第1項により、正しい。

2× 天空率の適用は、法第56条第7項第1号から第3号に該当する場合のみであり、設問は誤り。

3○ 同条第1項第3号により、正しい。

4○ 同条項同号かっこ書きにより、正しい。

5○ 法第56条の2第4項により、正しい。

No.19 防火・準防火地域
正答 1

1× 法第63条により、誤り。

2○ 法第27条第2項第2号、法別表第1（い）欄（6）項、令第115条の3第4号により、正しい。

3○ 法第62条、令第136条の2の2により、正しい。

4〇　法第64条により、正しい。**建築物の屋上に設けるものは、高さの規定がない。**

5〇　法第65条第2項により、正しい。

No.20　手続き
正答　4

1×　法第87条第1項により、誤り。患者の収容施設がある診療所は法第6条第1項第1号、法別表第1（い）欄（2）項に該当。

2×　法第88条第1項、令第138条第1項第5号に該当する。**法第88条第1項では法第20条の規定が準用される。**よって、誤り。

3×　法第85条第2項により、法第6条、法第6条の2は除かれているので、誤り。

4〇　法第87条の4により、正しい。設問の建築物は法第6条第1項第1号から第3号に該当しないので、確認済証の交付は不要である。

5×　法第85条第6項により、誤り。

No.21　建築士法
正答　5

1〇　士法第21条により、正しい。

2〇　士法第37条第3号により、正しい。

3〇　士法第19条により、正しい。

4〇　士法第5条の2、同規則第8条第1項第3号により、正しい。

5×　士法第22条の2第2号、同規則第17条の36により、誤り。**3年ごとに定期講習を受ける必要がある。**

No.22　建築士法
正答　2

1〇　士法第3条第1項に列挙したものに該当しないので、正しい。

2×　士法第23条第3項、同規則第18条により、誤り。**有効期間満了の30日前までに登録申請書を提出しなければならない。**

3〇　士法第24条の6、同規則第22条の2第5項により、正しい。

4〇　士法第26条第1項第2号、第24条

第1項により、正しい。

5〇　士法第24条の3第1項により、正しい。

No.23　バリアフリー法
正答　2

イ〇　バリアフリー法施行令第18条第2項第7号イにより、正しい。

ロ×　同法に基づく省令第12条により、誤り。1/50以上（200×1/50＝4）で4台設けなければならない。

ハ〇　同法に基づく省令第15条第1項により、正しい。

ニ×　同法第17条第1項により、誤り。**正しくは所管行政庁の認定。**

　　したがって、正しいもののみの組合せは選択肢2である。

No.24　他法令
正答　3

1〇　長期優良住宅の普及の促進に関する法律第5条第8項第7号、同規則第3条第1号により、正しい。

2〇　長期優良住宅の普及の促進に関する法律第6条第1項第5号ロにより、正しい。

3×　住宅の品質確保の促進等に関する法律第2条第2項により、誤り。

4〇　耐震改修促進法第17条第10項により、正しい。

5〇　民法第235条第1項により、正しい。

No.25　他法令
正答　4

1〇　景観法第16条第1項第1号により、正しい。

2〇　建設業法第3条第1項、同法施行令第1条の2第1項により、正しい。

3〇　宅地建物取引業法第35条により、正しい。

4×　都市計画法第53条第1項第1号、同法施行令第37条により、誤り。**軽易な行為のため、許可は不要である。**

5〇　建築物省エネ法第18条第1号、同法施行令第6条第1項第1号により、正しい。

令和元年 建築構造

No.1 応力計算 （断面一次モーメント）
正答 2

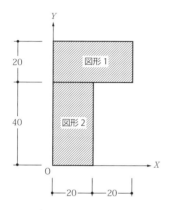

上下の二つの長方形に図形を分け、上を図形1、下を図形2と考えて計算する（詳しい計算式は下表参照）。よって、$x_0 = 15$mm、$y_0 = 35$mmであるから、選択肢2が正しい。

No.2 応力計算 （曲げ応力度）
正答 1

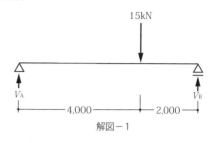

解図－1

解図－1のように、各支点の鉛直反力をV_A、V_Bと仮定し、つり合い条件式により各反力を求める。

$\Sigma V = 0$より

$V_A - 15 + V_B = 0 \cdots$①

支点Bは移動支点なので、モーメントは発生しないことを利用し、

$M_B = V_A \times 6000 - 15 \times 2000 = 0$

$6000 V_A - 30000 = 0$

$6000 V_A = 30000$

$V_A = 5$kN（上向き）

①式に代入し、

$5 - 15 + V_B = 0$

$V_B = 10$kN（上向き）

令和元年

No.1の計算表

	図形1	図形2	合 計
面積A [mm²]	$20 \times 40 = 800$	$40 \times 20 = 800$	$800 + 800 = 1600$
Y軸から図心までの距離 [mm]	$40 \div 2 = 20$	$20 \div 2 = 10$	
断面一次モーメントS_y [mm³]	$800 \times 20 = 16000$	$800 \times 10 = 8000$	$16000 + 8000 = 24000$
$x_0 = S_y/A = 24000 \div 1600 = 15$mm			
X軸から図心までの距離 [mm]	$(20 \div 2) + 40 = 50$	$40 \div 2 = 20$	
断面一次モーメントS_x [mm³]	$800 \times 50 = 40000$	$800 \times 20 = 16000$	$40000 + 16000 = 56000$
$y_0 = S_x/A = 56000 \div 1600 = 35$mm			

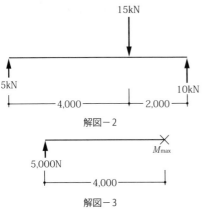

解図－2

解図－3

梁に掛かる最大モーメントは15kNの荷重が発生している位置なので、その点のモーメントを求める（解図－3）。

$M_{max} = 5000 \times 4000$

$\quad = 20000000 \text{N·mm}$

最大曲げ応力度は$\sigma = M_{max}/Z$より求められるので、

$Z = \dfrac{bh^2}{6} = \dfrac{100 \times 200^2}{6}$

$\quad = \dfrac{4000000}{6} \text{mm}^3$

$\sigma = M_{max}/Z$

$\quad = 20000000 \div \dfrac{4000000}{6}$

$\quad = 30 \text{N/mm}^2$

よって、選択肢1が正しい。

No.3　応力計算　（静定梁）

正答　2

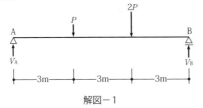

解図－1

解図－1のように、各支点の鉛直反力をV_A、V_Bと仮定し、つり合い条件式により各反力を求める。

$\Sigma V = 0$より

$V_A - P - 2P + V_B = 0 \cdots ①$

支点Bは移動支点なのでモーメントは発生しないことを利用し、

$M_B = V_A \times 9 - P \times 6 - 2P \times 3 = 0$

$9V_A - 6P - 6P = 0$

$9V_A = 12P$

$V_A = \dfrac{4}{3}P$（上向き）

①式に代入し、

$\dfrac{4}{3}P - P - 2P + V_B = 0$

$V_B = \dfrac{5}{3}P$（上向き）

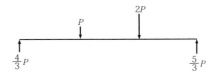

解図－2

解図－3

左から3mの位置でのモーメントが8kN·mと分かっているので、3mの位置のモーメントを求めると（解図－3）、

$M_{3m} = \dfrac{4}{3}P \times 3 = 8$

$4P = 8$

$P = 2 \text{kN}$

プラスα

計算の確認をする。左から6mの位置を考えてみると、

$M_{6m} = \dfrac{4}{3}P \times 6 - P \times 3 = 10$

$\qquad 8P - 3P = 10$

$\qquad 5P = 10$

$\qquad P = 2 \text{kN}$

よって、正しいことが確認できる。

No.4　応力計算　（静定ラーメン）
正答　2

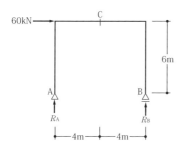

解図－1

　設問と図より、鉛直反力R_A、R_Bをつり合い条件より求める。

　$\Sigma V = 0$より

　$R_A + R_B = 0 \cdots ①$

　支点Aは回転支点であり、モーメントは発生しないことを利用し、

　$M_A = 60 \times 6 - R_B \times 8 = 0$

　$360 - 8R_B = 0$

　$8R_B = 360$

　$R_B = 45kN$（上向き）

　①式に代入する。

　$R_A + 45 = 0$

　$R_A = -45kN$（上向き）

　マイナスなので下向きだとわかる。

　$R_A = 45kN$（下向き）

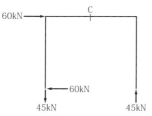

解図－2

　解図－2の荷重図が求まる。

　C点は梁状の部材なので、せん断力としては鉛直力が係わる柱状の部材を伝達し、右段の解図－3のイメージになる。

解図－3

　結果C点でのせん断力は45kNとなる。よって、正しい組合せは選択肢2である。

No.5　応力計算　（トラス）
正答　4

　トラス部材の性質より、

　①外力の働いていない一つの節点に接合される部材の軸方向力

　$N_1 = N_2 = 0$　　$N_1 = N_2, N_3 = 0$

　②外力の働いている一つの節点に接合される部材の軸方向力

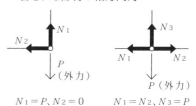

　$N_1 = P, N_2 = 0$　　$N_1 = N_2, N_3 = P$

　上記①、②の二つの性質を利用し、判別する。

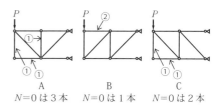

A　　　　B　　　　C
$N=0$は3本　$N=0$は1本　$N=0$は2本

　よって、正しい組合せは選択肢4である。

No.6　応力計算　（座屈）
正答　1

　座屈長さは、材端または材の中央の支持条件による座屈長さ係数と材の長さを乗算することで求められる。

　Aは両端ピンなので、係数は1.0、長さ1.5*l*、よって1.0×1.5*l*=1.5*l*

　Bは一端ピン他端固定なので、係数は0.7、長さ2*l*、よって0.7×2*l*=1.4*l*

　Cは中央部分は水平固定でローラー支点ということに注意が必要だが、ローラー支点も回転することからピンとして扱う。よって両端ピンとし、係数は1.0。長さは中央で分けられているので*l*となる。よって1.0×*l*=1.0*l*

　よって、*l*A（1.5*l*）＞*l*B（1.4*l*）＞*l*C（1.0*l*）となり、選択肢**1**が正しい。

No.7　荷重及び外力　（地震力）
正答　5

1○　上階ほど大きな値となる。

2○　**固定荷重及び積載荷重の和が大き**いほど大きな値となる。

3○　構造種別により異なり、**靱性に富む**ほど地震エネルギーの吸収が**大きくな**る。

4○　地盤周期と建物の固有周期の関係で振幅が増幅することがある。

5×　気流に対する地表面の抵抗値の区分であり、**風荷重**に関する項目である。

No.8　荷重及び外力
正答　3

1○　設問のとおりであり、よく出題されるので覚える。

2○　積雪荷重による応力は、雪が解けるなどして**不均等な分布となる方が不利**になることもある。

3×　**地震時の積雪荷重は0.35倍**とする。設問は長期に生じる積雪時の説明である。

4○　屋根の軒先の局部の風力係数は、

屋根面よりも大きくなる場合があるので、それぞれ個別に計算する。

5○　設問のとおりであり、**風下開放型を負の外圧係数**を用いて計算する。

No.9　地盤及び基礎構造
正答　2

1○　設問のとおりであり、建物に**不同沈下**が生じたり、杭先端に過大な力が加わるなどの弊害がある。

2×　設問は**ボイリング**の説明である。ヒービングとは根切り底面に周囲の地盤が回り込み盛り上がってくる状態である。

3○　設問のとおりであり、**砂質土地盤で**は、透水係数が大きく**即時沈下量が大**きくなる。

4○　飽和砂質土で砂粒土含有率が低く、比較的**均一な粒径の砂地盤で起こりや**すい。

5○　設問のとおりであり、直接基礎の分類には、独立フーチング基礎、連続フーチング基礎（布基礎）、べた基礎などがある。

No.10　木造建築物の部材
正答　4

1○　設問のとおりである。

2○　**付け鴨居**など建具を用いない溝の不要な部分に用いる。

3○　隣り合う屋根面の勾配が異なるときには、その接合部にあたる**隅木は45度ではなくなり、振れ隅木**と呼ぶ。

4×　設問は**鴨居**の説明であり、まぐさは開口部上部の水平材だが溝は無く建具枠を固定する。

5○　設問のとおりである。

No.11　木質構造の接合
正答　4

1○　設問のとおりである。ボルト接合は**強度、靱性**ともに優れている。

2○　設問のとおりである。木材強度は**繊維方向の引張強度が最大**で、繊維に**直角な方向は弱い**。

3○　設問のとおりである。柱にほぞ穴が

不要で**断面欠損が無いために結合が
強固である。**

4× 繊維方向と繊維に直交する方向での
ヤング係数は**約25倍の開きがある**の
で、当然異なる。

5○ 木ねじ接合は、一般的に**変形性能が
小さい。**

No.12 木造建築物の構造設計
正答 1

1× 曲げ材は、**材せいが大きいほど横座
屈を生じやすい。**

2○ 設問のとおりである。切欠きの深さ
は1/3以下とする。やむを得ず1/3以
上欠き取る場合にはその部分を補強す
る。

3○ 設問のとおりである。トラス梁は軸
方向力にて検討する。

4○ 設問のとおりである。**応力の小さい
部分に継手を設ける。**

5○ 設問のとおりである。**水平剛性を高
め水平力を柱・壁にせん断力として負
担させる。**

No.13 壁式鉄筋コンクリート
正答 3

1○ 設問のとおりである。壁式鉄筋コンク
リートにおいてコンクリートの設計基準
強度は**18N/mm²以上**とする。

2○ 2階建ての各階においては、**15かつ**
h/22より、300 ÷ 22 ≒ 13.64。条件
の厳しい15cmなので適切である。

3× 耐力壁の実長が**45cm以上**かつ、同
一の実長を有する部分の**高さ***h***の30%
以上**、となるので、200 × 30 % =
60cmとなり、45cmの壁は含まれない。

4○ 設問のとおりである。プレキャスト鉄
筋コンクリートは、コンクリート部材を
あらかじめ工場で作成する。

5○ 壁梁の**主筋はD13以上**とし、**せいは
原則として45cm以上**とする。

No.14 鉄筋コンクリート構造
正答 3

1○ 設問のとおりである。柱の**靭性は、**
軸方向圧縮力が増大するほど低下す
る。

2○ 設問のとおりであり、スラブ付梁の
場合、スラブの**有効幅を考慮したT形
断面部材として計算する。**

3× **定着とは梁と柱など異なる部分の定
着を表し、付着とは同一部材内での鉄
筋とコンクリートの付着を指す。**設問で
は定着と付着が逆となる。

4○ 設問のとおりである。梁のせいとは
梁の高さのことであり、梁の内法寸法
の1/10を超える値が必要となる。

5○ 設問のとおりである。**コンクリートの
引張強度は非常に小さく圧縮強度の**
1/10程度であり、通常の構造設計で
は**許容引張応力度は無視**する。

No.15 鉄筋コンクリート構造
正答 1

1× 柱梁接合部の帯筋間隔は**150mm以
下**、かつ、隣接する柱の帯筋間隔の**1.5
倍以下**とする。

2○ 設問のとおりである。スラブにおい
ては短辺方向に主筋を**200mm以下**の
間隔で、長辺方向に配力筋を**300mm
以下**の間隔で配筋する。

3○ 設問のとおりである。原則として**D35
以上の異形鉄筋**は、ガス圧接等で接合
し、**重ね継手としてはならない。**

4○ 設問のとおりである。**圧縮鉄筋**によ
り、圧縮側の**コンクリートの負担を軽減**
することで、コンクリートの圧壊による
靭性の低下を防ぐことができる。

5○ 設問のとおりである（鉄筋継手工事
標準仕様書）。

No.16 鉄骨構造
正答 4

1○ 設問のとおりである。根巻き鉄筋コ
ンクリートの高さは、**柱せいの2.5倍以
上**とする。

2○ 設問のとおりである。充腹形の代表
的な鉄骨に、H形鋼がある。

3○ 設問のとおりである。**有効細長比は**

200以下とする。

　細長比（λ）≦座屈長さ（lk）÷最小の断面二次半径（i）

4× 平板要素の幅厚比は部材により制限があり、**幅厚比が小さいほど局部座屈が発生しづらい。**

5○ 設問のとおりである。**スチフナとは主に板材が座屈しないように補強する材**である。

No.17　鉄骨構造 （接合）
正答　4

1○ 設問のとおりである。

2○ 設問のとおりであり、**高力ボルト摩擦接合が溶接接合より先に施工された**ときに両方の耐力を加算することができる。接合順序に気を付ける。

3○ 設問のとおりである。**まわし溶接の長さは隅肉サイズの2倍**とし、有効長さ＝全長－（隅肉長さの2倍）となる。

4× **有効のど厚は隅肉サイズの0.7倍**とする。

5○ 設問のとおりであり、**すべり係数の値は0.45**とする。溶融亜鉛めっきの場合は0.40とする。

No.18　構造計画
正答　3

1○ 設問のとおりであり、梁の中央下部に曲げ応力による引張力応力が発生しやすいので、**曲げ剛性を高めることは有効である。**

2○ 設問のとおりである。各階の**水平剛性に大きな差があるときには、剛性の小さな階に変形や損傷が集中**しやすい。ピロティ階では特に注意し、強度と靱性を確保する。

3× 火打材は水平方向の力に対抗し、**水平面の変形に対する補強**である。

4○ 設問のとおりである。梁崩壊型が望ましい。

5○ 設問のとおりである。**筋かい材が降伏後に塑性変形することで地震エネルギーを吸収**できるように、接合部が破断しないことを確認する。

No.19　建築物の耐震設計
正答　5

1○ 設問のとおりであり、**耐震性は強度と靱性**（ねばり強さ）で評価する。

2○ 設問のとおりである。極めて稀に発生する地震においては、**倒壊・崩壊を防ぎ、人・物品の安全を最低限守る**ことを目標とし、**塑性変形を許容する。**

3○ 設問のとおりである。固有周期（T）$= 2\pi\sqrt{質量（M）÷剛度（k）}$

4○ 設問のとおりであり、偏心率が高いとねじれ変形を起こしやすく、局部的に大きな変形が生じ損傷しやすくなる。**偏心率は0.15以下**とする。

5× 剛性率は「**各階における層間変形角の逆数**」を「**全ての階の層間変形角の逆数の平均値**」で除した値であり、その値が**大きいほど安全**である。

No.20　木材及び木質材料
正答　1

1× **木裏とは樹心側**であり、設問は木表の説明である。

2○ 設問のとおりである。目切れが含まれていると、**応力発生時に割れの元となる**ことがある。

3○ 設問のとおりである。**丸身を含む製材はその欠けの量によっては強度低下**の可能性がある。

4○ 設問のとおりである。死節は**節穴の原因**となり**強度低下**の原因となる。

5○ 設問のとおりであり、辺材は**乾燥収縮が大きく、虫害を受けやすく、腐朽しやすく、耐久性が乏しい。**

No.21　コンクリートの一般的な性質
正答　2

1○ 設問のとおりである。調合管理強度に誤差を考慮し**安全率を割増した強度が調合強度**である。

2× 品質基準強度は設計基準強度と耐久設計基準強度の大きいほうの値以上となるので、品質基準強度の方が大き

くなる。

3○　設問のとおりである。供用期間に応ずる耐久性を確保するために必要とする圧縮強度であり、**計画供用期間が長いほど大きく設定する。**

4○　設問のとおりである。コンクリートの引張強度は低いので、**圧縮強度が高いほどヤング係数も大きくなる。**

5○　設問のとおりである。コンクリートは他の建築材料の中で圧縮強度が最も大きい。

No.22　コンクリート
正答　5

1○　設問のとおりである。**細骨材の表乾密度＝質量÷絶対容積**

2○　設問のとおりである。水セメント比（％）＝**単位水量÷セメント質量×100**

3○　設問のとおりである。空気量を他の素材より導き出すために空気量＝1000－（単位水量（180）＋セメント（95）＋細骨材（290）＋粗骨材（390））として、空気量の容積を導き出している点に注意。空気量（％）＝空気量の容積÷全体の容積×100

4○　設問のとおりである。単位容積質量＝**単位水量＋セメント質量＋細骨材質量＋粗骨材質量**

5×　細骨材率は絶対容積で割り出す。細骨材率（％）＝細骨材（290）÷（細骨材（290）＋粗骨材（390））×100≒42.6

No.23　建築材料　（鋼材）
正答　1

1×　軟鋼の比重は7.85で、アルミニウムの比重は2.70であるから、**約3倍**となる。

2○　垂直ひずみ度の式より、Δl（変位量）＝（N（軸方向力）×l（元の長さ））／（E（ヤング係数）×A（断面積））であるから、Δl＝（100×10000）／（2.05×10^5×1）≒4.88となる。よって、正しい。

3○　設問のとおりである。この黒い錆は黒皮やミルスケールと呼ばれている。

4○　設問のとおりである。短期許容応力度の値であり、**降伏点の下限値がSD材の記号**にそのまま用いられている。

5○　設問のとおりである。鋼材のヤング係数は、**強度に関係なく一定**で、2.05×10^{5}である。

No.24　建築材料　（高分子材料）
正答　4

1○　設問のとおりである。**積層ゴムアイソレータ**の説明である。

2○　設問のとおりである。**耐久性、クリープ特性**（歪み耐性）、接着性に優れ、逆に耐熱温度は60～80度と劣る。

3○　設問のとおりである。セメント（コンクリート）、金属に適している。

4×　常温で使用する断熱材であり、延焼のおそれのある箇所への使用は適していない。

5○　設問のとおりである。**強力かつ速効性**のある接着剤の一種である。

No.25　建築材料
正答　5

1○　設問のとおりである。塗装やメッキなどで**防食性を高める必要がある。**

2○　設問のとおりである。軽量気泡コンクリート建材であり、**耐火性、断熱性に優れている。**

3○　設問のとおりである。特に**水に濡れると強度が低下**する。

4○　設問のとおりである。しっくいは**気硬性**の材料である。

5×　設問の説明文は、**熱線反射ガラス**の説明である。合わせガラスは2枚以上の板ガラスの間に**プラスチックフィルム**を接着したもので、**耐貫通性能が高く、防犯性が高い。**

令和元年　建築施工

No.1　工程の計画と管理
正答　4

1○　ダミーとは、ネットワーク手法における**架空の作業**をいい、破線の矢線で表記する。

2○　アクティビティとは、ネットワーク手法における**作業**をいい、実線の矢線で表記する。

3○　フリーフロートとは、ネットワーク手法における**自由余裕時間**をいい、後続作業の最早開始時刻に対する余裕時間である。

4×　ガントチャートとは、縦軸に作業名、横軸に達成度を表す工程表の手法で、**ネットワーク手法とは関係ない**。

5○　クリティカルパスとは、ネットワーク手法における**最も時間のかかる経路**をいう。

No.2　工事現場の安全確保
正答　1

1×　労働安全衛生規則（スレート等の屋根上の危険の防止）第524条に、「事業者は、スレート、木毛板等の材料でふかれた屋根の上で作業を行なう場合において、踏み抜きにより労働者に危険を及ぼすおそれのあるときは、幅が**30センチメートル以上**の歩み板を設け、防網を張る等踏み抜きによる労働者の危険を防止するための措置を講じなければならない。」と規定されている。

2○　同規則（作業床）第563条第1項第2号に、「ハ　床材と建地との隙間は、**12センチメートル未満**とすること。」と規定されている。

3○　同規則（架設通路）第552条第1項第6号に、「建設工事に使用する高さ8メートル以上の登り桟橋には、**7メートル以内**ごとに踊場を設けること。」と規定されている。

4○　同規則（悪天候時の作業禁止）第522条に、「事業者は、高さが**2メートル以上**の箇所で作業を行なう場合において、強風、大雨、大雪等の悪天候のため、当該作業の実施について危険が予想されるときは、当該作業に労働者を従事させてはならない。」と規定されている。

5○　同規則（高所からの物体投下による危険の防止）第536条第1項に、「事業者は、**3メートル以上**の高所から物体を投下するときは、適当な投下設備を設け、**監視人を置く**等労働者の危険を防止するための措置を講じなければならない。」と規定されている。

No.3　材料等の保管
正答　5

1○　砂利は、泥土等で汚れないように周囲の地盤よりも高くし、**水勾配を設けて保管**する。

2○　シーリング材は、高温多湿・凍結温度以下・直射日光・雨露を避けて、**密封して保管**する。

3○　タイルユニットや副資材は、直射日光・雨水を避け、**シート養生**する等して保管する。

4○　押出成形セメント板は、屋内の平坦で乾燥した場所に、台木を用いて保管する。なお、積み重ねる高さは**1m以下**とする。

5×　断熱材の材料の保管は、日射、温度及び湿度等の影響による変質を受けないように適切な養生を行う（公共建築工事標準仕様書19断熱・防露）。日射熱を吸収しやすい**黒色は不適当である**。

No.4　廃棄物の処理及び清掃に関する法律
正答　2

1○　工作物の新築、改築又は除去に伴って生じたものではない、現場事務所から排出された紙くずは、**一般廃棄物で**

ある（廃棄物の処理及び清掃に関する法律施行令第2条第1号）。

2× 事業活動に伴って生じた発砲スチロール等の廃プラスチックは、**産業廃棄物である**（同法施行令第2条第12号ヘ）。

3○ 建設業に係る工作物の新築、改築又は除去に伴って生じた紙くずは、**産業廃棄物である**（同法施行令第2条第1号）。

4○ 建設業に係る工作物の新築、改築又は除去に伴って生じた木くずは、**産業廃棄物である**（同法施行令第2条第2号）。

5○ ひ素を含む汚泥は、**特別管理産業廃棄物である**（同法施行令第2条の4第5号ル（6））。

No.5 仮設工事
正答 2

1○ 建基令（仮囲い）第136条の2の20に、「木造の建築物で高さが13メートル若しくは軒の高さが9メートルを超えるもの又は木造以外の建築物で2以上の階数を有するものについて、建築、修繕、模様替又は除却のための工事を行う場合においては、工事期間中工事現場の周囲にその地盤面（その地盤面が工事現場の周辺の地盤面より低い場合においては、工事現場の周辺の地盤面）からの**高さが1.8メートル以上の板塀**その他これに類する仮囲いを設けなければならない。ただし、これらと同等以上の効力を有する他の囲いがある場合又は工事現場の周辺若しくは工事の状況により危害防止上支障がない場合においては、この限りでない。」と規定されている。

2× 労働安全衛生規則（鋼管足場）第570条第1項第5号に次のように規定されている。

「一側足場、本足場又は張出し足場であるものにあっては、次に定めるところにより、壁つなぎ又は控えを設けること。イ 間隔は、次の表の上欄に掲げる鋼管足場の種類に応じ、それぞれ同表の下欄に掲げる値以下とすること。」

鋼管足場の種類	間隔（単位メートル）	
	垂直方向	水平方向
単管足場	5	5.5
わく組足場（高さが5メートル未満のものを除く。）	9	8

3○ シートの取付けは、原則として、足場に水平材を垂直方向5.5m以下ごとに設け、シートに設けられたすべてのはとめを用い、隙間やたるみがないように緊結材を使用して足場に緊結する（はとめの間隔は、JIS A 8952では45cm以下としている。）（建築工事監理指針2縄張り、遣方、足場等）。

4○ ブラケット一側足場（単管）は、原則高さ15m以下で使用する。建地2本組等補強した場合、それ以上の高さで使用できる（建築工事監理指針2縄張り、遣方、足場等）。

5○ 建設工事等の屋外作業において、移動式クレーン等を送配電線類に近接する場所で使用する場合、感電災害を防ぐために移動式クレーン等の機体等と送配電線類と一定の離隔距離をとる必要がある。**200Vの配電線との最小離隔距離は、労働基準局長通達では1m、電力会社の目標値は2m**となっており、2m以上の離隔距離をとることが望ましい（建築工事監理指針2揚重運搬機械）。

No.6 木造の基礎工事等
正答 1

1× 布基礎の立上りの厚さは150mm以上とする。**底盤の厚さは150mm以上、幅は450mm以上とする**（住宅金融支援機構木造住宅工事仕様書3.3基礎工事）。

2○　遣方を基準にして陸墨を出し、布基礎の天端をあらかじめ清掃、水湿し、セメント、砂の調合が容積比にして1：3のモルタルなどを水平に塗り付ける（住宅金融支援機構木造住宅工事仕様書3.3基礎工事）。

3○　防湿用のコンクリートを施工する場合、イ：床下地面全面に厚さ60mm以上のコンクリートを打設する、ロ：コンクリート打設に先立ち、床下地面は**盛土**し、十分**突き固める**（住宅金融支援機構木造住宅工事仕様書3.3基礎工事）。

4○　べた基礎・基礎ぐいは、地面から基礎上端まで又は地面から土台下端までの高さは、**400mm以上とする**（住宅金融支援機構木造住宅工事仕様書3.3基礎工事）。

5○　アンカーボルトのコンクリートへの埋込み長さは**250mm以上**とし、アンカーボルトの先端は、土台の上端よりナットの外にねじが3山以上出るように固定する（住宅金融支援機構木造住宅工事仕様書3.3基礎工事）。

No.7　土工事及び地業工事
正答　1

1×　**リチャージ工法**は、ディープウェル等と同様の構造のリチャージウェルを設置して、そこに排水（揚水）した水を入れ、同一のあるいは別の帯水層にリチャージする工法である。この工法は、**周辺の井戸枯れや地盤沈下等を生じるおそれのある場合の対策として有効で**ある（建築工事監理指針3根切り等）。

2○　シルトとは、沈泥のことである。砂地業において、砂より小さく、粘土よりも粗い**シルトを含まない山砂**を使用する。

3○　**捨てコンクリート**とは、基礎の底面に平らに敷くコンクリートをいい、基礎の墨出し、配筋、型枠の建込み等をするために行う。

4○　場所打ちコンクリート杭とは、工事現場で打設するコンクリート製の杭をいい、試験後の杭体の**強度に十分余裕がある場合**には、**試験杭をそのまま本杭とすることができる**。

5○　打込み工法による作業地盤面以下への既製コンクリート杭の打込みにおいては、**やっとこを用いる**（建築工事監理指針4「標仕」以外の工法）。

No.8　コンクリート工事
正答　1

1×　予想平均気温が**0℃以上8℃未満**のとき、普通ポルトランドセメントによる構造体強度補正値は、**6N/mm²とする**。3N/mm²とするのは、8℃以上のときである（公共建築工事標準仕様書6コンクリートの材料及び調合）。

2○　外壁に設けられるコンクリートの水平打継ぎには、屋外側から屋内側に浸水しないよう、打継ぎ面には、**屋外側に向かって下がり勾配になるようにする**。

3○　**土に接する部分の柱、梁、スラブ、壁の最小かぶり厚さは40mmである。**なお、土に接する部分の基礎、擁壁、耐圧スラブの最小かぶり厚さは60mmである（公共建築工事標準仕様書5加工及び組立）。

4○　柱へのコンクリートの打込みにおいては、柱の上部から柱へ直接コンクリートを流し込むと、**落差によりコンクリートが分離するおそれがある**ので、一旦、スラブ又は梁で受けた後、柱の各面の方向から**流れ込むように行う**。

5○　一度にコンクリートを打ち込む場合は、所定の**鉛直部材**を打ち込んだ後、打重ね時間間隔の限度内に最初の打ち込み箇所に戻って梁とスラブなどの**水平部材**を打ち込むのが良い（JASS 5打込み）。

No.9　コンクリート工事
正答　5

1○　構造体コンクリートの検査方法は、受入検査を併用するA法と、併用しな

い従来通りのB法に分かれる。設問は
B法の内容であるため、試験回数は原
則として打込み工区ごとに1回、打込
み日ごとに1回、かつ計画した1日の
打込量が150m³を超える場合は、
150m³以下にほぼ均等に分割した単位
ごとに1回の割合で行う（JASS 5レ
ディーミクストコンクリートの受入れ時
の検査、構造体コンクリート強度の検
査）。

2○　普通ポルトランドセメントの**短期**及び
標準の湿潤養生の期間は、**5日以上で**
ある（JASS 5湿潤養生）。下表参照。

3○　支保工を取り外した後には、構造体
コンクリートに**有害なひび割れやたわ
み**がないかどうか、確認する。

4○　調合管理強度の管理のためのコンク
リート圧縮強度試験について、1回の
試験には任意の1運搬車から採取した
コンクリート試料で作製した3個の供試
体を用いる。**構造体コンクリート強度
の検査のための試験については、1回
の試験には、適当な間隔をおいた3台
の運搬車から1個ずつ採取した合計3
個の供試体を使用する**（JASS 5レディー
ミクストコンクリートの受入れ時の検
査、構造体コンクリート強度の検査）。

5×　調合管理強度の管理試験の判定は、
下記①、②を満足すれば合格とする。
①1回の試験結果は、調合管理強度の
85％以上とする。
②3回の試験結果の総平均値は、調合
管理強度以上とする。
（公共建築工事標準仕様書6試験等）

No.10　型枠工事
正答　5

1○　地盤上に支柱を立てる場合には、支
柱がコンクリート打込み時、打込み後
を通じて沈下しないように、地盤を十
分締め固め、支柱の下には剛性のある
敷板を設ける。

2○　**型枠を再利用**する際には、型枠解体
時に、コンクリートと型枠の付着力によ
るコンクリートの表面や型枠の損傷を
防止するために、せき板に剥離剤を塗
布する。

3○　せき板・支保工・締付け金物などの
材料の品質管理・検査は、**搬入時だ
けではなく、型枠の組立て中**などのタ
イミングで随時実施する。

4○　構造体コンクリートの圧縮強度が**設
計基準強度以上**確保され、かつ、**構
造計算**により安全であることが確認さ
れた場合には、コンクリートの材齢（コ
ンクリート打込み後の経過時間）にか
かわらず、**梁下の支柱**を取り外すこと
ができる。

5×　計画供用期間の級が短期及び標準
の場合、せき板存置期間の平均気温
が20℃以上あれば、コンクリートの材
齢が4日で普通ポルトランドセメントの
梁側せき板を、圧縮強度試験を必要と
することなく取り外すことができる
（JASS 5型枠の存置期間）。

No.11　鉄筋工事
正答　4　★

1○　異形鉄筋は付着力が大きいので、一
般にフックを必要としないが、建基令

No.9の表　湿潤養生の期間

セメント（結合材）の種類	計画供用期間の級　短期及び標準	長期及び超長期
早強ポルトランドセメント	3日以上	5日以上
普通ポルトランドセメント、フライアッシュセメントA種　他	5日以上	7日以上
中庸熱及び低熱ポルトランドセメント、高炉セメントB種、フライアッシュセメントB種　他	7日以上	10日以上
高炉セメントC種、フライアッシュセメントC種　他	9日以上	14日以上

令和元年

第73条第1項で、**柱及び梁（基礎梁を除く）の出隅部分の鉄筋と煙突の鉄筋の末端部には必ずフックを付ける**ように規定されている。

2○　鉄筋の加工寸法は、加工鉄筋搬入時または現場加工後、**加工種別ごとに抜取り検査**を行い、加工寸法が許容差の規定に適合していることを確認する。

3○→×　出題当時は設問のとおりだったが、2022年11月のJASS 5改正により、**端部については0.5m程度となったため、現在は不適当なものとなる。下表参照。**

4×　D19の鉄筋に**180度フック**を設けるための折曲げ加工を行う場合、余長を**4d以上**とする。**135度フック**の場合の余長は、**6d以上、90度フック**の場合の余長は**8d以上**とする（JASS 5鉄筋の加工）。

5○　圧接部のふくらみの直径やふくらみの長さが規定値に満たない場合は、**再**加熱し、圧力を加えて所定のふくらみとする。

No.12　鉄骨工事
正答　3

1○　溶接棒とは、溶けて溶接部分の母材と一体となり接合の目的を果たす金属棒をいう。吸湿のおそれがある溶接棒は、割れやブローホール（気泡による内部空洞）などの溶接欠陥の原因になるので、**再乾燥させてから使用する。**

2○　溶接部に生じた**割れ**は、溶接金属を**全長**にわたって削り取り、再溶接する。

3×　作業場所の気温が－5℃未満の場合は、溶接を行わない。**作業場所の気温が－5℃以上5℃以下の場合は、溶接線から100mm程度の範囲を適切な方法で加熱して、溶接を行う**（公共建築工事標準仕様書7溶接接合）。

4○　溶接面に、水分、錆、塗料、亜鉛めっき等溶接作業及び溶接結果に支障となるものがある場合は、スタッド軸径の2

No.11の表　鉄筋のサポート及びスペーサーの種類・数量・配置の標準

部　位	スラブ	梁	柱
種　類	鋼製・コンクリート製・モルタル製	鋼製・コンクリート製・モルタル製	鋼製・コンクリート製・モルタル製
数量または配置	上端筋、下端筋それぞれ間隔は0.9m程度	**間隔は1.5m程度、端部は0.5m程度**	上段は梁下より0.5m程度、中段は上段より1.5m程度、柱幅方向は1.0m以下2個、1.0m超え3個
備　考	端部上端筋及び中央部下端筋には必ず設置	側梁以外の梁は上または下に設置、側梁は側面の両側へ対称に設置	同一平面に点対称となるように設置
部　位	基　礎	基礎梁	壁・地下外壁
種　類	鋼製・コンクリート製・モルタル製	鋼製・コンクリート製・モルタル製	鋼製・コンクリート製・モルタル製
数量または配置	間隔は0.9m程度	間隔は1.5m程度、端部は0.5m程度	上段梁下より0.5m程度、中段上段より1.5m間隔程度、横間隔は1.5m程度、端部は0.5m程度
備　考	基礎の四隅と柱の四隅に配置する	上または下と側面の両側へ対称に設置	―

［注］（1）梁・柱・基礎梁・壁及び地下外壁のスペーサーは、側面に限りプラスチック製でも良い。
（2）断面材打込み時のスペーサーは支持重量に対して、めり込まない程度の設置面積を持ったものとする。

倍以上を丁寧に除去し、清掃を行う（公共建築工事標準仕様書7スタッド溶接及びデッキプレートの溶接）。

5○　スタッド溶接の打撃曲げ試験について、打撃により角度を**15度**まで曲げたのち、溶接部に割れその他の欠陥が生じない場合は、そのロットを合格とする。15度まで曲げたスタッドは、**欠陥のない場合はそのまま使用する**（公共建築工事標準仕様書7スタッド溶接及びデッキプレートの溶接）。

No.13　高力ボルト接合
正答　5

1○　高力ボルト摩擦接合部の摩擦面や工事現場溶接を行う箇所等は、さび止め塗装を行わない（JASS 6塗料および工法）。

2○　ナット回転法による本締めは、一時締付け完了後を起点としてナットを**120°（M12は60°）**回転させて行う。ただし、ボルトの長さがねじの呼び径の5倍を超える場合のナット回転量は特記による（JASS 6高力ボルトの締付け）。

3○　ボルト頭部またはナットと接合部材の面が、1/20以上傾斜している場合は、勾配座金を使用する（公共建築工事標準仕様書7高力ボルト接合）。

4○　一群のボルトの締付けは、**群の中央部から周辺に向かう順序で行う**（公共建築工事標準仕様書7高力ボルト接合）。

5×　接合部に肌すきがある場合の処理は、肌すき量が1mm以下のものは処理不要であるが、**1mmを超えるものはフィラープレート**（すき間をうめる鋼板）を入れる（JASS 6高力ボルト接合）。

No.14　補強コンクリートブロック造工事
正答　3

1○　モルタル及びコンクリートの充填において、その打継ぎ位置は、ブロックの上端から**5cm程度**の下がりとする（公共建築工事標準仕様書8補強コンクリートブロック造）。

2○　壁横筋は、壁端部縦筋に180°フックによりかぎ掛けとする。ただし、直交壁がある場合は、直交壁に定着又は直交壁の横筋に重ね継手とする（公共建築工事標準仕様書8補強コンクリートブロック造）。

3×　**高さ2.2m以下の補強コンクリートブロック造の塀**においては、**長さ3.4m以下ごと**に、径9mm以上の鉄筋を配置した控壁で、基礎の部分において壁面から高さの1/5以上突出したものを設ける（建基令第62条の8第1号、第5号）。

4○　パネル相互の目地幅は、特記がなければ、**長辺の目地幅は10mm以上**（出題当時は8mm以上）、**短辺の目地幅は15mm以上**とする（公共建築工事標準仕様書8押出成形セメント板（ECP））。

5○　押出成形セメント板の**横張り工法**とは、押出成形セメント板を横使いし、建物の変位に対し、**スライド**により追従させる工法をいう。なお、押出成形セメント板の**縦張り工法**とは、押出成形セメント板を縦使いし、建物の変位に対し、**ロッキング**により追従させる工法をいう。

No.15　木工事
正答　5

1○　階数が2階以上の住宅における通し柱である隅柱の断面寸法は、135mm×135mm以上とする。ただし、ベイヒ（アメリカ産のヒノキ）などの製材を用いた場合は、**120mm×120mm以上**とすることができる（住宅金融支援機構木造住宅工事仕様書5.1軸組）。

2○　根太の断面寸法は、45mm×45mm以上とする。ただし、大引きあるいは2階床ばり**間隔が900mm内外の場合は、45mm×60mm以上**とする。また、大引きあるいは2階床ばり間隔が1,800mm内外の場合は、45mm×105mm以上とする（住宅金融支援機

構木造住宅工事仕様書5.8床組）。

3〇　大壁造の面材耐力壁は、**下表のよう**に施工する。

4〇　棟木・母屋の継手は、束の位置を避け、**束より持ち出して**、腰掛けかま継ぎ又は腰掛けあり継ぎとし、N75くぎ2本打ちとする（住宅金融支援機構木造住宅工事仕様書5.5小屋組）。

5×　床板張り・縁甲板張りにおいて、継手は、**受材心で乱に継ぎ、隠し釘打ち**とする（公共建築工事標準仕様書12床板張り）。

No.16　木工事
正答　5

1〇　柱は、**ホールダウン金物と六角ボルト**を用いて、布基礎に緊結される（住宅金融支援機構木造住宅工事仕様書5.2軸組の仕口）。

2〇　耐力壁でない軸組において、管柱と胴差しとの仕口は、**短ほぞ差しとし、かど金物を当て釘打ち**とすることができる（住宅金融支援機構木造住宅工事仕様書5.2軸組の仕口）。

3〇　筋かいが間柱と取り合う部分は、**間柱を筋かいの厚さだけ欠き取って**筋かいを通す（住宅金融支援機構木造住宅工事仕様書5.1軸組）。

4〇　小屋梁と軒桁又は敷桁との仕口は、**かぶと蟻掛け**又は渡りあごとし、いずれも**羽子板ボルト**締めとする。上端ぞろえとする場合の仕口は、大入れ蟻掛けとし、羽子板ボルト締めとする（住宅金融支援機構木造住宅工事仕様書5.5小屋組）。

5×　敷居及び鴨居の溝じゃくりは、**木表**において行う。

木材の反りぐせ及び使い勝手

No.17　防水工事及び屋根工事
正答　3

1〇　ボンドブレーカーは、紙、布、プラスチックフィルム等の粘着テープで、シーリング材と**接着しない**ものとする（公共建築工事標準仕様書9シーリング）。

2〇　充填箇所以外の部分に付着したシーリング材は、直ちに取り除く。ただし、**シリコーン系シーリング材は、硬化後に取り除く**（公共建築工事標準仕様書9シーリング）。

3×　アスファルトプライマーの乾燥時間は通常8時間以内だが、気象条件や下地の乾燥条件によっては遅れる場合がある。したがって、**アスファルトプラ**

No.15の表　耐力壁の種類

材　料	断　面	く　ぎ	くぎの間隔
構造用パーティクルボード （JIS A 5908-2015に規定するもの）	—	N50	外周部分7.5cm以下 その他の部分15cm以下
構造用MDF （JIS A 5905-2014に規定するもの）			
構造用合板　化粧ばり構造用合板 （合板のJASに規定する特類であるもの）	**厚さ9mm以上**	CN50	外周部分7.5cm以下 その他の部分**15cm以下**
構造用パネル （構造用パネルのJASに規定するもの）		N50	

（住宅金融支援機構木造住宅工事仕様書5.3大壁造の面材耐力壁）

イマーを塗り付けた翌日に次の工程を行うのが一般的である（建築工事監理指針9アスファルト防水）。

4○ 折板葺のタイトフレームと下地材の接合は、**隅肉溶接**とし、溶接後はスラグを除去し、錆止め塗料を塗り付ける（公共建築工事標準仕様書13折板葺）。

5○ 木造住宅の屋根用化粧スレート葺きにおいて、葺板は、**1枚ごとに所定の位置に専用釘で野地板に留め付ける**（住宅金融支援機構木造住宅工事仕様書6.6住宅屋根用化粧スレートぶき）。

No.18 左官工事、タイル工事及び石工事
正答 4

1○ プラスターは、水を加えてよく練る。下塗りおよび中塗りには**加水後2時間以上、上塗りには1.5時間以上経過したものを使用しない**。

2○ セルフレベリング材の打継ぎ部等の処理は、**硬化後、打継ぎ部の突起および気泡跡の周辺の突起等をサンダー等で削り取る**。気泡跡のへこみ等は、セルフレベリング材製造所の指定する材料で補修する（公共建築工事標準仕様書15セルフレベリング材塗り）。

3○ 改良圧着張りにおいて、張付けに先立ち、**下地側に張付けモルタルをむらなく平たんに塗り付ける**。張付けは、**タイル裏面全面に張付けモルタルを平らに塗り付けて張り付け**、適切な方法でタイル周辺からモルタルがはみ出すまでたたき締め、通りよく平らに張り付ける（公共建築工事標準仕様書11セメントモルタルによるタイル張り）。

4× 有機系接着剤によるタイル張りにおいて、タイルの張付けに当たり、下地面の清掃を行い、下地面を十分に乾燥させる。なお、水湿し及び**吸水調整材の塗布は行わない**（公共建築工事標準仕様書11有機系接着剤によるタイル張り）。

5○ 敷モルタルの調合は下表のとおりとする。

No.19 塗装工事
正答 2

1○ 鉄鋼面に使用する合成樹脂調合ペイントの上塗りは、**エアレススプレーによる吹付け塗り**などにより行う。

2× 木部のクリヤラッカー塗りにおいて、**下塗りには、ウッドシーラーを用い**、その塗付け量は、0.10kg/m²とする（公共建築工事標準仕様書18クリヤラッカー塗り（CL））。

3○ オイルステインとは、木部に含浸させて着色する塗料をいう。オイルステイン塗りの色調の調整は、**所定のシンナー**により行う。

4○ 壁面などのローラーブラシ塗りに先立ち、隅やちり回りなどの細かい部分は、**小さな刷毛を用いて塗装する**。

5○ パテかいとは、塗装面の凹凸部や割れなどに、パテを木べらなどでしごいて平らにする作業をいう。パテかいは、一度に厚塗りせず、**数回に分けて行う**。

No.20 建具工事、ガラス工事及び内装工事
正答 1

1× 障子・ふすまは種類別に分けて立て

No.18の表 セメントモルタルの調合（容積比）

用途＼材料	セメント	砂	備考
裏込めモルタル	1	3	
敷モルタル	1	4	―
張付け用ペースト	1	0	
目地モルタル	1	0.5	目地幅を考慮して砂の粒径を定める。

（公共建築工事標準仕様書10材料）

159

かけて保管するが、**フラッシュ戸は平積みとする**。

2○　木製建具用丁番の枚数は建具の高さが2.0m未満の場合は2枚、**2.0m以上2.4m以下の場合は3枚**とする（公共建築工事標準仕様書16建具用金物）。

3○　外部に面する複層ガラス、合わせガラス、網入り板ガラス、線入り板ガラスを受ける下端ガラス溝には、ガラスの溝内に浸入した雨水を排水するため、**建具の下枠に水抜き孔（径6mm以上）を2箇所以上**、またセッティングブロックによるせき止めがある場合は、その中間に1箇所追加し設置する（公共建築工事標準仕様書16ガラス）。

4○　洗面所などの湿気及び水の影響を受けやすい箇所に、ビニル床シートを張り付ける場合には、**エポキシ樹脂系またはウレタン樹脂系**の接着剤を使用する（公共建築工事標準仕様書19ビニル床シート、ビニル床タイル及びゴム床タイル張り）。

5○　フローリング類の割付けは、割付け墨に合わせ**室の中心より両側に張り分ける**。割付けが半端になる場合は、美観上の理由から、出入口を避け、**壁際の見え隠れとなる箇所で行う**（JASS 26フローリング類）。

No.21　木造住宅における設備工事
正答　4

1○　ダクトは、雨水が入らないように住戸内から住戸外へ**先下がり勾配となるよう施工する**。

2○　**架橋ポリエチレン管**は、架橋構造により耐熱性を向上させた樹脂管で、**給湯管**などに用いられる。

3○　給水の流れが下部から上部へ向かう給水管方式を、上向き給水管方式という。上向き給水管方式における給水横走り管は、横引き配管内部に**空気が滞留しないように**、流れ方向に向かって上がり勾配となる**先上がり勾配**となるように配管する。

4×　雨水用の排水ますおよびマンホールには、排水管等に泥などが詰まらないように、深さ15cm以上の泥だめを設ける。**インバート半円状の溝ますは汚水用である**（建築工事監理指針21屋外雨水排水）。

5○　メタルラス張り、ワイヤラス張りまたは**金属板張り**の木造の造営材に施設する電気機械器具の金属管、金属ダクトなどは、位置ボックス周辺のメタルラス張りを切り取る。または、木造に合成樹脂、磁器など耐久性のあるもので離隔することによってメタルラスと**絶縁する**。

No.22　改修工事
正答　2

1○　モルタル層の欠損部の周囲の浮きは、ダイヤモンドカッターにより**健全部と縁を切り**、その部分をはつり取って除去する。

2×　目地を見せる目透し工法には、**スクエアエッジ付きのせっこうボードを用いる**。**テーパーエッジ付きせっこうボード**は、目地のない平滑な面を作る継目処理工法に用いられる。

スクエアエッジ

テーパーエッジ

3○　既存の露出アスファルト防水層などの上に、合成高分子系ルーフィングシートなどを施工する工法を**かぶせ工法**といい、屋上の防水改修などに用いられる。

4○　モルタル下地又はコンクリート下地に過剰な水分が残存していると、床仕上げ材張付け後に接着不良等の不具合を起こすので、下地の乾燥程度の判断には十分な注意が必要である。乾燥程度を判断する方法の一例として、**高周波式水分計**による測定がある（建築改修工事監理指針6ビニル床シート、

ビニル床タイル及びゴム床タイル張り）。

5○　天井のふところが1.5m以上の場合は、補強用部材等を用いて、吊りボルトの水平補強、斜め補強を行う。特記がなければ、天井のふところが3m以下の場合、水平補強は、縦横方向に間隔1.8m程度に配置し、斜め補強は、相対する斜め材を1組とし、縦横方向に間隔3.6m程度に配置する（公共建築改修工事標準仕様書6軽量鉄骨天井下地）。

No.23　建築工事と工法の組合せ
正答　3

1○　山留め工事において、地下水位が床付け面より低い場合には、止水性のない**親杭横矢板工法**を採用することができる。

2○　**プレボーリング根固め工法**は、既製コンクリート杭の先端部を支持地盤に根固め液で定着させる工法で、既製コンクリート杭工事に用いられる。

3×　スカラップとは、鉄骨の溶接線が交差するのを避けるために、鉄骨に設ける扇状の切り欠き部をいう。ノンスカラップ工法とは、**鉄骨工事**においてスカラップを設けない工法をいう。

4○　記述は適当である。あと詰め中心塗り工法は、鉄骨足元のベースプレート部分の面積が大きい場合など、**全面密着させることが困難な場合**に用いられる。

5○　記述は適当である。ヴィブラート工法は、ヴィブラートという工具で振動を与え、**タイルを押し付けて張る工法**である。

No.24　建築積算
正答　5

1○　設計数量とは、設計図書に記載されている個数及び設計寸法から求めた長さ、面積、体積等の数量をいう。なお、材料のロス等については単価の中で考慮する（公共建築数量積算基準第1編

総則2（2））。

2○　所要数量とは、定尺寸法による切り無駄や施工上やむを得ない損耗を含んだ数量をいう（公共建築数量積算基準第1編総則2（2））。

3○　計画数量とは、設計図書に基づいた**施工計画により求めた数量をいう**（公共建築数量積算基準第1編総則2（2））。仮設や土工の数量等がこれに該当する。

4○　共通仮設とは、**複数の工事種目に共通して使用する仮設**をいう。

5×　直接仮設とは、工事種目ごとの複数の工事科目に共通して使用する仮設をいう。

No.25　請負契約
正答　1

1×　受注者は、図面若しくは仕様書の表示が明確でないことを発見した時は、直ちに書面をもって**発注者等**に通知する（民間建設工事標準請負契約約款（甲）第16条第1項第1号）。

2○　設問のとおりである。発注者は、工事中における契約の目的物の一部使用について定めがない場合は、**受注者の書面による同意を得なければならない**（民間建設工事標準請負契約約款（甲）第26条第1項）。

3○　設問のとおりである（民間建設工事標準請負契約約款（甲）第34条第1項）。

4○　設問のとおりである。他に、**受注者が建設業の許可を取り消されたとき**なども該当する（民間建設工事標準請負契約約款（甲）第42条）。

5○　設問のとおりである。他に、**不可抗力**や、関連工事の調整、**近隣住民との紛争**その他正当な理由があるときも請求できる（民間建設工事標準請負契約約款（甲）第30条第5項）。

令和元年

161

平成 30 年　正答一覧

合格基準点（総得点）：60 点

建築計画 合格基準点：13 点	建築法規 合格基準点：13 点	建築構造 合格基準点：13 点	建築施工 合格基準点：13 点
No.1 ⑤	No.1 ④	No.1 ②	No.1 ④
No.2 ②	No.2 ④	No.2 ②	No.2 ⑤
No.3 ①	No.3 ④	No.3 ①	No.3 ⑤
No.4 ②	No.4 ⑤	No.4 ④	No.4 ①
No.5 ②	No.5 ④	No.5 ①	No.5 ②
No.6 ④	No.6 ③	No.6 ①	No.6 ①
No.7 ⑤	No.7 ④	No.7 ①	No.7 ⑤
No.8 ⑤	No.8 ①	No.8 ⑤	No.8 ④
No.9 ③	No.9 ⑤	No.9 ①	No.9 ②
No.10 ①	No.10 ③	No.10 ①	No.10 ②
No.11 ②	No.11 ④	No.11 ④	No.11 ②
No.12 ⑤	No.12 ②	No.12 ③	No.12 ①
No.13 ②	No.13 ③	No.13 ①	No.13 ①
No.14 ④	No.14 ①	No.14 ④	No.14 ④
No.15 ④	No.15 ③	No.15 ③	No.15 ①
No.16 ⑤	No.16 ①	No.16 ①	No.16 ①
No.17 ②	No.17 ⑤	No.17 ⑤	No.17 ①
No.18 ③	No.18 ③	No.18 ②	No.18 ②
No.19 ①	No.19 ④	No.19 ③	No.19 ④
No.20 ③	No.20 ④	No.20 ③	No.20 ①
No.21 ①	No.21 ②	No.21 ②	No.21 ⑤
No.22 ④	No.22 ④	No.22 ①	No.22 ③
No.23 ④	No.23 ①	No.23 ①	No.23 ①
No.24 ③	No.24 ②	No.24 ②	No.24 ④
No.25 ⑤	No.25 ④	No.25 ④	No.25 ④

平成30年 建築計画

No.1 日本の歴史的な建築物
正答 5

1○ 住吉大社本殿は、切妻造り、妻入り、檜皮葺で、室内は**内陣と外陣の二間に**区分されている。全国の住吉神社の総本山で、**前後に細長い神社形式**である住吉造りの代表とされる。

2○ 日光東照宮は、徳川家康を祀るために江戸時代に建てられた、**拝殿と本殿を石の間で連結した**権現造りの霊廟建築である。日本の神社建築様式の完成体として評価が高い。

3○ 伊勢神宮内宮正殿は、**掘立て柱**が用いられた切妻造り、平入りの神明造りの神社である。棟木を支える**棟持柱**が側柱の外側に**独立**して設けられている。

4○ 桂離宮は、八条宮智仁親王の別荘として建てられた、書院造りに茶室建築の要素を取り入れた**数奇屋風書院造り**の別荘建築である。古書院、中書院、新御殿等から構成されている。

5× 東大寺南大門は、平安時代に倒壊した後、鎌倉時代に再建されたものである。天竺様（大仏様）による建築として有名である。柱に穴を開けて貫（横木）を通すため、**太い柱を多用している。部材が細く、屋根の反りが強い特**徴を持った建築物は、円覚寺舎利殿に代表される、**禅宗様**（唐様）の建築物が挙げられる。

No.2 建築物とその特徴
正答 2

1○ パルテノン神殿は、ギリシアの半島部で流行した**ドリス式オーダー**と、島嶼部や小アジア地域で流行した**イオニア式オーダーの両方**が用いられている。二つのオーダーを用いることにより、全ギリシアを代表する神殿であることを示そうとしたと考えられている。

2× ミラノ大聖堂は、1386年に起工され500年もの歳月をかけて完成した。135本もの尖塔やフライングバットレスを持つ、高さ108mの**後期ゴシック様式**の建築物である。

3○ クリスタル・パレス（水晶宮）は、1851年のロンドン万国博覧会の展示館として建てられた、規格化された**鉄とガラスの部材**で構成された建築物である。

4○ ファンズワース邸は、中央コア部以外に間仕切り壁がなく、**外周部分がすべてガラス**でできた平屋建ての住宅建築である。その内部空間は、ユニバーサル空間といわれている。

5○ 落水荘は、**2層の鉄筋コンクリート造の片持スラブ**を自然岩と滝の上に**交差**させ、コンクリートに感じられる重量感や冷たさを和らげている別荘建築である。

No.3 建築環境工学
正答 1

1× BODは、細菌が水中の有機物を好気的に分解する際に必要とする酸素量をいい、有機物質による**水の汚染指標**の一つである。**空気汚染を評価する**指標には**二酸化炭素濃度**や**浮遊粉塵質量濃度**などがある。

2○ 残響は、室内で音を発したとき、室の壁や床、天井などによる反射を何回も繰り返すことにより、音源が停止した後にも室内に音が残る現象をいう。残響時間は、音源が停止してから室内の音圧レベルが**60dB低下**するまでに要する時間をいう。

3○ PMVは、気温・湿度・気流・熱放射の温熱要素と、人体要素である代謝量・着衣量を代入すると、その条件で暖かいと感じるか寒いと感じるかが**数値で表わされる温熱環境指標**である。

−3（寒い）〜＋3（暑い）の値を取り、値が0のときは、暑くも寒くもない状態と予想される。

4○ LCCO₂は、建築物の建設から運用、廃棄に至るライフサイクルを通じての**二酸化炭素の総排出量**をいう。地球温暖化に対する負荷を表す指標であり、値が小さいほど環境負荷が小さくなる。

5○ 熱伝達は、流体と固体間の熱移動をいう。対流熱伝達は、壁体表面とそれに接している空気との境界面に生じる**対流による熱移動現象**をいう。

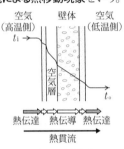

空気（高温側）　壁体　空気（低温側）

t_i

空気層

t_o

熱伝達　熱伝導　熱伝達

熱貫流

壁体の熱移動

No.4　換気
正答　2　★

1○ 換気回数は、ある室の1時間当たりの**換気量をその室の容積で除した値**である。

2× 室内に汚染質が発生している場合に、許容濃度を保つための必要換気量Qは、

$$Q = \frac{M}{C_i - C_o}$$

ただし、M：室内の汚染質発生量、C_i：室内の汚染質許容濃度、C_o：外気の汚染質濃度
で求められる。したがって、必要換気量は、その**室の容積の大小によっては変化しない**。

3○ 第3種機械換気方式は、自然給気と機械排気による換気方式である。**室内の空気が外へ流出しないように室内の空気圧を、周囲の空間より低い負圧に**保つ必要がある便所や浴室などの汚染室で用いられる。

4○ 自然換気における温度差換気は、空気に温度差がある場合に温度の低いほうから高いほうに空気が流れることを利用する。屋内の温度より外気が低い場合は、中性帯より**下部から屋内に外気が流入**し、上部から外部に空気が流出する。

5○→× 居室の二酸化炭素（炭酸ガス）の許容濃度は**0.1％（1,000ppm）**である（建基令第129条の2の5第3項（三））。一酸化炭素は無色無臭の気体で、生体組織に酸素を供給する血液中のヘモグロビンと強く結合するため酸素欠乏をきたし、死に至らしめる有毒ガスである。出題当時、一酸化炭素の許容濃度は、**0.001％（10ppm）**であったが、令和5年4月1日施行の同法施行令改正により0.0006％（6ppm）以下となったため、**現在は不適当なもの**となる（同条項（二））。

No.5　室内側表面結露防止
正答　2

冬期に室内側の壁体の表面結露を防止するには、壁体の**表面温度を下げないこと**、高温多湿の**室内空気を室外に排出**することが基本である。

アと**イ**は、壁体の熱貫流率を下げるため室内側表面温度の低下を防ぎ、結露防止に有効である。また、**エ**は、室内空気を壁面に滞留させない効果がある。**ウ**と**オ**は表面結露防止には特段の効果は無い。したがって、**2**が正答。

No.6　断熱材の厚さ
正答　4

1○ 壁体の熱貫流率Kは、

$$K = \frac{1}{R_i + (R_1 + R_2 + \cdots\cdots R_n) + R_o}$$

ただし、R_i：室内側熱抵抗値、R_n：壁材の熱抵抗値、R_o：外気側熱抵抗値で求められる。

また、壁材の熱抵抗値＝材料の厚さ／材料の熱伝導率である。

従前の壁体の熱貫流率が1なので、

$$K = \frac{1}{R_i + R_1 + R_o} = 1$$

$$\therefore R_i + R_1 + R_o = 1$$

これに断熱材を用いて壁体の熱貫流率を0.4にするので、

$$0.4 = 1/(R_i + R_1 + R_o + R_2)$$

ただし、R_2：断熱材の熱抵抗値

$$0.4 = 1/(1 + R_2)$$

したがって、$R_2 = 1.5$

断熱材の熱伝導率が0.03（W/（m・K））なので、

1.5＝断熱材の厚さ／0.03

よって、断熱材の厚さ＝1.5×0.03＝0.045（m）

したがって、**4**が正答。

No.7 終日日影
正答 5

北緯35°の地点において、冬至の日の太陽は、**東西軸から30°弱南側から日の出・日の入り**する。このため、直方体の建築物の終日日影は、図－1のとおりとなる。

1〜4は、設問のとおりの終日日影が生じるが、5は図－2の斜線の部分にも終日日影が生じる。

したがって、**5**が正答。

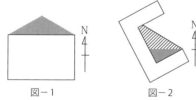

図－1　　　　図－2

No.8 採光・照明等
正答 5

1○　反射グレアは、照明器具等の光源や窓からの光が、光沢のある**平面に反射して生じるグレア**をいう。OA機器のCRTスクリーンに映る照明器具による反射グレアが問題になり、反射防止処理されたスクリーンが使用されるようになっている。

2○　昼光率は、

$$昼光率＝\frac{室内のある点の昼光による照度}{全天空照度}×100$$

で表される。一つの側窓を有する室内においては、**窓からの距離が遠い点ほど昼光による照度が低下するため、昼光率は、一般に低くなる。**

3○　細かい視作業を伴う場合の事務室の照度は、JIS Z 9110で、**1,000lx程度**とされている。

4○　光の色温度は、その光源の光色の色度に等しいか近似する色度を持つ光を放射するときの**黒体の絶対温度**をいう。色温度が高くなるにつれて、光の色は、赤→オレンジ→黄→白→青白と変化する。

5×　冬期に北向きの側窓から得られる採光は全天空光である。全天空照度は晴天時より薄曇りの時のほうが高い。

No.9 音
正答 3

1○　同じ条件であっても、周波数が異なれば人の耳に聞こえる音の大きさは異なる。同じ音圧レベルの場合、一般に、**1,000Hzの純音より125Hzの純音のほうが小さく聞こえる。**

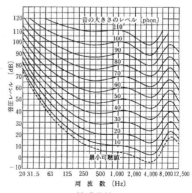

等感曲線

2○　床衝撃音に関する遮音性能の等級である Lr 値は、値が**小さいほど床衝撃音の遮断性能が高く**なることを表す。

☆日本工業規格は、令和元年 7 月 1 日施行の法改正で日本産業規格に名称変更。

3×　音が球面状に広がる点音源（音源からある程度離れている場合も同様）では、音源からの距離が 2 倍になると音圧レベルは**約 6dB 低下**する。

4○　室内騒音レベルの許容値の NC 値は、**値が小さくなるほど許容される室内騒音レベルは低く**なる。

5○　室内騒音レベルの許容値は、音楽ホールが **20 〜 30dB**、住宅の寝室が **30 〜 35dB** とされている。

No.10　屋外気候
正答　**1**

1×　ヒートアイランド現象は、コンクリート建築物やアスファルト舗装が昼間に蓄えた太陽の放射熱の夜間の放出、クーラーなどの人工熱の排出、樹木や土の地面および水面の減少による水分蒸発による冷却効果の減少などが主な原因である。大気中の**二酸化炭素濃度の上昇は直接的な原因ではない**。

2○　快晴日には、**日中は海より陸のほうが暖められるため、海から陸に向かって風が吹き**、**夜間は海より陸の温度が下がるため、陸から海に向かって風が吹く**。

3○　快晴日の屋外の絶対湿度は、一般に、一日を通じてあまり変化しない。このため、飽和水蒸気量に対する絶対湿度の百分比で求められる相対湿度は、気温が高い**日中に低く**、気温の低い**夜間に高く**なる。

4○　我が国では、地表面に入射する日射量が最大になるのは夏至の頃であるが、地面等に日射による熱を蓄積した**7 月または 8 月に月平均気温が最高**になる。

5○　深さ 10 〜 100m の地中温度は、一般に、地上の気温変化に関わりなく、

年間を通じてほぼ一定で安定している。地中温度は年平均気温よりも **1.5℃程度高い**。

No.11　住宅の計画
正答　**2**

1○　シングルベッド 2 台、ナイトテーブル 2 台及び設間の収納ユニット、化粧台がある夫婦の寝室の広さは **16m² 以上必要**である。内法で 15m² あれば適当である。

2×　和室の江戸間は、**柱心の間隔を基準寸法とした整数倍**とする。柱と柱の**内法寸法を基準寸法とするのは京間**である。

3○　6 人掛けの食卓は幅 1,800mm、奥行き 750mm 程度であり、設間の食器棚を含めたダイニングの広さを、**内法面積で 13m²** とすることは適当である。

4○　電灯の壁付きスイッチの高さを床面から 1,200mm とすると、**車椅子使用者にも利用**しやすい。

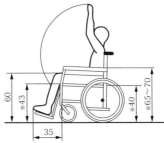

※の数値は手動車椅子の平均的な数値

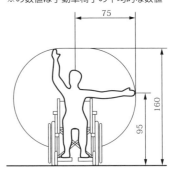

車椅子使用者の各種寸法（単位：cm）

5○　手摺は、外径が30〜40mm程度の円形または楕円形のものが握りやすい。階段の手摺は、踏面の先端位置から750〜850mm程度の高さに設置する。

No.12　集合住宅の計画
正答　5

1○　コンバージョンは、既存の事務所や商業施設、倉庫などを用途変更や転用する手法である。入居率が低下した**事務所ビルを集合住宅やSOHOに転用**することが行われている。

2○　ボイド型は、建物の中央に設けた**吹抜けの周囲に**共用廊下や階段、エレベータの**コア**を設け、外周に住戸を配した集合住宅の形式である。

3○　テラスハウスは、各住戸が**区画された専用の庭を持つ**連続した住宅をいう。戸境壁を共有するが、独立住宅に近い性格を持つ。

4○　スケルトンインフィル住宅は、柱・梁・床・屋根等の構造部分や共用設備部分であるスケルトンと、間仕切りや内装・専有部分の設備等のインフィルを分離した工法により建設する集合住宅である。スケルトンはそのままでインフィル部分を変えることで、家族構成に適した間取りの採用、**内装仕上げの更新、設備の位置や内容の変更**に応じることができる。

5×　コモンアクセスは、共用の中庭を中心に、それを囲んで住戸が配置される形式の集合住宅である。居住者は**共用の中庭を通るアクセス路**により各住戸に入る形式となっている。

No.13　事務所ビル、商業建築の計画
正答　2

1○　システム天井は、モジュール割りに基づき、空調・照明・防災などの設備器具を一定のゾーンに**集約してユニット化した**天井である。天井仕上げと設備器具の取り合いを単純化することができる。

2×　ブロック貸しや小部屋貸しは、共用廊下等の非収益部分を設けなければならないため、一般に、**レンタブル比は低くなる**。一方、フロア貸しは、階全体を一括して1社に貸す方式であり、廊下などの共用面積を小さくできる利点がある。

3○　事務室の机の配置形式の対向式は、グループ単位で密なコミュニケーションを必要とする業務に適し、並行式は、定型的な作業、個人のワークスペースが必要な場合、業務に集中するため**プライバシーが要求される場合**などに適する（下図参照）。

4○　ビジネスホテルは、**宿泊を重視し**、宿泊以外の用途の施設が比較的少ないホテルである。延べ面積に対する客室部分の床面積の割合は、一般に60〜70%程度の例が多い。

No.13の図

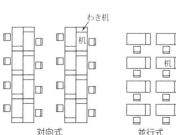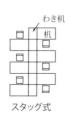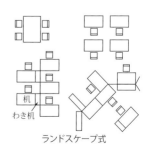

対向式　　並行式　　スタッグ式　　ランドスケープ式

5○　スーパーマーケット等の量販店では、ゆとりなどのサービスレベルを若干低下させ**効率性を高める**ため、延べ面積に対する売場部分の床面積は、一般に60 ～ 65％程度とする例が多い。

No.14　教育施設等

正答　4

1○　地域図書館の閲覧室の床面積は、**1人当たり2m²程度**必要である。40人収容の閲覧室の床面積を100m²とするのは若干余裕のある計画である。

2○　図書館の閲覧室は静謐（せいひつ）が求められる。床の仕上げをタイルカーペットとするのは**歩行音を低減**するので適当である。

3○　総合教室型は、全ての学習活動をホームルームで行う形式であり、移動が少ないため小学校低学年に適する。特別教室型は、普通教科はホームルームで、**特別教科**（音楽・理科・図工等）**は特別教室**で行う形式であり、小学校高学年以上に適する。

4×　車椅子使用者が180度方向転換するのに必要なスペースは1,700mm×1,400mm、90度方向転換するのに必要なスペースは**直径1,350mm以上の円形**である。直径1,200mmでは狭すぎる。

5○　高齢者は、角膜の感度低下による**視力低下**や、白内障による**黄変化現象**が生じる。このため、作業領域の照度を

JISの照明設計基準の2倍とすることは適当である。

☆日本工業規格は、令和元年7月1日施行の法改正で日本産業規格に名称変更。

No.15　文化施設の計画

正答　4

1○　アダプタブルステージは、演目に応じて**舞台と客席との関係を変化させる**ことができる劇場形式である（下図参照）。

2○　美術館や博物館の学芸員が、資料の収集・保管・調査研究等を円滑に行うために、**研究部門と収蔵部門は近接**して配置することが望ましい。

3○　ミュージアムショップは、展示を見終わった後に各種物品が購入できるように、**中央ホールやエントランスホール付近**に設ける。

4×　シューボックス型は、奥行きの深い長方形の平面に、高い天井を有する**コンサートホール形式**で、良好な音響性能と均一な響きが得られやすいが、演奏者と聴衆の一体感は図りにくい。ステージを客席が取り囲む劇場形式は、**アリーナステージ**である（下図参照）。

5○　図書室や会議室は静寂が求められるので、騒音が発生しやすい**体育室や実習室などとは離して設ける**ことが望ましい。

No.16　建築物の所要床面積

正答　5

1○　特別養護老人ホームの設備及び運

No.15の図　〔アダプタブルステージの活用例〕

エンドステージ

センターステージ

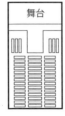
スラストステージ

アリーナステージ

営に関する基準に、居室の入所者1人当たりの床面積は**10.65m²以上とする**こととされており、定員1人の居室の床面積を12m²とすることは適当である。

2○ 軽費老人ホームの設備及び運営に関する基準に、一の居室（定員1人）の床面積は、**21.6m²以上とする**ことと定められており、24m²とすることは適当である。

3○ 病室の床面積は、内法で1人当たり6.4m²以上とすること、また、小児だけを入院させる病室の床面積は、前記の2/3以上とすることができると厚生労働省令に定められている。したがって、定員4人の小児用病室の内法寸法による床面積は約**17m²以上必要**であり、20m²とすることは適当である。

4○ 児童福祉施設の設備及び運営に関する基準に、保育所の保育室の床面積は、幼児1人当たり**1.98m²以上である**ことと定められており、定員20人の保育室を44m²とすることは適当である。

5× 児童福祉施設の設備及び運営に関する基準に、ほふく室の床面積は乳児または満2歳に満たない幼児1人当たり**3.3m²以上である**ことと定められている。定員10人のほふく室の床面積は33m²以上必要である。

No.17 車椅子使用者に配慮した建築物の計画

正答 2

1○ 建築物移動等円滑化基準に、移動等円滑化経路を構成する敷地内の通路は、**幅員120cm以上とする**ことと定められている。歩行者の専用とし屋根を設けることは適当である。

2× キックプレートは、車椅子のフットレストが壁や戸に接触し、内装を傷めることを防止するために設ける板をいい、床面から**30〜40cm程度の高さ**に設置する。

3○ 壁付きコンセントは、車椅子使用者や高齢者、立位の歩行困難者などが使いやすいよう、床面から**40〜110cm程度の高さ**に設置することが望ましい。

4○ 建築物移動等円滑化基準に、主として高齢者、障害者等が利用する傾斜路は、**勾配が1/12を超え、又は高さが16cmを超える傾斜がある部分には手摺を設ける**ことと定められているが、設問の傾斜路はこれに該当しない。

5○ 腰掛け便座の両側に手摺を設ける場合は、手摺同士の間隔を**70〜75cm**とする。

No.18 まちづくり

正答 3

1○ パークアンドライドは、自家用車が都心地区まで流入することを抑制するために、郊外の鉄道駅に近接した駐車場を整備し、そこで**自動車から鉄道に乗り換えて都心へ通勤するよう促す手法**である。

2○ トランジットモールは、都市の中心部において、一般車両の通行を抑制し**公共交通機関のみが通行できるように**することにより、歩行者用の空間とした街路をいう。

3× ボンエルフは、歩行者と自動車の共存を目的とした道路整備方式の一つであり、ハンプ（路面の出っ張り）やシケイン（車路の蛇行）などを設けることにより、人が対応できる速度以上に**自動車がスピードを出せないような構造**になっている。設問は、**ラドバーンシステム**の説明である。

4○ スプロールは、市街地が無計画に郊外に拡大し、**虫食い状の無秩序な市街地**が形成されることをいう。

5○ ペデストリアンデッキは、地上の車道から立体的に分離された歩行者専用の**高架の歩廊**をいう。

平成30年

No.19　建築設備の用語
正答　1

1× ミキシングバルブは、水と湯を使用温度になるように混合して調節する機能を持った水栓である。台所、洗面所、浴室などで使用される。**給水・給湯設備**に関する用語である。

2○ 膨張管は、温水暖房・蒸気暖房・給湯配管に設け、温水や水蒸気が温度上昇したときに生じる**容積の膨張を配管内から逃がす**ための管をいう。給湯設備に関する用語である。

3○ ダンパーは、空調ダクトや換気ダクトの中間に設け、**通風量を調節する**装置である。空気調和設備や換気設備に関する用語である。

4○ アウトレットボックスは、電気配管の中間や端末に取り付けられ、配線器具やコンセント類などへの**配線を分岐する**ために使用する箱である。電気設備に関する器具である。

5○ ウォールウォッシャは、**壁面全体を同一の照度で照明する**手法である。感覚的に明るさが向上したように感じ、空間全体が広く見える効果がある。照明設備に関する用語である。

No.20　空気調和設備
正答　3

1○ 中央熱源方式の空気調和設備の水方式は、一か所に集中設置した熱源機器に冷温水を注水し適温にした後、各部位（室）のユニットに送り、室内空気を取り込み適温にして送風する空調方式である。外気の新鮮な空気を取り込めないため、**換気機能を有する装置が必要**となる。

2○ 二重ダクト空調方式は、冷風と温風を別のダクトで搬送し、各ゾーンや室の負荷に応じて冷風と温風を混合し、適温にして室内に送風する方式である。個別制御に適し、ダクトが設置されている場所であれば、**間仕切りの変更に**対して柔軟に対応できる。

3× ファンコイルユニット方式は、ファンとコイルを備えたユニットを**各室内に設置**し、熱源で生成した冷温水を各室のコイルに送り、ファンで室内空気を循環させ、コイルを通じて冷暖房する方式である。

4○ 氷蓄熱方式は、水から氷への相変化（潜熱）を利用するので、同じ量の水の水蓄熱方式に比べて**蓄熱槽の容量を小さくできる**が、冷凍機の運転効率や冷凍能力は低下する。

5○ 置換換気・空調は、床面から給気し居住域に温度成層を形成させ、汚染質を**上昇気流に乗せて天井面の排気口から排出する**空調方式である。温度成層を形成させるため、給気は低風速で室温より低い温度で行う。

No.21　給水設備
正答　1

1× 水道直結増圧方式の給水引込管径は、**最大時の需要に対応する**必要があるのに対し、高置水槽方式では、受水槽や高置水槽の容量分を考慮することができるため、**最大時の需要から割引いた**引込管径とすることができる。

2○ 事務所ビルにおける飲料水の受水槽の有効容量は、一般に、1 日当たりの予想給水量の 4/10 〜 6/10 程度とされてきたが、**節水意識の向上、節水器具の使用**、ペットボトルの普及などにより、1/3 でも適当となっている。

3○ 厚生労働省令の水質基準では、水道水の減菌のため、所定の値以上の**残留塩素**が必要とされている。

4○ 給水管の上向き配管方式は、**最下階で給水主管を配管**し、これより上向きの各枝管を配管し各器具に給水する先上がり配管である。高置水槽方式では、最上階で給水主管を配管し枝管を下向きに配管する先下がり配管とする。

5○ さや管ヘッダ配管工法は、パイプシャ

フト内や給湯器ユニットの周辺に設置されたヘッダ（配管を分配するユニット）から、各給水・給湯栓まで分岐せずに配管する方式である。施工の効率化が図られ、管の更新が容易である。**水圧が一定し、漏水のおそれも少ない。**

No.22　排水設備
正答　4

1○　洗面器の場合、床面への排水管の接続がSトラップ、壁面への排水管の接続がPトラップである。SトラップはPトラップに比べ、封水を破る**自己サイホン作用**を起こしやすい。

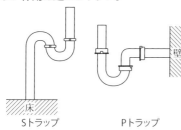

Sトラップ　　　　　Pトラップ

2○　雨水立て管は**雨水専用の管として**設ける。排水立て管や通気立て管と兼用すると、雨水立て管が詰まった場合、雨水が室内の衛生器具からあふれ出たり、雨水排水時に通気管内の圧力が異常に高くなり、トラップの封水が破られるおそれが生じる。

3○　通気管の目的は、排水トラップの破封防止（封水の保護）と、排水管内の**圧力変動を緩和してスムーズな流水機**能を確保することである。

4✕　インバートは、ますの底面に掘った半円形の溝のことをいう。**インバートは汚水ますに設け、**汚水排水に含まれる泥や異物などが沈殿して清掃しやすくする。**雨水排水ますには、**雨水中に混在する泥などが滞留する**泥だめを設ける。**

5○　間接排水は、一般排水系統からの**逆流や臭気・害虫などの侵入を防止する**ために設ける。

No.23　事務所ビルの電気設備
正答　4

1○　電線に電流を流すと抵抗により電線などが発熱する。許容電流は、この発熱を一定量以下に抑えるために流すことができる電流をいう。電圧降下は、電気供給元と供給先の距離、負荷電流などから計算する。幹線サイズは、許容電流と電圧降下を考慮して、**負荷容量と電線の長さから**決定する。

2○　分電盤は、負荷までの経路が短くなるように負荷の中心に近く、**保守・点検が容易に**できる位置に設置することが望ましい。

3○　遮断器やヒューズは、電気回路の電流を瞬時に遮断する装置で、事故や故障で生じる**過大な電流を遮断する**ことにより事故の拡大を防ぐ。

4✕　契約電力が**50kW未満は低圧受電、**50kW以上2,000kW未満は高圧受電、2,000kW以上は特別高圧受電となる。

5○　無効電力は、有効な電流と90°の位相差がある電流に電圧の実効値を掛けたものであり、有効に仕事に活用されない電力をいう。進相コンデンサは、この位相差を少なくし力率を改善する機能があり、誘導電動機に進相コンデンサを接続すると、無効電流による**電力損失を削減**することができる。

No.24　照明
正答　3

1○　照明率は、光源から出た光が、**作業面に到達する割合**を示す値である。室指数と室内反射率により求められる。

2○　保守率は、ランプの経年変化による光束減少や、室や器具の汚れによる**効率低下を見込んだ係数である。**

3✕　室指数は、室の形により定まる指数で、室の間口、奥行および**作業面から光源までの高さ**により求められる。

$$室指数 = \frac{X \times Y}{H \times (X+Y)}$$

X：室の間口、Y：室の奥行き、
H：作業面から光源までの高さ

4〇　配光は、光源から空間の**各方向への光度分布**をいう。

5〇　演色性は、光源によって視対象を照らしたとき、その物体の色の見え方を決める**光源の性質**のことをいう。

No.25　省エネルギー・省資源

正答　5

1〇　夏期の外気温が下がった夜間や中間期に自然換気を行うことにより、建築物内に蓄積された熱を排出することは、**冷房負荷を低減させる効果**がある。

2〇　照明計画において、人工照明だけによらず、適宜、**自然採光を採り入れる**ことは、使用電力量を削減するのに効果的である。

3〇　雨水利用システムの雨水の集水場所は、屋根や屋上が一般的である。**雨水の汚染度を考慮**して、屋根面からの集水とすることは適当である。

4〇　屋上・壁面緑化は、屋根面や壁面への**直射日光による負荷を減少**するうえ、植物と土が持つ熱容量が断熱性を高める。また、屋根散水は、**水の蒸発により潜熱を奪う**ため、冷房負荷を低減させる効果がある。

5×　エアバリアは、窓ガラスとブラインドの間に気流を発生させることによりエアカーテン状態にして、断熱性と日射遮蔽性を向上させる。ダブルスキンは、外壁の外側をガラスで覆い、その間にブラインドやルーバーを設けることで、夏期にはダブルスキン内の熱を上昇気流で排出させ、冬期にはダブルスキン内を温室状態にすることにより、室内からの熱損失を低減する。一般に、**エアバリアよりダブルスキンのほうが効果が高い**（右段の図参照）。

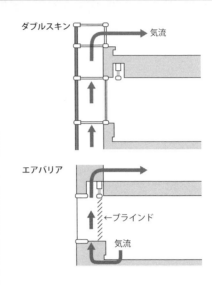

平成30年　建築法規

No.1　敷地面積等
正答　5

1○　令第2条第1項第1号により、法第42条第2項道路の部分は、道路中心線から2m後退した線が道路境界線となるので、敷地面積は
$25m × (20 - 1) m = 475m^2$。

2○　令第2条第1項第2号により、建築物の水平投影面積にひさし、**バルコニーの端から1m後退した部分以降を加えて算定する。**
　　したがって、建築面積は $(15m × 10m) + (2m - 1m) × 15m × 2$箇所 $= 180m^2$。

3○　同条項第4号により、延べ面積は各階の床面積とPH部分の床面積の合計である$384m^2$。

4○　同条項第6号本文により、地盤面からPHの上までである10m。

5×　同条項第8号により、PH（階段室）及び地階の倉庫・階段室の水平投影面積が、それぞれ建築面積の**1/8を超えているので、PH、地階とも階数に参入され4となる。**

No.2　手続き
正答　4

1○　法第12条第5項第1号により、正しい。

2○　法第7条の6第1項第2号により、正しい。

3○　法第15条第1項により、正しい。

4×　法第6条第1項柱書後段、同規則第3条の2第1項第4号により、**軽微な変更**であり、改めて確認済証の交付を受ける必要はなく、誤り。

5○　法第89条第1項により、正しい。

No.3　確認済証
正答　4

　全国どの場所においても確認済証が必要なのは、法第6条第1項第1号から第3号に該当する建築物の建築・大規模の修繕・大規模の模様替および法第6条が準用される建築物の用途変更（法第87条）、建築設備の設置（法第87条の4）、工作物の築造（法第88条）の場合である。

1×　法第88条第1項により法第6条が準用されるが、本問は令第138条第1項第5号に該当しないので、確認済証の交付を受ける必要はない。

2×　法第6条第1項第1号から第3号に該当しないので、確認済証の交付を受ける必要はない。

3×　そもそも**建築物ではない**（法第2条第1号）ので、確認済証の交付を受ける必要はない。

4○　法第6条第1項第3号に該当するので、確認済証の交付を受ける必要がある。

5×　法第6条第1項第3号に該当するが、**増築に係る部分が$10m^2$なので、同条第2項で防火地域および準防火地域外であれば確認済証の交付を受ける必要**はない。

No.4　一般構造
正答　5

1○　令第23条第1項柱書ただし書き、第2項に適合する。

2○　法第19条第1項ただし書きにより、適合する。

3○　令第20条の7第1項第1号、第20条の8第1項第1号イに適合する。

4○　令第20条の8第1項第1号イで、有効換気量が必要有効換気量（Vr）以上であることが求められ、本問はこれに適合する。
　　（$Vr = nAh = 0.5 × 16 × 2.5 = 20m^3/h ≧ 20m^3/h$）

5×　令第20条第2項第1号では、**川幅の1/2だけ隣地境界線が移動するので、**

平成30年

適合しない。

No.5　天井の高さ
正答　4

天井の高さの異なる部分がある場合、令第21条第2項により**平均の高さ**による。

天井の平均の高さ＝室容積/室面積となり、次のようになる。

- 室容積＝$(6 \times 4 \times 3) + (6 \times 6 \times 2) + (3 \times 6 \times 1) + (1 \times 3 \times 1/2 \times 6) = 171 \text{m}^3$
- 室面積＝$6 \times 10 = 60 \text{m}^2$

ゆえに、天井高さ＝$171/60 = 2.85 \text{m}$となり、**4**が正しい。

No.6　木造の構造耐力
正答　3

令第46条第4項に関する問題。**各階の張り間方向および桁行方向に配置する軸組を、表2の地震力、表3の風圧力による数値以上に設置すればよい。**

ⅰ）地震力への抵抗

木造2階建瓦葺の1階の階の床面積に乗ずる数値は表2から33cm/m²となり、これに1階床面積を乗じる。

$33 \text{cm/m}^2 \times 70 \text{m}^2 = 2,310 \text{cm}$……①

ⅱ）風圧力への抵抗

見付面積に表3に掲げる数値を乗じた長さを求める。ここで、設問の**1階張り間方向の軸組長さを求めるには、風圧力を受ける1、2階および屋根の桁行方向の見付面積で検討する。**

桁行方向の見付面積は床面から1.35m以下の部分を減じたものに、表3（2）に掲げる数値を乗じると、

$\{1.00 + 2.50 + (2.85 - 1.35)\} \times 10.00 = 50 \text{m}^2$

$50 \text{m}^2 \times 50 \text{cm/m}^2 = 2,500 \text{cm}$……②

この結果、②の風圧力の方が①の地震力よりも大きいので、建築物に求められる軸組長さは2,500cm以上必要となり、この長さ以上に表1の倍率を乗

じた軸組長さが必要となる。

ゆえに、**設問の筋かいは表1（4）で倍率が2倍**であり、求める軸組長さの最小限の数値は、$2,500 \div 2 = 1,250 \text{cm}$で正答は**3**である。

No.7　構造計算を要する建築物
正答　4

構造計算を要する建築物は、法第20条第1項第1号から第3号に該当するものが対象で、第4号に該当するものは構造計算を要しない。

具体的には法第6条第1項第2号、第3号に規定する建築物について、構造計算によって安全性を確かめる必要がある。したがって、**4**が正しい。

1✕　法第20条第1項第1号から第3号に該当しない建築物のため、構造計算は不要。

2✕　上記解説1参照。

3✕　上記解説1参照。

4〇　法第6条第1項第3号に該当する建築物のため、構造計算が必要。

5✕　上記解説1参照。

No.8　構造強度
正答　1

1✕　令第38条第2項では、建築物には**異なる構造方法による基礎を併用してはならない**とあり、適合しない。

2〇　令第43条第6項に適合する。

3〇　令第68条第1項に適合する。

4〇　令第62条の8第2号に適合する。

5〇　令第78条の2第1項第3号ただし書きに適合する。

No.9　防火区画等
正答　5

1✕　令第112条第11項第2号により、誤り。住戸の階数が**3以下**で、床面積の合計が**200m²以内**のため、防火区画しなくてもよい。

2✕　令第113条第2項により、誤り。

3✕　同条第1項第2号により、誤り。令和元年6月の改正法施行により当該第

2号の構造方法は令和元年国交告第197号で定められている。

4× 　令第114条第3項柱書では、建築面積が**300m²を超える**建築物の小屋組が対象であり、誤り。

5○ 　法第26条柱書により、正しい。

No.10　避難施設等
正答　3

1○ 　令第126条の7第2号により、正しい。

2○ 　令第126条の4柱書により、正しい。飲食店は法別表第1（い）欄（4）項（令第115条の3第3号）に該当。

3× 　令第121条第1項第5号に該当するものの、**主要構造部が不燃材料で造られているので**、同条第2項の適用を受け2以上の直通階段の設置を要しない。

4○ 　令第119条により、正しい。

5○ 　令第126条第1項により、正しい。共同住宅は令第117条第1項で第5章第2節（令第117条、第126条）の適用がある。

No.11　内装制限
正答　4

1○ 　令第128条の4第1項第3号により、正しい。物品販売業を営む店舗は、**法別表第1（い）欄（4）項、令第115条の3第3号**に該当する。

2○ 　令第128条の5第2項により、正しい。

3○ 　令第128条の4第4項により、正しい。

4× 　令第128条の5第1項第1号イかっこ書きで、**壁は準不燃材料でなくともよい**ので、誤り。

5○ 　同条第1項本文かっこ書きにより、正しい。

No.12　道路等
正答　2

1○ 　法第43条第2項第2号により、正しい。

2× 　法第42条第1項第3号により、誤り。この場合、**公道・私道の別はない**。

3○ 　同条項第5号により、正しい。

4○ 　法第45条第1項により、正しい。

5○ 　法第44条第1項柱書により、正しい。設問の道は、**法第42条第2項の道路であり**、建築物に付属する門及び塀は、**法第2条第1号により建築物のため**、道路に突出して建築してはならない。

No.13　用途制限
正答　3

1○ 　法第48条第1項、法別表第2（い）項第2号、令第130条の3第3号により、新築することができる。

2○ 　法第48条第2項、法別表第2（ろ）項第1号（（い）項第6号）、令第130条の4第2号により、新築することができる。

3× 　法第48条第3項、法別表第2（は）項第5号かっこ書きにより、新築することができない（用途については、令第130条の5の3第3号に適合している）。

4○ 　法第48条第9項、法別表第2（り）項第1号（（ぬ）項第2号かっこ書き）により、新築することができる。

5○ 　同条第13項、法別表第2（わ）項第1号（（を）項第5号かっこ書き）により、新築することができる。

No.14　用途制限
正答　1

設問の敷地は2の用途地域にわたっているので、法第91条により**その敷地の過半を占める第二種住居地域**の制限が適用される。

1○ 　法第48条第6項、法別表第2（へ）項各号に該当しないので、新築することができる。

2× 　同条項、法別表第2（へ）項第3号により、新築することができない。

3× 　同条項、法別表第2（へ）項第2号により、新築することができない。

4× 　同条項、法別表第2（へ）項第1号（（と）項第3号（2））により、新築することができない。

5× 　同条項、法別表第2（へ）項第5号

により、新築することができない。

No.15　建蔽率

正答　3　★

　　令和元年6月の改正法施行で、準防火地域内の耐火建築物・準耐火建築物に対し、建蔽率の緩和（1/10）が適用されることとなった。

1×　法第53条第3項第1号イの適用があるので6/10＋1/10＝7/10となり、誤り。

2×→〇　出題当時は法第53条第3項第1号の適用はなく、誤りであったが、令和元年6月の改正法施行により法第53条第3項第1号イの適用で、**現在は正しい。**

3〇　法第53条第7項、第6項1号の適用があるので、正しい。

4×　同条第6項第1号の適用があるので、**建蔽率は適用されない。**よって誤り。

5×　防火地域内外にわたる準耐火建築物には、**建蔽率の緩和規定がないため、**誤り（同条第7項）。

No.16　延べ面積

正答　2

　　法第52条第3項により、地階の住宅部分については、住宅の用途に供する部分の1/3まで容積率算定の基礎となる延べ面積に算入しない。

　　なお、**共用の廊下および階段の用に供する部分は住宅部分から除かれる**ことに注意する。

　　したがって、当該建築物の住宅部分は375m²で、その1/3の125m²まで容積率算定の基礎となる延べ面積に算入しないため、**地階は25m²（150m²－125m²）**が容積率算定の基礎になり、1階150m²、2階75m²と合わせた250m²が延べ面積となって、**2**が正答。

No.17　建築物の高さ

正答　5

　　①道路高さ制限（法第56条第1項第1号）

　　法別表第3（い）欄1の項により、最大幅員である6m道路の道路斜線の適用距離は（は）欄で20mとなり、同条第2項による有効後退距離を加えてもA点のところまで（に）欄の数値1.25がかかる。

　　そして、**4m道路側に令第132条第1項の適用で、6m道路が敷地の角から2倍（＝12m）の距離まで4m道路側にあるものとみなし、**法第56条第2項の有効後退距離1mと建築物からの距離1mを加え道路斜線をかける。

　　以上のことから、A点の高さは4m道路側で

　　$\{6m＋（1m×2）＋1m\} ×1.25$

　　$＝11.25m$

　　なお、6m道路側からの高さは、上記の高さ以上（$\{6m＋（2m×2）＋6m\} ×1.25＝20m$）となる。

　　②隣地高さ制限（法第56条第1項第2号イ）

　　西側隣地からの高さは、$20m＋\{（1m＋1m）＋3m\} ×1.25＝26.25m$

　　以上より、①＜②となり**5**が正答。

No.18　日影規制

正答　3

1〇　令第2条第1項第6号により、正しい。**平均地盤面からの高さを適用するのは、法第56条の2で日影を測定する水平面である。**

2〇　令第135条の12第3項第1号により、正しい。

3×　法第56条の2第2項により、別の建築物ではなく、**これらを一の建築物とみなす**ので、誤り。

4〇　同条第1項、法別表第4（い）欄に記載がないので、正しい。

5〇　法別表第4（ろ）欄1の項により、正しい。

No.19　防火・準防火地域

正答　5　★

　　令和元年6月の改正法施行により、

法第61条と法第62条が統合され、構造等の仕様は令第136条の2に移行された。

1○ 法第61条ただし書きにより、正しい。

2○ 同条、令第136条の2第2号ロ及び令和元年国交告第194号により、正しい。**患者の収容施設のない診療所なので、法第27条の適用はない**（法別表第1（い）欄（2）項に該当しない。）。

3○→× 出題当時は、法第65条第2項、法第61条、令第136条の2第1号により、正しかったが、令和元年6月の改正法施行で、耐火建築物に限らず、それと同等以上の延焼防止性能を有するものでもよくなったため、現在は誤りの選択肢となる。なお、問題文中の「**耐火建築物**」が「**耐火建築物等**」となっていれば、正解の肢になる。

4○ 法第64条により、正しい。**建築物の屋上に設けるものは、高さの規定がない。**

5× 法第63条により、外壁は**耐火構造**が求められるため、誤り。

No.20 用途変更
正答 4 ★

令和元年6月の改正法施行で、用途変更で確認済証の交付を要する特殊建築物は法第6条第1項第1号に規定する**200m²を超えるもの**が対象となった。

1○→× 出題当時は、法第87条第1項により、正しかったが、改正法施行により**現在は誤り**（寄宿舎は法第6条第1項、法別表第1（い）欄（2）項に列挙）。

2○ 規則第1条の3第1項第1号イかっこ書きにより、正しい。

3○ 法第87条第1項により、正しい。

4× 法別表第2（は）欄に第一種中高層住居専用地域に建築できる建築物が列挙されているが、そもそも**工場は建築できない**ため、用途変更はできない。

5○ 法第99条第1項第1号、法第87条

第1項により、正しい。

No.21 建築士法
正答 2

二級建築士が設計してはならないもの、即ち一級建築士でなければ設計できない規定の、士法第3条第1項各号に該当するものを選べばよい。

したがって、正答は同条項3号に該当する**2**である。

No.22 建築士法
正答 5

1○ 士法第22条の2第2号および同規則第17条の36により、正しい。

2○ 士法第18条第3項により、正しい。

3○ 士法第10条第1項第2号により、正しい。

4○ 士法第24条の6第1号、同規則第22条の2第5項により、正しい。

5× 士法第23条の5第2項により、誤り。**3月以内に届け出ればよい。**

No.23 長期優良住宅の普及の促進に関する法律
正答 1

1× 長期優良住宅の普及の促進に関する法律第6条第1項第2号、同規則第4条第2号により、誤り。75m²以上必要なのは、一戸建ての住宅の床面積の合計であり（同規則同条第1号）、**共同住宅一戸の床面積の合計は40m²以上である**（同規則同条第2号）。

2○ 同法第13条第1項により、正しい。

3○ 同法第2条第2項により、正しい。

4○ 同法第3条第5項により、正しい。

5○ 同法第5条第3項、第8項第5号により、正しい。

No.24 他法令
正答 2

1○ バリアフリー法第2条第20号、同法施行令第6条第7号により、正しい。

2× 宅地造成及び特定盛土等規制法第12条第1項、同法施行令第3条第2号、第5号により、誤り。都道府県知事の

許可が必要となる切土は、**2mを超える崖を生ずることになるもの又は、当該切土をする土地の面積が500m²を超えるもの**である。

☆「宅地造成等規制法」は、令和5年5月26日施行の法改正で、「宅地造成及び盛土等規制法」に名称変更された。

3○　特定住宅瑕疵担保責任の履行の確保等に関する法律第2条第6項、第7項、第3条第1項、第11条第1項により、正しい。

4○　設問の建築物の新築は、都市計画法第53条第1項第1号、同法施行令第37条で**軽易な行為とされておらず、**許可を受けなければならない。したがって、正しい。

5○　耐震改修促進法第2条第2項により、正しい。

No.25　他法令

正答　4

1○　消防法第9条の2、同法施行令第5条の6により、正しい。

2○　建設工事に係る資材の再資源化等に関する法律第9条第3項、第10条第1項、同法施行令第2条第1項第2号により、正しい。

3○　土地区画整理法第76条第1項柱書、第4号により、正しい。

4×　建築物省エネ法第19条第1項第1号、同法施行令第7条第1項により、誤り。**届出義務は床面積の合計300m²以上が対象である。**

5○　建設業法第3条第1項により、正しい。

平成30年　建築構造

No.1　応力計算　（断面二次モーメント）
正答　4

斜線部の形状をよく見ると、**左右対称であることから、まずは片側の斜線部のみを考える。**

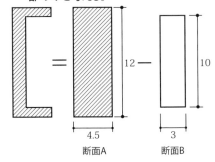

断面A　　　　　断面B

断面二次モーメント$I = \dfrac{bh^3}{12}$　より、

$$I_A = \frac{4.5 \times 12^3}{12} = 648\,\text{cm}^4$$

$$I_B = \frac{3 \times 10^3}{12} = 250\,\text{cm}^4$$

片側部分の断面二次モーメントは、$I_A - I_B$で求められるから、

$I_A - I_B = 648 - 250 = 398\,\text{cm}^4$

この**両側であるから、2倍にして、**

$398\,\text{cm}^4 \times 2 = 796\,\text{cm}^4$

No.2　応力計算（曲げ応力度）
正答　2

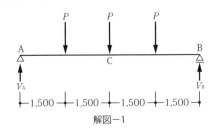

解図－1

図のように、支点A、支点B、中央

部をCとし、鉛直反力V_A、V_Bを仮定し、それぞれの反力を求める（解図－1）。

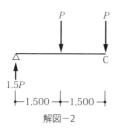

解図－2

梁のモーメントが最大となるのはC点なので、C点でのモーメントを考える（解図－2）。

$M_C = 1.5P \times 3000 - P \times 1500$
$= 4500P - 1500P$
$= 3000P$ N・mm

断面係数 $Z = \dfrac{bh^2}{6}$ より、

$Z = \dfrac{90 \times 200^2}{6} = 600000$ mm³

許容曲げ応力度 $\sigma = M/Z$ より、値を代入すると、

20N/mm²
$= 3000P$ N・mm $\div 600000$ mm³
$3000P = 20 \times 600000$

$P = 20 \times \dfrac{600000}{3000}$
$= 4000$N
$= 4$kN

No.3　応力計算　（静定梁）
正答　**1**

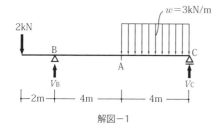

解図－1

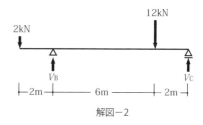

解図－2

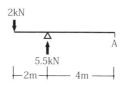

解図－3

解図－1のように、支点B、支点Cとし、鉛直反力V_B、V_Cを仮定しそれぞれの反力を求める。また、**等分布荷重は中央部の集中荷重として考える**（解図－2）。

つり合い条件式 $\Sigma V = 0$ より、
$-2 + V_B - 12 + V_C = 0$
$V_B + V_C = 14$

支点Cは移動支点であり、モーメントは発生しないので、
$M_C = -2 \times 10 + V_B \times 8 - 12 \times 2 = 0$
$-20 + 8V_B - 24 = 0$
$8V_B = 44$
$V_B = 5.5$kN（上向き）

A点でのモーメントを求めたいので、A点より左側のみを考える（解図－3）。
$M_A = -2 \times 6 + 5.5 \times 4$
$= -12 + 22$
$= 10$kN・m

平成30年

179

No.4　応力計算　（静定ラーメン）
正答　4

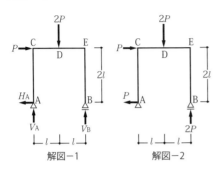

解図−1　　　　　解図−2

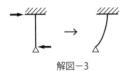

解図−3

　解図−1のように、支点A、支点Bとし、それぞれの反力を仮定して求める。
　つり合い条件式$\Sigma H = 0$より、
$-H_A + P = 0$
$-H_A = -P$
$H_A = P$（左向き）
　つり合い条件式$\Sigma V = 0$より
$V_A - 2P + V_B = 0$
$V_A + V_B = 2P$………①
　支点Aは回転支点であり、モーメントは0であることを利用し、
$M_A = P \times 2l + 2P \times l - V_B \times 2l = 0$
$2Pl + 2Pl - 2lV_B = 0$
$-2lV_B = -4Pl$
$V_B = 2P$（上向き）………②
　②式を①式に代入すると、
$V_A + 2P = 2P$
$V_A = 0$
　求めた反力より一度荷重図を作図すると、解図−2のようになる。
　A→C→D→E→Bの順に片側のみのモーメントを考えると、
Aは回転支点なので0
Cは$M_C = P \times 2l = 2Pl$

Dは$M_D = P \times 2l = 2Pl$
Eは$M_E = P \times 2l - 2P \times l$
　　　$= 2Pl - 2Pl$
　　　$= 0$
Bは移動支点なので0
　よって、条件にあてはまる可能性の選択肢は2か4であることがわかる。
　A〜Cの部材の変形を考えると解図−3のようになる。**上部固定、下部回転より、右側が引張りになり、モーメント図は右側に描くことがわかる。**よって、**4**が正しい。

No.5　応力計算　（トラス）
正答　2

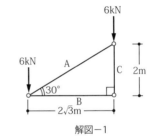

解図−1

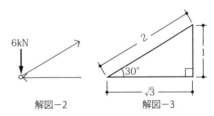

解図−2　　　　解図−3

　図−1のように、部材ABCで囲まれた三角形は、3つの角が30°、60°、90°の直角三角形であることがわかり、辺の比率が$1:2:\sqrt{3}$であることがわかる。
　トラス構造において、**節点での軸方向力はつり合い0**になるので、左下の節点での力の向きは解図−2のように考えられる。
　30°、60°、90°の直角三角形の辺の比率を利用すると（解図−3）、
鉛直力：水平力（B）は$1:\sqrt{3} = 6:x$

別冊 正答・解説

$x = 6\sqrt{3}$kN

鉛直力：斜め（A）は $1:2 = 6:r$

$r = 12$kN

解図−1で仮定した矢印は節点にかかる力の向きなので、**部材内での軸方向力はAは引張（＋）、Bは圧縮（−）**となる。結果、Aは＋12kN（引張）、Bは−$6\sqrt{3}$kN（圧縮）。

ポイント

○部材Cはトラス部材の性質より計算しなくても「0」だとわかる。
○N_1とN_2でつり合うのでN_3は外力が発生しない限り0になる。

No.6 応力計算 （座屈）
正答　1

両端の支持条件より座屈係数 k が次のようにわかる。

A→0.7

B→1.0

C→2.0

弾性座屈荷重を求める式は、

$$P = \frac{\pi^2 EI}{(l_k)^2}$$

問題文より、**等質等断面**なので、$\pi^2 EI$が共通となることから、$(l_k)^2$**の比較**となる。

$\pi^2 EI$を仮に1と考えると、

$$P_A = \frac{1}{(2l \times 0.7)^2} = \frac{1}{1.96l^2}$$

$$P_B = \frac{1}{(1.5l \times 1)^2} = \frac{1}{2.25l^2}$$

$$P_C = \frac{1}{(l \times 2)^2} = \frac{1}{4l^2}$$

結果、$P_A > P_B > P_C$となる。

No.7 荷重及び外力
正答　5

1○　一般に「床の計算用」＞「大梁及び柱の計算用」＞「地震力の計算用」である。

2○　設問のとおりである（建基令第85条第2項）。

3○　勾配が60度を超える屋根では積雪荷重を考慮しなくてもよい。

4○　A_iは、地震層せん断力係数が建物の高さ方向に変化することを補正する数値で、建物の固有周期が長いほど大きく、上階ほど大きくなる。

5×　振動特性係数R_tは、**地盤が悪いほど大きく**、一般に建築物の設計用一次固有周期Tが長くなるほど小さくなる。

No.8 荷重及び外力 （風圧力）
正答　1

1×　速度圧（q）＝$0.6 \times E \times V_0^2$より、その地方において定められた**風速（$V_0$）の2乗に比例**する。$E$は屋根の高さや周囲の状況により定められる数値である。

2○　平均風速の高さ方向の分布を表す係数E_rの説明であり、「都市計画区域内／都市計画区域外」「障害物のない区域／建物の高さ（13m超／13m以下）」「海岸線又は湖岸線までの距離（500m以内／200m超え）／都市化が極めて著しい」などの条件によりⅠ～Ⅳまでの区分に分けられ、**番号の大きいほうが、気流に対する地表面の抵抗が大きく、風速は弱まる**。

3○　風圧力は速度圧に風力係数を乗じて求める、この時の風力係数は**内圧係数を外圧係数から減じて求める**。

4○　風圧作用面積は**見付面積**を用いる。

5○　構造計算時の短期に生ずる力において、「積雪時（固定＋積載＋積雪）」「暴風時（固定＋積載＋風圧力）」「地震時（固定＋積載＋地震力）」を別に考える。特定行政庁が指定する多雪区域におい

ては暴風時、地震時に「0.35×積雪」を加えて検討する。

No.9　地盤及び基礎構造
正答　4

1○　セメント系固化材を用いた地盤改良は、**一軸圧縮試験**により設計基準強度を確認する（セメント系固化材による地盤改良マニュアル）。

2○　静止土圧 $P_0 = K_0 \gamma z$ より求める。静止土圧係数は0.5とし、土の単位体積重量（γ）と地表面からの深さ（z）を乗じて求める。

3○　**土質試験**の結果による式、**平板載荷試験**の結果による式、**スウェーデン式サウンディング**の結果による式の3種類が定められている（平成13年国交告第1113号）。

4×　粘土（5 μm以下）＜**シルト**（5〜75 μm）＜砂（75 μm〜2mm）＜れき（粒径2mm以上）である。設問は、粘土とシルトが逆である。

5○　選択肢の説明どおりである（平成13年国交告第1347号）。

No.10　木質構造
正答　3

1○　「鼻隠」の説明として正しい。

2○　「鼻母屋」の説明として正しい。

3×　「方づえ」は、柱と横架材の交差する入隅部分において、**柱と横架材とを斜めに結合して隅を固める部材**。選択肢の文は「火打梁」の説明である。

4○　「ささら桁」の説明として正しい。

5○　「雇いざね」の説明として正しい。

No.11　木質構造
正答　5

以下、日本建築学会「木質構造設計規準」を「学会木質規準」と呼ぶ。

1○　設問のとおりである（学会木質規準602・4（5））。

2○　設問のとおりである（学会木質規準603・2（3）（c））。

3○　設問のとおりである。**含水率が20%**を超えると強度は減少する。

4○　設問のとおりである（学会木質規準602・5（2））。

5×　個々の接合法の許容耐力を加算するのではなく、一般に**どちらかの接合方法**の許容耐力とする。

No.12　木質構造
正答　3

検討方向と直交する方向の両側から、それぞれ1/4の部分（**側端部**）における**壁量充足率**（存在壁量/必要壁量）が**1.0以上**で、かつ、「充足率の**小さいほうの値/充足率の大きいほうの値**」が、**0.5以上**であることが必要である。それぞれを確認する。

1、2、4、5においては、X方向で3/3＝1.0＞0.5、Y方向で3/3＝1.0＞0.5となり、適当である。

3においては、X方向で3/3＝1.0＞0.5、Y方向で1/3＝0.3＜0.5となり不適当である。

No.13　壁式鉄筋コンクリート造
正答　4

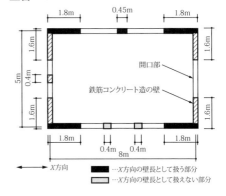

壁量は、有効耐力壁の長さ/床面積で求める。有効耐力壁は、**45cm未満は含まない**ことに注意する。

X方向における有効壁の長さ＝180cm×4＋45cm＝765cm

面積＝5m×8m＝40m²

壁量＝765cm÷40m²＝19.125cm/m²

よって、**4**の19.1cm/m²が最も近い。

No.14 鉄筋コンクリート構造
正答 5

1○ 設問のとおりである。梁においてコンクリートの**クリープにより圧縮鉄筋の応力が増加**する。

2○ 設問のとおりである（平12年建告第1459号）。

3○ 設問のとおりである（建基令第77条5号）。

4○ 設問のとおりである。袖壁付き柱の帯筋比は**0.3%以上**とする。

5× 帯筋・あばら筋の主な目的は、**せん断破壊の発生を抑制**することである。

No.15 鉄筋コンクリート構造
正答 3

p_w（せん断補強筋比）＝せん断補強筋の**総断面積**/（柱の幅×せん断補強筋の間隔）である。

条件に合わせて考えると、地震力の方向に対する補強筋は3本なので面積は$3a_w$、柱の幅がD_xとなり、せん断補強筋の間隔sを用いる。結果**3**の$p_w＝3a_w/D_xs$が正しい。

No.16 鉄骨構造
正答 1

1× 梁材のたわみは、**通常で1/300以下**とし、**片持ち梁の場合では1/250以下**とする。

2○ 設問のとおり、鋼材の短期許容応力度は長期許容応力度の1.5倍である。

3○ 設問のとおりである（平成19年国交告第1229号）。

4○ 設問のとおりである。**鋳鉄**は炭素を多く含み**粘りが少なくもろい**。

5○ 1万回を超える繰返し応力を受ける場合には**疲労の検討**を行う。

No.17 鉄骨構造 （接合）
正答 5

1○ 設問のとおりである（建基令第67条）。

2○ 設問のとおりである。

3○ 設問のとおりである。地震力を受けないトラス部材の接合部の設計において、存在応力に対して安全であり、かつ、接合部の耐力が部材の許容耐力の1/2を上回るようにする。

4○ 設問のとおりである。**隅肉溶接**では母材の角度**60度以下**または**120度以上**の溶接に応力を負担することはできない。

5× 隅肉溶接のサイズは**薄い方の板厚以下**としなければならない。

No.18 構造計画
正答 2

1○ 設問のとおりである。**弾性領域内に収め、構造耐力上主要な部分に損傷が生じない**ように設計する。

2× **鉄筋コンクリート造**のほうが鉄骨造や木造よりも、**水平力の剛性は強いため、風圧力の検討よりも、地震力に対する検討が重要**である。

3○ 設問のとおりである（建基令第36条の4）。

4○ 設問のとおりである。

5○ 設問のとおりである。建物の平面的な壁等のバランスを示す**偏心率は0.15以下**とする。

No.19 耐震診断 ・ 耐震改修
正答 5

1○ 設問のとおりである。第2次診断法は、梁の変形能力を考慮せずに、柱と壁の強さと変形能力などを考慮し、耐震性能を判定する診断手法である。

2○ 設問のとおりである。

3○ 設問のとおりである。

4○ **短柱**では曲げ破壊より先に**せん断破壊**してしまう危険があるため、開口部などにより**短柱**となっている部分に耐震スリットを設けると有効である。

5× 柱における**炭素繊維巻付け補強**はせん断耐力の向上を目的とする。

No.20　建築材料　（木材）

正答　3

1○　設問のとおりである。

2○　設問のとおりである。**辺材は心材よりも含水率が大きいため変形が大きい。**

3×　木材の繊維方向の基準強度は一般に、**曲げ＞圧縮＞引張り＞せん断**である。

4○　設問のとおりである。

5○　設問のとおりである。

No.21　コンクリートの性質

正答　2

1○　設問のとおりである。

2×　**単位水量を大きくすると乾燥収縮が大きくなる。**

3○　設問のとおりである。

4○　設問のとおりである。

5○　設問のとおりである。

No.22　建築材料　（コンクリート）

正答　3

1○　設問のとおりである。高炉セメントB種・C種は化学抵抗性が大きく、**アルカリ骨材反応（アルカリシリカ反応）の抑制**に効果がある。

2○　設問のとおりである。セメントの原料としては、二水石膏が凝結調整剤として使用される。

3×　**セメントは水と反応し硬化する水硬性材料**である。

4○　設問のとおりである。粗骨材の砂利は川砂利で塊状のものが良いとされている。

5○　設問のとおりである。AE剤は**ワーカビリティーを向上**、単位水量を減少させ、耐久性も高まるが、圧縮強度、付着強度は低下する。

No.23　建築材料　（鋼材）

正答　1

1×　鋼材の記号にある数値は**引張強さの下限値**を表している。各鋼材には降伏点についても下限値が規定されている

が、種類、厚さにより異なる。

☆日本工業規格は、令和元年7月1日施行の法改正で日本産業規格に名称変更。

2○　設問のとおりである。それぞれの基準疲労強さの値は継手などの形式ごとに定められている。

3○　設問のとおりである。**ステンレス**はクロム、ニッケル、鋼の合金で**耐酸性**、**耐食性**が大きく**錆びにくい。**

4○　設問のとおりである。**500℃で常温の約1/2の強度に低下する。**

5○　設問のとおりである。

No.24　建築材料

正答　2

1○　設問のとおりである。チタンは、**軽量で強度が高く錆びない**、また耐食性能も高く意匠材として普及している。

2×　花崗岩は**耐久性**は高いが、**耐火性**はない。

3○　設問のとおりである。グラスウールは、**断熱性**、耐火性がある。

4○　設問のとおりである。インシュレーションボードは、断熱性、**吸音性**がある。

5○　設問のとおりである。シージングせっこうボードは、**防水性**、遮音性、吸音性、防火性がある。

No.25　建築材料

正答　4

1○　設問のとおりである。酢酸ビニルはコンクリートと木材の接着等に用いられる。

2○　設問のとおりである。**耐火性、防火性**、遮音性を有し、施工性も良い。

3○　設問のとおりである。軽量であり天井や壁にも用いられる。

4×　強化ガラスは熱処理によって普通ガラスの**3〜5倍の耐風圧強度**がある。設問は合わせガラスの説明である。

5○　砂岩は、**耐火性**には優れているが、強度、耐久性、耐摩耗性は期待できない。

平成30年　建築施工

No.1　施工計画
正答　4

1○　総合施工計画書は、工事期間中における工事敷地内の**仮設資材や工事用機械の配置**などを示したものであり、工事がどのような過程で進捗するかを具体的に図面として示すものである。このため、**道路、近隣との取合い**についても表し、近隣環境に支障のない施工計画であることを確認できるものでなければならない（JASS 1 施工計画書の作成）。

2○　工事の内容・品質に多大な影響を及ぼすと考えられる工事部分については、**監理者と協議**したうえで、必要工事部分の工事種別施工計画書を作成し、監理者の承認を受ける（JASS 1 施工計画書の作成）。

3○　基本工程表は工事全体の日程を定める重要な役割をもつため、工事着工前に**監理者の承諾を得る必要がある**。この基本工程表は、実施する工事の進捗が理解できる程度詳細に記載し、工程に合わせて必要となる施工図・見本等の承認、検査、立会等の日程を記入したものとする（JASS 1 施工計画書の作成）。

4×　**設計図書に選ぶべき専門工事業者の候補が記載されている場合は、その中から選定する**ものとし、記載がない場合は設計図書に示された工事の内容・品質を達成し得る専門工事業者を選定する。また、専門工事業者の選定が工事の内容・品質に多大な影響を及ぼすと考えられる工事部分については、事前に監理者と協議し施工者の責任で選定する（JASS 1 専門工事業者の選定）。

5○　工種別の施工計画書における品質計画は、受注者等が施工計画書で**基本要求品質を満たすよう**作成し、監督職員がこれを審査して承諾することにより、品質が定まり、これに基づき施工を実施しようとするものである（建築工事監理指針 1 工事関係図書）。

No.2　申請書・届
正答　5

1○　完了検査申請は、建築主が、建築基準法第6条第1項の規定による工事が完了した日から4日以内に**建築主事**に到達するように、しなければならない（建基法第7条第2項）。

2○　特殊車両通行許可申請書は、当該車両を通行させようとする者が**道路管理者**に提出する（道路法第47条の2第1項）。

3○　指定地域内において特定建設作業を伴う建設工事を施工しようとする者は、特定建設作業実施届出書を**市町村長**に届け出なければならない（騒音規制法第14条第1項）。

4○　建築工事届は、建築主が建築主事を経由して**都道府県知事**に提出する（建基法第15条第1項）。

5×　クレーン設置届は、**所轄の労働基準監督署長**に提出しなければならない（クレーン等安全規則第5条）。

No.3　作業主任者の選任
正答　5

1×　掘削面の高さが2m以上となる地山の掘削作業には、作業主任者を選任しなければならない（労働安全衛生法施行令第6条第9号）。よって、選任不要。

2×　軒の高さが5m以上の木造建築物の構造部材の組立て、またはこれに伴う屋根下地もしくは外壁下地の取付作業には、作業主任者を選任しなければならない（同法施行令第6条第15号の4）。よって、選任不要。

3×　高さが5m以上の金属製の部材によって構成される建築物の骨組又は塔

の組立て、解体又は変更の作業には、作業主任者を選任しなければならない（同法施行令第6条第15号の2）。よって、選任不要。

4×　高さが5m以上のコンクリート造の工作物の解体作業には、作業主任者を選任しなければならない（同法施行令第6条第15号の5）。よって、選任不要。

5○　型枠支保工の組立て又は解体の作業には、作業主任者を選任しなければならない（同法施行令第6条第14号）。よって、選任が必要。

No.4　廃棄物の処理及び清掃に関する法律

正答　1

1×　**ガラスくずは、産業廃棄物である**（廃棄物の処理及び清掃に関する法律施行令第2条）。

2○　現場事務所内での作業に伴って生じた図面などの紙くずは、工作物の新築、改築または除去により生じたものではないので、一般廃棄物に該当する（同法施行令第2条第1号）。

3○　汚泥（事業活動に伴って生じたものに限る）は、産業廃棄物である（同法施行令第2条）。

4○　繊維くず（建設業に係るもの（工作物の新築、改築又は除去に伴って生じたものに限る。））は、産業廃棄物である（同法施行令第2条）。

5○　廃プラスチック類（事業活動等発生物に限る。）のうち、ポリ塩化ビフェニルが付着し、又は封入されたものは、特別管理産業廃棄物である（同法施行令第2条の4）。

No.5　仮設工事

正答　2

1○　単管足場の建地間隔は、けた行方向1.85m以下、はり間方向1.5m以下とする。また、建地間の積載荷重は400kgを限度とする（労働安全衛生規則第571条第1項）。

2×　高さが5m以上の枠組足場の壁つなぎの間隔は、垂直方向9m以下、水平方向8m以下である（同規則第570条）。

3○　くさび緊結式足場（単管足場）の壁つなぎの間隔は、垂直方向5m以下、水平方向5.5m以下である（同規則第570条）。

4○　高さ8m以上の登り桟橋には、7m以内ごとに踊り場を設ける（同規則第552条第1項）。設問は、規則の範囲内であるので正しい。

5○　架設通路の勾配は、30度以下（15度を超えるものには、踏さんその他の滑り止めを設ける）とする。ただし、階段を設けたものまたは高さが2m未満で丈夫な手掛を設けたものは、この限りではない（同規則第552条第1項）。

No.6　木造の基礎工事等

正答　2

1○　土間コンクリート床は、厚さ120mm以上とし、その中央部にワイヤーメッシュ（径4mm以上の鉄線を縦横に間隔150mm以内に組み合わせたもの）を配する（住宅金融支援機構木造住宅工事仕様書3.3基礎工事）。

2×　**25kN以下のホールダウン金物をホールダウン専用アンカーボルトで緊結する場合、コンクリートへの埋込み長さは360mm以上とする**（住宅金融支援機構木造住宅工事仕様書3.3基礎工事）。

3○　床下防湿措置において、防湿フィルムを施工する場合は、床下地面全面にJIS A 6930、JIS Z 1702もしくはJIS K 6781に適合するもの、又はこれらと同等以上の効力を有する防湿フィルムで厚さ0.1mm以上のものを敷き詰める。防湿フィルムの重ね幅は150mm以上とし、防湿フィルムの全面を乾燥した砂、砂利又はコンクリート押えとする（住宅金融支援機構木造住宅工事仕様書3.3基礎工事）。

4○　床下空間が生じる場合の床下換気措

置にねこ土台を使用する場合は、外周部の土台の全周にわたって、1m当たり有効面積75cm²以上の換気孔を設ける（住宅金融支援機構木造住宅工事仕様書3.3基礎工事）。

5○ 底盤部分の主筋はD10以上、間隔は300mm以下とし、底盤の両端部のD10以上の補助筋と緊結させる（住宅金融支援機構木造住宅工事仕様書3.3基礎工事）。

No.7 杭工事
正答 5

1○ 場所打ちコンクリート杭に用いるコンクリート構造体強度補正値（S）の値は、特記がなければ、**3N/mm²**とする。ただし、場所打ち鋼管コンクリート杭工法及び拡底杭工法を用いる場合は、工法ごとに定められた条件の値とする（公共建築工事標準仕様書4場所打ちコンクリート杭地業）。

2○ 杭の接合は、溶接継手、または無溶接継手とする。溶接継手は、原則として**アーク溶接**とし、その溶接方法・溶接材料・溶接技能者・溶接作業および溶接部の検査は特記による（JASS 4既製杭工事）。

3○ 場所打ちコンクリート杭の施工にあたり、**近接している杭は、連続して施工しない**（公共建築工事標準仕様書4場所打ちコンクリート杭地業）。

4○ アースドリル工法において、掘削深さが所定の深度に達し、排出される土により予定の支持地盤に達したことが確認されたら**スライム処理**をして検測（検測テープにより掘削深度を測定することであり、孔底の4箇所以上で行うこと）を行う（建築工事監理指針4場所打ちコンクリート杭地業）。

5× 杭は、建込み後、杭心に合わせて保持し、**7日間程度養生を行う**（公共建築工事標準仕様書4既製コンクリート杭地業）。48時間では短い。

No.8 コンクリート工事
正答 4

1○ 無筋コンクリートの粗骨材の最大寸法は、**コンクリート断面の最小寸法の1/4以下**とする。ただし、捨てコンクリート及び防水層の保護コンクリートの場合は**25mm以下**とする（公共建築工事標準仕様書6無筋コンクリート）。

2○ 間違ったコンクリートの納入や誤配車を排除するために、レディーミクストコンクリートの受入れ時には、荷卸しされる**コンクリートの種類、呼び強度、指定スランプ**、粗骨材の最大寸法、セメントの種類及び容積が、発注した条件に適合していることを各運搬車の納入書によって確認することが必要である（建築工事監理指針6コンクリートの品質管理）。

3○ コンクリートの打込み後、**少なくとも1日間はその上で作業してはならない**。やむを得ず歩行したり作業を行う場合は、工事監理者の承認を受ける（JASS 5振動・外力からの保護）。

4× **スラブの打込みは、後ろへ下がりながら、遠方から手前に打ち続けるように行う**。前へ進みながら打つと分離を引き起こす（建築工事監理指針6コンクリートの工事現場内運搬、打込み及び締固め）。

5○ 打継ぎ部の位置は、構造部材の耐力への影響の最も少ない位置に定めるものとし、梁及びスラブの鉛直打継ぎ部は、スパンの中央又は端から**1/4付近**に設ける（JASS 5打継ぎ）。

No.9 コンクリート工事
正答 2

1○ 構造体コンクリートの圧縮強度の判定は、標準養生供試体又はコア供試体を用いるが、コア供試体の代わりに**あらかじめ準備した現場封かん養生供試体によることができる**。その場合の判定基準は、材齢28日を超え91日以内

の n 日において、3個の供試体の圧縮強度の平均値から3N/mm²を減じた値が品質基準強度以上であれば合格とする。また、標準養生供試体の代わりにあらかじめ準備した現場水中養生供試体によることができる（JASS 5構造体コンクリート強度の検査）。

2× 調合管理強度の管理のためのコンクリート圧縮強度試験について、1回の試験には任意の1運搬車から採取したコンクリート試料で作製した3個の供試体を用いる。構造体コンクリート強度の検査のための試験については、1回の試験には、適当な間隔をおいた任意の3台の運搬車から試料を採取して1個ずつ作製した合計3個の供試体を使用する（JASS 5レディーミクストコンクリートの受入れ時の検査、構造体コンクリート強度の検査）。

3○ 構造体コンクリートの圧縮強度の検査（B法）において、標準養生供試体の代わりにあらかじめ準備した現場水中養生供試体を用いた場合の判定基準は、材齢28日までの平均気温が20℃以上の場合は、3個の供試体の圧縮強度の平均値が調合管理強度以上であり、平均気温が20℃未満の場合は、3個の供試体の圧縮強度の平均値から3N/mm²を減じた値が品質基準強度以上であれば合格とする（JASS 5構造体コンクリート強度の検査）。

4○ 標準養生とは、供試体成形後、脱型時まで乾燥しないように20±3℃の環境で保存し、脱型後は20±3℃の水中または飽和水蒸気中で行うコンクリート供試体の養生のことである（JASS 5用語）。

5○ コンクリートの品質基準強度は、設計基準強度または耐久設計基準強度のうち、大きい方の値とする（JASS 5用語）。

No.10 型枠工事
正答 3

1○ スラブ下の支柱の最小存置期間は、コンクリートの圧縮強度による場合、圧縮強度が設計基準強度の85%以上又は12N/mm²以上であり、かつ、施工中の荷重及び外力について、構造計算により安全であることが確認されるまでである（公共建築工事標準仕様書6型枠）。

2○ 計画供用期間の級が短期及び標準の場合、せき板存置期間の平均気温が20℃以上あれば、コンクリートの材齢が4日で普通ポルトランドセメントの梁側せき板を、圧縮強度試験を必要とすることなく取り外すことができる（JASS 5型枠の存置期間）。

3× パイプサポートを支柱として用いるものにあっては、①パイプサポートを3以上継いで用いないこと。②パイプサポートを継いで用いるときは、4以上のボルト又は専用の金具を用いて継ぐこと。③高さが3.5mを超えるときは、高さ2m以内ごとに水平つなぎを2方向に設け、かつ、水平つなぎの変位を防止すること（労働安全衛生規則第242条）。

4○ 支柱の倒壊は人身事故につながるので、型枠工事の中では最も注意を要する。倒壊の原因で最も多いのは、型枠上の偏心荷重による水平力または浮き上がりによって、支柱が倒れる例で、これを防ぐため水平つなぎ材、筋かい材・控え綱などによる十分な補強が必要である（JASS 5型枠の設計）。

5○ 設問のとおりである。コンクリート施工時の鉛直荷重は、コンクリート、鉄筋、型枠、建設機械、各種資材、作業員などの重量により、型枠に鉛直方向にかかる外力として加わるものを対象とし、水平荷重は、風圧、コンクリート打込み時の偏心荷重、機械類の始動・

停止・走行などにより、型枠に水平方向の外力として加わるものを対象とする。鉛直荷重及び水平荷重ともにその値は実情による。**コンクリートの側圧は、**コンクリートの単位体積重量×コンクリートの打込み高さとされる（JASS 5型枠の構造計算）。

No.11　鉄筋工事
正答　3

1○　鉄筋及び溶接金網の最小かぶり厚さは、構造部分の種別に応じて定められているが、柱及び梁の主筋にD29以上を使用する場合は、主筋のかぶり厚さを径の1.5倍以上確保するように最小かぶり厚さを定める（公共建築工事標準仕様書5加工及び組立）。

2○　異形鉄筋相互のあきの最小寸法は、①呼び名の数値の1.5倍、②粗骨材最大寸法の1.25倍、③25mm、のうち最も大きい値である（JASS 5直組み鉄筋）。

3×　**D25以下の主筋の加工寸法の許容差は、±15mm**である（JASS 5鉄筋の加工）。±25mmは不合格となる。

4○　直径の異なる鉄筋相互の重ね継手の長さは、細い方の径（*d*）による（JASS 5鉄筋の重ね継手）。

5○　出題当時は設問のとおりだったが、2022年11月のJASS 5改正により、スラブのバーサポート間隔は、上端筋、下端筋それぞれ間隔は0.9m程度、端部は0.1m以内となっている（JASS 5直組み鉄筋）。

No.12　鉄骨工事
正答　2

1○　柱の倒れの建方精度は、管理許容差は、高さ/1000以下かつ10mm以下、限界許容差は、高さ/700以下かつ15mm以下とする（JASS 6付則6.鉄骨精度検査基準）。高さ5mの場合、管理許容差5mm以下、限界許容差7.15mm以下となり、倒れ5mmは合

格である。

2×　**筋かい補強作業は、必ず建方当日に行うこととし、翌日に持ち越してはならない。**

3○　架構の倒壊防止用ワイヤーロープを使用する場合、このワイヤーロープを建入れ直し用に兼用してよい（JASS 6建方）。

4○　耐火材の吹付け厚さは、**確認ピンを用いて確認する。確認ピンは、そのまま存置しておく。**

5○　トルシア形高力ボルトにおいて、締付け後に、一次締付けの際につけたマークのずれにより、共回り又は軸回りが生じていないこと、ピンテールが破断していること、ボルトの余長等を確認する。ボルトの余長は、ねじ山の出が**1～6山のものを合格とする**（公共建築工事標準仕様書7高力ボルト接合）。

No.13　鉄骨工事
正答　1

1×　一群のボルトの締付けは、**群の中央部より周辺に向かう順序で行う**（公共建築工事標準仕様書7高力ボルト接合）。

2○　高力ボルト用孔の孔あけ加工は、ドリル孔あけとする。接合面をブラスト処理する場合は、**ブラスト前に孔あけ加工する**（JASS 6孔あけ加工）。

3○　完全溶込み溶接における余盛りは応力集中を避けるため滑らかに仕上げ、過大であったり**ビード表面形状に不整があってはならない**（JASS 6完全溶込み溶接）。

4○　溶接部は、溶接に先立ち、水分、油、スラグ、塗料、錆等の**溶接に支障となるものを除去する。**（公共建築工事標準仕様書7溶接接合）。

5○　デッキプレート相互の接合は、溶接（**アークスポット溶接**、隅肉溶接）、タッピンねじ、嵌合、かしめまたは重ねに

平成30年

よる（JASS 6 デッキプレートと頭付き
スタッド）。

No.14　ALC パネル工事及び押出成形セメント板工事

正答　3

1○　パネルとスラブが取り合う部分の隙間は、モルタル又は耐火材料を充塡する。ただし、構法が縦壁ロッキング構法の場合は、モルタルとパネルの間にはクラフトテープ等の絶縁材を入れる（公共建築工事標準仕様書8ALCパネル）。

2○　外壁パネル構法において、取付け完了後、補修用モルタルを用いて、欠け、傷等を補修する（公共建築工事標準仕様書8ALCパネル）。

3×　外壁パネル構法において、**パネルの短辺小口相互の接合部の目地は伸縮調整目地とし、特記がなければ、目地幅は10〜20mmとする**（公共建築工事標準仕様書8ALCパネル）。

4○　出隅及び入隅のパネル接合目地は伸縮調整目地とし、特記がなければ、目地幅は15mm程度とし、シーリング材を充塡する（公共建築工事標準仕様書8押出成形セメント板（ECP））。

5○　パネル相互の目地幅は、特記がなければ、**長辺の目地幅は10mm以上（出題当時は8mm以上）、短辺の目地幅は15mm以上とする**（公共建築工事標準仕様書8押出成形セメント板（ECP））。

No.15　木工事

正答　5

1○　土台、桁などで継伸しの都合上、やむを得ず短材を使用する場合は、土台にあっては1m内外その他にあっては2m内外とする（住宅金融支援機構木造住宅工事仕様書4.2指定寸法・仕上げ・養生）。

2○　内装材を取り付ける壁胴縁及び野縁の取付け面は、機械かんな1回削りと

する。

3○　跳出しバルコニーにおける跳出し長さは、屋内側の床梁スパンの1/2以下とし、先端部分はつなぎ梁で固定する。また、外壁心からの跳出し長さは、おおむね1m以下とし、これを超える場合は、特記による（住宅金融支援機構木造住宅工事仕様書5.10バルコニー）。

4○　受材仕様の真壁造の面材耐力壁は、せっこうボードを用いる場合、厚さ12.0mm以上とし、GNF釘又はGNC釘を15cm以下の間隔で留め付ける（住宅金融支援機構木造住宅工事仕様書5.4真壁造の面材耐力壁）。

5×　**根太を用いない床組とし、直接、床下地板を床ばりまたは胴差しに留め付ける場合、下地板の品質は、合板のJASに適合する構造用合板で厚さは24mm以上とする**（住宅金融支援機構木造住宅工事仕様書5.8床組）。

No.16　木工事

正答　3

1○　心持ちの化粧柱は、ひび割れの増大を防ぐために背割りを入れて使用する。

2○　反りのある木材においては、凸側を「背」、凹側を「腹」という。桁は背を上側にして使用する。

3×　敷居は、乾燥すると木裏が凸になるおそれがあるため、**木裏を下端にして**使用する。

4○　梁には一般的にあかまつ、くろまつ、べいまつ、からまつまたはべいつがが用いられる（住宅金融支援機構木造住宅工事仕様書表4.3-1部位別使用樹種例）。

5○　次ページの図のとおり、土台と柱の接合には、かど金物を用いる。

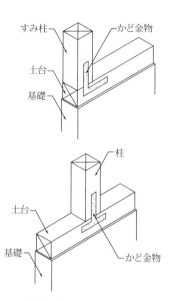

すみ柱 / かど金物
土台
基礎

柱
土台
基礎 / かど金物

No.17 防水工事
正答 1

1× アスファルト防水工事における平場の屋根防水保護層には、伸縮調整目地を設ける。**伸縮調整目地の割付けは、周辺の立上り部の仕上り面から600mm程度とし、中間部は縦横間隔3,000mm程度とする。**また、伸縮調整目地は、排水溝を含めて、立上りの仕上り面に達するものとする（公共建築工事標準仕様書9アスファルト防水）。

2○ 設問のとおりである。ルーフドレン回りは、最下層に**300mm以上**のストレッチルーフィングを用いて、ドレンのつばに100mm程度、残りをスラブ面に張り掛けて増張りする（公共建築工事標準仕様書9アスファルト防水）。

3○ 塩化ビニル樹脂系接着工法のルーフィングシートの接合幅は、長手方向、幅方向、立上り部とも**40mm以上**とし、接合部は溶剤溶着または熱風融着とし、接合端部を液状シール材を用いてシールする（建築工事監理指針9合成高分子系ルーフィングシート防水）。

4○ アスファルトルーフィングの張付けは、野地面上に軒先と平行に敷き込むものとし、上下（流れ方向）は100mm以上、左右（長手方向）は200mm以上重ね合わせる（住宅金融支援機構木造住宅工事仕様書6.2下ぶき）。

5○ 木造住宅のアスファルトルーフィングの葺き方は、棟部においては、250mm以上の左右折り掛けとし、棟頂部から左右へ一枚ものを増張りする（住宅金融支援機構木造住宅工事仕様書6.2下ぶき）。

No.18 左官工事及びタイル工事
正答 2

1○ 壁のモルタル塗りにおいて、上塗りには、下塗りよりも貧調合のモルタルを使用する。下表参照。

2× **コンクリート壁面へのモルタル塗りは、下塗り→むら直し→中塗り→上塗りの順で行う**（公共建築工事標準仕様書

No.18の表 モルタルの調合（容積比）の標準

下　地	施工箇所		下塗り ラス付け		むら直し 中塗り		上塗り		
			セメント	砂	セメント	砂	セメント	砂	混和材
コンクリート、コンクリートブロック、れんが	床	仕上げ	—	—	—	—	1	2.5	—
		張物下地	—	—	—	—	1	4	—
	内壁		1	2.5	1	3	1	3	適量
	外壁その他（天井の類を除く）		1	2.5	1	3	1	3	—

（公共建築工事標準仕様書15モルタル塗り）

15モルタル塗り）。

3○　タイル張付けは、上部より下部へと張り進めるが、まず1段おきに水糸に合わせて張り、そのあと間を埋めるようにして張り進めていく（建築工事監理指針11セメントモルタルによるタイル張り）。

4○　有機系接着剤によるタイル張りにおいて、タイルの張付けに当たり、下地面の清掃を行い、下地面を十分に乾燥させる。なお、水湿し及び**吸水調整材の塗布は行わない**（公共建築工事標準仕様書11有機系接着剤によるタイル張り）。

5○　タイル張りに先立ち、下地モルタルに適度の水湿し又は吸水調整材の塗布を行う。吸水性のあるタイルは適度の水湿しを行う（公共建築工事標準仕様書11セメントモルタルによるタイル張り）。

No.19　塗装工事
正答　4

1○　鋼製建具等亜鉛めっき鋼面の1回目の錆止め塗料塗りにおいて、見え隠れ部分は、組立前の部材のうちに行う。また、見え掛り部分は、組立後、溶接箇所等を修正したのちに行う（公共建築工事標準仕様書18錆止め塗料塗り）。

2○　合成樹脂調合ペイント塗り(SOP)は、木部、鉄鋼面及び亜鉛めっき鋼面に適用される（公共建築工事標準仕様書18合成樹脂調合ペイント塗り(SOP)）。

3○　合成樹脂エマルションペイント塗り(EP)は、コンクリート面、モルタル面、プラスター面、せっこうボード面その他ボード面等に適用される（公共建築工事標準仕様書18合成樹脂エマルションペイント塗り(EP)）。

4×　**モルタル面及びプラスター面の素地ごしらえにおいて、合成樹脂エマルションパテは、穴埋め、パテかいに使用する**

が、**外部に用いない**（公共建築工事標準仕様書18素地ごしらえ）。

5○　コンクリート面素地の材齢による乾燥期間の目安は、冬期は28日、春・秋期は21～28日、夏期は21日である（建築工事監理指針18素地ごしらえ）。

No.20　建具工事、ガラス工事及び内装工事
正答　1

1×　鉄筋コンクリート造へのアルミニウム製建具枠の取付けは、くさび等で仮留めし、モルタルの充填は**仮留め用のくさびを取り外した後**に行う。

2○　外部に面する複層ガラス、合わせガラス、網入り板ガラス、線入り板ガラスを受ける下端ガラス溝には、ガラスの溝内に浸入した雨水を排水するため、建具の下枠に水抜き孔（**径6mm以上**）を2箇所以上、またセッティングブロックが雨水の排水をせき止める場合は、その中間に1箇所追加し設置する（公共建築工事標準仕様書16ガラス）。

3○　全面接着工法によりフリーアクセスフロア下地にタイルカーペットを張り付けるにあたって、タイルカーペットの張付けに先立ち、下地面の段違い、床パネルの隙間を1mm以下に調整する。また、**タイルカーペットは、パネルの目地にまたがるように割り付ける**（公共建築工事標準仕様書19カーペット敷き）。

4○　根太張り工法（根太の上に、下張りを行わずに、直接フローリングボード又は複合フローリングボードを接着剤を併用して釘打ちで張り込む工法）における釘は、原則として、**フロア釘（スクリュー釘）、及びフロア用ステープル**とする（公共建築工事標準仕様書19フローリング張り）。

5○　JASによる**普通合板1類**は、断続的

に**湿潤状態となる場所**（環境）において使用可能な合板である。コンクリート型枠用合板、住宅下地用、建築物外装用合板等に用いる（建築工事監理指針12材料）。

No.21　設備工事
正答　5

1〇　屋内配線は、弱電流電線、水道管、ガス管若しくはこれらに類するものと接触しないように離隔して施設する。

2〇　空気よりも軽い都市ガスのガス漏れ警報設備の検知器は、その下端が天井面から下方30cm以内で、かつ、ガス燃焼機器から水平距離8m以内に設置する。

3〇　設問のとおりである。

4〇　給湯配管は、管の伸縮を妨げないようにし、均整な勾配を保ち、逆勾配、空気だまり等循環を阻害するおそれのある配管をしてはならない（公共建築工事標準仕様書（機械設備工事編）2配管工事）。

5×　屋内横走り排水管の勾配は、原則として、**呼び径65以下は最小1/50、呼び径75、100は最小1/100、呼び径125は最小1/150、呼び径150以上は最小1/200**とする（公共建築工事標準仕様書（機械設備工事編）2配管工事）。1/100では勾配が緩い。

No.22　改修工事
正答　3

1〇　かぶせ工法により、既存枠へ新規に建具を取り付ける場合は、原則として小ねじ留めとし、留め付けは、端部は100mm以下、中間の留め付け間隔は**400mm以下**とする。やむを得ず溶接留めとする場合は、監督職員と協議し、溶接スラグを取り除き、溶接部分には、JPMS 28による塗料を1回塗りとする（公共建築改修工事標準仕様書5アルミニウム製建具）。

2〇　プライマーの塗布及び充填時に被着

体が5℃以下又は50℃以上になるおそれのある場合は、**作業を中止**する。やむを得ず作業を行う場合は、仮囲い、シート覆い等による保温又は遮熱を行うなどの措置をとり、作業を行うことができる（公共建築改修工事標準仕様書4コンクリート打放し仕上げ外壁の改修）。

3×　**充填工法は、欠損部の面積が1箇所当たり0.25m²程度以下の場合に適用する**（公共建築改修工事標準仕様書4モルタル塗り仕上げ外壁の改修）。

4〇　**継目処理工法**とは、せっこうボードのテーパーエッジ、ベベルエッジ又はスクエアエッジのボードを使用して継目処理を行い、目地のない平滑な面を作る工法である（建築改修工事監理指針6せっこうボード、その他ボード及び合板張り）。

5〇　タイルカーペット用の接着剤は、粘着はく離（ピールアップ）形とする。敷き方は、特記がなければ、平場は市松敷き、階段部分は模様流しとする（公共建築改修工事標準仕様書6カーペット敷き）。

No.23　高低測量
正答　1

D点の標高は、以下のとおり、A点からD点までの各レベルから順番に高低差と標高を算出することにより求められる。

① 1.0m（A点レベル）－2.5m（B点レベル）＝－1.5m（AB高低差）

② 2.0m（A点標高）－1.5m（AB高低差）＝0.5m（B点標高）

③ 2.0m（B点レベル）－1.6m（C点レベル）＝＋0.4m（BC高低差）

④ 0.5m（B点標高）＋0.4m（BC高低差）＝0.9m（C点標高）

⑤ 2.9m（C点レベル）－0.6m（D点レベル）＝＋2.3m（CD高低差）

⑥ 0.9m（C点標高）＋2.3m（CD

高低差）＝ 3.2m（D点標高）

　　　よって、選択肢 **1** が正解である。

No.24　建築積算
正答　4

1○　外部本足場の数量は、足場の中心の水平長さと構築物等の上部までの高さによる面積とする。足場の中心は、作業幅を考慮し、構築物等の外壁面から1.0mの位置を標準とする。また、最上部には安全手すりを設けるものとし、その数量は足場の水平長さとする（公共建築数量積算基準2仮設）。

2○　土工事における土砂量は、地山数量とし、掘削による増加、締固めによる減少は考慮しない（公共建築数量積算基準3土工）。

3○　鉄骨材料について、所要数量を求めるときは、設計数量に形鋼、鋼管及び平鋼については5％の割増、広幅平鋼及び鋼板（切板）については3％の割増、ボルト類については4％の割増をすることを標準とする（公共建築数量積算基準4鉄骨）。

4×　**シート防水等の重ね代は、計測の対象としない**（公共建築数量積算基準5仕上）。

5○　仕上げ塗装（表面処理）の計測・計算は、原則として主仕上（表面処理を除く仕上表面層）の設計寸法による。開口部の面積が1箇所当たり0.5㎡以下のときは、開口部による主仕上の欠除は原則としてないものとする（公共建築数量積算基準5仕上）。

No.25　請負契約
正答　4

☆　「民間（旧四会）連合協定工事請負契約約款」は、令和2年4月1日より「民間（七会）連合協定工事請負契約約款」に名称変更された。

1○　この約款の各条項に基づく協議、承諾、承認、確認、通知、指示、催告、請求等は、原則として、書面により行う（民間（七会）連合協定工事請負契約約款第1条（6））。

2○　受注者は、この契約を締結したのち速やかに請負代金内訳書及び工程表を発注者に、それぞれ写しを監理者に提出する（民間（七会）連合協定工事請負契約約款第4条）。

3○　受注者は、工事現場における施工の技術上の管理をつかさどる主任技術者又は監理技術者を置き、その氏名を書面をもって発注者に通知する。なお、建設業法第26条第3項ただし書に定める監理技術者を補佐する者又は建設業法第26条の2に定める、この工事の施工の技術上の管理をつかさどる者を置く場合も同様とする（民間（七会）連合協定工事請負契約約款第10条（1））。

4×　請負代金額を変更するときは、原則として、この工事の**減少部分については監理者の確認を受けた請負代金内訳書の単価により、増加部分については、変更時の時価**による（民間（七会）連合協定工事請負契約約款第29条（2））。

5○　下記にあたるとき、受注者は、発注者に対し、書面をもって、相当の期間を定めて催告してもなお解消されないときは、この工事を中止することができる（民間（七会）連合協定工事請負契約約款第32条（1））。

・発注者が前払又は部分払を遅滞したとき

・発注者が第2条の敷地及び工事用地などを受注者の使用に供することができないため、受注者が施工できないとき

・このほか、発注者の責めに帰すべき事由によりこの工事が著しく遅延したとき

・不可抗力のため受注者が施工できないとき

別冊 正答・解説

平成 29 年　正答一覧

合格基準点（総得点）：60 点

	建築計画 合格基準点：13点	建築法規 合格基準点：13点	建築構造 合格基準点：13点	建築施工 合格基準点：13点
No.1	3	2	4	3・5 ※
No.2	5	2	4	4
No.3	5	5	5	4
No.4	2	4	4	1
No.5	1	3	5	4
No.6	4	4	5	5
No.7	1	1	5	4
No.8	1	1	4	2
No.9	2	2	3	4
No.10	5	3	5	4
No.11	1	4	5	5
No.12	4	5	1	4
No.13	1	5	2	2
No.14	1	1	5	4
No.15	4	2	4	1
No.16	5	5	5	5
No.17	4	4	1	1
No.18	2	4	2	5
No.19	1	5	1	5
No.20	5	4	1	3
No.21	3	4	1	5
No.22	2	2	5	3
No.23	3	1	2	1
No.24	3	4	4	5
No.25	4	3	5	2

※この問題は、肢3と肢5の2つとも正答肢とする措置が講じられた。

平成29年

平成 29 年　建築計画

No.1　日本の歴史的な建築物
正答　3

1○　厳島神社社殿は、**檜皮葺きの両流れ造り**の殿屋を回廊で結び、満潮時には海面に浮かんで見えることで有名な、航海保護神社である。

2○　東大寺南大門は、平安時代に倒壊した後、**鎌倉時代に再建されたものである**。天竺様（大仏様）による建築として有名である。

3×　出雲大社本殿は、大社造りと呼ばれる**切妻妻入り**の建築物である。9本の柱を田の字型に配し、中央には心御柱が立っている。
<small>しんのみはしら</small>

4○　鹿苑寺金閣は、最上層を禅宗様仏堂風、第二層を和様仏堂風、初層を寝殿造住宅風の建築様式を用いた**方形造りの舎利殿**である。

5○　中尊寺金色堂は、方三間（正面、側面ともに柱間が3間）の仏堂で、鉄筋コンクリート造の覆堂の中に建てられている。平安時代後期の建立で、総漆塗りの金箔押しで仕上げられ、**浄土教建築の代表例**とされている。

No.2　住宅作品とその設計者
正答　5

1○　ミース・ファン・デル・ローエ設計のファンズワース邸は、中央コア部以外に間仕切り壁がなく、外周部分がすべてガラスでできた平屋建ての住宅建築である。その内部空間は、**ユニバーサル空間**といわれている。

2○　ロバート・ヴェンチューリ設計の母の家は、**ポストモダニズムの先駆け**となった建築といわれ、切妻屋根の中央を分断して、片流れの屋根が飛び出しているデザインが特徴の木造2階建ての住宅建築である。

3○　フランク・ロイド・ライト設計のロビー邸は、プレイリー（草原）ハウスの典型例とされる住宅建築で、なだらかな勾配屋根、極端に突き出た軒先、横目地の強調された煉瓦の外壁、縦長の連続窓などにより**水平線を強調したデザイン**を用い、自然との調和が試みられている。

4○　ル・コルビュジエ設計のサヴォア邸は、**近代建築の5原則**である、「ピロティ（支柱）」、「屋上庭園」、「自由な平面」、「水平に続く連続する窓」、「自由な立面（ファサード）」を具現している住宅建築である。

5×　シュレーダー邸は、赤・黄・青・白・灰・黒の線と面によって構成されている住宅建築である。新造形主義の理念に基づくデ・ステイルの原理を表現している。**設計者はヘリット・リートフェルト**である。ルイス・カーン設計の住宅建築は、フィッシャー邸などがある。

No.3　建築環境工学
正答　5

1×　熱貫流は、外気から壁体を通して室内に、あるいは室内から壁体を通して外気に熱が伝わることをいう。熱貫流率は、単位面積、単位時間、単位温度差当たりに移動する熱量をいい、単位は$W/(m^2 \cdot K)$である。代謝量は、人間の生活活動や労働、運動等で消費されるエネルギー量をいう。単位は**kcal**である。

2×　熱貫流率の単位は$W/(m^2 \cdot K)$である。昼光率は、室内のある位置における昼光による水平面照度と、全天空からの直射日光を除いた全天空照度との**百分比（%）**をいう。

3×　照度は、ある面が光を受ける量を示し、受照面の単位面積当たりに入射する光束の密度で表される。単位は、lm/m^2または**lx**である。日射量は、太陽の直達日射及び天空日射を加えたも

のが、ある面に達する受熱量であり、単位はW/m²である。

4× 照度の単位は、lm/m²またはlxである。音源から放射される音波が、単位面積に毎秒到達するエネルギーを音の強さといい、単位はW/m²で表す。

5○ 日射量の単位はW/m²である。音の強さの単位はW/m²である。

No.4 室内の空気環境
正答 2 ★

1○ 全般換気とは、室全体に対して換気を行うことをいう。換気の主な目的は、水蒸気、熱気、臭気など**室内の汚染質を室外に排出**することにより、室内の汚染質の濃度を低減させることである。

2× 中性帯は、室内の空気圧が室外の大気圧と等しくなる垂直方向の位置をいう。外気温度が室内温度よりも高い場合、室内側圧力は**中性帯の上方が負、下方が正**になり、中性帯より上側の開口から外気が流入し、下側の開口から室内空気が流出する。

3○ 室内の空気汚染は、室内の**人の呼吸や体臭、喫煙**などで進行する。居室の必要換気量は、一般に、室内の二酸化炭素濃度の許容値を基準に算出される。

4○→× 一酸化炭素は**無色無臭の気体**で、生体組織に酸素を供給する血液中の**ヘモグロビンと強く結合する**ため酸素欠乏をきたし、死に至らしめる有毒ガスである。出題当時は、居室における一酸化炭素濃度の許容値は、**0.001%（10ppm）**であったが、令和5年4月1日施行の建基令改正により0.0006%（6ppm）以下となったため、**現在は不適当なものとなる**（同法施行令第129条の2の5第3項（二））。

5○ ホルムアルデヒドは、粘膜への刺激性があり、蒸気は呼吸器系や目、のどなどの炎症を引き起こす、**シックハウス症候群の原因物質**の一つである。建材

にはF☆からF☆☆☆☆まで、ホルムアルデヒドの放散量によるランクがあり、F☆☆☆☆が最も放散量が少ない。
☆日本工業規格は、令和元年7月1日施行の法改正で日本産業規格に名称変更。

No.5 壁体の内部温度分布
正答 1

熱伝導率の大小は、コンクリート＞断熱材および中空層である。断熱材と中空層の大小は断熱材の材質による。熱伝導率が大きい**コンクリートの部分**では、熱が容易に伝わるので、**温度変化は緩慢であり、緩勾配**となる。中空層と断熱材の部分の熱移動は少ないので、**温度変化は急勾配**となる。このため、設問の壁体内部の温度分布を表すのは**1**となる。

No.6 湿り空気線図
正答 4

1○ A点の空気を加湿・除湿しないで22℃まで加熱すると、図のC点の空気となり、**相対湿度は約32%**となる。

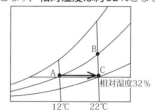

2○ A点の空気と飽和水蒸気量の差は**約3.5g/kg（DA）**、B点の空気と飽和水蒸気量の差は**約6.5g/kg（DA）**である。したがって、B点の空気に干すほうが早く乾燥する。

3○ A点の空気の**露点温度は約4.5℃**であるため、10℃の窓面に触れても結露しないが、B点の空気の**露点温度は約14℃**であるため、結露する。

（次ページの図参照）

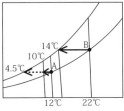

4×　A点の空気に含まれる**水蒸気量は約5.5g/kg（DA）**、B点の空気に含まれる**水蒸気量は約10g/kg（DA）**である。

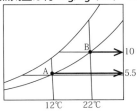

5○　A点の空気とB点の空気を同量混合すると、空気線図上のA点とB点を結んだ**線分の中点の空気D**となり、相対湿度は約63％となる。

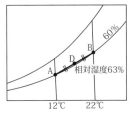

No.7　日照・日射
正答　1

1×　我が国では、春分から秋分までの間、東西軸より北側で日の出・日の入りするため、北向き鉛直面は、**春分から秋分の約半年間は直達日射を受ける。**

2○　日射遮蔽係数は、**3mm厚の透明板ガラスの流入熱量を1**とし、対象となる窓の流入熱量との比で算出する。日差しを遮る効果を示す指標であり、値が大きい窓ほど日射の遮蔽効果が小さいことを意味する。

3○　我が国の南向き鉛直壁面の日照時間は、夏至の日が**7時間**、春・秋分の

日が**12時間**、冬至の日が**9時間半**程度である。

4○　夏期における水平な庇による日射遮蔽効果は、日射の入射角が小さい**西面**より、日射の入射角が大きい**南面**のほうが高い。

5○　天空日射量は、太陽光が大気中の気体分子・塵埃・水蒸気などの微粒子によって拡散されてから地表に向かう日射量である。大気透過率が高くなるほど**日射を拡散する物体が少なくなる**ため、天空日射量は減少する。

No.8　採光・照明
正答　1

1×　演色評価数は、人工光源による色の見え方の良し悪しを表す指標であり、**数値が大きいほど、自然光に近く本来の色を忠実に表現することができる光源**であることを示す。

2○　住宅の寝室における**JISの照度基準**では、読書や化粧時の照度は、300～750lxと定められている。

3○　昼光率は、窓面から直接受照面に入射する光による直接昼光率と、室内の壁等に反射してから受照面に入射する光による間接昼光率との和になる。室内の壁及び天井は**間接昼光率**に、周囲の建築物や樹木等は**直接昼光率**に影響を与える。

4○　全天空照度は、直射日光を除く全天空からの光による照度をいう。太陽光は時間により変化する上、快晴の日より薄曇りの日のほうが、太陽光が雲や空気中の塵などにより乱反射・拡散して**地表面に達する量が増える**ため、天候により変化する。

5○　タスク・アンビエント照明では、アンビエント照明はタスク照明の**1/10以上の照度**とすることが望ましい。

No.9　音
正答　2

1○　透過損失は、遮音性能を表す指標

であり、値が大きいほど**遮音性能が優れている**ことを表す。同じ厚さの一重壁の場合、壁体の単位面積当たりの質量が大きいほど透過損失は大きくなる。

2× 音が球面状に広がる点音源（音源からある程度離れている場合も同様）では、**距離が1/2倍になると音圧レベルは約6dB上昇**する。

3○ 残響は、室内で音を発したとき、室の壁や床、天井などによる反射を何回も繰り返すことにより、**音源が停止した後にも室内に音が残る現象**をいう。残響時間は、音源が停止してから室内の音圧レベルが60dB低下するまでに要する時間をいう。

4○ **グラスウールや木毛セメント板**などの多孔質材料の吸音率は、低音域より高音域のほうが大きい。

5○ 空気中の音の速さは、
音速（m/秒）＝ 331.5 ＋ 0.6t
t：気温（℃）
で表される。気温が高くなるほど音速は速くなる。

No.10 屋外気候等
正答 5

1○ 絶対湿度は、乾燥空気1kg中に含まれる**水蒸気の質量**をいう。快晴日の屋外の絶対湿度は、一般に、一日を通じてあまり変化しない。

2○ 風速増加率は、ある地点において、周辺の敷地における建築物の**建築等の前後で風速が増加した割合を示す比率**である。ビル風の影響を評価する際に用いられる指標で、値が1.0の場合には、建築物の建築前後で風速の変化がないことを表す。

3○ 冷房デグリーデーは、**冷房期間中の室内温度と室外温度の差を積算**したもので、建物の熱損失量の概算や熱経済の検討などに用いられる。値が大きいほど冷房負荷が大きいことを表す。

4○ 風配図は、ある地点のある期間におけ る、風向および風速の頻度を八方位や一六方位の円グラフに表したものをいう。**その地点の卓越風や風の特徴を知ることができる**。円グラフの中心から遠いほど、その風向の風の発生頻度が高いことを示す。

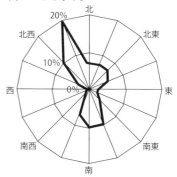

東京の通年の風配図

5× 建築物の水平面からの熱放射は、雲による遮蔽効果が少ない快晴日のほうが曇天日より多くなる。冬期の夜間における建築物の水平面の外気側表面温度は、外気温が同じであれば、**曇天日より快晴日のほうが低くなりやすい**。

No.11 住宅の計画
正答 1

1× タウンハウスは、戸境に共有壁を有し、個別の玄関とアプローチを持った長屋風の集合住宅である。戸建住宅の独立性と、集合化に伴い外構部分を有効に活用することによる環境の良さを併せ持つ。**設問は、コートハウスの説明**である。

2○ コア型住宅は、**台所・便所・浴室・洗面所等**の水回りを1箇所にまとめて設けた住宅形式である。動線の集約や設備工事のコストダウンが図られ、コアを住宅の中央部に配置することにより、居室が外壁に接することができる。

3○ パッシブデザインは、機械や設備に頼らずに、建物の構造や間取り、材料などの工夫によって省エネルギーを図

るデザインである。**太陽熱の利用や遮蔽、風の通り道の工夫**等により、冷暖房効果や照明効果等を得る。

4○　車椅子使用者が横方向へ移動するには、後退→90°回転→移動→90°回転→前進という動作が必要となるため、I字型キッチンでは調理台に対して**横向きで作業する**ことになりやすい。L字型キッチンであれば、**回転移動により調理台を移る**ことができるので、I字型より使いやすい。

5○　身体の位置を大きく移動させて開閉しなければならない開き戸より、**位置を変えずに開閉できる引き戸**のほうが、高齢者や身体障害者にとって開閉しやすい。

No.12　集合住宅の住戸平面計画
正答　4

1○　DK型を小規模住宅に用いる場合、食事はDKで完結するが、**独立したLを確保できず**に、団らんと就寝の場を共用することが多くなりやすい。

2○　LDK型を比較的狭い住宅に用いる場合、団らん・食事と私室を分離することはできるが、広い**充実したLを確保することが難しい**ことが多い。

3○　L＋D＋K型は、L、D、Kそれぞれの用途に使用できるだけの**広さと機能が必要**であり、比較的広い住宅で採用する必要がある。

4×　L＋DK型は、Lが独立しているため居間中心の生活に適しており、**食事の準備や家事労働の効率化も図ることができる**。

5○　LD＋K型は、**居間と食事室が一体**で、食事を中心に団らんする生活に適している。LDの面積が十分でない場合には、食事と団らんの機能分離が十分に図られないこととなるため、注意が必要である。

No.13　事務所ビル
正答　1

1×　普通乗用車を並列に3台駐車するためには、**内法で8m程度**の幅員を要し、最低でも7.5m以上必要である。

2○　事務室内と通路を仕切るパーティションの高さが150cmであれば、通路を通る人がパーティションに近づかなければ**机上は見渡せない**が、執務空間を見通すことができる。

3○　フリーアドレス方式は、社員の席を**固定しないで、空いている席を自由に使用する**執務空間のレイアウト計画である。一般に、在席率が50～60%以下の事務所で採用可能とされている。

4○　**外壁から5～6m以内の外気に接する壁際部分**をペリメーターゾーンといい、その内側部分をインテリアゾーンという。ペリメーターゾーンは外気の影響を受けやすいため冷暖房負荷が大きく、インテリアゾーンは冷暖房負荷が少ない。それぞれの負荷に応じて個別制御ができるようにすることで、空気調和設備の省エネルギー化を図ることができる。

5○　オープンコアは、**集中コア形式の一種**で、コアを建物の中央部分の幅全体に配置した形式である。構造計画上有利であり、基準階の床面積が大きい事務所ビルに適している。

No.14　教育施設等
正答　1

1×　レファレンスコーナーは、図書館利用者が調査・研究するための資料や機器を提供・設置し、来館者の質問に対し適切な助言を与える係員が配置される区画である。**設問は、ブラウジングコーナーの説明**である。

2○　保育所の昼寝の場は**静寂**が求められ、食事の場は**楽しい環境**が求められる。衛生上の面からも両者は分けて設けることが望ましい。

3○　3歳児は各児個別の保護や世話を必

要とし、他の幼児に**干渉されずに遊べるスペースを確保**しなければならないため、一般に、4・5歳児より1人当たりの保育室面積を広くする。

4○ 学年やクラスの枠にとらわれない学習集団を構成して多様な学習を行う**オープンスクール**や、複数のクラスをまとめて教師数名がチームを組んで授業を行う**チームティーチング**など、多様な学習形態に対応できる多目的なスペースを、普通教室に隣接して設けることは適当である。

5○ 中学校における図書室は、読書を奨励するため、生徒が**自由に本を手に取って閲覧できる**出納システムである開架式とすることが望ましい。

No.15 建築物の計画
正答 4

1○ 病院の手術室の換気は、外部からの**汚染空気の流入を防ぐ**ため、室内を正圧に保つ第二種換気法とする。また、手術室内の汚染物を外部に排出しないように、単独の空気調和設備を設ける。

2○ プロセニアムアーチは、劇場の舞台と客席を区切る額縁状の部分をいう。これにより舞台と客席を明確に区分し、**固定した演劇空間が構成される。**

3○ 美術館の展示壁面における**JISの照度基準**では、洋画は300 ～ 700lxとされている。

4× **燻蒸室は**、収蔵品に付着した害虫等を駆除するための室であり、搬入スペースとの配置を考慮し、**荷解室や収蔵庫に近接して設ける**ことが望ましい。

5○ アリーナ型のコンサートホールは、**ステージがほぼ中央に位置**し、その周囲に客席が配置される形式である。客席ができるだけステージに近くなるよう配置され、臨場感と一体感のある空間が構成される（平成30年No.15の解説図（アリーナステージ）参照）。

No.16 各部寸法及び床面積
正答 3

1○ 日本人が使う食卓の高さは700mm程度のものが多い。椅子座面の高さとテーブルの天板の高さの差を**差尺**といい、日本人の平均的な座高から**300mm程度が最適**な差尺とされている。子ども用椅子は成長に合わせて座面の高さが調節できるものが望ましいが、膝が食卓の下に入るためには天板の厚さを含めて200mm弱の空間が必要となる。

2○ 自転車の寸法は、**幅600mm**、長さ1,900mm程度なので、駐輪スペースを700mm×1,900mmとすることは適当である。

3× 屋内駐車場の自動車用斜路の縦断**勾配は**、駐車場法施行令第8条第3号で**17%**（≒1/6）**を超えない**ことと定められている。

4○ 2人室以上の一般病室は、1人当たり6.4m²以上必要であるが、**設問の病室は32.4m²**あり、かなり余裕のある面積である。

5○ ツインベッドを使用する夫婦の寝室は、収納スペース等も考慮すると**16m²以上必要**である。

No.17 高齢者等に配慮した建築物
正答 4

1○ 高齢者は、角膜の感度低下による**視力低下**や、白内障による**黄変化現象**が生じる。このため、作業領域の照度をJISの照明基準の2倍以上とすることは適当である。

☆日本工業規格は、令和元年7月1日施行の法改正で日本産業規格に名称変更。

2○ 車椅子使用者が利用する受付カウンターは、下部に**高さ600mm**、**奥行450mm程度のクリアランス**を設ければ、車椅子がカウンター下部に入ることができ、記帳が容易となる。カウンターの上端の高さは700mm程度が適

3○　階段の手摺の端部は、上下端共に1段分（約300mm）程度の余長をとり、**袖等が引っかからないように**、下方や壁面側に曲げるなどの処理を行うことが望ましい。余裕があれば450mm程度の余長を設けることは適当である。

4×　建築物移動等円滑化誘導基準に、多数の者が利用する傾斜路で高さが750mmを超えるものは、**高さ750mm以内ごとに踏幅が1,500mm以上の踊場を設ける**ことと定められている。

5○　階段のノンスリップは、踏面との段差を無くして同一面とし、**つまずく危険を防止**することが望ましい。

No.18　まちづくり
正答　2

1○　パタン・ランゲージは、建物や街の**デザインの法則性をパターン**にまとめ、それを共通言語（ランゲージ）として記述する方法である。デザインに詳しくない住民でもデザイン策定のプロセスに参加できるため、住民参加のまちづくり手法として用いられている。

2×　ラドバーンシステムは、歩行者通路と車道を平面的・立体的に完全に分離する手法である。アメリカのラドバーン市で始めて実践された。**設問は、パークアンドライドの説明である。**

3○　景観法は、**良好な景観の形成を図る**ため、基本理念や国等の責務を定めるとともに、地方自治体による景観計画の策定、景観計画区域、景観地区等における良好な景観形成のための規制などの措置を講ずることを目的とした法律である。住民等が景観計画の提案を行うことができることが特徴の一つである。

4○　ボンエルフは、歩行者と自動車の共存を目的とした道路整備方式の一つであり、**ハンプ**（路面の出っ張り）や**シケイン**（車路の蛇行）などを設けること

により、人が対応できる速度以上に自動車がスピードを出せないような構造になっている。

5○　共同建替は、複数の建物所有者が隣接する複数の敷地の複数の建築物を、**共同で一体化した建築物に建替え**ることをいい、協調建替は、複数の地権者が複数の敷地で外観や形態等の**一体性に配慮した設計に基づいて個別に建て替える**ことをいう。都市の一部の地区内で老朽化した建築物を共同建替・協調建替する際に、補助金が出る制度がある。

No.19　建築設備の用語
正答　2

1○　ウォールウォッシャは、**壁面全体を同一の照度で照明する**手法である。感覚的に明るさが向上したように感じ、空間全体が広く見える効果がある。

2×　ストレーナは、液体や気体に含まれる異物を取り除くために、配管内等に設けるろ過装置をいい、メッシュ状の金網により異物を取り除く。**給排水設備の用語**である。

3○　ロータンクは、水洗トイレの**洗浄水を貯めておくタンク**で、底部が便座と同程度の低い位置にある。

4○　ミキシングバルブは、**水と湯を使用温度になるように混合**して調節する機能を持った水栓で、洗面所・台所・浴室などで使用される。

5○　キュービクルは、**分電盤の総称**であり、トランス・受電盤・低圧配電盤などが入っている箱状のものをいう。

No.20　空気調和設備等
正答　5

1○　熱源装置は、空気調和設備において、空気を加熱、冷却するために必要な冷水・蒸気・温水などの熱媒をつくる**ボイラ・冷凍機**などをいう。

2○　全熱交換器は、排出される空気の顕熱と潜熱を回収して、新しく取り入れる

空気に移す装置である。換気に伴う**冷暖房熱の損失を少なくする**ことができ、外気負荷が低減される。

3○　誘引ユニットは、空調機から送られた一次空気をノズルから噴出させ、その勢いで**二次空気を冷温水コイル内に誘引**し、一次空気と混合して室内に吹き出す装置である。

4○　床暖房は、**室内温度を均等に上げる**ことができる。温度上昇に時間が掛かるが、室内の上下の温度差が少なくなる。

5×　定風量単一ダクト方式は一定の風量で送風するため、負荷特性の異なる部屋やゾーンに対しては、その**負荷変動に容易には対応できない**。負荷変動に容易に対応できるのは、変風量単一ダクト方式などである。

No.21　空気調和設備
正答　3

1○　気化式加湿器は、常温の**水を蒸発させることにより加湿**を行うものである。加湿素子を水で濡らし、風を当てることで蒸発を促進させる。

2○　床吹出し空調方式は、OA機器の配線ルートである二重床を給気ダクトとして利用するもので、居住域に近い位置から給気するため**送風温度と室内温度との差が小さくなる**。冷房の場合、天井吹出し方式に比べ給気温度は高くなる。（令和4年No.20選択肢1の解説も参照）

3×　空気熱源ヒートポンプ方式のルームエアコンは、外気の熱を熱源に利用して暖房を行う。このため、外気の温度が低くなり、**暖房負荷が大きくなるほど暖房能力が低下する**。

4○　ファンコイルユニット方式は、ファンとコイルを備えたユニットを各室に設置し、熱源で生成した冷温水を各室のコイルに送り、ファンで室内空気を循環させコイルを通じて冷暖房する方式である。ユニットごとに風量を調節できるため**個別制御が容易**である。

5○　二重ダクト空調方式は、冷風と温風を別のダクトで搬送し、各ゾーンや室の負荷に応じて冷風と温風を混合し、適温にして室内に送風する方式である。個別制御に適しているが、**送風動力が大きくなる**。

No.22　給排水衛生設備
正答　2

1○　水道直結直圧方式は、水道本管から引込給水管で建物内に引き込み、**水道本管の圧力により各器具へ直接給水**する方式である。最も不利な状態にある水栓や器具までの配管の摩擦損失と、水道本管の圧力により採否を判断する。

2×　レジオネラ属菌は、60℃以上の高温に5分以上さらされることにより死滅する。このため、**貯湯槽内は60℃以上に保つ**よう維持管理する必要がある。

3○　シングルレバー水栓や全自動洗濯機、食器洗浄機等の操作に伴う、水流の急閉止によるウォーターハンマーの発生を防止するためには、空気の圧縮性を利用し、**安定した液体の流れを作り出す**エアチャンバーの設置が有効である。

4○　給湯管の直線部の配管長を長くする場合は、配管の線膨張の影響を考慮する必要がある。特に、**ポリエチレン管の線膨張係数は、銅管の線膨張係数に比べて大きいので注意を要する**。

5○　排水トラップの封水を保護し、**排水管内の流れを円滑にする**通気管の大気開口部には、虫や木の葉、ゴミなどの異物が混入することを防止するため、防虫網を設ける。

No.23　電気設備
正答　5

1○　電線管に収める電線本数が多い場合、電線の許容電流は、**本数に対する電流減少係数を乗じた値**とする。本数が増せば増すほど電線の許容電流は小

さくしなければならない。

2〇　インバータは、**交流の周波数と電圧の大きさを制御する**ことができる装置である。送風機やポンプ等の電動機をインバータ制御とすると、**流量調節が連続的**に行え、搬送動力を削減することができるが、電源系にノイズを発生させるおそれがある。

3〇　幹線計画をする場合、**電圧降下が適正な範囲内に収まるよう設計**しなければならない。電気供給元と供給先の距離、負荷電流などを確認し、その電流値を用いて電圧降下を計算する。

4〇　受電電圧は、契約電力が500kW未満の場合は、**電力会社の電気供給約款**により、契約最大電力の大きさに応じて供給標準電圧が決められている。500kW以上の場合は、使用する負荷設備および受電設備の内容、負荷率を基準にして、需要者と電力会社との協議によって決定される。

5×　電線の太さや長さが同一であれば、**配電電圧を高くするほど配電線路における電力損失を少なくする**ことができ、**大きな電力を供給することができる。**

No.24　照明

正答　3

1〇　グレアはまぶしさのことで、視対象とその周囲に**過剰な輝度対比を生じる**ときに不快に感じ、目の疲労や視認能力の低下をもたらす現象をいう。視野内の輝度分布をできるだけ均一になるよう考慮することによりグレアを低減させることができる。

2〇　点光源による直接照度は、光源の光度に比例し、光源からの距離の2乗に反比例する。これを、**照度の逆2乗法則**という。

3×　色温度は、ある色の光を放射するときの黒体の温度をいう。**色温度が低い光源の照明器具ほど一般に暖かみが感じられる。**色温度が高くなるにつれて、

光の色は、赤→オレンジ→黄→白→青白と変化する。

4〇　昼光利用制御は、照度センサーにより自然光による明るさを検知し、照明器具を調光して室内を適切な照度に自動制御する方式である。快適な照明環境を保ちながら**省エネルギーを図る**ことができる。

5〇　全般照明の照明計画を光束法で行う場合は、経年変化によるランプの**光束減少**や、室や器具の汚れによる**効率低下を見込んだ保守率**を考慮するため、器具設置直後の照度は設計照度以上となる。

No.25　環境・省エネルギーに配慮した建築・設備計画

正答　4

1〇　大空間や高天井の室では、**居住域は低い空間部分に限られる。**居住域を中心に局所空調を行うことは、過剰な空調を抑えることとなり省エネルギーに寄与する。

2〇　天井チャンバー方式は、**天井裏を給排気・排煙のためのチャンバーとして**利用するものである。空気搬送の圧力損失を低減することができる。

3〇　洗面・手洗いなどの雑排水を再生処理し、便器洗浄水等に再利用することは、**誤飲しない限り人体への衛生面に問題なく**、水資源の節約につながる。

4×　夏至の日の鉛直壁面の終日日射量は、南面より東西面のほうが大きいため、夏期の冷房負荷は**主たる窓面を南面に設けるより東西面に設けるほうが大きい**（令和元年No.7の解説図参照）。

5〇　成績係数は、空気調和設備の熱源機器のエネルギー効率を表す指標である。冷暖房容量を空気調和に要した圧縮仕事の熱当量で除した値である。成績係数の値が大きい機器は熱源効率が良い。

平成29年 建築法規

No.1 建築物の高さ等
正答 2

ⅰ）建築物の高さ（令第2条第1項第6号、第2項）

建築物が周囲の地面と接する位置の平均の高さから測定する。平均地盤面は建築物が地面と接する面積を、地面に接する周長で除して求める。川側の地面を起点として求めると、

$(14m×3m)×1/2+12m×3m+$
$(14m×3m)×1/2÷(14m+12m$
$+14m+12m)=1.5m$

即ち、川側の地面から1.5mの位置が「地盤面」となり、建築物の高さは7.5mである。

ⅱ）建築面積（同条項第2号）

地階がⅰ）で求めた地盤面上から1.5mにあるので、地階の床面積が建築面積となる。

ゆえに$14×12=168m^2$

ⅲ）敷地面積（同条項第1号）

法第42条第2項道路の一方が川なので、同項ただし書きで「川の道の側の境界から水平距離4m」の線が道路境界となる。

したがって、敷地面積は$20×(21-2)=380m^2$

以上のことから、正しい組合せは**2**となる。

No.2 確認済証
正答 2

全国どの場所においても確認済証が必要なのは、法第6条第1項第1号から第3号に該当する建築物の建築・大規模の修繕・大規模の模様替および法第6条が準用される建築物の用途変更（法第87条）、建築設備の設置（法第87条の4）、工作物の築造（法第88条）

の場合である。

1× 法第6条第1項第1号から第3号に該当しないので、確認済証の交付を受ける必要はない。

2○ 本問は同条項第1号に該当し、法第87条第1項により法第6条が準用されるが、令第137条の18各号の適用はない（類似の用途ではない）ので、確認済証の交付を受ける必要がある。

3× 建築物としては法第6条第1項第2号に該当するが、増築に係る部分が10m²なので、同条第2項より防火地域および準防火地域外であれば確認済証の交付を受ける必要はない。

4× 上記解説**1**参照。

5× 上記解説**1**参照。

No.3 手続き
正答 5

1○ 規則第1条の3第1項第1号イ表1（い）により、正しい。

2○ 法第7条の6第1項第2号により、正しい。

3○ 法第9条第1項により、正しい。

4○ 法第6条の2第6項により、正しい。

5× 法第94条第3項により、誤り。「意見の聴取」ではなく、「口頭審査」が正しい。

No.4 一般構造
正答 4

1○ 令第24条に、適合する（同条第1項に該当しないので、第2項の踏幅の規定は考慮しなくともよい）。

2○ 令第22条ただし書きにより、適合する。

3○ 令第21条の規定は、居室（法第2条第4項）の天井高であり、設問のクロゼットは居室ではないので、適合する。

4× 令第20条の3第1項第2号に、適合しない（発熱量は適合するが、有効開口面積が不適合）。

5○ 令第26条第2項、第23条第3項に、

適合する。

No.5　採光
正答　3

　令第20条第2項第2号による採光補正係数は、D/H×8－1.0＝（3.5－0.5）/（5.0＋2.0/2）×8－1.0＝3

　同号イからハに該当しないので、3が採光補正係数となる。

　採光に有効な部分の面積は、令第20条第1項により、開口部面積に採光補正係数を乗じて得たものなので、3.0×3＝9m²

　以上のことから、正しいものは**3**となる。

No.6　木造の構造耐力
正答　4

　令第46条第4項表1の軸組の種類ごとに倍率を乗ずるが、**表1の(6)と(9)の適用があるので注意すること。**

・張り間方向

　2m×4箇所＝8m

　倍率は（1）の軸組で0.5、筋かいは（4）で2だが、たすき掛けに入れてあるので、（6）が適用され2倍となる。さらに、（9）の適用もある。よって、求める軸組の長さは

　8m×｛0.5＋（2×2）｝＝36m

・桁行方向

ⅰ）2m×4箇所＝8m

　倍率は（2）の軸組で1、筋かいは（4）で2となり（9）の適用もあり、求める軸組の長さは8m×（1＋2）＝24m

ⅱ）2m×2箇所＝4m

　倍率は（1）の軸組で0.5、筋かいは入っていないので（9）の適用はない。よって、求める軸組の長さは

4m×0.5＝2m

ⅰ）＋ⅱ）＝26m

　したがって、正しい組合せは**4**となる。

No.7　構造強度
正答　3

1○　令第46条第3項により、正しい。

2○　令第42条第1項第3号により、正しい。

3×　法第85条第2項では、**法第37条が適用除外**になっており、誤り。

　☆日本工業規格は、令和元年7月1日施行の法改正で日本産業規格に名称変更。

4○　令第36条の4により、正しい。

5○　令第39条第3項により、正しい。

No.8　確認申請書の添付図書
正答　1

1×　規則第1条の3第1項第1号ロ（1）により、誤り。表2（1）項（ろ）欄には当該事項はない。

2○　規則第1条の3第1項第1号ロ（1）により、正しい。表2（1）項（ろ）欄に当該事項がある。

3○　上記解説**2**参照。

4○　上記解説**2**参照。

5○　上記解説**2**参照。

No.9　防火区画等
正答　2　★

1○　令第112条第11項第2号により、正しい。

2×→○　出題当時は、令第112条第12項により、誤りであったが、平成30年9月の改正法施行により、当時の法第24条、当時の令第112条第12項が削除となり、小規模な特殊建築物について、一定の用途に供する建築物の部分とその他の部分との区画を要しなくなったため、**現在は正しい内容となる。**

3○　令第114条第4項により、正しい。

4○　令第112条第1項により、正しい。

5○　同条第4項第1号により、正しい。

No.10　避難施設等
正答　3

1○　令第120条第1項表（2）により50m以下。さらに、同条第2項で10を加え60mとなり、正しい。**幼保連携**

型認定こども園は、法別表第1（い）欄（2）項、令第115条の3第1号で「児童福祉施設等」に含まれる。

2○ 令第125条第2項により、正しい。

3× 令第126条の6第1号により、誤り。

4○ 令第121条第1項第5号、同条第2項により、正しい。

5○ 令第123条第1項第2号により、正しい。

No.11 内装制限
正答 3

1○ 令第128条の5第1項第1号イ、第4項により、正しい。有料老人ホームは、法別表第1（い）欄（2）項、令第115条の3第1号、令第19条第1項で「児童福祉施設等」に含まれる。

2○ 令第128条の4第1項第1号表（2）により、正しい。

3× 同条項第2号により、誤り。

4○ 同条第4項により、正しい。

5○ 同条第2項、第3項により、正しい。

No.12 道路等
正答 5

1○ 法第41条の2により、正しい。道路については、都市計画区域及び準都市計画区域内に限り適用される。

2○ 法第42条、43条第1項により、正しい。

3○ 法第45条により、正しい。

4○ 法第44条第1項第1号により、正しい。市街化調整区域は都市計画区域内に指定されるので、法第41条の2が適用される。

5× 法第44条第1項第2号により特定行政庁が通行に支障がないと認め、建築審査会の同意を得て許可を受けなければならず、誤り。都市再開発法による道路は法第42条第1項第2号に該当し、歩道は道路を構成する部分である。

No.13 用途制限
正答 5

1× 法第48条第13項、法別表第2（わ）項5号により、新築することができない。

2× 同条第7項、法別表第2（と）項5号、令第130条の9の2により、新築することができない。

3× 法第48条第4項、法別表第2（に）項6号、令第130条の7により、新築することができない。

4× 法第48条第3項、法別表第2（は）項6号により、新築することができない。

5○ 同条第1項、法別表第2（い）項9号、令第130条の4第2号により、新築することができる。

No.14 用途制限
正答 1

設問の敷地は2の用途地域にわたっているので、法第91条によりその敷地の過半を占める第一種住居地域の制限が適用される（建築物の位置には関係しない）。

1× 法第48条第5項、法別表第2（ほ）項1号（（へ）項5号）により、新築してはならない。

2○ 同条項、法別表第2（ほ）項に該当しないので、新築できる。

3○ 同上。

4○ 同上。

5○ 同上。

No.15 延べ面積及び容積率
正答 2

1× 令第2条第1項第4号ロ、第3項第2号により、誤り。

2○ 法第52条第6項第1号、第2号により、正しい。

3× 本問は、高さや階数に参入されない基準（令第2条第1項第6号ロ、8号）であり、延べ面積とは関係がない。

4× 法第52条第8項第2号の規定であるが、第一種低層住居専用地域は該当しないので、誤り。

5× 同条第3項では、1/3を限度としているので、誤り。

No.16　建築面積
正答　5

　　　設問の敷地は建蔽率の制限を受ける地域の2にわたっているので、**法第53条第2項が適用される**。そして、それぞれの用途地域に防火地域が指定され、耐火建築物を新築するため、準住居地域については同条第3項第1号イが、商業地域については同条第6項第1号の適用がある。

　　　また、敷地面積については令第2条第1項第1号により、法第42条第2項による**道路の中心線から2mまでは敷地面積に参入しない**。これらのことから
準住居地域：{(15 − 1)× 15}×(6/10 + 1/10) = 147m²……①
商 業 地 域：(10 × 15)× 10/10 = 150m²……②
　　　①＋②＝297m²となり、**5**が正答。

No.17　防火・準防火地域
正答　4

　　　令和元年6月の改正法施行により、法第61条と法第62条が統合され、構造等の仕様は令第136条の2に移行された。
1○　法第61条ただし書きにより、正しい。
2○　法第64条により、正しい。
3○　法第27条第1項第2号、令第110条第1号により、正しい。
4×　法第61条、令第136条の2第3号イにより、誤り。準耐火構造ではなく、**防火構造**かつ外壁開口部設備に加熱開始後20分の防火設備、又は第3号ロの基準の構造とする。
5○　法第65条第2項により、防火地域の規定が適用される。したがって、本問の規模の建築物は、法第61条、令第136条の2第1号により耐火建築物等としなければならず、正しい。

No.18　高さ制限・日影規制
正答　3

1×　法第55条第2項、令第130条の10

第2項により、誤り。
2×　令第135条の2第1項により、誤り。
3○　令第135条の12第3項第1号ただし書きにより、正しい。
4×　令第135条の4第1項第1号により、誤り。**公園は緩和の対象外**。
5×　法第56条の2第1項、法別表第4、4の項ロにより、誤り。平均地盤面からの高さは（は）欄で4m。

No.19　建築物の高さ
正答　4

　　　①道路高さ制限（法第56条第1項第1号）
　　　法別表第3、1の項により、最大幅員である5m道路の道路斜線の適用距離は（は）欄で20mとなり、同条第2項による有効後退距離を加えてもA点のところまで（に）欄の数値1.25がかかる。
　　　そして、4m道路側に令第132条第1項の適用で、5m道路が敷地の角から2倍（＝ 10m）の距離まで4m道路側にあるものとみなし、法第56条第2項による有効後退距離2mと建築物からの距離3mを加え道路斜線をかける。
　　　以上のことから、A点の高さは{5m ＋（2m × 2）＋ 3m}× 1.25 = 15m
　　　なお、5m道路側からの斜線は、上記の高さ以上（18.75m）となる。
　　　②隣地高さ制限（同条項第2号イ）
20m ＋（3m ＋ 3m）× 1.25 = 27.5m
　　　③北側斜線制限（同条項第3号）
10m ＋（1 ＋ 1 ＋ 3）× 1.25 = 16.25m
　　　以上のことから、①＜②、③となり**4**が正答。

No.20　建築基準法全般
正答　4

1○　法第6条第8項、第99条第1項第2号により、正しい。
2○　法第85条第1項第2号により、正しい。
3○　法第98条第1項第2号、同条第2

項により、正しい。

4× 法第88条第1項では法第20条が準用されるが、本問の擁壁は令第138条第1項第5号に該当しないので、誤り。

5○ 令第126条第1項により正しい。本問の建築物は、令第5章第2節が適用される。

No.21　建築士法
正答　5

1○ 士法第19条の2により、正しい。

2○ 士法第22条の2第2号、同規則第17条の36より、正しい。

3○ 士法第7条第4号により、正しい。

4○ 士法第3条第1項第3号に該当するため、正しい。

5× 本問は延べ面積が300m²なので、士法第22条の3の3第1項の適用はなく、誤り。

No.22　建築士法
正答　2

1○ 士法第23条第1項、第26条の4第1項により、正しい。

2× 士法第24条の7により、誤り。**重要事項の説明は、設計受託契約又は工事監理受託契約の契約締結の場合のみである。**

3○ 士法第24条の3第2項により、正しい。

4○ 士法第24条第4項、第5項により、正しい。

5○ 士法第24条の9により、正しい。

No.23　品確法
正答　1

1× 品確法第94条第1項、同法施行令第5条第2項第2号により、誤り。

2○ 同法第6条第1項、第4項により、正しい。

3○ 同法第3条第1項、第2項により、正しい。

4○ 同法第97条により、正しい。

☆令和2年4月1日施行の改正により、「隠れた瑕疵」は「瑕疵」と規定されている。

5○ 同法第82条、第83条第1項第7号により、正しい。

No.24　他法令
正答　4

1× 特定住宅瑕疵担保責任の履行の確保等に関する法律第2条第6項第4号により、誤り。**新築住宅の引渡しを受けた時から10年以上の期間が正しい。**

2× 長期優良住宅の普及の促進に関する法律第2条第3項第3号、同法施行令第3条により、誤り。

3× 長期優良住宅の普及の促進に関する法律第5条第1項、第2項、第3項により、誤り。**譲受人と分譲事業者の共同、あるいは分譲事業者が単独で認定を申請することができる。**

4○ 耐震改修促進法第14条第1号、同法施行令第6条第2項第1号により、正しい。

5× 建設リサイクル法第2条第5項、同法施行令第1条により、誤り。アスファルト・ルーフィングは特定建設資材ではない。

No.25　他法令
正答　3

イ× 都市計画法第29条第1項第2号により、誤り。

ロ○ 宅地造成及び特定盛土等規制法第2条第2号、同法施行令第3条第5号により、正しい。

☆「宅地造成等規制法」は、令和5年5月26日施行の法改正で、「宅地造成及び盛土等規制法」に名称変更された。

ハ○ バリアフリー法第16条第1項により、正しい。共同住宅は同法施行令第4条第9号で特定建築物である。

ニ× 建設業法第3条第1項ただし書き、同法施行令第1条の2第1項により、誤り。

以上のことから、正しいもののみの組合せは**3**となる。

平成29年

平成29年　建築構造

No.1　応力計算　（断面一次モーメント）
正答　4

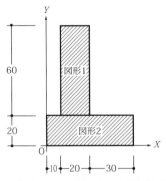

　　上下二つの長方形に図形を分け、上を図形1、下を図形2と考えて計算する（詳しい計算式は下表参照）。よって、$x_0 = 25$mm、$y_0 = 30$mm であるから、正しい組合せは4となる。

No.2　応力計算　（曲げ応力度）
正答　4

　　全体に均一な等分布荷重がかかることから、全体の荷重が $6 × 4000 = 24000$N だとわかる。また、左右対称で均一なので、**各支点の反力は均等**であり、12000N（上向き）だとわかる。

　　その後、A点より左半分を考えA点でのモーメントを求める。A点の曲げモーメント M_A は、

$$M_{Amax} = 12000 × 2000$$
$$- (6 × 2000) × (2000 ÷ 2)$$
$$= 24 × 10^6 - 12 × 10^6$$
$$= 12 × 10^6 \text{N·mm} \cdots ①$$

また、断面係数は $Z = \dfrac{bh^2}{6}$ であるから、

部材断面より、
$$断面係数 Z = 100 × 200^2 ÷ 6$$
$$= 2 × 10^6/3 \text{mm}^3 \cdots ②$$

　　①、②を、A点に生じる最大曲げ応力度 $\sigma = M_{Amax} ÷ Z$ に代入する。

$$\sigma = 12 × 10^6 ÷ (2 × 10^6/3)$$
$$= \frac{12 × 10^6 × 3}{2 × 10^6} = 18 \text{N/mm}^2$$

よって、**4**が正しい。

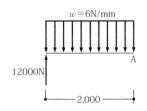

No.1の計算表

	図形1	図形2	合　計
面積A [mm²]	$60 × 20 = 1200$	$20 × 60 = 1200$	$1200 + 1200 = 2400$
Y軸から図心までの距離 [mm]	$(20 ÷ 2) + 10 = 20$	$60 ÷ 2 = 30$	
断面一次モーメント S_y [mm³]	$1200 × 20 = 24000$	$1200 × 30 = 36000$	$24000 + 36000 = 60000$
$x_0 = S_y/A = 60000 ÷ 2400 = 25$mm			
X軸から図心までの距離 [mm]	$(60 ÷ 2) + 20 = 50$	$20 ÷ 2 = 10$	
断面一次モーメント S_x [mm³]	$1200 × 50 = 60000$	$1200 × 10 = 12000$	$60000 + 12000 = 72000$
$y_0 = S_x/A = 72000 ÷ 2400 = 30$mm			

No.3 応力計算 （静定梁）
正答 3

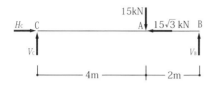

A点に掛かる斜め荷重を30度の三角比を利用し水平と鉛直の2力に分解する。左側の回転支点をC点と仮定し、それぞれの支点に掛かる反力を図のように仮定する。

つり合い条件式$M_C = 0$を利用する。

$M_C = 15 \times 4 - V_B \times 6 = 0$

$60 - 6V_B = 0$　$V_B = 10$kN（上向き）

点Aより右側のみを考え、A点でのモーメントを求める。

$M_A = -10 \times 2 = -20$kN・m（反時計回り）

モーメントなので符号を取って20kN・m

AB間の中間で切断し右半分を考えせん断力を求める。

$Q_{AB} + 10 = 0$　$Q_{AB} = -10$kN

絶対値を求められているので符号を取って10kN

よって、正しい組合せは**3**となる。

No.4 応力計算 （静定ラーメン）
正答 5

3ヒンジラーメンは静定構造物なのでつり合い条件式が成り立つ。よって解図－1のように反力を仮定すると次の式が成り立つ。

$H_A + H_B - 12 = 0 \cdots$①

同様に各支点とヒンジのモーメントは0であるから$M_A = 0$　$M_B = 0$

$M_D = 0$　となり、次の計算を行う。

$M_B = V_A \times 6 + H_A \times 4 + 12 \times 4 = 0$

$6V_A + 4H_A + 48 = 0 \cdots$②

$M_{D左側} = V_A \times 4 + H_A \times 8 = 0$

$4V_A + 8H_A = 0$　$V_A = -2H_A \cdots$③

②式のV_Aに③式を代入すると、

$6 \times (-2H_A) + 4H_A + 48 = 0$

$-8H_A = -48$　$H_A = 6$kN（左向き）

①式のH_Aに数値を入れると、

$6 + H_B - 12 = 0$　$H_B = 6$kN（左向き）

②式のH_Aに数値を入れると、

$6V_A + 4 \times 6 + 48 = 0$

$6V_A = -72$　$V_A = -12$kN（下向き）

次に、CD間の途中で切断し、左側を考える（解図－2）。$\Sigma Y = 0$よりCD間に直交する鉛直力を求めると、

$-12 + Q_{CD} = 0$　$Q_{CD} = 12$kN

結果、正しい組合せは**5**となる。

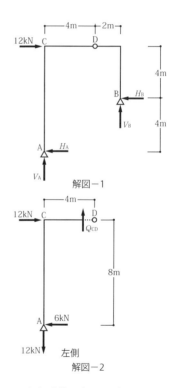

解図－1

解図－2

No.5 応力計算 （トラス）
正答 3

静定トラスなのでつり合い条件式が成り立つ。解図－1のように支点と節点にD、E、Fと名称を付け、反力H_D、

V_D、V_Eをそれぞれ仮定する。

$H_D - 2 - 1 = 0$　$H_D = 3kN$（左向き）

$M_E = V_D \times 3 + 2 \times 3 + 1 \times 6 = 0$

$3V_D + 12 = 0$　$V_D = -4kN$（上向き）

$V_D + V_E = 0$　より $-4 + V_E = 0$

$V_E = 4kN$（上向き）

リッターの切断法より軸A、軸B、軸Cを切断し、切り取った軸の中央に向かって軸力 N_A、N_B、N_C を仮定する（解図－2）。

トラス構造なので各節点でのモーメントは0になることを利用し、各節点でのモーメント式を利用する。

$M_E = -4 \times 3 + N_A \times 3 = 0$

$-12 + 3N_A = 0$　$N_A = 4kN$（引張）

$M_F = 3 \times 3 - 4 \times 3 - N_C \times 3 = 0$

$9 - 12 - 3N_C = 0$　$N_C = -1kN$（圧縮）

点Dから軸Bまでの直角距離は45度の三角形の比率より $(3\sqrt{2})/2$ m

$M_D = \dfrac{-N_B \times (3\sqrt{2})}{2} - 4 \times 3 + 1 \times 3$

$= 0$

$M_D = \dfrac{-(3\sqrt{2})N_B}{2} - 9 = 0$

$-(3\sqrt{2})N_B = 18$

$N_B = \dfrac{-18}{(3\sqrt{2})}$

$N_B = -3\sqrt{2}$ kN（圧縮）

よって、正しい答えの組合せは**3**となる。

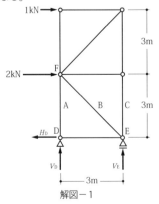

解図－1

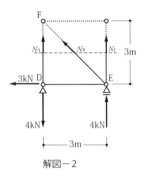

解図－2

No.6　応力計算　（座屈）
正答　4

柱Aの材の長さは $0.7l$、座屈係数は 2.0、よって座屈長さ l_A は $0.7l \times 2.0 = 1.4l$

柱Bの材の長さは $2l$、座屈係数は1.0、よって座屈長さ l_B は $2l \times 1.0 = 2.0l$

柱Cの材の長さは $3l$、座屈係数は0.5、よって座屈長さ l_C は $3l \times 0.5 = 1.5l$

$l_B > l_C > l_A$

No.7　荷重及び外力
正答　3

1 ◯　「百貨店又は店舗の売場」は **2900N/m²**、「教室」は2300N/m²。

2 ◯　積雪荷重による応力は、**不均等な分布となる方が不利**になることがある。

3 ✕　積雪荷重を0とすることができる屋根勾配は**60度**を超える場合である。

4 ◯　設問のとおりである。風力係数（C_f）＝外圧係数（C_{pe}）－内圧係数（C_{pi}）

5 ◯　速度圧（q）$= 0.6 \times E \times V_0^2$　となる。V_0 は地域における過去の台風等の風害記録から30 ～ 46m/sまでの間で定められる。

No.8　設計用地震力
正答　3

1 ◯　その層における地震力（Q_i）＝地震層せん断力係数（C_i）×その層以上の全重量（W_i）

2 ◯　地震層せん断力係数 C_i は、$C_i = ZR_tA_iC_0$ で表される。地震層せん断力の

分布を示すA_iは上階ほど大きくなる。

3× 標準せん断力係数C_0は、地盤が著しく軟弱な区域内の木造建築物は**0.3以上**とされている。

4○ 振動特性係数R_tは**1.0**とし、建物の固有周期と地盤の**状況で低減**される。

5○ 地震地域係数Zは、沖縄が0.7、九州は0.8～0.9など、地域によって0.7～1.0が割り振られている。

No.9 地盤及び基礎構造
正答 2

1○ 設問のとおりである。**根切底面付近**で発生する。

2× 圧密は、砂質ではなく**粘土質の地盤**の現象である。砂質土では、粘性土に比べ透水係数が大きく即時沈下が大きく、**圧密沈下はほとんど生じない**。

3○ 設問のとおりである。**粒径が比較的均一で細粒土の少ないゆるい砂地盤**で発生しやすい。

4○ 設問のとおりである。**圧密沈下がある地盤**において杭に作用する。

5○ 設問のとおりである。

No.10 木造建築物の部材
正答 4

1○ 設問のとおりである。

2○ 設問のとおりである。

3○ 設問のとおりである。洋小屋の陸梁と箱金物で固定する。

4× 設問は「**方づえ**」の説明である。「**方立**」は開口部まわり等に用いられる補強材のことである。

5○ 設問のとおりである。壁と床の隙間

をかくす役割もある。

No.11 木造軸組工法
正答 4

問題文の条件（平屋建て、日本瓦葺）より、面積に対する必要壁量の係数は15cm/m^2とする。床面を1/4に分割して考えるので、有効床面積は張間方向では、$10.8\text{m}÷4×7.2\text{m}=19.44\text{m}^2$、必要壁量は$19.44\text{m}^2×15\text{cm/m}^2=291.6\text{cm}=2.916\text{m}$とわかる。同様に桁行方向は、有効床面積は$7.2\text{m}÷4×10.8\text{m}=19.44\text{m}^2$、必要壁量も等しくなるので$2.916\text{m}$とわかる。耐力壁の倍率は1となっているので、**1/4に区分けし、壁の長さを比較し不足箇所が無いかを検討する**（下表参照）。

結果、**4の張間方向左側の箇所だけ壁量が不足している**。

No.12 木質構造
正答 1

1× 土台継手の上側になる部分に設置する。

2○ 設問のとおりである。軒桁と柱の固定にも用いる。

3○ 設問のとおりである。**木材の乾燥に**伴う割れによる耐力、剛性の低下を考慮する。

4○ 設問のとおりである。**引張力を負担**する筋かいは、厚さ1.5cm以上、幅9cm以上の木材とする。

5○ 設問のとおりである。

No.11の計算表

	張間方向左側	張間方向右側	桁行方向上側	桁行方向下側
1	1.8×3=5.4 ○	1.8×4=7.2 ○	1.8×2=3.6 ○	1.8×3=5.4 ○
2	1.8×2=3.6 ○	1.8×3=5.4 ○	1.8×4=7.2 ○	1.8×3=5.4 ○
3	1.8×3=5.4 ○	1.8×2=3.6 ○	1.8×4=7.2 ○	1.8×3=5.4 ○
4	1.8×1=1.8 ✕	1.8×4=7.2 ○	1.8×4=7.2 ○	1.8×4=7.2 ○
5	1.8×2=3.6 ○	1.8×4=7.2 ○	1.8×3=5.4 ○	1.8×3=5.4 ○

No.13　壁式鉄筋コンクリート
正答　2

1○　オーバーハング部、バルコニーなどは荷重が軽いため0.4倍した面積を考えればよい。設問では0.5倍加えているので問題ない。

2×　2階建てとあるので、耐力壁は「15かつ$h/22$」となる。$300 \div 22 \fallingdotseq 13.6$ cmとなり、**最低15cmが必要**。

3○　設問のとおりである。柱・梁ともせん断補強筋比は**0.2%以上**とする。

4○　設問のとおりである。構造耐力上主要な部分のコンクリートの設計基準強度は、**18N/mm²以上**とされている。

5○　設問のとおりである。

No.14　鉄筋コンクリート構造
正答　5

1○　設問のとおりである。

2○　設問のとおりである。また**開口周比が0.4を超える場合**は、耐力壁として扱うことができない。

3○　設問のとおりである。

4○　設問のとおりである。柱・梁ともせん断補強筋比は0.2%以上とする。

5×　帯筋はスラブの上端から上に柱の小径の**2倍以内の範囲**と、スラブの下端から下に柱の小径の**2倍以内の範囲**に密に入れる。

No.15　重ね継手の位置
正答　4

鉄筋は引張力に対して抵抗するので、**圧縮力の箇所にて継手を設ける**。梁の上部では中央付近、下部では柱付近が圧縮範囲となる。ただし柱と梁の接合部では配筋の定着なども考慮し梁せい（D）と同じ範囲での継手は適さない。柱では上下の梁間の上端から$H_0/4$と下端から$H_0/4$の範囲を避け中央部に継手を設けることが望ましい。

以上のことから、**イ、エ、カ**が適当である。

No.16　鉄骨構造
正答　3

1○　設問のとおりである。建築学会の鋼構造設計基準では、梁のたわみをスパンの1/300以下、片持ち梁ではスパンの1/250以下としている。なお、梁のたわみはヤング係数に反比例する。

2○　設問のとおりである。細長比が大きいほど断面の圧縮側の部分が弱軸に回り、**横座屈が生じやすくなる**。

3×　根巻コンクリートの高さは、柱せいの**2.5倍以上**とする。

4○　設問のとおりである。各板要素ごとに幅厚比の制限を超えた範囲を無効とする。

5○　設問のとおりである。最大せん断応力度 $\tau = k \times \dfrac{Q}{A}$、長方形断面での**係数（$k$）は1.5**となる。

No.17　鉄骨構造の接合
正答　1

1×　高力ボルト摩擦接合は、ボルトの締付けによる**摩擦力のみ**によって力を伝達する。

2○　摩擦力を正しく伝えるため**両面とも摩擦面**としての処理を行う（JASS 6）。

3○　設問のとおりである。接合の順番に注意する。

4○　設問のとおりである。**有効のど厚の**残りの部分を余盛りという。

5○　設問のとおりである。有効長さは、溶接の全長から隅肉サイズの2倍を減じたものとする。

No.18　建築物の構造計画等
正答　2

1○　設問のとおりである。

2×　異なる方向からの水平力に耐えるため、**同じ方向に傾けず左右対称**となるように配置する。

3○　設問のとおりである。腰壁や垂れ壁のついた柱は**短柱**となり他の柱よりもせん断破壊の可能性が高まる。

4○ 設問のとおりである。**人力でも調査可能**で、住宅などの地盤調査でよく用いられる。

5○ 設問のとおりである。鉛直震度は地域係数Zに1.0以上の数値を乗じて計算する。

No.19 建築物の耐震設計等
正答 1

1× 剛性率を求めるときには、層間変形角の逆数を用いる。剛性率R_s＝各階の**層間変形角の逆数**÷建物全体の**層間変形角の逆数**の平均値。

2○ 設問のとおりである。**偏心率は0.15以下**とする。

3○ 設問のとおりである。**靭性（粘り強さ）**が乏しくとも強度を十分高めれば耐震性を確保できる。

4○ 設問のとおりである。

5○ 設問のとおりである。基礎に加わる水平力は、構造体の根入れ部分や杭側面での地盤反力により負担するが、**3割以上は杭で負担**させる。

No.20 木材及び木質材料
正答 1

1× 設問は**気乾状態の説明**であり含水率約15〜18%である。**繊維飽和点**は含水率28〜30%の状態をいう。

2○ 木材の乾燥収縮率は、年輪の接線方向＞半径方向＞繊維側の方向という大小関係になる。

3○ 心材に比べ、**辺材の方が含水率が高く軟らかく**、シロアリの食害を受けやすい。

4○ 設問のとおりである。**集成材**は繊維方向を**平行**に重ね接着し、**合板**は繊維方向を**直交**させて重ね接着する。

5○ 繊維板（FB：ファイバーボード）は、軟質繊維板（IB：インシュレーションボード）、中質繊維板（MDF：ミディアム・デンシティー・ファイバーボード）、硬質繊維板（HB：ハードボード）の3種類に分類される。

☆日本工業規格は、令和元年7月1日施行の法改正で日本産業規格に名称変更。

No.21 コンクリート
正答 1

1× **養生期間中の温度が高いほうが水和反応が増進され初期強度の発現が早く**なる。しかしあまり高すぎると**長期材齢の強度増進が少なくなる**ことがある。

2○ 設問のとおりである。**打設後1〜2時間で発生**する。

3○ 設問のとおりである。高炉セメントB種は水和熱が低く、初期強度はやや低いが**長期材齢強度は大きい**。

4○ 設問のとおりである。コンクリートでは長期間の圧縮力により**クリープ現象**が起こる。

5○ 設問のとおりである。また、施工時の打継不良に注意する必要がある。

No.22 コンクリートの一般的な性質
正答 5

1○ **水セメント比**（水結合材比）は、水の重量をセメントの重量で除した値。水セメント比が小さいほうが強度は大きく、**中性化の進行が遅くなる**。

2○ 圧縮力を加えたときに縦ひずみが発生する。その比例定数を**ヤング係数**という。また、**弾性係数**ともいわれる。

3○ 水セメント比が小さいほうが強度は大きく、**中性化の進行が遅くなる**。

4○ 鉄筋とコンクリートの線膨張係数はほぼ等しいので、**温度変化によるひずみの差を考慮しなくてよい**。

5× 長期許容圧縮応力度は、設計基準強度に1/3を乗じた値である。

No.23 構造材として用いられる鋼材
正答 2

1○ 設問のとおりである。炭素含有量が多くなると伸びは**小さくなる**。

2× 引張強さは、250〜300℃で最大となり、それ以上の温度になると急激に低下するが、降伏点は温度の上昇と共に**ゆるやかに低下する**。

3○　設問のとおりである。高温時の耐力
に優れており、**耐火被覆の軽減**が可能
である。

4○　設問のとおりである。

5○　設問のとおりである。高温で熱する
ことで鋼材の表面に酸化膜が形成され
る。**赤錆の発生を防ぐ効果がある。**

No.24　建築材料　（ガラス）
正答　2

1○　設問のとおりである。室外側のガラ
スに特殊金属膜を貼り付ける**遮熱型**と
室内側のガラスに特殊金属膜を貼り付
ける**断熱型**がある。

2×　線入り板ガラスは、**金属線が平行に
入っているもの**で、ガラス片の脱落防
止用ではない。一般的に防火戸として
用いることもない。

3○　設問のとおりである。

4○　設問のとおりである。

5○　設問のとおりである。

No.25　建築材料
正答　5

1○　設問のとおりである。せっこうボード
は、遮音性、断熱性、防火性に優れ
るが、**衝撃に弱く吸水すると強度が低
下**する。

2○　設問のとおりである。**乾式工法**の外
壁材としてよく用いられる。

3○　設問のとおりである。ALC（軽量気
泡コンクリート）は防水性に劣るので
外部に使用するときには**防水処理**が必
要となる。

4○　設問のとおりである。GRCパネルは
耐衝撃性も有している。

5×　設問の説明は**木毛セメント板**の説明
である。木片セメント板は木材の薄片
を使用したものをいう。

平成 29 年　建築施工

No.1　ネットワーク工程表
正答　3と5

※この問題は、肢3と肢5の2つとも
正答肢とする措置が講じられた。

1○　クリティカルパス（最長経路）＝B
＋D＋G＋H＝2＋6＋4＋3＝15（日）
したがって最短でも15日かかる。

2○　A－1としても、最短工事日数は、B
＋D＋G＋H＝15（日）であり、全体
の作業日数は変わらない。

3×　D－3とすると、**最長工事日数は｛（A
＋E）又は（B＋C）｝＋G＋H＝7＋4
＋3＝14（日）**となり、15－14＝1（日）
の短縮となる。2日の短縮とはならな
い。

4○　G作業は、C作業とD作業、E作業
が終了しなければ開始できない。

5×　F作業終了後、H作業に着手できる
のは、G作業終了後である。**G作業終
了までは、B＋D＋G＝2＋6＋4＝12
（日）**かかる。F作業は｛（A＋E）又は（B
＋C）｝＋F＝7＋3＝10（日）で作業
終了できるため、2日の自由余裕時間
（フリーフロート）がある。

No.2　工事監理に関する標準業務
正答　4

建築士法第25条の規定に基づき、
建築士事務所の開設者がその業務に
関して請求することのできる報酬の基準
（平成31年国交省告第98号）に工事
監理に関する標準業務及びその他の標
準業務が定められている。**1、2は標
準業務、3、5はその他の標準業務**と
して定められている。よって該当しない
ものは、**4**である。

No.3　材料等の保管
正答　5

1○　現場で杭を仮置きするときは、**地盤**

を**水平にならし**、**まくら材**を**支持点**とし
て**一段**に**並べる**。それぞれの杭には、
移動止めのくさびを施すようにする
（JASS 4既製杭工事）。

2○ **鉄筋及び溶接金網は、角材又は丸
太などにより地面から離して置く**。長期
間屋外に保管する場合や海岸近くで潮
風が当たる場所では、シート又は仮小
屋などで覆い養生する（JASS 5鉄筋お
よび溶接金網の取扱いおよび保管）。
鉄骨製品の取扱いに当たっては、部材
を適切な受台の上に置き、変形、損傷
を防ぐ（建築工事監理指針7工事現場
施工）。

3○ **高力ボルトの保管は、乾燥した場所
に、等級別、ねじの呼び別、長さ別に
整理し、作業に応じて搬出しやすいよう
にしておく**（建築工事監理指針7高力
ボルト接合）。

4○ ルーフィング類は、吸湿すると施工
時に泡立ち、耳浮き等接着不良になり
やすいので、**屋外で雨露にさらしたり
直接地面に置いたりしないで、屋内の
乾燥した場所にたて積みにしておく**。
砂付きストレッチルーフィング等は、
ラップ部（張り付け時の重ね部分）を
上に向けてたて積みにする（建築工事
監理指針9アスファルト防水）。

5× 巻いた壁紙材料は、くせが付かない
ように立てて保管する。材料は整頓し
て保管するとともに、直射日光を受け
ないよう、また、塵あいその他による
汚れを生じないようにポリエチレンフィ
ルムを掛けるなど適切な養生を行う（建
築工事監理指針19壁紙張り）。

**No.4 廃棄物の処理及び清掃に関する法
律**

正答 1

1× 紙くず（建設業に係るもの（工作物
の新築、改築又は除去に伴って生じた
ものに限る。））は、**産業廃棄物**である
（廃棄物の処理及び清掃に関する法律

施行令第2条）。

2○ 汚泥（事業活動に伴って生じたもの
に限る）は、産業廃棄物である（同法
施行令第2条）。

3○ 木くず（建設業に係るもの（工作物
の新築、改築又は除去に伴って生じた
ものに限る。））は、産業廃棄物である
（同法施行令第2条）。

4○ 工作物の新築、改築又は除去に伴っ
て生じたコンクリートの破片その他これ
に類する不要物は、産業廃棄物である
（同法施行令第2条）。

5○ 廃プラスチック類（事業活動等発生
物に限る。）のうち、ポリ塩化ビフェニ
ルが付着し、又は封入されたものは、
特別管理産業廃棄物である（同法施行
令第2条の4）。

No.5 仮設工事

正答 4

1○ 木造の建築物で高さ13mもしくは軒
の高さが9mを超えるもの、又は木造
以外の建築物で、2以上の階数を有す
るものについて建築工事等を行う場合
は、**工事現場の周囲に原則1.8m以上
の板塀その他これに類する仮囲いを設
けなければならない**（建基令第136条
の2の20）。

2○ シートの取付けは、原則として、足
場に水平材を垂直方向5.5m以下ごと
に設け、シートに設けられたすべてのは
とめを用い、隙間やたるみがないよう
に緊結材を使用して足場に緊結する（は
とめの間隔は、JIS A 8952では45cm
以下としている。）（建築工事監理指針
2縄張り、遣方、足場等）。

3○ くさび緊結式足場は、原則高さ45m
以下とし、**建枠・建地の間隔について
は、桁行方向1.85m以下、梁間方向
1.5m以下とする**（建築工事監理指針2
縄張り、遣方、足場等）。

4× 墜落の危険のある箇所には、高さ
85cm以上の手すり等及び高さ35cm

以上50cm以下の中桟等を設けること（労働安全衛生規則第552条第1項第4号）。手すりの高さが80cmでは低いため誤り。

5○　ベンチマークは、正確に設置し、移動のないようにその周囲を養生する必要がある。また、**ベンチマークは、通常2箇所以上設け**相互にチェックできるようにする（建築工事監理指針2縄張り、遣方、足場等）。

No.6　地盤調査
正答　2

1○　ベーン試験は、**地盤のせん断強さを現地において測定する**もので、粘着力などを求める。比較的軟らかい地盤に使用する。

2×　地盤の平板載荷試験は、すべての土質に対して使用され、**地耐力や変形係数、地盤係数を調査する**ものである。試料採取を行う方法ではないため、粒度分布を確認することはできない。

3○　現在行われているボーリングの方法の大部分は、孔底下の地層を乱すおそれの少ないロータリーボーリングで、コアチューブにより掘削する方法であり、あらゆる地層に適用され、**地盤構成の調査やサンプリング、標準貫入試験等に用いる**（建築工事監理指針24地盤調査）。

4○　地表面付近にある地下埋設物の探査手法として、電磁波探査法（地下レーダー法）、電磁誘導法、磁気探査法、赤外線を用いる方法等の技術がある（建築工事監理指針24地盤調査）。

5○　標準貫入試験とは、**地盤の工学的性質（N値）及び試料を得るために行われる試験**である。

No.7　木造の基礎工事等
正答　4

1○　25kN以下のホールダウン金物をホールダウン専用アンカーボルトで緊結する場合、コンクリートへの**埋込み**

長さは360mm以上とする（住宅金融支援機構木造住宅工事仕様書3.3基礎工事）。

2○　底盤部分の主筋はD10以上、間隔は300mm以下とし、底盤の両端部のD10以上の補助筋と緊結させる（住宅金融支援機構木造住宅工事仕様書3.3基礎工事）。

3○　アンカーボルトの埋設位置は、土台切れの箇所、土台継手及び土台仕口箇所の上木端部とし、当該箇所が出隅部分の場合は、できるだけ柱に近接した位置とする。その他の部分は、**2階建以下の場合は間隔2.7m以内、3階建の場合は2m以内**とする（住宅金融支援機構木造住宅工事仕様書3.3基礎工事）。

4×　床下防湿措置において、防湿フィルムを施工する場合は、床下地面全面にJISに適合するもの、又はこれらと同等以上の効力を有する防湿フィルムで厚さ0.1mm以上のものを敷き詰める。**防湿フィルムの重ね幅は150mm以上とし、防湿フィルムの全面を乾燥した砂、砂利又はコンクリート押えとする**（住宅金融支援機構木造住宅工事仕様書3.3基礎工事）。

5○　布基礎の**立上りの厚さは、150mm以上**とする。底盤の厚さは150mm以上、幅は450mm以上とする（住宅金融支援機構木造住宅工事仕様書3.3基礎工事）。

No.8　型枠工事
正答　2

1○　せき板に用いる木材は、製材・乾燥及び集積などの際にコンクリート表面の硬化不良などを防止するため、できるだけ直射日光にさらされないよう、シートなどを用いて保護する（JASS 5せき板の材料・種類）。

2×　計画供用期間の級が短期及び標準の場合、せき板存置期間中の平均気

温が20℃以上であれば、コンクリートの材齢が4日で普通ポルトランドセメントの柱及び壁のせき板を、圧縮強度試験を必要とすることなく取り外すことができるが、**平均気温10℃以上20℃未満の場合は、6日必要である**（JASS 5型枠の存置期間）。

3○　型枠に、足場や遣方等の仮設物を連結させると、足場等が動いた時に型枠位置がずれたり寸法が狂ったりするおそれがあるので、避けなければならない（建築工事監理指針6型枠）。

4○　型枠の転用にあたっては、所定の仕上がり状態を満足できるように清掃し、セメントペーストなどが漏れないように貫通孔や破損箇所を補修しなければならない。剥離剤は、せき板とコンクリートの付着力を減少させ、せき板の取外し時にコンクリート表面や型枠の傷を少なくし、その後の清掃を容易にするために用いる（JASS 5せき板の材料・種類）。

5○　スリーブには、鋼管のほか、硬質ポリ塩化ビニル管や紙チューブが用いられるが、径が大きくなった場合は、コンクリート打込み時の変形防止のための補強を十分に行う必要がある（公共建築工事標準仕様書6型枠）。

No.9　鉄筋工事
正答　4

1○　床・屋根スラブの下端筋（異形鉄筋）の直線定着長さは、**10d以上**（d：異形鉄筋の呼び名に用いた数値）**かつ150mm以上**と定められている（JASS 5鉄筋の継手の位置及び定着）。

2○　D19の鉄筋に**180度フック**を設けるための折曲げ加工を行う場合、余長を**4d以上**とする。**135度フック**の場合の余長は、**6d以上**、**90度フック**の場合の余長は**8d以上**とする（JASS 5鉄筋の加工）。

3○　ガス圧接継手において、圧接部のふ

くらみの直径は、原則**鉄筋径（径の異なる場合は、細いほうの鉄筋径）の1.4倍以上とする**（公共建築工事標準仕様書5ガス圧接）。

4×　梁主筋を柱内に定着させる部分では、原則として**柱せいの3/4倍以上の位置において、梁主筋を折り曲げる**（JASS 5鉄筋の継手の位置及び定着）。

5○　異形鉄筋は付着力が大きいので、一般にフックを必要としないが、建基令第73条第1項で、**柱及び梁（基礎梁を除く）の出隅部の鉄筋と煙突の鉄筋の末端部には必ずフックを付ける**ように規定されている。

No.10　コンクリート工事
正答　3

1○　多量の雨が降っている時にコンクリートを打ち込むと、雨水がコンクリート中に入って水セメント比が大きくなり、所要の強度が得られなくなる。このような場合には、**コンクリート中に雨水が入らないようにする**とともにその後の**養生方法を適切に定める**などの対策を講じることが必要である（建築工事監理指針6コンクリートの工事現場内運搬、打込み及び締固め）。

2○　設問のとおりである。コンクリート中に埋め込まれた鉄筋、スペーサー及びバーサポート等は、打込み時のコンクリートの圧力や振動及びポンプの配管移動の影響により移動を生じやすく、このため鉄筋等のかぶり厚さが不足する場合が多く認められている。したがって、コンクリートの打込みに際しては**鉄筋等が移動しないようにすることが重要である**（建築工事監理指針6コンクリートの工事現場内運搬、打込み及び締固め）。

3×　打継ぎ部の新旧コンクリートの一体化及び後打ちコンクリートの水和を妨げないために、打継ぎ部のコンクリート面を散水するなどにより十分に湿潤

状態に保つ必要がある。しかし、新しいコンクリートの打込み時に、**打継ぎ面に水膜が残っていると打継ぎ部の一体化が損なわれるので、適当な方法によって表面に溜まった水を取り除かなければならない**（JASS 5 打継ぎ）。

4○　打継ぎ部の位置は、構造部材の耐力への影響の最も少ない位置に定めるものとし、梁及びスラブの鉛直打継ぎ部は、**スパンの中央又は端から1/4付近に設ける**（JASS 5 打継ぎ）。

5○　外気温の低い時期においては、コンクリートを寒気から保護し、**打込み後5日間以上コンクリートの温度を2℃以上に保つ**（JASS 5 養生温度）。

No.11　コンクリート工事
正答　5

1○　普通コンクリートの**気乾単位容積質量は、特記がなければ、2.1t/m³を超え2.5t/m³以下を標準とし**、工事監理者の承認を受ける（JASS 5 気乾単位容積質量）。

2○　AE減水剤、高性能AE減水剤、流動化剤等は、コンクリート用化学混和剤と呼ばれており、界面活性剤に分類される化合物を主成分とする。これらの化学混和剤を使用すると、その界面活性作用及び水和調整作用により、フレッシュコンクリート中のセメント粒子の分散及び空気泡の連行によるワーカビリティーの改善、凝結時間の調整が可能となる（JASS 5 混和材料）。

3○　人工軽量骨材の含水率が小さい場合には、トラックアジテータで運搬中にスランプ低下を生じたり、圧送時の圧力吸水により軽量コンクリートが閉塞するおそれがある。このため、使用する人工軽量骨材含水率は、圧送による圧力吸水が生じないようにあらかじめ**十分吸水させておくことが重要である**（JASS 5 軽量コンクリート）。

4○　空気量の試験の許容差は、普通コンクリート、軽量コンクリート及び高強度コンクリートのいずれの場合でも、**±1.5％である**（JASS 5 レディーミクストコンクリートの受入れ時の検査）。

5×　構造体コンクリートの検査方法は、受入検査を併用するA法と、併用しない従来通りのB法に分かれる。設問はB法の内容であるため、試験回数は原則として打込み工区ごとに1回、打込み日ごとに1回、かつ計画した1日の打込量が150m³を超える場合は、150m³以下にほぼ均等に分割した単位ごとに1回の割合で行う（JASS 5 レディーミクストコンクリートの受入れ時の検査、構造体コンクリート強度の検査）。

No.12　鉄骨工事
正答　4

1○　仮ボルトは、**本接合のボルトと同軸径の普通ボルト等**で損傷のないものを使用し、締付け本数は、**一群のボルト数の1/3以上かつ2本以上とする**（公共建築工事標準仕様書7工事現場施工）。

2○　設問のとおりである。柱接合部のエレクションピースは、あらかじめ工場において、鉄骨本体に強固に取り付ける。

3○　本接合に先立ち、ひずみを修正し、建入れ直しを行う（公共建築工事標準仕様書7工事現場施工）。

4×　ターンバックル付き筋かいを有する構造物においては、**その筋かいを用いて建入れ直しを行ってはならない**（JASS 6 建方）。

5○　架構の倒壊防止用ワイヤーロープを使用する場合、**このワイヤーロープを建入れ直し用に兼用してよい**（JASS 6 建方）。

No.13　高力ボルト接合
正答　2

1○　摩擦面及び座金の接する浮きさび、塵埃、油、塗料、溶接スパッタなどは

取り除く。ブラスト後にボルト孔周辺にバリ取り等のグラインダーをかけた場合、この部分については赤さび状態を確保する（JASS 6摩擦面の処理）。

2× **高力ボルト摩擦接合部の摩擦面や工事現場溶接を行う箇所等は、さび止め塗装を行わない**（JASS 6塗料及び工法）。

3○ 一次締付け後、すべてのボルトについてボルト・ナット・座金及び部材にわたるマークを施す（JASS 6高力ボルトの締付け）。

4○ 締付け完了後、**すべてのボルトについてピンテールが破断されていることを確認**するとともに、一次締め後に付したマークのずれによって、共回り、軸回りの有無、ナット回転量及びナット面から突き出したボルトの余長の過不足を目視で検査し、いずれについても異常が認められないものを適合とする（JASS 6締付け後の検査）。

5○ 高力六角ボルトの使用温度範囲は定められていないが、トルシア形高力ボルトでは0〜60℃が使用温度範囲となる。温度が0℃以下になり着氷のおそれがある場合、締付け作業は行わない。

No.14 補強コンクリートブロック工事及び ALC パネル工事
正答 3

1○ 臥梁（がりょう）の下端は、原則として、横筋用ブロックを使用して、コンクリートの打込みを行う。

2○ ブロックの空洞部を通して電気配管を行う場合は、横の鉄筋のかぶり厚さに支障のないように空洞部の片側に寄せて配管し、その取入れ及び取出し部に当たるブロックの空洞部には、モルタル又はコンクリートを充填する（公共建築工事標準仕様書8補強コンクリートブロック造）。

3× 壁縦筋は、原則として、ブロックの空洞部の中心部に配筋する。また、壁縦筋の上下端は、臥梁、基礎等に定着する。**壁横筋は、壁端部縦筋に180°フックによりかぎ掛けとする**（公共建築工事標準仕様書8補強コンクリートブロック造）。

4○ 外壁パネル構法において、パネル幅の**最小限度は、原則300mmとする**（公共建築工事標準仕様書8ALCパネル）。

5○ 外壁パネル構法において、パネルの**短辺小口相互の接合部の目地は伸縮調整目地とし、目地幅は10〜20mm**とする（公共建築工事標準仕様書8ALCパネル）。

No.15 木工事
正答 1

1× **下張り用床板として使用するパーティクルボードは、厚さ15mmとする**（公共建築工事標準仕様書12床板張り）。

2○ 土台、桁などで継ぎ伸しの都合上、やむを得ず短材を使用する時は、土台にあっては1m内外その他にあっては2m内外とする（住宅金融支援機構木造住宅工事仕様書4.2指定寸法・仕上げ・養生）。

3○ 通気胴縁の樹種及び寸法は、特記がなければ、樹種は杉とし、**寸法は厚さ18mm以上、かつ幅45mm以上と**する（公共建築木造工事標準仕様書10外壁回り）。

4○ 木造軸組構法において、建入れ直し後の建方精度の許容値は、特記がなければ、垂直、水平の誤差の範囲を**1/1,000以下とする**（公共建築木造工事標準仕様書5及び6搬入及び建方）。

5○ 防腐・防蟻処理における薬剤の塗布又は吹付けは、1回処理したのち、十分に乾燥させ、2回目の処理を行う。

No.16 木工事
正答 2

1○ 大引の継手は、束心から150mm程度持ち出し、腰掛あり継ぎ、釘2本打

ちとする（公共建築工事標準仕様書12鉄筋コンクリート造等の内部間仕切軸組及び床組）。

2× ラスボード張りの場合、ボード周囲の両端を押さえ、**間隔は周辺部100mm程度、中間部は150mm程度**にせっこうボード用釘打ち又は小ねじ類で留める（公共建築工事標準仕様書12壁及び天井下地）。

3○ 小屋梁の継手は、小径150mm以上の場合、**受材上で台持ち継ぎとし、六角ボルトM12で緊結**する。小径150mm未満の場合は、斜め相欠き継ぎとする（建築工事監理指針12小屋組）。

4○ 縁甲板張りは、板そばざねはぎ、面取り、**継手は、受材心で乱に継ぎ、隠し釘打ち**とする（公共建築工事標準仕様書12床板張り）。

5○ まぐさ窓台の仕口は、一方、柱へ傾ぎ大入れ、短ほぞ差し。他方、柱へ傾ぎ大入れ、いずれも釘2本打ちとする（公共建築工事標準仕様書12鉄筋コンクリート造等の内部間仕切軸組及び床組）。

No.17　防水工事及び屋根工事
正答　1

1× バックアップ材は、合成樹脂又は合成ゴム製でシーリング材に変色等の悪影響を及ぼさず、かつ、**シーリング材と接着しないもの**とし、使用箇所に適した形状とする（公共建築工事標準仕様書9シーリング）。

2○ 木造住宅の屋根用化粧スレート葺きにおいて、葺板は、1枚ごとに所定の位置に専用釘で野地板に留め付ける（住宅金融支援機構木造住宅工事仕様書6.6住宅屋根用化粧スレートぶき）。

3○ 一般平場のルーフィングの張付けに先立ち、ストレッチルーフィングを用いて、コンクリートの打継部及びひび割れ部と出隅・入隅、立上りの出隅・入隅及び出入隅角の増張りを行う（建築工事監理指針9アスファルト防水）。

4○ 木造住宅の粘土瓦葺における**緊結線は、銅又はステンレス製とし、径は0.9mm以上**とする（住宅金融支援機構木造住宅工事仕様書6.4粘土がわらぶき）。

5○ アスファルトルーフィングの張付けは、野地面上に軒先と平行に敷き込むものとし、**上下（流れ方向）は100mm以上、左右（長手方向）は200mm以上重ね合わせる**（住宅金融支援機構木造住宅工事仕様書6.2下ぶき）。

No.18　左官工事、タイル工事及び石工事
正答　5

1○ 外壁湿式工法による石材の取付けにおいて、石材の裏面とコンクリート躯体との間隔は、**40mm程度**とする（公共建築工事標準仕様書10外壁湿式工法）。

2○ 改良圧着張りにおいて、張付けに先立ち、下地側に張付けモルタルをむらなく平たんに塗り付ける。張付けは、タイル裏面全面に張付けモルタルを平らに塗り付けて張り付け、適切な方法でタイル周辺からモルタルがはみ出すまでたたき締め、通りよく平らに張り付ける（公共建築工事標準仕様書11セメントモルタルによるタイル張り）。

3○ モザイクタイル張りにおいて、表張り紙の紙はがしは、張付け後、時期を見計らって水湿しをして紙をはがし、著しい配列の乱れがある場合は、タイルの配列を直す（公共建築工事標準仕様書11セメントモルタルによるタイル張り）。

4○ せっこうプラスター塗りの中塗りは、下塗りが硬化した後に行い、硬化の程度を見計らい、木ごてで平坦にする。上塗りは、中塗りの水引き具合を見計らい、仕上げごてで仕上げる（公共建

築工事標準仕様書15せっこうプラスター塗り）。

5× 屋内の床面のセルフレベリング材塗りにおいて、**材料が硬化するまでは、窓や開口部をふさぐ。**その後は、自然乾燥状態とする（公共建築工事標準仕様書15セルフレベリング材塗り）。通風を確保するのは誤り。

No.19 塗装工事

正答 **5**

1○ 木部の素地ごしらえは、節止めに、合成樹脂調合ペイント及びつや有合成樹脂エマルションペイント、又は、セラックニス類を適用する（公共建築工事標準仕様書18素地ごしらえ）。

2○ 合成樹脂エマルションペイント塗り（EP）は、コンクリート面、モルタル面、プラスター面、せっこうボード面、その他ボード面等に適用される（公共建築工事標準仕様書18合成樹脂エマルションペイント塗り（EP））。

3○ 中塗り及び上塗りは、なるべく各層の色を変えて塗る（公共建築工事標準仕様書18共通事項）。

4○ 塗装場所の気温が5℃以下、湿度が85％以上、結露等で塗料の乾燥に不適当な場合は、塗装を行わない。ただし、採暖、換気等を適切に行う場合はこの限りではない（公共建築工事標準仕様書18共通事項）。

5× 塗装対象素地ごとの材齢による乾燥期間の目安は、下表に示す日数以上とする（建築工事監理指針18表18.2.3材齢による乾燥の目安）。冬期におけるコンクリート素地の乾燥期間は、**28日を目安とするため、誤り。**

No.20 建具工事、ガラス工事及び内装工事

正答 **4**

1○ 鉄筋コンクリート造の外部回りの建具では、枠回りにモルタルを充填する際、仮留め用のくさびは、必ず取り除かなければならない（建築工事監理指針16アルミニウム製建具）。

2○ アルミニウム製建具に複層ガラスをはめ込むに当たって、ガラス留め材をシーリング材とした場合、**掛け代は15mm以上とし、面クリアランスは5mm以上とする。**

3○ 接着工法により、フローリングを張り付ける際に用いられる接着剤は、エポキシ樹脂系、ウレタン樹脂系又は変成シリコーン樹脂系である（公共建築工事標準仕様書19フローリング張り）。

4× せっこうボード表面に仕上げを行う場合は、せっこうボード張付け後、**仕上材に通気性のある場合で7日以上、通気性のない場合で20日以上放置し、**直張り用接着材が乾燥し、仕上げに支障のないことを確認してから、仕上げを行う（公共建築工事標準仕様書19せっこうボード、その他ボード及び合板張り）。

5○ 全面接着工法によりフリーアクセスフロア下地にタイルカーペットを張り付ける場合、タイルカーペットの張付けに先立ち、**下地面の段違い、床パネルの隙間を1mm以下に調整する。**また、**タイルカーペットは、パネルの目地にまたがるように割り付ける**（公共建築工事標準仕様書19カーペット敷き）。

No.19の表 材齢による乾燥の目安

素地	夏	春・秋	冬
コンクリート面	21日	21～28日	28日
モルタル・せっこうプラスター面	14日	14～21日	21日

No.21　木造住宅における設備工事
正答　5

1○　雨水用排水ます及びマンホールには、排水管などに泥が詰まらないように**深さ15cm以上の泥だめ**を設ける。

2○　住宅用防災警報器（住宅用火災警報器）の取付け位置は、各市町村火災予防条例で定められている。**一般的に天井面から下方0.15m以上0.5m以内の位置にある壁の屋内に面する部分、又は天井に設ける**こととなっている。

3○　設問のとおりである。

4○　空気より重いガス（LPガス）用の検知器は、**燃焼器から水平距離4m以内でかつ、検知器の上端から床面まで30cm以内のなるべく低い位置に設置**する。なお、空気より軽いガス（都市ガス）用の検知器は、天井面等の下方30cm以内で、燃焼器から水平距離8m以内に設置する。

5×　給水管と排水管が平行して埋設される場合には、原則として、**両配管の水平実間隔を500mm以上とし、かつ、給水管は排水管の上方に埋設する**ものとする。また、両配管が交差する場合も、給水管は排水管の上方に埋設する（公共建築工事標準仕様書（機械設備工事編）2配管工事）。水平間隔400mmでは足りないため誤り。

No.22　改修工事等
正答　3

1○　タイル張りは接着力試験機により引張接着強度を測定する（公共建築改修工事標準仕様書4タイル張り仕上げ外壁の改修）。

2○　コンクリート打放し仕上げ外壁改修において、**幅0.2mm以上1.0mm以下の挙動のあるひび割れについては、軟質形エポキシ樹脂による樹脂注入工法、又は、可とう性エポキシ樹脂によるUカットシール材充填工法**を適用する（建築改修工事監理指針4共通事項）。

3×　かぶせ工法により、既存枠へ新規に建具を取り付ける場合は、原則として小ねじ留めとし、留め付けは、**端部は100mm以下、中間の留め付け間隔は400mm以下**とする（公共建築改修工事標準仕様書5アルミニウム製建具）。

4○　モルタル下地又はコンクリート下地に過剰な水分が残存していると、床仕上げ材張付け後に接着不良等の不具合を起こすので、下地の乾燥程度の判断には十分な注意が必要である。乾燥程度を判断する方法の一例として、高周波式水分計による測定がある（建築改修工事監理指針6ビニル床シート、ビニル床タイル及びゴム床タイル張り）。

5○　石綿（アスベスト）含有建材の調査は、目視、設計図書、石綿有無の調査報告書等により確認し、調査結果を取りまとめ監督職員に提出する（公共建築改修工事標準仕様書1石綿含有建材の調査）。

No.23　工法及び機械・器具の組合せ
正答　1

1×　地盤アンカー工法とは、一般に切梁で支えている土圧や水圧を、山留め壁背面の地盤中に設けた地盤アンカーで支える工法である。山留め支保工の種類の一つであり、杭地業工事ではなく**土工事に含まれる**。

2○　トーチ工法は、改質アスファルトシート防水工法の一種であり、トーチバーナーを用いることにより、改質アスファルトシート相互の接合部及び改質アスファルトシート同士が溶融一体化することが特徴である。

3○　パワーショベルとは、根切り用掘削機械の一種であり、機体位置より上方（5m位）の掘削に適している。

4○　鉄筋の切断は、一般にはシャーカッターや電動カッターにより行われる。

5○　一次締めは、長めの柄のスパナ又は

プレセット形トルクレンチを使用する。電動式インパクトレンチを使用する場合は、一次締めトルク値が得られるものを選定して使用する。

No.24 工事費の構成
正答 5

　　工事費は、**A. 工事価格**と消費税等相当額により構成されている。A. 工事価格は、**B. 工事原価**と一般管理費等により構成されている。純工事費は、**C. 直接工事費**と共通仮設費から構成される。

　　よって正答は**5**である。

No.25 請負契約
正答 2

☆「民間（旧四会）連合協定工事請負契約約款」は、令和2年4月1日より「民間（七会）連合協定工事請負契約約款」に名称変更された。

1○　施工のため第三者に損害を及ぼしたときは、受注者がその損害を賠償する。ただし、その損害のうち、発注者の責めに帰すべき事由により生じたものについては、発注者の負担とする（民間（七会）連合協定工事請負契約約款第19条（1））。

2×　**受注者は、発注者に対して、**工事内容の変更（施工方法等を含む。）及び当該**変更に伴う請負代金の増減額を提案することができる。**この場合、発注者は、その書面による承諾により、工事内容を変更することができる（民間（七会）連合協定工事請負契約約款第28条（4））。

3○　受注者は、この工事の施工中、この工事の出来形部分と工事現場に搬入した、工事材料、建築設備の機器などに火災保険又は建設工事保険を付し、その証券の写しを発注者に提出する。設計図書等に定められたその他の損害保険についても同様とする（民間（七会）連合協定工事請負契約約款第22条（1））。

4○　発注者は、受注者、監理者又は設計者（その者の責任において設計図書を作成した者をいう。）の求めにより、設計意図を正確に伝えるため設計者が行う質疑応答又は説明の内容を受注者及び監理者に通知する（民間（七会）連合協定工事請負契約約款第1条（5））。

5○　契約を解除したときは、発注者がこの工事の出来形部分並びに検査済みの工事材料及び設備の機器（有償支給材料を含む。）を引き受けるものとして、発注者が受ける利益の割合に応じて受注者に請負代金を支払わなければならない（民間（七会）連合協定工事請負契約約款第33条（1））。

※矢印の方向に引くと正答・解説編が取り外せます。